경영학의 탐색

[제5판]

박성환 · 이준우 · 김선제

法文社

제5판을 내면서

2014년 8월에 제4판을 낸 후, 어느덧 8년이 지났다. 이 책은 원래 연구도서로 집필되었다. 그리하여 2011년 문화관광체육부 우수학술도서로 선정되었다. 그러나 이번 제5판은 경영학을 전공하는 학생들은 물론 수험생이나 일반인(비전공자)들이 이해하기 편리하도록 실용도서로 개정하였다.

제5판의 특징은 다음과 같다.

첫째, 경영학의 연구 특성이 강한 영역은 다소 삭제하였다. 즉 종전의 제3장 제1절 한국 경영학의 발전과 제4장 제1절 한국경영자의 사상적 근원(유교사상<성리학>과 실학) 등은 삭제하였다.

둘째, 교재 내용을 다소 축소하거나 보완하였다. 특히 보론의 회계는 분량이 많아 축소하였고 각 장의 내용을 다소 보완하였다.

셋째, 이번 개정에는 젊고 유능하신 김선제 교수를 영입하여 교재 전체에서 그의 신선한 아이디어를 반영하였다.

2022년의 우리나라 기업 환경은 매우 복잡다단하다. 러시아와 우크라이나의 전쟁과 코로나19의 확산 등으로 미국을 비롯한 모든 국가가 스태그플레이션(stagflation, 경기불황 상태에서도 물가상승) 현상으로 고용이 불안하고 주가가 하락하며, 물가가 급등하고 금리가 상승하여 기업을 더욱 어렵게 하고 있다. IMF는 2022년을 한국경제성장률을 2.3%로 전망하고 있고, 세계경제는 곧 침체될 것이라고 경고하고 있다.

따라서 경영학은 경영학도들에게 기업경영 전반에 대한 체계적인 지식과 능력을 향상시킴으로써 이런 난국을 슬기롭게 해결할 수 있는 전문적인 경영역량을 향상시켜야 한다. 따라서 이 책이 경영학 전공자, 비전공자, 또는 수험생, 일반인 등 모두에게 기업과 경영에 대한 보편적 원리와 응용력이 신장되기를 충심으로 기원한다.

2022년 8월
지은이 씀

제4판을 내면서

이 책은 2011년 2월 초판을 내고 2011년 10월에는 개정판, 2013년 3월에는 제3판을 낸 후, 이번에 제4판을 내게 되었다. 그러나 이 책은 필자 스스로 판단하기에도 부족하고 오류도 많이 발견되었다. 따라서 이 책을 아껴주시는 교수님, 선배님, 동료 및 후배들에게 부끄러웠고, 특히 경영학을 배우는 경영학 전공자, 비전공자, 또는 일반인들에게 무거운 책임감을 느끼고 있었다. 그래서 그 동안 틈틈이 정리한 자료를 토대로 완성도를 높이기 위해 제4판의 출간을 결심하였다.

이번 개정의 내용은 다음과 같다. 첫째, 큰 틀은 그대로 유지하면서, 내용 중 논리가 불명확한 부분을 재정리하였고, 여러 곳에서 부족했던 내용을 보완하였다. 둘째, 제11장 조직 및 인적자원관리에서 노사관계를 많이 보완하였다. 제6절 단체교섭제도와 경영참가제도의 기존의 내용 중에서 일부를 삭제·보완하였다. 셋째, 제13장의 마케팅관리에서 제4절 마케팅통제를 신설하고 코틀러(Kotler, Philip)의 통제이론을 소개하였다. 넷째, 제14장의 재무관리에서 자본구조이론을 삭제하였다. 그 이유는 자본구조이론이 원론 수준에는 지나치게 어렵다는 충고에 따른 것이다. 그리고 제14장의 재무관리와 보론 회계에 있는 재무상태표와 포괄손익계산서 등의 개정식과 보고식 표를 소개하였고, 현금흐름표 등을 좀 더 자세히 설명하였다. 이에는 김종택 선배님의 각별한 도움이 있었다. 감사를 드린다.

경영학은 기업을 주 연구대상으로 하여 경영자가 기업목표의 달성에 도움이 되는 이론과 실제를 탐구하는 학문이다. 따라서 경영학은 현재 또는 미래의 경영자들이 기업경영 전반에 대한 체계적인 지식과 기업가정신 및 경영정신을 습득함으로써 전문적인 경영역량을 향상시키고, 나아가 근로자를 비롯한 모든 사회구성원들의 삶의 질을 향상시키는 데 그 목적이 있다. 따라서 이 책이 이러한 목적을 구현함은 물론, 경영학 전공자, 비전공자, 또는 수험생, 일반인 등 모두에게 기업과 경영에 대한 보편적 원리와 응용력이 신장되는 계기가 되기를 충심으로 기원한다.

2014년 8월 18일
저자 씀

제3판을 내면서

2011년 2월 초판을 내고 2011년 11월 개정판을 낸 후, 이어 1년여가 지났다. 그러나 이 책은 필자 스스로 판단하기에도 부족한 점이 한두 가지가 아니다. 따라서 이 교재의 완성도를 높이기 위해 3판의 출간을 결심하였다.

우리나라는 대학마다 경영학과가 없는 대학이 없을 정도이고, 경영학의 입문서 역시 수없이 많다. 그러나 경영학의 모든 영역을 치우침이 없이 간결하면서도 매력적으로 정리된 교재는 그리 많지 않다.

이 책은 경영학의 모든 영역의 기초를 균형 있게 기술하였고, 간결하여 이해하기 쉬우면서도 논리적이고 체계적으로 기술된 입문서이다. 동시에 수험생들이 체계적으로 시험 준비에 사용할 수 있도록 집필하였다. 또한 경영학은 조직의 경영현상을 체계적으로 이해하고, 정해진 목표를 효과적으로 달성할 수 있도록 하는 과정이므로 경영현상에 대한 시야를 넓혀가는 작업에 중점을 두었다.

이번 교정은 개정판과 같이 큰 틀은 그대로 유지하였다. 즉 전체적 차원에서 종합적 지식체계와 철학적·윤리적 행동을 강조하고, 기능적으로 인사, 생산, 마케팅, 재무(회계) 등의 핵심적 내용을 더욱 정교하게 다듬는 데 노력하였다.

이번 교정에 중점을 둔 사항은 다음과 같다.

첫째, 각 장의 내용 중 논리가 불명확한 부분을 재정리하였다. 저의 능력 부족으로 내용이 앞뒤가 바뀐 것도 있고, 논리가 비약된 부분을 순서를 밟아 정리하였다.

둘째, 개정판에서 부족했던 내용을 다소 보완하였다. 이 책의 여러 곳에서 부족했던 사항을 보완하였고, 어려운 용어에 주석을 달아 쉽게 이해할 수 있도록 하였다.

저자는 이 책의 완성도를 높이기 위해 인생을 걸 정도로 열정을 쏟아 부었다. 그러나 필자의 능력부족으로 여전히 부족한 점이 많음을 인정하지 않을 수 없다. 앞으로 여러 교수님들의 비판과 충고 및 조언을 겸허하게 받아들여 지속적으로 완성도를 높여 나갈 것을 약속드린다.

끝으로 부족한 이 책을 3판으로 출간해 주신 법문사 사장님과 임직원들께 깊은 감사를 드린다.

2013년 3월 1일
저자 씀

개정판을 내면서

초판을 낸 지 8개월 만에 개정판을 내게 되었다. 사실 이 책을 처음 출간할 때에 책의 각 장의 내용이나 전체의 논리가 부족하고 미흡하기 짝이 없었다. 그런데 저의 부족한 책을 문화체육관광부에서 우수학술도서로 선정해 준신 것에 대해 한편으로 책임이 너무 무겁고, 다른 한편으로 격려가 되어 개정판을 내게 되었다. 저의 졸저를 우수도서로 평가해 주신 심사위원님께 감사를 드린다.

이 개정판은 초판에서 부족했던 내용을 보완함과 동시에 논리가 부족했던 사항을 정리하였다. 특히 제12장 생산관리에 기술경영을 한 절 추가하였고, 전체에서 독자들의 이해를 돕기 위해 중요 내용마다 핵심 단어(key word)를 붙였다.

이 책은 경영학을 처음 접하는 경영학도나 경영학의 기초를 이해하고자 하는 분들을 위한 경영학 입문서이다. 따라서 이 책은 경영자나 미래의 경영학자가 전체적 차원에서 갖추어야 할 종합적 지식체계와 철학적·윤리적 행동을 강조하였다. 아울러 이 책은 경영학의 기능적 차원에서 각론에 들어가지 전에 미리 알아야 할 개념적 내용에 역점을 두었다. 따라서 책 앞부분의 총론 내용과 뒷부분의 각론 내용에서 같은 주제를 중복 기술한 경우도 있다. 이것은 각 분야의 중요영역에 초점을 두고 집필하였기 때문에 일부 주제에서 중복된 것이다.

저자의 생각으로는 초판에 비하면 조금 나아졌다고 생각하지만, 아직 많이 부족하여 허전함을 감출 수 없다. 수정 기간 8개월이 너무 짧았다는 핑계를 대고 싶지만, 저자의 학문적 역량이 부족하기 때문이었음을 숨길 수 없다.

앞으로 여러 교수님들의 충고와 조언을 겸허하게 받아들여 지속적으로 수정·보완해 나갈 것을 약속드린다. 끝으로 이 책을 출간해 주신 법문사 배효선 사장님과 임직원들께 깊은 감사를 드린다.

2011년 10월 1일
저자 씀

머 리 말

　기업은 국가의 부(富)를 창출하고 국민들에게 일자리와 복지를 제공한다. 따라서 기업은 자본주의의 꽃으로서 국민들의 삶의 질을 향상시키기 위해 필수불가결한 존재이다.

　경영학은 기업을 연구대상으로 한다. 경영학은 기업의 목적을 달성하는 데 도움이 되는 이론과 실제를 탐구하는 학문이다. 다시 말하면 경영학은 기업과 조직의 운영에 관한 실천론적 이론과학이다. 따라서 경영일반에 대한 고도의 이론 습득도 중요하지만, 기업과 조직을 운영할 경영철학과 기업윤리에 적합한 실천(또는 행동)도 필요하다.

　이 책은 경영학의 철학적·역사적 근원과 기본적인 원리를 중시하면서 이론을 전개하였다. 따라서 경영자나 미래의 경영자인 경영학도가 전체적 차원에서 갖추어야 할 종합적 지식체계와 철학적·윤리적 행동 등을 강조하였다. 아울러 기능적 차원에서 인사, 생산, 미게팅, 재무(회세)의 기초적이면서 핵심적인 내용을 소개하였다.

　이 책은 모두 6편 15장으로 구성되어 있다. 제1편은 경영학의 기초(서론)로서 경영과 경영학의 개념, 목표, 영리원칙, 학문적 특성 등을 다룬다(제1장). 제2편은 경영학의 발전으로서 독일의 경영경제학과 미국의 경영관리학(제2장), 한국경영학의 발전과 한국기업의 경영특성(제3장)을 다룬다. 제3편은 경영자와 기업으로서 현대기업의 경영자(제4장), 기업환경과 지속가능경영(제5장), 기업의 형태(제6장), 기업의 창업과 성장(제7장)을 다룬다. 제4편은 경영관리와 전략으로서 경영관리의 과정(제8장), 경영관리의 기능(제9장), 전략경영과 경영전략(제10장)을 다룬다. 제5편은 경영활동의 관리로서 조직 및 인적자원관리(제11장), 생산 및 서비스관리(제12장), 마케팅관리(제13장), 재무관리(제14장), 회계(보론)를 다룬다. 제6편은 경영학의 미래(결론)로서 기업경영의 바람직한 방향(제15장)을 다룬다.

　이 책은 처음 박성환 교수 혼자 시작했다가 이준우 교수의 참여로 새로운 관점과 참신한 아이디어를 반영시킬 수 있었다. 이 책을 집필하는 데 여러분의 도움이 있었다. 구상단계에서 한국기술교육내의 심수일 교수님과 성결대 한종길 교수님께서 기본 틀에 대해 아이디어를 제공해 주시는 등 큰 도움이 있었다. 그리고 마지막 단계에서 동국대 이순룡 교수님의 도움이 너무나 컸다. 전체적으로 부족한 부분을 지도해 주셨다. 그리고 생산관리에 이순룡 교수님, 마케팅에 이수연, 한종길 교수님, 재무관리에 심안생, 정희석 교수님, 김선제 박사님, 회계학에 김종택 교수님, 이 책의 구성과 교정에 많은 수고를 해 주신 정재숙 교수님께 깊은 감사를 드린다. 또한 저의 부족한 철학지식을 채워주신 이선경 교수님께도 감사를 드린다.

그러나 많은 노력에도 불구하고, 부족한 내용과 오류가 많을 줄 안다. 앞으로 강호제현의 충고와 조언을 받아들여 지속적으로 수정·보완해 나갈 것을 약속드린다. 끝으로 이 책을 출간해 주신 법문사 배효선 사장님과 임직원들께 깊은 감사를 드린다.

2011년 2월

지은이 씀

차 례

제 3 편　경영자와 기업

제 **4** 편　경영관리와 전략

제5편 경영활동의 관리

제6편 경영학의 미래

경영학의 기초

제**1**장
경영학의 기초

제1절 경영의 개념

1. 경영의 의의

경영(management)은 조직에 속하여 함께 일하는 개인들이 정해진 목표를 효율적으로 달성할 수 있도록 환경을 조성하고 유지해 나가는 과정이다.[1] 또한 경영이란 구체적으로 설명하면 하나의 경제주체가 사회적 존재로서 생존하고 발전하기 위해 인적·물적 모든 자원을 어떻게 활용하여 목표를 달성할 것인가에 대해 의사결정을 해 나가는 과정이다. 즉 경영은 경영조직체의 목표달성에 필요한 여러 활동요소를 어떻게 계획하고 조직화할 것이며, 조직구성원을 어떻게 지휘하고 조정해 갈 것인지를 결정하여 실행해 나가는 과정이며, 또한 실행과정에 문제가 없는지 등에 대한 관찰과 감독활동을 수행하는 일련의 과정이다.

경영은 실제 경영활동이 이루어지는 '과정' 측면과 업무의 성격에 따라 구분하는 '기능', 즉 각 부문별 측면, 그리고 업무 의사결정이 이루어지는 '수준' 측면 등 3차원으로 나눌 수 있다.

과정차원은 기업의 경영활동을 과정적 측면에서 계획과정, 조직화과정, 지휘 및 통제과정을 경영활동영역으로 보는 관점이다.

기능차원은 기업의 경영활동을 기능적 측면에서 전반관리기능과 부문관리기능으로 구분한다. 전반관리기능은 경영전반(전 부문 통합)의 관리기능을 말하고, 부문관리기능은 인

---

1) Weihrich, Heinz & Koontz, Harold, 2005, *Management: A Global Perspective*, Eleventh Edition, McGraw-Hill Education(Asia), 4.

사기능, 생산기능, 마케팅기능, 그리고 재무기능 등의 부문관리기능을 말한다. 이를 자전거에 비유하면 제조업에서 주기능을 수행하는 자전거의 앞바퀴는 마케팅, 뒷바퀴는 생산이고, 자전거의 방향을 결정하는 역할은 인사가 하고 페달을 밟아 나아가는 힘을 실어주는 역할은 재무라 할 수 있다.

수준차원은 기업의 경영활동을 수준적 측면에서 최고경영층의 전략적 업무, 중간관리층의 관리적 업무, 그리고 일선관리층의 기능적 업무로 나누어지고, 이들 각 차원에서의 모든 의사결정이 경영활동의 범위에 포함되는 것이다. 이를 [그림 1-1]과 같이 나타낼 수 있다.

[그림 1-1] 경영활동의 전개

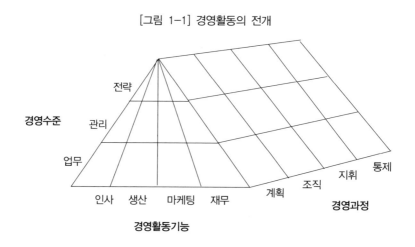

2. 경영 대상으로서 기업

1) 기업의 의의

기업(enterprise)은 현대 산업사회 또는 자본주의 경제에서 없어서는 안 될 경제주체 또는 개별경제로서 산업사회와 인류문명의 발전에 불가결한 요소이다. 기업이란 '기본적으로 경제원칙에 입각하여 지출되는 비용(cost)에 비해 보다 큰 이익(benefit)을 창출하여 가치극대화(value maximization)라는 목표를 달성하기 위하여 운영되는 공동체 조직'이라고 정의할 수 있다.[2]

기업은 자본주의 경제의 대표적인 산물로서, 한편으로 인간에게 필요한 상품과 서비스를 생산·판매하여 이익을 창출해 내는 인위적인 조직구성체이며,[3] 다른 한편으로 조직

---

2) 곽수일·김우봉·노부호·이철·조남신·황선웅, 1996, 현대기업경영원론, 영지문화사, 69.

에 참여한 여러 구성원들의 협동과 노력에 의하여 목표를 달성하는 협동시스템이라고 할 수 있다.

기업은 넓은 의미에서 상품이나 용역을 생산·판매하는 독립적인 경제적 사업체를 말한다. 또한 좁은 의미에서 특정목적을 달성하고자 설치·운영되는 사업체를 말한다.

기업은 그 본질적 개념 속에서 다음과 같은 특성이 있다.

첫째, 기업은 생산주체로서 인간에게 필요한 재화(goods) 및 용역(service)을 생산·공급함으로써 인간생활의 삶의 질을 높이는 '생산경제 주체'인 것이다.

둘째, 기업은 공익을 목적으로 하는 공기업도 있지만, 자본주의 경제체제하에서 독자적으로 합리적인 활동(생산·판매)을 통한 이윤추구가 최종목적인 '영리추구 주체'이다. 따라서 기업은 국가로부터 사유재산권, 이윤추구권, 자유재산권, 자유운영권을 보장받고 있다.[4]

셋째, 기업은 개인으로서의 능력 한계를 극복하기 위하여 조직에 참여한 여러 사람들이 상호작용과 협동적 노력을 통해 전체목표를 달성해 가는 '하나의 협동시스템'이다.

넷째, 기업은 자본주 혹은 주주의 자본투자로부터 성립되고 조직구성원의 노력에 의해 활동이 이루어지지만, 본질적으로 기업 그 자체의 이름으로 활동하고 권리와 책임을 가지는 행위주체이다. 즉 기업은 주주나 종업원에 예속된 것이 아니라 독립된 실체(entity)로서의 법인격(法人格)을 가지고 활동하는 '사회적 실체'이다.

2) 기업과 경영

기업은 그 목적을 달성하기 위하여 일정한 이념에 따라 자금이나 노동력·원재료·기계설비 등의 모든 요소를 조달하고 이들을 결합하여 제품을 제조하고 판매하는 활동체이고, 경영은 기업의 조달·제조·판매 등의 일련의 모든 활동이 계속하여 통일적으로 영위되는 활동이다.

(1) 기업의 역할

기업은 과거에 자본을 출자한 자본가에 의하여 소유되는 사적 경제기구로 인식되고 있었으나 현대에 와서는 사회를 유지하고 발전시키는 데 크게 이바지하는 중요한 사회적 기관으로 인식되고 있다. 기업은 사회적 기관으로서 다음과 같은 역할을 수행한다는 점에서 대단히 중요한 경제 주체임을 알 수 있다.

---

3) 지호준, 2009, 21세기 경영학, 법문사, 22.
4) 곽수일·김우봉·노부호·이철·조남신·황선웅, 1996, 전게서, 7~9.

기업은 국민경제에 있어서 제품과 서비스를 생산·유통시키는 경제 활동의 주체이다. 기업은 국민들에게 일자리를 제공함으로써 이들의 소득과 삶의 질을 향상시키는 데 기여한다.

기업은 자본과 노동의 효율적인 결합에 의하여 제품과 서비스의 가치를 창출하여 소비자에게 제공한다. 또한 기업은 이해관계자 집단들과의 상호작용에서 기업윤리와 기업의 사회적 책임을 다함으로써 이들의 각종 욕구충족과 삶의 질을 향상시킨다.

기업의 존속과 발전은 국가의 경제적 부를 창출하게 하며, 결국 국민소득 수준과 경제수준 향상 등 국가 발전의 원동력이 되고 있다.

(2) 기업과 경영의 관점

㈀ 기업중심적 관점

기업중심적 관점은 기업과 경영이 서로가 전혀 이질적이라는 견해(기업·경영 이질개념설)에서부터 출발하는 개념이다. 기업중심적 관점은 기업을 상위개념으로 보고, 경영을 그 하위개념으로 파악하는 관점이다. 이러한 관점은 현대경영학이 형성되기 이전에서부터 오늘에 이르기까지 꾸준히 앞세워져 온 전통적인 입장이다.

기업중심적 관점에 의하면 기업은 영업을 기획하기 위한 대외적·재정적(법적) 단위이고, 경영은 영업을 직접 영위하기 위한 대내적·기술적(생산적) 단위라는 견해이다. 결국 기업과 경영은 전체(국민)경제를 구성하는 개별경제라는 관점에서 같다고 할 수 있다. 다만 같은 개별경제라도 기업은 영리를 목적으로 하는 이윤추구의 개별경제이며, 경영은 그러한 영리목적을 달성하기 위한 구체적인 수단으로서의 개별경제라는 것이다. 다시 말해서 경영은 법적·재정적 단위로서의 기업의 영리성추구라는 목적을 실현하는 기술적·생산적 단위에 불과하다는 것이다. 따라서 기업이 있어야 비로소 경영이 있게 된다는 뜻에서도 기업이라는 개별경제는 경영이라는 개별경제의 상위개념이 되고 있는 것은 물론이다. 이를테면 어떤 출판회사라는 법적(대외적)이며 재정적인 단위로서의 기업(상위개념)이 있을 때 그 산하에는 편집실, 인쇄소, 직영서점 등의 기술적이며 생산적인 단위로서의 경영(하위개념)이 있게 마련인 것과 같다.

이렇게 볼 때 자본주의 경제체제하에서의 개별경제로서의 핵심은 오직 기업에 있게 된다. 따라서 기업의 주체는 기업가(enterpriser)가 되며, 경영의 주체는 경영자(manager)가 되므로 양자는 엄연히 구별되어야 마땅하다. 그러나 오늘날에는 후술하는 바와 같이 자본과 경영의 분리가 완전히 정착되어 있으므로 기업가가 곧 경영자이며, 경영자가 기

업가이어서 그 구별이 무의미하다고 할 수 있다.[5]

㉡ 기업 · 경영 동일관점

기업 · 경영 동일관점은 경영과 기업이 서로 이질적인 개념이 아니라 좁은 뜻에서는 차라리 동질적이라고 보아야 한다는 개념(기업 · 경영 동일개념설)이다.

경영학이 개별경제에 관한 학문으로서 전반적이며 일반적인 연구대상일 경우 경영상위 · 기업하위개념설이 적절하지만, 좁은 뜻에서 경영학의 주된 관심대상을 기업만을 고려할 경우 그 전면에 기업경영만이 크게 부각된다. 따라서 이럴 때에는 '경영 · 기업 동질개념설'이 타당하다는 것이다.[6]

경영 · 기업 동질개념설은 기업과 경영이 욕구충족이라는 관점에서 동질의 개념으로 보고 있다. 다만 경영을 경제성개념에 결부시키는데 반하여, 기업은 영리성개념과 결부시키면서 경영을 고차개념으로 보고 있다.

기업은 어디까지나 경영의 사적 발전의 한 형태일 따름이므로 현대경영학의 연구대상 자체를 생산경제적 개별경영이자 사기업으로서의 기업경영에만 한정시켜야 한다는 주장을 하기도 한다. 이를테면 기업이란 자본주의 경제제도의 확립과 더불어 나타나게 되는 경영의 한 형태에 불과하며, 그런 경영으로서 기업이 오늘날 자본주의 경제를 지탱하고 있는 이상, 기업만이 곧 현대 경영학의 연구대상이 될 수밖에 없으므로 기업과 경영을 동일하게 보아야 한다.

㉢ 경영중심적 관점

경영중심적 관점은 넓은 뜻에서 경영이 기업의 상위로 보는 개념이다. 경영학이 어디까지나 전체경제의 구성단위체로서의 개별경제에 관한 학문이라는 관점에서 따로 전문과학이 형성되고 있는 재정경영의 경우만을 제외하고, 모두 이 학문의 연구대상으로 포괄되어야 한다. 이럴 경우 경영과 기업의 개념은 이른바 '경영상위 · 기업하위 개념설'에 따를 수밖에 없다.[7]

경영은 기업의 목적수행을 위한 수단으로서 이에 대한 인적 · 물적 기초를 부여하는 기술적 단위인데 반하여 기업은 영리경제의 단위이다. 따라서 경영은 기업을 종속적 지위에 두고, 목적에 대한 수단으로 보는 견해이다.[8] 경영은 일반적인 조직 단위(가계, 기업,

5) 한희영, 1992, 경영학총론, 다산출판사, 28~29.
6) 한희영, 상게서, 30.
7) 한희영, 상게서, 29~30.
8) M.R. Weyermann, H. Schönitz의 주장이다.

정부)의 목적수행을 위한 수단이고, 기업은 영리를 목적으로 하는 한 조직으로서 이런 경영의 특수한 기능을 적용하는 한 형태이다.

이러한 견해에 따르면 경영은 노동과정(객체)인데 반하여 기업은 소유과정(주체)이며, 전자가 능률을 지도원리로 하는데 반하여 후자는 영리성을 지도원리로 한다. 따라서 양자의 행동이 각각 다른 원리에 입각하고 있으므로 사회적 대립상태를 나타낼 가능성이 있다. 다만 경영과 기업은 현실적으로 소유주체의 지배가 강하여 자본주의체제하에서 독립적이면서 상호보완적인 관계를 유지한다고 보는 견해이다.[9] 이와 비슷한 견해로서 기업은 언제나 동시적으로 경영이나, 반드시 동시에 경영일 필요가 없다. 즉, 기업 없이 경영이 형성되지 못하며, 반대로 기업은 경영 없이 그 의미를 갖지 못한다고 한다.[10]

⑵ 소 결

이상의 이론을 요약하면 다음과 같다.

기업중심적 관점은 조직 없는 경영 없다는 관점이다. 조직과 경영의 관계는 하드웨어와 소프트웨어의 관계이다. 따라서 하드웨어인 조직이 있어야 소프트웨어인 경영이 이루어질 수 있다. 이런 관점에서 보면 조직(기업포함)상위 경영하위가 된다.

기업과 경영의 동일 관점이다. 경영학이 좁은 뜻에서 기업만을 대상으로 할 경우 기업경영만이 존재한다.

경영중심적 관점은 모든 조직의 경영이라는 관점이다. 경영은 기업만을 위해 기능을 발휘하는 존재가 아니라 모든 조직에 관해 그 기능을 발휘하는 존재이므로 경영중심적 관점이 타당하다고 한다. 즉 경영학은 기업을 한정해서 연구하지만 그 원리는 기업을 포함한 모든 조직에 적용할 수 있도록 연구되어야 한다고 보고 있다.

현대경영학은 '경영중심적 관점'을 통설로 보고 다음과 같이 정리하고자 한다.

첫째, 기업은 경영의 소유단위이나, 경영은 기업의 생산단위이다.

둘째, 기업의 지도원리는 수익성 혹은 영리성에 있으나 경영의 지도원리는 경제성 혹은 생산성에 있다.

셋째, 기업은 법률적·경제적·조직적·재무적 단위이나 경영은 기술적 단위이다.

기업은 모두 경영이나 경영의 전부는 기업이 아니다. 이런 의미에서는 경영은 기업보다 상위 및 광범위한 개념이라 할 수 있다.

---

9) T.B. Veblen의 주장이다.
10) E. Gutenberg의 주장이다.

제 2 절 기업시스템과 경영학 목표

1. 기업의 시스템

1) 기업시스템의 의의

기업은 사회의 필요와 욕구를 충족시키기 위한 시스템이다.[11] 시스템은 '한 조직이 전체로서의 목적달성을 위해 상호의존적인 각 부분들의 집합으로 이루어진 유기적인 체제'를 말한다. 즉, 시스템은 기능적 단위로 이루어진 여러 개의 독립된 구성인자 또는 개체가 전체적인 목표를 달성하기 위하여 유기적으로 연결되어 상호작용하는 통합체이다.[12] 기업(조직)의 시스템은 정태적 시스템과 동태적 시스템 등 두 유형이 있다.

기업의 정태적 시스템은 그의 업무를 잘 수행하기 위해 목적(목표), 구조, 기능이 상호작용하여 하나의 전체로 구성되어 있는 유기적인 체제이다. 따라서 기업의 시스템은 경영자가 한 조직을 효율적으로 운영하기 위해 가장 적합하게 구축되어야 할 대상이자, 구축된 업무를 효율적으로 추진할 수 있도록 관리할 대상이다.

기업의 동태적 시스템은 조직이 그 업무를 수행하기 위해 투입, 변환, 산출로 연결되는 유기적인 관계를 가진다. 기업의 유기적 관계는 경영시스템이다. 경영시스템은 재화의 창출을 목적으로 여러 가지 생산요소(자본, 노동, 원재료, 기계, 설비 등)를 조달하고 이들을 합리적으로 결합하여 제조하고 판매하는 유기적 조직활동이다.

2) 기업의 3시스템

기업은 전통적으로 목표지향적 실체로서 영속하기 위해 경제적 생산시스템만을 중시하였다. 그러나 기업은 조직차원에서 경제·기술적 생산시스템은 물론이고 사회적 협동시스템, 심리적 협동시스템 등 3시스템을 중시하게 되었다.[13]

(1) 경제적 생산시스템

기업은 경제적 생산시스템이다. 경제적 생산시스템은 기업의 효율성목표, 즉 경제성목

---

11) Buskirt, Richard H., Green, Donald J. & Rodgers, William C., 1972, *Concepts of Business*, Rinehart Press, 56.
12) 윤종훈·송인함·박계홍, 2022, 경영학원론, 창명, 73.
13) 신유근, 2011, 경영학원론, 다산출판사, 21~24.

표를 지향한다. 경제적 생산시스템은 최소비용으로 최대의 재화와 용역을 생산하는 기술적 생산시스템이다. 기술적 생산시스템이란 자본·원료·인력·기술 등의 요소를 투입(input)하여 재화와 용역과 같은 산출물(output)을 생산하는 시스템이다. 따라서 경제적 생산시스템은 기업 본연의 기능으로서 사회가 필요로 하는 좋은 재화와 용역을 효율적으로 공급하여 경제적 이윤을 추구하는 데 있다.

(2) 사회적 협동시스템

사회적 협동시스템은 사회성목표를 지향한다. 사회적 협동시스템은 개별조직이 자체의 독자성을 가지고 존속하고 성장해 나가는 데 그치지 않고, 전체사회의 한 기관으로서 사회적 사명을 완수하여야 한다. 기업은 사회를 구성하는 하나의 제도(institution)로서 사회적 기관이다. 기업은 재화와 용역을 산출하기 위하여 주주·경영자·종업원·소비자 등 전체 사회시스템의 주요 구성집단 간에 협력으로 자신이 맡은 바 기능과 가치를 투입하고, 공헌가치에 비례하여 산출물(성과)을 분배받는다.

기업의 사회성목표란 기업의 내부 관계에서의 공정성목표, 외부와의 관계에서의 공공성목표를 포함한다.

기업의 공정성(justice)은 조직구성원들이 공평하고 정당하게 대우받고 있다는 느낌을 의미한다. 공정성은 개인과 조직 사이의 교환관계로서 자신이 조직에 투입한 것에 상응하는 적절한 보상을 조직으로부터 받고 있느냐에 대한 평가이다.[14] 공정성목표는 조직의 사회성을 바탕으로 상호관계를 높이기 위해 정(正)의 활동을 바탕으로 종업원들 간의 협조와 팀워크로 '협동능력'을 발휘하게 하는 원동력이다.

기업의 공공성(community)은 일반 사회의 여러 사람과 정신적이나 물질적으로 공동의 이익을 위하여 힘을 함께 하는 성질을 의미한다. 오늘날 사회는 다원사회로 변화하면서 기업의 경제적 기능 이외에 사회가 기업에 기대하는 사회적 기관으로서 내재적인 선(善)의 활동을 바탕으로 여러 이해관계자 집단들의 만족극대화를 이루기 위한 '조정능력'이 필요하다. 왜냐하면 기업의 이익은 자본만으로 이룰 수 있는 것이 아니라, 주주·금융업자·공급업자·고객·경쟁기업·종업원(노동조합)·정부·지역사회 등 8대 이해관계자의 협동적 노력으로 이루어지기 때문이다. 따라서 기업은 개인과 기업, 그리고 사회와의 상호의존성을 인식하고, 자신을 포함한 사회 전체의 이익 확대를 추구해야 한다.

---

14) Adams, J. S., 1965, "Injustices in Social Exchange", Berkowitz, L. ed., in *Advances in Experimental Social Psychology*, Vol. 2, New York: Academic Press, 267~299.

(3) 심리적 협동시스템

심리적 협동시스템은 생활성목표와 관련되어 있다. 기업의 생활성목표란 종업원이 기업으로부터 인간다운 대우를 받으므로 인해 담당하는 일 자체가 즐거워서 힘과 슬기를 힘껏 발휘하는 것을 의미한다. 생활성목표는 종업원의 만족성과 관련이 깊어서 종업원이 더 중시하는 목표이다. 이 목표는 개인차원에서 개인의 행위와 관련이 있는 욕구충족, 보람과 긍지를 통해 이루어진다.

종업원은 그가 원하는 바가 충족될 때 만족하게 되고 기업과의 협동시스템이 구축된다. 따라서 기업은 종업원들의 욕구가 무엇인지를 알고 그것을 충족시킬 수 있도록 도와주어야 한다. 종업원의 욕구는 여러 가지가 있지만, 그 중에서 기술 및 역량 향상과 관련된 욕구를 우선적으로 충족시켜 주어야 한다. 그럼으로써 종업원은 그의 욕구충족을 위해 열심히 업무를 수행하고, 그 과정에서 만족을 느끼게 될 것이다.

종업원은 업무에 보람과 긍지를 가질 때 만족하게 되고 기업과의 협동시스템이 구축된다. 보람은 개인이 한 일이 좋은 결과에 대해 느끼는 만족성이고, 긍지는 믿는 바가 있어서 스스로 자랑하고 싶은 자신감이다. 전자는 개인이 일의 '좋은 결과'에 대해 느끼는 행복감이라면, 후자는 개인이 직업이나 일 등에 애착을 갖거나, 기업이나 사회에서 공적을 인정받거나 기여한다고 생각하는 등 '삶의 질'과 관련된 자부심이다.

2. 경영학의 목표

기업은 공동의 목적과 목표를 가지고 구성원들의 협동적 활동을 통하여 가능한 최대의 이윤을 달성하고자 노력한다. 여기서 목적(objectives)이란 기업이 궁극적으로 달성하고자 의도하는 최종성과 내지 결과인데 반해, 목표(goal)는 측정가능하고 보다 구체적인 양적·질적 목표를 말한다.

1) 경영학의 3대 목표

기업은 경제적 목표(이윤추구 목적달성)만을 중시하였으나 차츰 공동업무의 원활한 수행, 이 과정에서 발생하는 이해관계자들의 이해 조정, 인권 중시 등 사회성 목표, 생활성목표도 함께 중시하게 된다. 경영학의 3대 목표는 앞 절의 기업목표 3시스템을 바탕으로 설정된다.

(1) 경제성 목표

기업은 그 본연의 기능으로서 사회가 필요로 하는 좋은 재화와 용역을 효율적으로 공급하여 기업의 경제적 이윤 획득을 목표로 한다.

경제성목표는 경제ㆍ기술적 생산시스템에 근거를 두고 있다. 경제성목표는 효율성목표ㆍ생산성목표가 포함되는 개념이다. 효율성목표는 투입된 노력에 비해 보람 있는 결과에 관한 목표이다. 효율성목표는 기업이 경제성을 바탕으로 그의 안정과 발전을 통한 생산성목표에 두고 있다. 생산성목표는 경제성을 바탕으로 기업의 유지와 성장을 위해 노동의 성과를 극대화시키는 목표이다. 따라서 생산성목표는 기업이 그의 안정과 발전을 위해 개인차원의 개인역량과 조직차원의 조직역량, 나아가 핵심역량을 향상시켜야 한다. 생산성목표는 객관적인 노동성과로서 특히 노동생산성, 부가가치생산성 등을 중시한다.

(2) 사회성 목표

기업은 사회가 기대하는 역할을 자발적으로 수행하는 것을 목표로 한다.

사회성목표는 소극적 의미에서 기업활동으로 나타내는 부정적인 사회적 영향력을 최소화하기 위해 노력하는 것이고, 적극적 의미에서 개인과 기업, 사회와의 상호의존성을 인식하고 기업을 포함한 사회 전체의 이익을 추구하고 확대시키는 것이다. 사회성목표는 사회적 협동시스템에 근거를 둔다. 기업의 사회성목표는 기업의 윤리와 기업의 사회적 책임을 필요로 한다.

기업의 윤리는 기업의 사회성을 바탕으로 종업원들 간의 개인차원에서 '공정성', 집단차원에서 협조와 팀워크로 '협동성'을 이루는데 있다. 윤리(ethics)는 개인이나 한 사회의 바름(善惡正邪 중 正) 기준을 조사하고 이들 기준이 어떻게 적용되며, 이들이 올바른 이성과 합리에 의해 뒷받침되고 있는가를 검토하는 활동이다. 도덕(morality)[15]은 개인과 집단이 선함(善惡正邪 중 善)으로 여겨지는 관행과 행동(practice and activities), 이를 지배하는 습관(rule), 이들 속에서 추구되고 있는 가치(value)를 판단하는 기준이다. 다시 말하면 윤리는 행동기준을 '정직'에 두고 솔직하고 정당한 행동이며, 도덕은 선(善) 가치에 비추어 평가하고, 그 행동기준은 '선한 행동'에 두고 있다.[16] 이와 같이 윤리성목표는 공정성이

---

15) 도덕성은 선악으로 생각되는 관행과 행동(practice and activities), 그와 같은 관행이나 행동을 지배하는 관습(rule), 그리고 그와 같은 관행이나 행동 속에 파묻혀 그 속에서 배양되어 추구되는 가치(value)를 판단하는 기준이다(김해천, 2003, 경영윤리 기본, 박영사, 19).

16) 김해천, 2003, 상게서, 18~25.

먼저 이루어져야 조직의 협동성을 기대할 수 있다. 이는 개인과 집단의 동기부여 수준에 결정적인 역할을 한다.

기업의 사회적 책임은 조직이 개개인의 힘으로 풀 수 없는 문제를 협동으로 극복하기 위해 맡아서 해야 할 임무나 의무이다. 따라서 기업은 개인과 사회와의 관계에서 협동시스템을 구축하여야 할 것이다. 사회적 책임(social responsibility)은 기업이 이해당사자를 대상으로 제공해야 할 여러 가지 책임과 의무사항을 의미한다. 따라서 기업의 사회적 책임은 기업이 지켜야 할 최소한의 도덕적 의무이지만, 원하는 것 이상을 제공하기 위해 정(正)과 선(善)의 행동화가 필요하다.

(3) 생활성 목표

생활성 목표는 기업이 종업원의 만족스런 근로생활을 영위하도록 하는 것을 목표로 한다. 생활성 목표는 주로 기업과 구성원간의 관계이다. 이는 개인이 기업으로부터 인간다운 대우를 받음으로써 일하는 보람을 느끼는 개인의 행복지수라 할 수 있다. 생활성 목표는 종업원의 삶의 질과 밀접한 관련이 있으므로 종업원이 더 중시하는 목표이다. 생활성 목표는 만족성 목표라고도 한다. 만족성 목표는 개인의 근로의욕을 향상시키기 위해 욕구를 충족시키는 것과 관련이 있다.

2) 경영학 목표의 통합

(1) 경영학 목표 통합의 의의

경영학의 목표는 전통적으로 기업시스템의 경제적·기술적 생산시스템을 바탕으로 하는 경제성 목표만을 지향해 왔다. 그러나 이 목표만으로는 기업을 합리적으로 운영할 수 없으므로 기업시스템의 사회적·심리적 협동시스템을 바탕으로 하는 사회성 목표와 만족성 목표를 함께 이루어야 한다. 경제적·기술적 생산시스템과 사회적 협동시스템 및 심리적 만족시스템은 상호보완적 관계에 있으므로 양자를 균형 있게 추구하여야 한다.

기업의 목표는 역사적으로 (기업가경영) → 이윤극대화 경영 → (수탁경영) → 생활의 질 경영으로 발전되어 왔다. 따라서 기업목표는 기업의 규모가 소규모에서 대규모로 발전함에 따라 이윤의 극대화(기업가의 사적 이익극대화 추구)에서 이해관계자집단의 요구를 공평하게 충족시켜 줄 책임이 추가로 필요하다.

현대기업은 투입된 노력에 대해 보람있는 결과를 높이고(효율성 목표), 이해관계자의 이해를 균형있게 처리하여(내부에서 공정한 기회보장, 외부에서 소비자주의, 환경보호 등 중시)

보다 광범위한 사회 이익을 고려하며(사회성 목표), 개인의 근로생활 질에 있어서 만족성을 이루는데 있다(생활성 목표). 즉 효율성과 사회성은 고성과(high performance)에 두고, 생활성(만족성)은 전념극대화(commitment maximizing)에 두고 있다.

기업의 효율성과 사회성 및 생활성 목표를 <표 1-1>과 같이 나타낼 수 있다. 전자는 기업이, 후자는 종업원이 중시한다. 그러나 기업은 인적자원의 효율성과 사회성을 높이기 위해 생활성을 높여야 하고, 생활성을 높이기 위해서는 효율성과 사회성을 높여야 한다. 따라서 기업은 가치창출적 역량(효율성=생산성), 협동 및 조정 직무수행(사회성=공공성·공정성) 목표와 더불어 종업원의 삶의 질(생활성=만족성) 목표도 높여야 한다.

〈표 1-1〉 경영학의 목표

차 원	기업시스템	경영학의 목표		구체적 목표	
조직차원 (구조·제도)	경제적 생산시스템	효율성 (경제성)	생산성	전문지식과 능력	역량과 의욕 향상
	사회적 협동시스템	사회성	공정성(내부)	협동능력	협력과 팀워크
			공공성(외부)	조정능력	사회적 책임
개인차원 (개인·행위)	심리적 만족시스템	생활성	만족성	욕구충족	근로생활의 질 향상
				보람과 긍지	

(2) 기업의 단일목표와 다원목표

기업의 목표는 전통적으로 영리추구 또는 이윤추구만을 목표로 하는 경제적 단일목표(single goal)에서 현대적으로 경제와 사회적 목표를 포괄하는 다원목표(plural goal)로 발전되고 있다.

㈀ 단일목표

단일목표(single goal)는 전통적 기업에서 적용되는 목표로서 영리의 추구로 주주들에게 많은 배당을 실현하는 목표이다. 즉 단일목표는 주로 전통적인 기업 또는 자본주의 경제체제 전반기의 기업들이 목표로 했던 것이다.

기업은 영리 또는 이윤을 추구하는 데 있어서 단기와 장기 이윤극대화 등 두 가지로 구분하고 있다. 단기이익 극대화(short-term profit maximization)는 기업이 단기이익을 달성하기 위해 단기거래에서 가능한 한 이익을 극대화하여야 한다는 것이다. 장기이익의 극대화(long-term profit maximization)는 기업이 장기이익을 달성하기 위해 장기거래에서 이익을 극대화하여야 한다는 것이다.

따라서 기업이 존속·성장하기 위해 많은 자본의 투자와 여러 가지 요인들의 영향을 고려해야 하기 때문에 단기이익 극대화와 장기이익 극대화 중에서 장기이익 극대화가 타당하다고 할 수 있다.

전통적 기업이라고 해서 모두 이익극대화 목표를 가지고 있는 것은 아니다. 전통적 기업가 중 단일목표이기는 하지만 다음과 같이 다른 사상을 가진 학자나 기업가가 있다.

1910년대 포드(H. Ford)의 경영이념은 '봉사동기'(service motive)에 의하여 '고임금과 저가격'(high wage & low cost)을 실현하였고, 1950년대 드러커(P.F. Drucker)[17]는 기업목표를 '고객창조'(creation of customer)라고 하였다.

한편, 몇몇 학자들은 기업의 단일목표인 이익극대화 논리를 수정한 이론을 주장하기도 한다. 딘(J. Dean)은 이윤극대화가 이해관계자 집단이나 사회로부터 많은 지탄을 받기 때문에 제한이윤설 또는 적정이윤설(reasonable profit)을 주장하고 있다. 또한 보몰은 소비자들이 기업의 규모가 크고 매출액이 많은 제품을 선호하기 때문에 매출액 극대화를 주상하고 있다.[18]

ⓛ 다원목표

현대기업은 단일목표만으로 존립하기 어렵다. 따라서 현대기업은 기업의 목표를 복수목표 또는 다원목표(plural goal)로 하고 있다.

다원목표는 기업의 규모가 소규모에서 대규모로 발전함에 따라 이윤의 극대화(기업가의 사적 이익극대화 추구)에서 이해관계자 집단요구의 공평화(이해관계자의 집단이익 극대화)로 바뀌었고, 나아가 현대에는 이해관계자의 이해를 균형 있는 처리는 물론, 공정한 기회보장, 소비자주의, 환경보호 등이 중시되어 보다 광범위한 사회 이익을 함께 고려하는 목표이다.

기업의 다원목표는 일반적으로 경제적 목표와 사회적 목표를 공동으로 추구하는 목표이다.

다원목표에서 경제적 목표는 기업이 성장성, 수익성, 유연성 등을 추구한다. 다원목표에서 성장성은 기업이 성장하지 않으면 설비 확대, 시장점유율의 확대나 연구개발 또는 인재육성 등이 어렵게 되고, 규모의 경제(economy of scale)의 이점도 기대할 수 없게 된다. 다원목표에서 수익성은 기업의 수익성이 만족수준보다 밑돌면 사내 유보이익의 감소

17) Drucker, Peter F., 1993, *Post-Capitalist Society*, New York: Haper Collins.

18) Baumol, W. J., 1967, *Business Behavior: Value and Growth*, Macmillan.

로 기업 확대를 위한 재투자가 어렵게 되고, 기업의 성장도 기대할 수 없게 된다. 또한 수익성의 감소는 부채의 증가로 기업부실을 초래할 수 있게 된다. 그러므로 기업의 생존 및 성장에는 수익성의 확보가 절대적으로 필요하다. 다원목표에서 유연성은 기업주변의 다양한 환경변화와 불확실성에 대비하기 위해 여러 가지 변화에 적응할 수 있는 유연한 경영이 반드시 필요하다.

다원목표에서 사회적 목표는 기업이 사회적 책임(social responsibility)을 다하여 사회 이익을 추구하는 목표이다. 기업은 소비자, 종업원, 정부, 은행, 거래처 등 다양한 이해관계자들이 기업에 막대한 영향을 주기 때문에 이들의 욕구를 충족시켜 주지 않으면 안 된다. 사회적 목표에는 고용·복지, 윤리·공정·준법, 봉사·환경 등이 있다.

다원목표에서 기업의 다원적 목표는 [그림 1-2]와 같이 나타낼 수 있다.

[그림 1-2] 기업의 다원적 목표

제3절   경영목표로서 영리원칙

기업경영은 영리추구를 목적으로 한다. 따라서 기업은 영리추구 목적을 달성하기 위해 먼저 영리원칙(commercial principles)을 정하고, 그 다음 가치에 따른 영리원칙을 정하여 추진하여야 한다.

1. 단일목표로서 이윤극대화원칙

기업의 영리원칙은 구체적으로 수익성을 의미한다. 수익성원칙은 기업의 생존과 관련된 기본원칙이다. 수익성은 자본에 대한 이익의 관계를 의미한다. 즉 자본에 비해 이익이 크면 클수록 좋다는 의미이다. 수익성원칙은 수익률에 따른 기업의 행동원칙이다. 이를 수식으로 나타내면 다음과 같다. 이 때 이러한 수식에 100을 곱한 백분율이 곧 수익률이다.

$$수익성 = \frac{이익}{자본} \qquad 수익률(\%) = \frac{이익}{자본} \times 100$$

기업의 수익성은 이윤극대화원칙과 일치하고 있다. 이윤극대화원칙은 경제원칙을 의미하기도 한다. 경제원칙은 기업활동의 대가로서 최소의 비용으로 최대·최고의 효과(수익성)를 말한다. 이는 한계수익과 한계비용이 일치하는 점에서 가격이나 생산량을 결정한다.

이윤극대화목표는 여러 가지 문제를 내포하고 있다. 즉 기업의 이윤극대화목표는 기업으로 하여금 단기적 이윤목표에 집착하게 하여 자칫 장기적 이윤 획득을 오히려 어렵게 할 수도 있다. 특히 오늘날과 같은 소비자 주권사회에서 기업의 지나친 이윤추구는 기업과 종업원, 기업과 사회의 관계에서 공정성과 공평성을 저해하는 역할을 하게 되고, 소비자의 불매운동이나 정부의 규제 등으로 인해 기업활동에 제약이 될 수도 있다.

이와 같이 기업의 이윤극대화는 외부적으로 여러 이해집단의 압력, 내부적으로 경영체의 장기적 존속 필요성으로 인하여 허용되지 않게 되었다. 따라서 기업의 이윤극대화는 소비자들을 비롯한 사회로부터 외면당하게 되어 자칫 기업 자체의 존립마저 위태로워진다고 할 수 있다.

2. 다원목표로서 새로운 이윤원칙

경영의 목표는 경제원칙을 적용하는 것이 아니라 재화와 용역 등의 투입에 대한 산출의 이성적 관계인 경제성원칙이 적용을 의미한다.[19] 전통적 기업경영의 이윤극대화 목표는 여러 이해관계자 집단 및 사회로부터 비판과 공격을 받는다. 따라서 현대적 기업경영은 전문경영자의 등장으로 이윤극대화보다 다양한 이해관계자의 이해 조정목표, 즉 사회적 책임의 확산으로 이윤극대화라는 단일목표에서 점차 다원목표로 대체되지 않을 수 없게 되었다.

1) 적정이윤의 원칙

적정이윤의 원칙은 딘(J. Dean)이 주장한 이론이다. 그에 의하면 기업은 전통적인 이윤

---

19) 한희영, 전게서, 39.

극대화가 아니라 적정이윤의 목표에 따라 행동한다고 하였다. 적정이윤의 원칙은 기업이 최대·최고의 이윤극대화가 아닌 적정한 이윤민을 추구해야 한다는 원칙이다. 적정이윤의 원칙은 사회적으로 납득할 만한 이윤을 최소비용(희생)으로서 달성하는 데 있다. 따라서 기업은 적정이윤을 초과하는 분량만큼 어떠한 형태로든 사회에 다시 환원시켜야 한다는 윤리규범적 사고방식이 내포되어 있는 원칙이다.

적정이윤을 결정하는 기준은 자본회수에 필요한 이윤, 기업발전에 필요한 이윤, 타 기업이 올리고 있는 정상 이윤, 일반대중이 적당하다고 인정하는 수준의 이윤 등에 부합된 수준이라야 한다고 하였다. 적정이윤을 주장하는 이유에는 잠재적 경쟁의 회피, 노동조합의 임금인상요구 억제, 양호한 공공관계의 유지, 고객의 호의 유지, 경영자의 지배력 유지, 기업의 사회적 책임 등이 있다.

2) 필요최저이윤의 원칙

필요최저이윤의 원칙은 드러커(P.F. Drucker)[20]가 주장한 이론이다. 필요최저이윤의 원칙은 기업활동의 목적을 이윤의 극대화가 아닌 기업의 생존 그 자체(survival)에 필요한 이윤만을 추구하는 원칙이다. 기업이 생존하기 위해서는 다원적인 목적을 추구하기 위한 이익을 획득하지 않으면 안 된다. 다원적 목적을 추구하기 위한 이익이란 마케팅 목적(고객을 창조함), 생산성의 목적(생산재원의 이윤효율을 높임), 혁신(innovation)의 목적(경영관리의 모든 면의 혁신), 조직 유지의 목적과 수익성의 목적(위험 보상에 필요한 최저이윤의 확보와 성장) 등에 부합되는 이익을 의미한다.

최저필요이윤 항목은 당기비용과 미래비용이 있다. 당기비용은 당기에 발생한 모든 생산원가와 사내유보금 및 배당금을 포함하며, 미래비용은 설비대체비용, 구식화에 대비한 진부화비용, 시장위험비용, 불확실성비용 등을 포함한 비용이다.

기업은 생존에 필요한 최소한의 이윤을 창출함으로써 고객창조를 위한 사회적 기관으로서의 존속이 가능해 진다.

3) 만족이윤의 원칙

만족이윤의 원칙은 기술(記述)적인 행동과학의 입장에서 근대조직론으로부터 나타났다. 만족이윤의 원칙은 기업의 장기생존을 보증하도록 충분히 높은 수준의 이윤을 추구하

---

20) Drucker, Peter F., 1993, *Post-Capitalist Society*, New York: Haper Collins.

는 원칙이다. 기업의 이윤결정은 경영조직 속에서 행해지는 한, 현실적으로 이윤 결정과정에서 이윤의 극대화를 꾀하더라도 그 실현은 불가능하며, 실제적으로 만족이윤을 추구할 수밖에 없게 된다.

기업의 만족이윤 수준은 과거의 정상이윤과 비슷하거나 그것보다 크지 않으면 안 된다는 두 가지 조건에 의해서 결정된다. ① 만족이윤은 기업의 장기생존에 필요한 최저이윤 이상의 수준에서 결정된다. ② 만족이윤은 불변한 것은 아니고 가변적인 것이다. 즉 기업의 현재 이윤이 증가하거나 호황기일 경우 장래의 일정 시기에 대한 종업원의 욕구수준은 높아져서 만족이윤의 기준이 높아지게 된다. 또한 기술혁신이나 수요의 변화에 의해 높은 이익의 기회가 나타나는 경우도 마찬가지이다. 그러나 반대의 경우 이 수준은 저하될 것이다. 따라서 만족이윤은 기업의 욕구수준에 의해서 결정되는 것이다.

제4절 경영학의 학문적 특성

1. 경영학의 의의

경영학은 기업을 대상으로 하여 경제활동에 관한 일정한 목적을 달성하기 위하여 미시적 관점에서 합목적적으로 행동하는 방안을 연구하는 학문이다. 따라서, 경영학은 경영의 경제적 측면이 중심이 되고 있다.

경영학의 연구대상은 개별경제단위로서 기업이다. 기업에는 영리를 목적으로 하는 기업과 비영리를 목적으로 하는 기업이 있다. 이 중에서 경영학의 연구대상은 전자가 그 대상이 된다. 또한 기업에는 공기업과 사기업이 있는데, 그 중에도 사기업에 초점을 두고 있다.

경영학의 연구대상은 영리를 목적으로 하는 기업, 특히 사기업을 그 대상으로 하고 있으나, 학문의 특성상 그 원리는 많은 분야에 적용할 수 있는 학문이다. 즉 조그마한 슈퍼마켓의 경영에서부터 국가경영에 이르기까지 경영학의 적용원리는 비슷하여, 상황에 따라 변형하여 적용할 수 있으므로 폭넓게 적용할 수 있는 학문이라 할 수 있다.

경영학의 궁극적인 목적은 기업이 새로운 가치창출을 통하여 소비자 또는 국민에게 훌륭한 재화와 서비스를 제공하고, 나아가 대외 경쟁력을 높이는 데 있다. 그럼으로써 기업의 발전은 물론 국가의 부(富)도 함께 이루는 학문이다. 따라서 경영학은 자원과 노동 및 조직의 힘을 동원하여 그의 효율적인 활용을 지향하고, 무질서해 보이며 혼란스러운 인간사회를 일관성 있는 원칙에 따라 체계 있게 설명할 수 있는 억할을 하는 학문이다.[21]

경영학은 국민경제의 구성단위가 되는 개별경제를 연구대상으로 미시적 관점에서 추구하는 학문이다. 이와 같은 관점에서 볼 때, 경영학이란 경영체의 경영활동을 합리적으로 수행하기 위한 모든 법칙을 연구하는 학문이다. 경영학은 보다 구체적으로 경영을 종합적으로 이해하고 경영목표를 합리적으로 달성하기 위해 경영활동이 어떻게 수행되어야 하며 어떻게 합리적으로 관리하여야 할 것인가에 관한 행동원리를 종합과학적 입장에서 하나의 지식체계로 정리한 학문이다.

경영학은 경영목표 달성을 위해 조직의 가능한 기술적, 재정적, 인적 수단을 적절히 배합하여 모든 활동을 계획 · 조직 · 지휘 · 통제해 나가는 학문이다. 그런 의미에서 경영학은 실천과학임과 동시에 실천을 바탕으로 새로운 원리나 법칙을 끌어내는 이론과학이다. 즉, 경영학은 기업과 조직의 운영에 관한 실천론적 이론과학이다.

2. 경영학의 특성

1) 이론경영학과 실천경영학

경영학은 이론(theory) 중심의 이론과학 또는 순수과학으로서 이론경영학이다. 즉 경험적 사실을 분석하여 새로운 원리나 법칙을 끌어내는 것이다. 경영학은 현실에 존재하는 사실을 관찰하고, 예측하며, 연역하고, 가설을 검증하는 방법을 통해서 하나의 원칙으로 형성되는 학문이다. 그러나 경영학은 실제로 존재하는 기업의 목적이 어떤 방법과 수단에 의해서 달성되고 있는가를 밝혀내지만, 경영이 어떻게 되어야 한다고 하는 당위로서 목적의 합리성이나 당위의 가치는 제외된다.

경영학은 실천(practice) 중심의 실천과학으로서 실천경영학이다. 경영학은 경영목적을 달성하는데 실질적으로 유용한 제반 관리기술이나 처방을 규명하는 것이다. 즉 경영체가 가진 목적을 달성하기 위하여 가장 유익한 수단이나 방법을 선택하여 제시하는 응용과학의 특성을 갖는다. 이 연구는 규범론적 연구방법과 서로 통한다. 왜냐하면 규범적 연구방법이 단순한 경험적 · 논리실증적 연구방법과는 달리, 당위 또는 이상(理想)으로서의 최고의 가치규범을 추구하고 목적을 지향하거나 가치를 정립하기 때문이다.

---

21) 이승종 · 윤태평 · 정상철, 2003, 최신경영학, 청목출판사, 18.

2) 과학으로서 경영학과 기술로서의 경영학

현대경영학은 이론으로서의 경영학과 실천으로서의 경영학, 그리고 과학으로서의 경영학과 기술로서의 경영학이 아울러 가지고 있다.

경영학은 과학(science)이다. 과학이란 특정주제에 관한 일반적인 지식체계를 가져오는 체계적인 연구로서 경영학의 체계를 이룬다. 예를 들어 과학적관리법의 도입으로 경영학이 많은 발전을 이루는 경우이다.

경영학은 기술(art: 기법)이다. 기법이란 바라는 구체적 결과를 달성하기 위한 노하우로 질서정연한 사실체계와 원칙보다도 상상력, 직관력 및 관행을 보다 우선하는 것이다.

경영학은 이론적 학문으로서 특성을 지닐 때 경영실무가 지향하여야 할 비전을 제시한다. 또한 경영학은 실천적 학문으로서 특성을 지닐 때 이론을 바탕으로 실행에 옮김으로써 성과를 거둘 수 있는 처방전을 얻게 된다. 따라서 이론과 실천은 상호보완적 관계이다.

또한 경영학은 순수한 이론으로서 과학에 불과하다면 자칫 실제와 거리가 먼 공리공론이 될 것이고, 기술과학이나 논리실증주의를 떠나 경영자 개인의 경험이나 직관에 의한 기술에만 의존할 때 학문적 가치가 없을 것이다. 지식 없는 기술은 맹목적인 것이며, 기술 없는 지식은 무의미하다.

3) 경영학의 학문적 분류

학문은 과학이다. 학문은 세계와 인생에 대해 일정한 이론에 따라 체계화된 지식이다. 또한 과학은 세계와 인생의 진리에 대한 사랑에서 출발하여 어떤 영역의 대상을 객관적이고 계통적으로 연구하는 학문이다. 그러므로 양자는 동일한 것이다.

경영학은 사회과학(social science)의 한 분과이다. 사회과학이란 사회학이나 정치학처럼 주로 인간행동을 둘러싼 사회현상을 대상으로 한다. 즉 사회과학은 인간의 사회적 현상에 관한 과학적 연구를 총칭하는 학문이다.[22]

사회과학은 거시적 관점에서 형식(관념)과학이 아닌 현실(경험)과학에 속한다. 형식과학은 학문적인 내용이 철학이나 윤리학과 같이 현실의 대상과는 아무런 관련도 없으므로 현실에 견주어 실증(test)할 수 없다. 형식(관념)과학은 상식을 기초로 한 지식으로 보편타

---

22) 한희영, 전게서, 22~23.

당성이 있는지에 관한 검증을 위한 논리적 사고과정이 없는 것이다. 현실과학은 논리의 모순뿐만 아니라 현실과 합치여부를 실증해야 하며 또 실증할 수도 있다. 현실(경험)과학은 단순히 흩어져 있는 단편적인 지식을 모은 것이 아니라 어떤 법칙(진리의 원리)이나 법칙의 체계(진리의 이론) 등 진리를 탐구하는 데 있다.

형식과학과 현실과학은 일반적으로 다음과 같은 차이가 있다.

첫째, 형식(관념)과학은 대상의 존재를 밝히는 전체학문이고, 현실(경험)과학은 어떤 특정 연구대상에 관한 부분적 학문이다.

둘째, 형식(관념)과학은 본질을 연구하고 현상이 존재하는 이유와 현상의 통일성을 연구하는 학문이고, 현실(경험)과학은 현상과 법칙을 연구하는 학문이다.

셋째, 형식(관념)과학은 연구방법에 있어서 반성과 직관에 의존하고, 현실(경험)과학은 관찰, 실험 및 분석방법을 이용한다.

경영학은 기업 및 기타 조직에 관한 현상을 밝히는 데 그 목적이 있다. 따라서 경영학은 학문 중에서 현실과학이고, 현실과학 중에서 사회과학에 속한다. 이를 [그림 1-3]과 같이 나타낼 수 있다.

[그림 1-3] 학문의 분류

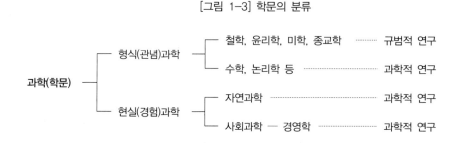

3. 경영학의 연구방법

경영학은 경영을 연구하는 현실(경험)과학이다. 경영학의 이론은 언제, 어디서, 누구에게도 적용될 수 있는 보편타당성이 있는 내용이어야 한다. 그러므로 경영학은 사회적 가치가 높은 학문이다.

경영학은 본래 경영의 실천 속에서 탄생한 실천과학적인 성격이 강한 학문이다.

경영학은 경영의 실무와 경험이 집적된 사례와 하나의 철학과 깊은 사색에서 나온 보편적이고 체계화된 사상이 봉합된 학문이나. 성영학은 경영실무상의 지도인리를 포함한 실천원리인 것이다.

경영학의 연구방법은 논리학의 연역법과 귀납법을 통해 설명될 수 있다. 연역법은 보편적 법칙으로부터 반드시 그렇게 된다고 하는 필연적 법칙을 도출하는 추리방법이다. 연역법은 기존의 이론(진리)에서 출발한다. 귀납법은 많은 개별적 사상으로부터 일반적 법칙을 도출하는 추리방법이다. 따라서 귀납법은 현실의 관찰에서 출발한다.

경영학의 연구에는 경험대상(론)과 인식대상(론)이 있다. 전자는 일상의 경험으로서 후자는 논리적 통일체로서 문제점을 각각 파악하고 분석하며 체계화(구성)한다. 인식결과를 실천에 흡수하고, 다시 현실에 대한 피드백이 구성에 반영되어야 한다. 경영이론은 현실적 응용을 도모하고 행동결과의 검증을 통해 보다 더 체계적인 이론을 도출할 수 있도록 노력해야 한다. 즉 이론 → 현실 → 실행 → (검증) → 이론의 절차를 반복함으로써 이론과 실무의 발전을 도모할 수 있다. 또한 어떤 경영이론이든지 그것을 불멸의 이론으로 볼 것이 아니라 현실의 직관, 보편타당성, 검증가능성의 관점에서 새로운 이론을 재구축하도록 노력해야 한다.

경영학의 발전

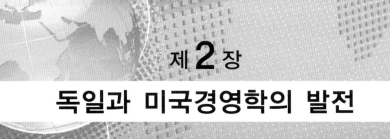

제 2 장
독일과 미국경영학의 발전

제 1 절 경영학의 발전사

1. 경영학사

경영학사(經營學史)는 문헌사적 경영학사(경영학설사)와 문제사적 경영학사(일반경영학사)가 있다. 전자는 주로 학자들의 비중이 큰 문헌을 중심으로 한 학설사적인 고찰이고, 후자는 주로 시대별의 특징이나 역사적인 배경에 따른 시대적인 고찰이다. 경영학사의 연구는 이 두 관점을 서로 번갈아 가며 설명하는 것이 보다 더 바람직하지만, 전자 위주로 설명하기로 한다.

2. 독일경영학과 미국경영학의 특성

경영학은 독일경영학이 먼저 태동하였다. 그 후 약 230년 뒤에 미국경영학이 나타나게 된다. 독일경영학은 주로 학자중심으로 시작되어 이론이 강한 학풍을 지니고 있다. 그러나 미국경영학은 실무의 필요에 따라 연구된 것들을 다시 학자들에 의해 정리된 이론이므로 실천이 강한 학풍을 지니고 있다.

독일경영학은 이론적이고 정태적이며, 미국경영학은 실무적이고 동태적이다. 즉 전자는 노동력이나 생산수단을 결합하여 산출물을 생산해 내는 기술로서 정보활동, 인간활동 등으로 구성된 하나의 시스템이고, 후자는 목표를 달성하기 위해 모든 자원을 효율적으로 활용하는 과정으로서 사람을 통해 일을 성취하는 기술이다.

제 2 절 독일의 경영경제학

독일경영학은 주로 학자인 사봐리, 말페르거, 루도비치, 로이커스 등을 중심으로 시작되어 이론이 강한 학풍을 가지고 있다. 역사적으로 독일경영학은 상업학, 상업경영학, 공업경영학 등 3개의 지식 원천을 갖고 있었다(상업학의 전사). 그래서 독일경영학은 경제학으로부터 독립을 주장하면서 독자적인 이론체계를 세우겠다는 학구적인 노력이 이런 학풍을 형성하게 만들었다고 할 수 있다.

독일경영학은 관방학(정부재정관리 기술서)에서 출발해 상업학, 사경제학을 거쳐 경영경제학(Betriebswirtschaftslehre)으로 발전되었다. 경영경제학은 이론을 중심으로 하면서 규범성을 강조하고, 경제이론을 분석도구로 활용하여 경영의 대응책을 모색하는 학문이다.

1. 독일경영학의 형성

1) 상업학의 전사(前史)

독일상업학의 전사(前史)는 1675년 이전이다. 중세에 있어서 이탈리아는 동양과 서양의 문물교류지이므로 세계상업의 요람이었다. 따라서 상업경영에 관한 문헌사적 발단은 15세기에 이탈리아가 중심이었다.

이 때 이탈리아인 페골로티(Pegolotti)가 수기(手記)로 작성한 문헌 '상업경영'이 나오고, 그 후 활자로 인쇄된 가장 오래된 문헌으로 파치올리(Pacioli)의 '산술, 기하, 비(比) 및 비례의 총람(1494)'이 발간된다.[1] 그의 문헌은 최초로 복식부기에 관해 서술되고 있어서 상업학사에 획기적인 업적의 하나로 꼽힌다.[2] 그러나 이 모든 문헌은 한결같이 상업에 관한 단편적이며 수기적인 성격의 것일 뿐, 하나의 학문으로서 체계화시킨 '과학으로서의 상업학'에 관한 것들은 아니었다.

2) 상업학의 확립

독일상업학의 확립기는 1675~1804년이다.

---

1) 미야타 야하치로 (김영철 역, 2001), 경영학 100년의 사상, 일빛, 73.
2) 한희영, 1992, 경영학총론, 다산출판사, 61~63.

중세 이탈리아는 상거래 내지 상업경영에 관한 일체의 폭넓은 지식이나 경험이 전승
되어 온 나라였다. 그러나 상거래 내지 상업경영을 체계화하여 발전시킨 사람은 프랑스
인인 사봐리였다. 사봐리(J. Savary)는 상업의 실체를 익히고, 이를 학문적으로 체계화시키
기 위해 이탈리아로 가서 직접 견문과 지식을 습득하였다. 그리하여 사봐리는 1675년에
'완전한 상인'을 출간하게 된다. 즉 오늘날 경영학의 전신인 상업학에 관한 최초의 문헌
을 출간한 것이다. 이 저서는 문헌사적 경영학사의 기점이자 '경영학 자체의 기원'으로
보고 있다. 이 저서의 내용은 상업주체로서의 상인론이자 상업형태론과 그 객체를 다루
는 상품론으로 쓰여져 있다. 그 외에 외국상업(무역)에 관해서도 광범위하게 설명하고 있
다. 따라서 이 저서는 독일에 있어서 오래도록 최고에 속하는 그나마 유일한 전문서(專門
書)였다. 그래서 독일경영학뿐 아니라 세계경영학은 사봐리를 '경영학의 시조'로 삼고 있다.

그 후 독일은 말페르거, 루도비치, 로이크스로 이어지는 상업학의 확립시대가 열린다.
말페르거(P.J. Marperger)는 독일 최초의 상학자(독일경영학의 선구자)로서 사봐리의 상업학
번역과 상업교육용 사전(1717)을 비롯한 50여권의 문헌적 업적이 있으나 단순히 사봐리
상업학의 모방이나 보완이라는 평가를 받고 있다. 또한 루도비치(K.G. Ludovici)는 1752년
에 상인사전(완전한 상인의 실천 중심에다 이론을 추가) 등을 저술하여 상당히 독창적인 독
일상업학을 확립시켰다. 그리고 로이크스(J.M. Leuchs)는 1804년에 '상업체계(상인, 상업기
관, 상업기능 포함)'를 출간함으로써 이론과 실제에서 상업학을 학문으로써 체계화시켰다.[3]

사실 독일경영학은 유럽에서 가장 먼저 상업이 발달한 이탈리아에서 시작되었고, 프랑
스인 '사봐리'에 의해 처음으로 상업학(오늘날의 경영학)의 학문적 기틀이 마련되어 원조가
되었다. 따라서 프랑스인 사봐리가 독일경영학의 원조가 된 까닭은 독일인의 진지한 학
구적인 기질과 오래도록 모든 경영학 저술의 원천이 되어 모범이 되었기 때문이라고 할
수 있다.[4]

독일은 로이크스의 상업체계 발간 이후 약 100년 동안(1804~1898) 경영학에 관한 아
무런 문헌도 출판되지 못해 '경영학의 암흑시대'라 부른다. 경영학의 암흑시대가 나타난
까닭은 사회 분위기가 영국에서 나타난 산업혁명의 영향으로 생산을 위한 공업학에 관심
이 집중되었기 때문에 매매(賣買)를 주로 다루는 상업학의 존재가 무의미했기 때문이었
다. 즉 이때는 대량생산으로 나온 신제품이 나오기만 하면 저절로 팔렸기 때문에 매매에
관심을 둘 필요가 없었다.

---

3) 한희영, 1992, 전게서, 57~67.
4) 한희형, 1992, 전게서, 66~67.

2. 독일경영학의 발전

1) 경영경제학의 형성

독일경영경제학의 형성기는 1900~1910년이다.

경영경제학은 오랜 침묵을 깨고 1898년부터 독일뿐만 아니라 스위스, 오스트리아 등에서 상업학의 재건을 위해 거국적이며 적극적인 활동을 벌이기 시작하였다. 독일은 국가 차원에서 상업교육기관이 재건되고, 각지에 대학수준의 각급 상업교육기관이 처음으로 설치된다. 이를테면 세계 최초의 상과대학 라이프찌히대학과 쾰른대학이 설립되었다.

특히 독일은 1903년 독일상업교육협회가 주최하여 공모한 현상논문에 스위스인인 곰베르히(L. Gomberg)의 '상업경영학과 개별경영학' 논문이 당선되었다. 곰베르히는 이 논문에서 경영학의 학명을 '개별경제학'으로 불렀다. 그는 개별경제학이 전체경제(국민경제학)에 대응하는 개념으로 개별경제를 연구하는 학문으로 규정하였다. 곰베르히는 개별경제학의 핵심이 계산제도(회계학: 부기와 원가계산)에 있다고 주장하면서 상업경영학에다 공업경영학을 추가할 때 더 완전해 진다고 주장한다. 계산제도란 경영활동의 원인(비용)과 결과(이익이나 손실)를 측정하는 기준이 되는 것이다.[5]

2) 경영경제학의 정착

독일경영경제학의 정착기는 1910~1930년이다.

경영경제학은 곰베르히의 연구업적을 계기로 불과 2년(1910~1912년) 사이에 통일적인 관점에서 경영경제학의 전체적 문제의식을 제고시킨 역작들로 가득 찼던 시대이므로 '경영경제학의 개화기'라 부른다.[6] 또한 독일 경영학사에서 그 유명한 방법논쟁이 시작된다.

(1) 1차 방법논쟁

1차 방법논쟁은 학문적 성격규명에 관한 논쟁이 1912년에 시작되었다. 바이어만과 셰이즈(M. Weyermann & H. Schönitz)와 슈말렌바하(E. Schmalenbach) 간의 이론(순수)과학(과학론)과 실천과학(기술론)의 논쟁이다.

바이어만과 셰이쯔는 경영경제학(상업경영학)을 사적인 경제주체의 수익창출을 위한 경

---

5) 한희영, 1992, 전게서, 73~76.
6) 한희영, 1992, 전게서, 77~78.

제행위로서 '과학적 사경제학'이라 부르면서 '과학론'을 주장하였다.[7] 그들에 의하면 기술론은 당위론(Sollen)으로서 실천적 이윤증대론적 입장을 견지하여 보편타당성이 없으므로 비과학적이고, 과학론은 존재론(Sein)으로서 확인·해명·비교할 수 있어서 과학적이라고 주장하였다.[8]

슈말렌바하는 사경제학이 주어진 목적 달성에 유용한 실용적 수단을 경험에 입각하여 제시하는 응용과학이므로 '기술론'이 되어야 한다고 맞선 것이다. 슈말렌바하는 사경제학이 이익 추구를 원리로 하여 오로지 이익 추구의 수단에 대한 연구에만 몰두한다면, 그것은 '돈벌이 이론'에 불과하다고 주장하면서 기술론의 유익성을 주장하였다.

1차 방법논쟁은 '기술론'이 우세로 끝이 났다. 슈말렌바하는 근대회계학의 기초를 쌓은 사람으로서 재무상태표는 재산의 표시가 아니라 정확한 손익계산(손익계정)을 목적으로 해야 한다고 하면서 '동적 재무상태표론'을 주장한다. 손익계정은 어느 계산기간에 손익의 움직임을 종합한 모습이고, 재무상태표는 손익의 움직임이 발생한 상태를 나타낸다.[9] 따라서 슈말렌바하를 중심으로 기술학파가 형성된다. 기술학파(슈말렌바하 중심)는 이론적으로 사회과학방법을 인정하나, 기술론적 가치판단을 중심으로 연구하는 학자들이다.

슈말렌바하는 개별경제학의 핵심을 계산제도(회계학), 즉 부기와 원가계산 등에 있다고 주장하면서 이에 관한 이론과 실제를 강조하였다. 이것이 계기가 되어 개별경제학의 명칭이 '사경제학'으로 불리워지고, 때로는 경제적 경영학, 경영과학 등의 명칭으로 섞어서 불리어진다.

독일경영학은 1920년 이후부터 정식명칭이 '경영경제학(Betriebswirtschaftslehre)'으로 통일되어 오늘에 이르고 있다.[10]

(2) 2차 방법논쟁

2차 방법논쟁은 1928년에 시작되었다. 이 논쟁의 발단은 리이거(W. Rieger)가 그의 저서 '사경제학입문'에서 수익성을 지도원리로 하는 기업이론, 즉 순수이론과학으로서 사경제학을 제창하면서 경영개념은 연구대상에서 제외되어야 한다고 강조한 데서 비롯되었다. 이에 대해 슈말렌바하를 선두로 한 지버(E. H. Sieber)와 셴플루크(F. Schönpflug)가 경영경제학은 응용과학이므로 경영개념을 연구대상에 포함시켜야 한다고 맞서면서 시작되

---

7) 오상락, 1992, 경영학원론, 박영사, 75.
8) 소진덕, 1988, "경영학의 회고와 전망", 한국경영학 30년, 서울대학교출판부, 13.
0) 미야다 하마시도 (심녕설 낙, 2001), 전게서, 76.
10) 한희영, 1992, 전게서, 76~77.

었다. 이 방법논쟁은 뚜렷한 결론이 없었다.[11]

3) 경영경제학의 발전

독일경영경제학의 발전기는 1930~1950년이다.

독일경영경제학은 종전의 관점과 다른 두 가지 뚜렷한 학파적 흐름이 형성되었다.

하나는 슈말렌바하(E. Schmalenbach)[12]를 중심으로 한 '경험·실증적 흐름'이다. 그는 존재론(Sein: 자인)의 사고방식, 즉 있는 것(존재하는 것) 그대로 다루어야 함을 강조하였다.

다른 하나는 니클리슈(H. Nicklisch)를 중심으로 한 '윤리·규범적 흐름'이다. 그는 당위론(Sollen: 졸렌)의 사고방식, 즉 윤리적·도덕적인 것을 바탕으로 규범을 만들어 놓고 여기에 모든 경영활동의 초점을 맞추어야 함을 강조하였다. 즉, 니클리슈는 '상업 및 공업의 사경제학으로서의 일반상인 경제학(1912)'에서 경제성을 내세우면서 그것과 수익성과의 조화를 강조한다. 종전에 나타난 상업경제학의 기업중심개념은 수익성 원리였으나, 니클리슈는 기업개념보다 경영개념에 수익성보다 경제성에 두고 있다. 따라서 기업가와 노동자의 공정한 배분을 규범으로 보고 있다.[13]

규범학파(니클리슈 중심)는 사회과학의 이론 및 방법론과 별도로 가치과학적인 경영학의 이론 및 방법론을 확립하고자 하는 학자들이다.

독일경영경제학은 초기에 슈말렌바하가 이끄는 기술학파가 니클리슈에 의해 주도된 윤리·규범적 흐름(학파)을 압도해 왔다. 그 이유는 윤리·규범학파에서 주장하는 윤리적 규범, 즉 윤리적 가치판단이 객관적으로 논증할 수 없기 때문이다. 그러다가 1933년부터 1945년까지 히틀러(A. Hitler)의 국가사회주의의 영향을 받아 그 본질은 다르지만 윤리·규범학파가 주도하는 시대가 되었다.[14]

4) 경영경제학의 심화

(1) 독일경영경제학의 심화기

독일경영경제학의 심화기는 1950~1970년이다.

---

11) 한희영, 1992, 전게서, 78~79; 오상락, 1992, 전게서, 75.
12) 슈말렌바하는 처음 기술론을 주장하였으나, 종전의 기술론과 과학론의 논쟁이 아닌 새로운 윤리·규범적 흐름이 나타남으로써 기술론과 과학론을 통합한 경험·실증적 흐름을 강조하면서 당위론에서 존재론으로 바뀌게 된다.
13) 오상락, 1992, 전게서, 71~72.
14) 한희영, 1992, 전게서, 79~82.

독일경영경제학은 1945년 2차대전 후 윤리·규범적 흐름이 퇴조하고 새로운 학문적 자유를 되찾으면서 심오한 발전의 계기를 맞는다. 1950년 무렵에는 이론 중심이던 경영학이 전후 서독 경제의 부흥과 맞물려 실천중심으로 발전되어 간다. 더욱이 1950대에는 조직이론·생산이론·원가이론·판매이론·투자이론 등 기업의 각 실천영역에 있어서의 연구가 점차 심화되기 시작한 것이다.

독일경영경제학은 사회적 시장경제를 배경으로 한 경험·실증학파가 주도하여 이제까지 부분적 연구에서 하나의 일반적이고 통일적인 관점으로 체계화되었다. 여기에서 사회적 시장경제란 전후 서독 경제체제의 원리로서 새로운 경제질서 형성을 의미한다.

독일경영경제학의 사회적 시장경제는 다음과 같은 3대 특성이 있다. 첫째, 경쟁질서를 유지하고 형성하는 것이다. 이는 사회적 시장경제체제의 근간이 되고 있다. 둘째, 국가와 사회적 개입을 규제하는 것이다. 국가나 사회는 시장경제 실행과정에 방해되지 않는 수준에서 수정할 필요가 있을 경우 개입이 용인된다. 셋째, 기업의 정책결정이나 생산수단의 사적소유가 유지·확대되고, 나아가 사회 및 경제 정책에도 확대·적용된다.

(2) 3차 방법논쟁

3차 방법논쟁은 독일의 사회적 시장경제체제 환경 하에서 새로운 논문들이 1948~1951년 사이 수없이 발표되면서 일어난다. 3차 방법논쟁은 구텐베르히(E. Gutenberg)에 의해 1952년에 시작되었다.

구텐베르히는 경영경제학의 학문적인 본질을 경험·실증적 관점으로 파악하면서도 이론과학으로 간주하였다. 또한 구텐베르히는 경영경제학을 국민경제학적인 영역의 일부로 보면서 순수이론과학으로만 정의하고, 경영문제해결의 분석도구로서 이용하고자 한 것이다. 이에 대해 슈말렌바하의 기술론을 계승하는 멜레로비치(K. Mellerowicz)는 심하게 반박한다.[15]

(3) 구텐베르히와 멜레로비치의 경영경제학

구텐베르히는 그의 저서 '경영경제학 원리'(1952)를 생산론, 판매론, 재무론 순으로 거의 15년에 걸쳐 출간한다. 구텐베르히는 생산론에서 경영경제학의 성격, 방법, 체계, 지도원리뿐 아니라 경영경제학과 국민경제학과의 이론적 통합문제, 경영경제학의 수학적 기법 도입문제에까지 폭넓게 다루었다.

---

15) 한희영, 1992, 전게서, 84~86.

구텐베르히는 기업 경영을 경제성 원칙으로 삼고 '체제관련적 영리원칙과 자율원칙'을 기본적 지도원리로 하는 이론학파이다. 그의 이론은 1950~1960년대에 걸쳐 독일경영학계의 새로운 이론으로 자리잡게 된다. 이론학파는 사회과학의 이론과 방법론에 의존하여 체계화하고 분석하는 학자들이다.

멜레로비치는 응용 과학자 내지 실천중심 연구자로서 계산적 사고, 조직적 사고 및 공동 경제적 사고를 중시하였다.[16]

독일경영학은 슈말렌바하 이후 실천적 경영경제학의 조류가 오랜 전통을 이어왔으나, 구텐베르히의 탁월한 연구에 힘입어 자연히 이론 경영경제학의 흐름이 우세해지는 경향에 놓이게 된다.[17]

한편 독일경영학은 1970년대에 미국경영학의 경영과학(management science)이나 행동과학[18](behavioral science) 등의 영향을 받는다. 따라서 기술론 가운데 미국경영학의 영향을 크게 받은 학자들을 중심으로 경영과학파가 형성된다.[19]

5) 새로운 학문적 흐름

(1) 독일경영경제학의 새로운 학문적 흐름기

독일경영경제학의 새로운 학문적 흐름기는 1970~1980년이다.

독일은 1966~1967년의 대불황을 겪게 됨으로써, 지금까지 적용되어 왔던 구텐베르히 이론 중심의 사회적 시장경제체제가 근본적으로 동요하게 된다. 이러한 동요는 구텐베르히 경영경제학이론 자체의 동요를 의미하기도 한다.

(2) 4차 방법논쟁

구텐베르히 경영경제학은 기업의 경영을 사유·자율의 지도원리로 제시하면서 경영자의 단독의사결정 방식을 채택하였다. 따라서 구텐베르히 경영경제학은 기술학파는 물론이고, 심지어 이론학파에서 분파된 뉴른베르크 학파에서도 비판을 받았다. 이 과정에서 4차 방법논쟁이 불이 붙기 시작한 것이다. 이 논쟁은 1970년대에 시작되어 1980년대까지 계속되는데 이론학파와 기술학파 사이에 상대방의 문제를 지적하고 자기파의 장점을 주

---

16) 오상락, 1992, 전게서, 73.
17) 한희영, 1992, 전게서, 82~87.
18) 행동과학이란 인간 행동과 관련이 있는 여러 학문의 지식을 동원하여 과학적으로 조직관리와 관련된 행동연구, 경험적이고 실증적인 실험과 관찰, 그리고 사례연구 등도 함께 실시하여 하나의 통일적인 이론체계로 종합하려는 연구이다.
19) 한희영, 1992, 전게서, 89.

장하는 새로운 논쟁이다.[20]

(3) 새로운 학문적 흐름

독일은 다음과 같은 새로운 학문적 흐름이 나타나게 되었다.[21]

㈀ 독일경제체제의 구조적 변화

독일경제체제에 커다란 구조적 변화가 나타난다. ① 기업의 경쟁질서 유지와 형성이 후퇴하면서 극도의 기업집중이나 과점현상이 나타나기 시작한다. ② 사회적 개입의 규제가 해제되고, 국가가 불황에 따른 경제안정과 성장정책을 도입하며, 경쟁제한금지법의 개정과 환경문제의 처리 등에 개입하게 된다. ③ 기업의 정책결정이나 생산수단의 사적 소유를 제한하고 협조적인 노사관계를 위해 새로 마련된 공동의사결정이나 재산형성제도 등 노무자의 권리를 확대시킨다.

㈁ 구텐베르히 경영경제학 연구방법 비판

구텐베르히 경영경제학의 연구방법이 비판의 대상이 된다. 구텐베르히의 연구는 인간 도구적이고, 자본지향적이며, 지나치게 추상적이어서 현실적인 설명력이 부족하다는 비판을 받고 있다. 따라서 구텐베르히학파 중에서도 이런 문제점을 극복하기 위해 논리실증주의, 비판적 합리주의라는 새로운 과학이론이 등장하여 '뉴른베르크학파'의 흐름을 형성하기도 한다.[22]

㈂ 신규범주의 가치판단적 경영경제학 출현

70년대 들어 로이쯔벨거(E. Loitsberger), 슈테레(W.H. Staehle)에 의해 주창된 신규범주의 형태의 가치판단적 경영경제학이 나타난다. 신규범주의는 종전의 규범주의(주창자: 니클리쉬)보다 변화된 이론으로서 인간 자체의 문제, 소득 불평등 등 사회적 문제의 가치를 학문적 관점에서 판단하는 가치판단적 경영경제학이다. 즉 존재론(Sein)적 가치판단, 즉 합목적적 가치판단인 것이다.

㈃ 하이넨 의사결정론적 경영경제학 출현

독일경영경제학은 미국경영학의 학문적 영향력이 커지기 시작하여 하이넨(E. Heinen)의 의사결정론적 경영경제학이 나타난다. 의사결정론적 경영경제학은 미국의 조직론자들인 버나드(C.I. Barnard)와 사이몬(H.A. Simon)의 의사결정론(theory of decision making)[23]에

---

20) 한희영, 1992, 전게서, 89~90.
21) 한희영, 1992, 전게서, 90.
22) 한희영, 1992, 전게서, 88~89.

영향을 받았다(의사결정론은 행동과학에 의해 발전된 이론이므로 행동과학의 영향을 받았다고도 할 수 있음). 하이넨의 의사결정론적 경영경제학은 1966년에 출판한 그의 저서 '경영경제학: 의사결정론의 이론과 실제'에서 구체화되고 있다. 하이넨 경영경제학의 특징은 다음과 같다.

① 하이넨 경영경제학은 '인간'을 의사결정의 주체로서 파악하면서 경영경제의 모든 영역에 있어서 과학적 분석의 출발점으로 삼고 있다. 즉 경영자의 의사결정은 목표설정과 목표달성이 있는데, 목표설정의 의사결정은 어떠한 목표가 경영경제 활동을 통해 달성되어야 하는가에 대한 결정이고, 목표달성은 설정된 목표가 어떠한 방법을 통해 달성되는가에 대한 결정이다.

② 하이넨 경영경제학은 가치에 자유로우면서 '실천적 응용과학 기법'으로 전개되고 있다. 하이넨 경영경제학은 미국경영학처럼 그 자체가 지니는 비체계성, 논리적 비정합성이 존재하고 있다. 하이넨 의사결정론적 경영경제학은 경영경제학이라기보다 실천적인 과제의 해결을 위해 학제적 연구(interdisciplinary) 성격, 즉 '잡학' 성격의 학문관 때문에 독일경영학의 주류로 대접받지 못하고 있다. 즉 하이넨 경영경제학은 이미 구텐베르히가 노동급부, 경영수단, 원자재, 운영적 요소로서의 경영관리 등 4대 생산요소로 정한 것 가운데 '운영적 요소로서의 경영관리'로 여겨지고 있다. 따라서 하이넨 경영경제학은 독일 내에서 이론이나 과학일 수가 없다고 낮게 평가한 것이다.[24]

6) 현대의 경영경제학

독일의 현대 경영경제학은 1980년 이후이다.

독일 경영경제학의 학문적 주류는 대체로 이론파와 기술파로 크게 나누고 있다. 즉 구텐베르히 경영경제학을 계승하는 이론파와 슈말렌바하를 계승하는 기술론파 간의 방법논쟁이 계속되고, 하이넨 경영경제학을 계승하는 기술론파에 의한 미국경영학적 의사결정론과 행동과학 연구와 같은 성과를 흡수·확대하고 있다.

독일 경영경제학은 신규범주의 경영경제학이 새롭게 등장함으로써 영향력이 증대되고 있다. 경영경제학의 학파는 [그림 2-1]과 같다.[25]

---

23) 의사결정론은 일정한 목표를 설정해서 그 목표를 달성하기 위한 몇 가지 대안을 마련하여 이를 일정한 방법에 따라 서로 비교·평가함으로써 가장 유리하고 실행가능한 대체안을 선택하는 인간행동에 관한 이론이다,
24) 한희영, 1992, 전게서, 92~94.
25) 한희영, 1992, 전게서, 95.

[그림 2-1] 경영경제학의 학파

제 3 절 미국의 경영관리론

미국경영학은 현장 실무가인 테일러(공장기사), 포드(기술자), 페이욜(광산회사 최고경영자) 등이 중심이 되어 발전시켰으므로 응용과학, 즉 실용주의, 실천주의로서의 실무적인 성격이 강하다. 미국경영학은 경영관리론(business administration, business management)이라 불리어진다. 경영관리론은 기업경영에서 나타나는 문제를 해결하기 위한 방법을 모색하기 위해 실천적이고 기술적인 사항을 중심으로 연구하는 학문이다.

1. 표류관리

1) 표류관리의 의의

일반적으로 조직체의 관리는 예전부터 있어 왔다. 관리자체가 인간의 협동을 위한 것이라고 한다면 그것은 인류의 원시공동체에서부터 비롯된다고 할 수 있다. 따라서 경영학의 관리사상이나 관리기법은 고대 이집트나 중국에까지 거슬러 올라갈 수 있다. 그러나 고대의 관리는 현대의 그것과는 근본적으로 다르다. 왜냐하면 고대는 생산수단의 부족 등으로 공동체에 의해 공유되었으나, 기업의 형태를 갖춘 이후에는 생산수단의 사적 소유로 공장경영이나 기계생산 등에서 나타나는 문제를 다루고 있기 때문이다.

미국의 경제는 1850년대의 산업혁명을 거쳐 1860년대의 남북전쟁(1861~1865년) 후의 급속한 공업화 발전과정을 기점으로 하고 있다. 이 때 미국은 각지에 대규모 공장이 출현하게 되고, 급속한 공업화과정을 밟게 되면서 경영관리론이 나타나게 되었다.

표류관리(drifting management)는 1860년대에서부터 1910년까지의 경영학이 체제를 갖추지 못하던 시대를 의미한다. 표류관리는 경영을 체계화시키지 못하고, 업무를 그저 자기 방식대로 수행하는 관리를 말한다. 즉 경영자는 사전에 기업의 작업수행에 대해 표준을 제시하지 못하고 그의 경험과 주관에 따라 종업원들에게 업무를 수행하도록 유도한다. 그러므로 이를 '주먹구구식 관리'라 부르기도 한다. 따라서 표류관리는 단기적인 전망을 가지고 임기응변으로 관리하기 때문에 조직의 능률도 종업원의 만족도 높일 수 없다.

표류관리는 산업화의 초기나 창업초기의 가내공업(소기업) 등 가부장적 관리에서 나타나는 현상으로 인사뿐 아니라 다른 영역들도 이론과 기법이 제대로 형성되지 못하였다. 따라서 하루의 목표생산량에 대한 계획도 없고, 직무 간의 유기적인 조정도 불가능하여 작업자들의 조직적 태업(systematic soldiering)이 쉬운 상태였다. 기업은 이러한 문제를 해결하고 능률을 향상시키기 위한 방법으로 임금형태를 일급제에서 성과급제로 전환시켰으나, 작업자의 성과급제에 대한 불신으로 능률향상이 이루어지지 못하였다.

2) 능률증진운동의 전개

미국기업들은 모든 국가가 그랬던 것처럼 전통적으로 수공업에 의한 작업자의 숙련을 통해 발전되었다. 1860년대 미국은 산업혁명·남북전쟁 등으로 대규모 공장이 나타났지만 대량생산제도의 도입으로 다음과 같은 문제도 나타난다.

미국은 산업화 과정에서 대기업이 빠르게 출현됨에 따라 '노동력 부족문제'가 나타난다. 따라서 미국은 많은 기업 노동자들을 미숙련된 농촌 출신자나 이민자로 대처할 수밖에 없었다.

미국기업들 중 가내공업들은 대량생산제도의 도입 여파로 문을 닫게 되어 숙련노동자의 재취업문제가 나타난다. 또한 숙련노동자들은 대량생산체제 하에서 종전보다 노동의 질이 낮은 업무를 맡을 수밖에 없기 때문에 종전의 임금보다 낮은 임금을 받을 수밖에 없었다. 이에 따라 '임금인상 압력문제'가 나타난다.

이와 같이 노동력부족 문제는 숙련노동자를 미숙련노동자로의 교체에 따른 비능률 문제, 임금인상압력 문제는 근로자의 임금삭감으로 인해 조직적 태업에 따른 비능률 문제를 유발한다.

미국기계기사협회(The American Society of Mechanical Engineers, 1880년 설립)는 이러한 비능률 문제를 해결하기 위해 능률증진운동을 전개한다. 노동력부족 문제는 '인간노동의 능률화'로, 임금인상압력 문제는 '임금지불의 합리화'로, 전체적 비능률 문제는 '생산방식의 과학화'로 3대 목표를 수립하고 추진한다. 따라서 미국기계기사협회는 이 세 가지 문제를 근본적으로 해결할 수 있는 새로운 관점으로 '표준작업량'을 명확히 하였다. 즉 시간연구(time study)나 동작연구(motion study)와 같은 '과학적 방법'으로 과업(task)을 설정함으로써 태업문제를 해결하고 능률을 증진시키려는 노력이다. 이 운동은 미국산업계에서 처음으로 관리의 중요성을 인식시키는 데 큰 공헌을 하게 된다. 이렇게 해서 능률증진운동은 과학적 관리로 발전하게 된다. 능률증진운동의 3대 목표는 [그림 2-2]와 같다.

[그림 2-2] 능률증진운동의 3대 목표

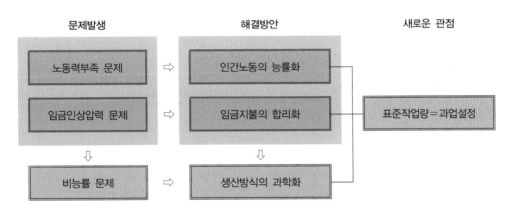

2. 전통적 관리론

전통적 관리론은 1911년~1930년대 발전된 이론이다. 이에는 과학적관리법, 일반관리론, 관료제론 등이 있다. 전통적 관리론은 고전적 관리론이라고도 한다.

1) 과학적관리법: 효율 · 합리성 강조

(1) 과학적관리법의 의의

경영이라는 말은 아주 옛날부터 있어 왔으나, 경영학은 테일러의 과학적관리법으로부터 출발하였다고 할 수 있다. 테일러는 미국의 공장 직장(foreman) 출신으로서 아담 스미스(Adam Smith)가 주장한 "분업을 통한 생산성 향상으로 기업의 발전을 도모하고, 나아가 국가의 부(富)를 이룬다."는 '국부론(The Wealth of Nations)'을 바탕으로 그의 이론을 전개하였다. 테일러는 미국기계기사협회의 일원으로 능률증진운동에 참여하여 '경영관리의 과학화'를 구체적으로 이루어 놓았다. 따라서 과학적관리법은 테일러가 이룬 큰 열매인 것이다.

과학적관리법은 1911년 철강회사의 기술자인 테일러가 자신의 경험과 연구결과들을 정리하여 과학적관리법의 원리(The Principles of Scientific Management)라는 저서를 출간하면서부터 비롯되었다.[26] 테일러는 이 저서의 출간으로 인해 미국경영학의 아버지로 불리어지고, 미국의 경영사상 및 실무에 대한 최대의 공헌자로 꼽히고 있다.[27]

과학적관리란 경영현상에 대한 체계적인 관찰, 실험 또는 판단으로 획득한 사실에 의해 형성된 표준을 근거로 하여 사업 또는 업무를 수행하는 방식이다. 즉 과학적관리는 사람과 일의 결합, 즉 '사람을 일하게 하는 기술'이다.[28] 과학적관리는 기업경영의 생산성 향상을 위한 생산관리의 강조(1900~1919년)를 의미한다고 할 수 있다.[29] 과학적관리법은 크게 과학적 작업방식, 합리적인 근로자 선발제도, 성과급제도, 분업적 관리 등의 내용으로 구성되어 있다.

또한 과학적관리법은 기존의 주먹구구식 관리에서 과학적 방식으로 변화, 노사갈등에서 노사화합으로 변화, 개인주의에서 상호협력주의로 변화, 동일임금에서 차별성과급으로 변화, 제한생산에서 최대생산으로 변화하였다. 테일러는 그의 과학적관리법에서 작업장의 감독자(하부층의 작업조직)들이 알아야 할 '공장의 효율적인 관리에 대한 기계적 접근원리'를 설명하고, 여러 가지에서 '합리화(과학화)'를 모색한다.

(2) 과학적 관리법의 주요내용

기업은 먼저 각 종업원들의 작업량을 명확하게 측정하기 위해 '과업'(task)을 설정한다. 기업은 이를 근거로 하여 과업관리를 실시한다. 과업이란 한 종업원에게 할당된 1일의 작업량으로서 필수적인 작업기준이다. 테일러는 그의 이론이 과업에 바탕을 두고 있으므로 '과업관리'라고 불렀다. 그러나 훗날 그의 후학들에 의해 '과학적관리법'이라고 불리어진 것이다.[30] 과학적관리법의 주요 내용은 다음과 같다.

㉠ 직무의 표준화

기업은 작업능률을 향상시키기 위해 '직무'(job)를 시간 — 동작연구에 의해 체계적으로

26) Taylor, F. W., 1911, *Principles of Scientific Management*, N. Y.: Harper & Row.
27) Wren, D. A. & Hay, R. D., 1977, "Management Historians and Business Historian: Differing Perceptions of Pioneer Contributions", *Academy of Historians Journal*, Sep.; 이순룡, 2006, 생산관리론, 법문사, 44.
28) 한희영, 1992, 144~145.
29) 조동성, 2008, 21세기를 위한 경영학, 서울경제경영, 286.
30) 한희영, 1992, 전게서, 114.

규격화하여 설계한다. 시간 및 동작연구는 일의 작업과정을 가장 단순한 기본적인 동작들로 나누고, 불필요한 동작을 제거하여 각 동작에 소요되는 가장 빠른 시간단위를 발견하려는 것이다. 즉 직무설계는 주로 표준화에 따라 이루어진다. 직무의 설계는 작업의 기획과 설계를 맡은 관리자 내지 기술자와 이를 실천하는 작업자가 서로 기능별로 분리하여 수행하지만 서로 협동함으로써 그 효과를 높일 수 있다. 또한 도구와 작업절차 역시 표준화가 이루어져야 한다고 하였다.

㉡ 작업자의 전문화

작업자가 작업의 능률 극대화를 이루기 위해 세분된 직무를 부여하여 '전문화'시킨다. 전문적인 직장, 즉 기능식 직장을 설치한다.[31] 기능식 직장제도는 시간 및 동작연구의 성과에서 비롯된 것이다. 기능식 직장제도는 기업을 직계조직(line organization)에서 기능조직(functional organization)으로 바꾸고, 경영자와 작업자가 각자의 직분에 따라 일하며 협동하도록 하는 제도이다. 또한 작업자가 직무를 잘 수행하게끔 배치와 훈련이 이루어져야 한다.

㉢ 차별적 임금제도

기업은 과업관리를 뒷받침해 주기 위해 '차별성과급제도'(differential piecework system)를 채택하고 있다. 차별성과급제도는 과업을 설정하고, 종업원들이 정해진 과업 이상을 달성했을 때 높은 임금(high pay to success)을, 과업에 미달했을 때 낮은 임금(loss in case of failure)을 주는 제도이다.[32] 과학적관리법은 작업자가 금전적 수입을 더 얻을 수 있을 때 그의 직무를 더 활발하게 수행한다고 보고, 성과와 비례하여 임금을 지불하도록 한 것이다.

이상을 요약하면, 과학적관리법은 직무를 분화하여 세분화하고(단순화), 세분된 직무를 규격화(표준화)시켜, 한 작업자에게 세분된 직무를 맡겨 빠른 숙련화(전문화)가 이루어지도록 한다. 이를 테일러리즘(Taylorism)이라고 한다.

㉣ 테일러의 철학사상과 과학적관리법의 장단점

테일러의 과학적관리법은 작업수행을 효율화하기 위해 표준 직무를 기계화(자동화)시킴으로써 대량생산을 가능하게 하고 단위당 생산비를 절감하여 생산성을 향상시킨다. 즉 기업은 총수익에 대한 인건비의 비율을 줄이면서 작업자에게 높은 임금을 지급할 수 있

---

31) 이원우·서도원·이덕로, 2009, 경영학의 이해, 박영사, 48.
32) 신유근, 2011, 경영학원론, 다산출판사, 43~44.

었다. 다시 말하면 '낮은 노무비(저노무비: 低勞務費)와 높은 임금(고임금: 高賃金)'을 실현시 킨 것이다. 따라서 테일러는 그의 과학적관리가 작업자들의 작업 능률과 기업의 생산성 을 향상시킬 수 있는 유일 최선의 방법(one best way)이라고 주장하고 있다.

과학적관리법은 작업의 과학화 등 기업에 많은 공헌을 한 것도 사실이지만 문제점도 지적되고 있다. 즉 이 이론은 대량생산으로 말미암아 전통적으로 중시되어 온 장인문화 가 상당히 훼손되었다. 또한 작업자들의 직무수행에서 그의 감정이나 정서를 무시하면서 지나치게 경제적 욕구를 강조하는 바람에 작업자를 기계와 같이 취급하였다는 비판이 있 다. 이를 인간 없는 조직이라고 한다. 즉 과학적관리법은 인간의 기본적인 욕구(예: 공정 한 보상 등)는 배려되었다 하더라도 인간의 존엄성과 자율성은 무시되고 있다. 다시 말하 면 과학적관리는 인간의 기계화, 인간성의 소외현상 발생, 노동착취, 노동자의 건강문제 발생 등의 단점이 있다.

(3) 과학적관리법의 발전

과학적관리법은 많은 연구자들에 의해 계속 발전되었다.

포드(H. Ford)는 테일러의 과학적관리법을 자기 자동차회사의 조립공정에 대량생산방식 인 이동조립법(moving assembly method)을 적용하여 능률을 획기적으로 향상시킨다.[33] 이 기법은 테일러시스템을 바탕으로 하여 대량생산을 능률적으로 향상시키기 위해 흐름작업 (flow work; 유동작업방식)을 통한 단일제품 생산과 이를 구현시키기 위한 수단으로서 제품 의 표준화가 그 핵심이 되고 있다. 즉 포드의 이런 사상을 포디즘(Fordism)이라 불리어지 는데, 대량생산을 위한 기본조건으로 3S를 채택하였다. 즉, 작업의 단순화(simplification), 제품의 표준화(standardization; 부품의 규격화), 기계 및 공구의 전문화(specialization)이다. 여기에 측정이라는 개념을 도입하여 수치화 및 통계적 접근을 시도하였다.

포드는 이동조립방식을 이용한 대량생산으로 노동능률을 높여 상품의 낮은 가격을 실 현하고(박리: 薄利), 나아가 많은 수량을 판매(다매: 多賣)하여 기업의 수익을 높임으로써 종업원들에게 높은 임금을 지급할 수 있게 하였다.

한편 포드는 기업을 봉사기관으로 정의하고 이의 실천을 기업의 사명으로 생각했다. 즉 포드는 기업을 소비자에게 낮은 가격(저가격), 종업원에게 높은 임금(고임금)으로 봉사 하는 기관이라고 보았다. 따라서 종업원들을 포함한 소비자들이 곧 사회이므로, 이들에게 봉사하는 기관으로 본 것이다. 이 봉사의 원리는 결코 이윤 그 자체를 부정하는 것이 아

---

33) 이순룡, 2006, 전게서, 44~45.

니라, 궁극적인 기업목적으로서의 이윤추구를 부정할 뿐, 봉사의 결과로서 얻어지는 이윤은 경영활동의 당연한 보수라고 보았다.[34)

테일러와 포드의 사상을 비교하면 <표 2-1>과 같다.

〈표 2-1〉 테일러와 포드의 사상비교

구 분		Taylor	Ford
내 용	이 념	작업의 과학화	사회에 봉사
	행동방식	저노무비, 고임금	저가격, 고임금

한편, 길브레스(F.B. Gilbreth) 부부는 작업의 동작을 연구(motion study)하였고, 간트(H. Gantt)는 작업시간 단축을 위해 시간연구(time study)의 일환으로 작업공정 합리화를 위해 간트도표(Gantt chart)와 최소임금제(the minimum-wage based system)를 만들어 작업관리를 과학화하였다. 간트도표는 업무활동을 요약하여 동시에 수행되어야 할 작업과 차례로 수행되어야 할 활동을 구별하는데 사용된다. 최소임금제는 작업자가 그날의 목표량을 달성하든지 달성하지 못하든지 최소한의 임금을 받을 수 있는 제도이다.

2) 일반관리론

페이욜(H. Fayol)은 일반적인 관리의 개념을 체계화하였고, 그의 저서 산업 및 일반관리(1916)에서 최초로 경영관리론의 원칙을 제시하였다. 따라서 그는 경영관리론의 참된 아버지라고 불리어지고 있다.

일반관리론(general management)은 경영자가 바람직한 직무수행, 바람직한 조직구성, 바람직한 운영을 위해 어떤 내용으로 구성되어야 하는지에 관한 이론이다. 페이욜은 일반관리에 대해 탁월한 연구를 한 일반연구자(general administrative theorist)이다. 테일러는 주로 기술적 내지 생산적 관리(하부층의 작업조직)라는 관점에서의 원칙만을 언급하였으나, 페이욜은 경영의 전체적 관리(전반관리, 최고경영층의 관리역할)라는 관점에서 원칙을 제시하였다.

페이욜은 일반관리론의 원칙을 제시하였다. 즉, '경영활동'을 기술(생산), 영업(마케팅), 재무, 보전(인사), 회계, 관리로 제시하고, 이 중에서 관리(administration)를 여섯 개 경영활동 중의 중요한 하나로 보았다. 그리고 관리는 예측(계획), 조직, 지휘, 조정, 통제해야

---

34) Ford, H., 1962, *Today and Tomorrow*, 137~152.

한다고 보았다.

경영활동과 관리활동

① 기술적 활동(생산, 제조, 가공) ② 영업적 활동(구매, 판매, 교환)
③ 재무적 활동(자본의 조달과 운송) ④ 보전적(保全的) 활동(재화와 종업원의 보호)
⑤ 회계적 활동(재산목록, 대차대조표, 원가, 통계 등) ⑥ 관리적 활동

페이욜은 관리의 일반기준을 제시하였다. 관리의 일반기준은 보편타당성 있는 관리의 일반원칙을 의미한다. 또한 관리의 일반기준은 관리원칙으로서 일반관리를 의미하기도 한다. 관리의 일반관리란 관리활동을 수행함에 있어서 따라야 할 일반적 규준을 의미한다. 이는 마치 선박의 항행에 있어 등대의 빛이 절대 필요한 것처럼 관리활동의 합리적인 수행에 없어서는 아니 될, 올바른 항로를 가리켜 주는 규준이라고 하였다. 그러나 기업에서 이 원칙을 적용할 때 제각기 조건의 변화에 따라 탄력성과 융통성 있게 적용할 수 있는 지침이라 할 수 있다.[35] 페이욜은 실무가로서의 경험을 바탕으로 다음과 같은 14개의 일반관리원칙을 제시하였다.[36]

일반관리원칙

① 분업의 원칙 ② 권한·책임 명확화의 원칙 ③ 규율유지의 원칙
④ 명령통일의 원칙 ⑤ 지휘일원화의 원칙 ⑥ 전체이익 우선의 원칙
⑦ 보수 적정화의 원칙 ⑧ 집중화의 원칙 ⑨ 계층화의 원칙 ⑩ 질서유지의 원칙
⑪ 공정의 원칙 ⑫ 고용안정의 원칙 ⑬ 창의존중의 원칙
⑭ 협동·단결의 원칙

관리원칙이란 관리활동의 능률적인 달성을 위한 하나의 지침이며, 관리활동이 행해지는 상황에 따라 적당히 적용될 규준이다. 이 원칙은 페이욜의 말대로 좋은 관리가 되기 위해 제각기 관리행위가 원리적인 것이어야 하고, 상황에 맞게 선택하여야 효과를 높일 수 있다. 다시 말하면 기업들은 이 원칙들을 경직되게 적용해서는 안 되고, 기업의 실정에 따라 유연하게 적용하여야 할 것이다. 이 원칙들은 과학적 검증을 거쳤다거나 실제조사를 통해 도출된 것은 아니지만, 페이욜이 관리자로서 오랫동안 조직관리의 경험을 통해 나온 결과이므로 상당히 신뢰할 수 있는 원칙이라고 할 수 있다. 또한 이 원칙들은 당시 경영학의 형성기에 알맞은 원칙이었을 뿐 아니라 최근에 강조되고 있는 원칙까지

---

35) 한희영, 1992, 전게서, 120.
36) 한희영, 1992, 전게서, 438~439.

포함되어 있다. 그러나 그 내용이 추상적이고 단편적이며, 원칙들 간에 중복되고 상충되며 지나치게 이상적이라는 비판도 있다.[37]

관리자는 신체, 도덕, 교육, 기술적 자질을 갖추어야 한다. 즉, 신체적인 자질은 건강과 기력, 정신적인 자질은 이해력과 판단력, 도덕적인 자질은 책임감과 충성심, 교육적인 자질은 자기직무와 직접 관련이 없는 일반지식, 기술적인 자질은 직무에 직접 관련되는 지식과 경험 등이다.[38] 이와 같이 페이욜은 관리기능과 원칙에 대한 전반적인 지식을 보유한 사람이라면 모든 조직을 관리할 수 있다고 하였다.[39]

3) 관료제론

관료제는 19세기 말 독일의 사회학자 베버(Weber)에 의해 확립되었다. 베버는 조직구성원들 간의 권력관계를 연구하여, 조직의 권한구조(authority structure)를 정립하였다.

관료제(bureaucracy)는 조직이 미리 규정과 절차를 정해 놓고, 모든 구성원들을 이에 따라 업무를 수행하고 행동하도록 하는 제도이다. 베버는 그 동안 사회조직이 전통적·세습적 혹은 카리스마적인 권력자에 의해 지배되어 온 경우가 많았기 때문에 많은 모순과 비용을 초래하였다고 보고, 미리 정해진 법과 규칙에 따라 운영되는 관료제 조직이 시대와 공간을 초월하여 언제 어디서나 가장 합법적인 운영 방법이라고 주장하였다.

관료제는 국가의 행정기관에서 사용되고 있다. 즉 관료제는 기능중심과 합법중심이다. 과학적관리에서처럼 세분화(분업)된 한 직무의 수행에서 출발한다. 먼저 수평적으로 단순하게 분화된 직위에서부터 차차 복잡한 기능이나 부서로 발전되고, 그 다음은 수직적으로 높아져 간다. 관료제의 주요내용에는 합법성의 원리, 분업의 원리, 정실배제의 원리, 고용보장의 원리, 수직 계층의 원리, 문서화·공식화의 원리 등이 강조되고 있다.

3. 인간관계론과 행동과학

인간관계론과 행동과학은 1930~1940년대 발전된 이론이다. 인간관계론은 행동과학으로 발전되어 인간에 대한 보다 정교한 이론으로 발전되었다. 인간관계론과 행동과학은 신고전적 관리론이라도 한다.

---

37) 한희영, 1992, 전게서, 121~122.
38) 신유근, 2011, 전게서, 46.
39) 이원우 외, 전게서, 2009, 54.

1) 인간관계론: 인간 심리와 인간관계 강조

(1) 인간관계론의 개념

인간관계론은 메이요(Mayo)와 뢰스리스버거(Roethlisberger)에 의해 정립된 이론이다. 이를 '인간관계론적 관리론'이라고도 한다.

인간관계론(human relations)은 조직구성원들의 심리적·사회적 욕구와 조직내 비공식적 집단 등을 중시하며, 조직의 목표와 조직 구성원들의 목표 간 균형을 유지하기 위해 조직을 민주적·참여적인 형태로 해야 한다는 이론이다. 인간관계론은 기술에 앞서 '사람과 그 행동'에 대해 연구한다.[40] 즉 인간관계론은 관리주체로서의 인간 자체나 인간 행동 연구에 큰 관심을 둔다.

인간관계론은 인간의 근로성과가 개인의 경우 동기화(motivation)에 영향을 미치고, 조직의 경우 사기(morale: 생산의욕·근로의욕=전체로서의 생산적·근로적 기풍유지와 향상)에 의해 좌우된다고 본다. 따라서 인간관계론은 조직구성원 전체의 사기 고양을 위해 필요한 모든 민주적 관리기법(제안제도, 상담제도, 고충처리제도, 권한위양제도)의 활용을 중시한다. 이 이론은 인간을 심리적 요인에 따라 작업자의 감정, 작업자의 작업상태(반복작업으로 나타나는 몸의 피로와 작업의 단조로움)가 생산성에 영향을 미치고, 사회적 요인에 따라 작업자와 친근자들(집단)과의 관계가 생산성에 영향을 미친다는 것이다. 인간관계론은 인사 및 조직관리의 강조(1919~1945)를 의미한다고 할 수 있다.[41]

(2) 인간관계론의 발전 배경

1930년대의 산업사회는 인간관계론이 나타날 수 있는 다음과 같은 토양이 마련되어 있었다.

첫째, 인간관계론은 외적으로 제1차 세계대전 이후, 미국에서 '노동조합이 대두되고 민주화 흐름'이 무르익는 시기에 나타났다. 즉 인간관계론은 제2차 산업혁명으로 대량생산이 나타나는 시기인 것이다. 1929년 대공황으로 엄청난 혼란을 겪고 있는 중에, 미국의 회는 경영자들의 노조활동을 제한하지 못하게 하였고, 단체협상을 의무화하도록 하는 법안을 통과시켰다. 이런 상황이 인간중심의 경영이론, 즉 인간관계론을 출범하도록 한 계기를 마련해 준 것이다.[42] 따라서 경영자들은 단순한 생산성 향상보다도 기업의 구성원

---

40) 이원우 외, 2009, 전게서, 54.
41) 조동성, 2008, 전게서, 286.

으로서 '인격적 대우'를 중시하게 되었다.[43]

둘째, 인간관계론은 내적으로 '과학적관리법의 반성과 개선의 필요'이다. 과학적관리법은 기업이 일의 '분업화(分業化)'를 통해 생산의 극대화를 이룰 수 있을지 모르지만, 생산현장에서 종업원을 생산의 한 부품으로 간주하였기 때문에 일에 대한 자긍심을 상실시켜 '인간성 상실'에 이르도록 만들었다. 그리고 그 당시 많은 기업들은 과학적관리법의 '차별 성과급제도'를 그대로 시행하고 있었으나, 아직 생산의 극대화를 이루지 못했고, 노사분규도 급증하여 매우 혼란스러운 상태였다.

이와 같이 인간관계론은 실질적으로 과학적관리법 시대의 이런 내·외적인 환경적 여건에 부응하기 위해 근로자의 심리적인 측면도 고려하기 시작한 것이다.

(3) 인간관계론과 호손공장 연구

인간관계론은 메이요와 하버드대학 그룹에 의해 1927년부터 1932년 사이에 미국 서부 전기회사의 '호손공장 연구(Hawthorne factory experiment)'가 발단이 되었다. 호손공장 연구는 4차례에 의해 진행되었다. 1차 실험(1924~27년)에서는 조명과 같은 환경의 변화, 2차 실험(1927~29년)에서는 임금인상이나 휴식시간 등 작업관련 요인들, 3차 실험(1928~30년)에서는 작업자의 태도나 감정, 4차 실험(1931~32년)에서는 사회적으로 인정받고 싶은 욕구 등이 생산성에 어떠한 영향을 미치는지 알아보았다.

예를 들어 작업자의 조명실험은 작업자의 심리적 요인이 생산성에 직접 영향을 주고 있음이 증명되었다.

일반적으로 생산현장에서 불의 밝기는 생산성에 비례한다. 그러나 호손연구에서 나타난 바와 같이 불이 어두운 상황에서도 작업자들은 회사를 대표하여 연구에 참가하였다는 자부심 때문에 긍지를 갖고 일한 결과 생산성이 도리어 상승하였다.

호손연구는 과학적관리법의 유효성을 실제로 검증할 목적으로 실시되었으나, 작업자 개인의 가치와 감정, 비공식조직의 영향 등에 대해 새롭게 인식하는 계기가 되었다.[44]

(4) 인간관계론의 내용

인간관계론의 내용은 다음과 같이 정리할 수 있다.

종업원들은 경제적 요인뿐만 아니라 '작업자의 정신', 즉 가치, 감정, 욕구 등과 같은

---

42) 신유근, 2011, 전게서, 49.
43) 조동성, 2008, 전게서, 286.
44) Roethlisberger, F. J. & Dickson, W. J., 1939, *Management and the Worker*, Cambridge, MA: Harvard University Press; 지호준, 2009, 21세기 경영학, 법문사, 68.

심리적 요인이 생산성에 직접적으로 영향을 준다. 인간관계론은 종업원의 동기부여 (motivation), 근로의욕(morale)을 핵심주제로 삼고 있다.[45] 사람들은 욕구가 있고 이 욕구를 어느 정도 충족시킬 수 있을 것이라는 기대가 있으면 '동기부여'가 나타난다. 또한 사람들은 기대수준에 도달하면 만족을 느끼고 다시 생산성을 향상시키려는 근로의욕(사기: high morale)이 나타난다.

종업원들은 '작업자의 작업상태', 즉 외부적으로 반복작업에서 나타나는 몸의 피로 등과 내부적으로 작업의 단조로움 같은 요인이 생산성에 직접적으로 영향을 준다. 기업의 모든 문제(사회문제까지 포함)는 궁극적으로 개인적인 것에 불과하다는 관점이다. 따라서 경영자는 노무자 개개인의 피로와 단조로움 등의 문제를 해결할 때 전체 경영관리의 능률이 크게 향상될 수 있다.

종업원들은 그들이 소속된 '비공식조직(informal group)의 역할(role)과 독특한 규범 (norm)'이 실제행동에 영향을 미친다. 개인은 비공식집단에 소속함으로써 공식적 조직구조로부터 받는 소외감을 극복하게 되고, 더 친밀한 행동기준을 발견함으로써 공식조직이 주지 못하는 심리적·사회적 욕구를 만족시키게 된다. 따라서 인간관계론자들은 종업원들의 직무성과에 더 큰 영향을 미치는 요인이 그들의 비공식적 관계로부터 더욱 확장하여 기업사회에서의 관계, 즉 '인간관계'에 있다고 인식하고 있다.[46]

종업원들은 경영자의 '가부장적 관리'가 영향을 미친다. 가부장적 관리는 경영자가 종업원들을 아버지처럼 보호해 주고 따뜻하게 대해 주는 관리이다. 가부장적 관리의 구체적인 관리방법은 온정과 회유를 위해 사용되는 '인센티브'와 권위를 세우기 위한 '교화'이다. 즉 가부장적 관리는 경영자가 주도하여 종업원들이 높은 만족을 느끼도록 하고, 기업에 충성하도록 하는 인센티브 방안으로서 우리사주 개설, 연금제도 도입, 작업환경 개선, 사원 공동주택설치 등의 사업을 실시하고, 종업원들을 교화시키는 방안으로서 도서관 설치, 휴양시설 설치, 각종 교양교육 등을 실시하여 종업원들의 수준을 중간계층 정도로 높이는 방식이다. 그럼으로써 경영자는 종업원들이 노동조합을 설치하지 않거나, 노동조합 가입률을 낮아지게 하여 생산성을 향상시킬 수 있다. 인간관계론의 내용을 [그림 2−3] 으로 나타낼 수 있다.

---

45) 한희영, 1992, 전게서, 139.
46) 박성환, 2014, 역량중심 인적자원관리, 법문사, 31.

[그림 2-3] 인간관계론의 내용

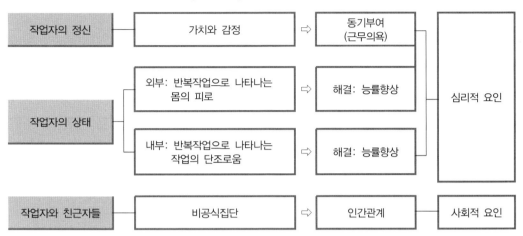

(5) 인간관계론의 비판

인간관계론도 다음과 같은 비판을 받고 있다.[47]

인간관계론은 과학적인 타당성이 없이 개인의 만족성과 비공식집단을 중시하였기 때문에 '전체조직의 행위를 너무 경시'하여 조직 없는 인간(people without organization)이라고 하였다. 따라서 만족만 하면 생산성이 증대되느냐, 기업에서 비공식조직이 존재하느냐 하는 의문에서부터 비공식조직이 있다하더라도 관리할 수 있느냐 하는 회의(懷疑)에 이르기까지 다양한 문제가 나타나기도 한다.

인간관계론은 인간의 본성에 대한 지나친 가정으로 '합리성을 경시' 하고 있다는 것이다. 따라서 인간관계론은 종업원의 비위나 맞추는 사탕발림 인사관리(soft management)이라고 하였다.

경영자는 인간중심적인 경영 및 조직이론을 다시 검토해야 할 필요성이 절실해졌다. 따라서 인간관계론은 과학적 타당성의 결핍을 보완해 주기 위해 행동과학으로 발전되고 있다.

2) 행동과학: 인간행동이론의 과학화

행동과학(behavioral science)은 인간행동과 관련이 있는 여러 학문을 동원하고 과학적인 조직관리와 관련된 행동연구, 경험적이고 실증적인 실험과 관찰, 그리고 사례연구 등

---

47) 신유근, 2011, 전게서, 50.

도 함께 실시하여 인간의 행동을 통합적이고 과학적으로 연구하는 이론이다. 즉, 행동과학은 인간의 행위에 대한 일반이론의 수립을 목표로 여러 인문사회과학분야, 예를 들면 심리학·사회학·인류학 등 여러 학문들에서 이룩된 행동연구를 하나의 통일적인 이론(지식)체계로 종합하려는 연구방법이다. 경영학에서 행동과학은 조직에서 인간행위의 정교한 지식체계를 구축하기 위한 연구에 기초를 이루고 있다.[48]

행동과학은 다음 두 가지의 기본적인 요건을 갖춘 이론이다.

첫째, 행동과학은 인간행위를 연구대상으로 한다.

둘째, 행동과학은 과학적접근법을 적용하고 있다. 과학적이라는 의미는 개인의 주관이 개입되지 않고 객관적인 방법으로 수집된 실증적 증거에 의거하여 인간행위가 일반화되었다는 것을 말한다.

행동과학에서 나오는 몇 가지 시사점을 살펴보면 다음과 같다.[49]

첫째, 조직구성원은 기본적으로 사회적 욕구에 의해서 근무의욕이 유발되며, 다른 사람들과 어울려 지냄으로써 자신의 존재를 확인한다.

둘째, 조직구성원은 경영자의 금전적 인센티브, 규칙 및 규정보다는 동료들의 사회적 영향력에 더 많이 반응한다.

조직구성원은 자신들의 욕구를 충족시키는 데 도움이 되는 경영자의 관리형태에 호의적으로 반응한다. 경영자가 종업원 관리에 이용되는 대표적인 행동과학이론은 다음과 같다.

맥그레거(D. McGregor)는 XY이론에서 인간을 전통적 인간개성관(X이론)과 새로운 인간관(Y이론)으로 나누고 Y이론으로 관리하여야 함을 강조하였다. X이론은 일을 싫어하는 등 성악설적 인간이고, Y이론은 여건만 잘 제공해 주면 스스로 열심히 일을 한다는 성선설적 인간을 말한다.

아지리스(C. Argyris)는 인간이 지니는 개성을 존중하면서 일에 대한 능동적인 동기를 부여해 주어야 한다고 하였다.

매슬로우(A.H. Maslow)는 인간의 욕구(needs) 내용에 따라 동기가 유발되는데, 그 욕구는 생리욕구·안전욕구·사회욕구·존경욕구·자아실현욕구가 단계별로 나타난다. 이를 '욕구 5단계설'이라고 한다.

허쯔버그(H. Herzberg)는 일에는 동기유발시킬 수 있는 일, 즉 인정욕구, 도전욕구, 성취욕구 등 내적 요인과 그렇지 않는 일, 즉 임금, 복지 등 외적 요인이 있다는 '2요인이

---

48) Luthans, F., 1992, *Organizational Behavior*, 6th ed. NY: McGraw-Hill Book Company.
49) 신유근, 1988, 조직환경론, 다산출판사, 59.

론'을 주장하였다. 전자를 동기요인, 후자를 위생요인이라 한다.

그 외 여러 리더십이론이 있다. 리커트(R. Likert)는 종업원의 참여를 중시한 리더십을 강조했고, 블레이크(R. B. Blake)와 모오튼(J. S. Mouton)은 '관리격자이론'에서 생산성의 관심과 인간성의 관심 등 두 요소 모두 높은 상태인 '이상형 리더십'을 강조하였다.

4. 조직 및 전반관리론

1) 조직 및 전반관리론의 개념

조직 및 전반관리론은 1940∼1970년대 전반에 발전된 이론이다. 조직관리론 및 전반관리론은 '근대적 관리론'이라고도 부른다.

조직관리론은 독일이 폴란드 침공(1939년 9월 1일)으로 인해 영국과 프랑스가 독일에 대해 선전포고를 함으로써 촉발된 제2차 세계대전의 영향이 크다. 즉 이 시기는 전쟁 중이므로 기업에서조차 개인보다 조직차원의 관리를 더욱 중시여겼던 것이다. 또한 조직관리론은 당시 기업들의 규모가 거대화됨에 따라 이를 효율적으로 관리하기 위한 방안으로 나온 이론이라고 볼 수 있다. 즉, 조직관리론은 기업들이 점점 거대화되어감에 따라 개개인을 대상으로 한 관리가 불가능하므로 조직차원에서 인적자본(human capital)을 효율적으로 활용하려는 시도라 할 수 있다.

앞에서 설명한 인간관계론은 기업조직에서 인간관계나 인간의 심리만을 지나치게 강조하다보니 능률을 높이기 위한 합리적 경영이 등한시 될 뿐만 아니라 공식적인 조직의 문제를 심도 있게 다루지 못하고 있다. 이는 마치 시내 교통사고 방지(생산성 향상)를 위하여 운전자(조직구성원)들만 똑똑한 사람들을 채용하고 만족하게 대우하려고 하면서 도로의 구조나 신호체계(공식조직)에는 신경을 쓰지 않는 것과 같은 것이다.[50]

조직관리론은 조직 자체를 연구대상으로 삼고 있으며, 개인목적과 조직목적이 서로 배치되는 경우 인간의 행동을 중시하면서 어떻게 합리적으로 해결해야 하는지에 대해 연구한다.

전반관리론은 단지 생산관리분야(제품과 서비스의 생산)나 인사관리분야에만 한정되지 않으며, 판매(마케팅)도 포함하는 종합적 연구(integrated approach)이다.

한편 1950년대부터 Operational Research(OR), 경영과학(Management Science)을 중심으로 계량경영학이 나타난다.[51] 따라서 조직관리론과 전반관리론은 계량경영학을 바탕으

---

50) 임창희 2006, 경영학원론, 학현사, 7.
51) 신유근, 2011, 전게서, 47∼48.

로 더욱 발전하게 된다. 그 후 컴퓨터의 실용화, 환경문제의 부각 등에 따라 더욱 발전하게 되었다.

이런 시대적 배경을 바탕으로 의사결정 연구에 몰두한 학자로는 조직관리론의 버나드(C.I. Barnard)와 사이몬(H.I. Simon), 전반관리론의 쿤쯔(H. Koontz)와 드러커(P. F. Drucker)를 들 수 있다.[52]

2) 조직관리론: 조직의 효율적 관리

(1) 조직관리론의 의의

조직관리론(organigational management)은 1940~1950년대에 발전된 이론이다. 조직관리론은 '조직론적 관리론'이라고도 한다. 조직관리론은 일과 사람을 똑같이 중시하면서, 일을 집행하기 위한 관리수단으로 그 기능 내지 과정의 테두리에서 벗어나 인간 자체나 인간행동 자체에 관심을 두는 관리이다.[53]

조직관리론은 1939년 제2차 세계대전 시작과 더불어 조직중심관리의 필요에 따라 시작되었고, 2차 세계대전 종료 후 전시 상품의 폭발적인 수요 종식으로 생산시설의 유휴화를 해결하기 위해 더욱 중시되었다. 기업들은 이런 상황에서 생산시설을 가동시키기 위해 소비자들의 잠재구매력을 실제 구매행위로 이어질 수 있도록 하기 위해 단순한 판매활동을 넘어서 소비자가 원하는 상품이 무엇인가를 파악하고, 이러한 요구에 부응하는 상품의 개발과 능동적인 구매력 창조를 위해 마케팅 활동이 필요했던 것이다. 조직관리론은 마케팅관리의 강조(1945~1958년)를 의미한다고 할 수 있다.[54]

조직관리론은 인간에 초점을 두되 공식조직에 큰 관심을 가진다. 전통적 관리론이나 인간관계론은 그 이론의 전개가 주로 대내적·부분적·정태적인데 반해, 조직관리론은 대외적·전체적·동태적이라 할 수 있다.[55] 조직관리론은 일과 사람을 함께 중시한다. 조직이란 곧 사람이며, 사람이 곧 관리의 주체가 되기 때문에 관리 이전에 사람 중심의 사고방식이 무엇보다도 가장 중요하다고 보고 있다. 따라서 조직관리론은 기업의 노사관계와 노동조합을 중시하고, 기업환경의 영향을 중시하고 있다. 조직관리론의 대표적인 학자는 버나드와 사이몬(C.I. Barnard & H.A. Simon)이다.

---

52) 한희영, 1992, 전게서, 146~150, 159~163.
53) 한희영, 1992, 전게서, 133, 162.
54) 조동성, 2008, 전게서, 286~287.
55) 한희영, 1992, 전게서, 134~135.

(2) 버나드의 협동체계적 조직론

버나드(C. Barnard)는 합리적 경영과 인간적 경영을 연결한 '협동체계적 조직론'의 중요성을 강조하였다. 경영학계는 이를 '버나드 혁명'이라고 부른다. 따라서 버나드는 '근대조직론의 아버지'로 평가받고 있다.[56]

버나드는 개인을 의사결정할 수 있는 존재로 보았다. 즉 개인은 의사결정 능력과 선택의 자유를 보유하고 환경의 변화에 적용해 가는 능동적인 행동의 주체자이다. 조직 속의 개인은 개인의 개인화(individualization) 측면과 개인의 비인격적 내지 사회화(socialization) 측면의 이중성을 가진다. 전자는 개인의 주관적 목적이나 동기를 달성하기 위해 행해지는 합리적 의사결정이지만, 후자는 조직의 참가자로서 조직의 객관적인 목적과 그 조직효과와의 관계로부터 행해지는 합리적 의사결정이다. 따라서 버나드는 조직 속의 인간을 조직과 개인과의 사이에 의식적이면서도 논리적인 관계에서의 의사결정자로 보고 있다.

버나드는 뉴저지 벨회사(New Jersey Bell) 사장으로서 자신의 경험으로 경영자의 직무를 분석하여 경영자의 역할(1938)을 저술하였다. 버나드는 그의 저서에서 조직구성원들의 영속적인 협동의욕의 필요성을 인식하고 '협동체계론'을 주장하였다. 조직이란 단순한 집단이 아닌 '협동체계'(cooperative system)이며, 인간행동으로 이루어지는 '상호작용시스템'이다.

버나드는 조직의 형성조건으로 '공통목적'(조직구성원들의 수용과 용인), '협동의욕'(충성심, 단결심), '의사전달'(필요한 정보의 전달)을 들고 있다. 또한 조직의 장기적인 존속조건(유지·발전 포함)으로 다음과 같이 조직의 균형이론(theory of organizational equilibrium)을 제시하였다.

첫째, 조직에서 개인의 공헌과 조직의 유인이 대내적 균형이 유지되면 조직의 효율(efficiency)이 높아진다. 조직의 효율이란 조직이 구성원들의 개인적 만족을 충족시켜 조직에 필요한 활동을 획득하기 위해 여러 가지 유인을 창출하여 배분하는 정도를 말한다. 따라서 효율의 원리는 조직이 개인에 부여하는 유인(inducement)과 개인이 조직에 제공하는 공헌(contribution)의 균형을 달성하는 원리이다. 조직균형이론은 개인과 조직에 대한 유인(inducement)과 공헌(contribution)의 균형을 유지시킴으로써 조직의 성장이 가능하다고 주장하는 이론이다.[57]

둘째, 조직에 공헌하려는 개인의 유인요인이 크고, 조직이 환경(투자자, 협력업체, 소비

---

56) 한희영, 1992, 전게서, 135.
57) 변싱우·원송하·전외술, 2022, 21세기를 선도하기 위한 경영학의 이해, 피앤씨미디어, 219.

자)과도 좋은 관계를 가져 대외적 균형이 유지되면 조직의 효과(effectiveness)가 높아지게 된다. 조직의 효과란 조직의 객관적인 목석을 효과적으로 달성하는 정도를 말한다.

따라서 조직은 대내적 균형과 대외적 균형이 서로 보완을 이룰 때 존속 내지 발전할 수 있다.[58]

(3) 사이몬의 조직적 의사결정론

사이몬(H.A. Simon)은 그의 저서 관리적 행동(administrative behavior, 1947)을 통해 '조직적 의사결정론'의 중요성을 강조하였다.[59]

사이몬은 조직이론을 의사결정의 개념 중심으로 재구축하였다. 사이몬은 관리(management)자체가 '조직적 의사결정'이라고 여겼다. 따라서 사이몬은 조직에서 합리적인 의사결정이 어떻게 해야 이루어지는가를 해명하는 이론을 정립하였다. 사이몬의 조직적 의사결정론은 의사결정 활동자체가 바로 경영활동이라고 여기고 기업의 커뮤니케이션을 통한 의사결정이 합리적으로 이루어지느냐 하는 문제를 경영의 핵심으로 보았다.[60] 의사결정은 일정한 목표를 설정해서 그 목표를 달성하기 위한 몇 가지 대안을 마련하고, 이를 일정한 방법에 따라 서로 비교·평가함으로써 가장 유리하고 실행가능한 대체안을 선택하는 인간행동이다.

사이몬은 경영자의 의사결정을 '바늘이론[61]'으로 설명하면서 '제한된 합리성(bounded rationality)'이 가장 현실적이라고 주장하였다. 제한된 합리성이란 어떤 의사결정에서도 정보수집의 제약, 정보평가의 주관성, 미래의 불확실성 등이 존재하기 때문에 절대적 합리성은 한계가 있으므로 제한적 합리성의 수준에서 의사결정을 할 수밖에 없다는 의미이다. 즉 경영자들이 의사결정을 할 때 지나치게 합리적(절대적) 의사결정을 고수할 경우 도리어 자료수집의 어려움과 비용의 과다 등으로 인해 비능률이 되기 쉬우므로, 적절한 수준에서 의사결정을 해야 한다는 것이다.

사이몬은 과학적관리법을 신봉하는 경영자들을 절대적 합리성만 추구하는 경제인 (economic man)들이라고 한다면, 제한된 합리성 내에서 의사결정을 해나가는 경영자들을

---

58) Barnard, C.I. *The Functions of the Executive*, 1938, 山本史次郎譯, 經營者の役割, 1968, 73~80.
59) 한희영, 1992, 전게서, 137.
60) 한희영, 1992, 전게서, 138~140.
61) 몇 달 전 짚더미에 던져진 바늘 한 쌈(성한 바늘도 있고 녹쓴 바늘도 있음)을 찾아 바느질을 하려 할 겨우 모든 바늘을 다 찾아 가장 좋은 바늘로 사용하는 방법(완전한 합리성)이 있으나, 여러 제약으로 쓸 만한 바늘(적절한 기준이상의 바늘)을 찾이 그 바느로 사용하는 방법(제한된 합리성)이 현실적으로 바람직하다는 이론이다.

관리인(administrative man)이라고 하였다. 따라서 그는 가장 좋은 바늘을 찾기 위해 온종일 허비하는 것보다 여러 한계 속에서 경험과 분석력을 기초로 상황 판단을 하면서 쓸만한 바늘을 찾는 의사결정이야말로 관리적 경험을 갖춘 훌륭한 경영자라야 가능하다고 보았다.[62]

개인이 조직의 일원으로서 수행하는 조직적 의사결정은 정서적 반응보다도 인지적·합리적 반응을 의미 있게 여긴다. 동시에 조직적 의사결정은 주관적·합리적인 선택이 강조되며, 조직이 제공하는 '유인'과 비교해서 조직에 참가하는 인간행동, 즉 '공헌'이 주요 관심의 대상이 된다(조직적 의사결정으로서 유인과 공헌). 이처럼 사이몬은 인간행동과 의사결정의 관계를 깊이 다루면서 개인은 행동을 하기 이전에 어떤 행동을 해야 하는가에 대해서 자기의 의사를 결정하게 된다는 것이다.

사이몬은 관리행동의 연구를 통해 '건전한 관리이론'(a sound theory)의 필요성을 강조하면서 '불변의 관리원칙'이 확립되어야 한다고 주장한다. 불변의 관리원칙(any immutable principles)이란 조직에서 적절한 행위를 보증하기 위한 방법과 과정이 중시되고, 일치된 행위를 확보하기 위한 방책에서 중시되는 기본적인 규칙이나 법칙이다. 이러한 행동 선택과정에서 의사결정(decision making)을 항상 중심에 두어야 한다.[63]

조직적 의사결정에는 조직 내부의 문제해결에서 의사결정을 중시하는 부류와 조직 외부환경의 문제해결에서 의사결정을 중시하는 부류가 있다. 전자는 인간행동학파(human behavior school)나 조직행동학파(organizational behavior school)로서 조직에 있어서 인간행동에 깊은 관심을 기울이면서 조직 전체의 동태적 현상을 해명하고자 하는 마아치와 사이몬이론의 전개방향을 의미한다. 후자는 의사결정학파(decision making school)나 제도학파(institutional school)로서 경제 사회의 환경 속에서 나타나는 문제를 해결하기 위해 기업 자체에 초점을 두고 주체적인 의사결정이나 행동을 해명하고자 하는 사이어트와 마아치이론(Cyert & March), 보니니이론(C.P. Bonini)의 전개방향이다.

제도학파는 인간행동에서 그 어떤 경제법칙을 모색하려는 제도론적 경제학의 한 분파이다. 이는 다음 두 가지로 설명할 수 있다.

첫째, 제도학파는 사회기구의 문화적 양식 또는 유형으로써 인간행위와 사고방식 형성에 중요한 요인으로 보고 있다. 이는 개인과 집단 및 사회의 특정 직능에 대한 일반적 사고방식이라고 보기도 한다.

---

62) 임상희, 2006, 선게서, 58.
63) 한희영, 1992, 전게서, 139～141.

둘째, 제도학파는 기업을 하나의 조직으로서가 아니라 사회에 있어서의 하나의 제도로 보고 있다. 이는 법률, 규칙, 수속 등의 일정한 틀을 의미하는데 때로는 대학, 병원, 은행, 주식회사 등을 지칭하기도 한다.

3) 전반관리론: 조직 전체의 효율적 관리

(1) 전반관리론의 의의

전반관리론(general management)은 1950년대 전후로 시작되어 1970년 전반에 발전된 이론이다. 전후, 성장을 지속해 오던 미국경제는 1959년부터 불황국면에 들어서게 되었다. 전반관리론은 경제적 불황기의 기업들이 미래의 시장 경기예측에 지대한 관심을 갖게 되었고, 이러한 역할을 담당하는 기획실제도가 많이 도입되어 전체적 통합을 중시하는 관리이다.

1960대 초반 기획실에서 수행한 경기예측은 통계적 기법을 통한 계량적인 예측이 아니라, 단기적으로 투하된 생산시설의 조업도를 경기예측에 따라 효율적으로 조절하고, 장기적으로 생산시설의 증설 및 감축과 이에 따른 자금수요를 예측하여 효율적인 자금조달의 선택에 초점을 맞춘 계획업무였다. 전반관리는 '기획관리의 강조'(1959~1972년)를 의미한다고 할 수 있다.[64]

전반관리론은 일과 사람의 통합이론이자 실제이다. 조직관리론이 조직부분에만 관심을 기울리는 일면적이었으나, 전반관리론은 조직관리론에다 전통적 관리론과 인간관계적 관리론의 장점을 보완한 다면적 성격의 이론이다. 즉 전통적 관리론 및 인간관계적 관리론의 생산지향적·조직능률지향적 측면에다 시장관리나 마케팅관리를 포함하여 전반분야의 '통합관리(general management approach)를 강조'한다. 전반관리는 생산관리(생산지향적)·조직관리(능률지향적) 측면에다 마케팅관리(시장지향적)를 포함한 다면적인 성격의 관리론이라 할 수 있다.[65]

전반관리론의 대표적인 학자는 쿤쯔(H. Koontz)와 드러커(P.F. Drucker, 1993)이다. 이들은 50년대에서 80년대 전반에 이르기까지 훌륭한 업적을 남긴 논리정연한 대가였다.

(2) 쿤쯔의 경영관리 정글론

1960년대 초부터 미국의 경영이론들은 새로운 어프로치(new approach)에 이은, 또 다

---

64) 조동성, 2008, 전게서, 286~287.
65) 한희영, 1992, 전게서, 146~147.

른 새로운 어프로치가 얽히는 현상이 나타나기 시작하였다. 즉 미국경영학은 이제까지 경영의 경제적(기술적) 측면만의 연구 이외에 사회적·심리적(인간적)인 측면에도 확대하면서 인접과학에 있어서의 최신방법이나 신개념의 적극적인 원용 등도 포함하는 다기화(多岐化) 내지 다양화(多樣化)된 양상을 나타내기에 이른 것이다. 따라서 미국경영학은 연구영역의 확대와 이론접근방법의 다변화, 내용의 다양화와 내부자체에 여러 가지 학설이나 갖가지 '이론을 난립'시켜, 방법론적인 혼란을 가중시키기도 하였다.

쿤쯔는 이처럼 경영의 여러 가지 이론 제시가 미국경영학의 발전을 위해 매우 바람직한 일이지만, 서로가 남의 것을 받아들이는 일 없이, 그저 자기류의 접근방법을 앞세운 가운데 여러 학설이 대립하는 것을 정글(혼란)에 비유하여 '경영관리의 정글론(management theory jungle)'이라고 하고 '통일경영(관리)론'을 제창하기에 이른다. 즉, 쿤쯔는 미국경영학계의 이런 현상을 혼란이라고 판단하고 통일적인 접근방법 및 관리론의 모색, 용어통일의 가능성, 학자 상호간의 이해, 경영교육의 통일적인 가치 탐색 등 어떤 통일이나 정리가 매우 시급하다고 주장하였다. 따라서 쿤쯔가 미국경영학의 여러 학설에서 나타나는 혼란 현상을 어떤 형태로든지 정리 내지 통일하고자 하는 노력만은 높이 평가해야 할 것이다.

그러나 어떤 분야의 이론이든지 분업은 항상 협업이 뒤따르고, 분석은 언젠가는 종합되는 과정에서 학문의 발전이 있는 것이다. 사이몬(H.A. Simon)도 학문의 발전을 위해 연구상의 분업을 통한 학설의 다기화 내지 다양화가 오히려 경영학의 발전을 위해 바람직한 현상이라고 하였다. 어쨌든, 경영학자들은 다양한 접근방법들을 통합할 수 있는 이론적 틀(theory frames)을 개발하는 것은 필요하다고 할 수 있다.

(3) 드러커의 21세기적 경영철학

드러커(P.F. Drucker)[66]는 1950년대에서 1970년대에 걸쳐 관리과정이나 관리기능을 전반관리론의 주류로 삼으면서 미국경영학에 관한 경영이론을 설명하고 있다. 드러커는 이제까지의 부분적이고 주관적인 관점에서의 관리론과는 달리, 전체적이고 객관적인 관점에서 기업경영이 선택해야 할 미래상과 기업경영의 주체가 되는 경영자의 철학을 알기 쉽게 제시한다. 따라서 그의 이런 전체적인 사고방식이 미국 경영학의 통일경영이론으로서 하나의 길잡이가 되고 있다.

드러커는 다음과 같이 설파한다. "기업이라 하는 것, 즉 기업의 경영이 사회존립의 핵

---

66) Drucker, Peter F., 1993, *Post-Capitalist Society*, New York: Haper Collins.

심이 되고 있다. 유럽이 유능하고 책임감 넘치는 경영자를 빨리 육성할 수 있느냐가 자유세계를 유지하는 관건이다. 자율적인 경제활동이 유지되고, 그것을 가능하게 하는 것이 매니지먼트이다".[67]

드러커는 경영관리의 실제(Practice of Management, 1954)와 매니지먼트-그 과제, 책임, 실천(Management-Tasks, Responsibilities, Practices, 1973)이라는 저서를 집필하였다. 드러커는 이 저서에서 매니지먼트(management)를 다음과 같이 정의한다.

첫째, 매니지먼트는 하나의 학문으로서 경영학이다. 즉 경영학은 조직적으로 체계화된 지식이라는 것이다.

둘째, 매니지먼트는 경영자가 수행해야 할 일이다. 경영자는 내부적으로 수행해야 할 일일 뿐만 아니라, 외부적으로 수행해야 할 일을 말한다. 특히 후자는 경영자가 사회적인 책임으로 자각하는 바탕 위에서 과제를 수행하여야 함을 강조한다.

셋째, 매니지먼트는 경영자들이 실천하는 것들이다. 경영자는 매니지먼트의 본질을 아는 것으로 그칠 것이 아니라, 스스로 실천하는 사람이라야 한다. 경영의 평가대상도 논리가 아니라 성과이다.

드러커는 매니지먼트을 경영전체로 보고 있다. 그는 매니지먼트를 역사적 맥락에서 파악하고 있으므로 통일이론이라고 할 수 있다. 드러커의 경영관리이론은 앞으로의 미국경영학을 발전시키기 위한 방법론이고, 더 나아가 21세기를 위한 경영철학이라고 할 수 있다.

(4) 전반관리론의 발전: 경영과학을 통한 의사결정으로 발전

기업의 환경은 해가 거듭할수록 더욱 복잡하게 전개되고 있다. 따라서 경영자가 효율적으로 경영하기 위해서는 광범위한 통계학의 이용과 계량적인 방법을 동원한 복잡한 의사결정모델이 필요하게 되었다. 제2차 세계대전 이후 경영학에는 경영과학이라는 새로운 접근방법이 나타났다.

경영과학은 수학적인 모델에 기초를 두고 과학적인 접근방법을 이용하여 조직 내 경영관리 문제를 해결하려는 기법이다.[68] 경영과학은 소비자의 심리파악이나 수요조사, 생산라인의 최적화 모형, 자원의 효율적 배분 등에 컴퓨터 시뮬레이션이나 계량적 의사결정모델을 사용함으로써 경영자의 의사결정에 가장 직접적으로 기여하였다.[69]

경영과학은 의사결정에 계량적 방법의 적용을 중심으로 하는 접근법으로서 주로 수학

---

67) 미야타 야하치고, 2001, 전게서, 106~107.
68) 신유근, 2011, 전게서, 47.
69) 임창희, 2006, 전게서, 59.

적 모형이나 계량화과정을 통해서 경영문제의 해결을 시도하는 기법이다. 경영과학이 나타나게 된 것은 2차대전 초기에 군사전략이나 군수물자의 수송문제를 해결하기 위해 영국이 세계최초로 OR(Operations Research)팀을 구성한 것이 그 시작이었다. 그 후 경영과학의 분야는 선형계획법, 게임이론, 기대행렬이론, 통계적 의사결정이론, 시뮬레이션, 의학, 교육 등과 같은 분석도구들이 널리 알려지기 시작하면서 지속적으로 발전해 왔다. 80년대에는 경영과학이 경영정보시스템(management information systems)과 결합함으로써 컴퓨터화한 데이터베이스(data-base), 새로운 차원의 의사결정지원시스템의 영역으로 급속히 발전하였다.[70]

경영과학기법들은 산업계에서 전략적 문제보다는 주로 전술적 문제에 적용되었다. 대부분의 경우, 최고경영자의 관심인 비정형적인 문제보다는 계량화가 손쉬운 중간 및 하급 관리자의 문제 해결에 더 많이 이용되었다. 따라서 경영학에서는 계량경영학이라고 부른다. 계량경영학은 여러 경영과학의 목적을 달성하기 위해 어떤 경영문제에 대한 해(解)를 도출하거나 의사결정에 있어서 여러 가지 대안 중 최선의 대안을 선택하도록 하는데 두었다. 계량적 경영방식은 어려운 경영문제를 해결하는 데 있어서 매우 유용한 도구이지만 일반 경영자들은 그 사용방법을 잘 모르고, 인간적인 문제 등을 다 계량화할 수 없으므로 크게 확대되지 못했다.[71]

5. 현대적 관리론

1) 상황적합이론: 상황과 환경적응 강조

(1) 상황적합이론의 의의

상황적합이론은 1960~1980년대에 발전된 이론이다.

상황적합이론(contingency theory 혹은 situational theory)은 기업의 환경변화에 유연하게 대응하기 위해 조직의 환경요인, 즉 조직의 규모, 기술, 시장상황, 전략과의 적합성에 따라 효율적인 관리방식을 도출하여 적용하려는 이론이다. 이 이론은 '환경변화에 따른 적절한 대응'을 경쟁력 우위의 원천으로 인식하고, 이를 위한 기업의 가치나 역량의 극대화에 두고 있다.[72]

---

70) 신유근, 2011, 전게서, 48.
71) 임창희, 2006, 전게서, 59.
72) 신유근, 1994, "현대 인적자원관리의 이론구축을 위한 연구접근법 고찰", 231, 노사관계연구, 서울대 경

상황적합이론은 1970년대에 들어서면서부터 경영관리가 주로 기업조직내의 문제만이 아닌 기업조직을 둘러싼 환경과의 상호작용(경쟁), 즉 국내경영관리에서 차츰 국제경영관리로 관리영역의 확대에 대처하기 위한 이론이다.[73]

다시 말하면 과거의 경영이론은 보편타당한 원리를 찾아 이를 현실에 적용하였으나, 환율 급등락이나 2007년 4월 미국발 비우량 주택담보대출(subprime mortgage) 사태 등과 같이 환경이나 상황이 급속하게 변화되면서부터 모든 상황에 똑같이 적용될 수 있는 경영이론은 있을 수 없다는 결론에 이르게 된다. 따라서 상황적합적 이론은 모든 상황에 적용되는 보편적 원리를 찾기보다 해당상황에 비추어 가장 적합한 원리를 찾는 데 그 초점을 두는 것이다. 따라서 경영자는 급속하게 변하는 경영 상황에 대처하기 위하여 기업의 목표달성에 최적인 경영기법을 결정하여 실시하여야 한다.[74]

상황적합이론은 조직이 그 운영과 직접 관련이 있는 구체적인 문제에 대해 여러 상황을 고려하여 해결책을 찾으려는 이론이다. 이 이론은 디지털 시대에 알맞은 경영이론으로서 상황이 다르면 효과적인 경영방법이 달라야 한다는 것이다. 즉 모든 상황에 적합한 유일최선의 방법(one best way), 즉 보편성은 존재하지 않는다는 이론이다.

상황적합적 조직이론은 다음과 같은 특성이 있다.

① 조직의 환경적응을 중시한다.

② 과정보다는 객관적인 결과 그 자체를 중시한다.

③ 부분이 아닌 조직전체를 분석단위로 하여 종합적인 접근방법을 중시한다.

④ 중범위이론(middle range theory), 즉 보편타당한 원리가 아니고 기업마다 해결방법이 다른 특수성도 아니라, 중간 범위의 '사회현상에 대한 보다 발전적인 통찰'을 중시한다.

상황적합이론은 조직의 관리활동이 기술과 조직을 위해 일하는 사람들을 포함한 상황변수들과 일치하여야 한다는 것이다. 상황적합이론의 주요 결정요인은 내부요인으로 보유기술, 과업특성, 인적자원 등 '조직특성'이 있고, 외부요인으로 경제, 사회, 정치, 기술, 규모, 환경 등 '상황요인'이 있다. 조직성과변수로는 유효성과 능률성을 들 수 있다. 상황요인과 조직성과의 관계를 [그림 2-4]와 같이 나타낼 수 있다.

영대 노사관계 연구소, 제5권, 217~269.
73) 한희영, 1992, 전게서, 159~167.
74) 지호준, 2009, 전게서, 72.

[그림 2-4] 상황요인과 조직성과

그러므로 상황적합이론은 기업이 환경에 효율적으로 대처하기 위해 조직 내부의 기능 간, 상하 또는 부서 간의 연계와 조화를 중시하는 '시스템의 조화'와 조직 외부의 복잡한 환경과의 상호작용, 즉 개방체계(open system)[75]를 중시하는 '상황의 적응'을 전략의 주체로 삼고 있다. 이를 정리하면 [그림 2-5]와 같다. 상황적합이론은 시스템이론과 상황이론이 있다.

[그림 2-5] 상황적합 인적자원관리의 구성

(2) 시스템이론

시스템이론(system approach)은 독일의 생물학자 베르탈란퍼(Bertalanffy)에 의해 주장된 이론으로서 기업의 내적 적합성을 중시하고, 여러 분야 간에 교류와 통합을 증진시킬 수 있는 공통적 사고의 틀을 제시하는 이론이다. 이 이론은 1950년대에 여러 분야로 확산되었다.[76] 시스템(system)이란 어떤 목적을 이루기 위해 여러 구성인자가 유기적으로 연결되어 상호작용하는 결합체를 말한다.

시스템 경영은 사람의 건강처럼 각 부분을 단편적으로 볼 것이 아니라 이들 각 부분들의 상호관련성 속에서 몸 전체의 상태를 파악하는 방식이다. 즉 시스템 경영은 경영활동

---

75) 기업의 개방체제는 기업이 외부 집단이나 조직체와의 관계에서 도움이 있어야 그 기업체계로서의 기능을 할 수 있으므로 기계론적 방법으로 통제하거나 완전히 규제할 수 없는 상태라는 것이다. 따라서 개방체계에서는 환경이 기업내부체계의 투입과 산출에 매우 중요한 영향을 미친다는 것이다.

76) 임창희, 2006, 전게서, 59.

도 부분적으로 이해해야 할 뿐 아니라 그 상호 관련성을 파악하고 전체적인 시스템을 중시하여 운영하는 방식이다.

시스템이론은 다음과 같이 내부시스템의 강조에서부터 시작하여 외부시스템도 강조하는 특성이 있다.

기업의 시스템은 내부시스템들의 상호작용으로 통합하는 '내적 적합성'이 강조되고 있다. 시스템의 구조는 전체시스템이 여러 하위시스템, 또 더 많은 하위 하위시스템으로 구성되어 있다.

기업시스템은 상위개념인 목표(objective)와 하위개념인 구조(structure)와 기능(function)으로 구성되어 있고, 이들 간의 상호작용과 조화를 통해 효율성을 이루고 있다.[77] 모든 조직이나 부문은 공동의 목표를 달성하기 위해 제도를 만들거나 일을 분담하여 추진하게 된다. 이 때 각 부분의 활동은 다른 부분들에 영향을 미친다.

기업시스템은 투입(input) → 변환과정(transformation) → 산출(output)과정을 거친다. 기업시스템은 사람으로 구성된 인적자원, 시설·장비 등의 물적자본 및 정보 등을 '투입'하고, 숙련된 기술을 통해 투입물을 '변환'시킴으로써 제품이나 서비스가 '산출'된다고 볼 수 있다.

기업의 시스템은 기술·사회·소비자·경쟁회사 등의 외부시스템과의 조화, 즉 '외적 적합성'이 강조되고 있다. 따라서 한 기업의 외부시스템과의 적합성은 일이 복잡하면 복잡할수록 경쟁이 치열하면 치열할수록 더욱 필요하다고 할 수 있다. 기업의 외부시스템은 다음 절에서 설명할 상황이론과 밀접한 관련이 있다.

이와 같이 시스템이론은 기업의 내부와 외부 시스템 활동을 통하여 이익을 창출하면서 계속 발전한다는 것이다.[78]

(3) 상황이론

상황이론은 기업의 과업과 외적 상황(환경)과의 적합성을 중시하고 있다. 상황이론의 초기에는 기업이 정치·경제·사회·문화·기술 등의 환경에 순응하여야 함을 강조하였으나, 최근에는 조직의 내부 핵심시스템이 환경, 즉 외부시스템을 통해 이들 간의 역기능을 규명하고 제거하여야 함을 강조하고 있다. 즉 환경은 주어지는 것이 아니라 조직에 참여한 사람들 간의 상호작용, 즉 내부 적합성에 의해 재구성 내지 재창조된다고 보고

---

77) 최종태, 2000, 현대인사관리론, 박영사, 3~13
78) 지호준, 2009, 전게서, 71~72.

있다.[79] 상황이론은 외부시스템의 강조에서부터 내부시스템도 강조하는 방향으로 변화되고 있다.

상황이론은 1960년대 말부터 1970년대 중반까지 조직과 상황요인과의 적합성에 관한 연구에 집중되었고 기업규모, 분업화, 조직의 집권화정도, 기술의 다양성 등과 시장의 변동에 관한 상관관계를 재검토하여 더 세련되고 더 적합한 연결관계를 찾아내려고 노력해 왔다. 그러다가 1980년대 이후 상황이론은 유류파동과 환율변동, 그리고 기술혁신의 급진전에 따라 조직 내 하위시스템 간의 적합과 기술·규모·환경과의 적합한 경영을 강조하기에 이른다. 상황이론은 전략경영, 글로벌 경영과 밀접한 관련이 있다.[80]

(4) 상황적합이론의 적용

상황적합이론은 미시차원에서 이념시스템과 실체시스템이 상호작용을 통하여 조직의 효율성에 영향을 미치고 있다. 이념시스템은 경쟁력 향상, 생산성 향상과 인간성 회복 등의 전략수행과 각종 제도의 목표성, 구조성, 기능성의 적합과 상호작용을 통하여 조직의 효율성에 영향을 미치고 있고, 실체시스템은 수직적(계층간) 체계와 수평적(부서간) 체계의 적합과 상호작용을 통하여 조직의 효율성에 영향을 미치고 있다.

상황적합이론은 조직의 내적 환경인 구조·관리·전략, 조직문화, 조직특성(규모, 관행) 등과 외적 환경인 시장, 경쟁사, 정부, 기술과 경제, 정치 등 무수히 많은 요소들과의 상호작용을 통한 효율성이 중시되고 있다.

상황적합이론은 실제 조직세계에서 나타나는 현장상황을 중심으로 연구하는 것이기 때문에, 유용성이 높다고 할 수 있다. 그러나 이 이론은 다양하고 예외가 많아서 이론으로서 갖추어야 할 보편타당성을 획득하기 어려우므로 특정상황에만 적용될 수 있는 특수한 사실에 불과하다고 폄하하기도 한다.

2) 전략경영: 환경과 조직능력에 따라 이윤극대화의 방법 및 책략

(1) 전략경영의 의의

전략경영은 환경에 의해 제공된 '기회와 위험', 자사의 '강점과 약점'을 합리적 접근방법으로 면밀히 분석하여 자사 이윤의 극대화라는 목표 하에 서로 연결시켜 선택하는 계

---

79) Weick, Karl E., 1979, *The Social Psychology of Organizing*, 2nd ed., Reading, MA. Addison-Wesley.

80) 임창희, 2006, 전게서, 60.

획기법이며, 기업의 대응자세를 논리적으로 재정의하는 합리적 계획기법이다. 전략의 선택은 의사결정자들이 일정한 선택의 재량(an available range of option)을 가지고 있다는 것을 강조하고 있다.[81] 따라서 전략의 결정은 환경요인(경쟁자, 노조, 또는 정부기관)과 조직능력에 의해 결정된다.[82] 그렇지만 전략결정은 환경요인과 조직능력에 따라 절대적으로 통제를 받는 것이 아니라 전략결정자의 역량에 따라 이 두 요소를 통제하여 결정할 수 있는 것이다. 최근에 이르러 전략은 전략계획(strategic planning)과 전략경영(strategic management)이라는 새로운 패러다임으로 발전해 나가고 있다.

전략개념은 1977년 피츠버그 대학에서 Business Policy and Planning Research를 주제로 하여 개최된 학회에서 본격적으로 탐구되고 광범위하게 논의되었다. 챈들러(Alfred D. Chandler)의 전략과 구조(Strategy and Structure)를 효시로 하여 앤소프(H. I. Ansoff)의 기업전략(Corporate Strategy)과 앤드류즈(Kenneth Andrews)의 기업전략의 본질(The Concept of Corporate Strategy) 등의 저서들은 바로 기업이 환경과의 관계에서 보다 합리적인 대응태세를 모색하고자 하는 전략계획의 이론적 체계를 형성시킨 역작들이었다.[83]

전략적 관점은 산업조직론적 관점과 자원기반관점으로 발전되고 있다.

(2) 산업조직론적 관점

전략경영의 산업조직론적 관점은 1973~1980년대 중반에 발전된 이론이다. 산업조직론적 관점은 1970년대 이후 미국의 경제상황의 악화, 석유위기와 같이 예기치 못한 환경변화 등이 기업경영의 중요한 요소로 부각되면서 환경분석적이고 실무적인 연구관점이다. 산업조직론적 관점은 환경변화와 같이 기업의 외부요인에 의해서 전략과 성과가 결정된다는 논리이다.[84] 기업의 전략은 종전의 경우 단순히 미래의 비전 및 성장과 관련된 전략의 유용성을 제시하였으나, 산업조직론적 관점의 경우 구체적인 기업행위를 결정하는 방향으로 연구의 축이 옮겨지게 되었다. 이러한 변화를 주도한 사람은 경영학자가 아닌 경제학에 기초한 산업조직론자들이었다.

전략경영에 가장 유명한 학자 중의 한 사람은 마이클 포터(Michael Porter)이다. 포터는 기업이 직면하고 있는 시장환경을 분석하기 위해 이론적 토대로 산업조직론(industrial

---

81) Robbins, S. P., 1983, *Organization Theory, The Structure and Design of Organizations*, N.J., Prentice-Hill, Inc., 97.
82) 신유근, 1988, 전게서, 105~106.
83) 조동성, 2008, 전게서, 288~289.
84) 신유근, 2011, 전게서, 61.

organization)적 관점을 사용하였다. 전통적 산업조직론은 경제학에 기반을 두었으나, 현대적 산업조직론은 산업 내의 경쟁 및 수익성을 주로 연구하고 있다.[85]

포터로 대표되는 산업조직론적 관점은 산업의 구조적 특성이 기업의 행동을 결정짓고, 이에 따라 그 기업의 성과가 결정된다는 논리이다. 이에 따르면 기업의 성공에 가장 큰 영향을 미치는 요소는 산업구조 내에서의 기업의 위치(position)이므로, 경영전략은 산업의 구조적 특성을 분석하여 어떤 산업에 주고객집단을 선정할 것인가(positioning)에 두어진다.

그러나 산업조직론적 관점은 1980년대 초반부터 미국기업의 경쟁력 약화와 일본기업의 급속한 성장에 대한 설명에 한계가 있었다. 그리고 경제학에서 도출된 변수들을 중심으로 대규모 자료를 수집하여 이를 통계적으로 처리하였기 때문에 기업경영자들에게 규범적인 측면에서 해답을 제공하지는 못했다.

(3) 자원기반관점

전략경영의 자원기반관점(resource-based perspectives)은 1980년대 중반 이후 부상하기 시작한 이론이다. 자원기반관점은 기업을 둘러싼 환경요인이 아니라 자원기반적 시각에서 기업이 보유하고 있는 내부의 특수한 자원에 의해 기업의 성공이 결정된다는 논리이다.[86]

자원기반관점의 핵심은 기업을 자원의 독특한 집합체로 파악하고 있다. 즉 기업은 장기간에 걸쳐 나름대로 독특한 자원과 능력으로 결합되고, 나아가 차별적, 즉 독특한 역량으로 구축되어 간다. 특히 자원기반관점은 조직능력, 핵심역량, 기업문화, 경영자의 능력 등과 같은 무형자원을 중요하게 여기고 있다.

기업의 무형자원은 형성 과정과 그 실체를 파악하기 어렵다. 무형자원(독특한 자원)은 다음과 같은 특성이 있다.

기업의 무형자원은 동일한 산업에 속한다 할지라도 기업마다 환경변화에 대응하는 방식이 다르다는 '자원의 이질성'의 특성이 있다. 기업의 그 독특성이 장기간 지속될 수 있으며, 이것이 경쟁우위의 지속성을 뒷받침한다.

기업의 무형자원은 경쟁기업이 쉽게 모방하거나 구입하기 어려워 '자원의 비이동성'의 특성이 있다. 기업의 무형자원은 특정기업에 무형자산화(기업의 명성, 체화된 기술)되어 있

85) 권구혁·정기원, 2008, "전략경영의 역사적 배경과 학문적 발전", 이하준·신동엽·장혜런 외 지음, 21세기 매니지먼트 이론의 뉴패러다임, 워즈덤하우스, 537.
86) 조동성, 2008, 전게서, 288; 신유근, 2011, 전게서, 61.

으므로 다른 기업으로 이동이 어렵다. 따라서 특정기업의 특정자원이 경쟁우위를 가져다 주는 자원이라는 것을 알게 될 시점은 이러한 자원을 보유한 기업이 경쟁우위를 갖고 성공했을 때이다.[87]

3) 역량중심이론: 지식 · 능력 · 역량 중시

(1) 역량중심이론의 의의

역량중심이론은 자원기반관점을 바탕으로 한다. 자원기반관점은 1960년대에 태동하여 1990년대에 들어와 그 연구가 본격화되었다.[88] 자원기반관점 기업이 경쟁우위를 획득하고 탁월한 성과를 이끌어 내는 것은 기업이 보유한 양질의 자원(경영자원 집약체)이다. 자원기반관점은 기업을 자원의 집약체로 보고 그 기업의 활용 가능한 핵심자원의 역량에 초점을 두고 있다. 역량이란 개인이나 조직이 지식과 기술의 축적으로 고차원화하고, 기능과 기술의 연마로 능력을 향상시켜 고숙련화함으로써 고난도의 직무를 효율적으로 수행하여 고성과를 창출할 수 있는 추진력을 의미한다.[89] 역량은 고성과자나 고성과집단의 특성을 파악하여 모델화하고, 이를 기준으로 지식 · 기능 · 기술의 향상으로 이루어진다. 따라서 기업은 자원기반관점에서 종업원의 역량을 향상시켜 지속적인 경쟁우위를 창출하여야 한다.[90]

기업은 산업혁명 관점에서 볼 때, 18세기 증기기관이 등장한 1차 산업혁명, 19세기 대량생산이 가능해진 2차 산업혁명, 20세기 정보화로 도래한 3차 산업혁명에 이어 로봇과 인공지능, 사물인터넷이 가져오는 21세기의 4차 산업혁명은 그 이전 시대 이상으로 세계 산업 질서에 충격을 가할 것이라는 전망이다. 또한 기업은 경쟁우위를 위해 시대에 따라 적절한 전략을 수립하여 실시해 왔다. 기업은 자원기반관점에서 볼 때 과학적관리법 시대에는 단위 시간 내에 양질의 제품과 서비스를 많이 생산할 수 있는 내부 작업방식에 초점을 맞춘 '생산중심의 경영'이 주된 관심사였다. 이 시기를 지나면서 차츰 다양한 종류의 제품의 생산 등 소비자 지향의 경영을 강조하는 '마케팅중심의 경영'이 중시되었다. 그 후 정보기술이 발달하고 이해관계자 집단의 적극적인 활동으로 인해 모든 이해관계자들의 직접 교류나 커뮤니케이션을 통해 고객과의 진지한 신뢰관계를 강조하는 '고객관계

87) 조동성, 2008, 전게서, 202, 288.

88) 임창희, 2006, 전게서, 62.

00) Ledford, G. E., 1995, "Paying for the Skills, Knowledge, and Competencies of Knowledge Workers", *Compensation & Benefits Review*, July-August, 55.

90) 박성환, 2014, 전게서, 62.

중심의 경영', 그리고 과학적 발견이나 발명지식을 기업경영에 적용시키고 기술의 위력, 생산라인의 축소, 사무자동화, 컴퓨터 활용의 최대화를 강조하는 '품질과 기술 중심의 경영' 등이 발전되었다.

역량은 지식과 능력으로 이루어진다. 개인의 직무지식과 능력이 합쳐져서 개인역량이 되고 이 역량이 조직차원에서 조직역량으로 발전하며, 나아가 기업특유의 경쟁우위를 이루는 핵심역량이 형성되는 것이다.

개인역량(personal competence)은 개인이 업무에 관한 지식과 기술을 축적하여 고차원화 하고, 기능과 기술의 연마로 능력을 향상시켜 고숙련화 함으로써 고난도의 직무를 효율적으로 수행하여 고성과를 창출할 수 있는 추진력이다. 즉 개인역량은 개인이 고성과자의 특성을 파악하여 독특한 상황(직무, 부서, 조직, 환경)에 맞는 인적자원의 특성인 특수역량, 즉 역량모델(competence model)을 만들고, 이를 기준으로 지식·능력·기술의 향상을 통해 이루어진다.

조직역량(organizational competence)은 조직구성원들이 업무에 관한 지식과 기술을 축적하여 고차원화하며, 기능과 기술의 연마로 능력을 향상시켜 고숙련화함으로써 고난도의 직무를 효율적으로 수행하여 고성과를 창출할 수 있는 추진력을 말한다. 조직역량은 고성과집단의 특성을 파악하여 독특한 상황(직무, 부서, 조직, 환경)에 맞는 인적자원의 특성인 특수역량, 즉 역량모델(competence model)을 만들고, 이를 기준으로 지식·능력·기술의 향상으로 이루어진다. 조직역량은 사회적으로 복잡한 여러 상황에서 효율적으로 투입물을 산출물로 변환시킬 수 있는 추진력이다. 즉, 조직역량은 복잡한 사회적 관행 중의 하나로서 조직구조나 운영프로세스와 같이 가시적인 것들로부터 조직문화와 종업원들 간의 네트웍과 같은 무형적인 것들까지 포함하고 있다.[91] 다시 말하면 조직역량은 기업이 소유하는 특정기술, 특정자원 및 그 특유한 사용방식이다.[92]

(2) 지식이론

기업은 지식을 축적시킴으로써 조직의 경쟁력을 향상시킬 수 있다.

지식에는 개인지식과 조직지식이 있다.

---

91) Barney, J. B., 1992, "Integrating Organizational Behavior and Strategy Formulation Research: A Resource Based Analysis", in Shrivastava, P., Huff, A. and Dutton, J. eds. *Advances in Strategy Management*, 8, Greenwich CT: JAI Press, 39~69.

92) Reed, R. & DeFillippi, R, I,, 1990, "Causal Ambiguity, Barriers to Imitation, and Sustainable Competitive Advantage", *Academy of Management Review*, 15(1), 88~102; 김주일, 1999, "중소기업의 핵심역량이 비교우위에 미치는 영향에 관한 연구", 서울대학교 대학원. 51.

개인지식(personal knowledge)은 개인이 환경 속에서 생존하고 환경을 혁신하기 위해 형성된 종합적이고 체계적인 개념의 집합체이다.[93] 개인지식은 개인의 '가치 있는 정보',[94] 행동하기 위한 재능(a capacity to act)[95]을 말한다.

조직지식(organizational knowledge)은 조직구성원들에 의해 형성되어져서 조직의 문제해결에 유용하다고 검증된 사실(fact), 노하우(know-how), 패턴(pattern) 또는 모델(model)들의 집합이다.[96] 조직지식은 조직의 문제해결에 도움을 줄 수 있는 검증된 자원이다. 다시 말하면 조직지식은 조직이 목표로 하는 특정영역에 대한 업무수행으로 형성되어 정보시스템과 소프트웨어 내에 내재된 과정적 지식을 말한다.[97]

기업은 그 지식을 향상시키기 위해 지식경영을 하여야 한다. 지식경영(knowledge management)은 기업이 새로운 가치창출을 위해 조직 내·외부적으로 지식자산을 개발하고, 학습을 통해 전사적으로 확산되도록 하는 경영이다.[98] 따라서 경영자는 종업원의 지식을 향상시키기 위해 양질의 인력을 확보하고, 교육훈련을 통하여 지식자산화에 힘쓰며, 외국기술의 도입과 자체 연구개발 투자 및 여러 정보시스템을 개발하여 효과적인 지식의 전달과 공유에 노력하여야 한다. 그럼으로써 기업은 제품과 서비스의 경쟁력을 향상시킬 수 있다.[99]

(3) 능력이론

기업은 능력을 향상시킴으로써 조직의 경쟁력을 향상시킬 수 있다. 능력에는 개인능력과 조직능력이 있다.

개인능력(personal ability)은 개인이 기능과 기술의 연마로 고난도의 업무를 최대한 잘 수행할 수 있는 힘이다. 개인능력은 능력주의를 이해함으로써 그 개념을 파악할 수 있다. 능력주의는 어떤 사람의 직무수행능력과 경영가치 향상능력을 중심으로 직능자격등급을 만들어 그의 보유능력을 점수나 순위 등으로 평가하고, 이에 따라 승진이나 임금을 결정

---

93) 김효근 외, 1999, 전게서, 209.

94) Anderson, A., 1996, "The American Productivity & Quality Center," *The Knowledge Report*, Highlights of the Knowledge Imperative Symposium.

95) Polanyi, M., 1967, *The Tacit Dimension*, London: Routledge & Kegan Paul.

96) 이장환·김영걸, 1999, 조직의 지식경영 관리체계 및 단계모델에 대한 탐색적 연구, 190, 제2회 지식경영 학술 심포지엄, 매일경제신문사, 187~203.

97) 장재경·이희석, 1998, 지식창조적 조직메모리를 위한 지식설계, 214, 제1회 지식경영 학술심포지엄, 매일경제신문사, 211~235.

98) 신유근, 2011, 전게서, 62.

99) 김인수, 1999, 지식경영과 경쟁력: 학문적 연계성과 연구방향, 3, 제2회 지식경영 학술 심포지엄, 매일경제신문사, 1~24.

해야 한다는 주장이다.[100] 개인이 능력이 있다는 것은 '이해'보다 '실천'을 할 수 있다는 것이다.

조직능력(organizational ability)은 종업원들이 기능이나 기술의 연마로 광범위하고 안정된 특성을 보유하여 고난도 업무의 기능과 운영프로세스를 최대한 잘 수행할 수 있는 힘이다. 조직능력이 있는 기업은 자산에 대한 새로운 조합을 통해 생산성을 획기적으로 높이거나 새로운 제품을 출시하여 기업의 가치를 높일 수 있다.[101]

(4) 핵심역량이론

핵심역량은 기업이 소비자들에게 특별한 효용을 제공할 수 있게 하는 지식이나 능력 및 기술의 묶음이다.[102] 즉, 핵심역량은 기업의 조직역량 중에서 가장 뛰어나서 다른 기업보다 경쟁우위를 확보할 수 있는 자원을 의미한다.[103] 핵심역량은 개인역량(직무역량)과 조직역량이 합해져서 형성된다.

핵심역량은 기업의 자산인 정보, 지식, (동태적) 능력 등을 모두 포함하고 있다. 때로는 학자들에 따라 기업의 무형자산들, 즉 기업의 명성, 브랜드 네임, 기술적 능력, 고객 충실도 등을 포함하기도 한다. 기업의 지식은 그 사용과는 무관하게 잠재적인 서비스의 묶음인 정태적 개념, 즉 스톡(stock)이고, 능력은 기능과 활동을 의미하는 가시적 서비스인 동태적 개념, 즉 플로우(flow)라 할 수 있다.[104]

이상에서 설명한 경영관리의 발전단계는 <표 2-2>와 같이 나타낼 수 있다.

---

100) 高橋俊介, 1999, 成果主義, 東洋經濟新報社, 65~66.
101) 이홍, 1998, "신경사이네틱스를 통한 지식경영의 실현: 자생학습조직", 189, 제1회 지식경영 학술심포니즘, 매일경제신문사, 187~210.
102) Prahalad, C. K. & Hamel, G., 1994, *Competing for The Future*, Harvard Business School Press.
103) 박성환, 2014, 전게서, 86.
104) Yasemin Y. Kor & Joseph T. Mahoney, 2003, *"Edith Penrose, 1959, Contributions to the Resource-based View of Strategic Management"*, Journal of Management Studies.

〈표 2-2〉 경영관리론의 발전단계

경영관리론의 발전단계	시 대		연 도
• 표류관리	표류관리시대	주먹구구식 관리시대	1860~1910
• 전통적 관리론	고전적 관리시대	생산관리시대	1911~1930
과학적 관리론			
일반관리론		업무관리시대	
관료제론			
• 인간관계론과 행동과학론	신고전적 관리시대	인사관리시대(개인 중심)	1930~1940
인간관계론			
행동과학론			
• 조직 및 전반관리론	근대적 관리시대	조직 및 전반관리시대(조직중심)	1940~1980
조직관리론		마케팅관리시대(1945~1958)	1940~1950
전반관리론		기획관리시대(1959~1972)	1950~1980
• 현대적 관리론	현대적 관리시대	상황과 환경적응 강조	1960~1980
상황적합이론			
전략이론		전략시대	1973~1990
역량중심이론		역량중심시대, 윤리 및 환경경영시대	1990~현재

제 3 장
한국경영학의 발전과 한국기업의 경영특성

제1절 한국경영학의 발전

1. 한국경영학의 발전지연 이유와 대응

한국경영학의 역사는 매우 짧다. 그러나 우리나라의 경제발전 속도나 국력신장의 폭에 비추어 볼 때 한국경영학의 발전은 상당히 더딘 편이라고 볼 수 있다. 한국경영학의 발전이 지연된 이유를 다음과 같이 생각해 볼 수 있다.[1]

우리나라 경영학은 선진국에 비해 산업화가 비교적 늦었기 때문에 발전이 지연되었다. 그 이유는 우리나라 경영학이 대원군의 쇄국정책, 한일합방 등으로 외국과의 교류가 늦었기 때문에 발전이 지연되었다고 생각된다. 한국의 경영학은 1950년대 말에 도입되었고 근대적인 경제사회체제를 갖추기 시작한 시기가 1960년 초이므로 그 동안 경영학이 뿌리를 내리고 발전할 기회가 거의 없었던 것이 사실이다.

우리나라 경영학은 산업계를 비롯한 모든 조직의 필요에 의해서 출발한 것이 아니라 교육기관의 주관 하에 도입되었기 때문에 발전이 지연되었다. 그렇게 된 까닭은 우리나라가 36년간 일본의 식민지하에 놓여 있어서 독자적으로 조직을 경영할 수 있는 기회가 주어지지 않았기 때문이라고 할 수 있다. 아울러 해방 이후에도 한국경영학은 일본과 미국의 경영학을 무비판적으로 직수입하여 그대로 교육시키고 실무에 적용하려 했기 때문이다.

우리나라 경영학은 전통적으로 상업을 천시해 온 경향 때문에 발전이 지연되었다. 우리나라는 예로부터 사농공상이라 하여 상업에 종사하는 사람을 장사꾼으로 천시하는 경

---

1) 이원우 · 세도인 · 이녁보, 2009, 경영학의 이해, 박영사, 117~118.

향이 있었다. 유교사상이 강한 우리나라의 경우 더욱 더 그러한 경향이 강했기 때문에 자연히 경영학의 발전이 늦을 수밖에 없었다.

우리나라 경영학은 기업인들의 태도와 기본가치가 비합리적인 경향이 많아 발전이 지연되었다. 경영학이 제대로 발전하려면 학자의 이론과 실무자들의 실천에 따른 공동 노력이 뒤따라야 하는데, 우리나라의 경우 기업인들의 태도와 기본가치가 학자들과 달라 그런 노력이 극히 미흡하였다. 더욱이 합리적 사고의 바탕 위에서 출발한 유럽과 미국의 경영자들과 달리 우리나라의 경영자들은 전통적으로 직관, 감성, 권위, 정실 등과 같은 비합리적 사고방식에 의해 종업원을 지배함으로써 경영학 발전을 지연시키게 되었다.

한국경영학은 위와 같은 까닭으로 말미암아 주요 선진국보다 발전이 지연되었으나 경영학자들이 독일, 일본, 미국을 비롯한 선진 여러 나라의 각종 이론과 기법을 빨리 도입하여 오늘에 이른 것이다. 또한 한국의 학자들은 이에 그치지 않고, 한국의 특수성을 고려하여 우리 풍토에 맞는 한국적 경영학의 정립과 한국적 경영기법의 개발과 확산을 위해 노력하고 있다.

2. 한국경영학의 시대적 · 이론적 흐름

한국경영학은 해방 전과 후를 기준으로 한 시대적 흐름이다.

해방 전의 한국경영학은 일제 치하(1910년 8월 29일~1945년 8월 15일)에서 일본이 중시한 독일경영경제학을 그대로 받아들일 수밖에 없었다. 독일경영학은 경제이론을 매우 중시하였으므로 이런 사상이 한국경영학의 일부 기초를 이루었다.

해방 후의 한국경영학은 미국의 영향을 많이 받았으므로 경영학 연구가 실무를 중시하는 미국경영관리학의 영향을 더 많이 받게 되었다. 그러므로 한국경영학은 이론적으로 독일경영경제학을, 실무적으로 미국경영관리학에 영향을 받아 발전되어 왔다. 그렇지만 한국경영학은 미국경영관리학의 영향이 더 크다고 할 수 있다.

따라서 한국경영학은 해방 후 경제 또는 산업의 발전 등과 보조를 같이 하면서 다음과 같이 미국경영관리학의 이론 발전단계와 매우 유사한 과정을 밟아왔다.

전통적 관리론이다. 이 이론은 산업구조의 근대화와 자립경제 확립을 촉진시켰던 1970년까지 적용되었다. 이 이론은 주로 기능을 중심으로 하고, 노동비용의 절감과 이를 위한 통제를 중심으로 하는 관리이다.

인간관계론과 행동과학이다. 이 이론은 한국기업이 성장과 안정의 균형을 강조하던

1971~1981년에 적용되었다. 이 때에는 1973년 10월의 1차 석유파동, 1979년 2월의 2차 석유파동을 거치면서 대외지향적 성장을 추구하였고, 1972~1980년 건설업 중심의 중동 붐으로 국내의 중화학분야 기업들이 발전되는 계기가 되기도 하였다. 따라서 우리나라에도 대기업들이 출현됨에 따라 종업원들의 욕구가 분출되고, 노조활동이 활발하여 감정(마음)과 비공식조직의 행동규범 및 사회관계(인간관계)에 대한 중요성이 더욱 부각되었다. 그럼으로써 인간관계론과 행동과학이 중시되었다.

조직 및 전반관리론이다. 이 이론은 한국기업이 조직과 환경의 대응을 중시하면서 안정·능률·균형의 조화를 강조하던 1982~1986년에 적용되었다. 한국기업은 그동안 고도성장으로 기업의 양적 팽창을 이루어 왔으나 물가 상승, 외부자금 비율 과다, 국제수지 적자 등 기업체질의 취약이라는 문제가 있었다. 따라서 한국기업은 이 시기가 조정기에 속하므로 조직과 전반관리가 중시되었다.

상황적합이론이다. 이 이론은 한국기업이 경쟁력 우위의 창출과 근로생활의 질 향상 등을 중시하면서 능률과 평등의 조화를 강조하던 1987~1991년에 적용되었다. 이 때에는 그동안 정치적으로 지연되어 왔던 민주화 조치로 많은 기업에서 노조가 결성되어 적극적으로 활동함에 따라 종업원의 권익향상 욕구가 봇물 터지듯이 분출되었다. 그러나 한국기업은 국가차원에서 부실기업의 정리와 내실을 강요당하던 시기이기도 하였다. 그러다가 IMF구제금융(1997.12.3.~2001.8.23.) 신청으로 엄청난 시련을 맞게 되었다. 그렇지만 우리 기업들은 이런 아픈 과정을 거치면서 체질개선에 노력하여 상당한 성과를 거두기도 하였다. 따라서 한국기업들은 상황적합이론에 따른 전략적 경영이 중시되었다.[2]

지식중시이론이다. 이 이론은 기업의 모든 직무가 어렵고 복잡하며 경쟁마저 치열하여, 종업원의 지식이 필수적인 요소라고 인식하던 1990~2000년경에 적용되었다. 지식은 기업의 새로운 가치를 창출하고 생산성을 높이는 필수적인 요소이다.[3] 그러나 한국기업은 내부적으로 아직도 한국 경제의 고질적 병폐인 노사문제, 기업경영 투명성 문제, 반기업정서, 대·중소기업협력 문제 등이 존재하고 있다. 그렇지만 1994년 4월에 우루과이라운드가 타결되었고, 1996년 7월 6일에 OECD회원국으로 가입하게 된다. 따라서 우리 기업들은 국제위상에 걸맞게 처신함과 동시에 모든 분야에서 국내·외 기업들과 치열한 경쟁에서 생존하기 위해 구성원의 지식이 더욱 필요하다고 할 수 있다.

---

2) 이기을, 1988, 민족문화와 한국적 경영학, 법문사, 293~332.
3) 김휘출, 1999, "지식의 저장과 공유의 주체로서의 도서관이 할일", 92~93, 제2회 지식경영 학술심포지엄, 매인경제신문사, 90~109.

역량중심이론이다. 이 이론은 2000년 이후 현재에 적용되고 있다. 2001년 8월, IMF 시대를 벗어나게 된 기쁨도 삼시, 2001년 9.11테러로 주식 폭락사태를 맞아 경제가 위축되었다. 그 후 2004년 4월에 한·칠레 자유무역협정, 2007년 4월에 한·미 자유무역협정이 체결(발효는 2012년 3월 14일)되는 등 한국경제는 한동안 호황을 누리는 듯하였으나, 2007년 4월 미국발 비우량 주택담보대출(subprime mortgage) 사태로 세계경제가 2010년 전반기까지 침체의 늪에서 헤쳐 나오지 못하였다. 따라서 우리나라의 기업들은 급격하게 변화하는 외부환경에 적응하면서 생존하기 위해 역량중심경영으로 제품이나 서비스에서 고품질·저비용의 생산을 지속적으로 실현시켜야 할 것이다.

역량중심이론은 기업이 특유의 인적자원을 보유함으로써 조직의 가치를 창출할 수 있게 만든다는 이론이다. 따라서 우리 기업들은 세계 기업들과의 무한경쟁을 외면할 수 없으므로, 기업 내부의 특수한 인적자원을 더욱 개발해야 할 것이다.

한국경영학의 이론적 발전과정을 정리하여 보면 <표 3-3>과 같다.

〈표 3-1〉 한국경영학의 이론적 발전

연 대	관리 명칭	이론적 배경	특 성
1945년 이전	독일경영학 도입	해방 전	독일의 경영경제학 논리 중시
1945~1970	미국경영학 도입 (전통적 관리론)	과학적관리론	노동비용의 절감과 이를 위한 통제
1971~1981	신고전적관리론	인간관계론	인간의 감정과 비공식논리 중시
		행동과학	인간행동의 과학적 연구
1982~1986	조직 및 전반 관리론	조직이론	조직이 곧 사람이며 사람이 관리의 주체임
		전반관리이론	일과 사람의 통합이론, 전반 분야(생산·조직·마케팅 전공 포함)를 통합관리
1987~현재	상황적합이론과 전략경영	시스템·상황이론	상황과 환경적응 강조
	지식경영 및 역량중심이론	지식경영이론 역량이론	지식중시, 조직역량과 조직학습의 중시 학습조직 중시

제2절 한국기업의 경영특성

1. 한국기업경영의 일반적 특성

1) 한국기업경영 일반적 특성의 의의

동양의 산업사회는 유교문화에 영향을 받아 공식제도와 비공식제도의 인간관계를 통한 가부장제 방식으로 업무를 처리하고 있다. 이는 서구의 산업사회가 경영자와 종업원들 간의 공식적이고 제도적인 방식을 통해 업무를 처리하는 방식과는 대조적이다. 한국기업은 경영자와 종업원들 간의 갈등이 발생할 경우 단체교섭과정에서 투쟁, 타협 등을 통해 조정되기보다는 인간적인 관계에 의해 해결되는 경우가 많다. 소위 권위와 화(和), 의리 등으로 표현되는 가부장제적인 사회적 원리가 경영자와 종업원들 관계에 적용되어 이해대립에서 발생하는 양자 간의 문제 해결에 기여해 왔다.

한국기업은 우리 사회의 전통적인 특성인 권위중시, 형식중시, 제한적 집합중시, 그리고 혈연을 기초로 한 소유중시 등의 풍토 위에서 출발하여 오랫동안 연공제도, 중기고용제도, 기업별 노조제도 등으로 발전되어 왔다. 이러한 형태는 시대의 변화에 따라 미래에 새로운 형태로 바꿔 갈 것이다. 이를 정리하면 [그림 3-1]로 나타낼 수 있다.

[그림 3-1] 한국적 경영의 일반특성

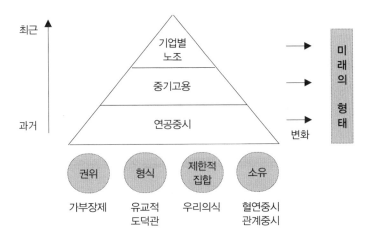

2) 권위중시

한국을 비롯한 동양사회는 전제적 성격의 관리방식에서 출발하였지만 독특한 사회문화적 풍토에 의해 가부장, 즉 권위로 발전하게 되었다. 기업의 가부장적 관계는 일반적으로 유교문화의 뿌리 깊은 전통에 그 토대를 두고 있으며 동양사회의 사회구조, 특히 가족제도에 영향을 받아 형성된 것이다.

권위(authority)는 일반적으로 일정한 직무를 수행하거나 또는 다른 사람에게 수행시키기 위하여 각 직위에 부여된 공식적인 권리를 의미한다.[4] 권위는 책임에 상응해서 주어지는 합법적 권리라기보다는 보통의 사람들이 접근하기 힘든 특정의 사회적 지위를 갖고 있다거나 특수한 능력이나 자질을 보유함으로써 갖게 되는 포괄적인 권리라 할 수 있다. 다렌도르프에 의하면 권위는 지배 관계는 물론, 경고나 금지, 복종의 행위 등과 같은 명령적 요소도 포함하고 있다고 주장한다.[5]

권위와 유사한 내용으로서 권한이 있다. 권한은 특정의 직무 또는 책임을 수행하기 위해 주어지는 합법적 권리이다.

한국기업 경영자의 권위는 다음과 같이 가부장적 권위, 연공적 권위, 지위적 권위, 소유적 권위를 인정하고 있다.

한국기업의 경영자는 '전통적 권위'와 '화'(온정)를 바탕으로 하는 의제(擬制) '가부장적 권위'를 중시하고 있다. 한국기업 경영자의 전통적 권위와 화(和)는 경영자의 리더십이나 상하관계가 전통적 유교문화로부터 영향을 받았다. 화는 상급자가 부하에 대해서 공식적인 측면뿐만 아니라, 비공식적인 측면에서도 관심을 기울이는 태도를 말한다. 이것은 마치 가정에서 부모가 자녀를 대하는 것과 비유될 수 있다.[6]

한국기업의 경영자는 '연공적 권위'를 중시하고 있다. 한국은 유교적 관점에서 볼 때 즉 장유유서를 기반으로 하는 연공적 권위를 중시하고 있다. 연공은 '연령과 근속년수'를 의미하는데, 이를 주로 연령이라고 보고 있다. 따라서 한국사회에서 연령을 가장 큰 위계의 원천을 이루는 요인으로 보고 있다.[7] 이 때 연령이란 단순히 나이가 많다는 것을 의미하기보다는 경륜 혹은 성숙의 의미를 내포하는 것으로 보아야 할 것이다.[8]

---

4) 신유근, 1992, 한국의 경영, 박영사, 526.
5) 신유근, 1992, 상게서, 653; 다렌도르프, 1989, 김대현 역, 산업사회의 계급과 계급갈등, 기린원.
6) 신유근, 1992, 상게서, 528·529.
7) 윤태림, 1973, 한국인, 현암사, 126~147.
8) 신유근, 1992, 상게서, 685.

한국기업의 경영자는 '지위적 권위'를 중시하고 있다. 권위는 권력 자체보다는 사회적으로 기대되는 역할을 수행하는 지위와 관련되어 있다.[9] 일반적으로 한국기업에서 상급자들은 상당한 권위를 갖고 있는데, 이는 전통적으로 한국인들이 갖고 있는 상급자에 대한 복종심에 기반을 두고 있다. 경영자(상급자)의 권위는 일면 조직체에서 부여되는 합법적 권위의 특성을 가지면서도 정통사회의 유교사상이나 대가족제도로부터 유래한 전통적권위의 성격을 강하게 갖고 있다고 할 수 있다. 또한 비공식적인 측면의 특수연고관계에 의하여 강화되는 경우도 있다. 예를 들면 한국사회에서는 학교의 선후배관계가 매우 엄격하여 후배에 대한 선배의 권위가 매우 강하다.[10]

한국기업의 경영자는 '소유적 권위'를 중시하고 있다. 한국의 소유경영자는 기업성장과정에서 강한 성취동기를 가지고 이루어 놓은 업적을 바탕으로 카리스마적 권위를 인정받고 있다. 소유경영자는 현재 또는 미래에서도 환경의 불확실성, 특히 기업이 당면하고 있는 정치적 환경의 불확실성을 해소함에 있어 다른 구성원에 비해서 탁월한 자질과 능력을 보유하고 있다. 그러므로 소유경영자 자신이 현재에도 기업업무 흐름의 중심적 위치를 점유함으로써 중앙통제적 조직시스템을 형성하고 있다.

권위와는 다른 의미의 권위주의가 있다. 권위주의란 권력행사의 정당성은 제쳐두더라도 단지 그러한 지위에 있다는 이유로 그 영향력을 수용하기를 바라는 경향을 의미한다. 이러한 실제적인 권위를 종업원들이 정당한 것으로 받아들인다면 사회질서의 유지 및 발전에 기여할 수 있겠지만, 이러한 권위를 종업원들이 부정한다면 양자 간의 상호불신 및 반목을 초래하게 된다.[11]

3) 형식중시

한국기업은 본질보다는 형식을 중시하는 경향이 있다. 한국적 경영의 특질인 형식중시는 유교문화의 명분과 체면중시에 기인한 것이다.

명분은 '어떤 사람이 자신의 특정한 상황 또는 처지에서 판단하고 행동할 때 제시되는 바 자기의 조건에 맞는 정당성이요, 명목에 합당한 본분'이다.[12] 다시 말하면 명분이란 한 개인이 처한 위치에서 합당하게 지켜야 할 분수라고 볼 수 있다. 특히 한국인에 있어 명분은 현실적인 실익의 계산을 떠나 자신의 행동을 정당화시킬 수 있고, 더 나아가 타

---

9) 다렌도르프, 1989, 전게서; 신유근, 1992, 전게서, 653.
10) 신유근, 1992, 전게서, 534~535.
11) 신유근, 1992, 전게서, 653.
12) 금장태, 1990, 유교사상의 문제들, 여강출판사, 41.

인의 행동까지도 규제할 수 있는 수단으로 이용되기도 한다. 그러나 전통적인 명분중시의 의식은 사회변동적 요인의 영향으로 외양만이라도 명분을 갖추려 하는 의식, 즉 명분주의로 나타나고 있다.

명분주의는 어떠한 행위결과에 따를 수 있는 실익을 떠나 우선적으로 예의·의리·인정 등의 정신적 가치를 전면으로 내세우는 경향을 말한다. 이에 반해 실익주의란 명분이나 정신적 가치보다 실제적인 이득을 우선시하는 경향을 말한다. 이러한 의미에서 명분주의는 도덕주의로, 실리주의는 타산주의라고 칭할 수 있을 것이다.

체면은 자기를 내세우고 주장하기 전에 주위 사람들이 자기를 어떻게 볼 것인가의 반응에 관심을 두는 태도를 말한다. 체면의식은 모든 가치를 개인의 주체적인 판단에 의해 결정하기보다 집합 속에서 남과의 관계 하에 결정하는 태도라고 할 수 있다.[13]

이와 같이 명분과 체면을 중시하는 태도는 남이나 사회에 인정받는 것에 가치를 두게 된다. 이러한 타인중시의 사고는 필연적으로 형식주의와 허례허식을 낳게 한다.

기업에서 명분과 체면중시 현상은 대체로 다음 세 가지 특징을 가진다.

첫째, 기업은 그 운영에서 실제로 이용되는 것과 관계없이 제도·설비 등에서 형식을 중시하고 있다. 예를 들어, 기업에서 종업원을 위한 제도나 시설 등을 갖추고는 있으나 실제 이용형태와 형식적 목적이 다른 경우이다. 즉 기업의 제도나 시설을 대외적으로 자랑하기 위해 설치한다든지 또는 제도의 기본원리 및 운영방법에 대한 사전 검토도 없이 외국이나 성공기업의 제도를 무작정 도입하는 경우가 있다.[14]

둘째, 기업은 제도 운영에서 의사결정의 원활함을 강조하기 위하여 형식을 중시하고 있다. 조직이 대외적으로 과시하기 위한 것이거나, 그저 상관에게 변명 또는 면죄부를 주는 형식으로 운영되는 것을 말한다. 예를 들어, 상관이 어떤 결정을 단독으로 하는 것을 대외적인 비난을 받을까봐 산하위원회의 토의를 형식적으로 거쳐 민주적으로 운영하는 것처럼 위장하여 추진하는 경우이다.

셋째, 기업은 종업원들의 행동에서 개인보다는 공동체를 강조하는 유교적 분위기에 편승하여 형식을 중시하고 있다. 한국사회의 전통은 공동체(집단)의 강조로 구성원들에게 명분과 체면을 중시하게끔 하는 독특한 행동방식을 강요하고 있다.

---

13) 윤태림, 1973, 전게서, 239.
14) 신유근, 1992, 전게서, 610.

4) 제한적 집합중시

한국기업의 구성원들은 기본적으로 '우리(we)'의식에 기초한 '제한적 집합'의 행동특성을 보여주고 있다.

집합주의는 개인의 이익보다는 그가 속한 집단의 이익을 추구하며, 한 집단내의 개인들은 똑같은 운명을 나누고 서로 영향을 미치면서 같은 길을 걸어가야 한다는 주장이다. 집합주의는 한국의 전통적 대가족제도와 관련하여 설명할 수 있다. 일반적으로 대가족으로 이루어진 사회에서는 집합주의적 행동방식이 나타나며, 핵가족으로 이루어진 사회에서는 개인주의적 행동방식이 나타나고 있다.

따라서 제한적 집합은 민족이나 국가가 아닌 대가족(씨족)이나 특정대학 동문 등 작은 집단의 공동체적 우리의식을 의미한다.

공동체적 우리의식은 인화·단결 및 협동정신과 동일한 개념이다. 공동체적 우리의식은 조직이나 사회전체를 지칭하는 것이 아니라, 자신에게 가까운 사람, 즉 혈연 또는 지연 등 그가 속한 집단에 더욱 잘해 주어야 한다는 마음이 형성되어 있는 상태이다. 제한적 집합의식은 다음과 같은 장단점이 있다.

한국의 제한적 집합의식은 서로 협동하는 한국적 사회공동체의식으로 계승되어져 왔으며, 산업체에서의 결속된 집단행위를 특정짓는 근거가 되었다.

한국의 제한적 집합의식은 여러 조직이나 지역단위별로 자생적인 모임이 수없이 이루어져 불공정과 분파현상이 나타나기도 한다. 또한 한국의 제한적 집합의식은 가정 차원에서 그들의 조상만을 숭배 대상으로 삼을 뿐 전체사회 차원에서 공동의 숭배대상은 가지고 있지 않다. 이러한 폐쇄적·제한적 우리의식은 기업경영에 반영되어 소유경영과 연고주의(nepotism) 등으로 나타나고 있다.

5) 소유중시

기업은 대체로 다음 세 단계의 자본조달을 통해 창업하고 발전한다.

첫째, 기업생성 초기, 소유권과 경영권이 대부분 일치되고 기업이익의 사내유보를 통한 내부자금조달로 기업을 발전시키는 '가족자본' 형태이다.

둘째, 기업의 외부, 즉 은행·보험회사 등으로부터 대규모의 자본 도입에 의해 기업을 발전시키는 '금융자본' 형태이다.

셋째, 기업에 대규모의 자금이 필요해지자 주식발행을 통한 자금조달로 기업을 발전시키는 '경영자본' 형태이다.

한국기업은 민간자본시장이나 공개자본시장의 발달이 미진하여 기업이 필요로 하는 대규모의 자본을 '가족자본'에 의해 조달되어 소유권의 집중현상이 심하게 나타나고 있다. 더욱이 한국의 소유경영자들은 왕성한 기업가정신으로 기업을 성장시켜 왔기 때문에 깊은 애착을 갖고 그의 가족에게 계속적으로 상속시키려 하는 경향이 강하다.

한국기업은 소유주와 소유가족의 소유권 집중을 기반으로 막강한 권력(power)을 행사하는 등 소유권과 경영권의 높은 합치도 현상을 나타나고 있다. 즉 한국기업의 족벌경영이다. 이런 현상은 그 동안 정부가 급속한 경제성장을 위해 소유권의 집중현상을 규제하지 않는 것도 이런 현상을 부채질하였다고 할 수 있다.

한국기업은 재벌그룹까지도 소유경영자를 중심으로 한 내부지분율이 거의 50%에 달하고 있다. 1999년 1월 1일부터 2008년 12월 31일까지 한국거래소의 유가증권과 코스닥 시장에 상장된 기업 중 소유구조를 분석한 논문에 의하면 5,612개 중 소유자 지배기업 3,231개(57.57%), 경영자 지배기업 2,381개(43.43%)였다.[15]

한국기업의 소유권과 경영권 승계는 전통적인 가족제도의 특징을 거의 그대로 내포하고 있다. 실제로 한국기업의 가족적 승계가 90% 정도로 높게 나타나고 있다. 또한 한국기업은 중앙통제적 조직구조를 통해 경영권을 발휘하고 있다. 중앙통제적 조직시스템은 소유경영자 중심의 경영체제로부터 파생되는 개념이자 그것을 뒷받침하는 개념이다. 중앙통제적 조직구조는 소유경영자 중심의 '집권적 의사결정구조'와 '하향식 조직운영방식'을 말한다.

한국기업의 소유경영자는 실제로 산업화 초기의 어려운 여건 속에서도 기업을 창설하고 성장시키는 과정에서 그들 특유의 뛰어난 자질을 보여 주었다. 이러한 소유경영자의 자질은 무엇보다도 강한 성취욕구와 확장주의적 성향이 특징적으로 부각된다. 한국의 소유경영자들은 기업을 자신의 소유물로 여기기 때문에 사회적 지탄을 받기도 했지만, 경제활동을 위한 기본산업시설이나 기술, 경험 등이 미진한 상태에서도 재산증식욕구와 책임의식으로 어려움을 극복하고 성장시켜 왔다고 할 수 있다.

---

15) 신민식·김수은, 2010, "기업의 소유구조와 자본구조 간의 관계", 한국증권학회, 제2차 학술발표회, 10

2. 한국기업경영의 구조적 특성

1) 연공제도

연공제도란 연공주의 인사제도이다. 연공주의란 기업구성원들의 보상과 승진에 있어서 연령·근속년수 등의 연공적인 요소를 우선시 하는 제도이다. 연공주의는 기업구성원들의 직무수행능력과 업적을 중시하는 서구의 능력주의와 대조적이다.

한국이 연공주의적 승진·보상제도를 실시하는 배경에는 전통적으로 연장자를 존중하는 한국인의 가치의식이 깔려 있다. 연공임금제의 경우 연령이나 근속년수 등의 연공적 요소와 학력, 성별 등의 속인요소에 따라 매년 정기적으로 승급시키면서 임금을 결정하는 제도를 말한다.

장기고용제도하에서 종업원들은 연공에 비례하여 지급하는 연공제에 다소 불만이 있더라도 자기도 나이가 많으면 그 혜택을 받을 것이므로 믿고 기다릴 수 있었다. 그러나 고용환경의 변화로 중기고용제도에서는 그 혜택이 축소됨에 따라 종업원들이 연공제를 받아들이지 못하는 경향이 나타났다.

최근의 기업들은 연공주의도 차츰 직무수행능력과 업적에 따라 보상하는 능력주의로 점진적 변화가 이루어지고 있다. 능력주의는 어떤 사람의 업무수행능력과 경영가치향상능력을 중심으로 직능자격등급을 만들어 종업원들의 보유능력을 점수나 순위 등으로 평가하고, 이에 따라 승진이나 임금을 결정하는 제도이다.[16] 한국의 기업들은 종래의 연공임금에 대한 수정 및 보완과 함께 직무급[17] 및 직능급, 성과급의 부분적 도입을 포함하여 점차적으로 연봉제 도입 등 새로운 임금제도의 변화를 적극 시도하고 있다. 그러나 지금도 대부분의 기업들은 근로자의 연령 및 근속년수 등의 연공서열적 요소를 중시하는 연공임금제에 기반을 두고 있다.[18]

2) 중기고용제도

전통적으로 한국기업들은 종업원들을 비교적 장기로 고용하였다. 그러나 1997년 금융

---

16) 高橋俊介, 1999, 전게서, 65~66.
17) 직무급은 근로자가 제공하는 직무의 가치에 따라 임금을 지급하고, 직능급은 근로자가 제공하는 기능의 능급수준에 따라 임금을 지급하며, 성과급은 근로자가 이루었던 일정한 성과에 따라 임금을 지급한다.
18) 이원우 외, 2009, 전게서, 107~109.

위기 이후 경제성장의 지속적인 둔화, 고령사회의 가속화 및 임시직 근로자의 증가 등 경영환경의 급속한 변화를 맞이하면서 장기(종신)고용제도에서 '중기고용세도'로 변화되고 있다. 따라서 근로자들은 종신고용이 아니라 여러 직장에 근무함으로써 평생직업을 가질 수 있는 경력관리가 필요하게 되었다.

한편 일본의 고용제도는 장기고용, 미국의 고용제도는 단기고용 형태로 나타나고 있다. 한국, 미국, 일본의 경영특성은 <표 3-2>와 같이 나타낼 수 있다.

<표 3-2> 한·미·일 기업의 경영특성 비교

구 분	한 국	미 국	일 본
경영목표	단기 경영목표	단기 경영목표와 수익성 위주의 전략	장기적 경영목표와 성장위주의 전략
고용형태	중기고용	단기고용(계약직)	종신고용
선발기준	연고중심	실력중심	연고중심
능력평가	급속한 능력평가	급속한 능력평가 & 승진	완만한 능력평가 & 승진
인사체계	연공서열	업적제일주의	연공서열
의사결정	합의에 의한 의사결정	개인적 의사결정	집단적 의사결정
책임범위	개인적 책임	개인적 책임	집단적 책임
인간형성	개인주의	개인주의	집단주의
의사소통	수직적	수평적	수직적
업무추진 방법	수동적	자발적	수동적

자료: 이병길, 2003, 17.[19]

고용제도는 국가마다 특성이 있다. 즉 국가의 고용제도는 국가마다 인력보존형태가 서로 독특하게 나타나고 있다. 이를 [그림 3-2]와 같이 나타낼 수 있다.

첫째, 미국은 소유자집단을 제외하고 끝까지 보존해야 할 특별한 인력집단이 없다. 다만 인력층은 일상의 정규근로자로 임시직 근로자와 구별되고 있다. 대체로 미국의 인력보존형태는 단면구조라고 보아도 무방할 것이다.

둘째, 일본은 중핵과 완충(또는 주변)의 2중구조로 나타나고 있다. 즉 완충과 주변의 구별이 명확하지 않고 혼재되어 있다. 중핵과 완충 또는 주변의 인력보존비율은 약 30 : 70 정도로 보여진다.

---

19) 이병길, 2003, "한·미·일 경영의 비교 연구", 경영교육저널, 대한경영교육학회, 제3권, 1~19.

셋째, 한국은 중핵·완충·주변의 3중구조로 나타나고 있다. 중핵집단은 거의 중기 내지 장기고용이 대상이 될 뿐만 아니라 기업조직 또는 소유경영자와 운명을 같이 하는 집단이다. 완충집단은 중기고용의 대상이 되는 집단으로 스스로 이직하지 않거나 해고되지 않으면 연공에 의하여 상부로 올라가게 되며 경우에 따라서는 중핵층으로 편입되기도 한다. 주변집단은 인력구조층의 가장 바깥 테두리를 이루는 임계집단이다. 이들 인력은 기업경영을 위한 한계적 필요에 의해 생긴 집단이다. 주로 임시근로자, 여공 등이 주변층에 속하게 된다. 한국의 인력보존비율은 중핵·완충·주변에 따른 약 10 : 80 : 10 정도이다.

[그림 3-2] 한·미·일 기업에서 인력보존형태의 차이

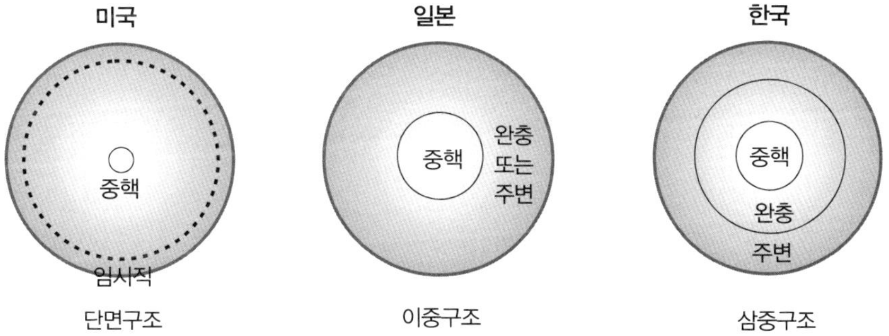

자료: 신유근, 1992, 501을 다소 수정.

각국의 구성원 해고방식은 다음과 같다.

미국의 경우 해고방식은 우선적으로 임시근로자를 해고시키든지 아니면 어떤 실적이 좋지 않은 사업부문을 전체적으로 폐쇄하는 방식을 취한다. 임시직 근로자를 다시 복직시킬 때에는 선임권(seniority)의 원칙이 적용된다.

일본의 경우에는 해고가 불가피할 경우 중핵은 건드리지 않고 임시공과 같은 주변 인력부터 정리하는 방식을 취한다.

그러나 한국기업에서는 해고가 불가피할 경우 중핵·완충·주변에 걸쳐 인적으로 특별히 연결된 사람들을 함께 해고하는 방식을 취한다. 이 때 해고의 대상이 되는 사람들은 그가 중핵에 속하든 주변에 속하든 관계없이 기본적으로 기업의 소유경영자를 비롯한 실권을 가진 사람과의 특수연고관계를 고려하여 선정되는 것이 보통이다.

3) 기업별 노동조합제도

기업별 노동조합은 내부노동시장을 배경으로 결성된 기업단위 노동조합의 조직형태이다. 이러한 기업별 노동조합은 오늘날 우리나라의 대표적 노동조합 조직형태로 운영되고 있다. 기업별 노동조합은 기업단위의 단체교섭제 및 노사협의제의 효율적인 운영을 통한 기업 내 노사관계의 안정과 산업평화의 유지발전에 크게 기여하고 있다.

기업별 노동조합은 구미 선진국의 주요 노동조합형태인 전국수준의 직업별 노동조합, 산업별 노동조합, 일반노동조합과 다음과 같은 특성에서 차이가 있다.

첫째, 조합원의 자격이 특정의 기업 및 사업장의 정규종업원으로 한정되어 있다.

둘째, 일정의 직종이나 산업 구분없이 공원(blue color)과 일반직원(white color)이 함께 조합에 가입할 수 있는 혼합적 노동조합이다.

셋째, 노동조합원은 일반종업원 외에 감독자 층이나 하위 층의 관리자도 가입할 수 있다.

넷째, 노동조합의 간부는 특정기업의 정사원의 자격을 전제로 하여 조합의 전임자가 될 수 있다.

다섯째, 노동조합이 가입된 상부단체로부터 어떠한 강제적인 규제나 통제를 받지 않고 자주성이 보장되고 있다.

이러한 기업별 노동조합은 기업수준의 단체교섭 및 노사협의제의 운영을 통하여 기업 내 근로조건의 개선은 물론 노사협력관계의 촉진 및 경영공동체의 유지발전에 크게 기여하고 있다.[20]

3. 한국기업경영의 전략적 특성

1) 외형성장전략

외형성장전략은 기업의 빠른 성장을 추구하는 확장적 형태로서 비관련산업분야로의 다각화전략이다. 외형성장전략은 기업의 일차적 목표를 수익성보다는 외형성장에 두는 이른바 문어발식 비관련 다각화전략이라 할 수 있다.

외형성장전략은 우선 성장지향의 확장주의적 성향을 갖고 있는 기업가의 행위 특성에

---

20) 이원우 외, 2009, 전게서, 109.

근거하고 있다. 즉 '하면 된다.'라는 기업가 정신과 공격형의 전략적 리더십을 갖고 있는 기업가, 특히 소유경영자의 특성에 기반을 두고 있다.

또한 외형성장전략은 다른 회사와의 기술제휴, 상품개발이 끝난 신제품의 획득, 다른 회사의 흡수·합병 등의 방법이 있다.

외형성장전략의 장점은 다음과 같다. ① 신규사업 분야에의 진출에 있어서 리드타임 (lead time)을 단축할 수 있다. ② 투자비용과 투자위험을 줄인다. ③ 기성 제품분야와 시너지 효과(synergy effect)를 갖지 않는 비관련 성장분야에 진출할 수 있다.

외형성장전략의 단점은 다음과 같다. ① 자사 개발에 비해 수익성이 낮다. ② 사내 연구개발 의욕의 저하를 초래할 염려가 있다. ③ 합병일 경우 인사문제가 복잡하다.

2) 정부유착전략

정부유착전략은 기업이 성장을 위해 정부와 우호관계를 형성하고, 정부정책에 순응하면서 기업에 유리한 방향으로 발전할 수 있도록 하는 전략이다. 정부유착전략은 외형성장전략을 추진하기 위해 기업이 정부와의 관계를 밀접하도록 하는 특성을 말한다. 정부유착전략은 우선 수직적 관계하에 영역확장 활동으로 나타난다. 즉 한국의 대기업들은 정부와 기업 간의 수직적 권위주의 구조 하에서 영역확장을 위한 대정부 활동을 벌여왔다.

사실, 한국경제는 국가(정부)주도로 이루어져 왔기 때문에 한국기업들은 이에 부응하여 사업에 진출하고 운영되는 측면이 있었다. 한국경제는 조선 후기까지의 전(前)산업사회인 과도기(한말, 일제 강점기의 경제, 대미 의존경제)를 거쳐 1960년대 초반부터 1980년대 초반까지 국가경제를 계획적으로 발전시키기 위해 경제개발계획(1962~1981년)을 실시하여 고도성장을 이룩하였다. 따라서 정부는 정부주도의 경제개발계획, 수출주도형 경제성장정책과 보호무역정책 등으로 기업발전 정책을 펼쳐 경제력 집중을 심화시켰다. 그 후 정부는 경제사회발전계획(1982~1996년)으로 변경하여 추진한다.

또한 최근에도 정부가 혁신과 성장잠재력을 지닌 기업을 선정하여 투자를 지원하고 있다. 이에 힘입어 한국의 기업들은 단기간에 세계적인 대기업으로 규모를 확대하여 글로벌 경쟁기업으로 성장하였다. 그러나 한국기업의 정치권력과의 유착이 부의 독점, 시장의 독과점, 외부자금에 의한 문어발식 확장으로 이어져 빈부격차 심화, 근로자들의 상대적인 소외라는 부정적 결과를 가져오기도 하였다.

3) 단기성과전략

　단기성과전략은 내부능력 배양에 의한 점진적 성장보다 단기간에 급속한 외형성장을 이루기 위해 내부관리 중심으로 강력히 추진하는 전략이다. 단기성과전략은 외형성장전략을 뒷받침하는 내부관리상의 특성, 즉 기능전략상의 특성을 일컫는다.

　단기성과전략은 한국민의 '빨리 빨리 문화'에 기인한 바 크다고 할 수 있다. 빨리 빨리 문화는 성과중심, 결과만능주의, 불법 내지 편법 유발 등 부정적 견해도 있지만, 해방 이후 단기간 내에 경제성장을 달성했으며 근면·성실한 한국민이라는 이미지를 만들었다. 최근에는 인터넷 문화확산과 IT기반의 신기술을 신속하게 받아들이고 관련사업의 발전을 가져왔다.

　단기성과전략은 우선 외부의존적 분산형 재무전략에서 찾아 볼 수 있다. 즉 자기자본보다는 타인자본에 의존하는 자금조달방식과 단기성과위주의 분산형 투자전략을 구사한다. 또한 단기성과전략은 모방형 생산전략과 양위주의 확장(push)전략 및 판매전략 등을 사용한다. 그러나 단기성과전략은 경영자들의 강력한 추진정책에 비해 종업원들의 직업의식, 즉 소명감, 귀속, 충성의식이 비교적 약하다.

　이상의 한국기업의 전략적 특성을 다음 <표 3-3>과 같이 나타낼 수 있다.

〈표 3-3〉 한국기업의 전략적 특성

유 형	장 점	단 점
외형성장전략	신규사업 분야에의 진출에 있어서 리드타임(lead time: 제품의 계획에서 완성까지의 시간) 단축. 투자비용과 투자위험을 줄임.	자사 개발에 비해 수익성이 낮음. 사내 연구개발 의욕의 저하를 초래할 염려.
정부유착전략	단기간에 세계적인 대기업으로 규모를 확장시켜 글로벌 경쟁기업으로의 성장.	정부 과보호에 따른 빈부 격차 심화와 근로자들의 상대적인 소외.
단기성과전략	단기간 내에 경제 성장을 달성했으며 근면·성실한 한국민이라는 이미지 조성.	성과중심, 결과만능주의의 만연.

PART

3

경영자와 기업

제 4 장
현대기업의 경영자

제 1 절 기업가와 경영자

1. 기업가

기업가는 기업의 경영주체이다. 기업가는 기업의 설립에서부터 운영에 이르기까지 모든 활동을 담당하는 최고 책임자이다. 기업가는 기업을 창설한 사람, 또는 기존 기업에서 혁신적 경영을 수행하는 사람이다.[1]

현대적 의미에서의 기업가란 출자에 따른 위험을 부담하는 '모험정신'과 기업자원의 새로운 결합인 '혁신활동'을 통해 환경변화에 적응하는 사람이다.

경영자는 급변하는 환경에서 기업을 성장시키기 위해, 모험에 따른 위험을 부담하고, 혁신하는 자세로 기업가적 역할을 수행하여야만 한다. 왜냐하면 경영자가 혁신자로서의 역할을 수행하지 못하면, 단순히 관리자적 역할밖에 수행하지 못하기 때문이다.

특히, 미래의 기업가는 이러한 '기업가정신'과 더불어 기업 내 '개척자 정신'도 함께 중시하고 있다. 기업 내 개척자란 기업에서 자신의 아이디어를 실현하기 위한 개인적인 비전과 모험을 감수하려는 행동력을 가지고 있는 사람을 의미한다. 이들은 기업가정신을 가진 경영자와 공통점이 많지만, 기업 내에서 활동한다는 점에서 새로운 기업을 창업하는 기업가들과는 다르다.[2]

---

1) Schumpeter, T.A., 1934, *The Theory of Economic Development*, Cambridge, MA: Harvard University Press.
2) 이재규・최용식, 2004, 현대경영학, 창민사, 160.

2. 기업가정신

슘페터는 자본주의의 역사가 단순히 인구나 자본의 증대에 따른 연속적인 변화(성장)뿐만 아니라, 비연속적으로 발생하는 생산방법의 변혁에 의해 이루어졌다고 주장한다. 이러한 주장은 마르크스의 역사발전에 관한 사상과도 일치한다. 그러나 슘페터는 마르크스[3]와 달리 비연속적이며 창조적인 변혁의 프로세스를 분석·해명하는 일반이론, 즉 발전의 모델을 제시하였다.

슘페터는 그의 발전모델 중심에 기업가(entrepreneur)라는 개념을 기업가정신으로 보고 있다. 기업가정신(entrepreneurship)이란 불확실성에 도전하여 새로운 사업기회를 발견하고 이에 맞는 사업영역에서 성공적인 기업을 운영하는 모험가인 동시에 개척자로서의 혁신정신을 의미한다. 혁신정신이란 과거의 정태적 균형을 창조적으로 파괴하여 새로운 동태적 균형을 이룩하게 함으로써 생산성을 높여주거나 비용을 줄여주거나 또는 수익을 증대시켜 주는 모든 아이디어와 방법을 도입하려는 정신을 의미한다.

슘페터는 기업가의 창조적 행동을 '기업가 = 혁신'으로 등식화하고 있다. 기업가는 독자적인 경제주체로서 창조적인 변혁을 '혁신 = 신결합'의 등식에 적용하여 합리적으로 설명하고 추진하는 담당자이다. 혁신(innovation)은 신제품의 생산, 신기술의 도입, 신시장의 개척, 신공급원의 발견, 신조직의 형성 등 신결합을 의미하고 있다.[4]

기업가는 경제주체로서 환경변화에 창조적으로 행동하는 사람이다. 기업가는 환경변화에 대하여 단순히 반응하는 정태적 경제주체와는 질적으로 다른 존재이다. 이론적으로 혁신은 새로운 생산함수를 도입함으로써, 비용곡선을 아래로 끌어내려 수확체감의 법칙을 수정하는 것이다. 바꾸어 말해, 일반적 생산방식의 경우 제품들이 시간이 지남에 따라 수익이 감소하게 되는데, 혁신적 생산방식의 경우 새로운 제품을 개발하여 수익을 계속 유지하도록 만드는 것이다.

---

3) 마르크스(Marx)는 그의 '자본론'에서 자금(G: Geld)을 가지고, 기계시설 및 원자재와 같은 생산수단(Pm: Produktion smittel)과 노동(A: Arbeit) 등의 상품(W: Ware)을 구입한다. 그리고 생산활동(P: Produktion)을 통하여 다시 새로운 상품(W′: Ware)을 제조·판매하여 투입보다 많은 자금(G+g)을 획득하게 된다. 이 때 자금 증식(g)이 발생한다(K. Mark, 1976, *Das Kapital*, Berlin, Dietz).

$$G \longrightarrow W \begin{cases} A \\ Pm \end{cases} \cdots\cdots P \cdots\cdots W' \cdots\cdots G'(G+g)$$

4) Schumpeter, T.A., 1934, op. cit.

혁신은 경제적 측면에서 새로운 것이 창조되고, 옛것이 몰락하는 프로세스에 따라 산업의 합리적 편성이 이루어져 왔다. 또한 사회적 측면에서 동일한 프로세스는 사회에 도태되고, 그 능력을 입증 받은 집단은 부르주아 계급으로 사회에 부상하게 된다. 따라서 혁신은 경제적이든 사회적이든 간에 '최적으로 선발된 집단'이 어느 일정한 제도적 장치 밑에서 활동하고 성과를 극대화시킨다고 할 수 있다.

3. 경영자

기업경영에는 원자재·기계설비·토지·자본 등의 '물적자원'과 이들을 활용하여 기업목표를 달성시키는 '인적자원'이 필요하다. 이 중에서 인적자원은 더 중요하다고 할 수 있다. 그 이유는 인적자원이 주체적이고 능동적이지만, 물적자원은 종속적이고 수동적인 요소에 지나지 않기 때문이다. 다시 말해 아무리 첨단기계나 설비 그리고 양질의 원자재 등과 같은 물적자원이 갖추어진 기업일지라도, 인간의 능동적이고 창의적인 의사에 따른 계획이 세워지고 실행되지 않는다면 기업목표는 달성될 수 없다는 의미이다.

경영자는 기업 조직체는 물론이고 모든 사회적 조직체, 즉 가정, 기업, 종교단체, 정당 및 국가 등의 조직체를 경영하거나 관리하는 사람이다. 다시 말하면 경영자는 기업을 비롯한 사회조직체를 운영하는 사람이다. 일반적으로 경영자는 기업의 다양하고 총체적인 의사결정을 하는 주체라고 할 수 있다. 광의의 개념에서 경영자는 기업에서 가장 중요한 의사결정을 담당하는 최고경영자로부터 기업 내에서 종업원을 지휘·감독하는 관리자에 이르는 집단을 총칭한다.[5]

경영자집단은 기업의 방향을 설정하고, 체계적으로 조직화하며, 실제로 기업목적 달성을 위해 기업활동을 지휘·통제하는 가장 핵심적인 기능을 수행한다.

경영자는 어떤 기업(조직)이든 그 기업의 생존과 발전을 결정하는 가장 중요한 책임을 지고 있는 사람이다. 따라서 경영자들은 조직적 자원(노동자, 금융, 정보, 장비 등)을 잘 다룰 줄 아는 능력을 키워야 한다. 왜냐하면 경영자들은 '큰 그림'을 봐야 하기 때문이다.

또한 경영자들은 직원들에게 지시하기보다 가르치고 지지해주며, 동기부여해 줄 수 있어야 한다. 따라서 경영자는 커뮤니케이션에 능숙하고 계획, 구성, 조직, 감독 등을 잘하는 팀플레이어가 요구된다.[6] 특히, 최근 종업원들(인간)은 상호인정, 공동체 의식, 상하간

5) 신유근, 2011, 경영학원론, 다산출판사, 132.
6) Nickels, Williams G., James M. McHugh & Susam M. McHugh, 2010, *Understanding Business*, McGraw-Hill, Irwin, New York, NY, 10020, 178~179.

의 예절, 충성과 복종심 등이 퇴색되고 있으므로 이들의 문화에 대한 관심이 필요하다.

4. 경영자정신

1) 경영자정신의 개념

오늘날에는 대통령부터 시작해서 가정주부에 이르기까지 모두가 경영자정신을 가져야 한다.

경영자정신(management spirit)은 경영자가 기업의 목표를 달성하기 위하여 자원을 가장 적게 사용하여 최대의 효과성(effectiveness)과 효율성(efficiency)을 높이려는 자세나 감각이라고 할 수 있다.[7] 즉 경영자정신은 효과성과 효율성을 높이기 위한 여러 가지 아이디어나 지혜를 사용하려는 자세를 의미한다. 경영자정신은 경영마인드(business mind)라고도 한다. 경영마인드는 경영자가 경영에 대해 대응하고 반응하는 습관화된 정신(spirit)과 감각(sense)이다.

효과성은 올바른 일을 찾아서 하는 것이다. 즉 올바른 목표의 선택과 달성 여부이다. 유효성과 같은 말이다. 즉, 효과성은 기업이 어떤 수단을 선택하여야 목표를 달성할 수 있는 확률이 가장 높은가 하는 의미이다.

효율성은 일을 올바르게 수행하는 것이다. 즉 최소한의 투입으로 최대한의 산출(투입에 대비한 산출의 비율)을 올리는 것을 말한다. 어떤 제품을 만드는데 노동력, 원재료, 시간 등의 투입물에 비해 더 많은 산출물을 생산하는 경우에 효율성이 증가되었다고 한다. 이러한 점에서 효율성은 자원의 활용정도와 관련이 있다.

이와 같이 경영자정신은 물적 자원의 투입이나 자본을 투자하면 그 이상의 산출물이나 이익을 도출하여 기업의 성장으로 연결시키려는 자세이다. 경영자정신은 성장성·유연성이 요구된다. 경영자정신은 시대, 환경, 상황에 따라서 얼마든지 최적의 대안이 달라질 수 있으므로 어느 하나를 고집해서는 안 된다.[8]

한편 행정가정신(administrative spirit)은 조직의 개혁으로 성장시키기 위해 형평성(equity)과 일관성(consistency)을 중시하는 자세라고 할 수 있다. 형평성은 투입에 대한 산출의 비율에서 동등한 느낌을 갖도록 하는 것이 최선이라고 보며, 모두에게 똑같이 1/n씩 배

---

7) 신유근, 2011, 전게서, 6~8; 임창희, 2006, 경영학원론, 학현사, 11; 지호준, 2009, 21세기 경영학, 법문사, 29~34; 이명호·신현길·이주헌·정인근·조남신·조장연·차태훈·김귀곤, 2010, 경영학으로의 초대, 박영사, 8.

8) 지호준, 2009, 전게서, 33~36.

분하는 사고방식을 의미한다. 일관성은 주어진 법규나 규정에 의한 일정한 집행이나 운영을 뜻한다. 따라서 누구에게나 정해진 규정에 따라 동일하게 적용하는 사고방식을 의미하기 때문에 상황에 따른 가변적인 생각을 요구하지도 않는다. 행정가정신은 동등성·동일적용성을 중시한다.

2) 경영자정신의 핵심요소

기업이 강력한 경쟁력을 확보하기 위해서 경영자가 가져야 할 경영자정신은 고객중심정신, 경쟁우위정신, 가치극대화정신 등이다. 이를 [그림 4-1]로 나타낼 수 있다. 이 세 가지 정신은 종합적으로 연계되어 추진되어야만 비로소 경영자정신을 통한 혁신적 경영활동이 이루어진다고 할 수 있다.

[그림 4-1] 경영마인드의 핵심요소[9]

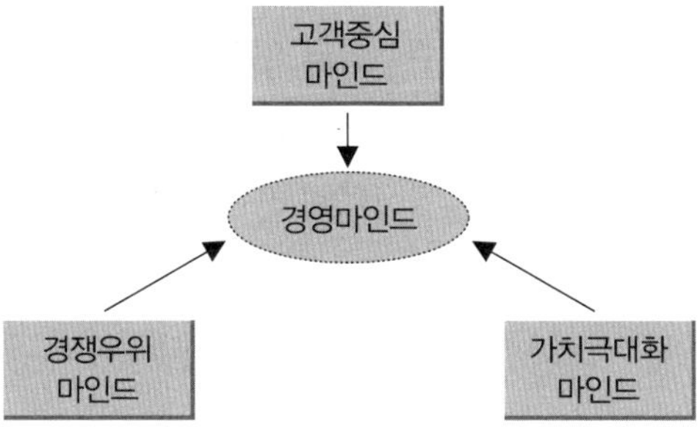

(1) 고객중심의 정신

고객중심정신은 경영자가 기업을 운영하는 데 있어 고객을 가장 먼저 생각하는 자세이다. 즉, 고객에게 제공되는 일체의 물질적·심리적 행동이 최상의 고객만족을 가져다줄 수 있도록 하는 것을 의미한다. 최근에는 고객만족을 넘어서 고객감동, 고객졸도(?)에까지 이르도록 고객 중심적 경영활동이 요구되고 있다.

기업에 있어서 고객은 최종소비자뿐만 아니라 기업에 투자하고 있는 주주, 기업에서 일하는 종업원까지도 포함시켜야 한다.

㉠ 최종소비자를 고객으로 보는 정신

현대사회는 서비스경쟁의 시대라고 말한다. 따라서 기업이 서비스 능력이 부족하면 고객만족을 달성할 수 없고 경쟁력을 확보할 수 없다. 이제는 상품의 개념이 단순한 제품

---

9) 윤종훈·송인함·박계홍, 2022, 경영학원론, 창명, 15.

에서 제품과 서비스가 합쳐진 것으로 바뀌고 있다.

고객만족이라고 하면 단순히 품질이 좋은 제품을 고객에게 제공하는 것이 아니라 고객의 욕구를 파악하여 그것을 충분히 만족시켜 주는 것을 말한다. 비록 제품의 품질이 좋더라도 서비스의 수준이 낮으면 고객들은 불만을 느끼게 된다.

기업은 고객들의 불만(말)을 경청하고 이를 즉각 경영에 반영하여야 한다. 세계적으로 성공한 기업들은 그들의 제품이 잘 팔리고 있을 때에도 항상 고객의 불만을 경청하는 데 최선을 다하고 있다. 그러나 실패하는 기업들은 현재의 고객들이 이탈하는 것을 대수롭지 않게 생각하고 새로운 고객을 찾아내려는 데만 많은 시간과 비용을 쏟아 붓고 있다. 따라서 기업은 새로운 고객뿐만 아니라 현재의 고객도 만족할 수 있도록 모든 생각의 초점을 모아야 한다.

ⓛ 주주를 고객으로 보는 정신

기업의 가치가 주식시장에서의 주식가격으로 평가되고 있으므로 주주가 기업의 최고의 고객이라 할 수 있다. 따라서 기업은 주주중심의 경영체제를 구축하는 것이 중요하다.

주주는 기업이 자본을 조달하는 창구이다. 기업은 주주로부터 자본을 조달하기 위해 그들에게 정확한 정보를 전달하여 신뢰를 받는 것이 무엇보다 필요하다. 최근 들어 많은 기업들은 원만한 투자자관계(investor relations)를 통해 미래전망에 대한 포괄적인 정보를 투자자들에게 제공함으로써 기업의 자본조달을 원활하게 하고 있다.

따라서 경영자는 주주를 가장 중요한 고객으로 보고 주주의 입장에서 경영활동을 수행함으로써 주주에게 이익이 돌아갈 수 있도록 해야 한다. 그럼으로써 경영자는 주주집단에 신뢰를 얻게 되고 이를 바탕으로 기업이미지를 향상시킴으로써 지속적으로 성장할 수 있다.

ⓒ 종업원을 고객으로 보는 정신

종업원은 근무시간에 부하이지만 근무시간 이외에 역시 자사제품을 소비할 수 있는 최종소비자로 바뀔 수 있다. 종업원의 가족들도 다른 최종소비자와 마찬가지로 늘 최종소비자 위치에 있게 된다. 따라서 경영자는 종업원도 고객이라고 생각하고 가족처럼, 최종소비자처럼 대해야 할 것이다. 경영자는 종업원을 같은 배를 탄, 내 가족으로 여기고 그들과 공동운명체라는 생각으로 서로간의 정을 나누는 데 소홀해서는 안 된다.[10]

---

10) 지호준, 2009, 전게서, 38~43.

(2) 경쟁우위의 정신

경쟁우위정신은 특정기업이 그의 경쟁기업과 비교해 볼 때 소비자에게 상대적으로 더 큰 만족을 제공할 수 있는 방법을 찾는 자세이다. 기업의 경쟁력에는 절대우위, 비교우위, 경쟁우위가 있다. 이 중에서 경쟁우위는 절대우위나 비교우위와 다른 개념으로 기업이 반드시 확보하여야 한다.

㉠ 절대우위

절대우위(absolute advantage)는 한 나라나 기업이 특정제품에 대하여 독점적 지위를 갖거나 가장 낮은 비용으로 생산할 수 있어서(다른 생산자보다 더 적은 생산요소로 제품을 생산할 수 있는 능력) 독보적인 위치를 차지하고 있는 상태를 의미한다. 절대우위를 확보한 국가나 기업은 독점적 지위에 따른 초과이익을 얻을 수 있지만, 이러한 절대우위를 갖는 경우는 매우 드물다고 할 수 있다. 왜냐하면 어느 특정국가나 기업에서만 단독으로 생산되는 제품은 거의 없고, 제조 환경이 급속하게 변화하기 때문에 생산비용에서의 우위를 계속 유지할 수 없기 때문이다.

국가간 경계가 사라지고 글로벌 경쟁이 이루어지고 있는 현재의 상황에서 특정기업이 제품생산에 있어서 독점적 지위에 따른 절대우위를 확보하기란 매우 어렵다. 기업들은 부존자원을 독점적으로 확보하기가 어렵고 생산비용에서 가장 낮은 수준을 계속유지하기란 사실상 곤란하므로 절대우위를 확보하는 경우는 거의 없다.

㉡ 비교우위

비교우위(comparative advantage)는 한 나라가 다른 나라의 모든 제품에 대해 절대우위 또는 절대열위에 처해 있다고 할지라도 상대적으로 효율성이 높은 제품을 전문화하면 두 나라 모두에게 이익이 발생한다는 의미이다. 비교우위는 국가간 분업이 일어나고 있는 상황을 설명해주는 원리라고 할 수 있다.

예를 들면 A국가는 B국가에 비해 첫 번째 제품은 3배의 효율성을 갖고 있으며 두 번째 제품은 2배의 효율성을 갖고 있다고 하자. 이 경우에 A국가는 첫 번째 제품에 대해 비교우위를 갖고 있으며 B국가는 두 번째 제품에 대해 비교우위를 갖게 된다.

대부분의 국가간 무역이 이러한 비교우위에 입각해서 이루어지고 있다. 이러한 비교우위는 주로 국가간의 교역에서 적용된다.

기업에서는 비교우위를 적용하기가 곤란하다. 그 이유는 비교의 원리가 부존자원의 양에 의해 결정되기 때문이며, 한 국가 내에서 생산비용의 비교는 기업간 큰 차이가 없기 때문이다. 또한 기업간의 비교는 두 개의 기업만을 비교해서 우위가 결정될 문제가 아니다. 해당제품마다 수많은 기업에서 생산되고 있으므로 단지 하나의 상대기업만을 대상으로 한 비교우위는 큰 의미가 없다고 할 수 있다.

ⓒ 경쟁우위

경쟁우위(competitive advantage)는 어느 특정한 기업이 다른 수많은 기업과의 경쟁에서 우위에 설 수 있는지의 여부를 판단할 때 사용하는 의미이다. 비교우위가 주로 임금, 금리, 환율, 부존자원 등의 거시변수를 가지고 특정산업이나 분야의 국제경쟁력을 판단하는 개념이라면, 경쟁우위는 기업의 경영자원이나 핵심기술 등을 통한 혁신활동이 경쟁기업에 비해 독특하면서 환경에 부합될 때 나타나는 개념이다.

경쟁우위의 원천는 가치활동(value activities)과 핵심역량(core competence)이 되고 있다. 가치활동은 창조적인 경영활동을 의미하고, 핵심역량은 기업의 경쟁력 확보에 결정적인 역할을 하는 중요한 경영자원이다. 이 두 가지는 본질적으로 밀접하게 관련되어 있다. 경영활동은 경영자원을 기초로 이루어질 수 있으며, 그 반대로 경영자원은 경영활동을 수행함으로써 획득될 수 있다. 따라서 특정한 기업활동이나 특정한 경영자원이 경쟁기업에 비해 우위에 있어야 지속적인 성장과 발전을 도모할 수 있을 것이다.

기업의 특정한 경영자원이 경쟁우위를 가지려면 다음의 두 조건이 충족되어야 한다.

첫째, 해당기업이 가진 자원은 다른 기업들이 갖지 못한 희소한 자원이 되어야 한다.

둘째, 해당기업이 갖고 있는 자원은 현재 그 산업에서 중요하게 작용하는 자원이 되어야 한다. 따라서 자신이 가진 핵심역량(기업특유의 기술)이 무엇인지 찾고, 가치활동(탁월한 경영활동)을 통해 이를 핵심사업이나 핵심제품으로 연결되어야만 글로벌 경쟁에서 우위를 확보할 수 있을 것이다.[11]

(3) 가치극대화의 정신

가치극대화정신은 경영자가 기업의 수익성(profitability)을 높여 주주가치 극대화나 기업과 관련된 모든 관계자의 이익극대화를 이루고자 하는 자세이다. 경영자가 경영자원을 투입할 때 효과적이면서 효율적인 아이디어가 가미되면 수익성이 커지고 기업가치의 극대화를 이룰 수 있게 된다. 기업의 가치극대화에는 주식의 가치와 무형자산의 가치를 높여 기업의 가치를 극대화하는 방법이 있다.

---

11) 지호준, 2009, 전게서, 44~47.

㉠ 주가를 통한 가치극대화

기업은 주식가격을 통해서 기업 가치를 높이는 것이 매우 중요하다. 기업의 주가 상승은 투자자들이 그만큼 투자가치가 있다고 판단하여 해당기업에 투자할 것이기 때문이다. 또한 주가가 높아진다는 것은 그만큼 원활하게 자본을 조달할 수 있다는 것을 의미하기도 한다.

한 기업은 주식시장에서 결정되는 주가에 발행주식수를 곱한 값이 그 시장가치가 되기 때문에 주가가 높으면 높을수록 기업의 가치는 커지게 된다. 따라서 기업의 가치를 높이는 가장 직접적인 방법은 주가를 높이는 방법이다. 기업이 주가를 높이기 위해서는 실질적으로 수익성을 확보하여야 한다. 주가는 미래에 발생하게 될 현금흐름의 현재가치라고 표현된다. 따라서 눈에 보이는 비용절감 방법에 의한 단기적인 이익창출뿐만 아니라 눈에 보이지 않는 방법에 의한 장기적인 이익창출도 주가를 크게 높일 수 있을 것이다.

㉡ 브랜드 등 무형자산을 통한 가치극대화

브랜드(brand)는 곧 돈이다. 기업의 가치는 일반적으로 자본금, 생산시설, 인적자원 등이 중요시 되어 왔지만, 이제는 브랜드가 제4의 자산으로 급부상하고 있다.

현대사회에서는 제품의 실체보다는 이미지를 중시하는 경향이 강해지고 있다. 브랜드 가치가 높다는 것은 '고객이 상품을 필요로 할 때 자동으로 해당 상품을 구매하도록 만들었다'는 의미다. 따라서 강력한 브랜드는 소비자가 가격과 상관없이 항상 그 상품을 구매하도록 만드는 로열티(royalty: 선호도)를 형성한다. 이는 그만큼 마케팅비용을 줄이면서 상대적으로 높은 가격을 유지할 수 있도록 만든다.

효과적인 브랜드전략은 브랜드가 '뚜렷한 비전'을 담고 있으면서 '고객의 심리도 정확히 반영'되어 있어야 기업의 가치를 극대화시킬 수 있다. '뚜렷한 비전'을 담고 있는 전략은 아우디(Audi)의 '독일 장인정신이 배어 있는 승용차', 베네통(Benetton)의 '다양한 인종이 조화롭게 살아가는 하나의 세계'를 일관되게 제시한 것이다. 1980년대 포드(Ford)는 베이비붐 세대를 목표시장으로 설정하고 이들의 특성인 레저 선호와 가족 중심이라는 이미지를 모델 개발에서부터 광고까지 반영하여 성공하였다.

아울러 특허권, 전문지식 또는 아이디어 등과 같은 다양한 무형의 지식자원들을 적극적으로 개발하여 기업의 가치를 극대화시키도록 노력하여야 할 것이다.[12]

---

12) 지호준, 2009, 전게서, 48~51.

제 2 절 경영자의 기능과 역할

1. 경영자의 유형

경영자의 신분은 소유경영자·고용경영자·전문경영자로 변화하여 왔다.[13] 소규모로 창업된 개인기업이 소유경영자에 의해 규모가 확대되면, 많은 자본과 전문적인 경영역량을 필요로 한다. 이에 따라 자연스럽게 소유와 경영은 분리된다. 즉, 기업의 소유자인 자본가와 그를 대신하여 경영의 수행자인 경영자 사이에 대리관계가 나타난다.

대리인이론(agency theory)은 주주나 채권자 등 위임자(principal)와 대리인(agents)간의 계약관계 속에서 대리인 문제로 발생하는 대리인 비용을 최소화(효율화)하는 방법을 모색하는 이론이다.[14] 이 때 소유경영자는 대리가 나타나지 않고, 고용경영자는 일부에서 대리가 나타나고 전문경영자는 완전한 대리가 나타나고 있다.

1) 소유경영자

소유경영자(owner manager)는 기업의 주체이자 영리활동의 주체로서 기업 활동을 지휘·통제하는 경영자이다. 소유경영자란 기업의 초기상태에서 자본가인 출자자가 경영기능도 함께 수행함으로써, 실질적으로 기업을 소유·지배하는 경영자를 말한다. 전형적인 소유경영자라면 이러한 출자와 운영 이외에도, 기업성장에 필요한 혁신활동을 전개하며 기업경영상의 모든 위험을 부담하는 기업가와 동일한 개념이라 할 수 있다. 소유경영자는 강한 성취욕과 과감한 리더십을 바탕으로 경영혁신의 주도적 역할을 수행하기 때문에 기업의 창업이나 성장에 탁월한 역량을 보유하고 있고, 외부환경변화에의 적응력도 뛰어나다는 장점이 있다.

일반적으로 소유경영자는 생산시설이나 방법, 그리고 제품이 복잡하지 않고, 규모가 작은 기업의 경우에 흔히 볼 수 있다. 따라서 오늘날 소규모 기업인 개인기업이나 합명회사 등에서 쉽게 찾아볼 수 있다. 한편, 소유경영자는 기업의 규모가 큰 경우일지라도 전문적인 경영능력을 갖추고 활동하기도 한다. 예를 들면 대규모 주식회사의 경우, 대주주이면서 이사로 활동하는 경영자가 이에 해당한다고 볼 수 있다.

---

13) 민경호, 2005, 신경영학, 무역경영사, 51.
14) 신유근, 1999, 신조직환경론, 다산출판사, 241.

이러한 소유경영자의 주된 관심은 자기자본의 수익성, 즉 이기적인 영리추구에 있기 때문에 기업운영도 독단적으로 흐르기 쉽다는 단점이 있다. 다시 말하면 기업이 협동적 생산실체로서, 경영성과에 기여한 이해관계자에 대한 배려와 배분이 충분하지 않을 수 있다는 의미이다.

2) 고용경영자

소유경영자는 기업규모가 점점 확대되고 경영활동의 내용이 복잡해지면, 혼자의 능력만으로 기업을 경영할 수 없게 된다. 이 때 소유경영자는 자신이 수행하던 경영기능 중 일부를 분담할 경영자를 고용하게 되는데, 이를 고용경영자라 한다.

고용경영자(employed or salaried manager)는 경영자로서 포괄적인 경영기능을 위임받아 기업을 독자적으로 경영하는 것이 아니라, 단지 소유경영자에 의해 마련된 방침에 따라 제한적 경영기능만을 수행하는 경영자이다. 다시 말해 기업전반에 대한 경영활동을 하지 못하고 경영기능의 일부를 담당하면서 계약에 따라 급여를 받고 근무하는 경영자라는 의미에서 유급경영자(salaried manager)라 부르기도 한다.

이러한 고용경영자는 소유경영자에 의해 고용되었기 때문에, 소유경영자의 대리인으로서 소유경영자의 이익만을 위해 위임받은 경영기능을 제한적으로 수행할 뿐이다. 따라서 고용경영자의 주된 관심도 결국 출자자인 소유경영자의 이익극대화, 즉 자본 증식을 도와주는 역할을 한다고 볼 수 있다.

3) 전문경영자

출자자인 주주는 출자의 목적을 사업에 관여하는 데 두는 '사업주주', 이익배당의 취득과 주식시세의 변화에 따라 이익획득에 두는 '투자주주', 주식시세의 변화에 따라 이익획득에만 두는 '투기주주'가 있다. 오늘날 주주의 대부분은 투자주주와 투기주주가 대부분을 차지하고 있다. 따라서 이들은 경영에 참가하기를 원치 않기 때문에 자연스럽게 소유와 경영의 분리현상이 나타난다.

사실 기업의 자본과 경영의 분리는 미국의 제도학파에 의해 제기되었다. 이런 현상은 20세기 베블린(T. Veblen)이 예언하였고, 1930년대 버얼과 민즈(Berle & Means, 1968)[15]가

---

15) Berle, A. A. & Means, G. C., 1968, "The Modern Corporation & Private Property," Harcourt Brace & World, Inc., *Linkages: The Psychology of Commitment, Absenteeism and Turnover*, NY: Academic Press.

이를 실증하였다. 즉 회사의 소유기능은 주주가 맡고 경영기능은 중역인 전문경영자가 맡게 되어 소유와 경영의 분리(seperation of ownership and management)가 이루어진 것이다. 이를 중역제도 또는 대리경영제도(representative management system)라고 한다.

경영자 지배론은 자본주의가 발전함에 따라 기업의 지배자가 자본가에서 경영자로 바뀔 것이라는 예상을 1941년 버어남(J. Burnham, 1978)이 그의 저서 경영자혁명론(the managerial revolution)에서 처음 예측하였다. 즉 앞으로의 사회는 자본가의 시대에서 경영자의 시대로 변화한다는 '경영자지배론'을 주장한 것이다.

전문경영자(expert manager 또는 professional manager)는 대규모 기업을 효율적으로 경영하기 위해, 각 분야의 전문적이고 과학적인 경영지식·경험·능력을 갖춘 모든 계층의 경영자를 말한다. 오늘날 기업은 더욱 대규모화됨에 따라 거대한 기계설비와 첨단 생산수단의 관리, 다양화된 생산요소의 효율적 결합, 격변하는 환경에의 창조적 적응, 장기적인 전망, 그리고 다수 종업원의 효율적 관리 등 점점 복잡해지고 있다. 따라서 기업은 경영관리에 대한 전문적 지식, 풍부한 경험, 그리고 중후한 인품을 고루 갖춘 전문경영자가 필요하게 되었다. 따라서 전문경영자는 기존의 기업가가 담당하던 기능 중 출자를 제외하고, 관리·혁신·위험부담 기능을 경영활동 전반에 걸쳐 포괄적으로 수행한다.

전문경영자는 기업의 실질적인 소유와 경영의 분리에 따라 경영관리를 수행하는 전문적 직업으로서, 기업 소유자와 종업원의 중간에 위치하는 새로운 계층이다. 즉 전문경영자는 경영활동을 자율적으로 수행할 수 있는 권한을 포괄적으로 위임받은 경영자이다.

따라서 전문경영자는 출자자만이 아니라, 기업성과 창출에 기여한 모든 이해관계자들의 이익을 극대화하여야 한다. 소유경영자들은 일반적으로 자본증식이나 수익극대화와 같은 목표를 가지지만, 전문경영자는 기업의 성장뿐만 아니라 부(富)의 공정한 분배문제에도 관심을 갖는다. 기업의 소유경영자와 전문경영자를 비교하면 <표 4-1>과 같다.

〈표 4-1〉 소유경영자와 전문경영자의 비교

기 준	소유경영자	전문경영자
장 점	• 최고경영자의 강력한 리더십 • 과감한 경영혁신 업무추진 • 외부환경변화에의 효과적 적용	• 민주적 리더십과 자율적 경영 • 경영의 전문화·합리화 • 회사의 안정적 성장
단 점	• 가족경영, 족벌경영의 위험 • 개인이해와 회사이해의 혼동 • 개인능력에의 지나친 의존 • 부와 권력의 독점	• 임기의 제한, 개인의 안정성 추구 • 주주 외의 이해관계자에 대한 경시 • 장기적 전망과 투자의 부족 • 단기적 기업이익 및 성과에의 집착

2. 경영자의 기능

경영자의 기능은 활동 범위, 지위, 기능, 자질 등에 따라 나눌 수 있다. 이에 대해 설명하기로 한다.

1) 경영관리의 활동범위에 따른 분류

경영자의 활동 범위가 기업전체인지, 아니면 일부인지에 따라 전반관리자와 부문관리자로 구분할 수 있다. 즉 전자는 경영자의 기능이고 후자는 관리자의 기능이다.

전반관리자(general manager)는 기업의 경영활동에 대해 총괄적인 전략을 수립하고 실행하며, 그에 따른 책임도 부담하는 경영자이다. 즉 기업전체의 관점에서 모든 경영활동을 조정·통합하는 역할을 담당한다. 따라서 전반관리자는 전사적 목표달성이라는 기업의 성과, 즉 효과성(effectiveness)과 이를 위한 전략적·거시적 경영을 중시한다. 일반적으로 최고경영층의 대부분이 전반경영자에 해당되기는 하나, 그 일부는 부문경영자가 되기도 한다. 그 반대로 중간경영층의 일부가 때로는 전반경영자가 될 수도 있다. 전반경영자와 최고경영자의 역할은 [그림 4-2]와 같다.

[그림 4-2] 전반경영자와 최고경영자의 역할

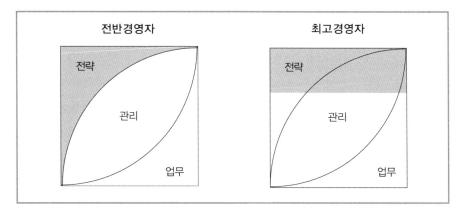

부문관리자(functional manager)는 전반관리자가 기업전체 차원에서 수립한 경영전략을 마케팅·생산·인사·재무 등 각 부문별 효율성(efficiency)을 추구하기 위해 보다 구체적인 실행계획을 세우고 집행하는 경영자이다. 또한 부문관리자는 전술적·미시적 경영을

중시한다. 예를 들면 영업부문 경영자는 자신의 업무성과를 평가하는 판매량 증가, 시장점유율 확대, 소비자 만족 등에만 전념할 뿐, 생산부문의 재고문제나 기계설비 등에 직접적인 관심이 없을 것이다. 이처럼 부문별 효율성만 추구하다 보면, 기업전체가 균형을 잃고 오히려 기업성과에 해가 될 수도 있다. 따라서 부문관리자와 전반관리자의 상호관계가 잘 정립되어야 한다. 기업의 부문경영자는 대부분의 중간경영층과 하위경영층을 말한다. 반면에 해외법인장 같은 일부 중간경영층은 전반경영자가 될 수도 있다.

2) 경영활동의 지위에 따른 분류

경영활동의 내용이 복잡해짐에 따라, 한 사람의 경영자만으로 모든 경영기능을 수행하기가 어려워졌다. 따라서 한 기업의 경영자 수가 상당수 있을 때 경영층이란 말을 사용한다. 한 기업의 경영자는 기업 내 위치에 따라 최고경영층·중간관리층·감독층으로 분류되며 각각 서로 다른 업무와 기능을 수행하고 있다. 최고경영층은 계획활동에, 중간관리층은 조직화 및 지휘활동에, 감독층은 통제활동에 역점을 두고 있다고 볼 수 있다.[16]

최고경영층(top management)은 기업의 전반적인 경영을 책임지는 경영자들로서, 최상층에 속한 '경영자' 집단이다. 최고경영층은 기업외부 환경과의 상호작용 업무, 기업의 장기적 전략과 목표 및 활동방침 설정, 기업경영의 혁신기능과 사회적 책임 등을 주로 전담하고 있다.[17] 최고경영층은 주주총회가 위탁한 기능을 수행하는 수탁기능과 전반관리기능을 수행한다. 수탁기능이란 주주(소유주)의 단순한 대리인이라기보다 이해관계자집단들의 이해관계를 조정하고 기업의 기본정책과 일반적인 방향을 결정하는 기능이다. 이기능은 이사회를 통해 이루어진다. 전반관리기능이란 이사회의 기본정책에 따라 기업전체를 적극적으로 계획·조직·통제하는 기능이다.

최고경영층은 기업마다 서로 다른 명칭을 갖고 있으나, 일반적으로 회장·부회장·사장·부사장·전무·상무이사, 감사 등 회사 임원이 포함되며 미국에서는 전문경영자의 성격을 갖고 있는 최고의사결정책임자(chief executive officer: CEO)가 이 범주에 속한다.

중간관리층(middle management)은 최고경영층이 결정한 경영전략과 목표에 따라, 담당부문의 업무가 실행되도록 관리하는 '관리자'집단이다. 중간경영층은 하부관리층을 지휘·감독하거나, 최고경영층의 요구와 하부관리층의 능력을 조화시키며 상하간의 의사소통을 원활하게 중계하는 역할을 수행한다. 즉 중간관리자는 최고경영자가 설정한 기업의

---

16) 지호준, 2009, 전게서, 15~16.

17) 이재규 외, 2004, 전게서, 165; 지호준, 2009, 전게서, 13.

방침과 계획을 실행하며 최고경영자와 같은 상위자의 요구와 자신의 하위자인 일선관리자나 작업자의 능력을 조화시키는 역할을 한다.[18] 기업의 중간관리층은 각 부문의 장, 부장·차장·공장장·지점장, 팀장 등이 해당된다.

감독층(low management)은 일선관리자(first-line manager), 또는 현장관리자(supervisory manager)라고도 부른다. 감독층은 각 부문별 중간관리층의 지시에 따라 현장에서 작업을 하는 사무원이나 근로자를 직접 지휘·감독하는 역할을 하는 '감독자' 집단이다. 현장감독층은 생산현장에 있어서 종업원의 생산능률과 관계가 깊은 계층이다. 이들은 기업 내에서 가장 낮은 단계의 관리자 집단이다. 따라서 일선관리자는 자신이 담당하고 있는 어떤 작업을 직접 실행하는 작업자만을 감독하고 다른 관리자의 활동은 감독하지 않는다. 일선관리자로는 제조공장의 조장이나 반장 등 생산감독자, 기술감독자 또는 관리부서의 계장이나 대리 등 사무감독자 등을 들 수 있다.[19]

이와 같이 경영층을 구분하면 [그림 4-3]과 같이 나타낼 수 있다.

[그림 4-3] 경영층의 구분

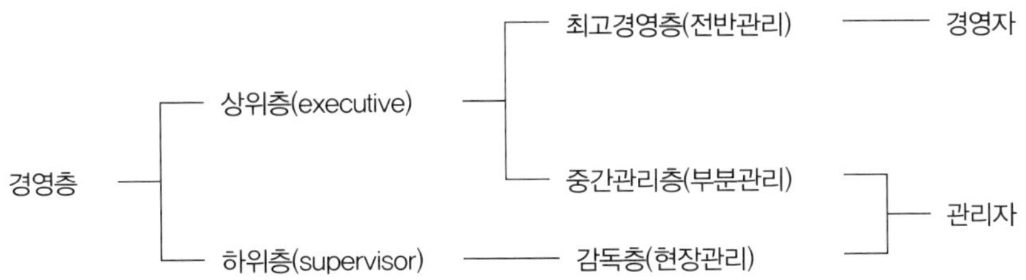

3) 경영자의 직무수행 내용에 따른 기능

경영자의 구분은 절대적인 기준에 의한 것이 아니라, 오히려 기업규모와 성격에 따라 상대적으로 다를 수밖에 없다. 일반적으로 경영자는 수행해야 할 기본적인 직무수행의 내용에 따라 전략적·관리적·업무적 직무로 구분할 수 있다.

전략적 업무수행(strategic decision)은 기업의 내부문제보다 주로 기업의 외부문제에 관련이 있는 업무수행으로서, 기업 외부환경의 변화에 따라 기업 전체에 적응시키기 위한 업무수행을 의미한다. 전략적 업무수행은 이런 전략적 결정을 통해서 기업목표나 시스템이 결정되며, 그 목표를 달성하기 위한 경영전략이 결정된다.

---

18) 지호준, 2009, 전게서, 12~13.
19) 지호준, 2009, 전게서, 12.

관리적 업무수행(administrative decision)은 기업의 전략적 결정에 따라 기업의 목표와 전략을 실행하기 위해 조직을 형성하고 필요한 인원·설비·기술·자본 등 모든 자원을 조달하고 개발하는 업무수행으로서, 주로 대내적 경영정책의 집행이라 할 수 있다.

업무적 업무수행(operating decision)은 일상적인 경영활동의 능률을 최대로 하기 위한 업무수행으로서, 대내적 경영계획의 집행이라 할 수 있다.

모든 계층의 경영자는 경영자로서 업무수행 기능을 공통적으로 수행하고 있다. 즉, 최고경영층의 경우 전략적 결정에만 전념하고 관리적·업무적 결정은 완전히 무시하거나, 하위경영층은 업무적 결정에만 매달리고 전략적·관리적 결정에는 전혀 참여하지 못한다는 의미는 아니다. 다만 경영자는 계층별로 어떤 기능을 얼마만큼 수행하느냐에 따라 구분될 뿐이다. 경영자의 능력과 자질을 [그림 4-4]와 같이 나타낼 수 있다.

[그림 4-4] 경영자의 능력과 자질

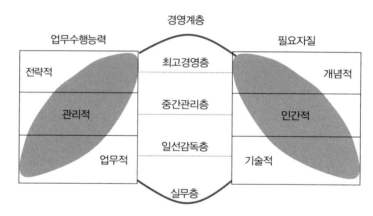

4) 경영자의 활동자질에 따른 기능

경영자의 필요자질은 [그림 4-4]에 나타난 바와 같이 개념적·인간적·기술적 능력이 필요하다.

개념적 능력(conceptual skill)은 구상적 능력, 상황판단능력이라고도 한다. 개념적 능력은 기업의 모든 이해관계자 집단과의 활동을 조정하며 기업의 나아갈 방향을 제시하는 정신적 능력이다. 즉 이는 기업조직을 전체적인 관점에서 보면서, 각 부문이 어떻게 상호관계를 유지하고 있는지를 통찰하는 능력이다.[20] 또한 개념적 능력은 기업의 모든 이해관계와 활동을 조정하고 통합할 수 있는 능력을 말한다. 즉 이는 기업을 전체적인 관점

---

20) 이재규·최용식, 2004, 현대경영학, 166.

에서 파악하고, 기업 내 각 부분의 연관성, 한 부분에서의 변화가 기업 전체에 미치는 영향 등을 예측할 수 있는 능력이다.[21]

인간적 능력(human skill)은 대인관계능력(human relation skills)이라고도 한다. 인간적 능력은 기업 내 모든 구성원들이 기업목표 달성을 위해 자발적으로 협력하도록, 계층간의 인간관계를 원만히 조정하는 능력이다. 즉 기업 내에서 함께 일하면서 서로를 이해하고, 동기부여할 수 있는 능력을 말한다. 인간적 능력은 경영조직체 내에 경영자계층 간의 인간관계의 유지 능력이다.[22] 따라서 인간적 능력은 공식조직이건 비공식조직이건 기업의 종업원으로 하여금 공통의 목표를 달성하기 위해 자발적으로 협동하게 하는 기능을 갖는다.[23]

기술적 능력(technical skill)은 현장실무능력(technical skills)이라고도 한다. 기술적 능력은 전문적 지식과 경험에 기초하여, 특정 분야의 기술·기법·절차 등을 실제로 사용할 수 있는 능력이다. 즉 기술적 능력은 경영자가 자신이 담당하고 있는 구체적인 업무의 기술적 이해와 숙련도를 갖추고 있어야 한다는 의미이다.[24]

3. 경영자의 역할

1) 경영자 역할의 의의

경영(business)은 전략적 결정을 주로 다루는 상위층의 활동이고, 관리(government)는 관리적 결정을 주로 다루는 활동이다. 즉 경영은 기술적 통일성을 가진 인간행동, 즉 조직적 행위이다. 그러나 관리는 기업 내의 인간이 하는 통합적인 활동을 유지·발전시킬 수 있도록 하는 조직 활동이다. 그러므로 사회조직체(기업포함)의 운영은 경영관리가 되고, 기업은 기업관리가 된다.

경영자의 의사결정 기능은 다음과 같이 전략경영, 경영전략, 경영전술 등이 있다.

전략경영은 광범위한 목적, 사명 등 기본 틀을 결정한다. 최고경영자의 의사결정이다.

경영전략은 조직이 미래의 환경적 기회와 위협에 대응하기 위한 수단으로서 조직의 모든 자원을 배분하고, 경쟁적 우위를 달성하기 위한 주요 방침이나 계획을 개발하는 경영활동이다. 즉 경영전략은 기업의 목적 달성을 위한 중요한 행동과정을 묘사해 주는 주

---

21) 지호준, 2009, 전게서, 16~17.
22) 이재규 외, 2004, 전게서, 166.
23) 지호준, 2009, 전게서, 17.
24) 이재규 외, 2004, 전게서, 167.

요계획으로서 최고경영자와 중간경영자의 의사결정이다.

경영전술은 경영전략을 이행하기 위한 수단이다. 중간경영자와 종업원의 의사결정이다.

2) 바람직한 경영자

경영자가 갖추어야 할 자질과 역량은 크게 세 가지로 구분할 수 있다.

(1) 비전을 제시할 수 있는 경영자

경영자는 기업의 미래에 대해 비전을 제시할 수 자질과 역량을 갖추어야 한다.

첫째, 경영자는 기업의 비전을 제시하고 그 방향을 올바르게 이끌어갈 수 있는 추진력이 있어야 한다. 비전(vision)이란 현재의 상황은 이러한데 앞으로는 어떻게 될 것이라는 미래의 바람직한 모습을 제시하는 것을 말한다.[25] 즉 비전은 미래 조직이 가야 할 바람직한 방향(목표)을 정하고, 부하들이 미래에 대해 꿈과 희망을 가지게 하여 잠재적인 성장 동기를 유발시킨다.[26]

둘째, 경영자는 비전을 중·장기적으로 실현시켜 기업의 목표와 방침을 수립하고 추진할 수 있어야 한다. 기업은 치열한 경쟁 속에서 유지·발전하기 위해 위기를 오히려 기회로 바꾸는 힘이 있어야 한다. 기업은 비전만으로 문제가 해결되는 것이 아니다. 경영자는 확고한 비전을 가지고 목표를 향해 어려움을 헤쳐 나갈 강력한 추진력을 가져야 한다. 따라서 최고경영자는 자신이 제시하는 비전에 대해서 구체적인 목표와 방침을 수립하여 종업원들이 공감할 수 있도록 다각도로 노력해야 할 것이다.

(2) 업무수행 역량이 있는 경영자

경영자는 각종 업무를 수행할 수 있는 자질과 역량을 갖추어야 한다.

첫째, 경영자는 기업 환경변화를 정확하게 포착하고 이에 대응할 역량을 갖추어야 한다. 기업의 급격한 환경변화는 위험요인으로 작용할 수 있지만, 이를 기회로 삼을 수도 있다.[27] 따라서 경영자는 정부의 법적 규제, 종업원의 기대, 외부 이해관계자들의 요구사항을 다루어야 하며, 이와 관련된 의사결정사항을 예측하여야 한다.

둘째, 경영자는 기업의 대표로서 전사적 관점에서 기업 내·외의 상호관계를 이해하고 평가할 수 있는 역량을 갖추어야 한다. 기업의 내·외부 환경요소를 함께 분석하고, 종업

---

25) 지호쥰, 2009, 전게서, 19.
26) Bass, B. M., 1985, *Leadership and Performance Beyond Expectations*. NY. Free Press.
27) 지호준, 2009, 전게서, 20~21.

원과 노동조합의 인간적 문제를 합리적으로 처리할 수 있는 역량을 갖추어야 한다.[28]

셋째, 경영자는 변화하는 시장환경에 대처하기 위해 창의적·혁신적 사고와 방법으로 접근할 수 있는 역량을 갖추어야 한다.

넷째, 경영자는 조직전체의 프로세스를 조정하고 통합할 수 있는 역량을 갖추어야 한다. 경영자에 따라서 그 책임범위가 다를 수 있지만, 기본적으로 각 수준별 기능을 조정(coordination)하는 것이 핵심적인 역할이다. 조직이 복잡해질수록 이와 같은 통합능력이 더욱 더 힘들어지고 중요해진다.[29]

(3) 경영자원의 개발과 활용 역량이 있는 경영자

경영자는 기업이 보유할 수 있는 다양한 경영자원(정보자원이나 지식자원)을 효율적으로 개발하여 활용할 수 있는 역량을 갖추어야 한다.

첫째, 경영자는 다양한 경영자원의 개발 역량을 갖추어야 한다. 기업의 경영자원에는 제품생산에 필요한 노동자, 공장설비, 운전자금 등의 인적·물적 자원뿐만 아니라 고객 및 경쟁기업에 대한 정보, 기술에 대한 노하우, 금융시장에 대한 지식 등 많은 것이 포함된다. 이러한 다양한 경영자원을 효율적으로 개발하여 활용할 수 있는 능력을 갖추어야 한다.[30]

둘째, 경영자는 총체적인 경영자원을 상황에 맞도록 유연하게 활용하는 활동역량을 갖추어야 한다. 즉 경영자는 다양한 정보와 지식을 상황에 적합하게 활용함으로써 성과를 향상시킬 수 있는 역량을 갖추어야 한다. 경영자의 상황에 적합한 활용 역량은 유연성 있는 활용이라 할 수 있다. 유연성은 시간과 공간을 초월하여 특수한 상황을 강조하는 실천과학의 특성으로서 상황에 맞는 가장 훌륭한 방안의 채택을 의미한다. 유연성은 조직의 변화, 즉 개혁을 중시한다.

---

28) 이재규 외, 2004, 전게서, 158~159.
29) 조동성, 2008, 21세기를 위한 경영학, 서울경제경영, 150.
30) 지호준, 2009, 전게서, 21.

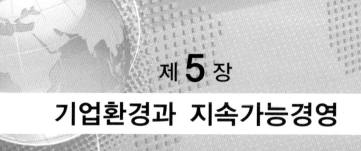

제 5 장
기업환경과 지속가능경영

제1절 기업환경의 변화

1. 기업환경의 의의

오늘날 기업을 둘러싼 경영환경은 급속하게 변화하고 있다. 따라서 기업의 경영환경은
조직의 활동에 결정적인 영향을 미치고 있다.

기업환경(enterprise environment)은 기업경영과 관련하여 직·간접적으로 관계를 맺거
나 또는 영향을 미치는 외부의 사물이나 여건, 그리고 상황을 말한다. 기업환경이란 기업
을 하나의 시스템으로 볼 때, 기업시스템의 내·외에 존재하는 사물이나 여건, 그리고
상황을 의미한다. 즉 기업환경이란 기업활동과 직·간접적으로 관련을 맺고 있는 여러
가지 상황을 의미하며, 그 중에서도 기업활동에 어떤 영향력을 미칠 수 있는 상황요인을
기업의 경영환경이라 부르고 있다.

최근에는 기업과 관련이 많은 환경이론들이 학계에서 나타남에 따라 경영환경의 중요
성이 더욱 높아지고 있다. 경영환경이론은 기업이 조직을 둘러싸고 있는 환경과 상호작
용을 하는 개방시스템임을 강조하고 있다. 특히 경영환경이론의 하나인 시스템이론은 내부
시스템도 중시되지만 외부시스템이 더욱 강조되고 있다.

경영환경은 기업에 광범위한 영향을 주고 있다. 때로는 기업의 성장기회(opportunity)를
끊임없이 제공하여 줌과 동시에, 때로는 기업의 생존위협(threat)으로 작용하기도 한다.
따라서 기업은 경영환경과 어떤 관련성을 맺으며 경영환경의 변화에 어떻게 대응할 것인
가 하는 문제가 기업의 사활을 결정할 정도로 매우 중요하다.

기업의 경영환경은 사회적 책임과 사회적 성낭싱을 요구받고 있다. 따라서 경영자는

경영환경의 변화에 단순히 순응하는 역할로부터 예상되는 경영환경의 변화에 한발 앞서 대처하는 능동적인 역할까지 모두 요청되고 있다.

2. 기업경영환경의 변화

1) 기업경영환경 변화의 의의

기업의 경영환경 변화는 매우 동태적이고, 불확실성(uncertainty)이 커지고 있다. 다시 말하면 기업들은 자신에게 영향을 미칠 여러 가지 상황들이 미래에 어떻게 나타날 것인지 정확히 예측하기가 매우 어렵다. 기업의 경영환경요인들은 급속하게 변화하면서 상호 관련적이고 복합적으로 표출되고 있다. 기업의 경영환경은 동태성의 특성 때문에 불확실성을 유발시키는 다음 3가지 요인이 있다.[1]

(1) 범위의 확장

기업의 경영환경은 국내에서 국외로, 더 나아가 단순한 국제화를 넘어 세계화(globalization)로 발전되고 있다. 따라서 기업은 그 범위가 확장(extension)되고 있다. 기업의 관련 대상도 종전의 소비자나 노동조합 등에서 지역사회 및 각종 사회단체로 그 범위가 확장되고 있다.

(2) 복잡성의 증대

기업의 경영환경은 그 구성요소의 다양화와 더불어 요소들 간에도 서로 상승작용을 하게 되므로 복잡성(complexity)이 더욱 증대되고 있다.

(3) 변화의 가속화

기업의 경영환경은 현대사회로 발전해 오면서 변화율(rate of change)이 더욱 가속화되고 있다. 기업들은 경영환경의 변화를 예측하고 신속하게 대응하는 예방적 활동이 요구된다. 특히 제품의 수명주기(life-cycle) 단축과 컴퓨터 통신기술의 급격한 혁신으로 인하여 기업을 둘러싼 환경변화의 속도는 더욱 더 빨라지고 있다.

2) 기업 활동의 순환

기업의 활동은 창업에서 경영, 그리고 분배 및 기여로 순환하고 있다. 먼저, 기업이 창

---

1) 신유근, 2011, 경영학원론, 다산출판사, 165~166.

업은 개인, 공동체, 국가에 의해 이루어진다. 그 다음, 기업은 경영자에 의해 경영이 이루어진다. 경영자는 투자, 운영, 성과의 과정을 통해 소비자들에게 재화 및 서비스를 제공함으로써 이윤창출의 목표를 구현한다. 마지막으로, 기업은 경영활동으로 창출된 이윤을 이해관계자(주주, 근로자, 소비자, 관계기업, 지역사회, 정부 등)에게 합리적으로 분배하거나, 국가와 사회의 경제 발전과 일자리 제공 등으로 기여하게 된다. 이를 [그림 5-1]과 같이 나타낼 수 있다.

포드는 기업의 목표를 종업원, 소비자 등 사회에 봉사로 해야 함을 강조하였고, 유일한(1895-1971) 유한양행 설립자도 마찬가지로 국가와 사회의 기여를 중시하였다. 그럼으로써 국가와 사회는 다시 기업에 투자하거나 지원하고, 제품(상품) 및 서비스를 구매함으로써 기업에 재투자할 것이다.

[그림 5-1] 기업 활동의 순환

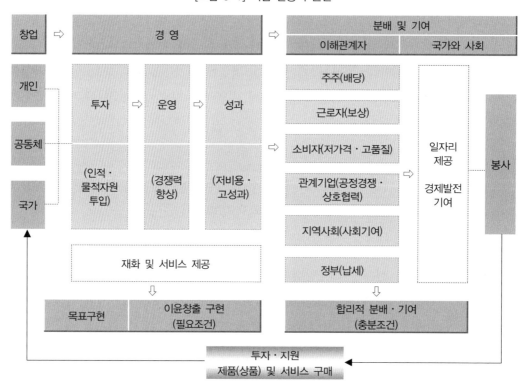

3. 기업경영환경의 관리

경영자는 기업의 경영환경요인이 조직활동에 긍정적인 영향을 미치도록 하기 위해 환경 자체를 적극적으로 관리해야 한다.[2]

1) 환경과의 우호적 관계 창출

(1) 합 병

합병(mergers)이란 어떤 한 조직이 다른 조직을 구입하여 소유권을 취득하는 방법이다. 합병은 특정기업의 입장에서 항상 불확실성의 대상이 되고 있을 경우 그 불확실성을 없앨 수 있는 효과적인 방법이다. 예를 들어 제조업의 원재료 공급업자 → 제조업자 → 판매업자의 흐름에서 제조업자가 원재료 공급업을 합병하는 것은 전방통합이고, 판매업을 통합하는 것을 후방통합이다.

(2) 합작투자

합자투자(joint ventures)는 환경의 불확실성을 감소시킬 수 있는 방법이다. 투자비용이 많이 드는 대형 건설공사 프로젝트나 실패위험이 높은 연구개발 등의 경우 특정기업이 다른 기업이나 조직과 투자를 함께 하면 환경의 불확실성을 감소시키는 데 도움이 될 것이다. 예를 들어 현대자동차와 LG에너지솔루션이 인도네시아에 배터리공장 합작투자, Microsoft사와 IBM사의 소프트웨어의 개발계약의 합작투자 등이라 할 수 있다.

(3) 중역채용

중역채용(executive recruitment)은 다른 산업이나 조직에서 경험이 많은 사람을 중역으로 채용하는 것을 말한다. 예를 들어 정부조직과의 상호작용이 많은 조직의 경우 전직 관료나 공무원을 중역으로 자기 조직에 채용한다.

(4) 광고 및 PR

조직은 광고(advertising)나 PR를 통해 그 환경과 우호적인 관계를 형성할 수 있다. 기업들은 광고를 통해 소비자들에게 제공하는 제품이나 서비스의 정보를 알려 준다. 또한 PR을 함으로써 조직의 이미지를 전달할 수 있다. 예를 들어 LG는 고객제일주의, 삼성은

---

2) 유봉식·박홍배·양화섭·장익선·조남기, 2001, 신경영학원론, 학현사, 126~132.

휴먼테크 등으로 이미지를 전달한다.

2) 환경자체의 변경

(1) 활동영역의 변경

활동영역의 변경은 조직의 활동영역을 확대 또는 축소하는 행위이다. 즉 조직이 제공하는 제품과 서비스가 활동영역 내에 불확실성이 높을 경우, 그 활동영역을 변경함으로써 조직을 유지·성장시킬 수 있다. 여기에는 다각화(diversification)나 철수(withdrawal)의 방법 등이 있다. 다각화란 조직이 다른 활동영역을 개척하는 것을 말하고, 철수란 현재의 활동영역에서 물러나는 것을 말한다.

(2) 로비활동

로비활동은 기업(압력단체)이 그의 이익을 얻기 위하여 권력자들(정부, 국회 등)에게 필요사항을 촉진시키거나 저지함으로써 환경을 변경시키는 행위이다. 기업은 로비활동(lobbying)을 통해 정부기관이나 입법기관 등의 의사결정에 영향을 미치고 있다.

(3) 산업공동체의 결성

산업공동체의 결성은 같은 산업 내 모든 조직의 이익을 위해 공동체를 결성하여 환경을 변경시키는 행위이다. 산업공동체(trade association)란 서로 유사한 이해관계를 갖고 있는 산업들의 공동체를 의미한다.

제2절 기업의 경영환경

기업의 경영환경은 기준 및 방식에 따라 여러 가지로 분류되고 있다. 기업의 경영환경은 가장 기본적이고 대표적으로 조직에 대한 환경의 영향력과 조직에 대한 환경의 관리 가능성을 동시에 고려해 일반환경과 과업환경으로 분류되고 있다. 이를 [그림 5-2]와 같이 나타낼 수 있다.

[그림 5-2] 기업의 경영 환경

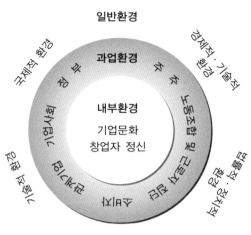

1. 일반경영환경

일반경영환경(general environment)이란 경영환경이 어떤 특정조직에 대해서만 영향을 미치는 것이 아니라 사회 전체의 모든 조직에 공통적으로 영향을 미치는 현상을 의미한다.

1) 경제적 · 기술적 환경

경제적 환경이란 기업경영활동을 둘러싸고 있는 국민경제적 환경으로서, 재화 및 서비스의 생산과 분배에 관한 지역 · 국가 · 국제적 상태 또는 여건과 관련된 환경이다. 기업은 경제적 기능인 생산을 보다 효율적으로 수행해야 하므로, 기업 활동에 직접적이고 즉시적으로 영향을 미친다.

기술적 환경이란 재화 및 서비스 생산과 관련되는 기술 및 지식의 상태를 반영하는 것이므로, 기업경영에 영향을 미치는 국가 또는 산업의 기술수준 또는 상태와 관련된 환경이다. 기술적 환경에는 컴퓨터기술, 정보기술, 유전자공학, 생명공학, 공장자동화 및 사무자동화, 무인생산기지 등이 있다. 기술적 환경은 동태적인 성격을 지니면서 변화의 속도가 빠르다.

2) 법률적 · 정치적 환경

법률적 환경은 기업의 활동 규직과 같은 법률과 관련된 환경이다.

기업도 법률에 따라 기업활동에 대해 합법성을 부여받기도 하고 제재를 당하기도 한다. 따라서 기업은 법률적 환경의 변화에 능동적으로 대응해야 한다.

정치적 환경은 주로 법률과 공공정책의 형성과정에서 기업에 영향을 미치는 정치집단 및 이해관계자집단과 관련된 환경이다. 기업은 이들 집단이 정치적으로 그의 업무와 관련된 새로운 법률을 제정할 개연성이 높으므로 많은 관심을 갖고 대처해야 할 것이다.

3) 사회적·문화적 환경

사회적·문화적 환경은 사회구성원들이 생각하고 행동하며, 원하고 믿는 것 등과 관련된 환경이다. 여기에는 사회의 모든 규범 및 가치관, 선악에 대한 판단근거, 관습 및 관행 등이 포함된다. 또한 사회적·문화적 환경은 좀더 구체적으로 사회제도나 사회현상, 그리고 사회구성원이 어떤 대상에 대하여 갖고 있는 태도나 가치관과 관련된 환경이다. 이에는 기업 활동과 관련하여 사회가 갖고 있는 기업관, 기업가관·경영자관, 노사관계관, 성과관, 분배관 등이 포함되며, 사회 일반적 혹은 지배적인 태도, 경영자들이 자기들의 직무에 대해 갖고 있는 견해나 부하에 대해 갖는 일반적인 태도나 견해들도 포함된다.

4) 국제적 환경

국제적 환경이란 기업이 한 국가의 국경을 넘어 국제기업 활동을 수행할 때 당면하는 포괄적인 환경이다. 세계경제는 블록화 및 세계화가 가속화되고 있고, 기업은 국내기업으로서 갖는 한계를 극복하기 위해 다국적 기업화로 변화하고 있는 추세에 있다. 국제적 환경은 기업의 여러 경영환경 중 그 중요성이 크게 부각되고 있으며, 그 복잡성은 더욱 증대되고 있다.

2. 과업경영환경

과업경영환경(task environment)이란 기업의 업무와 매우 밀접한 관련을 가지면서 기업경영활동에 직접적으로 영향을 미치는 환경을 말한다. 기업은 과업환경의 대상을 확인하고, 그 영향력을 행사할 수 있는 경영환경을 만들어야 할 것이다.

1) 주 주

주주(stakeholder)란 기업의 금융 또는 실물로 자본을 제공하는 개인이나 투자집단 또는 투자기관을 의미한다.[3] 초창기의 기업은 자기 자본을 제공하는 기업가 혹은 오너(owner) 가 강조되었지만, 거대자본의 조달을 필요로 하는 주식회사의 출현 이후 일반주주 계층 의 중요성이 더욱 부각되고 있다.

일반주주(소액주주)는 기업에 자금의 제공으로 인해 기업의 운영권을 위탁하는 관계(기 업은 수탁하는 관계)에 있다. 그러나 현실적으로 일반주주는 기업(경영자, 대주주)에 의해 권리가 침해당하는 현상이 빈번하게 나타나고 있다. 따라서 일반 주주들이 뭉쳐 기업에 대해 맞서거나 적대적으로 대할 경우 자본조달이 원활하게 이루어지지 못하여 기업활동 은 중단될 수밖에 없을 것이다. 따라서 주주(일반주주)는 기업의 중요한 과업환경이 되고 있다.

2) 노동조합 및 근로자 집단

노동조합 또는 근로자집단은 산업화가 진전되면서 필연적으로 발생하는 집단으로서 사용자(경영자)집단과 함께 기업조직을 구성하는 주요 집단을 의미한다. 산업화 이후 노 동조합과 같은 근로자집단은 오랫동안 기업에 대한 주요 대항세력으로 존재하여 왔다. 일반적으로 근로자집단으로서 노동조합은 기업의 내부구성원(조합원)의 의견을 대표하여 기업의 경영활동에 직접적으로 영향을 미치려고 하기 때문에 기업의 중요한 과업환경이 되고 있다.

3) 소비자

소비자(consumer)란 제품소비시장을 형성하면서 구매력과 구매의욕을 가지고 기업이 생산한 제품이나 서비스를 반복하여 구매하는 개인 또는 사회의 여러 기관과 같은 소비 주체를 의미한다. 소비자는 기업의 과업환경으로서 '소비자주의의 형성'과 '수명주기(life style)의 변화'로 나타난다. 소비자주의(consumerism)란 소비자의 기본적 권리를 지키기 위 하여 소비자들이 전개하는 조직적 운동이 바탕이 되어야 한다는 주장을 말한다. 한편 수 명주기(life cycle)란 사회구성원의 모든 가치관과 구체적인 생활 양태까지 포괄하는 생활

---

3) Wood, D. J., 1990, *Business and Society*, NY: Harper Collins Publishers, 78～79.

유형이다. 이러한 수명주기는 소비자, 근로자 및 기타 다원집단의 많은 행동을 규제하기 때문에 기업의 경영활동에 큰 영향을 미친다. 따라서 기업들은 제품과 서비스의 품질 향상을 통한 고객관계경영을 실천하기 위해 노력하여야 한다.

4) 관계기업

관계기업의 대표적인 예가 바로 경쟁기업과 협력기업이 있다.

경쟁기업은 동일한 시장을 대상으로 자사의 시장점유율을 높이기 위해 각축을 벌이는 기업이라면, 협력기업은 두개 이상의 기업이 수직적 또는 수평적으로 연계해 원재료·부품의 공급 및 완제품의 수요를 통해 상호 보완하는 기업이다. 경쟁기업은 특정기업의 경영성과에 직접적인 영향을 미치지만, 협력기업은 대기업의 경우 특정기업 혼자서 모든 것을 다 할 수 없으므로 중소기업들로 구성된 공급기업들과의 관계나 제품생산과정의 참여 등이 중시되고 있다. 따라서 관계기업은 기업의 중요한 과업환경이 되고 있다.

5) 지역사회

지역사회(community)는 기업이 경영활동을 하는 터전 안에 성립되어 있는 생활공동체를 의미한다. 기업은 지역주민들에게 일자리 제공 등 혜택을 주기도 하고, 지역의 사회와 시민 관계 속에서 수행해야만 할 의무를 태만히 하여 많은 사회적 문제들을 야기하기도 한다. 지역사회는 비교적 조직화되지 못하고 특정의 문제가 발생할 때에만 기업에 대해 영향력을 행사한다. 특히 지역사회는 기업들이 환경적 문제를 야기할 경우 사회적 책임과 관련하여 크게 분노하기도 한다. 그 동안 지역사회는 기업의 공해문제를 중요한 이슈로 삼았지만, 최근에는 자원의 보존·유지, 자연환경의 보호, 지역사회의 개발, 지역문화 발전에의 기여 등 다양한 측면에서 바람직한 역할을 요구하고 있다. 따라서 지역사회는 기업의 중요한 과업환경이 되고 있다.

6) 정 부

정부(government)는 전통적으로 국가사회의 지배적 정치조직의 하나로서 입법·사법·행정 중 주로 행정 권력만을 의미하였으나, 오늘날에는 입법·사법·행정의 유기적 조정과 균형 등 국가기관과 관련된 모든 활동을 의미한다. 또한 정부는 기업에 대해 납세의 의무를 부여할 뿐만 아니라 일반주주·노동조합·소비자집단·지역사회 등 이해관계자

집단들의 이해관계를 수렴하여 기업활동에 영향을 주는 매개체로서의 역할과 일반시민의 사회적 기대를 수렴하여 기업활동을 규제하거나 기업이 나아갈 방향을 제시하는 등 일반환경을 포괄하여 영향력을 행사한다.

한편 기업의 경영자도 정부에 영향을 미칠 수 있다. 첫째, 경영자들은 그들의 이해관계가 있는 사안에 대해 개인적인 접촉과 인맥을 통해 정부의 중요한 인물들에게 로비로 지지를 얻어낸다. 둘째, 경영자들은 사회적인 캠페인을 통해서 기업의 긍정적인 이미지를 대중들에게 광범위하게 각인시킨다. 셋째, 경영자들은 정당과 후보자를 지원하고 그들을 이용하여 정부에 영향력을 행사하도록 한다.[4]

따라서 정부는 기업의 중요한 과업환경이 되고 있다.

제 3 절   기업의 거시경영

1. 거시경영의 의의

기업의 경영환경은 그 권력이나 영향력이 기업의 생존 및 유지·성장을 제약하기도 하지만, 기업이 경영환경에 영향력을 행사하기도 한다. 따라서 기업은 경영환경과의 균형을 유지할 필요가 있다. 경영자는 이를 위하여 변화하는 경영환경에 적합한 기업경영시스템을 갖추어야 하며, 기업과 사회와의 상호 호혜관계를 구축해 나가야 한다. 즉 기업경영은 기업과 경영환경과의 관계를 연구하는 거시경영이 필요하다.

거시경영(macro-management)은 기업을 둘러싼 사회현상과의 상호관련성 속에서 경영현상을 설명하려는 경영학의 새로운 연구 분야이다. 다시 말하면 거시경영은 기업과 경영환경 간의 상호관계 속에서 경영자의 대응방식, 조직간 관계의 유지나 변경방식 등과 같은 조직단위의 운영을 지칭한다.[5]

거시경영은 다음과 같은 기능을 지니고 있다.

첫째, 거시경영은 경영자로 하여금 기업의 경영환경에 대한 최적의 적응성과 적합성을 갖도록 한다. 거시경영은 경영자가 기업의 장기적인 생존과 성장을 위해 당면하는 경제

---

4) 신유근, 2011, 전게서, 166~182.

5) McFarland, D. K., 1906, *The Managerial Imperative: The Age of Macromanagement*, Cambridge, MA: Ballinger Publishing Co., 16~17.

적 · 정치적 · 사회적 경영환경 변화에 대해 신속하게 대응하도록 한다.

둘째, 거시경영은 경영자로 하여금 이해관계자들의 요구에 부응하도록 한다. 따라서 거시경영은 경쟁력이나 효율성과 같은 경제적 가치뿐만 아니라 인간성이나 정당성 등 사회적 가치를 동시에 고려하도록 한다.

셋째, 거시경영은 경영자로 하여금 보다 우호적인 경영환경을 조성해 나가도록 한다. 경영자는 거시경영을 통해 정상적인 경영활동을 저해하는 사회문제를 사전에 예방해 사회적 비용(social cost)을 최소화할 수 있을 뿐만 아니라, 더 나아가 주주를 비롯한 소비자 · 관련기업 · 지역주민 등 다양한 이해관계자들의 만족을 증대시킴으로써 기업경영기반을 더욱 공고히 다져 나가도록 한다.

넷째, 거시경영은 경영자로 하여금 기업의 사회적 위상을 재고시킬 수 있도록 한다. 지금까지 기업은 이윤추구만을 고집하는 이기적인 존재로 인식되어 왔으나, 거시경영을 통해 사회전체의 번영을 도모하는 존재로 평가받도록 한다.

2. 거시경영의 수행방안

기업의 거시경영은 이해관계자들과의 우호적 관계를 조성하기 위한 이해관계자경영(stakeholder management)이다. 이해관계자경영은 다음과 같다.[6]

1) 소비자 권리의 확립

기업은 그가 생산한 제품 및 서비스를 소비자가 구매하여 사용함으로써 서로의 이익을 창출할 수 있다. 그러나 소비자는 기업들이 독점적 시장지배로 인해 시장정보를 독점하고 있어서 모든 상품을 평가하여 선택할 만큼 충분한 상품정보를 확보하기 어렵다는데 있다. 따라서 기업은 소비자주의를 존중하여야 한다.

소비자주의(consumerism)는 경영자가 기업의 생존과 성장을 위하여 소비자를 먼저 생각해야 한다는 '고객지향적 정신'을 의미한다. 종래의 소비자주의는 가해자로서의 기업에 대하여 소비자가 피해자로서의 권리를 주장하는 성격이 강하였다. 그러나 현대는 기업과 소비자가 상호의존성을 기반으로 한 공생적 관계 확립이 요청되고 있다. 즉 기업은 소비자 주권의 확립과 기업과 소비자 간에 동등한 교환관계의 확립으로 소비자의 소비생활의 질을 향상시키는 소비자주권을 존중하여야 한다.

---

6) 신유근, 2011, 전게서, 198~210.

소비자주권(consumer's sovereignty)이란 재화와 용역을 선택할 권리가 소비자에게 있으며, 기업은 소비자들의 욕구에 부응하는 재화와 서비스를 생산해야 한다는 개념이다.[7]

기업은 소비자주의 이념에 입각하여 소비자의 문제해결과 소비자의 권익보호를 위해 다음과 같은 활동이 필요하다.

첫째, 기업은 '제품정보'를 소비자에게 더 분명하고 자세하게 제공하여 소비자들의 합리적인 구매·소비 활동을 유도해야 한다.

둘째, 기업은 판매 후 일정기간 보증수리해 주는 '서비스체제의 확립'이 필요하다. 그 구체적인 활동은 고장난 제품의 수리, 소비자 또는 소비자보호단체로부터 전달된 불만의 처리, 결함상품의 반품, 제품의 설치 및 시운전, 고객에게 필요한 각종 정보자료의 제공 등이 있다.

셋째, 기업은 '소비자전담기구'를 설치하여 기업과 소비자 간의 피드백시스템을 마련해야 한다. 이에는 공개 리콜제도의 공식화, 핫라인 서비스 설치, 소비자 교육프로그램의 도입 등을 들 수 있다.

넷째, 기업은 '고객관계경영'이 필요하다. 고객관계경영은 기업 활동을 소비자의 입장에서 다시 생각하고 고객만족을 위한 일련의 모든 기업활동이다. 이에는 고객지향성, 품질혁신, 무결점의 지향, 판매 후 서비스 강화 등이 있다.

2) 대기업과 중소기업의 공생관계 정립

대기업과 중소기업들은 제품생산과정에 밀접한 관련을 맺고 있는 중요한 이해관계자이다.

(1) 대기업과 중소기업 간 공정거래 실천

대기업과 중소기업들은 가해자와 피해자의 관계가 아니라 상호협력관계가 형성되어야 한다. 대기업과 중소기업들이 가해자와 피해자 관계가 되는 이유는 대기업의 중소기업 사업영역 침범문제, 대기업의 거래상 부당행위문제, 대기업의 중소기업에 대한 지원부족 문제, 대기업 위주의 정부정책, 중소기업에 대한 경시풍조 등을 들 수 있다. 따라서 대기업은 자신과 중소기업이 공생적 관계임을 명심하고 공정한 거래와 지속적인 지원으로 상호발전을 추구해 나가야 할 것이다.

---

7) 南部鶴彦, 1980, 消費者主權, 經濟學大辭典, Vol.1, 東京: 東洋經濟新報社, 304~309.

(2) 대기업과 중소기업 간 협력체계의 강화

대기업과 중소기업들은 견실한 공존협력관계를 구축함으로써 상호신뢰를 쌓아나가야 한다. 양 기업 간의 협력체제를 위한 구체적인 수행방안으로는 대기업이 협력 중소기업에 대한 경영 노하우의 지도, 관련 중소기업들을 상호 연결시켜주는 연결망(network)의 구축 등이 있다.

대기업과 중소기업들은 협력적 연결망을 통해 상호간에 더욱 저렴한 가격에 재화와 용역을 거래할 수 있는 기반을 조성할 수 있고, 공동연구 개발을 통해 시너지효과를 거둘 수도 있다. 또한 대기업과 중소기업들은 공생적 계열관계를 통해 산업 전체의 경쟁력 향상이라는 공통목표 달성 효과를 올릴 수 있다. 공생적 계열화는 모기업과 수급기업 간의 계약에 의한 생산분업관계를 의미하는 진정한 도급관계 또는 계열화관계라고 할 수 있다.

3) 지역사회 발전 경영

기업은 지역사회에 대한 바람직한 역할을 게을리 함으로써 많은 문제가 일어날 수 있다. 특히 기업이 지역 고유의 전통문화를 파괴하거나 지역사회의 주택부족 및 교육환경의 악화를 초래할 수 있다. 따라서 기업은 자발적으로 지역사회와 함께 관련된 문제들에 대해 적극적인 개선과 발전에 참여할 필요가 있다.

(1) 지역사회 복지의 지원

지역사회 복지는 해당기업과 지역사회의 모든 사람에게 필요하고, 바람직하고 가치 있는 활동이다.[8] 기업은 지역사회 주민들의 노동참여 기회를 제공하고, 노동참여자에게 임금 등 복지를 제공하여야 한다. 그리고 기업은 이 외에도 기업이익의 일부를 해당 지역에 환원하는 태도를 가져야 한다. 기업의 이런 태도는 지역사회가 기업활동을 영위할 수 있는 터전을 제공해 준다는 보은의 차원에서 지역사회의 시민으로서 당연한 의무이다. 또한 기업은 지역사회를 위한 지역사회복지주의를 장기적으로 실천하기 위해 사회복지재단을 설립하여 운영할 수 있다.

(2) 지역사회 문화활동의 지원

기업의 지역사회 문화예술활동 및 행사지원활동은 지역주민의 보다 나은 삶의 질에 대한 투자라고 할 수 있다.[9] 기업의 이런 활동은 지역사회 주민들과 하나가 되도록 만든

---

8) 이원우·서도원·이덕로, 2009, 경영학의 이해, 박영사, 355.

다. 기업의 문화예술 및 행사지원활동은 지역사회의 정체성(identity)을 높일 뿐만 아니라, 지역경제도 활성화시키는 효과를 가져온다. 즉, 기업은 지역문화·예술활동에 지원함으로써 자신의 경제적 목표도 달성할 수 있다. 그러나 기업의 이런 지원활동은 지역사회의 문화발전과 창달 그 자체에 두어야 하며 지나친 상업행위와 결부시켜서는 안 된다.

(3) 지역사회 규범의 준수

기업은 자신이 지역사회의 일원임을 명심하여 지역사회의 규범을 준수하기 위해 노력해야 한다. 지역사회의 규범은 지방자치단체에서 강제하는 사항이므로 반드시 준수하여야 한다. 지역사회의 규범에는 그 지역사회 특유의 전통문화와 관습 등도 포함된다.

(4) 지역사회 경제역량의 향상

기업은 지역사회에 기반을 두고 자신의 사업을 수행하면서 지역사회 전체의 경제발전에도 기여해야 한다. 기업은 그 지역이 가지고 있는 특수한 자원이나 환경을 개발하여 자신의 이익을 획득함은 물론 지역사회 전체이익을 줄 수 있는 지역특화사업으로 발전시켜야 한다. 또한 기업은 지역사회 전반의 발전을 위하여 그 지역을 산업기반으로 하는 지역연고 중소기업을 지원하고 육성하여야 한다.

4) 기업과 정부의 바람직한 관계정립

오늘날 기업은 사회적으로 영향력이 증대해 감에 따라 많은 문제를 야기시키고 있다. 따라서 정부는 기업의 이런 부정적 영향을 줄이고자 규제활동을 강화하고 있다. 기업은 정부의 규제에 대응하여 자율규제와 정치활동을 한다.

기업의 자율규제(self-regulation)는 정부의 법률적 규제에 대응하여 해당 산업이나 기업들이 자율적으로 활동을 통제하는 형태이다.[10] 기업은 정부규제를 예방하기 위해 생산품 정보의 제공, 안전과 품질 최저기준의 설정, 생산품 품질등급의 결정, 경제윤리헌장의 제정 등이 있다.

기업의 정치활동(corporate political activity)은 기업이 속한 정치적 환경의 불확실성을 감소시키고, 유리한 기업 환경이 조성되도록 '선거'나 '공공정책'의 형성과정 및 실행과정에 영향력을 행사하는 기업활동이다. 전자는 기업의 이익과 관계되는 특정 공공정책이

---

9) 이원우 외, 2009, 전게서, 356.
10) Garvin, D. A., 1983, "Can Industry Self-Regulation Work?", *California Management Review*, Vol. 25, 42.

입법화될 수 있도록 영향력을 행사하는 기업활동이고, 후자는 특정 공공정책의 변화가 강화될 수 있도록 영향력을 행사하는 기업활동이다.

이와 같이 기업과 정부의 관계는 어느 한쪽이 일방적인 우위에 있는 것이 아니라, 서로가 사회 속의 구성원으로서 책임의식을 가지고 상호협력을 통하여 사회전체의 발전을 도모하는 관계가 되어야 한다.

제 4 절 기업의 지속가능경영

1. 지속가능경영의 개념

1) 지속가능경영의 의의

기업경영자는 끊임없이 변화하는 사회를 이해하고, 기업에 대한 사회의 요구를 충족시키지 않으면 성장은 물론이고 존립자체가 위험하게 된다.[11] 따라서 기업이 끊임없이 존속·발전하기 위해서는 지속가능경영이 필요하다.

지속가능경영은 기업이 고객과의 관계를 통해 기업가치를 지속적으로 창출할 수 있는 경영이다. 지속가능한 발전의 개념은 1972년 '지구의 날(The Earth Day)' 선포, 1987년 세계 환경개발위원회(WCED: World Commission for Environment and Development) 발족, 1992년 리우(Rio) 정상회담, 2002년 요하네버그(Johannesburg) 정상회담 등을 통하여 수정 발전되어 왔다.

지속가능경영은 경제발전과 환경이라는 논의의 틀에서 등장하게 되었다. 과거 경제발전

---

11) 1970년 밀턴 프리드먼은 기업이익이 중심이 되는 사회를 '자본주의 1.0'이라 하였다. 1990년 에드워드 프리먼은 기업에 다양한 모습으로 관계를 맺고 있는 이해관계자들을 고려하여 사회적 권한을 가진 만큼 사회적 책임도 지는 사회를 '자본주의 2.0'이라 하였다. 1998년 앤서니 기든스는 제3길의 길(The Third Way)에서 복지사회를 시장자본주의로 구현하는 사회가 '자본주의 3.0'이라 하면서, 이를 천사의 모습을 가진 자본주의라고도 하였다. 2008년 미국에서 촉발된 금융위기 속에서 월스트리트를 점령한 군중들은 자본주의 3.0을 천사의 모습을 한 악인들의 포장술이라고 주장하면서 금융산업에 대한 규제 강화와 대기업의 탐욕 억제를 정부에 요구하였다. 아나톨 칼레츠키는 기업이 마지못해 동냥 같이 제공하는 책임(탐욕)으로 더 이상 사회가 만족할 리가 없고, 나아가 자본주의가 더 이상 자유라는 명분으로 평등을 가로막지 못하는 사회를 '자본주의 4.0'이라 하였다. 이런 세계적인 전환기에서 새로운 움직임이 나타난다. 수많은 사업의 추진은 공유가치를 창출하는 방향으로 나아가 기업가치와 사회가치를 동시에 증진시키는 사회가 '자본주의 5.0'이다. 즉, 기업이 천사의 모습만 보이지 말고 '천사의 마음을 가신 자본주의'를 받아들여야 한다는 것이다(조선일보 2012.10.16. A.39).

은 환경 훼손을 필연적으로 수반해 왔기 때문에 '환경을 훼손하는 경제발전을 얼마나 지속할 수 있을까'라는 질문에서부터 시작된 것이다. 즉 첫째, 경제발전의 크기가 부존자원 사용량과 생태계 훼손 정도와 비례한다고 볼 때 현 세대는 경제발전을 위하여 생태계 훼손을 어느 정도 감내해야 할 것인가. 둘째, 현 세대가 삶의 질 제고를 위하여 더 많은 부존자원을 사용하고 생태계를 더 많이 훼손한다고 할 때 현 세대가 초과하여 누린 삶의 질 만큼 미래 세대의 삶의 질 저하는 어떻게 할 것인가 하는 것이다.

지속가능경영은 사회적 책임보다 훨씬 뒤에 강조된 이론이다. 캐럴(Carroll: 1991)[12]은 기업의 사회적 책임을 경제적, 법적, 윤리적, 자발적 책임으로 보면서 윤리경영까지 포함시키고 있다. 또한 마레윅(Marrewijk: 2003)은 기업의 사회적 책임을 준법, 수익창출, 자선, 시너지, 기업문화 등 다섯 단계로 분류하고, 준법단계, 수익창출단계, 자선단계를 모두 이행하고 시너지단계, 기업문화단계에 이를 때 비로소 '지속가능경영'이라고 하였다.[13] 따라서 지속가능경영을 사회적 책임과 동일하게 보기도 한다.

지속가능경영은 경영학의 발전과정의 내용(과학적관리, 인간관계, 대량생산소비, 환경·윤리)처럼 그 내용도 기업내부이해관계자, 기업내부+기업외부 이해관계자, 기업내부이해관계자+기업외부이해관계자+자연환경을 함께 중시하는 시대로 발전되어 왔다. 이를 [그림 5-3]과 같이 나타낼 수 있다.

[그림 5-3] 지속경영의 발전과정

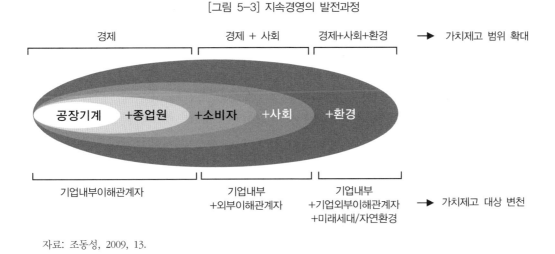

자료: 조동성, 2009, 13.

---

12) Carroll, A. B., 1991, *Business & Society: Ethics and Stakeholder Management*, 3rd ed., London: International Thomson Publishing.

13) 조동성, 2007, 지속가능경영, 서울경제경영, 12~17.

지속가능경영은 유엔환경개발회의(UNCED)가 발표한 기업의 지속가능한 발전(sustainable development) 개념으로부터 출발하였다. 이 지속가능한 발전 개념은 인구증가, 공업화, 도시화, 사회경제의 불균형 등으로 인한 지구환경의 파괴. 자원고갈, 빈곤문제 등의 위기를 해결하기 위한 대안으로, "미래세대의 욕구를 충족시킬 수 있는 정도를 훼손하지 않고 현재 세대의 욕구를 충족시키는 정도"를 제시하고 있다.

지속가능경영은 기업이 지속가능한 경영의 경제·사회·환경의 요소를 모두 고려하여 지속적인 성과를 향상시키고 긍극적으로 경쟁우위를 확보하여 기업가치를 창출하는 것을 의미한다. 즉 환경자원을 보전하고 인류의 보편적인 가치를 추구할 수 있는 사회적 책임을 다하면서, 경제적 성과까지 창출할 수 있는 기업을 말한다.[14] 마레윅(Marrewijk: 2003)에 의하면 지속가능성은 기업의 '목표'이고, 기업의 사회적 책임과 지속경영은 지속가능성을 위한 '과정'으로 보고 있다.[15] 지속가능경영은 경제적 수익성, 사회적 책임성, 환경적 건전성을 바탕으로 기업의 모든 경영활동을 지속가능한 발전을 위해 기회를 포착·강화하고, 위험을 관리하는 데 초점을 맞춰 장기적으로 주주의 가치를 창조하는 경영패러다임이다.[16]

2) 지속가능경영의 구성요소

지속가능경영의 기본 골격은 경제적·사회적·환경적 요소로 구성되어 있다. 각 관점별 전략목표나 핵심성과지표(key performance indicator)는 단체나 기업에 따라 약간의 차이가 있지만 거의 유사하다고 볼 수 있다. 대표적으로 지속가능발전 세계기업협의회(WBCSD)는 기업이 지속가능한 발전을 지향할 때 추구할 수 있는 전략목표로 ① 기업의 사회적 책임, ② 에코 효율성, ③ 혁신과 기술, ④ 생태계, ⑤ 지속가능시장, ⑥ 위험 등 '상호 연관된 6대 핵심주제'를 기본방향으로 제시하고 있다.

지속가능발전 세계기업협의회는 경제의 질적 성장을 위한 경제적 수익성, 사회의 책임을 기초로 하는 사회적 책임성, 그리고 에코 효율성을 중심으로 하는 환경적 건전성을 지속가능경영의 핵심요소로 들고 있다.[17]

환경부는 [그림 5-4]와 같이 일반적인 형태의 지속경영 구성요소를 제시하고 있다.

---

14) 이재기, 2004, 글로벌 시대의 신경영과 국가경쟁력, 한올출판사.
15) 조동성, 2007, 전게서, 19.
16) Hart, S, L., 2003, "Beyond Greening: Strategies for a Sustainable World," *Harvard Business Review*, 75.
17) 신유근, 2011, 전게서, 210~211; 조동성, 2007, 전게서, 97~98.

환경부 지속경영 구성요소는 지속경영전략에 따라 지속경영실행시스템을 구축하고, 이 시스템에 경제적, 사회적, 환경적 지속가능성으로 구성되어 있다.

[그림 5-4] 환경부 지속경영 구성요소

자료: 조동성, 2009, 91을 필자 일부 수정.

GRI(Global Reporting Initiative)는 1997년 UN의 협력기관으로서 GRI 가이드라인을 제시하고 있다. GRI 가이드라인은 기업의 활동, 제품 및 서비스의 경제, 환경, 사회 영역에 대하여 자발적인 보고를 위한 공시 프레임워크(disclosure framework)이다. GRI 가이드라인은 이해관계자를 고려하고 자발적인 보고 원칙과 글로벌 표준에 입각하여 기업의 지속경영에 대한 보고기준을 제시하는 다양한 지표들 중에서 가장 보편적인 기준이 되고 있다.[18] 이를 <표 5-1>로 나타낼 수 있다.

〈표 5-1〉 GRI 가이드라인 성과 지표개요

영 역	범 주	관 점
경제	경제적 영향	경제성과, 시장영향력, 간접적인 경제영향
사회	노동관행과 좋은 일자리	고용, 노사관계, 보건 및 안전, 교육과 훈련, 다양성과 기회
	인권	투자 및 조달, 차별금지, 결사와 단체 협상의 자유 아동노동, 강제 및 강요 노동, 보안 관행, 토착민 인권
	사회	지역사회, 부패, 공공정책, 반 경쟁행위, 준법
	제품책임	고객 보전과 안전, 제품과 서비스 라벨링, 마케팅 커뮤니케이션, 고객 프라이버시 존중, 준법
환경	환경	원자재 에너지, 물, 생물다양성, 배출물질, 폐수, 폐기물 제품 및 서비스, 준법, 운송, 기타

자료: GRI, 2006, GRI Sustainability Reporting Guidelines(G3).

---

18) 조동성, 2007, 전게서, 54~55.

2. 지속가능경영의 3요인

1) 경제적 수익성

기업의 경제적 수익성은 지속가능경영의 가장 근본이 되는 요인이다. 기업의 경제적 수익성은 생산활동을 통해 지속적으로 '이윤'을 창출시켜야 할 책임을 의미한다. 기업의 경제적 수익성은 기업의 기술혁신과 효율적 제조과정을 통해 좋은 제품을 저렴한 가격으로 생산되어 고객에게 제공할 책임이 있으며 이윤을 그 결과로 발생하게 된다고 보고 있다.

기업은 이윤 창출을 통해 그 자체를 존속시키고 성장·발전해 가는 생물체이다. 기업은 경영활동을 통해 지속적으로 이윤을 창출하여야 주주, 종업원, 관련업체, 지역사회, 국가 나아가 국제사회에 대한 책임을 수행할 수 있는 것이다.[19]

경제적 수익성의 세부활동으로는 지역사회 경제에의 기여, 기업투명성(회계투명성, 정보공개), 공정경쟁, 혁신(경영혁신, 기술혁신) 등이 있다. 이를 위해 기업은 이익창출, 주주가치 극대화, 계속성장, 핵심역량의 증대 등을 달성하기 위한 인프라 및 조직구조의 개선을 추진해야 한다.

2) 사회적 책임성

(1) 사회적 책임성의 의의

기업의 사회적 책임성은 기업의 사회공헌활동, 준법경영, 인권경영, 안전보건활동 등을 수행할 책임을 의미한다. 이를 위해 과거의 외적인 성장 위주의 경영에서 내적인 성장, 특히 질적 성장 위주의 경영을 요구하고 있으며, 사회중시의 거시경영이 필요하다.

기업의 사회적 책임(corporate social responsibility)은 기업이 이익을 추구함에 있어서 사회전체의 복지를 증진시키고 보호하는 방향으로 운영해야 함을 의미한다.[20] 기업의 사회적 책임은 경제적 이윤추구라는 이익동기를 넘어서 사회에 대한 보다 넓은 책임영역을 의미한다.[21] 기업의 사회적 책임은 기업 혹은 경영자가 수많은 이해관계자들(정부,

---

19) Luthans, F., Hodgetts, R. M. & Thompson, K. R., 1990, *Social Issues in Business: Strategic and Public Policy Perspectives*, 3rd ed., NY: Macmillan Publishing Co.; 양성국, 2008, 사회속의 기업? 기업속의 사회?, 청람, 233.
20) 양성국, 2008, 전게서, 228.
21) 이원우 외, 2009, 전게서, 352.

대주주만이 아니라 소액주주, 종업원, 공급자, 고객, 경쟁자, 지역사회 등)의 이해를 조정하고 통합할 책임이 있다. 이러한 기업의 사회적 책임에는 '법률적 책임'뿐만 아니라 '윤리적 책임'까지 포함된다.

종전기업의 사회적 책임은 기업을 계속적으로 유지·발전시켜야 하는 책임(수익성), 다른 기업과 공정하게 경쟁해야 하는 책임, 이윤을 공평하게 분배해야 하는 책임, 지역사회에 대한 책임(사회성), 나아가 다음 절에서 다룰 '환경을 보호하고 개선시켜야 하는 책임(환경성)'까지 포함시키기도 한다.[22]

(2) 사회적 책임성과 기업윤리

오늘날 국민들은 기업 활동이 지역사회와 국가에 미치는 영향이 증대되고 있기 때문에 기업윤리에 대한 기대와 요구가 차츰 늘어가고 있다. 기업윤리(business ethic)는 기업경영이라는 특수한 상황에 적용되는 응용윤리이다. 기업윤리의 준수는 '사회적 정당성 획득'의 기반이 된다. 기업은 다른 모든 사회기관과 마찬가지로 그 역할이나 활동이 사회로부터 수용될 때 비로소 생존·성장할 수 있게 된다.[23] 만약 기업이 사회가 요구하는 이러한 기초적인 기업윤리조차도 준수하지 못한다면 사회로부터의 정당성을 획득할 수 없게 된다. 기업윤리의 준수는 장기적인 면에서 '조직유효성의 증대'를 기대할 수 있다. 그러나 기업윤리를 준수하지 않거나 비합법적 행위가 빈번할수록 시장경제를 유지하는데 사회비용이 대폭 증가하여 조직유효성이 떨어지게 된다.[24]

한편 경영윤리의 상위개념으로서 윤리경영이 있다. 윤리경영은 윤리에 대한 의사결정과 행동실행의 핵심적 기능이 강조되고 있다.[25] 윤리경영은 경영활동을 하는 데 있어 윤리를 최우선의 가치로 생각하며, 모든 업무활동의 기준을 윤리규범에 맞추어 투명하고 공정하며 합리적으로 업무를 수행하는 것을 말한다.[26]

3) 환경적 건전성

(1) 환경적 건전성의 의의

기업의 환경적 건전성은 기업의 활동이 환경에 대한 부정적 영향을 최대한 줄이면서

---

22) 지호준, 2009, 21세기 경영학, 법문사, 23.
23) Sethi, S. P., 1979, "A Conceptual Framework for Environmental Analysis: Social Issue and Evaluation of Business Response Patterns," *Academy of Management Review*, Vol. 4 No. 1, 63~65.
24) 신유근, 2011, 전게서, 229.
25) 김해천, 2003, 경영윤리 기본, 박영사, 22~23.
26) 고동신, 2007, 전게서, 25.

경제적 성과를 높이는 것을 의미한다.

기업의 환경적 건전성은 에코 효율싱(eco efficiency)을 중심으로 하고 있다. 환경적 건전성은 환경적 효율성과 경제적 효율성을 동시에 달성하는 것을 의미하는 개념으로서 환경에 대한 부정적인 영향을 줄이며 경제적 성과를 제고하는 것을 의미한다. 구체적인 활동내용은 청정생산, 전 과정 관리(친환경 공급망 관리와 제품 책임주의), 기후변화에의 대응, 환경리스크 관리, 생물다양성 보존, 제품의 서비스화 등이 포함된다.

(2) 환경적 건전성을 위한 환경경영

오늘날 인류는 공해로 인한 지구 온난화 현상 등 환경문제를 심각하게 여기고 있다. 따라서 기업은 환경경영의 실천을 필요로 하고 있다. 환경경영(environmental management)은 인간사회가 환경과의 생태적 균형 속에서 발전해야 한다(환경보호주의)는 차원에서 기업과 생태환경과의 바람직한 관계를 정립하는 것을 의미한다. 환경보호주의는 공해(public pollution)와 환경오염(environment pollution)이 인간의 생존에 심각한 위협을 줄 정도라는 사회적 인식이 커지기 시작한 때부터 시작되었다고 할 수 있다.[27]

기업의 환경경영에 대한 대상은 다음과 같다.[28]

첫째, 유해물질 배출이다. 기업이 제품 및 서비스의 생산활동 과정에서 산업매연이나 유독가스, 폐수 등 오염물질을 정화하지 않은 채 배출함으로써 환경의 파괴와 공해를 유발하고 있다. 더욱이 기업의 유해물질의 배출로 환경오염을 유발하는 행위는 더욱 큰 문제라고 할 수 있다.

환경오염(pollution)이란 기업과 인간활동에 의해 발생되는 대기오염(air pollution), 수질오염(water pollution), 토양오염(soil pollution), 중금속오염(heavy mental pollution), 해양오염(marine pollution), 방사능오염(radioactive pollution), 소음(noise), 진동(vibration), 악취(stink) 등으로 인간의 건강이나 환경에 피해를 주는 상태를 말한다.[29]

둘째, 환경자원의 낭비로 인한 자원의 부족 문제이다. 세계는 인간의 환경 파괴와 낭비로 인하여 인간이 생존하기 위해 절대적으로 필요한 에너지, 물, 식량과 같은 환경자원이 점차 고갈되어가고 있다. 국제에너지기구(IEA: International Energy Agency)는 1998년 에너지 장기전망보고서에서 오는 2020년에는 석유공급이 수요보다 부족해지는 석유

---

27) Frederick, W. C., Davis, K. & Post, J. E., 1988, *Business and Society: Public Policy, Ethics*, 6th ed., NY; McGraw-Hill, Inc.; 신유근, 2011, 전게서, 215; 양성국, 2008, 전게서, 82~83.
28) 신유근, 2011, 전게서, 217~219.
29) 박상범·박지연, 2022, 4차 산업혁명시대의 경영학원론, 탑북스, 352~354.

파동이 도래해 본격적인 에너지 재앙이 시작되었고, 2040년이면 석유가 완전 고갈될 것이라고 한다. 뿐만 아니라 산림자원은 사막화의 영향으로 식생(植生)의 파괴, 동식물군의 감소가 초래되어 생물다양성이 감소하는 원인이 되고 있으며, 환경오염에 따른 농업용수의 부족, 환경악화 등으로 인해 식량부족현상이 발생할 것으로 예상하고 있다.

(3) 환경친화적 경영의 수행방안

기업은 앞서 예시된 문제들을 해결하기 위한 환경경영의 수행방안으로 환경보호주의를 실천해야만 한다. 기업의 입장에서 환경보호주의의 실천방안은 다음과 같다.

첫째, 환경정책 및 관행의 확립

기업들은 환경관련 정부규제를 적극 준수하여야 한다. 따라서 기업들은 정부의 강제적인 법률도 준수해야 하겠지만, 자체적으로 환경기준을 세워서 실천해야 할 것이다. 1980년대에 일본과 독일의 자동차회사들은 보다 가볍고 효율적인 자동차를 개발하여 새로운 연료소비 기준에 부합하고 대기오염 규제기준에도 피할 수 있어서 성과를 거둔 반면, 미국의 업계는 그러한 기준을 폐지시켰다가 결국 경쟁력을 잃게 되었다. 또한 미국의 한 음료회사는 법적으로 수거해야 한다고 규정되지 않은 자사제품의 용기를 자신의 비용으로 회수하여 재활용하는 시스템을 운영하여 좋은 호평을 받았다.

둘째, 녹색경영의 생산기반 구축

기업은 환경보호주의에 따라 녹색경영의 실천의지를 확립하여야 한다. 녹색경영(green management)은 기업이 장기적인 관점에서 생태환경의 보존이 기업경영활동에 유리하다는 것을 인식하고, 기업활동의 결과로 나타날 수 있는 환경영향에 대한 평가 및 환경이익에 대한 검토를 포함한 환경보호지향적 기업경영의 방식이다. 종래 기업의 생산활동은 단순히 판매할 수 있는 제품을 생산하는 것으로만 여겨졌지만, 오늘날에는 판매 후에 폐기물의 처리 및 재활용까지도 고려하고 있다.

셋째, 그린마케팅기반 구축

기업은 녹색경영의 일환으로서 그린마케팅을 실시한다. 그린마케팅(green marketing)은 환경적 역기능을 최소화하면서 소비자가 만족할만한 수준과 가격으로 제품을 개발·생산·공급함과 동시에 환경친화적인 우수한 제품 및 기업의 이미지를 창출하려는 방식이다.[30] 그린마케팅은 구체적으로 적정처리가 어려운 제품의 생산중단, 과잉포장 및 불필요한 모델변경의 자제, 제품의 표준화 및 규격화, 리사이클(recycle)을 고려한 제

---

30) 임창희, 2006, 경영학원론, 학현사, 127.

품의 설계 등을 포함한다.[31]

기업은 환경지향적인 제품 또는 녹색상품(green product)을 생산하고, 제품포장 시에 환경오염을 최소화하는 방향으로 노력을 기울인다.[32]

넷째, 환경평가 및 환경회계제도의 도입

기업의 환경보호는 다음과 같은 두 제도를 사용하여 환경보호활동을 적절하게 평가할 수 있어야 한다.

환경평가제도(environmental assessment system)는 기업이 환경경영의 목표와 전략을 세우고, 이에 따라 관리하거나 개선한 후 그 효율성에 대해 평가하는 제도이다. 기업들은 환경평가를 위해 환경성과지표를 개발하여 사용하고 있다.[33]

환경회계제도(environmental accounting system)는 환경문제에 대한 비용을 규명하고 측정하여 경영의사결정에 반영하고, 그 결과를 기업의 이해관계자들에게 보고하는 제도이다(캐나다 관리회계학회의 정의).[34] 환경회계제도도 환경평가제도라 할 수 있다.

---

31) Peattie, K., 1992, *Green Marketing*, London: Pitman Publishing.
32) 신유근, 2011, 전게서, 219~221.
33) Steiner, von Udo, 1975, *Offentliche Verwaltung durch Private*, Allegemeine Lehren, Hamburg: Hansischer Gildenverlag, 327~330; 신유근, 2011, 전게서, 222.
34) 임창희, 2006, 전게서, 127.

제**6**장
기업의 형태

제1절 기업형태의 개념

기업형태(forms of enterprise)란 여러가지의 기업을 출자와 경영의 특질에 따라 유형화한 것을 의미한다. 기업형태는 사유재산제도를 바탕으로 산업사회의 획기적인 발전과 함께 다양하게 변화하여 왔다. 기업형태는 기본적으로 출자·지배·경영 등 3요소의 관계에 따라 구분되지만, 일반적으로 기업자본 출자의 법률형태와 책임의 부담형태로 구분할 수 있다. 따라서 기업의 형태는 [그림 6-1]과 같이 크게 사기업, 공기업, 공·사 공동기업 등으로 구분할 수 있다. 그 중에서 현대사회의 대표적 기업은 사기업이다.

기업은 개인이 중심이 되어 운영되어 왔다. 따라서 기업의 형태는 기업의 발전단계에 따라 1인이 소유하는 개인기업 또는 단독기업, 여러 사람이 소유하는 공동기업이 있다.

[그림 6-1] 기업의 형태

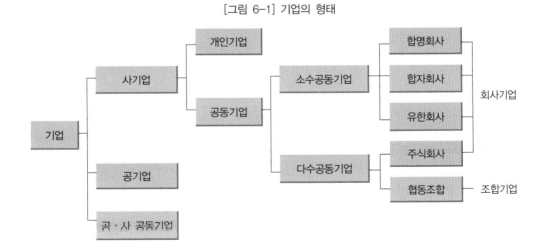

공동기업에는 소수인원이 동업형태로 공동출자하는 소수공동기업, 그리고 산업이 고도화되면서 기업의 규모도 커지고 많은 출자자로 구성되는 다수공동기업이 있다.

개인기업은 1인의 개인이 설립하여 경영하는 기업이다.

공동기업은 경제발전과 더불어 개인기업이 기업규모가 커지면서 확장된 형태로서 출자자 2명 이상이 공동으로 출자하여 경영하는 기업이다.

소수공동기업에는 법제도에 따라 인적 공동기업으로서의 합명회사·합자회사·유한회사·민법상의 조합·익명조합이 있고, 다수공동기업으로서의 자본적 공동기업 성격을 갖고 있는 주식회사와 협동조합이 있다.

제2절   기업의 여러 형태

1. 사기업

사기업(私企業)은 자본주의 경제체제의 특징적인 기업으로서 자본금의 출자와 경영을 민간인이 담당하는 형태이다.

1) 개인기업

개인기업(individual enterprise, sole proprietorship)은 개인 한 사람이 출자·소유 및 지배·경영을 하고, 위험과 손실에 대하여 무한책임을 지는 기업형태이다. 개인기업은 기업설립 및 폐쇄의 용이성, 의사결정의 신속성, 기밀유지 및 소규모 개인기업의 세제상 혜택이 있다. 그러나 개인 한 사람이 기업의 모든 경영을 관리·감독함으로써 일정수준 이상으로 규모가 커지면 세금부담, 금융상 자금조달의 한계, 유능한 인력확보의 어려움 등의 단점이 나타난다.

2) 소수공동기업: 인적공동기업

소수공동기업은 서로 친밀한 관련이 있는 2인 이상이 인적협력을 통해서 기업을 운영하는 형태로서 인적공동기업이라고 한다.

(1) 합명회사

합명회사(unlimited partnership)는 2인 이상의 출자자가 공동으로 출자하고, 회사의 채무에 연대무한책임을 지는 기업형태이다. 합명회사는 혈연관계에 있거나 이와 유사한 관계에 있는 사람들로 이루어지는 인적 기업의 대표적인 기업형태이다.

합명회사는 중세 유럽의 내륙상업도시를 중심으로 발달하였고, 가족단체를 중심으로 하여 출자자 상호간의 신뢰성을 바탕으로 조직된 기업형태이다. 합명회사는 회사의 중요한 의사결정과 사원의 지분양도에 있어서 전사원의 동의가 필요하다. 합명회사는 개인기업의 특성을 지니고 있기 때문에 소규모기업에 적당한 기업형태라고 할 수 있다.

(2) 합자회사

합자회사(limited partnership)는 출자와 업무집행을 함께 담당하는 무한책임사원과 출자만을 하는 유한책임사원으로 구성되는 기업형태이다. 합자회사는 중세시대 이탈리아 해상무역에서 발달한 코맨다(commanda)가 그 기원이다.

무한책임사원의 지분은 전사원의 동의가 없이 양도가 불가능하고, 유한책임사원의 지분도 무한책임사원 전체의 동의가 있어야 양도가 가능하다. 유한책임사원은 기업의 위험이나 손실에 대해 출자분에 한해 책임을 지며 이에 대해 배당만 받는다. 따라서 합자회사는 불특정 다수로부터 자본금을 조달하는 주식회사에 비해 회사규모 확장에 한계가 있다.

(3) 유한회사

유한회사(private company)는 출자액의 한도 내에서 유한책임을 지는 사원만으로 구성된 기업형태이다. 유한회사는 전 사원이 유한책임을 진다는 면에서 주식회사와 비슷하다. 즉 유한회사는 자본회사와 인적회사의 성격을 동시에 갖고 있는 회사이다.

유한회사는 사원 1인 이상과 자본금 100원 이상이면 설립이 가능하며, 결의권은 출자구좌 수(1지분 1의결권)를 기준으로 하고 있다. 또한 사원은 그 지분의 전부 또는 일부를 양도하거나 상속할 수 있다. 다만 정관으로 지분의 양도를 제한할 수 있다. 출자금액은 1계좌 100원 이상으로 균일한 금액이다. 결의방법에는 일반결의와 특수결의가 있다. 유한회사의 기관에는 최고결의기관인 사원총회와 집행기관인 이사가 있다. 이사의 수는 한 명으로 충분하다. 사원총회는 이사가 소집한다. 따라서 유한회사는 비교적 소수의 사원과 소수의 자본으로 운영되기 때문에 중소규모의 기업에 적당한 형태이다.

유한회사는 기업을 공개할 의무가 면제되기 때문에 재산목록, 재무상태표, 손익계산서, 영업보고서, 준비금 및 이익 배당안, 사원명부 및 의사록을 공개할 필요가 없다.

(4) 민법상의 조합

민법상 조합(민법 제703조에 의한 민법상의 조합)은 2인 이상이 공동으로 출자하여 공동으로 사업을 경영할 것을 약정하는 경우 구성되는 조합이다. 민법상 조합은 조합구성원 모두가 업무집행을 담당하고 무한책임을 진다. 법인이 아니기 때문에 권리의무의 주체는 조합이 아닌 조합원이며, 자산도 조합이 아닌 조합원의 공동소유가 된다.

민법상의 조합이 설립되는 경우는 다음과 같다. 첫째, 일시적 거래로 공동사업을 하는 경우, 둘째 공·사채와 주식을 공동으로 인수하기 위한 증권인수단(syndicate)을 결성하는 경우, 셋째 사업 창설시의 과도적 형태 또는 프로젝트와 같은 단기적 사업의 기업형태가 필요한 경우이다.

(5) 익명조합

익명조합(undisclosed association)은 역시 코맨다에서 유래된 것으로 업무를 직접 담당하는 무한책임의 영업자인 현명조합원과 유한책임을 지는 익명출자자로 구성되는 상법상의 조합이다.

상법 제78조에 익명조합원은 채권자의 위치에 있지만 표면에 나타나지 않는 조합원으로서 영업자를 위해 출자를 이행하고 영업에서 얻게 되는 이익을 배분하도록 계약으로 규정하고 있다. 따라서 익명조합원은 비법인이다. 그렇지만 자기의 이름이나 상표를 그 기업에 사용할 경우에 법인 성격의 무한책임자(현명조합원)가 된다.

3) 중소기업

중소기업(small or medium sized business)은 규모가 상대적으로 작거나 중간 규모의 기업을 말한다. 중소기업기본법 시행령에서는 각 업종별로 규모기준을 규정하여 제조업은 상시근로자수 300인 미만이거나 자본금이 80억원 이하, 광업·건설업·운송업은 상시근로자수 300인 미만이거나 자본금 30억원 이하, 도소매·서비스업은 세부업종별로 더 상세하게 구분하여 상시근로자수의 경우 300인부터 50인까지, 매출액의 경우 300억원부터 50억원까지로 중소기업 범위를 규정하고 있다. 그리고 중소기업 중 광업·제조업·건설업·운수업의 경우 상시근로자수가 50인 미만인 기업과 도소매·서비스업인 경우 상시근로자수가 10인 미만인 기업은 소기업으로 분류하고 있다.

또한, 중소기업기본법 시행령에서는 소유와 경영의 독립성 기준을 규정하여 기업이 중소기업의 규모기준에 적합한 경우에도 '자산총액 5천억원 이상 기업이 발행주식 총수의 30% 이상 소유하고 있는 기업'이거나 '상호출자 제한 기업집단에 속하는 기업'을 중소기업에서 제외하고 있다.

중소기업은 다음과 같은 일반적 특성이 있다. 첫째, 상대적으로 비전문화가 강하다. 둘째, 경영자와 종업원 및 고객 간의 개인적 접촉이 밀접하다. 셋째, 자본조달에 어려움이 많다. 넷째, 기업체 수가 많다. 그 밖에 대기업과의 비교에서 저생산성·저자본비율·저임금수준·빈번한 기업의 창업과 몰락 및 과당경쟁 등이 있다.

중소기업이 존재하여야 할 필요성은 다음과 같다.

수공적 특수상품의 중요성이다. 중소기업은 고도의 현대기술보다 도리어 특수 수공적 기술이나 수예적(手藝的) 기능을 가지고 생산하는 분야이므로 필요하다.

특수상품의 수요 과소성이다. 중소기업은 특수한 상품을 생산하므로 그 수요가 적고 수요의 변동이 심해 대규모화하기가 곤란하고 비경제적인 분야이므로 필요하다.

저비용의 활용이다. 중소기업은 저임금 노동자를 쉽게 고용할 수 있고, 기술적으로 저열(低劣)한 시설과 기계를 사용하면서도 어느 정도 대기업과 경쟁할 수 있다.

기업계열화가 용이하다. 중소기업이 대기업의 제조과정의 일부를 하청받거나 제품의 판매를 위탁받아 운영하여 계열화를 할 경우 상호 유익하고 편리하다.

4) 다수공동기업: 자본공동기업

다수공동기업이란 2인 이상의 출자자에 의해 설립되어 운영되는 기업형태이다. 다수공동기업은 다수로부터 거액의 자본조달이 가능한 대규모 기업이므로 기업의 소유와 지배(경영)가 분리되어 전문경영자에 의해 관리·운영하는 기업을 말한다. 따라서 이를 자본공동기업이라고도 한다. 다수공동기업에는 주식회사와 협동조합이 있다.

(1) 주식회사

㈎ 주식회사의 의의

주식회사(joint stock corporation, stock company)는 현대의 대표적인 기업형태이다. 주식회사는 다수의 공동출자로 대규모 자본의 동원이 가능하고, 출자자 모두 자신의 출자범위 이내에서만 책임을 지며 출자자와 경영자가 분리되어 있어서 전문경영자에 의한 경영이 가능한 기업형태이다. 따라서 주식회사는 대규모자본의 동원이 용이한 자본공동체로서 규모의 경제(economy of scale)의 이점을 활용하여 생산력을 강화하고 경쟁력을 확보할 수 있는 기업형태이다.

또한 주식회사는 자본소유자인 주주나 투자자를 대신해 경영을 위임 받는 전문경영자, 즉 대리인(agent) 제도를 두고 있다. 대리인이론(Agency Theory)은 기업을 둘러싼 이해관계자들의 문제를 본인-대리인 관계(principal-agent relationship)로 해석할 수 있다는 이론이다.[1]

주식회사는 1602년 네덜란드의 동인도회사(East India Company)가 최초로 설립된 주식회사의 형태이다. 이를 모방하여 1612년 영국의 동인도회사, 그리고 1694년 영국의 영란은행이 주식회사로서 크게 발전하였다.

㉄ 주식회사의 특성

주식회사는 유한책임제도, 자본증권화제도, 소유와 경영의 분리제도의 특성이 있다. 이 중에서 주식회사의 경영핵심제도는 소유와 경영의 분리제도이다. 즉 기업의 소유와 경영의 분리에서 소유는 많은 주주들이고, 경영은 경영자(전문경영자)에게 맡겨진다. 주식회사는 바로 주식회사로 출발하는 경우도 많으나, 작은 기업이 주식회사로 발전할 경우 경영자의 신분은 소유경영자·고용경영자·전문경영자 순서로 발전한다. 주식회사의 기관에는 최고의사결정기관인 주주총회(general meeting of stockholder), 경영담당기관인 이사회(board of directors), 주주의 권익을 보호하는 기관인 감사(auditor) 등 세 가지의 상설기관이 있다. 이에 대한 자세한 내용은 다음 절에서 설명하기로 한다.

(2) 협동조합

㉠ 협동조합의 의의

협동조합(cooperatives)은 자본주의 경제의 발전과 대기업의 등장으로 경제적 약자인 중소기업인, 소비자, 소규모 생산자 또는 민간인들이 그들의 경제적 권익을 보호(협동을 통한 자기 이익추구)하기 위하여 공동출자로 조직된 공동기업의 형태이다. 그러나 사회적 협동조합만은 이와 달리 협동과 연대를 통한 사회통합 및 사회혁신을 목표로 한다. 협동조합은 주로 불특정 다수 출자자의 자본결합으로 이루어진 자본공동기업 또는 다수공동기업이라고 한다.

협동조합은 1820년경 영국 오웬(R. Owen)의 협동사상에 따라 1844년 랭카셔(Lancashire)

---

1) 권영철, 2021, 글로벌경영전략, 법문사, 92; Jensen, M.C. and Meckling, W.H. 1976, "Theory of the Firm: Managerial Behavior, Agency Costs and Ownership Structure", *Journal of Financial Economics*, 3(4), 305~360.

지방에서 28명의 가난한 방직공들이 1파운드씩 돈을 내어 생필품을 값싸게 구입하기 위해서 만든 로치데일(Rochdale) 소비조합의 결성에서부터 시작되었다. 협동조합은 일반 기업과 달리 영리목적이 아닌 자신들의 이용을 유리하고 편리하게 하기 위해 조직한 협동체이다.

협동조합은 개인주의가 아닌 협동주의로 영리보다 조합원의 상호부조를 지향한다. 따라서 협동조합은 협동을 통한 '상호이익'을 추구한다.

ⓛ 협동조합의 특징

협동조합은 공동기업의 형태이지만 일반기업과 비교하여 경영방법이 다른 특성을 갖고 있다. 협동조합은 일반 기업과는 달리 다음과 같은 자주적 특성을 갖고 있다.

첫째, 협동조합은 주식회사의 1주 1표와는 달리 조합원을 중심으로 출자액에 관계없이 1인 1표의 '민주주의' 결정방식을 따른다. 둘째, 협동조합은 영리주의가 아닌 '이용주의' 원칙을 따른다. 즉 조합원의 이용과 편익제공을 위해 운영된다.[2]

ⓒ 협동조합의 형태

협동조합은 그 주체가 누구인가에 따라 소비자협동조합, 생산자협동조합, 신용협동조합, 사회적협동조합으로 나눌 수 있다.

소비자협동조합은 조합원의 생활에 필요한 물자를 저렴하게 공동구매 함으로써 조합원의 경제적 이익을 증대시키는 형태이다. 소비자협동조합은 회사, 학교, 종교단체와 같이 직장별로 조직할 수 있고, 동일한 거주지에 사는 주민을 중심으로 지역별로 결성할 수도 있다. 우리나라에서는 공무원 연금매장, 의료보험조합이 대표적인 예에 속한다.

생산자협동조합은 경제적으로 약한 중소생산자들이 조합원의 상호이익을 목적으로 구성된 형태이다. 생산자협동조합에는 판매조합, 구매조합, 이용조합, 생산조합 등이 있고, 대표적인 형태로는 중소기업협동조합이 있다. 판매조합이란 조합원이 생산한 생산물을 협동판매하는 조합이다. 구매조합이란 조합원이 필요로 하는 원료, 기계 등을 공동구입함으로써 구매비용을 절감하기 위해 결성하는 조합이다. 이용조합이란 시설 등을 공동으로 이용하기 위하여 결성된 조합이다. 생산조합이란 공동원료 확보, 공동생산, 공동판매를 목적으로 결성되는 조합이다.

신용협동조합은 조합원간의 자금융통을 통해 경제적인 상호부조를 도모하고자 조직되는 형태이다. 즉 신용협동조합은 상호유대를 가진 서민들이 협동조직을 통하여 자금의

---

2) 이재규·최용식, 2004, 현대경영학, 창민사, 128.

조성과 이용을 도모하는 서민금융기관이다.

사회적협동조합은 사회적 혹은 공공적 이익을 목적으로 하는 협동조합이다. 사회적협동조합은 공공적 이익(public interest)을 목적으로 하는 협동조합이라는 관점에서 이타주의(altruism)에 기초하고 있다. 즉, 기부, 자원봉사, 프로보노(Pro Bono) 등을 통하여 공동생산에 참여하여 공공재(public goods)를 효과적으로 생산해내는 것을 목적으로 한다. 20세기 후반부터, 세계화와 정보통신혁명이 진행되면서 부(富)의 창출과 고용창출의 공간적 불일치가 되고, 전통적 산업지역의 쇠퇴에 따른 만성적 실업증가로 산업도시의 슬럼화가 오며, 빈부격차가 확대되어 양극화가 심화되는 현상이 나타나고 있다. 따라서 사회적협동조합은 외부로부터의 자금지원이나 운영지원을 받아 만성적 실업자, 장애인, 노인 등 취약계층의 일자리 창출 등을 위해 등장한 것이다. 사회적협동조합은 협동과 연대를 통한 사회통합 및 사회혁신의 구현을 위해 노력하고 있다.[3]

2. 공기업과 공사공동기업

1) 공기업

(1) 공기업의 의의

공기업(public enterprise)은 국가 혹은 지방자치단체 또는 공공단체가 공익을 목적으로 출자하여 소유하며 경영상의 책임을 지는 기업형태이다. 공기업은 영리를 목적으로 하는 사기업에 비하여 공공의 이익증진에 그 목적이 있다. 따라서 공기업은 기업의 목적, 경영방법, 소유형태 등에서 사기업과 차이가 있다.

(2) 공기업의 목적

공기업의 목적은 다음과 같다.

공공적 목적이다. 일반 대중의 공공적 편익을 도모할 목적으로 국가가 전신, 전화, 우편, 철도, 전기, 수도, 항만, 도로사업 등 국가기반사업을 직접 운영한다.

경제 정책적 목적이다. 국가의 경제정책적 목적을 위한 국토종합개발, 산업육성, 지역권역별 개발사업들이다. 1933년 미국의 뉴딜정책에 의한 테네시강 유역(TVA: Tennessee Valley Authority)개발 사업이 그 예이다. 우리나라에는 산업자본을 공급하기 위한 산업은행, 화폐정책적 차원에서 운영되는 한국은행이 있다.

---

3) 장종익, 2014, 최근 협동조합섹터의 진화, 사회적기업학회 발표논문.

제6장 기업의 형태 | 139

사회 정책적 목적이다. 국민생활안정이나 복지증진 등 사회정책적 목적으로 설립되는 공기업들이다. 이에는 한국토지주택공사 등이 있다.

재정 정책적 목적이다. 국가의 재정적 수입, 즉 재정 정책적 목적을 충당할 목적으로 설립되는 공기업들이다. 이에는 한국조폐공사 등이 있다. 우리나라의 공기업과 공사공동기업은 <표 6-1>과 같이 나타낼 수 있다.

〈표 6-1〉 우리나라의 공기업과 공사공동기업

구 분	기 업 명
은 행	한국은행, 한국산업은행, 기업은행, 수출입은행 등
공 사	한국조폐공사, 한국수자원공사, 한국방송공사, 한국토지주택공사, 한국도로공사, 국제관광공사 등
회 사	한국증권거래소, 한국전력 등

(3) 공기업의 형태

공기업은 행정기업과 법인기업으로 구분된다.

행정기업은 국가 또한 지방공공단체가 필요자금을 전액 출자하고 운영도 직접하는 기업이다. 이에는 정보통신산업, 철도사업 등이 이에 속한다.

법인기업은 국가 또는 지방공공단체가 독립적인 법인체를 설립하여 운영에 자율성을 부여한 기업이다. 법인기업체는 정부의 소유주식 지분율이 50% 이상인 기업을 말한다. 이 기업은 정부투자기관 예산회계법과 정부투자기관 관리기본법의 적용을 받으며, 우리나라의 경우 한국전력공사, 인천국제공항공사, 한국가스공사 등이 있다.

2) 공·사 공동기업

공·사 공동기업(mixed ownership government corporation)은 정부 혹은 공공단체나 사기업이 공동으로 출자하고 공동으로 경영하는 반관반민(半官半民)의 기업을 말한다. 즉 공기업과 사기업을 혼합한 기업형태이다. 사업의 특성이 공공적 성질이 강해 사기업으로 경영하는 것이 적당하지 않을 경우에 공사(公私)가 함께 설립해서 경영하는 기업으로서 일반적으로 주식회사의 경영형태를 취하는 기업형태이다.

3) 사회적 기업

사회적 기업이란 수익창출 등 영업활동을 하면서도 이윤 추구보다 취약 계층에 일자리를 제공하는 등 사회적 목적을 추구하는 기업이다. 따라서 사회적 기업은 취약 계층에 일자리 및 사회서비스 제공 등의 사회적 목적 추구, 영업활동 수행 및 수익의 사회적 목적 재투자, 민주적인 의사결정구조 구비 등의 특징이 있다. 유럽, 미국 등 선진국에서는 1970년대부터 활동하기 시작되었다. 우리나라는 1990년대부터 정부차원에서 지원하고 있는데, 아름다운 가게(재활용품 수거·판매), 위캔(우리 밀 과자생산), 노리단(재활용 악기로 소외 계층을 위한 공연) 등이 있다.

제3절 현대기업으로서의 주식회사[4]

1. 주식회사의 의의

현대의 대표적인 기업은 주식회사이다.

주식회사(joint stock corporation, stock company)는 출자자와 경영자가 분리되어 있어서 전문경영자에 의한 경영이 가능하고, 다수의 공동출자로 대규모 자본의 동원이 가능하며, 모두 자신의 출자범위 이내에서만 유한책임을 지는 기업형태이다. 따라서 주식회사는 다수인의 출자에 의해서 대규모자본의 동원이 용이한 자본공동기업이다. 자본공동기업이란 다수인의 주주 출자자산을 바탕으로 설립된다는 것을 의미한다.

주식회사는 자본주의 체제하에서 대규모의 기업을 운영하는 데 필요한 대규모의 자본을 조달하는 중요한 수단이 되고 있다. 따라서 주식회사는 자본주의 경제체제의 대표적인 기업형태이며, 현대경영학의 학문적 연구에 있어서 중심을 이루고 있다.

주식회사가 자본주의의 기업형태로 각광을 받는 이유는 다수의 자본참가로 대규모의 자본을 조달할 수 있다. 이 때문에 주식회사는 기업규모의 대형화와 규모의 경제를 향유할 수 있는 기업형태이다. 또한 주식회사는 다수로부터 대규모의 자본을 조달함과 동시에 위험을 분산시키고 전문경영자에 의한 경영이 가능한 기업형태이다.

---

4) 주식회사의 의의와 특성은 제2절, 1. 4) (1)에도 설명되어 있다.

현대기업은 보다 합리적인 이윤추구를 목적으로 하면서 고객만족을 위해 비즈니스 활동을 수행하며, 사회적 책임을 보다 중요시한다고 할 수 있다.

현대 주식회사는 현대기업으로서 다음과 같은 성격을 가지고 있다.

첫째, 현대 주식회사는 기업이념과 목적이 뚜렷하고, 다양한 설비, 노동, 첨단기술 등 많은 자본으로 구성된 자본구성체의 성격이 있다. 따라서 주식회사는 기업의 소유권이 주주들 간에 가장 큰 관심거리가 되고 있다. 즉 기업의 주주는 기업 총주식수의 51%를 보유함으로써 기업의 지배가 가능하다. 그러나 실제로 기업의 소유권은 50%이하, 심지어 15~20%의 소액주주로도 지배하고 있는 실정이다. 이런 현상이 나타난 이유는 주주의 투자목적이 사업주주도 있지만 투기주주가 많아 회사 경영에 관심이 없고, 의결권을 대행하는 사례(부재자소유제: absentee ownership)가 많기 때문이다.

둘째, 현대 주식회사는 한 국가의 경제와 직결되어 있어서 국민소득에 영향을 미치고 있고, 많은 이해자 집단에 둘러싸여 있어서 민주적(합리적)으로 경영할 책임이 있다. 따라서 경영자는 기업운영의 공공성, 사회성에 부합될 수 있도록 법률의 준수는 물론 윤리, 공정, 소득분배, 복지 등에서 산업민주화가 요구된다.

셋째, 현대 주식회사는 소유와 경영이 분리되어 있어서 전문경영자 역량활용의 성격이 있다. 그러나 이사들의 횡포, 배임행위 등의 위험 등이 있으므로 주식회사의 설립, 개업, 재무공개, 청산 등을 국가가 법률로 엄격히 규제하고 있다.

2. 주식회사의 특성

1) 유한책임제도

주식회사는 유한책임제도의 특성이 있다(상법 제236조). 유한책임제도는 각 주주가 그 출자액인 주식금액 한도 내에서만 회사의 자본위험에 대해 책임을 지는 제도이다.[5] 이로 인해 주식회사는 다수인으로부터 대규모의 자본조달이 가능하다. 또한 법적 실체로서의 주식회사는 주주가 바뀌더라도 자체의 재산확보를 확실히 할 수 있도록 자본확정, 자본충실 및 자본유지의 원칙을 법으로 강제하고 있다.

---

5) 신유근, 2011, 경영학원론, 다산출판사, 33.

2) 자본증권화제도

주식회사는 출자자본을 모두 매매나 양도가 자유로운 주식(stock)이라는 유가증권(securities)으로 균일하게 분할하여 일반대중으로부터 기업자본을 조달할 수 있는 특성이 있다.

자본증권화제도는 주식회사의 자본금이 주식이라고 하는 증권을 발행하여 주주에게 매각함으로써 조달할 수 있는 제도이다. 증권(securities)이란 유가증권을 줄인 말로서 재산권을 나타내는 증서이다.[6] 자본증권화제도는 경영자와 투자자가 기업의 출자자본에 대해 서로 관점이 다르다는 것에 착안하여 고안된 제도이다. 경영자는 기업의 자본이 영구자본으로 남기를 원하고 투자자는 투자자본이 고정화되기를 싫어한다. 이러한 양자 간의 상충관계를 해소하기 위하여 고안된 제도이다.

주식회사는 자본증권화제도로 인하여 주식시장을 통해 주식의 매매나 양도가 가능하고(유통증권화), 출자자는 임의로 주식의 매입을 통해 투자할 수 있고(주주자격취득), 주식의 매각을 통해 출자분을 회수할 수도 있다(주주자격의 포기). 주식회사는 이러한 특성으로 인하여 대규모의 자본조달이 용이하고, 자본규모를 확대시킬 수 있다.

주주는 주식을 매입하여 보유하는 사람이다. 따라서 주주는 출자자로서의 권한인 주주권을 갖는다. 주주의 주주권에는 의결권, 배당청구권, 잔여재산청구권의 권리가 있다.

3) 소유와 경영의 분리제도

주식회사는 소유와 경영의 분리 특성이 있다.

소유와 경영의 분리 제도는 기업의 규모가 커지고 그 운영이 복잡해짐에 따라 소유와 경영이 분리되어 전문역량이 있는 전문경영자에 의한 경영이 이루어지는 제도이다. 소유와 경영의 분리 제도에서 전문경영자는 이사이다. 이사는 주주총회에서 선임된다. 주주총회는 기업의 경영진(이사들)을 선임하여 이들로 하여금 이사회를 구성하도록 하여 경영을 위임하게 된다. 그럼으로써 소유(주주)와 경영(전문경영자)의 분리로 전문경영자에 의한 경영(대리경영제도)이 이루어진다. 다만 주주는 기업의 성과에 따른 분배에 참여하게 된다.

소유와 경영의 분리 제도는 다음과 같은 기업환경 때문에 가능하다고 할 수 있다.

첫째로 주주의 유한책임제도가 불특정다수로부터의 자본을 조달할 수 있다.

---

6) 이필상, 2004, 재무학, 박영사, 92.

둘째로 출자 자본의 증권화가 매매양도를 자유롭게 만들어 회사경영에 대한 관심보다는 배당이나 주식시세 차익에 관심이 있는 투자자들이 출자에 참여할 수 있다.

3. 주식회사의 장·단점

현대기업인 주식회사는 장·단점이 공존하고 있다.

1) 주식회사의 장점

주식회사의 장점은 다음과 같다.

주식회사는 '자본의 증권화'로 조달된다. 즉 주식회사는 거액(대규모)의 자본이 필요하므로 그 자본을 증권발행의 방법으로 조달한다. 그러나 투자자(출자자)는 비교적 소액으로도 투자가 가능하다. 따라서 주식회사는 거액의 자본을 조달하기 위해 많은 출자자(주주, 투자자)들로부터 자본을 조달받아야 한다. 또한, 주식회사는 주식의 발행 또는 사채를 발행함으로써 부가적인 자본조달이 가능하므로 기업확장이 용이하다.

주식회사는 주주가 보유하고 있는 지분만큼만 책임지는 '주주의 유한책임'이다. 즉 모든 주주는 자기 출자액(투자액)의 한도 내에서 기업의 채무를 책임지고 그 출자액을 초과하는 기업채무가 있어도 주주의 개인자산을 안전하게 유지할 수 있다. 따라서 주식회사의 유한책임제도는 거액의 자본을 많은 출자자들로부터 조달받을 수 있어서 이것이 소유와 경영을 분리시키는 중요한 요인이 되었다고 볼 수 있다. 또한 주주의 주권 양도는 자유이다. 이것은 정관에 의해서도 금지 또는 제한할 수 없다. 주주는 자기의 소유주를 언제든지 그리고 누구에게나 매매할 수 있으므로 투자의 탄력성을 유지할 수 있다.

주식회사는 주주(출자자)가 기업의 운영을 전문경영자에게 위탁함으로써 '소유와 경영의 분리'가 가능하다. 즉 중규모 또는 대규모의 주식회사는 대체로 양자가 분리되어 있으므로 유능한 경영자에 의하여 보다 더 효율적인 경영을 할 수 있다.

주식회사는 다른 기업형태에 비하여 '기업의 영속성'이 있다. 개인기업이나 인적 공동기업의 경우 경영주나 동업자가 경영에 참여치 못하게 되면 기업을 해산하는 경우가 많으나, 주식회사는 소유와 경영이 분리되어 있으므로 기업의 영속성이 크다는 것이다.

2) 주식회사의 단점

주식회사의 단점은 다음과 같다.

주식회사를 창립하려면 복잡한 절차와 '거액의 창업비'가 소요된다. 즉 주권 발행의 인쇄비, 신주주를 모집하기 위한 광고비, 법원에 설립등기를 하기 위하여 쓰여지는 등기료, 법무수수료, 창립총회비 등 거액의 창립비가 소요된다.

주식회사는 법에 의하여 설립된 법인이므로 '정부의 통제'를 받는다. 즉 정관에 기재된 자본의 총액을 초과하여 주식을 발행하거나 또는 정관에 기재된 범위를 넘어서 경영활동을 하면 상법이나 기타 모든 법령에 의하여 제재를 받는다. 또한 결산보고서는 신문에 '공고 의무'가 주어진다.

주식회사는 재무제표(재무상태표 또는 손익계산서 등)와 사업 상황을 공포하게 되므로, 기업의 '비밀보전에 취약'하다. 재무상의 문제 이외에도 생산, 판매, 기타의 중요한 경영상의 비밀도 다른 경쟁기업에게 알려지기 쉬우므로 불리한 경우가 많다.

주식회사는 '이중 조세'를 부담해야 한다. 즉 주식회사는 법인으로서 개인이 개인소득세를 납부하는 것과 마찬가지로 법인세를 납부하여야 한다. 또한, 주식회사의 순이익은 총수입에서 경영활동에 지출된 모든 비용과 법인세를 뺀 다음에 산출된다. 주주는 기업 이익 중에서 법인세를 납부하고 남은 부분을 가지고 그 일부는 사내에 유보시키고 또 일부는 배당금으로 받게 된다. 주주가 배당을 받으면 개인소득이 된다. 그러나 주주는 배당소득과 배당 이외의 자기소득을 합한 총소득에 대하여 다시 개인소득세를 누진세율에 따라 납부하여야 하므로 주주의 입장에서 보면 이중 조세가 된다.

4. 주식회사의 설립 절차

우리나라 상법상 주식회사의 설립은 일반회사와는 달리 준칙주의[7]를 채택하고 있다.

주식회사의 설립절차는 회사운영의 기본원칙을 규정하는 '정관'의 작성, 주식발행사항을 정한 '자본'의 확정, 회사를 전문적으로 경영할 '임원'을 선임한 후 법원에 '설립등기'를 함으로써 법인격을 획득하게 된다.

1) 정관의 작성

주식회사의 정관은 회사의 목적과 조직 및 활동에 관한 근본규칙을 정하고 이것을 기재한 문서를 말한다. 정관은 상법상 발기인이 작성하여 공증인의 공증을 받음으로써 효

---

7) 준칙주의란 주식회사의 설립에 관한 법률을 미리 제정하여 두고 그 설립에 관한 법률요건이 충족되는 경우 당연히 회사가 설립되는 것으로 하는 입법주의를 말한다.

력을 얻는다(상법 제292조).

정관의 유형은 절대적 기재사항과 상대적 기재사항이 있다.

절대적 기재사항은 사업의 목적, 상호, 발행할 주식의 총수, 주식의 액면가, 회사설립 시 발행하는 주식의 총수, 본·지점의 소재지, 회사의 공고방법, 발기인의 주소 및 성명, 작성 연·월·일을 말하며 이들 사항 중 어느 하나만 빠져도 정관 자체가 무효가 된다.

상대적 기재사항은 필요한 경우에만 기재하며, 정관에 이를 기재하지 않더라도 회사나 주주를 구속하지 않는 사항을 말한다. 일반적으로 상대적 기재사항에는 발기인이 받을 특별이익과 받을 자의 성명, 현물출자자의 성명, 재산의 종류, 가격과 이에 따른 주식의 종류와 수, 회사가 부담할 설립비용과 발기인이 받을 보수액, 회사설립 후 양수할 것을 약정한 재산의 종류·수량·가격·양도인의 성명이 기재된다.

이 외에도 임의 기재사항으로 회사의 영업년도에 관한 규정, 이익의 처분, 주권의 종류 등이 있다.

2) 자본의 불입

주식회사는 정관을 작성한 후, 정관상의 기재 내용에 따라 출자금을 불입하여야 한다.

출자금 불입방법은 발기설립과 모집설립으로 나눌 수 있다. 발기설립은 발기인이 회사 설립 시 발행하는 총주식을 모두 인수하는 방법을 말한다. 모집설립은 발기인이 1주 이상의 주식을 인수하고, 인수하지 않는 주식은 외부에서 주주를 모집(공모)하여 인수하게 하는 방법을 말한다.

주식회사의 주식발행은 공칭자본제도와 수권자본제도가 있다.

공칭자본제(subscribed capital system)는 정관에 기재하는 자본금 총액제도로서 확정자 본제도라고도 한다. 정관상에 자본의 총액을 확정하고 설립시 이 자본총액에 해당하는 주식총수가 인수되어야 하며(총액인수주의), 회사설립 후에 자본을 증감하려면 주주총회의 특별결의에 의해서만 정관에서 정한 자본을 증감할 수 있도록 하는 방법을 말한다. 이 제도는 프랑스, 독일 등에서 채택하고 있으며, 우리나라는 구 상법에서 채택하다가 1963 년 신 상법에서 폐지되었다.

수권자본제(authorized capital system)는 정관에 회사가 장래 발행하기로 예정하고 있는 주식의 총수를 정하도록 하고, 회사설립 시에 그의 1/4 이상을 발행하도록 하며, 나머지 주식은 회사설립 후에 필요에 따라 이사회의 결의만으로 수시로 발행할 수 있는 자본제 도이다. 수권자본제는 자본조달의 기동성을 부여하기 위한 방법이다. 이 제도는 영미에서 사용하는 제도로 우리나라는 1963년 신 상법에서 수권자본제도를 채택하도록 하고 있다.

3) 임원의 선임

발기인은 모집설립 시 주식의 총수가 인수되는 대로 지체없이 창립총회를 소집해야 한다. 창립총회는 발기인이 출자를 한 후, 의결권의 과반수로 이사와 감사를 선임해야 한다. 이 때 의결권은 1주당 1표이다. 이어 이사는 검사인을 선임하고 설립에 관한 제반사항을 조사하여 발기인에게 주면 발기인은 이를 법원에 제출한다.

4) 설립등기

이상의 모든 절차가 완료된 후, 이사의 공동신청에 의하여 설립등기를 마쳐야 한다. 이 때 발기설립의 경우 발기인들이 현물출자에 대한 검사인의 조사가 끝난 날로부터 2주 이내에 등기를 해야 한다. 모집설립의 경우에는 창립총회가 끝난 날로부터 2주 이내에 지방법원 등기소에 설립등기를 마쳐야 한다.

5. 주식회사의 기관

주식회사의 기관에는 최고의사결정기관인 주주총회(general meeting of stockholder), 경영담당기관인 이사회(board of directors), 주주의 권익을 보호하는 기관인 감사(auditor) 등 세 가지의 상설기관이 있다.

1) 주주총회

주주총회는 주주들로 구성되며 회사의 최고 의사결정기관이다. 주주총회는 정기총회와 임시총회로 구분된다. 정기총회는 매 결산기에 정기적으로 소집되어 결산보고서의 승인이나 이익의 배당에 관한 사항을 의결한다. 임시총회는 필요에 따라 소집된다.
주주총회는 상법 또는 정관에 정해진 다음과 같은 사항을 결의한다.
· 정관의 변경, 자본의 증감, 영업의 양도, 양수 및 합병
· 회사의 기본 조직과 경영에 관한 중요 사항
· 이사, 감사, 검사인, 청산인의 임면에 관한 사항
　주의배당, 신주인수권, 계산 서류의 승인 등에 관한 사항

2) 이사회

이사회는 주주총회로부터 업무집행에 대한 일체의 권한을 위임받은 이사들로 구성되는 상설기관이다. 이사회는 주주로부터 위탁받은 경영자들이기 때문에 수탁경영층(trusteeship)이라고 한다. 이사회는 주로 회사의 업무집행에 관한 의사결정을 한다.

이사는 주주총회에서 선임되고, 최소 3인(자본금 10억원 미만은 1명) 이상이어야 하며, 임기는 3년이다. 또한 이사 중에서 회사를 대표하고 업무를 집행하는 대표이사를 선임해야 한다.

또한 이사는 상근이사와 비상근이사로서의 사외이사로 구분된다. 특히 최근에는 이사회 구성원 대부분이 내부경영자들로 구성될 경우 자신들의 경영활동을 자신들이 평가하는 모순을 해결하기 위하여 사외이사 제도를 채택하도록 규정하고 있다. 사외이사제도는 이사회의 투명성과 기업의 사회성을 제고하기 위한 이사제도이다.

상법에 규정된 이사회의 결정사항은 다음과 같다.
- 신주의 발행
- 사채의 모집
- 지배인의 선임 및 해임
- 이사와 회사간의 거래에 대한 승인
- 이사의 업무집행을 감독하는 권한
- 주주총회의 소집

3) 감 사

감사(監事)는 이사의 업무집행을 감사(監査)한다. 감사는 회사의 회계감사 및 업무감사를 주 임무로 하는 주식회사의 상설기관이다. 감사는 주주총회에서 선임된다. 감사의 임기는 3년 이내(감사취임 후 3년 이내 최종결산기의 정기주주총회 종결시까지)로 한다. 감사의 인원은 제한이 없다.

감사는 대주주의 횡포를 막고 일반주주의 권익을 보호하는 역할을 한다. 기업의 감사는 전문지식과 기술의 필요에 의해 일반적으로 공인회계사(certified public accountant: CPA)에 의한 외부감사제도를 채택하고 있다. 따라서 감사는 그 직능상 경영에 관한 풍부한 지식과 경험이 필요하기 때문에 자격이 엄격할 필요가 있다. 또한 IMF 이후 기업구조조정과 조직혁신 등의 업무를 추진하기 위해 보다 전문적 지식과 경험이 풍부한 감사위원회 제도를 도입하여 활용하고 있다.

제 7 장
기업의 창업과 성장

제1절 기업의 창업

1. 기업창업의 3요소

창업은 개인들이 새로운 사업기회를 포착하여 기업 활동을 시작하는 것을 말한다. 창업은 새로운 기업을 탄생하게 하고, 새 제품을 시장에 나오게 하며, 신생산업의 출현으로 경제성장의 촉진 및 고용의 증대를 가져온다. 기업창업의 3요소는 다음과 같다.

1) 창업자

창업자는 사업아이디어를 기초로 자본을 동원하여 기업을 설립하는 사람이다. 창업자는 반드시 사업아이디어의 발상자일 필요는 없다. 따라서 창업자의 재능·지식·경험 등은 창업기업의 효율성, 기업환경의 적응력, 성장 등에 영향을 미치는 가장 중요한 요소이다.[1]

기업을 창업하기 위해서는 ① 기술적 노하우, ② 기업가의 경험과 사업아이디어(새로운 제품이나 서비스의 아이디어), ③ 자금력 확보, ④ 우수한 인력, ⑤ 인맥, ⑥ 물리적 자원, ⑦ 고객의 주문 등과 같은 요소가 필요하다. 창업자(기업가)는 이들 요소 중에서 적어도 두 가지 이상을 가지고 있다면 자신만의 기업을 창업할 수 있는 기반이 구축되는 것이다. 예를 들어 제품이나 서비스의 아이디어를 가지고 있으면서 잠재적인 고객을 확보하고 있거나, 기술적 노하우와 기업운영에 필요한 자금을 가지고 있는 경우이다.[2]

---

1) 이재규·최용식, 2004, 현대경영학, 창빈사, 81.
2) 신유근, 2011, 경영학원론, 다산출판사, 93~94; Vesper, 1992, 109~110.

2) 사업아이디어

창업자는 사업기회를 포착하기 위해 오랜 경험과 노하우를 바탕으로 한 사업 아이디어가 필요하다. 창업자는 특정한 사업아이디어로 이익을 창출할 수 있다는 확신이 있을 때 창업을 하여야 한다. 다시 말하면 창업은 어떠한 제품이나 서비스를 생산·판매할 것인가 하는 사업아이디어가 창업의 가장 중요한 요소라 할 수 있다.[3]

많은 창업자는 자신이 근무했던 직장을 나와 이와 같거나 유사한 새로운 기업을 설립한다. 또한 어떤 사람들은 자기 전공에 필요한 지식과 능력을 쌓으면서 서서히 창업욕구가 생겨서 창업하기도 한다. 여기에서 전공의 지식과 능력이란 경영기술을 말하는 것이다. 창업자는 자신의 사업을 시작하려면 기업의 자금, 인사, 판매, 광고, 구입, 가격산정, 그 외 다양한 사업에 필요한 기능들을 갖추어야 한다.[4]

3) 자 본

자본은 창업자가 창업을 위해 기업에 필요한 인력·설비·기술·원자재 등의 조달에 이용되는 원천적 자원이다.[5] 기업의 창업은 필요한 자원이 어느 정도 확보되어 있어야 한다. 창업자는 일반적으로 최소한의 자금으로 사업을 추진하고 확보된 자금을 최대한 활용하여야 한다. 창업자는 처음 발로 뛰는 '땀의 자본'(sweat equity)을 중심으로 투자하고, 고객에게 제공될 재화나 서비스에 대해 미리 돈을 받거나 물물교환을 하면서 자력으로 살아남아야 한다. 이처럼 자금력의 확보가 창업기업의 장기적인 생존과 성장의 관건이다.[6]

2. 기업창업의 특성

창업은 다음과 같은 독특한 특성이 있다.

창업은 예측이 '불확실성'(uncertainty)하에서 이루어진다. 창업은 창업자의 능력이 아무리 뛰어나고 훌륭하다고 해도 반드시 성공한다는 보장이 있는 것도 아니고 창업아이디어

---

3) 이재규 외, 2004, 전게서, 80.
4) Pride, W. M., Hughes, R. J. & Kapoor, J. R., 2005, *Business*, 8th ed., Boston, Ma: Houghton, Mifflin Company, 170~171; 신유근, 2011, 전게서, 93.
5) 이재규 외, 2004, 전게서, 81.
6) 신유근, 2011, 전게서, 92.

가 기발하다고 해서 고객이 그 재화나 서비스를 구매해 주는 것도 아니다.[7] 따라서 개인이 창업을 시작할 때 전혀 예상하지 못한 문제가 발생할 수 있다.[8]

창업은 엄청나게 투입된 자본을 회수할 수 없을 수도 있으므로 '큰 위험'을 수반한다. 창업은 물적자원과 인적자본을 필요로 한다. 그러나 이러한 자원의 투입에 대한 성과는 단기간에 나타나는 것이 아니라 장기간에 서서히 나타난다. 또한 그 결과가 좋게 나타날 것이라는 보장은 없다.[9] 그러므로 창업은 환경의 변화를 신속하게 파악하여 대응하고, 상상력과 창의력이 뛰어나며, 결단력 있는 사람들에 의해 추진될 수밖에 없다.[10]

창업은 성공적인 창업업무를 수행하기 위해 다음 네 가지 전략이 많이 사용되고 있다.[11]

· 틈새시장의 공략전략: 소비자의 욕구가 충족되지 않는 틈새시장을 공략한다.

· 새 시장의 개척전략: 소비자의 욕구변화나 기술개발 추세에 따라 새로운 시장개척에 진력한다.

· 핵심기술의 적용전략: 이미 존재하고 있는 시장에서 독특한 핵심기술을 적용하여 신제품을 개발한다.

· 원가우위 및 품질차별추구전략: 큰 시장을 대상으로 대량생산에 의한 원가우위뿐만 아니라 핵심역량에 의한 품질차별화를 추구한다.

3. 기업창업의 중요사항

창업의 3대 중요사항은 어떤 모양으로 기업활동을 영위해야 할 것인가와 관계되는 '기업형태'(6장에서 설명하였음), 어디에서 기업활동을 영위해야 할 것인가와 관계되는 '기업입지', 그리고 어느 정도 크기로 기업활동을 영위해야 할 것인가와 관계되는 '기업규모'가 있다. 여기서는 기업입지와 기업규모에 대해 설명하기로 한다.

1) 기업입지

(1) 기업입지의 의의

기업입지(enterprise location)는 기업이 창업 활동을 수행하기 위해 자리잡게 될 장소를

---

7) 이원우·서도원·이덕로, 2009, 경영학이해, 박영사, 132.
8) 이재규 외, 2004, 전게서, 82.
9) 이원우 외, 2009, 전게서, 132; 이재규 외, 2004, 전게서, 82.
10) 이원우 외, 2009, 션세시, 133.
11) 이재규 외, 2004, 전게서, 82.

의미한다. 기업을 신설할 경우는 물론이고 기존의 입지를 포기하고 다른 장소로 이전할 경우에도 가장 경제적이며 이상적인 기업입지가 어딘지 잘 검토할 필요가 있다.

산업의 입지이론은 다음과 같다. 리카르도(D. Ricardo)를 주축으로 한 고전학파 경제학자들이 차액지대설(差額地代說)을 중심으로 기업입지론을 발전시켰다. 그 이후 투넨(H.V. Thunen)의 고립국이론을 중심으로 한 농업입지론, 후버(E. M. Hoover)의 상업입지론, 웨버(Alfred Weber)의 공업입지론 등으로 발전하여 왔다.

일반적으로 가장 이상적인 기업입지란 제품이나 서비스를 생산·판매할 때, 단위당비용이 최저가 되는 곳을 말한다. 기업입지를 잘못 선택한 경우에는 여러 가지 어려운 문제가 생기게 마련이다. 예컨대 일단 공장의 입지가 결정되면 그 자연적·지리적 조건을 변경하기 어렵고, 또한 공장을 이전하기도 어렵다. 공장의 입지가 어떠하냐에 따라 생산원가도 크게 달라지며, 상점의 위치가 어떠하냐에 따라 판매액이나 이익이 직접적인 영향을 받게 된다.

(2) 기업입지의 유형

기업의 입지는 구속적 입지와 자유적 입지가 있다.

구속적 입지는 기업의 특수한 자연적·사회적 요건 때문에 일정한 지역에 한정하여 설립하여야 하는 경우이다. 구속적 입지에는 자연적 요인과 사회적 요인이 있다. 전자의 요인에는 광산, 유전, 온천, 염천, 명승지 등과 같이 특정지역에 한정될 수밖에 없는 경우를 말한다. 후자의 요인에는 공장이 주택지역에 건축할 수 없다거나, 극장이나 유흥업소가 학교 가까이 자리잡을 수 없는 경우를 말한다.

자유적 입지는 자연적·사회적으로 아무런 구속을 받지 않는 경우이다.

(3) 기업입지의 고려요인

기업입지의 고려요인에는 경영외적 고려요인과 경영내적 고려요인이 있다.

기업외적으로 고려할 요인은 입지정책적 요인과 사회경제적 요인이 있다.

입지정책적 요인은 창업업종이 집단화되어 있는 지역의 경우 여러 면에서 유리하다. 이 지역은 공업단지나 산업기지, 또는 유통단지 등이 정책적으로 지정되어 있는 경우이다. 개별기업의 단지 내 입주는 입지비용, 환경조성비용, 세제 등에서 여러 가지 혜택이 있다.

사회경제적 요인은 창업지역이 빈곤지역이나 국경과 인근지역에 입지를 선정할 경우 국가가 세제상의 혜택이나 기타의 재정지원을 보장하기도 한다. 그럼으로써 그 지역의 실업자를 구제하거나 거주지역의 전국적인 평준화와 같은 사회·경제적 효과를 기하고자 하는 정책이다.

기업 내적으로 고려할 요인은 다음과 같이 개별기업 독자적인 입장에서 선정할 수 있는 요인이다.[12]

생산지향적 요인은 원재료나 수송수단 확보의 용이성 여부, 수송비 저렴 여부 등이다.

판매지향적 요인은 고객과의 근접성, 제품판매의 용이성 여부 등이다.

노동지향성 요인은 양질의 노동력 확보 용이성 여부 등이다.

재무지향성 요인은 금융기관의 근접성 여부 등이다.

기타 요인은 온도, 습도, 공업용수, 전력, 수도, 가스, 도로망 등의 적합성 여부이다.

2) 기업규모와 비용

기업규모(enterprise size)는 기업의 크기를 의미한다. 기업의 크기는 기업의 살림규모와 그에 따른 관리능률의 여부와도 직결된다. 또 기업의 크기가 달라짐에 따라 관리적 의사결정의 방법도 달라진다. 물론 기업의 규모는 기업이 채택하는 업종이라든가 입지조건, 기타 소요자산에 따라 그 크기가 달라질 수 있다. 가장 적절한 기업의 규모와 조업에는 최적규모와 최적조업도가 있다.

최적규모(optimum size)는 기술적·경제적 조건을 고려하여 평균비용이 최저가 되는 경영규모라든가, 단위당 이익이 최대가 되는 경영규모라고 할 수 있다. 최적규모는 대량생산의 법칙에 따른 원가절감의 효과와 대규모화에 따른 관리비의 증대효과가 상쇄될 수 있는 경영규모를 의미한다.

최적조업도[13]는 생산시설의 이용을 최적화함으로써 단위당 평균비용이 최저(소), 단위당 이익이 최대가 되는 생산량이다. 다시 말하면 최적조업도란 평균비용곡선과 한계비용곡선이 교차하는 조업도, 즉 평균비용과 한계비용이 일치되는 조업도를 의미한다. 이 때 기업의 평균비용은 최저가 된다.

기업의 비용에는 고정비와 변동비가 있는데 전자는 생산시설의 이용도, 즉 조업도에 관계없이 발생하는 비용이고, 후자는 조업도에 비례하여 발생하는 비용이다. 또한 평균비용은 총비용을 생산량으로 나누어서 계산한 비용이므로 고정비와 변동비가 모두 관련이 있다. 그러나 한계비용(marginal cost)은 생산량 한 단위를 증가시키는 데 필요한 (변동)비

---

12) 이원우 외, 2009, 전게서, 138.
13) 조업도란 생산시설의 이용도를 의미한다.

용의 증가액이므로 변동비만 관련이 있다.

그러면 평균비용곡선과 한계비용곡선이 교차하는 이유는 무엇일까? 이는 [그림 7-1] 과 같이 설명하기로 한다.

먼저, 평균비용과 조업도의 관계를 보면, 조업도가 증대될 경우 우선 평균비용 중 평균고정비와 평균변동비가 둘 다 감소하게 되고 이에 따라 평균비용 자체도 감소된다. 그러나 평균비용 중 평균변동비가 먼저 증대하더라도 평균고정비가 서서히 감소하다가 평균변동비와 평균고정비가 일치하게 되는 조업수준에서 평균비용이 최저점에 이르게 되고 이 점을 지나면 차츰 증가하게 된다.

그 다음, 한계비용은 당초부터 고정비를 고려하지 않으므로 급격히 하강하여 그 최소액도 평균비용의 수치보다 빨리 나타난다. 한계비용은 총비용의 증가분을 생산량의 증가분으로 나눈 값이며, 처음에는 급강하나 일정한 조업수준에서 다시 상승하게 된다. 한계비용의 상승정도는 평균비용의 수치보다 더 커서(한계비용은 변동비만으로 구성되기 때문에) 평균비용곡선과 한계비용곡선이 교차하게 되는데, 이 교차점은 평균비가 최저가 되는 점이다. 그러므로 평균비용과 한계비용이 일치되는 조업수준의 경영규모를 최적규모라 할 수 있다.

[그림 7-1] 최적조업도와 최유리조업도

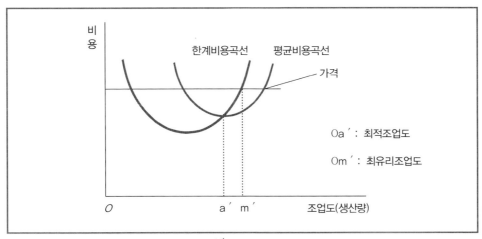

자료: 김원수, 1991, 320; 이원우 외, 2009, 140.[14]

---

14) 김원수, 1991, 입문경영학원론, 경문사, 320; 이원우 외, 2009, 전게서, 140.

최유리조업도는 총액으로서의 이익극대화 조업도를 말한다. 최유리조업도는 기업이 추구하는 기본적인 달성목표이며, 이익의 관점에서 마케팅 활동을 선개하고 이를 통해 자본을 회수하였을 때 실현될 수 있는 최적의 경영규모이다.

최적조업도는 단위생산비용이 최저가 되고, 단위당 이익이 최대가 된다. 그러나 최적조업도를 지나 생산을 할 때 비용도 증대하나, 가격이 한계비용보다 높을 때에는 그 차액만큼 이익에 가산되므로 기업전체로서의 수익은 증대된다. 그리하여 가격이 한계비용과 일치되는 점에서 추가적 이익은 영(0)이 되며, 한계비용이 가격을 넘는 조업에 이르면 손실이 생긴다. 그러므로 한계비용과 가격이 일치하는 조업도가 최적조업도이며, 이 점에서 경영이익이 최대가 된다.

4. 기업창업의 과정

창업은 어떠한 아이디어를 가지고 어떻게 사업에 필요한 자본을 조달할 것인가가 중요하다. 창업과정은 창업을 하는 동기와 창업의 형태, 창업의 규모 등에 따라서 달라질 수 있다. 그러나 일반적으로 창업과정은 [그림 7-2]와 같이 네 단계를 거치게 된다.

[그림 7-2] 창업의 과정

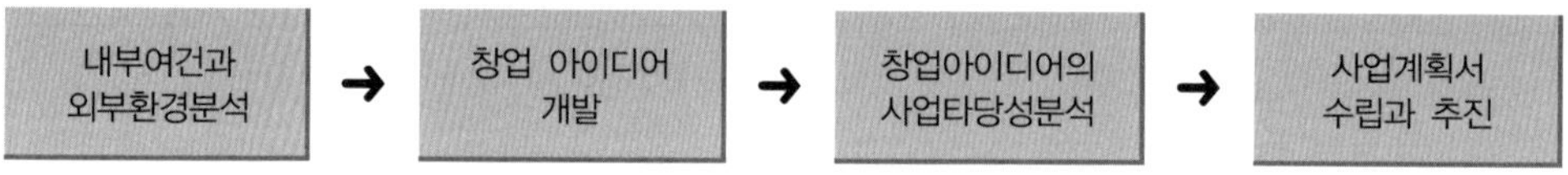

내부여건과 외부환경분석 → 창업 아이디어 개발 → 창업아이디어의 사업타당성분석 → 사업계획서 수립과 추진

1) 내부여건 및 외부환경분석

내부여건분석은 조직 내부에서 활용할 수 있는 인적·물적 자원의 양과 질을 분석하는 것을 말한다. 창업자의 기술과 경험은 무엇인지, 가용자본은 어느 정도이며 자금 동원력은 어느 정도 충분한지를 분석하여 이러한 자원들과 관련하여 다른 기업의 인적·물적 자원에 비해 자기 기업의 강점(strengths)과 약점(weakness)이 무엇인지를 검토해야 할 것이다.

외부환경분석은 경제동향과 업종의 사양성과 성장성, 경쟁업체, 정책과 노동시장 등과 관련하여 자신들이 갖고 있는 기회(opportunities)와 위협(threats)을 파악한다. 그리고 환경의 위험 대비방안을 마련하고 도움이 될 수 있는 기회 이용방법을 모색한다.

2) 창업 품목선정

창업의 성공여부는 어떤 품목(item)을 선정하느냐에 좌우된다고 해도 과언이 아니다. 창업업종은 기존 제품과 유사한 업종은 좋으나, 이미 유행이 지나 사양길에 접어든 업종에 손을 대지 말아야 한다. 반대로 고객의 새로운 욕구를 충족시킬 수 있거나 기존 제품이라고 하더라도 새로운 기능을 추가시킨 독특한 품목을 선정해야 성공가능성이 높을 것이다.

따라서 레드오션(red ocean)이 아니라 블루오션(blue ocean)의 품목을 선정하여야 한다. 전자는 이미 알려진 시장 즉 기존의 시장영역이고, 후자는 아직 시도된 적이 없는 전략적 창의성과 신기술(독창적 가치)로 새로운 상품을 개발하여 고수익과 무한경쟁이 가능한 시장이다. 즉 경쟁이 없는 새로운 시장영역이다. 그러나 아무리 새로운 기술로 만들 수 있는 첨단제품이라도 고객에게 익숙하지 않는 것이라면 소용이 없다. 즉 창업자의 입장보다는 소비자의 입장에서 판단해 보고 최종결정을 내리는 자세가 필요하다.

3) 선정품목의 타당성 분석

창업품목이 선정되었다고 곧바로 창업하는 것은 위험하다. 구체적인 창업 품목으로 사업을 개시한다고 가정하고 경제성, 기술성, 시장성 등 타당성(validity)을 분석한다.

(1) 경제성 분석

경제적 분석은 새로운 사업이 향후 수년간의 영업활동에서 적정한 수익을 가져오며, 안정적인 현금흐름을 보장할 수 있는지의 여부를 검토하는 것이다. 경제성 분석은 손익분기점, 총수익과 총비용에 따른 이익률, 총투자액에 대해 돌아오는 수익률 등을 분석한다.

(2) 제품성 분석과 기술성 분석

제품성 분석은 아이디어를 실제 제품으로 형상화하여 시장에 출하하였을 경우 제품의 특성 및 품질은 어떠한지, 기존제품과의 경쟁에서 우위를 점할 수 있는지, 경쟁제품이 없는 경우 신제품에 대한 충분한 수요를 창출해 낼 수 있는지의 여부를 평가한다.

기술성 분석은 생산기술은 있는지, 모든 자산과 인적자원에 대한 관리능력은 어떤지, 재무관리와 회계 등에 관한 실력이 있는지에 대해 분석한다.

(3) 시장성 분석

시장성 분석은 사업을 시작하기 전에 생산·판매하고자 하는 제품 및 서비스의 목표 시장에 대해 분석한다. 시장성 분석은 시장의 크기와 성장잠재력은 어떠한지, 고객의 욕구에 적합한지, 경쟁사에 비하여 시장점유율은 어느 정도 가능한지, 판매전략은 무엇인지 등을 분석한다.[15]

4) 사업계획 수립과 추진

창업의 사업계획은 다음과 같이 사업계획서를 작성하여야 한다.

첫째, 사업계획서는 사업타당성이 인정될 때 작성하여야 한다. 사업계획서는 사업타당성에 기초하여 창업자 자신이 직접 작성하는 것이 가장 이상적이다.

둘째, 사업계획서는 창업의 목적에 따라 내용을 다르게 작성하여야 한다. 일반적으로 사업계획서가 갖추어야 할 요인으로는 정확성, 현실성, 완전성 등이 있다. 정확성은 사업계획서의 이해가 쉽고, 정확하게 작성되었는지를 검토하는 것이다. 현실성은 현실 상황을 적절하게 반영하여 실현가능성이 높은 사업인지를 평가하기 위한 것이다. 그리고 완전성은 아이디어와 사업계획을 유기적으로 연결시켜서 사업계획서에 나타난 항목들을 전부 나타내는 것을 의미한다.[16] 사업계획서의 내용은 <표 7-1>과 같다.

셋째, 사업계획서는 창업을 위한 현실적인 내용으로 작성하여야 한다. 사업계획서는 창업을 하려는 기업가에게 외부자금의 활용, 정부의 지원, 은행이나 기타 벤처투자자로부터의 자금활용 등을 가능하게 해야 한다. 따라서 사업계획서는 충분한 시간을 가지고 신중하게 작성해야 이후의 시간을 절약할 수 있다.

창업자는 작성된 사업계획서에 따라 가치창출로 고객에게 제공할 수 있도록 다음과 같은 순서로 사업계획을 추진하여야 한다.

첫째, 사업기회를 평가한다. 창업자가 추진하려고 하는 사업의 잠재적인 수익성, 관련사업의 가능성, 수익의 지속성 및 고객욕구의 충족가능성을 평가하는 것이다.

둘째, 사업개념을 개발한다. 창업자의 실천적인 사업구상으로서 새로운 사업에 진출했을 때 잠재적인 경쟁자가 누구인지 파악하고, 경쟁사가 유사품의 복제나 저가전략으로 도전해 올 때의 대응방안을 마련하는 것이다.

---

15) 조동성, 2008, 21세기를 위한 경영학, 서울경제경영, 333~334.
16) 이원우 외, 2009, 전게서, 141~144.

셋째, 필요자원의 검토와 획득방법을 파악한다. 창업자가 사업에 필요한 자원이 무엇이고 얼마나 필요한지, 만일의 경우에 대비하여 여유자원을 얼마나 확보해야 하는지, 창업자가 자체적으로 조달 가능한 자원은 무엇인지, 그리고 미비한 자원을 공급할 수 있는 사람이 누구인지를 파악하는 것이다.

넷째, 인적·물적 자원을 조달하고 경영관리시스템을 정비한다. 창업자는 기존의 가용자원을 효율적으로 조직하여야 한다. 즉 조직내부에 갖추어진 인력이나 생산요소들과 조직외부와 관련된 공급업체 및 유통업체와의 협력관계를 잘 갖추어야 한다.[17]

〈표 7-1〉 사업계획서의 내용

항 목	내 용
창업자	경력(커리어), 자금력, 장점과 약점분석, 인맥지도, 인생설계
사업컨셉트	사업의 정체성, 핵심상품과 가격전략, 상호
시장분석	시장규모, 업종 및 제품 라이프사이클, 경쟁현황 및 경쟁자 분석, 목표고객 분석
마케팅전략	제품정책, 가격정책, 유통정책, 고객관리정책, 입지선정과 점포규모, 판촉전략, 판매방식
디자인계획	인테리어, 인쇄물, 유니폼, 간판, 그릇, 각종 현수막, 판매시점(POP) 광고물
손익분석	자금조달방법, 투자비, 손익분석, 주요 경비분석, 운영자금 예측 및 매출예측
실행전략	진행일정표, 분야별 거래처 리스트, 종업원 채용 및 훈련계획, 오픈 리허설 계획 및 오픈행사 계획

자료: 양성국, 2008, 141.

5. 창업기업의 관리

창업기업이 성공하여 중소기업으로 성장하고 나아가 대기업으로 발전하게 된다. 기업가는 창업 이후 개인의 역량만으로 운영하는 기업가적 경영(entrepreneurial management)에서 기업가의 역량은 물론 기업구성원들의 역량을 활용하는 전문가적 경영(professional management)방식으로 전환하여야 한다.

전문가적 경영은 다음과 같은 기업관리가 이루어져야 한다.

첫째, 인적자원을 개발하여야 한다. 창업기업은 경영자의 명령과 판단에 순종하는 종업원 보다 공격적이고 독립적인 성격이 강한 종업원이 필요할 것이다. 따라서 종업원들

17) 신유근, 2011, 전게서, 95~96.

은 직무수행에 책임을 인식하고, 잘 수행할 수 있는 역량이 있어야 한다. 그러므로 전문가적 경영은 기업의 핵심직위에 적합한 역량을 갖춘 사람들을 내부적으로 개발하거나 외부로부터 영입해야 한다.

둘째, 의사결정 권한을 위양하여야 한다. 전문가적 경영은 조직의 의사결정권과 명령지시권이 상위층에 집중되어 있는 집권적인 경영스타일을 지양하고, 조직의 여러 계층에 대폭 위양되어 있는 분권적 경영, 즉 권한위양을 지향한다. 즉 권한위양은 조직구성원들이 실제 수행하는 직무의 권한과 책임을 보유하는 것을 의미한다.

경영자가 구성원들에게 권한을 위양할 경우 상위관리자는 하위관리자의 업무수행능력을 객관적으로 평가할 수 있고, 구성원들의 창의적이고 적극적인 참여자세와 자율성을 고취시켜 구성원들의 직무만족도를 향상시킬 수 있다. 그러나 기능 및 업무의 중복, 집단이기주의 현상이 나타나 효율성이 떨어질 수도 있다.[18]

셋째, 공식적 통제방식을 개발하여야 한다. 통제는 경영활동이 사전에 설정된 계획대로 수행되도록 하는 관리활동이다. 공식적인 통제시스템은 종업원의 인센티브와 기업의 이익을 일치시키는 것이다. 공식적 통제시스템에는 공식적인 업무수행절차, 규정, 규칙, 인사고과, 임금체계 등이 있다. 이런 통제방식은 결국 기업의 목적인 이익증대와 일치되도록 제한하거나 제약하는 것이다.

6. 창업기업의 성공요인과 실패요인

1) 창업기업의 성공요인

창업기업의 일반적인 성공요인은 다음과 같다.

첫째, 열정과 헌신을 다하는 창업자이다. 창업자는 창업이 한 가지 요인에 의해서만 영향을 받는 것이 아니라, 수없이 많은 요인들에 의해 영향을 받기 때문에 언제, 어디서, 무슨 일이 일어날지 알 수 없다. 따라서 창업자가 시간과 노력을 기업에 최대한 투자해야 한다.

둘째, 시장상황을 철저하게 분석하는 창업자이다. 창업은 많은 경영자원, 특히 자금을 필요로 한다. 따라서 창업자는 시장분석을 통해 각종 필요한 자원을 조달하여 효율적으로 활용할 수 있어야 한다.

---

18) 신유근, 2011, 전게서, 333, 410.

셋째, 경영능력이 있는 창업자이다. 창업자는 창업 업종에 대한 고도의 능력을 필요로 하고, 나아가 다른 사람의 능력을 활용할 수 있어야 한다. 또한 창업자는 환경의 변화를 신속히 파악하여 대응하고, 상상력과 창의력이 뛰어나며 결단력이 필요하다.

넷째, 성공할 수 있는 기회를 포착할 수 있는 창업자이다. 창업자는 치열한 경쟁을 이 겨내고 사업을 성공으로 이끌어야 한다. 따라서 창업자는 고객을 감동시킬 수 있는 작은 아이디어나 서비스를 개발하여 성공으로 연결시킬 수 있는 기회를 포착하여야 한다.[19)]

2) 창업기업의 실패요인

창업기업의 일반적인 실패요인은 다음과 같다.

첫째, 경영능력과 경험이 부족한 창업자이다. 창업자는 경영의 원칙과 개념의 이해도 중요하지만 현장에 적용할 수 있는 역량이 부족하면 실패하기 쉽다.

둘째, 무관심한 창업자이다. 창업사가 창업을 할 때에는 많은 시간과 노력이 요구된다. 만약 창업자가 시간과 노력을 기울이지 않는다면 실패하기 쉽다.

셋째, 통제시스템 구축에 실패한 창업자이다. 창업자는 효율적인 통제시스템 구축을 통해 사업의 진행 상황과 문제 상황을 발견하지 못하면 실패하기 쉽다.

넷째, 창업 및 운영자금이 부족한 창업자이다. 일부 창업자는 단기간에 순이익이 날 것이라고 낙관적으로 전망하지만, 실제로 손익분기점을 넘기기에는 몇 달 혹은 몇 년이 걸릴지도 모르므로 풍부한 자금이 필요하다.[20)]

제 2 절 기업의 성장과 발전

1. 기업의 성장

1) 기업성장의 의의

기업성장(business growth)은 일정기간 내에 기업의 규모나 능력이 확대되거나 향상되 는 것을 말한다. 기업성장은 성장동력에 따라 자력성장과 유도성장으로 나눌 수 있다. 자

---

19) Griffin, G. W., 2005, *Management*, 8th ed., Boston. Houghton, Mifflin Company, 302~333.
20) Griffin, 2005, op. cit., 302~333.

력성장은 스스로 기업활동을 통해 자산, 자본의 증가 등의 기업성장을 말한다. 유도성장
은 국가의 총수요 증대, 기업 장려책 및 각종 지원정책 등에 의해 이루어지는 기업성장
을 말한다.

기업성장은 성장성격에 따라 양적 성장과 질적 성장으로 구분된다. 양적 성장은 기업
의 통폐합, 집중화, 다각화 및 국제화 등을 추진함으로써 기업에 투입된 인적 및 물적 성
장으로 인한 규모 확대(expansion)를 의미한다. 질적 성장은 기업의 생산성 향상, 판매·서
비스 증대 및 이윤확대 등을 통해서 기업의 가치를 높이는 성장으로 가치 성장(growth)
을 의미한다.

기업이 성장을 지향하는 이유는 ① 규모의 경제(economy of scale) 추구 ② 확대되는
시장수요(maget demand)에의 대응, ③ 경영자의 야심 및 성취동기(achievement motive),
④ 시장의 지배나 다각화를 통한 안정성 추구 및 기업 확대, ⑤ 급변하는 기업 환경변화
의 적응과 위험의 회피(hedging) 등이 있다.[21]

2) 기업의 성장전략

(1) 발전방향

전략은 자원·자본·정보 등 기업의 경영자원을 활용해 환경변화에 어떻게 대응해 나
갈 것인지를 결정하는 일이다. 앤소프(Ansoff)는 1965년에 발표한 연구에서 환경변화에
기업이 구사할 수 있는 전략을 체계화하였다. 그는 경영전략을 '제품'(기업이 취급하는 제
품은 무엇인가?)과 '시장'(그 제품을 어떤 고객에게 제공하고 있는가?) 등 두 가지로 구분한다.

〈표 7-2〉 기업성장의 방향

전 략	유 형
확대화	시장침투, 시장개척, 제품개발
다각화	수평적 다각화, 수직적 다각화, 동심원형 다각화, 복합형 다각화

기업의 발전전략은 앤소프는 <표 7-2>와 같이 기업의 발전전략으로 '확대화(expan-
sion)전략'과 '다각화(diversification)전략' 두 가지가 있다고 주장했다. 확대화전략은 기업
이 현재 착수하고 있는 사업을 더욱 키워나가는 전략이다. 확대화의 유형으로는 시장침
투, 시장개척 및 제품개발 등 세 가지가 있다. 반면, 다각화전략은 현재 추진 중인 사업

---

21) 황복주·김원식·이영희, 2009, 경영학원론, 두남, 132~133.

이 아닌 새로운 사업에 진출하는 전략이다. 다각화의 유형으로는 수평적 다각화, 수직적 다각화, 동심원형 다각화, 복합형 다각화가 있다.

(2) 성장전략

기업의 성장전략은 확대화와 다각화로 나눌 수 있다.[22)]

㉠ 확대화(확대화 → 계열화)

㉠ 기업의 확대화

기업의 확대화는 기업 내의 유보된 이익이나 차입 또는 주식발행을 통한 증자 등에 의해 기업을 확대하는 형태이다. 기업의 확대화 전략에는 다음 세 가지 유형이 있다.

시장침투전략(market penetration)은 취급하고 있는 제품을 현재와 동일한 시장에 폭넓게 침투시키는 전략이다. 예를 들어 광고 캠페인, 가격 인하 등으로 현재의 고객이 현재의 제품을 더욱 많이 구매하게 하는 경우이다.

시장개척전략(market development)은 새로운 시장을 개척해서 현재 취급하고 있는 제품을 그 신시장에 판매하는 전략이다. 예를 들어 여성용 제품만 판매하던 업체가 남성용 제품도 판매하거나, 국내뿐만 아니라 해외에도 판매하는 경우이다.

제품개발전략(product development)은 새로운 제품을 개발해서 시장에 판매하는 전략이다. 예를 들어 기존 제품의 기능, 디자인, 품질을 변경하는 경우이다.

㉡ 기업의 확대화로서 계열화

계열화(integration)란 대기업이 중소기업을 사업거래상 종속 또는 통제 하에 두고 생산, 판매, 금융 등 경영전반에 걸쳐서 독점적 혹은 배타적으로 지배하는 형태이다. 기업의 계열화는 자사의 안정과 성장을 도모하는 것을 목적으로 한다.

기업이 계열화를 추진하는 목적은 다음 네 가지가 있다.[23)]

첫째, 모회사의 계열화는 산하 계열사를 통하여 대량생산품의 판매능력을 강화하기 위한 목적이다.

둘째, 모회사의 계열화는 조업도의 안정화, 제품의 전문화를 꾀하기 위한 목적이고, 계열사는 근대적인 생산기반을 확립하기 위한 목적이다.

셋째, 모회사나 계열사의 계열화는 다 같이 고정설비의 상호활용과 운영경비를 절약하기 위한 목적이다.

---

22) 이재규 외, 2004, 전게서, 92∼93.
23) 황복주, 2009, 전게서, 137.

넷째, 모회사의 계열화는 전문기술을 계열사에 전수하기 위한 목적이고, 계열사의 계열화는 우수전문기술을 이용하기 위한 목적이다.

㉡ 다각화(다각화 → 합병)

㉠ 기업의 다각화

기업의 다각화는 업종이 서로 다른 이종 기업 간의 수직적 합병이나, 동종 업종 간의 수평적 합병, 또는 산업분야의 다른 업종에 신규 진출하는 복합적 합병으로 기업을 운영하는 형태를 말한다. 다각화전략은 현재와는 다른 새로운 분야의 사업을 개척하는 전략이다. 예를 들어 자동차회사가 레스토랑을 경영하는 경우이다.

기업의 다각화는 기업 확대, 시장지배력 확보, 그리고 급변하는 기업 환경과 경쟁으로부터 야기될 수 있는 기업의 경영위험을 사전에 분산·회피하여 기업경영의 안전과 성장·발전을 도모하기 위한 것이다.

대부분의 제품은 마치 살아있는 생물처럼 태어나서 성장하고 소멸하는 '라이프 사이클'을 거친다. 즉 라이프 사이클은 새로운 제품의 탄생으로 구매고객이 늘어나면서 시장이 성장하고, 시장의 포화 또는 신제품 등장으로 인한 매출 감소로 시장에서 제품이 소멸'의 과정을 거친다. 하나의 제품만 생산하는 기업은 그 제품의 라이프 사이클과 함께 운명을 같이 한다. 그래서 기업을 성장시키는 방법의 하나로 여러 사업을 경영하는 다각화전략이 채택되는 것이다.

㉡ 다각화 전략의 유형

앤소프는 다각화 전략의 유형을 다음 네 가지로 분류했다.

수평적 다각화는 현재의 고객과 같은 유형의 고객들을 대상으로 새로운 사업에 진출한다. 예를 들어 자동차회사가 오토바이 사업을 시작한다.

수직적 다각화는 현재의 제품을 생산하기 위해 필요한 재료와 부품을 만드는 사업이나 그 재료의 도·소매 사업에 진출한다. 예를 들어 자동차회사가 도료 사업이나 타이어 사업에 진출하거나, 자동차 판매점을 시작한다.

동심원형 다각화는 기업의 기술이나 마케팅 능력을 활용해 현재와 다른 사업에 진출한다. 예를 들어 자동차회사가 엔진 기술을 활용해 발전소 사업에 진출, 자동차의 브랜드명을 이용해 카 액세서리 사업에 진출, 엔진 기술과 브랜드명을 활용한 트랙터나 보트의 제조 등에 진출한다.

복합형 다각화는 기업이 지금까지 다루지 않았던 새로운 분야에 진출한다. 예를 들어 자동차회사가 제약사업에 진출한다.

ⓒ 기업의 다각화로서 합병

합병(merger)이란 둘 이상의 기업이 법률이 정한 절차에 따라 합병계약을 맺고, 하나의 기업으로 통합하는 것을 말한다. 합병에는 M&A, 컨글로머리트 등이 있다.

· M&A

M&A란 기업의 합병·인수를 의미한다. M&A는 2개 이상의 기업이 법률적으로 하나의 기업이 되는 합병(merger)과 다른 기업의 주식이나 자산의 일부를 취득하여 경영권을 획득하는 인수(acquisition)가 합쳐진 개념이다. 즉 전자는 기업합병이고 후자는 기업매수이다.

오늘날 M&A는 기업의 외적 성장의 한 방법으로서, 경쟁력 강화의 한 방법으로 실시되고 있다. 또한 M&A는 국내뿐만 아니라 세계적으로 가장 중요한 기업 확대와 투자방법의 하나로 각광을 받고 있다.

M&A의 장·단점은 다음과 같다.

M&A의 장점은 규모의 경제효과와 경영효율화 및 시너지 효과가 있다. 즉 M&A는 사업다각화, 해외진출과 유통망 확대, 신기술 도입, 생산요소의 안정적 확보 등 무한경쟁시대에 있어서 생존과 성장을 위한 중요한 사업전략으로 활용되고 있다. M&A는 시장진출이 용이하고, 시장지배력을 확보할 수 있으며, 기술·우수 인력 등 경영 노하우를 흡수할 수 있다. 또한 시너지 효과와 세제상의 이점 등이 있다.

M&A의 단점은 합병과정에서 종업원들 간에 갈등의 소지가 많고, 오히려 재무적 측면에서 악화를 초래하는 등 그 성공률이 낮은 실정이다.[24]

· 컨글로머리트

컨글로머리트는 1950년에 클레이톤법 제7조가 개정되어 종래와 같은 동일 업종 간의 수평적·수직적 결합이 어렵게 됨으로써 시작되었다.[25] 컨글로머리트(conglomerate)란 서로 관련이 없는 다른 업종이나 기업 간에 다각적으로 결합된 복합기업을 말한다. 즉 동일 업종 간의 기업합병은 시장독점 또는 과점집중화를 초래하여 독점금지법인 반트러스트법에 저촉되는 반면, 컨글로머리트는 이를 피하여 합법적인 기업집중 내지 결합으로 과점을 이룰 수 있다. 결합방법은 주로 주식교환, 주식공개매입 방식으로 통합하기 때문에 제3의 기업합병이라고도 한다.

앤소프에 의하면 다각화 전략은 '시너지'(synergy)의 창출이 관건이라고 한다. 기업은

---

24) 김안생·김동환·김종천, 2009, 최신 M&A, 무역경영사, 8~17.
25) 이제규 외, 2004, 전게서, 93.

의미 없이 여러 사업에 진출하는 것이 아니라 시너지 있는 분야에 집중 투자하는 전략이 위험(risk)을 줄일 수 있다. 그런 의미에서 '복합형 다각화'는 기존에 경험해 보지 않은 사업에 진출하는 것이기 때문에 시너지가 적고 위험도 높은 다각화 전략이라고 할 수 있다.

2. 기업의 집중

1) 기업집중의 의의

오늘날 기업들은 기술의 발전과 개방화·세계화 추세에 따라 경쟁이 치열해지고 있다. 따라서 많은 기업들은 제품과 서비스를 과잉생산하여 때로는 생산원가 이하로 판매하는 경우도 있다. 그러므로 기업들이 경영을 고도로 합리화하더라도 생존·발전이 어려워서 경쟁을 제한하거나 배제하여 시장지배를 강화하지 않으면 이윤을 확보하기 어려울 수도 있다. 따라서 몇 개의 기업이 모여 더 큰 경제단위로 결합하게 되는데 이를 기업집중 또는 기업결합, 즉 일종의 복합기업이라고 한다.[26]

기업집중(business concentration)이란 안정적으로 시장을 지배하고, 경쟁을 제한하기 위해 기업들 간에 자본을 결합하여 보다 큰 기업으로 합치는 것을 말한다. 따라서 현대 기업들은 기업의 규모가 크게 확대되면서 대량생산체계의 사회로 변모하게 된 것이다. 즉, 대기업에 의한 기업의 독점화, 개별자본의 증식과 축적에 의한 기업집중, 소유와 경영의 분리 등의 경영형태로 변화한 것이다.

2) 기업집중의 목적

(1) 기업지배력 강화

기업집중은 재벌 또는 금융업자가 출자관계를 통하여 다른 기업에 대한 지배력을 강화하는 것을 목적으로 한다. 은행과 같은 금융기관에서 어떤 제조기업에 장기융자를 해주거나 그 기업의 주식을 소유함으로써 그들 상호간에 결합관계가 생기게 되어 기업을 지배하는 것이다.

(2) 시장의 독점적 지배

기업집중은 대기업이 동종 또는 유사한 업종의 중소기업을 수평적으로 결합함으로써 시장경쟁을 배제하고 독점적으로 시장지배의 강화를 목적으로 한다.

---

26) 이재규 외, 2004, 전게서, 99.

(3) 생산과 유통의 합리화

기업집중은 기업들이 상호 간에 수직적 결합을 통해서 구매, 생산, 유통 등과 연관되는 생산 공정이나 유통의 합리화를 목적으로 한다. 예를 들면 원료를 공급하는 제지업체와 신문을 제작하는 신문사와 결합하는 경우가 그 예이다.

3) 기업집중의 형태

기업의 집중형태는 일반적으로 카르텔(kartell), 트러스트(trust), 콘체른(konzern) 등이 있다.

(1) 카르텔

카르텔(Kartell)은 동종기업이나 유사업종에 속하는 기업이 독립성을 유지하면서 일정한 협약에 따라 담합(침묵과 은폐)이 이루어지는 기업연합 형태이다. 카르텔을 담합이라고도 하며 우리나라에서는 독점규제 및 공정거래에 관한 법률에 의해서 엄격히 규제하고 있다.

카르텔의 유형에는 생산, 판매, 구매 카르텔이 있다. 특히 판매카르텔에는 풀(pool)과 신디케이트(syndicate)가 있다. 풀은 공동판매기관을 설치하여 각 카르텔 가맹기업들 간의 이해를 조절하고, 계약위반 시 벌금을 부과하는 형태이다. 신디케이트는 공동판매하는 중앙기관을 설치하여 각 가맹기업의 제품을 판매함으로써 대외적으로 공급제한과 가격지배가 이루어지고 각 기업과 고객과의 관계를 직접 관리하는 형태이다.

(2) 트러스트

트러스트(Trust)는 기업의 시장경쟁을 보다 적극적으로 배재하고, 시장을 독점하기 위해 채택된 결합 형태이다. 트러스트는 기업합병이라고도 한다. 트러스트는 각 가맹기업이 법률적으로나 경제적으로 독립성을 상실하고 하나의 새로운 기업 합동으로 나타나는 형태이다. 트러스트는 기업의 재산소유권을 양도하여 이를 타인에게 관리하도록 의뢰하는 것을 의미한다.[27]

트러스트의 유형에는 흡수합병(merger)과 신설합병(consolidation)이 있다. 흡수합병은 어느 기존 회사들이 그대로 존속하면서 한 회사가 다른 회사를 흡수하는 합병방식이고, 신설합병은 기존의 모든 기업들을 해체하고 전혀 새로운 형태의 기업으로 발족하는 합병

---

27) 이재규 외, 2004, 전게서, 102.

방식이다.[28]

(3) 콘체른

콘체른(Konzern)은 몇 개의 기업들이 독립성을 유지하면서 주식의 소유, 자금의 대부와 같은 금융적인 방법에 의해 이루어진 기업결합이다. 흔히 재벌이라고도 한다. 콘체른은 대기업, 특히 금융기업들이 중소기업을 지배할 목적으로 중소기업의 주식을 구입함으로써 경영권을 장악할 경우에 나타난다. 기업들은 법률적으로 독립되어 있으나, 경제적으로 자본소유와 금융관계 등의 방법으로 결합하는 형태이다. 이 경우에 대기업은 모회사(parent's company)로서 존재하고, 중소기업은 자회사(son's company)로서 존속한다.

(4) 지주회사

지주회사(holding company)는 주로 다른 주식회사의 경영권 장악을 목적으로 해당기업의 주식을 소유하는 회사를 말한다. 지주회사는 콘체른의 대표적인 형태이다.

지주회사의 유형에는 순수지주회사와 사업지주회사가 있다. 즉, 지주회사가 다른 기업에 대해 지배권만을 장악할 뿐 스스로 사업을 영위하지 않는 순수지주회사(pure holding company)와 다른 기업의 지배와 동시에 스스로도 사업을 영위하는 사업지주회사(operating holding company)가 있다.

(5) 복잡복합형태

각 국가들은 거대기업들의 독점적 폐해를 방지하기 위해서 기업집중의 기본 형태를 금지하고 있다. 우리나라에서도 독점규제 및 공정거래법상 카르텔과 같은 기업 집중형태는 사실상 규제하고 있는 실정이다. 따라서 오늘날 기업집중의 형태가 여러 가지로 변화되어 나타나고 있는 것이 기업집단과 컨글로머리트(Conglomerate)이다.

㈀ 기업집단

기업집단(enterprise groups)은 상호 보완적인 역할을 하는 여러 개의 생산부문이 생산기술적인 관점에서 하나의 생산연합체를 구성한 기업의 결합체를 의미한다.[29] 즉 기업집단이란 기업 간에 기술적인 측면이나 판매 또는 금융적인 측면에서 공통이익을 얻기 위하여 2개 이상의 기업이 법률적으로 각각 독립성을 유지하면서 기업 간 주식상호보유, 임원파견, 장기공급계약, 기술원조 등의 방식으로 상호이익을 도모하는 것을 말한다.

---

28) 이원우 외, 2009, 전게서, 171.
29) 이원우 외, 2009, 전게서, 177.

기업집단의 대표적인 형태는 콤비나트(kombinat)이다. 콤비나트는 생산기술적 입장에서 동일지역 또는 인접지역에 있고 서로 관련성이 있는 여러 업종의 기업이 유기적으로 결합된 기업결합체이다.[30] 즉 콤비나트는 다수기업들이 자원, 자본, 기술 등을 지역적으로 결합시켜 상호 경제적 이익을 도모하려는 기업결합 형태이다. 콤비나트는 공장집단, 다각적 결합공장을 의미한다.

콤비나트는 1930년대 소련에서 공업화전략으로 원료, 반제품, 부산물 등을 효율적·전략적으로 이용할 목적으로 관련기업들을 한 지역에 집결시켰던 것에서 시작되었다. 우리나라의 경우 울산석유화학공업단지, 여천석유화학공업단지 등 그 외에 많은 공업단지가 있다.

콤비나트의 장점에는 ① 원료확보의 용이성, ② 연료에너지의 절감, ③ 운송시간 단축 및 물류경비 저하로 원가절감, ④ 자원의 다각적 이용 등이 있다.

한편 콤비나트의 단점으로는 ① 원료·중간제품·최종제품까지 하나의 사슬로 이루어져 있기 때문에 하나의 수급불균형이 이루어진다면 전체 산업에 균형이 깨지고, ② 동시에 많은 인력이 필요하므로 기능공 부족현상이 나타나며, ③ 관련 폐기물의 발생으로 공해유발 우려 등이 있다.

㉡ 컨글로머리트

내용은 제2절, 1., 2), (2), ㉡을 참고하기 바란다.

최근에는 컨글로머리트가 M&A 방법으로 결합하는 형태로 많이 나타나고 있다. 이런 형태의 기업은 1960년대 미국에서 많이 성행하였는데 그 대표적인 기업으로 IT & T (International Telephone & Telegraph), Textron, Gulf & Western 등이 있다. 이는 우리나라의 '재벌'과 유사하다고 할 수 있다.

3. 국제기업과 다국적기업

1) 기업 국제화의 의의

국제화(globalization)는 기업이 성장·발전함에 따라 기업 활동이 세계 여러 나라로 확장되는 과정을 말한다. 기업의 국제화는 기업의 세계화 또는 다국적화로서 선진국들이 이미 1970년대부터 실시해 온 해외투자의 확대를 의미한다.

---

30) 이원우 외, 2009, 전게서, 177.

우리나라 기업들은 세계 각국들의 무역시장개방과 1995년 세계무역기구(WTO: World Trading Organization)의 출범, 1996년 경제개발협력기구(OECD: Organization for Economic Cooperation and Development) 가입에 따른 다자간 자유무역과 자본시장의 개방으로 새로운 해외시장 개척과 진출 등 기업의 국제화에 박차를 가하고 있다.

2) 국제기업

국제기업(international companies)은 여러 나라에 계열회사를 가지고 세계적 규모로 활동하는 기업이다. 국제기업은 여러 나라에 걸쳐 직접 외국 수입상이나 중개상에게 제품을 거래하거나, 현지 국적을 얻은 제조공장이나 판매회사를 가지고 세계적인 범위와 규모로 영업하는 기업이다.

국제기업은 국내본사 주도하에 해외에 지사 또는 마케팅현지법인을 설치하고 현지 마케팅 체널을 확보하여 그 기능을 흡수하거나 내부화 한다.

3) 다국적기업

다국적기업(MNC: multinational corporation)은 해외 여러 나라에 현지법인을 설립하거나 또는 많은 자회사를 두고 국제적으로 사업 활동을 전개하는 기업을 말한다. 다국적기업은 세계기업, 또는 초국적기업이라고도 한다.

다국적기업은 여러 국가에 제조공장이나 계열회사 등을 두고, 국가적·정치적 경계에 구애됨이 없이 세계적인 범위와 규모로 제품이나 서비스를 생산하고 판매하는 기업이다. 따라서 본사와 해외의 각 거점은 모두 독립적인 이익관리 단위로서의 성격을 지니며, 그 이익을 거점 자체의 경영충실화를 위하여 현지 재투자를 원칙으로 한다. 다국적기업은 시장, 기술, 경영 방법의 국제적 공동화가 이루어진다.

다국적기업은 1950년대 미국 등 선진국에서 해외 직접투자방식으로 시작하여 많은 발전을 거듭하고 있다. 다국적기업이 해외에서 성공하기 위해서는 제품과 서비스의 현지화와 차별화가 관건이다. 그 대표적 기업으로는 GM, Ford, Toyota, Exxon Mobil, IBM 등이 있다. 우리나라도 삼성, 현대, LG, SK, 효성, 두산, 롯데 등 많은 기업들이 다국적기업으로 활약하고 있다.

4) 조인트 벤처

조인트 벤처(joint venture)는 합작회사 또는 합병회사라 한다.[31] 조인트 벤처는 어떤 기업에 여러 관련회사가 출자하여 하나의 공동출자회사를 설립하는 형태이다. 즉 조인트 벤처란 둘 이상의 사업자가 어떤 목표사업에 기술제휴를 통해 공동출자하고 공동으로 손익을 부담하기 위한 결합형태이다. 조인트 벤처는 1930년대 미국에서 건설업체를 중심으로 시작되었다. 그러나 오늘날 미국을 비롯한 여러 선진국들은 국내기업 간에도 실시되고 있지만, 국내기업과 외국기업 간에 기술제휴를 통한 공동출자 형식으로 더 많이 실시되고 있는 실정이다.

조인트 벤처의 특징은 다음과 같다. 첫째, 공동사업을 통한 상호이익을 추구한다. 둘째, 공동경영으로 손익을 공동부담하고 공동 계산한다. 셋째, 여러 개의 회사가 하나의 목적달성을 위해 결합한다. 넷째, 사업이 끝나면 자동 해산한다.

---

31) 이원우 외, 2009, 전게서, 181.

PART

4

경영관리와 전략

제8장
경영관리의 과정

제1절 경영관리의 개념

경영관리는 미국 경영학의 대명사이다. 경영관리란 인적자원을 포함한 여러 가지 자원을 통합하여 기업 목적을 달성하도록 하는 것이다. 경영관리는 인간이 혼자서 이룰 수 없는 목표를 달성하기 위해 집단을 이루고 활동하기 시작한 이래로, 개개인의 노력을 조정하여 협동을 통해 일의 성과를 향상시키는 역할을 한다. 또한 조직이 점점 거대해지고 인간 간의 상호작용이 더욱 긴요해짐에 따라 그 중요한 역할을 담당하고 있다.

경영자는 조직의 목적을 달성하기 위하여 사람과 여러 요소를 결합하는 역할을 담당한다.[1] 경영관리는 기능(function)을 의미하는 동시에 그 기능을 수행하는 사람(person)도 의미한다. 그리고 사회적 지위나 계급을 의미하기도 하며, 학문분야나 연구분야를 의미하기도 한다.[2]

경영관리의 기능은 경영자에게 부과된 과제와 수행해야 할 일을 의미하기도 하지만,[3] 전통적으로 조직목표를 달성하는 과정으로 간주되고 있다. 그 대표적인 학자는 쿤쯔이다.

쿤쯔에 의하면 경영관리란 집단 속에서 함께 일하는 개인들이 정해진 목표를 효율적으로 달성하기 위하여 환경을 조성하고 유지해 나가는 과정으로 정의하고 있다. 경영관리의 과정적 관점은 조직목표를 달성하기 위해 수행해야 할 활동체계를 논리적 순서로 명확하게 제시해 준다. 이러한 관점은 페이욜에 의해 제창된 이래 경영학자와 실무자들 사이에 널리 받아들여지고 있다.

---

1) 곽수일·김우봉·노부호·이철·조남신·황선웅, 1995, 현대기업경영원론, 영지문화사, 125.
2) Drucker, Peter F., 1973, *Management: Task, Responsibilities, Practices*, New York: Harper & Row, 5.
3) 이원우·서도원·이덕로, 2009, 경영학의 이해, 박영사, 388.

제 2 절 경영관리론의 발전과 주요접근법

1. 경영관리론의 발전

1) 경영관리론의 발단: 페이욜

미국에서 발전해 온 경영관리는 전체적 관점에서 경영자 내지 관리자의 기능을 매우 중시하고 있다. 미국의 경영관리론에 많은 영향을 미친 사람은 프랑스인 페이욜이다. 페이욜은 제2장에서도 설명한 바와 같이 전체적 관점에서 관리기능(또는 관리과정)을 구성하는 요소에 대해 구체적으로 설명하였다.

페이욜은 그의 저서인 '산업 및 일반관리(1916)'에서 처음으로 관리활동 구성의 여러 가지 부분적 활동을 관리요소 또는 관리기능이라는 용어를 사용하였다. 페이욜은 기업의 경영활동기능을 ① 기술적 활동(technical activities), ② 영업적 활동(commercial activities), ③ 재무적 활동(financial activities), ④ 보전적 활동(security activities), ⑤ 회계적 활동(accounting activities), ⑥ 관리적 활동(managerial activities)으로 구분하고(①~⑤를 물질에 관한 기능, ⑥을 인간에 관한 가능), 이 중에서도 경영자의 관리적 활동을 중시하여야 함을 강조하였다. 이런 의미에서 페이욜은 전통적 관리이론의 선구자라고 할 수 있다.

페이욜은 관리적 활동기능을 예측(planning), 조직(organizing), 명령(commanding), 조정(coordinating), 통제(controlling) 등 5요소로 제시하고 있다. 예측이란 장래를 예견해서 활동계획을 정하는 것이다. 조직이란 기업의 물적 및 인적 구성체로서 이중 조직을 형성하는 것이다. 또 명령이란 기업구성원으로 하여금 각자의 기능을 수행하도록 하는 것이다. 나아가 조정이란 모든 활동과 노력을 연결·통일·조화시키는 것을 의미한다. 통제란 모든 활동을 미리 정해진 계획 및 주어진 명령에 따라 행해지도록 감시하거나 확인하는 것이다.

2) 경영관리론의 발전

페이욜은 관리직능(기능)을 예측에서 시작해서 조직·명령·조정을 거쳐 통제에 이르기까지 다섯 가지의 기능으로 구성되며, 그 어느 것이 빠져도 관리기능의 수행은 불가능해진다고 하였다. 그는 이 직능(기능)을 관리의 기본 과정, 즉 경영자의 직능으로 파악하면서 관리의 기본적 원리를 도출하려고 하였다. 이를 '전통적 관리학파'라고 부르고 있다.

〈표 8-1〉 주요학자들의 경영관리 요소

연대별	내용별 / 논자별	계획 plan-ning	조직 orga-nizing	명령 com-mand-ing	동기 부여 moti-vating	통제 contr-olling	조정 coor-dinat-ing	충원 staff-ing	기타 other
1916	페이욜(H. Fayol)	◎	◎	○		◎	○		
1934	데이비스 (R.C. Davis)	◎	◎			◎			
1937	구리크 (L. Gulick)	◎	◎	○			○	○	○ (보고)
1947	브라운 (A. Brown)	◎	◎	○		◎			○ (결합)
1948	브레크 (E.F.L. Brech)	◎			○	◎	○		
1950	뉴먼 (W.H. Newman)	◎	◎	○		◎			○ (결합)
1953	테리 (G.R. Terry)	◎	◎		○	◎	○		
1954	미공군매뉴얼 (AFM, 25-1)	◎	◎	○		◎		○	
1961	헤인즈 외(Haynes & Massie)	◎	◎	○		◎		○	○ (결정)
1964	알렌(L.A. Allen)	◎	◎	○		◎			○ (결정)
1971	매시(J.L. Massie)	◎	◎	○		◎		○	○ (전달)
1973	데일(B. Dale)	◎	◎		○	◎			
1984	쿤쯔 외 (H. Koontz)	◎	◎	○		◎		○	

주: 위의 표에서 계획(planning)에는 예측(forecasting)을 포함. 명령(commanding)에는 지휘(directing), 지도(leading), 지시(instructing)를 포함. 동기부여에는 행동화(actuating)와 영향력화(influencing)를 포함.
자료: 한희영, 1992, 431.

미국의 경영관리론은 페이욜의 관리직능(기능)을 바탕으로 관리자(경영자)의 기능을 이론과 실무의 통합적 관점에서 구축하고 있다. 현대 미국경영학은 이론이나 실무에서 대부분 페이욜의 관리기능을 정리·보완하면서 계승하고 있다.

페이욜 이후 꾸준히 계승 발전되어 온 관리기능이론은 쿤쯔에 와서 관리과정이론으로 체계화되었다. 이를 '관리과정학파'라고 부른다. 쿤즈는 관리과정의 요소를 계획(planning),

조직(organizing), 충원(staffing), 지휘(leading), 통제(controlling)활동 등의 다섯 과정으로 분류하고 있다.[4]

관리기능의 대표적인 학자들을 연대순으로 정리해 보면 <표 8-1>과 같다.[5]

2. 경영관리론의 주요 기능

기업의 경영관리는 페이욜과 쿤쯔 등에 의해 발전되었고, 관리기능'과 '관리과정'을 함께 중시하고 있다. 그들의 주요 사상을 다음과 같이 설명할 수 있다.

페이욜은 경영관리론의 초점을 '관리기능'에 두고 있다. 관리기능의 특성은 다음과 같다.

① 경영관리는 경영자가 수행하는 기본적인 관리기능이다. 따라서 경영자들의 관리기능은 그 특성에 따라 기능을 구분하여 개념화하고, 원칙을 발견하여 체계화하며, 여러 가지 기법(technique)을 개발하여 활용하는 것이다.

② 경영관리는 모든 조직에 보편적으로 적용되는 관리기능이다. 경영관리는 규모, 목적, 형태에 구애받지 아니하고 모든 조직에 보편적으로 적용될 수 있는 관리기능이다. 따라서 어떤 조직이든 경영자들의 관리기능은 조직목표를 효과적으로 달성하기 위해 필수적이라고 할 수 있다.

③ 경영관리는 조직 내 모든 계층의 관리자에게 보편적으로 적용되는 관리기능이다. 다만 관리 계층별로 관리활동을 수행하는데 노력하는 시간과 내용이 다를 뿐이다. 따라서 경영자들의 관리기능은 조직계층별로 상대적 중요성이 다르다는 것을 알 수 있다.

경영관리론의 관리기능 유형은 다음과 같다.

경영관리기능은 분화 양상에 따라 수직적 관리기능과 수평적 관리기능으로 구분할 수 있다.

수직적 관리기능은 조직계층의 분화에 의하여 경영자층을 최고경영층, 중간관리층, 현장감독층으로 구분된다. 최고경영층의 관리기능을 경영자기능(function of manager)이라 하고, 중간관리층과 현장감독층의 관리기능을 관리자기능(managerial function)으로 구분하기도 한다.

또한 수평적 관리기능은 전반관리와 부문관리로 나눌 수 있다. 전반관리기능은 경영자기능이고, 부문관리기능은 관리자기능으로 구분할 수 있다.[6]

---

4) 이원우 외, 2009, 전게서, 397~399.
5) 한희영, 1992, 경영학총론, 다산출판사, 430~432.
6) 이원우 외, 2009, 전게서, 395~397.

쿤쯔는 경영관리의 본질적인 특징을 관리과정적 기능으로 보고, 모든 조직과 조직 내 어느 경영계층이라도 보편적으로 적용될 수 있다고 보고 있다.[7] 경영관리론은 기업 운영의 초점을 '관리과정'에 두고 있다. 경영관리의 관리과정적 접근은 경영관리를 시작부터 끝까지 물 흐르듯이 순환으로 이해하는 기법이다.[8] 기업의 관리과정은 계획, 조직화, 지휘, 통제 등 4과정을 통해 이루어진다.[9]

경영관리 4과정은 과정마다 경영자가 추진해야 할 업무가 있고, 관리자가 추진해야 할 업무가 있다. 최고경영층은 계획수립이나 조직화 기능에 비중이 높은 반면, 중·하위계층의 관리자들은 지휘·감독기능에 비중이 높다. 그리고 경영계층별로 요구되는 관리기술(managerial skill)도 다르다.

3. 경영관리의 주요 접근법

미국경영학이 경영관리학으로서 등장한 것은 [그림 8-1]과 같이 20세기에서부터 비

[그림 8-1] 경영관리의 발전사

접 근 법	1885	1920	1930	1940	1950	1960	1970	1980	1990	2000
과학적 관리학파	←					→				
고전적 관리학파	←→									
인간관계론학파		←				→				
행동과학파			←		→					
경영과학파(계량학파)					←					→
과정적 접근					←					→
시스템적 접근	- -	- -	- -	- →						→
환경적응론적 접근					←					→
지식경영적 접근								←		→
역량중심적 접근									←	→

자료: 1970년까지 M. H. Mescon et als., 1980년 이후 보완.

---

7) Koontz, H. & Weihrich, H., 2005, *Management A Global Perspective*, 11th Edition, McGraw-Hill Education(Asia).
8) 신유근, 2011, 경영학원론, 다산출판사, 65.
9) Nickels, Williams G., James M. McHugh & Susam M. McHugh, 2010, *Understanding Business*, McGraw-Hill, Irwin, New York, NY, 10020, 179~181.

롯되었다. 미국의 경영관리학은 테일러(F. W. Taylor)의 대표적인 연구인 공장관리론(1903)과 과학적 관리의 원리(1911)를 그 근원으로 보고 있다. 또한 경영관리학은 페이욜(H. Fayol)과 포드(H. Ford)는 물론, 그 이후 상당 기간 동안 오직 기업에서 실무에 종사한 실무자에 의해 연구가 시도되었다는 것이다.[10]

경영관리에서 가장 중요한 학파는 관리과정적 접근법과 시스템적 접근법이다.

1) 관리과정적 접근법

관리과정적 접근(management process approach)은 경영을 종업원이 조직집단 속에서 작업을 수행하는 과정으로 보고, 그 과정의 개념적 기초가 되는 원리와 구조를 연구하는 학파이다.

관리과정적 접근법은 경영관리를 조직의 목적 달성에 계획·조직·지휘·조정·통제 등의 여러 과정을 거쳐 직무를 수행하는 것으로 파악하는 학파이다. 경영관리는 프랑스의 페이욜을 시조로 하여 발전된 이론이다. 또한 쿤쯔는 관리과정적 이론으로 더욱 발전시켰다.

관리과정학파의 기본적 이념은 다음과 같다.

① 경영활동은 실질적으로 타당성을 확인하고, 그 의미 및 적용 가능성에 연구의 초점을 둔다.

② 경영활동 원리는 생물학과 물리학의 원리와 마찬가지로 일정조건하에서 진리이다.

③ 경영활동은 경영자의 직능분석을 통해 이해할 수 있는 하나의 과정이다.

④ 경영활동은 하나의 경험으로서 효율성을 증대하도록 개선하는 작업이다.

⑤ 경영활동은 하나의 기술로서 의학이나 공학과 마찬가지로 기본적 원리에 따라 개선이 가능하다.

2) 시스템적 접근법

시스템은 한 조직이나 그 주요 관리소재(素材)를 효율적으로 운영하기 위해 구축된 유기적인 체제를 말한다.[11]

시스템적 접근법(system approach)은 경영관리의 시스템개념을 이용하여 전체의 입장에서 상호관련성을 중시하면서 주어진 문제를 해결한다고 보는 학파이다.

---

10) Koontz, H. & C. O'Donnell, 1955, *Principles of Management*, McGraw-Hill, 29~32.
11) 박성환, 2014, 역량중심 인적자원관리, 법문사, 18.

기업은 여러 하위시스템, 하위 하위시스템으로 구성되어 있고, 다른 한편으로 그 기업이 속해 있는 산업, 경제체제, 또는 사회와 같은 보다 더 큰 시스템의 한 부분(하위시스템)을 구성하고 있다.[12) 따라서 시스템 전체를 이해하려면 결국 시스템의 구성요소에 대해서도 이해해야 된다는 것이다.[13)

시스템적 접근법은 조직의 목적 달성에 정태 및 동태, 두 시스템이 작용한다.

기업의 정태적 시스템은 기업이 그 업무를 잘 수행하기 위해 목적(목표)의 상위시스템과 구조·기능 등 하위시스템이 상호작용을 통해 하나의 전체로 구성되어 있는 유기적 체제이다. 이를 [그림 8-2]로 나타낼 수 있다.

[그림 8-2] 정태적 시스템 접근

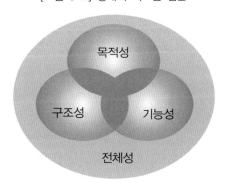

기업의 동태적 시스템은 기업이 그 업무를 효율적으로 수행하기 위해 외적 에너지 원천 → 투입 → 변환 → 산출 → 외부고객으로 전달되는 유기적 체제이다. 이 때 외적에너지 원천과 외부고객 간의 외적피드백과 투입 → 변환 → 산출 간의 내적피드백이 이루어진다.[14) 이를 [그림 8-3]으로 나타낼 수 있다. 따라서 기업의 시스템은 경영자가 한 조직이나 주요 관리소재(예: 임금시스템)를 효율적으로 운영하기 위해 가장 적합하게 구축되어야 할 대상이자, 구축된 시스템이 효율적으로 추진될 수 있도록 관리할 대상이다.

경영관리시스템적 접근법은 종전의 경영관리 범위를 확대하여 사회시스템 접근법(social system approach)으로 발전된다. 이는 경영을 하나의 사회시스템, 즉 문화적인 상호관계의 시스템으로 보는 접근법으로서 인간행동학파와 밀접한 관계를 가지고 있다. 이 접근법의

12) H. Weihrich & H. Koontz, 2005, op. cit., 23.
13) 이순룡, 1993, 생산관리론, 법문사, 18~19.
14) 최종태, 2000, 인사관리론, 박영사, 14~16; 김영재·박기찬·김재구·이동명, 2008, 조직행동론, 무역경영사, 40~42.

[그림 8-3] 동태적 시스템 접근

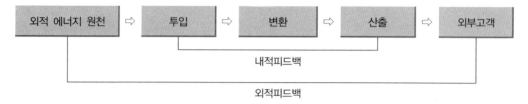

자료: 김영재 외, 2008, 41.

연구방법은 사회학적인 것으로서 모든 사회집단의 문화적 관계의 본질을 명확히 함으로써 사회집단을 하나의 통일적 시스템으로 파악하려는 방법이므로 기본적으로 사회학의 연구방법과 같은 것이다. 이 접근법은 버나드(C.I. Barnard), 마아치(J.G. March) 및 사이몬(H.A. Simon) 등에 의해 발전되었다.

3) 그 외 접근방법들

(1) 경험적 접근법(empirical approach)

경험적 접근법은 경영관리를 하나의 경험으로 보고 경험연구에 중점을 두는 학파이다. 따라서 이런 연구방법으로는 사례연구법(case study)이 주로 사용된다. 이 접근법은 과거에 성공 내지 실패한 경영자의 경험, 즉 사례를 분석하면 거기에서 적용 가능한 보다 유효한 수단이나 방법을 배울 수 있다는 전제적 사고에 입각하고 있다. 경험적 접근법은 경영과정적 접근법의 경우와 마찬가지로 경험에서 일반원리를 추출하려고 한다. 그러나 경영과정적 접근법와는 달리 일반원리란 실무가에게 전달하기 위한 하나의 수단으로 보기도 한다는 점에서 차이가 있다. 경험적 접근법의 대표적인 학자는 데일(E. Dale)이다. 이 접근법은 비록 과거의 경험을 아무리 잘 분석한다하더라도 경영면에 있어서 과거와 똑같은 조건이나 상황이 생기는 경우란 극히 드물다는 한계가 있다.

(2) 인간행동적 접근법(human behavior approach)

인간행동적 접근법은 경영활동이 인간의 협동적인 작업을 통해 수행되는 것이므로 인간 상호간의 관계에 중점을 두어 연구하는 학파이다. 인간행동적 접근법은 인간관계적 연구방법, 리더십 연구방법, 또는 행동과학적 연구방법이라고도 불리워진다.

인간행동적 접근법은 경영의 인간적 측면에 연구의 중심을 두고 있다. 즉 이 접근법은 집단 내에서 인간이 목표달성을 위해 협동하는 존재이므로 선입직으로 이해되지 않으면

안 된다는 원리에 입각하고 있다. 따라서 이 접근법은 인간은 사회심리학적 존재이므로 개인의 근무의욕(morale), 동기화(motivation)에 초점을 두고 있다.

(3) 의사결정적 접근법(decision-making theory approach)

의사결정적 접근법은 기업에서 나타나는 문제를 주체적으로 해결하기 위해 의사결정을 중심과제로 하는 학파이다. 의사결정적 접근법은 학자에 따라 의사결정 자체에 두기도 하고, 의사결정과정이나 그 결정사실에 두기도 한다. 다시 말하면 종래의 연구는 경영업무의 집행을 중심으로 하였으나, 의사결정적 접근법은 의사결정에 대한 합리적 접근에 그 연구를 집중시키고 있다.

(4) 수리적 접근법(mathematical approach)

수리적 접근법은 경영을 하나의 수학적 모델 내지 과정의 시스템으로 파악하고, L.P.나 O.R.을 중심으로 연구하는 학파이다. 수리적 접근법은 종래의 경영에 관한 모든 연구가 과학성이 부족한 경험적 기술론에 지나지 않는 것이라고 규정하고 경영과학을 도입한다. 경영과학(management science)은 경영·계획·조직화 내지 의사결정 등의 이론적 과정을 모두 수학적 기호나 수학적 관계로서 표현한다. 즉 수리적 접근법은 계량 분석적 접근방법이다. 그러나 쿤쯔가 지적한 바와 같이 수학이 천문학이 아닌 것과 같이 수학을 경영학이라고 인정하기가 어렵다고 할 수 있다.

(5) 제도적 접근법(institution approach)

제도적 접근법은 제도주의 경영학파에서 비롯되었다. 제도이론은 경영학이나 사회학 등 각 영역에서, 일정한 목적을 위해 성립되는 계속적인 사회관계의 성격을 규명하는 이론이다. 제도주의 경영학파는 문제의 본질을 해명함에 있어서 제도이론(institution theory)이라고 하는 하나의 특수이론을 적용하려는 경영의 한 분파이다. 이 학파는 베블린(T.B. Veblen)을 시조로 한다. 이 학파에 속하는 학자들은 커먼즈(J.R. Commons; 적정자본주의론), 버어리(A. Berle)과 민즈(G.C. Means; 회사지배론), 버어남(J. Burnham; 경영자혁명론) 등이 있다.

제도학파는 학문적으로 19세기 영국의 고전파 경제학자가 개인의 욕망이라는 심리적 요인을 기초로, 또 경제합리주의에 입각하여 행동하는 경제인이라는 개념을 전제로 한 가치·가격의 이론 전개를 비판하고, 독일 역사학파의 영향을 받아 관습적 사고방식·가족·주주·노동조합 등 제도의 중요성을 강조하였다. 따라서 제도학파는 기업을 사회적 제도(social institution)로서 인식하고, 특히 경제제도로서의 기능과, 그것이 역사적으로 누적적 진화 과정을 연구해야 한다고 주장하였다. 또한 제도학파는 이와 관련하여 통계적·실증적 연구를 추천하였으며 사회복지에 대해서도 깊은 관심을 가졌다.[15]

제도적 접근법은 현대기업이 자본가의 사적 소유물로서 사적 이윤추구만을 위한 존재가 아니라 사회적 기능을 담당하는 '제도적 기관'으로 여긴다. 따라서 경영자(전문경영자)는 주주·금융자본가·노동조합·고객 및 정부 등과 같은 이해자집단이 형성하는 제도적 환경(institution environment) 속에서 '주체적인 의사결정'으로 사회적 기능을 수행하는 것이다. 따라서 국가는 기업을 스스로 독립된 제도로서 성장·발전할 수 있는 권리를 인정하지 않으면 안 된다는 것이다.

이와 같이 제도적 접근법은 기업을 기능에 중점을 두고, 그 기능을 담당하는 사회적 제도로 인식하고 주체적으로 의사결정을 수행하는 기관이라고 주장하는 것이다.

제3절 경영관리의 과정

1. 경영관리 과정별 특성

기업의 관리과정은 관리자가 조직에 구축된 시스템을 이용하여 업무를 수행하는 경로이다. 기업의 경영관리는 인적자원·물적자원·정보자원·재무자원을 기업의 목표에 따라 효율적으로 이용할 수 있도록 계획적으로 투입하고 조직화(구조), 지휘(기능) 등의 전환과정을 거쳐 훌륭한 제품과 서비스를 산출하고, 그 결과를 통제(확인)하는 활동을 말한다. 경영시스템과 관리과정과의 관계를 [그림 8-4]와 같이 나타낼 수 있다.

경영의 계획(planning)은 기업의 목표를 달성하기 위해 미래의 진단과 모색을 통해 가장 적절한 행동을 취하도록 결정하는 활동이다. 즉, 기업의 목표를 달성하기 위해 누가, 무엇을, 언제, 어디서, 어떻게 수행할 것인지를 결정하는 것이다.

경영계획의 수립은 사명(mission)과 목표(objectives), 그리고 이를 달성하기 위한 행동방안의 선택이 필요하다.[16] 계획에는 전반적인 목적과 목표로부터 조립라인에 필요한 근로자를 고용하고 훈련시키는 것과 같이 극히 세부적인 활동에 이르기까지 형태가 매우

---

15) 동아세계대백과사전, 1988, 동아출판사, 제25권, 54~55, 제25권, 54~55.
16) 이원우 외, 2009, 전게서, 399~340.

[그림 8-4] 경영시스템과 관리과정의 체계도

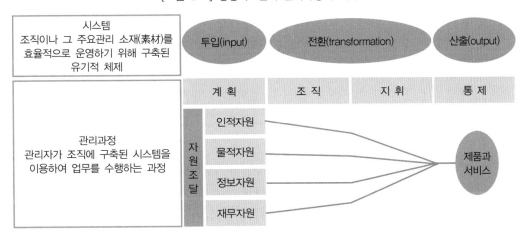

다양하다. 따라서 계획은 경영자가 특정목표를 달성하기 위해 앞으로 할 일과 제반 자원을 활용하는 방법이나 절차 등을 결정하기 위해 연구, 분석 혹은 제안 등을 통해 미리 헤아려 작정하거나 작정한 내용을 말한다.[17]

기업의 활동계획은 부문별 계획과 시간적 계획 두 가지가 있다.

부문별 계획은 제조계획, 판매계획, 재무계획 등을 말한다. 모든 계획은 서로 연계되고 융합된 하나의 계획이 되도록 계획의 통일성이 필요하다.

시간계획은 시간적으로 환산된 예산계획으로서 연차예산(예: 10개년 예산)과 불의의 사태에 대처하기 위한 특별예산이 있다. 이 예산들도 서로 연계되고 융합되어 단 하나의 활동계획을 만들 필요가 있다.[18]

그러므로 경영의 계획은 일(직무)을 수행하기 위한 목적(목표)·정책(전략)·비전·설계·구상 등으로 나타나고 있는데, 다음 단계인 조직화와 지휘를 이끌기 위한 상위의 개념이라 할 수 있다.

경영의 조직화(organizing)는 경영자가 직무와 권한의 공식적 구조를 설정함으로써 인적자원과 물적자원을 연결시키는 활동이다. 즉 인적자원관리의 조직화는 과업과 권한을 공식적 구조로 나타냄으로써 인적자원과 물적자원을 결합시키도록 한다. 그러기 위해 기업은 업무활동을 논리적·체계적으로 분류하고, 여기에 직책과 사람을 할당하여야 한다. 그러므로 인적자원관리의 조직화는 구조와 제도[19]라는 '공간적 측면'으로서 특정 직무가

---

17) H. Weihrich & H. Koontz, 2005, op. cit., 27~28.
18) 미야타 야하치로 (옮긴이: 김영철), 2001, 경영학 100년의 사상, 일빛, 67.
19) 제도란 가치관이나 규범 그리고 이념에 따라 '내규나 업무절차'를 만들어 구성원의 행동을 통제하는 것

존재하는 이유, 다른 직무들과의 관계, 이를 수행하기 위한 방법, 필요한 도구, 인적자원의 기능을 능률적으로 발휘할 수 있는 조직형태 등과 관련되어 있다.

또한 조직화는 한 조직의 구성원들이 담당할 역할의 구조를 의도적으로 설정하는 경영의 한 분야이다. 조직화는 조직의 목표를 달성하기 위해 필요한 모든 업무가 설정되고, 구성원들에게 최선을 다해 업무를 수행할 수 있도록 분담한다는 의미이다. 즉 구성원들은 그들의 직무목표를 집단의 노력과 조화시키기 위해 그 과업을 수행하는 데 필요한 권한, 도구 및 정보를 가지고 있어야 한다는 의미이다. 따라서 조직의 구조는 종업원들이 수행해야 할 직무를 규정하고, 가용 인적자원의 능력과 동기에 비추어 설계되어야 한다.[20]

경영의 지휘(leading)는 경영자가 종업원들에게 조직 및 집단목표를 달성에 공헌하도록 영향을 미치는 활동이다. 조직은 유기체로서 사회조직체이다. 조직은 복잡한 전달경로를 통해 행동이 일어나기 때문에 최고경영자의 능력이 부족할 경우 조직원들의 창의력이 감퇴하는 등 문제가 발생한다. 즉 최고경영자의 구심력이 약할 때는 원심력이 이것을 빼앗아 버리기 때문이다.[21]

기업의 중요한 문제들은 항상 종업원들과 집단의 욕구, 태도, 나아가 행동으로부터 일어난다. 따라서 지휘는 기능(활동)이라는 '시간적 측면'으로서 직무를 성공적으로 수행하기 위한 일의 순서결정이나 진행과정, 다른 직무와의 연결 등을 원활하게 하기 위한 활동을 말한다. 지휘는 경영자가 종업원들을 통솔(지도)하고 동기를 부여하여 과업을 이해하고 수행하도록 하는 활동이다. 지휘는 리더십, 동기부여, 의사소통 등을 포함한다.[22] 특히 리더십은 지원자(followership)의 역할을 내포하고 있다. 따라서 종업원은 그의 욕구와 소망 및 욕망을 충족시켜 줄 수 있는 리더를 따른다는 의미이다.

경영의 통제(controlling)는 기업이 목표를 달성하기 위해 설정된 여러 활동들이 계획대로 달성되었는가를 확인하기 위해 성과를 측정하고 필요한 사항에 대해 직무수행의 방법이나 수행자의 행동을 수정하는 활동이다. 즉 기업이 바라는 방향으로 가고 있는지를 판단하고, 일을 잘한 직원들에게는 보상을 주고, 그렇지 못한 직원들은 독려하거나 수정하는 활동이다.[23]

을 말한다.
20) H. Weihrich & H. Koontz, 2005, op. cit., 27~28.
21) 미야타 야하치로, 2001, 전게서, 68.
22) H. Weihrich & H. Koontz, 2005, op. cit., 28; 이원우 외, 2009, 전게서, 399~340.
23) W. G. Nickels et als., 2010, op. cit., 181.

〈표 8-2〉 경영관리 4과정의 주요추진내용

과정	계층별직무	주요추진내용	개념적 방법	구체적 방법
계획	경영자직무	전략적 의사결정	여러 대안 중 최적안의 선택	전반적 목적과 목표
	실무자직무	실무적 의사결정	미래 행동과정의 선택	조립라인에 필요한 근로자의 고용과 훈련
조직화	경영자직무	구조와 제도, 관행	직책과 사람의 할당	조직의 목적과 목표의 달성
	실무자직무	역할의 구조 설정	권한, 도구 및 정보	직무의 목표달성
지휘	경영자직무	조직 및 집단 목표의 달성	지원자(행동의 유도)	동기부여, 리더십의 형태와 접근방법, 커뮤니케이션
	실무자직무	조직 및 집단 목표에 공헌	개인과 집단의 행동	개인의 욕구와 태도
통제	경영자직무	전체적 구조 설정	직책과 사람의 할당	조직의 목적과 목표의 달성
	실무자직무	제도, 즉 역할의 구조 설정	권한, 도구 및 정보	직무의 목표달성

따라서 통제는 목표와 계획에 대한 성과를 측정하고, 부(負)의 편차(negative deviations)가 있는 곳을 발견하여, 그 편차를 수정하기 위한 조치를 취함으로써 계획의 달성을 보장하는 것이다.[24]

경영관리 4과정의 주요추진내용을 정리하면 <표 8-2>와 같다.

2. 경영관리과정의 순환

기업의 관리과정(management process)은 모든 조직이 업무를 효율적으로 수행하기 위해 거치는 경로이다. 즉 관리과정은 조직이 목표를 효율적으로 달성하기 위하여 조직이 갖고 있는 모든 부문이나 자원의 관리를 계획·조직화·지휘·통제하는 과정이다.

앞 절에서 설명한 바와 같이 기업의 업무는 경영자 수준의 전반관리과정과 관리자 수준의 부분관리과정이 그 수준은 다르지만, 전체와 부문이 상호작용하면서 관리의 각 과정을 반복적으로 수행해 나간다.

기업의 관리과정은 일반적으로 4과정을 들고 있지만, 가장 기본적인 기능은 계획, 조직

---

24) H. Weihrich & H. Koontz, 2005, op. cit., 28~29.

화, 통제의 3과정이라 할 수 있다.[25] 다시 말하면 관리의 4과정은 장기적으로 조직의 골격에 영향을 미치는 업무, 조직의 주요 프로젝트에 관한 업무 등에서 이루어진다. 그러나 일상적으로 이루어지는 업무의 경우 관리의 4과정이 단축되어 3과정으로 수행되고 있다.

관리순환(management cycle)은 기본적 관리 기능들(계획, 조직화, 통제)이 상호 관련을 가지면서 연속적으로 순환하는 과정을 말한다.[26] 경영관리의 순환은 계획(plan) → 조직화(oranization) → 통제(control)라 할 수 있다. 계획이란 장래를 예견하고 행동계획을 수립하는 과정이고, 조직화는 계획의 집행을 위해 관리요소(인적·물적 요소)를 결합시키는 과정이며, 통제란 계획과 실적을 측정·분석하여 그 차이와 원인을 확인하는 과정이다.[27]

한편, 경영관리의 순환은 계획(planning) → 실시(doing) → 평가(seeing)를 의미하기도 한다. 관리과정과 관리순환의 차이를 정리하면 <표 8-3>과 같다.

관리순환은 다음과 같은 경우에 적용된다.

첫째, 경영관리의 순환은 관리대상의 규모가 크고 작음에 상관없이 '동일'하게 진행될 경우에 나타난다. 기업(조직)의 업무가 비일상적 업무는 4과정이 적용되고, 동일한 내용으로 반복해서 수행되는 일상적인 업무의 경우 순환(3과정)이 적용된다. 이 경우 기업은 업무를 규정화나 규칙화(메뉴얼화)한다. 한 나라의 경제가 생산 → 소비 → 생산으로 순환한다거나, 한 기업이 생산 → 판매 → 생산으로 순환하고 있다고 할 수 있다.

둘째, 경영관리의 순환은 관리대상의 기간이 비교적 '단기'에 영향을 미치는 경우에 나타난다. 그러나 기업(조직)의 업무가 장기적으로 영향을 미치는 업무는 4과정이 적용된다.

셋째, 경영관리의 순환은 관리대상의 비중이 비교적 '덜 중요한' 경우에 나타난다. 기업(조직)의 업무가 비교적 중요(엄중)한 업무는 대개 복잡하고 어려운 업무로서 신중을 기해야 하므로 4과정이 적용되고, 비교적 덜 중요한(가벼운) 업무는 순환(3과정)이 적용된다.

〈표 8-3〉 관리과정과 관리순환

상태	구분	내용	활동사항
경영자	관리과정	계획, 조직화, 지휘, 통제	조직의 골격에 관한 업무 조직의 주요 프로젝트에 관한 업무
관리자	관리순환	계획, 조직화, 통제 또는 계획, 실시, 평가	일상 업무의 흐름에 관한 업무
현장감독자	관리순환	상 동	상 동

25) 한희영, 1992, 전게서, 432~433; 오상락, 1992, 경영학원론, 박영사, 30.
26) 오상락, 1992, 상게서, 30.
27) 한희영, 1992, 전게서, 432~433.

3. 경영관리의 핵심과정

경영관리는 기업이 사람(인적자원)들 간의 협조는 물론 그 외 여러 자원들을 통합하여 업무를 효율적으로 수행하기 위한 통합적 과정(process)이다. 또한 기업을 포함한 모든 조직들은 업무를 효율적으로 수행하기 위해 관리과정을 거친다.

경영관리과정에는 앞에서도 설명한 바와 같이 두 가지 기능으로 구분된다. 수직적 기능은 계획, 조직화, 지휘, 통제와 같은 전반관리기능이고, 수평적 기능은 인사, 생산, 마케팅, 재무 등의 부분관리기능이다. 이를 [그림 8-5]와 같이 나타낼 수 있다. 따라서 경영관리는 전반관리기능과 부분관리기능이 피륙을 짜듯이 종(수직적)과 횡(수평적)으로 구성되어 있다.

경영학은 전반관리 기능인 계획, 조직화, 지휘, 통제 중에서 계획과 통제는 두뇌를 이용한 서류작업이라면 조직화와 지휘는 실제로 그 일을 추진하는 실무과정이다. 따라서 조직화와 지휘는 핵심적인 활동이라 할 수 있다. 이를 동양에서는 체(體)와 용(用)에 해당되고 서양에서는 구조와 기능에 속한다고 할 수 있다. 이와 같이 조직의 운영과정을 동태적 시스템의 변환과정이라고 할 수 있다.

경영자의 관리(경영)활동에는 인사를 비롯해서 생산, 마케팅, 재무 등 여러 가지가 있다. 관리(경영)에 대한 동양사상적 근거로, 체(體)와 용(用)의 논리를 적용시킬 수 있다. 동양, 즉 한국의 대학자 퇴계는 마음(心)의 '체와 용' 두 측면에서 설명하였는데, 체와 용의 관계에 대한 논의를 경영학적으로 적용시켜 보기로 한다.

[그림 8–5] 수평적 · 수직적 경영관리

종합관리기능	계획				
	조직화				
	지휘				
	통제				
경영		인사관리	생산관리	마케팅	재무관리
		부분관리기능			

체·용에 대한 첫 번째 논의는 형이상(形而上)을 체로, 형이하(形而下)를 용으로 보는 것이다. 체의 측면이란 아무 작용도 일어나지 않을 때이고, 용의 측면이란 심의 기능 또는 작용을 일반적·총체적으로 나타내는 것이다. 그런데 체의 측면을 나타내는 것이 바로 성(性)이고, 용의 측면을 나타내는 것이 정(情)이다. 성이란 원래 심의 온갖 작용이 일어날 수 있는 원천이지만, 실제로는 일어나지 않는 상태가 이(理)이다. 성의 유행(流行)은 정 이외의 곳에 있을 수 있지만, 정이야말로 성의 유행이다. 정이란 구체적이고 경험적인 심의 상태로 나타난 것이다. 성의 유행이 오직 정에 있다는 말은 곧 심의 이가 오로지 정이라는 경험에서만 찾아진다는 뜻이다.[28]

체·용에 대한 두 번째 논의는 형체를 지니는 형이하의 기가 체가 되고, 그 형체로 인하여 발생하는 이(理)의 운용을 용으로 보는 것이다. 예컨대 배가 물로 다니고, 자동차가 육지로 다니는 것 같은 것이다.[29] 율곡의 '이통기국론(理通氣局論)[30]'과 같은 것은 후자의 경우로서, 구조를 체로 보아 구조에 따른 이(理)의 운용을 말한 것이라 하겠다.

한편 서양의 학자들은 업무를 실시할 때 구조, 즉 하드웨어를 구축하고, 이에 따라 기능, 즉 소프트웨어적인 행위를 실천하는 것으로 보았다. 이를 통합하여 보면 체(體)와 구조는 조직화이고, 용(用)과 기능은 지휘로 볼 수 있다. 즉 관리기능은 '계획'을 수립하고, '조직화', '지휘' 등의 전환과정을 거쳐 훌륭한 제품과 서비스의 산출여부를 통제(확인)하

[그림 8-6] 동양과 서양의 관리

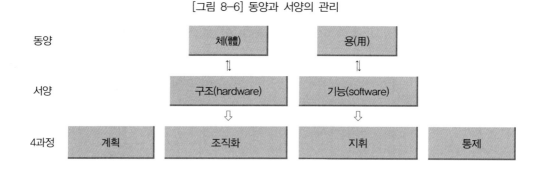

---

28) 윤사순, 1985, "퇴계의 심성관에 관한 연구", 한국유학논구, 현암사, 82~83.
29) 퇴계전집 41, 雜著, 心無體用辨. 퇴계는 주자의 말을 인용하여 다음과 같이 말한다. "형이상(形而上)의 측면에서 말한다면 아득한 것이 실로 체가 되고, 사물에 발현하는 것이 용이 된다. 형이하(形而下)의 측면에서 말한다면 사물이 또 체가 되고 그 이(理)가 발현하는 것이 용이 된다."
30) 윤사순, 1985, "율곡사상의 실학적 성격", 한국유학논구, 현암사. 이통기국론은 이(理)의 무형, 기(氣)의 유형한 특성을 근거로 한다. 율곡은 기(氣)는 구체성을 지니고 스스로 운동하지만, 리는 감각을 초월해 있는 것으로 스스로 운동하지 않는다. 따라서 이(理)는 기(氣)속에서 존재하고 드러나는 것이다. 다시 말하면 이가 기를 타고 유행한다는 것이다. 예컨대 전기는 모두 공급되지만, 어떠한 구조에 의해서 빛을 밝히느냐에 따라, 또는 어떤 전구를 쓰느냐에 따라 밝기와 색이 천차만별이다.

는 활동을 말한다. 이를 간단히 설명하면 '계획'을 수립하고 '업무를 조직화(구조)와 지휘(기능)의 과정을 거쳐 그 결과를 '평가'하는 것을 말한다.

따라서 경영관리는 기업의 인사, 생산, 마케팅, 재무 등의 업무를 각 부문마다 4과정, 즉 계획, 조직, 지휘, 통제, 혹은 3과정, 즉 계획, 실시, 평가의 과정을 거치면서 운영하게 된다. 이를 정리하면 [그림 8-6]과 같이 나타낼 수 있다.

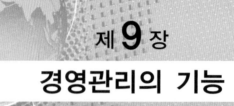

제 9 장
경영관리의 기능

제1절   경영관리 기능의 개념

　경영관리의 영역은 크게 전반관리 영역과 부문관리 영역으로 나누어진다. 전반관리란 경영자가 전체적인 조직활동을 계획－조직화－지휘－통제나 계획－실시－평가(통제)해 나가는 경영자의 수직적 기능과 관련된 영역이며, 부문관리란 전반관리를 대전제로 전체로서의 목표달성을 위해 각 부문에서 수행해야 하는 관리자의 수평적 기능이 이루어지는 영역을 말한다.

　경영관리의 과정은 부문관리 영역에서도 전반관리과정과 똑같이 부문의 계획－조직화－지휘－통제나 계획－실시－평가(통제) 과정을 거치게 된다. 인사, 생산, 마케팅, 재무 혹은 회계 등 각 부문 담당자들은 조직목표 달성에 필요한 각 부문계획을 세워 실행(조직화, 지휘)에 옮기게 되고 실행과정에서의 문제를 계속 점검하며 수정·보완(통제)하는 것이다.

　이 장에서는 경영관리의 전반관리에 속하는 수직적 기능에 관한 설명을 하고, 제11장에서 제14장까지는 관리자 기능이라 할 수 있는 각 부문별 내지 수평적 관리에 관해 설명하기로 한다.

제 2 절   경영계획

1. 경영계획의 방향

경영자들은 조직의 비전, 목적, 목표 등을 세움으로써 계획을 수립한다. 경영계획(planning)은 시대변화를 예감하고 이에 맞는 조직적 목적·목표를 달성하는데 필요한 전략과 수단의 결정을 의미한다. 계획은 업무진행과정 중의 첫 부분이다. 과거에 시행했던 계획은 오늘날 시장에서 성공하기 힘들다. 따라서 오늘날 기업은 계획을 수립하기 위하여 환경을 분석하고, 사업기회를 찾거나 도전거리를 탐색하는 기획팀이 필요하다.[1] 계획과 유사한 용어로서 목표, 예산, 방침, 구상 등이 있다.

경영계획의 방향은 '가치에 기초한 비전을 창출'하는 일이다. 경영자는 회사의 비전(vision)을 제시해야 한다. 비전은 목표보다 더 큰 의미를 갖는다. 비전은 조직이 왜 존재하며 어느 방향으로 나아가야 할지에 대한 더 큰 설명이다. 비전은 조직에게 당위성을 심어주고 공통된 운명의 동질가치를 보여준다. 비전은 그 회사가 어떤 회사가 되고 싶은지에 관한 청사진과 같다.

경영계획은 경영목적 달성의 기초가 된다. 경영의 목적(goal)이란 일반적으로 개인·집단 또는 조직이 성취하려고 노력하는 바람직한 미래의 상태라 할 수 있다. 이에 비해 경영의 목표(objectives)는 보다 세부적이고 좀 더 짧은 단위로서 나타내는 구체적인 목적을 말한다. 따라서 목표는 가치측정이 가능해야 한다. 예를 들면, 업무를 수행하면서 몇 %나 문제를 정확하게 맞힐 수 있는지를 보면서 그 동안의 성과를 가늠해 볼 수 있다.[2]

2. 경영계획의 유형

경영계획에는 전략계획, 전술계획, 운영계획이 있다.

전략계획(strategic planning)은 조직의 주요 목적을 제시한다. 전략계획은 정책을 위한 기본 틀을 제공하고 목적달성을 위한 자원을 제공해준다. 여기서 정책들은 행동을 위한

---

1) Nickels, Williams G., James M. McHugh, & Susam M. McHugh, 2010, *Understanding Business*, McGraw-Hill, Irwin, New York, NY, 10020. 179.
2) W. G. Nickels et als. 2010, op. cit., 181~182.

큰 가이드라인이고, 전략들은 자원을 이용하는 최적의 방법론을 제시한다. 이 단계에서 기업은 자신들의 고객 선정, 상품 및 서비스 선정, 지역 경쟁사들을 결정한다. 전략적 계획은 최고경영층이 수립하고, 중간경영층이 실시한다.

전술계획(tactical planning)은 무엇을 해야 하고, 누가 해야 하며, 어떻게 해야 할지에 관한 세부적이고 단기간의 계획을 말한다. 전술적 계획은 중간관리층이 수립하고, 현장감독층이 실시한다.

운영계획(operational planning)은 규칙을 세우고, 전술적 계획을 수행하는 데 필요한 스케줄을 세우는 과정이다. 운영계획은 감독자, 부서장, 직원들에게 초점을 맞춘다. 이것은 매주・매일의 운영을 위한 각 부서 관리자들을 위한 도구라고 할 수 있다.[3] 운영적 계획은 현장감독층이 수립하고, 현장종업원들이 실시한다.

3. 경영계획수립의 단계

경영계획의 수립은 목표설정, 계획안 개발, 계획안 평가, 계획안 선택의 단계를 거친다.

1) 목표설정

경영목표는 경영자가 어떤 경영활동을 할 때, 현재의 상태와 원하는 상태 간에 차이가 생겼을 경우 이를 어떻게 해결할 것인가 하는 것이다. 따라서 경영목표는 기업 전체에 대한 목표를 수립하고 이를 달성하기 위해 각 부문별 목표를 세우는 것이다. 각 부문별 목표는 부문의 현재 상태와 원하는 상태와의 차이를 해결하기 위한 기대치를 의미하므로 이것이 명확하지 않으면 계획 자체를 올바르게 수립할 수 없게 된다. 이와 같이 경영목표는 궁극적으로 기업이 무엇을 할 것이며, 어디에 중점을 둘 것인가와 함께 무엇이 달성되어야 할 것인가를 포함하여야 한다.[4]

목표설정은 기업의 경영목표를 구체적으로 설정하는 단계이다. 기업이 존재하는 궁극적인 이유, 즉 기업의 사명(mission)을 토대로 하여 경영목표(objective)를 설정하는 것이다. 경영자는 목적 내지 목표를 설정함으로써 경영계획의 구체적 프로세스가 시작된다. 즉 목적(목표)의 설정은 경영계획의 구체적 프로세스를 달성하기 위한 대체수단을 선택할 수 있는 근거가 되는 것이다.[5]

---

3) W. G. Nickels et als., 2010, op. cit., 183~185.
4) 지호준, 2009, 21세기 경영학, 법문사, 124~125.

2) 계획안 개발

계획안의 개발은 경영계획을 수립하기 위한 몇 가지 대안을 개발하는 단계이다. 경영계획의 개발단계에는 복수 대체안의 탐구・발견・개발을 시도하게 된다. 즉 계획안의 개발은 데이터(data)와 정보(information)를 통해 문제해결을 위한 몇 가지 대체안이 개발・검토되는 기획적 활동(planning activity) 단계이다.[6]

경영계획안(alternative)의 개발방법은 일반적으로 경영계획안을 개발하는 방법으로 세 가지가 있다.

・하향식 방법: 최고경영자의 경영의지에 의존하는 방법이다.

・상향식 방법: 하위계층으로부터 상위계층까지 의견을 모으는 브레인스토밍(brain storming)과 같은 방법이다.

・벤치마킹(benchmarking) 방법: 경쟁우위에 있는 기업의 경영활동을 비교 분석하는 방법이다.

우리나라 기업들은 주로 하향식 방법에만 의존하고 있으나 이 방법을 벗어나 상향식이나 벤치마킹 방법 등도 활용하여 다양한 대안이 개발될 수 있어야 할 것이다.[7]

3) 계획안 평가

계획안의 평가는 여러 대안을 합리적인 의사결정방법에 따라 평가하는 단계이다. 계획안의 평가는 몇 가지 대체안의 실시 결과를 예측하여 이에 따른 결과의 이해득실을 비교・검토(평가)하는 프로세스이다.[8]

계획안의 평가기준은 현실성(actualization), 상황만족성(satisfaction), 실행결과적합성(reasonability) 등 세 가지를 기준으로 평가되고 있다. 이와 같이 경영계획안은 여러 가지 객관적이고 합리적인 기준에 따라 평가하게 된다.

4) 계획안 선택

계획안의 선택은 여러 경영계획안의 평가를 토대로 가장 합리적인 계획안을 선택하는

---

5) 한희영, 1992, 경영학총론, 다산출판사, 402.
6) 한희영, 1992, 전게서, 402.
7) 지호준, 2009, 전게서, 127.
8) 한희영, 1992, 전게서, 402~403.

단계이다. 계획안의 선택은 대체적 수단을 최종 평가하여 결정하는 단계로서 일정한 수단의 선택이다. 그 결과 일정한 정책(또는 전략)을 결정하여 실시하거나, 일정한 통제수단을 채택하여 실시하게 된다.[9]

경영계획안의 선택은 목표로 하는 상태와 현재 상황의 차이를 해결해 줄 수 있는 수단이 될 것이므로 경영계획안의 선택이 경영성과에 영향을 미친다. 따라서 경영자의 경영계획안 선택은 전문가들의 견해와 자신의 경험이나 직관을 균형 있게 활용하는 지혜가 필요하다.

한편 경영계획안이 선택되면 이를 실행한 후에 실행결과를 평가하고 피드백(feed back)도 이루어져야 할 것이다.

4. 경영계획의 주요이론

1) 목표관리

(1) 목표관리의 의의

경영계획에는 목표관리가 필요하다.

전통적 목표관리는 최고경영자가 목표를 설정하고, 이를 하위관리자들에게 지시하는 일방적·지시적인 관리방식이다. 전통적 목표관리는 권위적인 관리방식으로서 최고경영자가 누구보다도 많은 정보를 알고 있기 때문에, 하위관리자들은 최고경영자가 설정한 기본목표 테두리 안에서 목표달성만 하면 된다고 보고 있다. 이와 같이 전통적 목표관리 방식은 하위관리자 및 구성원의 자발적인 참여의식을 고취시키지 못하여 생산성이 차츰 떨어진다.

현대적 목표관리는 "목표관리제도"(management by objectives: MBO)가 있다. 목표관리제도는 드러커(P.F. Drucker)에 의해 체계화된 이론이다.

목표관리제도는 조직목표를 효율적으로 달성하기 위하여 경영자(상사)와 부하가 합의하여 목표를 설정하고, 이를 함께 평가하며 통제하는 기법이다.[10] 즉 목표관리제도란 직무담당자가 사전에 상사와 협의하여 가시적이고 측정 가능한 목표를 설정하고 사후에 이를 기준으로 서로가 신뢰와 참여를 통하여 성과를 평가하는 제도이다.[11]

---

9) 하희영, 1992, 전게서, 403.
10) 목표관리이론은 동기부여 과성이논으로 활용되기도 한다
11) 신유근, 2008, 인간존중의 경영, 다산출판사, 158.

목표관리제도는 다음과 같이 구체적으로 실시되어야 한다.

먼저, 목표설정 시 하위자(업무수행자)의 의견이 반영되도록 한다. 그 다음, 상위자와 하위자가 함께 최초에 수립된 목표를 기초로 각각의 목표추구 과정과 달성 정도를 정기적으로 검토, 측정, 평가한다.

이와 같이 목표관리는 개인의 목표와 조직의 목표를 명확히 규정함으로써, 구성원의 목표를 상급자 및 조직전체의 목표와 일치시킬 수 있다.

(2) 목표관리의 구성요소

목표관리의 중요한 구성요소는 목표설정, 참여, 그리고 피드백이다.

목표의 설정(goal setting)은 비교적 단기적인 목표를 측정 가능하도록 설정해야 한다. 따라서 목표관리는 장기적·일반적 목표와 관련하여 설정되어야 하고, 조직계층별로 명확하게 수립되어야 한다. 또한 목표는 가능한 한 숫자로 표시하든가 예산과 연결시켜 나타내어야 한다.

목표설정의 참여(participation)는 부하가 수행할 목표를 상급자와 협의를 거쳐 설정해야 한다. 왜냐하면 부하들은 자신의 목표를 설정하고 그것을 자기 책임 하에 실행하고 통제할 수 있는 능력이 있다고 믿고 있기 때문이다.

쌍방적 피드백(feedback)은 경영자와 종업원이 쌍방 피드백을 거치도록 제도화되어야 한다.

(3) 목표관리의 기업차원과 개인차원의 관리

목표관리제도는 기업차원과 개인차원의 관리가 있다.

기업차원의 관리절차는 다음과 같다.

1단계, 전사적 관점에서 조직의 목표를 설정하여야 한다.

2단계, 전사적 목표에 따라 각 부문별 목표를 확정하여야 한다.

3단계, 각 단위조직, 즉 팀이나 과에서 목표를 설정하여야 한다.

4단계, 목표설정 과정 및 결과에 피드백이 있어야 한다.

5단계, 목표달성 결과가 조직의 보상에 반영되어야 한다.

개인차원의 관리절차는 다음과 같다.

1단계, 상사와 부하가 상의하여 가능한 한 어렵고, 도전적이며 구체적(계량화된)인 목표를 정하여야 한다.

2단계, 다양한 보상으로 목표를 수용하고 노력하도록 동기부여하고 지도해야 한다.

3단계, 적절한 훈련과 필요한 정보를 제공하고 수시로 목표달성 정도를 알려 주어야
   한다.

4단계, 목표달성 후 평가하여 다음번의 목표설정에 이용하여야 한다.

2) 의사결정

(1) 의사결정의 의의

모든 경영기능은 의사결정을 수반한다. 경영계획에는 특히 의사결정[12]이 필요하다.

의사결정(decision making)은 일정한 목적을 달성하기 위해 두 개 이상의 대체수단 가
운데서 일정한 수단을 선택하는 논리적인 과정이다.[13] 의사결정이라 함은 여러 대안들
중에 하나를 선택하는 것을 의미한다. 사실 의사결정은 모든 경영의 기능 중에서 가장
중심이 된다. 의사결정학파는 경영을 의사결정이라고 보기도 한다. 합리적인 의사결정모
델은 보다 논리적이고, 지성적인 결정을 하기 위해 한 단계 한 단계 밟아 나아가는 것을
의미한다.

조직의 의사결정을 일곱 단계로 나타낼 수 있다.

· 현재 상황을 정의하라.
· 필요한 정보로 수정하여 기술하라.
· 다른 대안들을 개발하라.
· 일에 연관된 사람들과 합의를 도출하라.
· 어떠한 대안이 최고인지를 결정하라.
· 이행되어야 할 일들을 정하라.
· 이 결정이 최선이고 따를 만한 것인지를 판단하라.[14]

의사결정은 모든 경영자의 필수적 업무이다. 경영자는 기업의 문제를 해결할 수 있도
록 의사결정을 하는 대가로 급여를 받는 것이라 해도 과언이 아니다. 따라서 경영자는
지속적으로 미래의 잠재적 문제를 예측하고 사전에 방지하는 의사결정을 해야 한다. 의
사결정이란 좁은 의미로 해석하면, 둘 또는 그 이상의 대안들 중 하나를 선택하는 것이
라고 할 수 있다. 그러나 좀 더 넓은 의미로 생각하면, 의사결정은 문제의 인식, 대안의
개발 및 평가, 대안의 선택 및 실행, 결과에 대한 평가 및 피드백 등 전 과정을 포함하는

---

12) 쿤츠는 '관리(management)는 곧 의사결정'이라고 보기도 한다.
13) Barnard, C.I., 1938, *The Functions of Executives*, Cambridge, MA: Harvard, 185.
14) W. G. Nickels et als., 2010, op. cit., 185~186.

것이다. 경영자는 각 단계의 진행에 따라 특정문제를 해결하거나 사업기회를 포착하기 위해 의사결정을 할 수 있는 방법을 제시하여야 한다.

(2) 의사결정의 모형

의사결정의 모형은 완전 합리성모형과 제한적 합리성모형이 있다.

완전 합리성모형(perfect rationality model)은 의사결정자가 완벽한 합리성을 가지고 최적의 의사결정을 하는 모형이다.

제한적 합리성모형(bounded rationality model)은 의사결정자가 시간의 부족, 정보의 부족 등 현실적 제약 때문에 주어진 정보와 능력 안에서 일정한 기준을 세워 최적의 의사결정이 아닌 만족스러운 의사결정을 하는 모형이다.

이 두 모형 중 전자가 가장 이상적이나 실제로 이루어지기 어려운 실정이다. 따라서 의사결정자는 후자를 활용하는 것이 현실적으로 적절하다고 할 수 있다.[15]

조직의 의사결정은 개인의사결정과 집단의사결정이 있다.

개인의사결정은 특정 개인이 문제인식이나 해결방안을 탐색하고 선택하는 과정을 전담하는 의사결정이다.

집단의사결정은 여러 사람들 간에 의견 및 아이디어, 지식 등을 교환하는 집단적 상호작용을 거쳐서 결정하는 의사결정이다.[16] 집단의사결정은 자율적 집단의사결정으로서 조직 발전에 바람직하고 나아가 성과 향상에 기여할 수 있는 의사결정이다. 그러나 집단이 의사결정을 할 때 집단사고(集團思考: group think)가 문제점으로 지적되고 있다. 집단사고는 집단구성원들이 높은 응집성을 갖는 강력한 집단정신을 지니고 있을 경우 집단의 동질성을 유지하기 위해 자신들이 도덕적이라고 여기고 상대방(적)을 과소평가하며, 외부의 올바른 정보도 무시하고 비판적인 의견없이 쉽게 결정해 버리는 의사결정형태이다.[17]

(3) 의사결정의 유형

기업의 의사결정의 유형은 의사결정의 내용에 따라 전략적 결정, 관리적 결정, 업무적 결정이 있고,[18] 의사결정의 반복성 정도에 따라 다음과 같이 일상적인 의사결정과 비일

---

15) March, J.G. & Simon, H.A., 1992, *Organizations*, 2nd ed. NY: John Wiley & Sons, Inc., 11; 김영재 외, 2008, 전게서, 270.
16) 신유근, 2008, 전게서, 320.
17) 신유근, 2008, 전게서, 337~340; 백기복, 2002, 조직행동연구, 창민사, 280; 김영재 외, 2008, 전게서, 277.
18) 한희영, 1992, 전게서, 405.

상적인 의사결정으로 구분할 수 있다.

일상적 의사결정(programmed decision)은 단순하고 반복적으로 이루어지며, 해결책이 이미 정해져 있는 의사결정이다. 일상적 의사결정의 예로는 대졸신입사원의 급여수준에 대한 결정, 생산에 필요한 원자재의 주문시점에 대한 결정, 대량 구매고객에 대한 판매가격 할인율의 결정 등을 들 수 있다. 기업조직은 이와 같은 경우에 대비하여 규정, 방침, 절차 등을 마련함으로써 의사결정이 일관성 있고 신속하며, 적은 비용으로 이루어지도록 하고 있다. 일상적 의사결정은 비슷한 상황이 발생할 때마다 매번 새로이 대안을 마련하고 평가하는 과정을 없앰으로써 시간을 절약시켜 주고, 경영자로 하여금 보다 비일상적인 의사결정에 많은 시간을 할애할 수 있는 여유를 제공한다.

비일상적 의사결정(non-programmed decision)은 복잡하고, 중요하며, 비반복적인 문제를 해결하기 위한 의사결정이다. 그러한 의사결정의 예로는 새로운 사업에의 진출여부, 공장의 신축, 합작기업의 설립여부 등에 대한 결정 등을 들 수 있다. 이와 같은 결정은 기업 내의 전례가 없으므로 대안의 설정, 실행, 평가 등이 매우 중요한 과제가 된다. 경영자들의 성과는 비일상적인 의사결정을 얼마나 잘 내리는가 하는 능력에 의해 평가되는 것이 보통이다.[19)]

의사결정은 일상적인 의사결정이든지 혹은 비일상적인 의사결정이든지, 단계적·체계적 접근이 효과적인 의사결정에 도움을 줄 수 있다.

제3절 경영조직화

1. 경영조직화의 방향

경영자들은 실행방안을 계획한 후 그 목표를 달성하기 위해 기업의 각 관련 경영자원(인적자원과 물적자원)을 조직화해야만 한다.

경영조직화(organizing)는 자원을 할당하고, 과업을 분담하며, 조직의 목표를 최상의 방법으로 달성될 수 있도록 과정과 절차를 확립하는 것을 의미한다.[20)] 경영조직화의 방향은 조직의 구조를 설계하고 조직의 목적과 목표를 달성하는데 필요한 조건, 즉 '통합된

---

19) 곽수일·김우봉·노부호·이설·소남신·황신용, 1995, 현대기업경영원론, 영지문화사, 133~134.
20) W. G. Nickels et als., 2010, op. cit., 180, 186~187.

시스템을 창출'하는 일이다. 경영조직화는 계획에서 설정된 조직목표의 달성에 공헌할 수 있도록 모든 자원을 일정한 패턴 하에 상호 연관되도록 배치하고 이에 상응하는 권한과 책임을 부여하는 것이다. 따라서 기업의 조직화는 작업의 분할(division of work), 부분화 (departmentation),[21] 권한의 유형(pattern of authority), 통제의 범위(span of control),[22] 조정(coordination) 등이 고려되어야 한다.[23]

경영조직화는 조직목표를 달성하기 위해 조직구성원들이 공동으로 노력할 수 있도록 인적 및 기타 자원 편성의 안정적이고 이해 가능한 틀의 기능을 한다. 다시 말하면 경영조직화는 일정한 목표 달성을 위해 계획을 집행하기 위한 수단이고, 합목적적, 즉 기계적·인위적으로 편성되도록 하는 노력이며 인간의 노력을 보다 효과적으로 협동시키기 위한 수단이다(Brown). 따라서 경영조직화는 경영계획에 의해 정해진 질서를 실현하는 수단이며, 주어진 목적을 구체화하기 위한 용구(E. Gutenberg)로서의 기능을 수행한다.

경영조직화란 어떤 업무가 이루어져야 하며, 누가 그것을 수행할 것인지, 업무분류는 어떤 식으로 이루어지며, 업무보고는 누가 하고, 의사결정은 어디에서 이루어지는가에 관한 문제를 다루는 활동이라고 할 수 있다. 따라서 조직화는 조직을 형성시켜 나가는 '과정(조직설계)'과 이 과정을 통해서 만들어진 '형태(조직구조)'로 이해할 수 있다. 이러한 조직화는 하나의 완성된 조직(organization)과는 차이가 있다. 따라서 조직이란 조직화과정을 거쳐 조직구조가 형성되어 체계를 갖춘 완성된 결과물을 의미한다.[24]

2. 경영조직화의 영향요인

조직화의 영향요인은 전략, 규모, 조직의 라이프사이클, 환경, 기술 등이 있다.[25]

1) 전 략

경영자가 기업의 목적을 이루기 위해 조직구조를 설계한다는 관점에서 조직구조는 전략을 따른다. 전략이 바뀌게 되면 조직구조 또한 바뀌게 된다.

---

21) 개인들에 할당된 다양한 업무들을 효과적으로 관리하기 위하여 일정한 기준에 의해 서로 유사한 과업 활동이나 업무들을 다시 결합해서 별개의 단위나 부서로 집단화시키는 것이다.
22) 한 사람의 관리자가 효과적으로 지휘할 수 있는 부하의 수이다.
23) 유붕식·박홍배·양화섭·장익선·조남기, 2001, 신경영학원론, 학현사, 299.
24) 지호준, 2009, 전게서, 143∼144.
25) 조동성, 2008, 21세기를 위한 경영학, 서울경제경영, 404∼408.

2) 규 모

소규모 조직은 기능식조직이 많다.

중소기업은 노동이 덜 분화되었고 규칙의 종류도 많지 않다. 이러한 조직은 한 사람이 여러 가지 일을 하는 경우가 많고 종업원들이 상황에 따라 대처해야 하는 경우도 많아 창의성을 많이 필요로 하기 때문에 유기적인 조직구조가 적합하다.

대기업은 직무가 전문화되어 있다. 그리고 대기업은 종업원을 효과적으로 통제하기 위해 많은 규칙들을 필요로 한다. 따라서 많은 경우 기계적 조직구조와 연관이 되어 있다. 그러나 대기업은 팀조직 등 유기조직이 대부분이다.

3) 조직의 라이프 사이클

기업의 역사가 오래될수록 기업의 조직구조는 정태적으로 정형화되는 경향이 있다. 조직의 오랜 역사는 표준화된 시스템과 절차 및 규칙들을 만들어 낸다. 그 결과 오래된 기업들은 그대로 둘 경우 기계적인 조직구조를 가지게 되는 경향이 있다.

4) 환 경

조직은 기술환경·시장환경 등과 최적의 관계에 의해 조직구조가 조건지워지고 있다.[26] 특히 조직의 효과성은 조직특성과 환경과의 적합성에 따라 결정되어진다고 알려지고 있다. 따라서 조직구조는 환경에 의해 많은 영향을 받는다.

환경이 안정적이고 예측가능한 경우 기계적인 조직구조가 적합하다. 중앙집권적 의사결정구조, 노동의 분화가 높은 구조 등은 이러한 환경에 잘 맞는다.

환경이 불확실한 경우 유연성과 비공식적인 절차 등이 필요하기 때문에 유기적인 조직구조가 효과적이다.

5) 기 술

우드워드(Joan Woodward)[27]는 생산기술이 조직구조에 영향을 미친다고 주장하였다.

---

26) Burns, T. and Stalker, G.M., 1961, *The Management of Innovation*, London Tavistock; Lawrence, P.R. and Lorsch, J. W., 1967, *Organization and Environment: Managing Differentiation and Integration*, Boston: Harvard Business School.

27) Woodward Joan, 1965, *Industrial Organization: Theory and practice*, London: Oxford University Press.

고객의 주문이나 다양한 선택에 부응하기 위해 소량생산하는 기업은 소량다품종 생산기술의 사용으로 많은 노동력을 필요로 한다. 따라서 유기적인 조직구조가 적합하다.

표준화된 제품을 대량생산하는 기업은 대량생산기술(대량생산, 연속생산)을 필요로 한다. 따라서 기계적인 조직구조가 적합하다.

3. 경영조직화의 5과정

1) 목표와 계획의 검토

기업의 목표와 그 계획에 따라 기업활동이 결정되는데, 이러한 목표와 그 계획은 기업활동을 더욱 정교하게 만든다. 목표에 따라 어떤 활동을 할 것인지에 대한 구체적 계획이 결정되면 이를 어떻게 수행할 것인가를 생각하게 된다. 기업의 목표활동과 수행계획(방법)이 결정되면 기존 조직구조를 재검토하여 가장 적합하다고 판단되는 새로운 조직구조를 구상하게 된다.[28]

2) 활동내용의 결정

기업의 직무활동내용이 결정되면 조직의 구조화 방향이 결정된다. 직무활동 내용은 '분업'(division of labor)과 '전문화'(specialization of labor)가 조직화에 중요한 영향을 준다. 작업의 분업이란 하나의 과업이 몇 개의 하위 작업으로 분화하는 것이고, 작업의 전문화는 과업의 내용과 양에 따른 직무간 분화와 의사결정 권한 및 그 책임에 따른 분화이다.

기업의 직무활동 내용은 이 두 요소의 특성을 감안하여 결정하여야 한다.

3) 활동분류 및 부서결정

기업은 목표를 달성하기 위해 해야 할 업무가 확정되면, 이를 수행할 부서를 정해야 한다. 이처럼 수행할 업무를 집단화, 단위화 하는 활동을 부문화 또는 부서화라고 한다.

부서화는 기업의 규모가 커져 많은 일들을 여러 종업원들이 나누어서 처리하게 될 경우 서로 유사하거나 관련이 있는 업무 혹은 작업활동을 함께 이루어질 수 있도록 부서별로 묶는 것을 의미한다.

부서화는 작업과정이나 기술 등 기능적 유사성, 즉 활동의 유사성에 따라 작업을 집단

---

28) 소농성, 2008, 전게서, 392~393.

화하는 것이다.[29] 부서화는 기능별 부서화, 사업별 부서화 그리고 매트릭스형 부서화 등으로 나눌 수 있다.[30]

4) 작업할당 및 권한부여

작업할당은 기업이 활동분류 및 부서결정을 한 후, 부서 또는 부서의 구성원들에게 업무수행과 관련된 '책임'을 할당하게 된다. 기업이 구성원들에게 업무수행 책임을 할당하게 되면 자연히 그에 따른 '권한'도 부여하여야 한다(책임·권한등가의 원칙). 이 때 권한을 부서 내에서 어떻게 배분할 것인가를 결정하여야 한다.

권한은 기업이 개인에게 수행할 수 있는 합법적인 의사결정을 의미한다. 기업의 규모가 작을 때에는 최고경영자에게 대부분의 권한이 주어지는 '집권화'가 이루어지지만, 기업의 규모가 커지게 되면 각 계층별 구성원들이 자신들의 업무를 효율적으로 수행할 수 있는 '분권화'가 이루어진다.[31]

5) 전체적 조정

기업은 일단 업무를 확정하고 나면 세분화된 여러 직무활동을 전체적 입장에서 조직의 '수직적·수평적 활동관계'를 하나로 묶는 것이다. 조직의 수직적 구조는 의사결정의 위상을 결정하여 각 업무를 누가 맡았는지 보여준다. 수평적 구조는 작업을 수행하는 부서들 사이의 작업관계를 나타낸다. 조직구조를 나타낸 도표가 조직도(organization chart)이다.[32]

조직도가 완성되기 위해서는 '업무간의 조정'이 필요하다. 여기서 조정이란 분업화된 개인이나 집단의 작업활동을 상호연결시키는 활동을 말한다. 따라서 경영자는 각 부서의 주력분야나 업무의 중요성 등을 잘 조정하여 기업 전체의 목표달성에 기여할 수 있도록 각 부서활동을 조정하고 통합하여야 할 것이다.[33]

---

29) 조동성, 2008, 전게서, 394.
30) 지호준, 2009, 전게서, 147~148.
31) 지호준, 2009, 전게서, 149.
32) 조동성, 2008, 전게서, 395.
33) 지호준, 2009, 전게서, 151.

4. 경영조직구조의 유형

1) 경영조직 계층별 담당자

경영조직의 계층구조는 최고경영자(층), 중간관리자(층), 현장감독자(층)으로 구분된다.

최고경영자(top management)는 회장을 포함한 전략적 계획을 수립하는 주요임원들로 구성된 '최고 의사결정조직'이다. 최고경영자는 CEO(최고경영자), 운영담당 임원(COO), 재무담당 임원(CFO), 정보담당 임원(CIO), 지식담당 임원(CKO) 등이 있다. CEO는 회사 전체에 중요한 의사결정 책임이 있다. 최고경영자는 조직의 변화 필요성을 알릴 책임이 있다. 운영담당 임원은 그러한 변화를 직접적으로 실천에 옮길 책임이 있다. 운영담당 임원은 직무를 설계하고, 조정하며 리더의 비전을 제대로 수행하는 직원들에게 확실하게 보상해 주는 일 등을 한다.

중간관리자(middle management)는 일반관리자, 부문장, 공장장들과 같이 전술적 계획과 조정을 맡는 사람들로 구성된 '관리조직'이다. 최근 많은 회사들은 이런 계층의 관리자들을 다운사이징하고 있다. 왜냐하면, 자율적 팀제로 운영하는 기업들이 많아지기 때문이다.

현장감독자(Supervisory management)는 직원들을 직접적으로 감독하고, 하루하루의 성과를 측정하는 책임을 지닌 '작업조직'이다. 그들은 최일선 라인담당자이다.[34]

2) 기업의 조직구조

(1) 기계적 조직

기업의 조직설계는 직무특성과 환경에 부합되어야 한다. 기계적 조직은 전통적 조직이라고도 하며, 직무내용이 쉽고 단순하며, 환경이 안정적인 조직에 가장 적합한 조직이다. 기계적 조직은 테일러(Taylor)에 의해 제창된 과학적 관리법에 바탕을 두고 직무의 분업화, 직무수행의 표준화 등 합리성이 강조되고 있다. 기계적 조직에는 기능조직, 사업부조직, 혼합조직 등이 있다.

㈀ 기능조직

기업의 조직구조는 기업이 성장됨에 따라 점차 구매, 수송, 조달, 생산, 판매, 인사, 회

---

34) W. G. Nickels et als., 2010, op. cit., 186~188.

계 등과 같은 수평적 기능으로 분화하게 된다.

기능조직(function organization)은 유사한 과업과 활동을 기능별로 통합한 독립된 조직단위로 이루어진 조직형태이다. 기능별 조직은 경영기능이 최고경영조직, 관리조직, 업무조직 등 수직적으로 분화되어, 의사결정 권한이 최고경영층에 집중되는 동시에 조직의 직무와 권한이 명확해지고 의사전달과정이 공식화되는 특성이 나타나게 된다. 기능조직을 [그림 9-1]로 나타낼 수 있다.

[그림 9-1] 기능조직

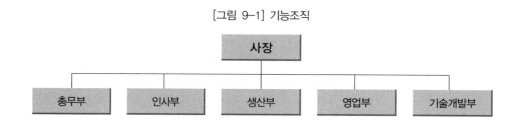

기능조직은 순수기능조직에서 기능조직＋참모조직(staff organization)으로 발전하게 된다. 순수기능조직은 라인만의 조직이고, 기능조직＋참모조직은 기능조직이 유연성 부족으로 나타나는 비효율을 보완하기 위해 참모조직(예: 기획실)이 추가된 조직이다.

라인조직(line)은 최고경영자에서부터 하위계층에 이르기까지 명령권한이 직선적으로 연결된 조직구조를 말한다. 이는 직계조직 또는 군대식 조직이라고도 불리어지며 업무의 부서화가 이루어지지 않는 매우 단순하고 초보적인 조직형태이다. 라인은 생산이나 판매와 같이 기업목표 달성에 필요한 핵심적인 활동을 책임지고 수행하는 구성원들이다.

스탭조직(staff)은 기획, 회계, 재무, 인사와 같이 전문적인 지식이나 기술을 사용하여 라인의 활동이 원활히 이루어질 수 있도록 도와주는 역할을 담당하는 구성원들이다.[35]

기능조직은 정책 수립과 그 시행과정에 대한 통제가 용이하고, 각 기능분야에 전문가를 채용함으로써 효율을 증대시킬 수 있으며, 단일 제품을 생산하여 판매하는 기업에 적합한 조직형태라고 할 수 있다.

그러나 기능조직은 기업의 규모가 커지고 다각화되어 환경변화를 예측하기 어려운 상황에 직면하게 되면 혼란과 비능률이 증가하게 된다. 즉 상급자는 과도한 업무부담을 지게 되고, 하급자는 자율성이 결여되고 권한 없는 책임만 부담하게 되어 조직이 경직된다.[36]

---

35) 지호준, 2009, 전게서, 152~153.
36) 조동성, 2008, 전게서, 410~411.

ⓒ 사업부조직

사업부조직(divisional organization)은 하나의 제품계열을 담당하는 부서 내에 생산, 판매, 관리 및 기술개발을 포함시켜 각 부서가 마치 하나의 독립회사처럼 자주적이고 독립적으로 경영하는 조직이다. 즉 사업부조직이란 전통적인 기능별조직과는 달리 각 사업단위에 대하여 독자적인 생산, 마케팅 및 관리 권한을 부여함으로써 독립채산제를 실시할수 있는 조직형태이다. 이 조직은 경영 및 제품 다각화에 보다 효과적이며 새로운 유통경로와 고객을 확보하는 데 유용한 조직형태이다.

그러나 사업부조직을 도입하기 위해서는 기업규모, 제품계열의 수, 시장상황, 기술, 관리자의 능력, 이익책임단위, 목표관리제도, 업적평가제도, 보상제도 및 관리자 육성책 등과 같은 조건들이 충분히 갖추어져 있는지 검토해야 한다.

사업부조직은 기업의 규모가 증대되고 제품과 시장이 복잡하게 되면서 한 조직을 집중화된 여러 개의 관리 가능한 하부기능단위, 즉 '제품별'이나 '시장별' 혹은 '지역별'로 나누어 독립적으로 운영되고 있다. 따라서 사업부조직은 제품조직, 시장조직 또는 프로젝트조직이라고도 한다.

사업부조직은 다음과 같은 특성이 있다.

첫째, 다양한 시장(환경) 변화나 요구에 적합하게 대응할 수 있다.

둘째, 특정 제품에 관련되는 경영활동이 대부분 해당 사업부문의 책임자에 의해 이루어진다.

[그림 9-2] 사업부조직

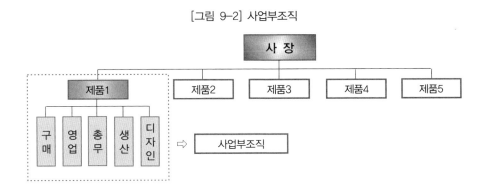

셋째, 각 사업부는 상당히 자주적이고 독립적인 지위를 가진다.

사업부조직은 지속적인 사업확장, 책임경영체제 확립, 신속한 의사결정, 전략수립 및실행의 용이성 등과 같은 장점이 있다.

그러나 사업부조직은 분권적인 조직형태이므로 최고경영자가 하부조직을 통제하고 조정하는데 어려움이 따르며 이로 인해 자원과 노력을 낭비할 가능성이 커진다.[37] 사업부마다 중복된 부서가 있어 자원의 낭비를 초래하거나, 각 사업부 간의 지나친 경쟁을 유발하여 기업 전체의 목표달성을 저해할 수도 있다.[38] 사업부조직을 [그림 9-2]로 나타낼 수 있다.

　　ⓒ 혼합조직

혼합조직은 한 조직에 기능조직과 사업부조직 등 두 형태가 설계되어 있는 조직이다. 이는 기능중심인 총무, 생산, 영업, 등의 부서와 사업부조직의 제품중심인 제품1(예: 건축), 제품2(예: 토목) 등의 부서가 그 특성이 잘 발휘할 수 있도록 같은 서열에 배치하는 조직이다.

　　ⓡ 전략사업단위

전략사업단위(SBU: strategic business unit)는 기업체들이 사업부조직을 바탕으로 다각화 및 대형화를 추구함으로써 조직이 복잡해지고 권한이 분산되어 통제의 어려움을 해결하기 위해 설계된 기업조직이다. SBU란 원활한 업무의 효율성 제고 및 조정과 통제를 위해 주요한 전략요소를 기준으로 각 사업단위를 통합시키는 조직형태이다.

SBU는 다음과 같은 구성요건을 갖추어야 한다.

· SBU는 다른 SBU와 구별할 수 있는 독자적인 사업을 가져야 한다.
· SBU는 다른 SBU와 구별되는 분명한 경쟁자를 가져야 한다.
· SBU는 독자적인 능력을 가진 경쟁자로서의 자격이 있어야 한다.
· SBU는 독자적이고 종합적인 전략계획을 수립할 수 있어야 한다.

SBU는 기업조직의 어느 수준에서도 구성될 수 있다. SBU의 책임자는 전략계획의 기능을 가지며, SBU보다 한 단계 위에 있는 책임자는 평가에 대한 기능을 가질 뿐이다. SBU는 사업부조직의 장점을 대부분 그대로 유지하면서 사업부조직의 단점으로 지적되는 조정 및 통제기능을 높이고, 사업부 간 전략불일치에 따른 자원과 노력의 낭비를 보완하는 조직유형이라고 할 수 있다.[39]

---

37) 조동성, 2008, 전게서, 411~413.
38) 지호준, 2009, 전게서, 154~155.
39) 조동성, 2008, 전게서, 413~414.

(2) 유기적 조직

유기적 조직은 현대적 조직으로서 어렵고 복잡한 업무나, 환경이 불안정하고 불확실한 조직에 적합하다. 유기적 조직은 낮은 계층인 수평적 구조로서 부서 간에 자유로운 이동과 참여가 가능하여 종업원들 간의 비공식적인 의사소통이 잘 이루어질 수 있는 '기능횡단팀' 또는 스스로 질서와 변화를 창출할 수 있는 '자기조직화팀'의 형태를 가진다. 따라서 유기적 조직은 다양한 분야의 전문성을 강조하는 고도의 전문가(professionalist)가 필요하다.

유기적 조직은 직무·권한·책임에서 부문 간의 상호 특성적 차이에 따라 나누어지는 '분화'와 공동목적을 달성하기 위해 일정한 수준에서 각 기능이 집결되어야 하는 '통합'의 효율화가 탄력적으로 이루어지도록 전문적 역량을 가진 구성원에게 의사결정이 이루어지도록 설계된 조직이다. 유기적 조직에는 팀조직, 매트릭스조직, 하이퍼텍스트조직 등이 있다.

㉠ 팀조직

팀조직(team organization)은 상호 보완적인 기술이나 지식을 가진 소수의 구성원들이 자율권을 갖고 기업의 목표를 달성하도록 구성된 조직형태이다. 팀조직은 공동의 목표를 분명히 하고, 이를 달성하기 위해 업무배분·작업방법·작업일정계획·통제 등을 스스로 수행하는 자율적인 작업조직이다. 따라서 팀조직은 일종의 과업지향적 작업집단(task-oriented work group)이다.

팀조직은 상호 보완적인 능력을 가진 소수의 구성원들이 공동의 목표를 달성하기 위해 상호작용하면서 신축성 있게 공동으로 작업하며, 그 결과에 대해 공동으로 책임을 지는 조직단위라는 특성이 있다. 팀은 그 성격에 따라 다르지만, 대체로 5~12명 정도로 구성된다.

팀조직에는 단기간의 특수임무 수행을 위한 '임시조직'(QC분임조, 품질개선팀), 제도화된 '상설조직'(플랫화·슬림화된 대부<大部>·대과<大課>형 팀, 상설위원회), 단기적으로 높은 업무수준의 비제도화된 '권한위임조직'(중요한 프로젝트, 연구개발팀, 특정 프로젝트팀, 태스크포스팀), 항구적으로 높은 업무수준의 '제도화된 권한위임조직'(자율경영팀, 교차기능팀[40])

---

40) 자율경영팀은 상부로부터 전권을 위임받아 스스로 질서와 변화를 창출하는 능력을 발휘하고 통제와 감독까지 맡아 하는 집단이다. 이는 팀원의 자율권 보장, 도전적인 목표의 설정과 지속적인 능력향상, 여러 가지 다른 관점과 아이디어가 나올 수 있는 경험을 가진 인적자원, 지식배경이 다양한 팀원 등으로 구성되어야 한다.

등이 있다. 이 중에서 다음 두 조직을 설명하기로 한다.

업무단위형 팀조직은 기업전체의 업무를 일정한 기준으로 세분화하여 작은 단위를 하나의 팀으로 형성하는 조직을 말한다. 이러한 업무단위형 팀조직은 사업부제조직 안에서 작은 단위로 형성되어 지속적으로 운영된다.

프로젝트형 팀조직은 태스크포스(task force)조직이라고도 불리는데, 어떤 구체적인 문제를 다루기 위해 만들어지고 일단 문제가 해결되거나 임무가 완성되면 해체되는 조직을 말한다.[41]

팀조직은 업무추진에 있어서 불필요한 부서간의 장벽을 없앨 수 있으며 신속한 의사결정체계를 갖출 수 있다. 반면에 팀조직은 각 구성원들의 능력이 부족할 경우 오히려 다른 형태의 조직보다 성과가 떨어질 수 있다.

ⓛ 매트릭스조직

매트릭스조직(matrix organization)은 소비자 중심의 시장상황과 급변하는 환경변화에 적응하기 위해 제품별 조직과 기능별 조직을 결합하여 이중의 명령체계와 책임, 평가 및 보상체계를 갖춘 조직이다. 매트릭스조직은 환경의 불확실성이 높은 기업에서 기능부문과 제품부문이 모두 필요할 경우, 조직의 '상부계층'에 설계되는 조직형태이다. 매트릭스(Matrix)라는 뜻은 X축과 Y축이 교차했다는 것을 나타내는 행(column)과 열(row)의 개념이다.

매트릭스조직은 기능위주의 조직라인과 프로젝트 위주의 조직라인이 겹쳐 있어서 기능위주의 관리자와 프로그램 위주의 관리자가 조직에 소속된 개인 및 소수의 그룹에 대한 명령 및 통제 권한을 공유하는 특성이 있다.[42] 즉 매트릭스조직은 한쪽에 생산, 재무, 마케팅, 인사, 공정, 노무 등과 같은 전통적인 기능별 혹은 업무별 부문이 있고, 또 한쪽에 프로젝트별 또는 지역별 부문이 있어서 이들을 바둑판처럼 엮어서 만든 조직이다. 매트릭스조직의 구성원들은 대부분 기능별 부문으로부터 지원받는다. 그러나 기능별 부문 관리자는 종적인 권한을 행사하게 되고, 프로젝트팀의 관리자는 각 기능별 부문을 초월하여 횡적인 권한을 행사하게 된다.[43]

매트릭스조직은 중간 규모의 조직에서 제조·설계·영업 등 부문별 업무수행에 고도

기능횡단팀은 과업수행을 위해 각 부서에 소속되어 있는 서로 다른 기능을 가진 사람들이 모여서 작업하는 집단이다. 교차기능팀과 태스크포스팀(T/F)의 구성형태는 같다. 그러나 전자는 장기간 존속하는데 비해 후자는 임시적 형태이다.

41) 지호쥰, 2009, 전게서, 158~159.
42) 조동성, 2008, 전게서, 414~415.
43) 지호준, 2009, 전게서, 157.

의 전문기술인력과 통합기술이 필요할 때 효과적이다. 또한 매트릭스조직은 제품간 인적 자원의 유연성을 가지게 되어 고객들의 다양한 요구에 부응할 수 있다. 매트릭스조직은 경영활동이 다기능팀으로 이루어지므로 조직구성원들 사이에 장벽을 완화시킬 수 있고, 협동관계가 형성된다. 특히 매트릭스조직은 환경변화(시장의 새로운 변화)에 대해 융통성 있는 의사결정이 필요할 때 효과적이다.

그러나 기능별 상급자와 프로젝트별 상급자라는 두 명 이상의 상급자를 갖게 되므로 이들로부터 서로 다른 명령을 받을 경우 혼란과 갈등이 발생하게 된다.[44]

매트릭스조직을 [그림 9-3]으로 나타낼 수 있다.

[그림 9-3] 매트릭스조직

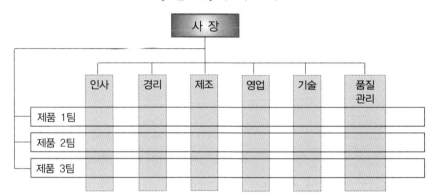

ⓒ 하이퍼텍스트조직

하이퍼텍스트조직(hypertext)은 조직내에 '지식기반층(가상적 공간)'을 바탕으로 하여 기능제인 '사업단위층'과 유연제인 '프로젝트팀층(자기조직화팀)'이 공존하는 조직으로서 두 구조를 역동적으로 통합하는 조직형태이다.

하이퍼텍스트조직의 특성은 다음과 같다.

하이퍼텍스트조직은 조직내 3개의 층이 존재한다. 즉 지식기반층을 바탕으로 하여 사업단위층과 프로젝트팀 구조의 장점이 역동적으로 통합되어 있다. 구성원들은 상황의 변화에 따라 3개 층을 자유롭게 이동하면서 동태적 사이클을 통해 지식창출이 이루어질 수 있다. 이를 [그림 9-4]로 나타낼 수 있다.

---

44) 지호준, 2009, 전게서, 157; 조동성, 2008, 전게서, 414~415.

[그림 9-4] 하이퍼텍스트조직

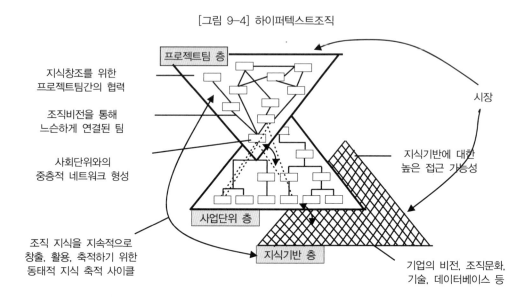

사업단위층은 일상적 업무를 수행하므로 '기능구조'를 이룬다. 이 구조는 높은 계층을 이루고 상위층의 명령과 하위층의 실행관계를 갖는다.

프로젝트팀층은 신제품개발 등과 같은 업무를 수행하는 여러 개의 프로젝트팀이 새로운 가치창출활동을 수행하는 '유연구조'를 이룬다. 따라서 프로젝트팀은 최고경영자의 직접적인 통제하에 있기 때문에 경영층과 보다 철저하고 깊이 있는 대화가 이루어지고, 집중적인 탐색을 통해 깊이 있는 새로운 지식을 창출하고 습득할 수 있다.

지식기반층은 실질적인 조직형태가 아니라, 사업단위층과 프로젝트팀층에서 창출된 지식이 재분류되고 정리되는 '가상적 공간'이다. 지식기반층은 기업비전, 문화, 기술, 데이터베이스 형태로 지식이 축적되고 교환되는 저장소 겸 교환소 역할을 한다.

미들업다운관리(middle up down)가 필요하다. 미들업다운 관리는 중간관리자가 중심이 되어 최고경영층에 의해 창출된 비전과 목표를 현장종업원들이 잘 이해하고 실행할 수 있도록 구체화시켜 전달해 주고, 종업원들의 정보나 지식을 통합하고 변환시켜, 최고경영층이 이를 달성시킬 수 있도록 연결시킨다. 하이퍼텍스트조직의 미들업다운관리는 조직학습을 촉진시킬 수 있으므로 조직을 학습조직[45]으로 변화시킬 수 있다.

---

45) 학습조직이란 행동의 변화가 능숙한 소식을 의미한다. 이는 조직학습(조직이 열심히 노력하여 지식과 능력 향상)을 통해 이루어진다.

제 4 절   경영지휘

1. 경영지휘의 방향

기업이 목표를 세워 세부적인 추진계획을 수립하고, 이를 수행하기 위한 조직화활동이 이루어지면 효과적으로 수행할 수 있는 경영지휘가 필요하다.

경영지휘(leading)는 기업의 목표를 달성하기 위해 종업원들이 적극적으로 몰입하도록 도와주는 경영자의 활동을 의미한다. 다시 말하면 경영지휘는 경영자가 기업목표를 달성하기 위해 요구되는 업무를 잘 수행하도록 종업원들에게 동기를 유발하고 이끄는 활동을 말한다.[46) 지휘는 경영자가 종업원들을 대상으로 커뮤니케이션이나 지도·훈련 등을 통해 비전을 제시하고 동기유발시킴으로써, 기업의 목적과 목표를 효과적으로 달성하도록 도와주는 것을 의미한다. 경영지휘의 방향은 경영자가 '지속적으로 비전과 가치를 제공'하는 일이다.

조직에서 경영자는 관리자의 역할은 물론 리더의 역할을 수행하여야 한다. 관리자는 질서와 안정을 추구하는 반면, 리더들은 포용과 변화를 추구한다. 리더는 조직의 효율성과 효과성을 높이기 위해 다른 사람들을 이끌 수 있도록 비전을 제시하고 공동가치의 창출, 윤리의 형성, 조직의 변화를 꾀한다. 훌륭한 리더는 구성원들을 동기유발시키며, 그들 스스로 일할 수 있는 환경을 만들어준다. 즉, 경영자는 종업원들에게 가능한 한 더 많은 자율을 주어 그들의 의지에 따라 업무를 수행할 수 있도록 하여야 한다.[47)

2. 경영지휘의 방법

경영자는 모든 구성원들이 기업의 비전을 공유하고, 일을 협력적으로 잘 처리하도록 만들어야 한다. 따라서 경영자는 구성원들에게 규칙을 강요하는 일보다, 하나의 목적으로 뭉친 공동작업장으로 변화시켜야 한다. 경영자는 말만이 아닌 행동으로서 구성원들을 지휘하여야 한다.

첫째, 경영자와 구성원들은 '공동비전을 정립'하기 위해 이와 관련된 사람들을 모아야 한다. 그럼으로써 리더는 구성원들의 관심을 끌 수 있고, 그들에게 책임감을 느끼도록 만

---

46) 지호준, 2009, 전게서, 172.
47) W. G. Nickels et als., 2010, op. cit., 180~181.

들 수 있다.

둘째, 경영자와 구성원들은 고객들의 선호도를 바탕으로 하여 기업의 '상품가치를 정립'하고, 이를 향상시키기 위해 노력하여야 한다.

셋째, 경영자와 구성원들은 '정직과 공정성'을 제고하여야 한다. 오늘날 많은 비즈니스맨들은 선행에 많은 돈을 투자하고 있고, 자신의 구성원들과 소비자들(국민)에게 관심을 쏟고 있다.

넷째, 경영자와 구성원들은 기업의 좀 더 효율적이고 효과적인 '변화를 지향'하여야 한다.[48]

경영자의 지휘는 기업의 목표달성에 필요한 직무를 수행하도록 구성원들에게 지시하고, 영향력을 행사하는 리더십을 통해 이루어진다. 경영자의 리더십은 경영자와 구성원 간의 활발한 의사소통을 통해 종업원의 동기부여 향상에 많은 영향을 주고 있다. 번즈 (Burns, 1978)는 초월적인 목표를 세우고 부하들을 동기부여시키는 리더를 기술하기 위해 최신의 리더십이론인 변혁적 리더십 개념을 정리하였다.[49] 이를 [그림 9-5]와 같이 나타낼 수 있다.

[그림 9-5] 리더십의 목적과 수단

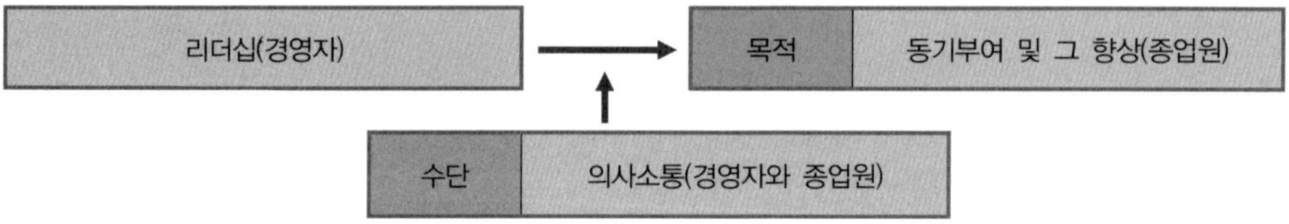

3. 경영지휘의 주요이론

1) 리더십

(1) 리더십의 의의

경영자는 조직을 운영하는 주체이고, 종업원들을 동기부여시킬 수 있는 리더이다. 조직은 유능한 경영자들에 의해 발전된다. 따라서 유능한 경영자들은 한결같이 훌륭한 리더십에서 비롯되고 있다. 물론 리더십은 조직의 최고경영자에만 국한된 문제가 아니라,

---

48) W. G. Nickels et als., 2010, op. cit., 189~190.
49) 이덕로·서도원·김용순, 2003, "변혁적·거래적 리더십이 조직시민행동에 미치는 영향", 449, 경영학연구, 한국경영학회, 제32권 제2호, 449~474.

조직의 구성원 모두가 발휘하여야 하는 기능이다.

리더십은 리더가 일정한 상황에서 구성원들로 하여금 조직이나 집단의 공동목표를 달성하는 데 필요한 행위를 하도록 영향을 미치는 과정 또는 그 역량을 말한다.[50] 리더의 자격요건은 조직의 비전 제시(미래조직이 나아갈 바람직한 방향을 제시), 조직에의 충성(목표달성에 헌신), 조직구성원들로부터 인간적 신뢰와 행동에 대한 지지가 있어야 한다.

중용(中庸)에는 성군(聖君)이 갖추어야 할 리더십의 요건을 총(聰), 명(明), 예(睿), 지(知) 등 네 가지로 들고 있다. 총은 사람의 말을 듣고 참과 거짓, 즉 진위(眞僞)를 정확히 가려낼 줄 안다. 명은 당장 벌어지는 일의 잘잘못을 명확하게 가려 낼 줄 안다. 예는 일에 밝아 어떤 일을 추진하기에 앞서 밑그림을 빈틈없이 그려낼 줄 안다. 지는 사람을 깊이 꿰뚫어 보아 그 사람의 마음가짐이나 숨은 능력을 알아낼 줄 아는 것이다.[51]

조직에서 경영자는 그 역할에 따라 관리자가 될 수도 있고 리더가 될 수도 있다. 관리자는 조직과 구성원들을 통솔하는 사람, 즉 조직에서 의무적으로 수행해야 할 일들을 더잘 수행하도록 조직구성원들에게 통제·명령·지도·책임할당 등의 기능을 수행하는 사람이다. 그러나 리더는 조직구성원들이 무슨 일을 하도록 주선만 해주며 방향제시와 충고나 지도하여 '구성원들이 일을 하도록 만드는 사람'이다. 따라서 관리자는 과거지향적으로 이미 주어진 일이 잘 완성되도록 관리하는 역할을 하지만, 리더는 미래지향적으로 무엇을 해야 할 것인가를 정해주고 구성원들 스스로 해나가도록 자극하고 지도해주는 역할을 한다.[52] 결국 리더(leader)는 좋은 선수이면서 좋은 코치이고, 좋은 심판이어야 한다. 그리고 좋은 규칙을 만드는 사람이면서 좋은 응원단장(cheer leader)이어야 한다. 따라서 조직의 경영자는 그 조직의 성과 향상을 위하여 좋은 관리자이며 동시에 좋은 리더가 되어야 한다.[53]

(2) 리더십의 전통이론

리더십의 전통이론은 특성이론, 행동이론, 시스템이론이 있다.

리더십의 특성이론은 효율적인 리더가 가지고 있는 공통적인 특성, 특질, 또는 자질을 발견하려는 이론이다. 특성이론은 리더가 카리스마(charisma)적 기질(개인이 영적·심적·

---

50) Robbins, S.P., 1996, *Organizational Theory*, 3rd ed., Englewood Cliffs, NJ: Prentice-Hall, 412.
51) 이한우, 조선일보, 2013.10.31 A.35.
52) Zaleznik, A., 1986, "Excerpt, from Mangers and Leaders: Are They Different?" *Harvard Business Review*, May June, 54.
53) 임창희, 2013, 조직행동, 비앤엠북스, 342~343.

초자연적인 특질 보유자)이나 위인(the great man: 보통사람과 다른 특질 보유자)적 자질(특성)을 가진 사람만이 자연스럽게 훌륭한 리더십이 나타낸다고 보는 이론이다. 이 이론에서 리더는 지성, 지배력, 자신감, 추진력, 실력 등이 중시되고 있다.

리더십의 행동이론은 리더의 어떠한 행동이 가장 효율적인 리더십을 발휘할 수 있도록 만드는지를 발견하려는 이론이다. 이 이론에서 리더는 선천적으로 타고난 것이 아닌 후천적으로 만들어지므로 모범적인 리더의 행동을 알고 훈련하고 신장시키면 훌륭한 리더가 될 수 있다는 입장이다.

행동이론의 초기에는 리더의 행동 특성에 대하여 '부하들이 인식하고 있는 이미지'가 리더십 유형을 결정한다고 보았다. 레윈, 리피트, 화이트(K. Lewin, R. Lipitt, R. White, 1939)[54]는 리더의 유형을 전제적, 민주적, 방임적 리더로 나누고 있다. 전제적 리더는 다른 사람의 의사를 묻지 않고 단독으로 의사결정을 한다. 전제적 리더는 자신이 의사결정을 하고, 이를 부하에게 알려 실천하도록 한다. 민주적 리더는 의사결정과정에 부하를 참여시킨다. 예를 들어 민주적인 영업부장의 경우 판매목표의 설정 시에 영업사원을 참여시킨다. 방임형 리더는 최소한의 감독을 최선으로 여기며, 대부분의 의사결정을 부하에 맡긴다.[55] 이와 같이 민주적 리더는 부하들의 협조와 만족도가 크고, 전제적(독재적) 리더는 일시적으로 생산실적이 높게 나타난다.

행동이론의 후기에는 부하들에게 비춰지는 '리더의 행동 특성(성격이나 가치관)'의 모습이 리더십의 유형을 결정한다는 것이다.

먼저, 리더십은 리더의 행동을 생산성과 생활성(인간성)에 두고 있다. 이와 비슷한 내용으로 구조주도형과 배려주도형(R.M. Stogdill, 1974; E.A. Fleishman, 1951), 생산중심형과 부하중심형(R. Likert, 1961), 과업기능과 인간관계기능(R.F. Bales, 1985) 등으로 표현하기도 한다. 또한 블레이크와 머튼(R.R. Blake & J.S. Mouton, 1964)[56]은 관리격자이론(managerial grid theory)에서 과업과 인간을 강조하면서 그 양측을 XY축으로 놓고 각각 9단계로 나누어 격자를 만든 후, 9.1(독재형), 1.9(인간관계형) 1.1형(방임형), 5.5형(중간형), 9.9형(이상형)이라 이름 붙였다. 이 중에서 9.9형은 과업과 인간 모두에서 최고 수준의 유형이다. 따라서 9.9형은 리더가 부하들을 업무에 적극적으로 참여시키고 단결하도록 함으로써 목표달성에 가장 큰 성과를 향상시킬 수 있는 모형이다.

---

54) Lewin, K., Lippit R. and White., R., 1939, "Patterns of Aggressive Behavior in Experimentally Created Social Climates," *Journal of Social Psychology*, No.10, 271~288.

55) 곽수일 외, 1995, 전게서, 134~136.

56) Blake, R. R. & Mouton, J. S., 1964, *The Managerial Grid*, Houston, TX: Gulf Publishing Co.

그 다음, 리더십은 리더의 행동을 인간관차원에 두고 있다. 맥그리거(D. McGregor, 1960)[57]는 그의 XY이론에서 인간을 X와 Y 두 인간관으로 나눈다. 이 이론에서 X는 인간을 일하기 싫어하는 등 부정적으로 보는 인간관이고, Y는 인간을 일할 수 있는 여건만 조성해 주면 열심히 일한다는 긍정적으로 보는 인간관을 의미한다. 따라서 맥그리거는 Y론적 인간관을 지지하면서 Y론적 리더십이 더 효율성이 높다고 하였다.

리더십의 시스템이론은 리더십을 네 가지 관리시스템으로 구분하고 참여적·민주적 리더십이 가장 이상적인 리더십이라고 주장하는 이론이다. 리커트(R. Likert, 1961)[58]는 시스템의 4유형, 즉 시스템 Ⅰ(개척적, 독재적), 시스템 Ⅱ(인정적, 권위적), 시스템 Ⅲ(자문적, 참여적), 시스템 Ⅳ(참여적, 민주적)로 나누고, 가장 이상적인 리더십은 '시스템 Ⅳ'라고 하였다.

(3) 리더십의 상황이론

리더십의 상황이론은 리더의 특성이나 행동이 상황에 적합한지 여부가 리더십을 결정한다는 이론이다. 이 이론은 리더가 상황에 알맞을 때 어느 리더십도 높은 성과를 올릴 수 있다고 본다. 즉 훌륭한 리더 = f(리더 × 상황)이다.

피들러이론은 피들러(F.E. Fiedler, 1967[59])가 주창한 이론으로서 상황호의성과 종업원 특성 등 상황을 고려하여 리더십을 달리해야 한다는 이론이다.[60]

피들러는 리더의 유형을 파악하기 위해 LPC모형을 이용하였다. 즉 리더에게 '함께 일하기 가장 싫은 사람(LPC: least preferred co-worker)'의 설문항에 대해 체크하도록 하여 LPC에 대한 개별평가점수를 높게 준 리더를 인간중심형 리더로, 낮은 점수를 준 리더를 과업지향적 리더로 구분하였다.

피들러이론은 상황여하(상황변수 + 리더의 특성)에 따라 효과가 다르게 나타난다는 것이다. 즉 어떤 상황에서는 인간중심형 리더가 더 효과적이지만, 또 다른 상황에서는 오히려 과업중심형 리더가 더 효과적이라는 사실을 밝혀냈다.

또한 피들러이론은 상황변수요인으로 ① 과업구조(과업목표의 명확성 여부, 수단절차의 구조화 정도, 통제 용이성 등), ② 리더-부하 간의 관계(상호신뢰, 친밀정도), ③ 리더의 지

---

57) McGreger, D., 1960, *The human side of enterprise*, New York: McGraw-Hill.
58) Likert, R., 1961, "An Emerging Theory of Organization Leadership and Management," in L. P. B. Bass, ed., *Leadership and Interpersonal Behavior*, New York: Holt, Rinehart and Winston, 290~309.
59) Fiedler, R. E., 1967, *A Theory of Leadership Effectiveness*, New York: McGraw-Hill.
60) 백기복, 2002, 전게서, 384~386.

위와 권력(보상권한 유무 등) 등 세 가지를 들었다. 이들 상황변수가 모두 높은 정도면 리더십 발휘가 용이한 상황, 모두 낮은 정도라면 그 발휘가 곤란한 상황이 되는데, 이런 상황은 과업지향적 리더가 효과적이라 할 수 있다. 그러나 용이하지도 곤란하지도 않는 상황에서는 인간중심형 리더가 더욱 효과적이라는 것이다.

3차원모형은 허시와 블랜차드(P. Hersey & K. H. Blanchard, 1977)[61]가 주창한 이론이다. 이 모형은 일, 인간, 성숙도(상황)에 따라 리더십 유형이 결정된다는 이론이다. 부하의 성숙도란 달성 가능한 목표설정 능력, 책임질 의사, 교육과 경험 등을 말한다. 따라서 3차원 모형은 부하가 업무수행의 능력과 자발적 의사를 갖추면서 성숙도에 따라 결정된다. 즉 부하가 아무 것도 모르고 일하기 싫어하고 성숙도 수준이 낮을 때 지시적 리더십, 부하가 능력이 부족하나 의욕이 있을 때 설득적 리더십, 부하가 능력은 있지만 의욕이 없을 때 참여적 리더십, 부하가 능력과 의욕이 모두 높을 때 위양적 리더십이 효과적이다.

경로·목표이론은 하우스(R. House, 1987)[62]가 주창한 이론이다. 이 이론은 리더가 부하를 목적지에 이르도록 하기 위해 길(path)과 방향(direction)을 가르쳐주고 따라가면서 코치해 주는 역할을 해야 한다는 이론이다. 이때 부하특성(능력, 성격 등)과 작업특성(과업의 구조화, 작업집단, 권한체계 등)과 같은 상황을 고려하여야 한다. 이 이론은 리더가 상황에 따라 지도적(리더가 과업, 역할 등의 지침 필요시), 지원적(부하의 지위 등이 원할 할 시), 참여적(부하와 함께 의사결정 필요시), 성취지향적(리더가 부하와 함께 도전적 목표 설정시)인 역할을 수시로 바꾸어 가면서 리더십을 행사하여야 한다는 것이다.

(4) 리더십의 현대이론

리더십의 현대이론은 리더와 부하가 상호관계를 어떻게 유지·발전시키느냐가 리더십을 결정한다는 입장이다. 최근 우리나라 기업의 실증적 연구에 의하면, 기업이 종업원들의 바람직한 효과, 즉 조직시민행동,[63] 낮은 스트레스, 부하의 혁신성향, 성과, 신뢰, 가치일치 등을 높이기 위해 거래적 리더십도 어느 정도 효과적이나, '변혁적 리더십'이 가장 효과적임이 증명되고 있다.[64]

---

61) Hersey, P. & Blanchard, K. H., 1977, *Management of Organizational Behavior*, 3rd ed., Englewood Cliffs, NJ: Prentice-Hall.

62) House, R. J., 1987, "The all thing in moderation leader," *Academy of Management Review*, 12, 164~169.

63) 조직시민행동이란 구성원이 해야만 하는 공식적 업무가 아니라 '지키면 좋은' 행동으로서 다른 사람에게 도움이 되고, 조직의 성과를 향상시키는 행동이다. 이는 이타심(자비, 사랑), 양심, 예의, 시민정신, 스포츠맨십 등의 요소로 구성되어 있다.

64) 한상현, 1999, "변혁적·거래적 리더십 요인과 스트레스와의 관계에 대한 탐색적 연구", 경영학연구, 한국경영학회, 제28권 제1호, 51~74; 임준철·윤정구, 1999, "부하에 의해 인지된 상사의 변혁적 및 거래적

거래적 리더십(transactional leadership)은 부하가 성과를 올리도록 그 전제조건으로 공식적이고 제도적으로 보상과 처벌, 즉 미래 승진, 인정, 기회제공, 강등, 벌칙 등을 제시하여 부하의 성과와 기업의 보상간에 '교환관계'를 형성하는 리더십이다. 따라서 거래적 리더는 공식적이고 제도적인 규칙, 즉 보상, 규제 및 처벌을 활용하여 부하들이 자신의 직무요구를 충족시키도록 동기를 부여한다.

거래적 리더는 리더와 부하 사이에 공정성을 바탕으로 하여 교환관계에 기반을 두고 있다. 거래적 리더는 부하에게 직무요건과 역할을 자세히 설명하거나, 목표달성을 위한 구체적인 절차를 명시하여 자신들이 일한 대가로 어떠한 보상을 받을 수 있는지를 인식시켜 직무에 열성적으로 참여시키는 리더이다.

거래적 리더의 구성요인은 조건적 보상(contingent rewards)과 예외 없는 관리(management by exception)이다. 조건적 보상은 부하들이 노력하여 성과를 내면 그만큼 자신이 원하는 것(예: 보상이나 승진)을 얻을 수 있다는 믿음을 가지도록 한다. 그리고 예외없는 관리는 항상 부하의 행동을 일정한 형식적인 틀 안에 가두어 두려고 하여 조금이라도 다른 방식의 업무수행을 용인하지 않으려고 한다.

리더는 종업원들 중에서 내집단(in-group: 리더와 친밀한 집단)에게 공식적 역할 외 확대된 역할을 맡기면서 관심, 호의, 신뢰, 정보를 주고, 외집단(out-group: 리더와 친밀하지 못한 집단)에 대해 공식적 역할만을 맡겨 공평한 처우가 어렵게 된다는 한계가 있다.[65]

변혁적 리더십(transformational leadership)은 번즈(Burns, 1978)[66]에 의해 개념이 정립되고 바스(Bass, 1985)[67]에 의해 더욱 정교하게 발전시킨 리더십이다. 변혁적 리더십은 부하들에게 명확하고 매력적인 비전과 장기적 목표를 제시하고, 새로운 시도와 변화로 달성 불가능한 목표일지라도 성취할 수 있다는 자신감을 심어주어 인내와 희생으로 개인의 이해를 떠나 조직에 기대 이상의 성과를 달성하도록 하는 리더십이다.[68]

변혁적 리더는 부하들에게 자기자신의 이익을 초월하여 조직의 이익을 위해 관심을 가지고 공헌하도록 고무시켜 주고 부하들 스스로 항상 새로운 시도를 하고 변화를 추구하여 바람직한 행동(창조, 학습, 변화, 도전 등)을 할 수 있도록 한다. 따라서 변혁적 리더

리더십이 부하의 혁신 성향에 미치는 영향", 인사·조직연구, 한국인사·조직학회, 제7권 1호, 1~42; 이덕로 외, 2003, 전게논문, 449~474; 이진규·박지환, 2002, "부하가 인지한 상사의 변혁적·거래적 리더십과 성과간 신뢰 및 가치 일치의 매개효과 검증", 경영학연구, 한국경영학회, 제32권 제4호, 925~954.

65) 신철우·박하진·장수덕·최병우, 2007, 조직행동론, 대영사, 379~380.
66) Burns, J.M., 1978, *Leadership*, N.Y., Harper & Row.
67) Bass, B.M., 1985, *Leadership and performance beyond expectations*, New York: The Free Press.
68) 임준철 외, 1999, 전게논문, 3.

는 리더와 부하들 간에 도덕성과 동기부여 수준을 높이는 상호존중적 '호혜관계'를 만들어 낸다. 또한 변혁적 리더는 부하에게 항상 창의성 발휘와 조직유효성 증대를 위한 핵심조건을 제시하여 자아실현의 욕구를 자극하고 달성하기 어려운 목표라 할지라도 성취할 수 있다는 자신감을 불러일으키게 하는 리더이다.

변혁적 리더의 구성요인은 카리스마(charisma), 비전(vision), 개인고려(individualized consideration), 지적 동기유발(intellectual stimulation)이다. 카리스마는 리더가 부하들에게 성공과 성취의 상징이 되거나, 인간적 매력 등으로 호의를 얻은 상태로서 동기유발시킨다. 비전은 미래 조직이 가야 할 바람직한 방향(목표)으로서, 부하들이 미래에 대해 꿈과 희망을 가지게 하여 조직 내 잠재적인 성장 동기를 유발시킨다.[69] 개인고려는 조직 구성원들을 모두 획일적인 기준으로 생각하는 것이 아니라, 개인 한 사람 한 사람의 감정과 관심, 그리고 욕구를 존중함으로써 동기유발시킨다. 지적 동기유발은 과거의 구태의연한 사고방식과 업무관습에서 벗어나 항상 새로운 업무방식으로 부하들을 동기유발시킨다.

변혁적 리더십은 거래적 리더십과 상호보완적이다. 변혁적 리더십은 거래적 리더십 위에 구축되며, 거래적 접근방법만으로 가져올 수 없는 부하직원들의 노력과 성과 수준을 더욱 높일 수 있다.[70]

2) 동기부여

(1) 동기부여의 의의

기업은 구성원들의 동기부여를 통해 조직의 목표를 달성할 수 있다.

동기부여(Motivation)는 개인이 목표지향적인 행동을 자발적으로 일으키고, 방향지우며, 지속시키는 과정을 의미한다. 동기부여는 개인의 입장에서 보면 개인이 자신의 욕구를 충족시키거나 조직의 목표를 달성하기 위해 목표지향적 행위를 자발적으로 일으키고 방향지우며 지속하는 과정을 말한다.[71] 또한 동기부여는 경영자나 조직의 입장에서 보면 종업원으로 하여금 조직이 바라는 결과를 산출할 수 있도록 자발적이고 지속적인 행동을 효과적으로 유도하는 경영활동이다.[72] 따라서 경영자는 구성원들을 맡은 직무에 동기유

---

69) Bass, B.M., 1985, op. cit.

70) Robbins, Stephen P. & Judge, Timothy A., 2011, *Organizational Behavior*, 14th edition, Prentice Hall.

71) Landy, F. I. & Backer, W. S., 1987, "Motivation Theory Reconsidered," in ,Cumimings, C. L. & Staw, B. M.(eds.), *Research in Organizational Behavior*, Greenwich, C, T; IAI Press, 1~38; 신유근, 2008, 전게서, 210.

발 시킨 후 몰입(commitment, involment)[73]까지 될 수 있도록 관리하여야 한다. 구성원들은 맡은 직무에 몰입을 통해 자신의 잠재력을 개발하고 자신감을 높일 수 있을 것이다.

동기부여에는 다음과 같이 '4단계 모형'이 있다.

기대설정단계이다. 개인과 조직이 일을 통해서 어떤 것을 얻을 수 있으리라는 기대치를 설정하는 단계이다.

노력투입단계이다. 개인이 자신의 목표를 달성하기 위해 혹은 조직에서 제시되는 일을 효과적으로 수행하기 위해 노력을 투입하는 단계이다.

성과평가단계이다. 개인과 조직의 노력투입결과로 나타나는 성과에 대해 개인과 조직이 각각의 기준을 가지고 평가하는 단계이다.

보상 및 만족단계이다. 개인 또는 조직 스스로가 성과평가자료를 기초로 하여 그에 상응하는 보상을 하고 이에 대해 만족 또는 불만족을 느끼는 단계이다.

(2) 동기부여의 이론

㉠ 동기부여의 내용이론

동기부여의 내용이론은 구성원이 보유한 욕구나 충동의 내용(본질)이 동기화시킨다고 주장하는 이론이다.[74]

• 욕구단계이론

욕구단계이론은 매슬로우(A. H. Maslow)가 주장한 이론이다. 인간의 욕구는 생리적 욕구(의·식·주·성욕), 안전의 욕구(물질적 안정·위협·재해로부터 안전), 사회적 욕구(사랑·우정 등의 소속욕구), 존경의 욕구(존경·자아존중·타인지배), 자아실현의 욕구(자아발전·이상적 자아실현) 등 5단계로 이루어져 있다. 사람들은 하위단계의 기본적 욕구(저차원적 욕구)가 성취되면 상위단계의 욕구(고차원적 욕구)를 추구하려는 본능이 있다. 따라서 이 이론은 인간의 욕구단계를 활용하여 상위욕구를 자극시킬 수 있도록 동기를 부여함으로써 더 좋은 경영성과를 산출해 낼 수 있다고 하였다.

• X-Y이론

X-Y이론은 맥그리거(D. McGreger, 1960)[75]가 주장한 이론이다. X이론은 인간본성에

---

72) Tosi, H. L., Rizzo, J.R. & Carol, S. J., 1990, *Managing Organizational Behavior*, 2nd ed., San Francisco: Harper & Row, 268; 신유근, 2008, 전게서, 210.

73) 몰입은 고도의 집중을 유지하면서 지금하는 일을 충분히 즐기는 상태이다(Csikszentmihalyi). 물아일체(物我一體)나 무아경(無我境)과 같은 개념이다.

74) 신유근, 2008, 전게서, 212.

75) McGreger, D., 1960, op. cit.

대한 부정적인 가정을, Y이론은 긍정적인 가정을 바탕으로 한다.

X이론은 인간이 기본적으로 게을러서 일을 싫어하고, 책임시기를 두려워한다고 가정한다. 따라서 인간은 기본적으로 일하기를 싫어한다면 감시, 감독 등 강압적인 방법을 동원할 수밖에 없다고 보는 것이다.

Y이론은 인간이 여건만 주어지면 책임을 수용할 뿐만 아니라, 스스로 주도적 · 자율적 · 창조적으로 일처리를 한다고 가정하고 있다. 따라서 경영자는 종업원이 스스로 일할 수 있도록 그 여건의 조성이 필요하다고 본다.

X－Y이론은 X이론보다는 Y이론이 보다 효과적이라고 주장한다. 따라서 경영자는 기업의 급격한 상황 변화에 유연하게 대처하기 위해서 Y이론을 바탕으로 하여 개인의 주도성과 창의성을 적절히 수행할 수 있도록 운영하여야 할 것이다. 즉 경영자는 구성원들을 기업의 각종 의사결정에 참여시키고, 그들이 맡은 직무를 책임지고 도전적으로 수행할 수 있도록 해야 한다.

• 2요인이론

2요인이론(dual factor theory)은 허츠버그(F. Herzberg)가 주장한 이론이다. 그는 200명의 전문직 종사자를 대상으로 한 설문조사에서 동기요인과 위생요인 등 2차원으로 이루어져 있음을 발견하였다. 동기요인(motivative factors): 만족요인이라고도 한다. 구성원의 동기부여에 효과적인 요인이다. 이는 인정욕구, 도전욕구, 성취욕구, 승진욕구 등 직무의 내용과 관련된 내재적 요인이다. 위생요인(hygiene factors): 구성원의 동기부여를 높일 수는 없어도 직무에 대한 불만족을 미리 예방할 수 있는 요인이다. 이는 급여, 작업조건, 고용안정성, 회사정책이나 경영방식 등 직무환경과 관련된 환경요인이다. 여기서 위생요인은 마치 청결하고 위생적인 주변환경이 사람들을 질병에 걸리지 않도록 예방할 수는 있어도 영양상태를 높여주지는 못한다는 것과 비슷하다고 할 수 있다.

경영자는 동기요인에서 일 자체와 관련된 만족에 적극적인 노력을 해야 하고, 위생요인에서 불만족의 해소 내지 예방에 적극적인 노력이 필요하다고 할 수 있다.[76]

(ㄴ) 동기부여의 과정이론

동기부여의 과정이론은 구성원이 보유한 욕구나 충동의 동기화는 인지적 노력과 이들 간의 심리적 과정에 있다고 주장하는 이론이다.[77]

---

76) 신유근, 2008, 전게서, 220~222.
77) 신유근, 2008, 전게서, 236.

• 기대이론

기대이론은 브룸(V. H. Vroom)이 주장한 이론이다. 기대이론은 구성원들 자신이 원할 때 일을 수행하고, 이에 따라 가치 있는 보상을 받기 위해 노력한다는 이론이다.

기대이론은 개인이 어느 일정수준의 성과를 달성하기 위해 노력하면 성과를 올릴 수 있을 것이라는 '기대감'과 성과를 올렸을 때 적절한 보상을 받을 수 있을 것이라는 '수단성', 그리고 그 보상의 '매력정도'(유의성)에 따라 동기부여 수준이 결정된다는 이론이다. 이를 [그림 9-6]과 같이 나타낼 수 있다.

[그림 9-6] 브룸의 기대이론

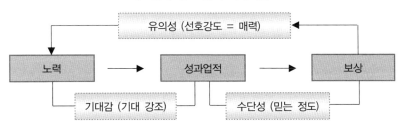

기대이론은 구성원들이 일정 수준의 성과를 달성하기 위해 노력하기 전에 다음의 주요 3요인의 심리적 과정을 거쳐서 동기가 부여된다고 한다. 기대감(expectancy)은 구성원이 자기 능력으로 바람직한 업적을 올릴 수 있을 것이라는 바람이다. 수단성(instrumentality)은 구성원이 바람직한 업적수준을 올렸을 때 그 대가로 받게 되는 보상의 수단이 무엇이며 제대로 보상받을 수 있는가 하는 것이다. 유의성(valence)은 구성원이 노력의 결과로 받게 될 보상이 어느 정도로 가치(매력) 있는 것인가 하는 것이다. 이 때의 보상은 외적 보상(예: 금전, 승진 등)일 수도 있고, 내적 보상(예: 인정감, 성취감, 도전감, 신바람 등)일 수도 있다.

기대이론은 종업원의 동기부여를 다음과 같이 공식화 할 수 있다.

동기부여 = 기대감 × 수단성 × 유의성

기대이론은 경영자가 종업원의 동기부여를 향상시키기 위해 3요인 모두를 극대화시켜야 할 것이다.

• 공정성이론

공정성이론은 아담스(J. S. Adams)가 주장한 이론이다. 공정성이론은 종업원이 직무수행에 투입한 공헌(input)와 그로부터 받는 보상(output)과의 비율을 다른 사람의 그것과 비교하여 합당하다고 인식하는 정도에 따라 동기부여가 결정된다는 이론이다.

종업원들은 자신의 직부를 수행하기 위해 시간, 지식, 경험, 나이, 노력, 충성심 등을 투입하며, 그 결과 임금, 직업안정, 인정, 칭찬, 성취감 등과 같은 것을 얻게 된다. 따라서 종업원은 직무상의 투입과 산출 사이의 비율을 다른 사람과 비교함으로써 공정한 대우, 즉 공헌과 보상의 공정성을 받아야 한다고 생각한다는 것이다.[78]

종업원은 조직 직무의 공헌(Input)에 따라 조직으로부터 보상(Output)을 받게 되는데, 이 때 그의 주관적인 판단에 따라 동료의 그것과 비교함으로써 '내부공정성'을 지각한다. 또한 종업원은 조직 내 뿐만 아니라 다른 조직과 비교하여 '외부공정성'을 지각한다. 따라서 공정성이론은 조직 내와 조직 간의 공정성에 대한 교환관계를 설명해 주고 있다. 공정성이론은 종업원들의 직무수행 투입과 산출에 대한 공정성 지각이 만족을 가져오고, 나아가 동기부여가 유발된다는 것이다. 이를 [그림 9-7]로 나타낼 수 있다.

공정성에는 '분배적 공정성'과 '절차적 공정성'이 있다. 분배적 공정성은 보상의 양에 대한 공정성 지각을 의미하고, 절차적 공정성은 보상의 양 등이 결정되는 과정에 대한 공정성 지각을 의미한다.

[그림 9-7] 공정성의 효과

| 공정성 지각 | ⇨ | 만족 | ⇨ | 동기부여 |

3) 의사소통

(1) 의사소통의 의의

기업은 목표를 달성하기 위해 개인간, 개인과 집단간, 집단과 집단간에 서로가 갖고 있는 생각이나 의사, 정보 등을 주고받는 상호작용 즉 의사소통을 한다.

의사소통(communication)은 일반적으로 개인 간이나 집단 간에 생각이나 지식, 감정 등을 포함한 정보를 상호 교환하여 공유하는 활동이다. 의사소통은 기업목표 달성을 위한 여러 종업원들의 활동을 서로 원만하게 조정하여 통합될 수 있도록 만든다.

의사소통은 경영활동에 있어서 다음과 같은 두 가지 측면에서 중요성을 갖고 있다.

먼저 의사소통은 구성원들 상호간의 업무수행에 유용한 각종 정보를 제공할 수 있다.

---

78) Adams, J. S., 1965, "Injustices in Social Exchange", Berkowitz, L., ed., in *Advances in Experimental Social Psychology*, Vol. 2, New York: Academic Press, 267~299, 267~299.

그 다음 의사소통은 종업원들이 기업과 기업의 목표에 대해 호의적인 태도를 가질 수 있을 뿐만 아니라 그들의 직무만족을 증대시킬 수 있다.[79]

의사소통은 크게 세 가지 방법으로 이루어질 수 있다.

첫째는 말을 사용한 의사소통이다. 경영자는 직접대화, 전화통화 또는 집단토의에서 '말'을 사용하여 정보를 교환하는 것이다. 실제 경영자들의 일상업무는 다른 어느 수단보다 쉽고 간편하기 때문에 대부분 말을 사용하여 의사소통을 하고 있다.

둘째는 글을 사용한 의사소통이다. 경영자는 간단한 메모에서부터 복잡한 문서까지 '글'을 사용한 의사소통을 말한다. 글을 통한 의사소통은 시간이 많이 걸리는 단점은 있지만 영구적으로 남을 수 있다는 장점이 있으므로 결재를 통해 의사소통을 한다.

셋째는 말이나 글 등의 언어적 수단 이외의 비언어적인 의사소통이다. 이는 의사소통 과정에서의 뉘앙스나 이미지와 같은 신체적 표정이나 몸짓 등을 통해 이루어진다.

이와 같이 말, 글, 비언어적 의사소통은 기업의 경영자들이 모든 경영활동을 효과적으로 수행하는 데 결정적인 영향을 미친다.

(2) 의사소통의 과정

의사소통의 과정은 발신자 → 부호화(이해 가능한 형태로 변화) → 전달내용(전달하고자 하는 핵심적인 내용) → 매체(직접대면, 전화, 집단토의, 팩시밀리, 메모) → 해석(부호화된 메시지를 해석) → 수신자, 그리고 피드백으로 이루어져 있다. 이 과정에 잡음(방해가 되는 요소)이 나타날 수 있다.[80] 의사소통의 과정은 [그림 9-8]과 같이 나타낼 수 있다.

[그림 9-8] 의사소통 과정

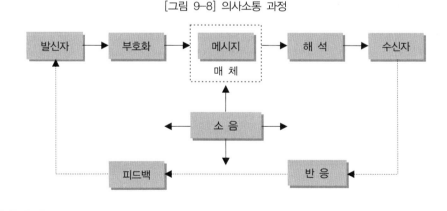

---

79) 지호준, 2009, 전게서, 190.
80) Shannon, C. & Weaver, W., 1953, *The Mathematical Theory of Communication*, Urbana: University of Illinois Press.

의사소통의 장애요인은 왜곡(perversion), 생략(omission), 전달내용의 과다, 타이밍이 부적절, 수용 불가한 사항 등에 영향을 받는다.

의사소통의 개선방안은 상대방의 말을 잘 듣고, 이를 수용하고, 이해하려고 해야 한다. 따라서 경영자는 부하직원들에게 하달하는 의사소통(명령)의 내용을 정확하고 쉽게 하거나 정보의 중요성과 타당성이 높은 사항과 낮은 사항을 구분하여 전자만을 전달하는 방법도 있다. 그리고 경영자는 조직의 분위기를 개방적으로 유지할 필요가 있다.

(3) 의사소통의 네트워크

경영자나 종업원들은 의사소통을 통해서 서로의 정보나 의사를 교환하여 공유하게 된다. 따라서 경영자나 종업원들은 의사소통의 네트워크가 필요한 것이다.

의사소통 네트워크(communication network)는 각 종업원들이 그들의 업무를 처리하기 위해 필요한 정보를 잘 얻을 수 있고, 다른 사람들의 업무와 잘 연결될 수 있도록 만들어진 일체의 매체이다. 즉 의사소통 네트워크는 의사소통에 있어서 누가 누구와 의사소통할 수 있는가를 나타내는 것으로 주로 사전에 결정된다. 따라서 의사소통 네트워크는 기업마다 다르며 그의 조직구조에 의해 크게 영향을 받는다.

기업의 규모가 커지게 되면 모든 종업원들이 필요할 때마다 필요한 사람과 직접 의사소통하는 것은 어려워지고 비효율적일 수 있다. 이 때 종업원들 간의 의사소통은 여러 개의 의사소통 네트워크를 통해서 이루어지게 된다. 의사소통 네트워크는 공식적 의사소통 네트워크와 비공식적 의사소통 네트워크로 나눌 수 있다.

(4) 공식적 의사소통 네트워크

공식적인 의사소통(formal communication)은 기업이 미리 정해 놓은 경로와 방법, 절차에 따라 정보가 의사전달되는 것을 말한다.[81] 공식적 의사소통경로는 기본적으로 권한이나 책임과 의무에 의해 짜여진 조직구조에 따라 형성되며 정보흐름의 방식에 초점을 두고 있다.

ㄱ) 공식적 의사소통 네트워크 형태

공식적 의사소통 네트워크 형태는 [그림 9-9]처럼 다섯 가지로 나타낼 수 있다.[82]

---

81) 지호준, 2009, 전게서, 192.
82) George, J. M. & Johns, G. R., 1966, *Understanding and Managing Organizational Behavior*, Reading, MA: Addison–Wesley, 418~420; 신유근, 2008, 전게서, 310.

[그림 9-9] 의사소통 네트워크 형태

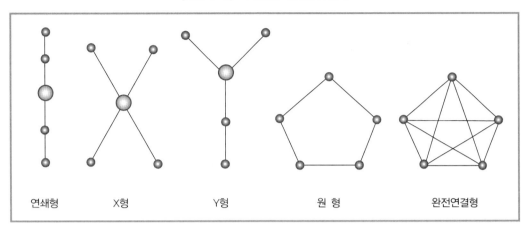

연쇄형   X형   Y형   원 형   완전연결형

연쇄형 네트워크(chain)는 팀 내의 서열이나 직위의 차이에 따라 수직적인 의사소통경로가 엄격하게 설정되는 형태이다. 팀 구성원들은 자신의 직속 상급자와 직속 하급자에게만 의사를 전달하게 된다. 이는 관료적 조직이나 공식화 조직에 나타난다.

X형 네트워크(X type, star type)는 팀 내에 강력한 리더가 있어 그 사람에게 의사소통이 집중되는 형태이다. 그러나 각 구성원들 간의 정보공유는 부족하게 된다.

Y형 네트워크(Y type)는 팀 내에 강력한 리더는 없지만, 어느 정도 대표적인 구성원들을 통해서 의사소통이 이루어지는 형태이다. 이는 라인과 스탭의 혼합집단과 다른 집단에 속한 사람들과 조정역이 필요할 경우에 나타난다.

원형 네트워크(circle type)는 구성원들의 서열이나 지위가 비슷하여 서로 동등한 입장에서 의사소통이 이루어지는 형태이다. 이는 테스크포스와 같이 득정 문제해결을 위해 구성되는 조직에서 발생한다. 민주적으로 토론하여 효과가 높지만, 집단사고(集團思考)가 발생할 수 있다.

완전연결형 네트워크(all channel type)는 리더가 없거나 공식적 구조가 없는 비공식팀에서 다른 구성원들과 자유롭게 의사소통할 수 있는 형태이다. 조직의 비효율성과 경직성을 해결하기 위해 여러 조직에서 많이 사용된다. 창의적이고 참신한 아이디어를 이끌어 낼 수 있다. 이는 네트워크 조직 등에서 나타난다.

공식적 의사소통 네트워크는 형태에 따라 의사소통의 효과가 달라질 수 있다. 이를 정리하면 <표 9-1>과 같다.

〈표 9-1〉 의사소통 네트워크와 조직행위

구분	연쇄형	X자형	Y자형	원형	완전연결형
의사소통의 속도	중간	단순과업: 빠름 복잡과업: 늦음	빠름	모여 있는 경우: 빠름 떨어져 있는 경우: 늦음	빠름
의사소통의 정확성	문서: 높음 구두: 낮음				중간
구성원의 만족도	낮음	낮음	낮음	높음	높음
구성원의 몰입정도	낮음	중간	낮음	높음	-

자료: Northcraft & Neale, 1994, 256 수정; 신유근, 2008, 312.

(ㄴ) 공식적 의사소통 유형

공식적 의사소통 유형은 조직의 공식적 위계에 따라 두 가지로 구분할 수 있다.

· 상향적 · 하향적 및 수평적 의사소통

상향적 의사소통(upward communication)은 부하직원들이 가지고 있는 생각이나 현장감 있는 실무 아이디어를 상관에게 의사전달하는 방식이다.

하향적 의사소통(downward communication)은 일명 지시적 의사소통이라고 한다. 하향식 의사소통은 경영자나 관리자의 여러 정책이나 업무를 공식적인 경로를 통해서 부하직원들에게 전달하기 위해 이루어지는 의사소통 방식이다. 사내공지, 업무지시, 정책지시, 회사간행물, 안내서 등이 포함된다.

수평적 의사소통(horizontal communication)은 조직 내에서 같은 계층이나 지위에 있는 동료들이나 부서들 간에 서로 협조하거나 필요한 정보를 교환 또는 공유하기 위한 의사소통 방식이다.

· 일방적 의사소통과 쌍방적 의사소통

일방적 의사소통(one-way communication)은 전달자가 수용자로부터 아무런 피드백을 기대하지 않고 일방적으로 메시지를 전달하는 방식이다.

쌍방적 의사소통(two-way communication)은 전달자로부터의 메시지 전달에 대해 어떤 형태로든 수용자의 반응이 있는 방식이다. 쌍방적 의사소통은 일방적 의사소통보다 시간이 훨씬 더 많이 걸리고 때때로 감정적인 문제가 발생할 수도 있지만, 의사소통의 정확성과 수용자의 만족성에서 보다 효과적인 방식이다.[83]

---

83) Robbins, 1996, op. cit, 379~382; 신유근, 2008, 전게서, 303.

(5) 비공식적 의사소통 네트워크

비공식적 의사소통(informal communication)은 기업의 공식적 전달통로가 아닌 자생적이고 비계획적이며 대부분 소문의 형태를 띠는 의사소통방식이다.[84] 비공식적 의사소통은 동기회, 향우회, 취미서클 등 자연스럽게 생겨난 비공식적 조직을 통해 의사소통이 이루어지는 것을 말한다. 실제로 종업원들은 비공식적 의사소통을 통하여 자신의 감정이나 느낌을 자연스럽게 표현하게 되므로 기업의 업무나 행위에 미치는 중요성은 상당히 크다고 할 수 있다.

기업의 비공식적 의사소통은 그레이프바인과 순회관리로 구분된다.[85]

그레이프바인(grapevine)은 사람들의 여러 가지 필요에 의해 직종과 계층을 넘어서 인간적 유대를 갖고 의사소통을 유지하려는 형태를 말한다.[86] 경영자들은 기업현장에서 대부분 그레이프바인을 통해 종업원들과 의사소통하고자 하는 내용을 빠르고, 정확하게 얻어내고 있다. 조직 내에 그레이프바인이 지나치게 만연하면 정보에 대한 신뢰가 떨어지고, 공식조직의 효율성을 저하시킬 수 있다. 왜냐하면 그레이프바인은 잘못된 정보나 근거없는 소문이 많고, 악의적이거나 나쁜 소문의 경우 더욱 빠르게 확산되며 많은 왜곡과 과장이 섞이기 때문이다.

그레이프바인은 집단의 응집력을 높이고 조직문화 창조에 매개역할을 하며, 구성원들 간에 아이디어나 생각과 같은 것들을 전달하는 경로가 되는 장점이 있다. 그러나 그레이프바인은 정확성이 떨어진다는 단점이 있다.[87]

경영자는 비공식적 의사소통 네트워크를 효율적으로 관리하기 위해 소시오그램기법을 사용할 필요가 있다. 소시오그램(sociogram)이란 집단구성원들 간의 좋고 나쁨에 대한 소시오메트리 구조(sociometric structure)를 파악하여 이를 일목요연하게 그림으로 그린 것이다.[88]

순회관리(management by walking around)는 경영자가 조직의 이곳저곳을 돌아다니며 종업원들이나 고객들과 대화를 하면서 필요한 정보나 의사를 주고받는 것을 말한다. 순회관리는 경영자가 직접 종업원이나 고객을 찾아가 그들의 의견을 듣고 필요한 정보를

---

84) 신유근, 2008, 전게서, 313.
85) 지호준, 2009, 전게서, 193.
86) Davis, K., 1977, *Organizational Behavior: A Book of Readings*, NY: McGraw-Hill, 278; 신유근, 2008, 전게서, 313.
87) 김영재 외, 2008, 전게서, 259.
88) Moreno, J.L., 1953, *Who Shall Survive?*, 2nd ed., Beacon, NY: Beacon House, Inc.

전달해 주게 되므로 조직에 활력을 불어넣는 역할을 한다.[89]

제 5 절 경영통제

1. 경영통제의 방향

경영자들은 목적과 기준에 따라 업무를 비교하거나, 일의 수행 결과에 따라 보상하거나 필요한 조치를 취해야 한다.

경영의 통제(controlling)는 계획과 비교하여 실행결과를 평가함으로써 목표달성 정도를 측정하고 문제점의 발견과 그 편차를 수정하며, 피드백을 통해 개선하는 활동이다. 기업의 통제시스템에서 가장 어려운 것은 기준을 설정하는 것이다. 따라서 경영자는 기준에 따라 구체적이고 수용가능하며 측정 가능한 기준을 설정하여야 한다. 통제시스템은 업무수행을 체크하는 과정을 확립하는 것에서부터 시작된다. 예를 들어 재무와 회계는 종종 업무진행 사항의 통제에 필요한 수치를 제공하고 있다.[90]

경영통제의 방향은 경영자가 '일의 진행과정을 확인'하는 일이다. 통제는 다음의 다섯 가지 단계로 구성된다. ① 업무수행 기준을 명확히 설정하는 것. ② 실제 업무수행 결과를 기록하고 감독하는 것. ③ 계획 및 기준과 결과를 비교하는 것. ④ 직원들과 일의 수행 결과에 대해 잘못된 것에 대해 이야기하는 것. ⑤ 잘 수행된 일에 대해 긍정적인 피드백을 해 주고, 필요한 때에 올바른 조치를 취하는 것.

경영자들은 목적과 기준에 따라 업무를 비교하거나, 일의 수행 결과에 따라 보상하거나 필요한 조치를 취해야 한다.

2. 경영통제의 유형

경영통제는 사전통제, 동시통제, 사후통제로 구분할 수 있다.[91]

---

89) 지호준, 2009, 전게서, 193.
90) W. G. Nickels et als., 2010, op. cit, 193~194.
91) 조동성, 2008, 전게서, 555~556.

1) 사전통제

사전통제(preliminary controlling)는 행위에 앞서서 통제가 수행되기 때문에 예상되는 문제를 사전에 제거해 주는 통제 방법이다. 따라서 사전통제의 가장 중요한 핵심은 어떤 문제가 발생하기 전에 경영조치를 취한다는 것이다. 사전통제는 가장 바람직한 통제방법이다.

2) 동시통제

동시통제(concurrent controlling)는 행위가 진행 중일 때 이루어지는 통제방법이다. 즉 어떤 행위가 진행 중에 통제함으로써 나중에 발생하게 될지 모르는 고비용을 미리 제거할 수 있다.

동시통제의 가장 대표적인 형태는 상급자가 직접 수행하는 '감독(supervision)'이다. 관리자가 직접 종업원의 행위를 관찰함으로써 종업원의 잘못된 행위를 고쳐줄 수 있게 된다. 비록 경영자의 감독과 종업원의 반응 간 시간 차이가 있지만 그리 크지는 않다. 최근에는 컴퓨터를 활용하여 즉각적인 수정조치가 취해지고 있다.

3) 사후통제

사후통제(feedback controlling)는 가장 널리 사용되는 통제기법으로서 어떤 행위가 일어난 후에 수행되는 통제방법이다. 이 방식의 가장 큰 단점은 경영자가 문제에 대한 정보를 알았을 때는 이미 그 문제가 끝나 있다는 사실이다. 마치 소 잃고 외양간 고치는 격이다. 그러나 경영자는 사후통제만을 쉽게 활용할 수 밖에 없는 것이다.

사후통제는 사전통제와 동시통제에 비해 다음 두 가지의 장점이 있다.

첫째, 경영자가 계획이 얼마나 효과적이었는지에 대한 정보를 입수할 수 있다. 만약 사후통제로 계획과 결과가 큰 편차(deviation)가 없다면, 이는 계획을 철저히 수립한 것이라고 할 수 있다.

둘째, 경영자가 종업원들에게 동기를 부여할 수 있다. 종업원들은 자신들이 과업을 얼마나 잘 수행했는지 알고 싶어하는 습성이 있으므로 사후통제가 동기부여에 도움이 된다.

3. 경영통제의 과정

통제활동은 발생할 문제를 사전에 예방하거나, 문제가 발생했을 때 수정조치를 취하거나, 기회를 찾기 위해 처방조치를 고려하는 행위이다. 통제활동의 과정은 각 단계별로 한 단계씩 이루어질 때마다 기업사명이나 계획, 과거경험, 외부환경변화 등이 반영될 수 있도록 피드백하여야 할 것이다. 통제활동 과정은 일반적으로 4단계를 거쳐 이루어진다.

1) 표준의 설정

표준의 설정은 경영자가 통제대상의 업무수행 상태를 정확히 평가하기 위해 통제대상의 성과와 비교할 기준(criteria)을 결정해야 한다.

첫째, 표준의 설정에 앞서 통제 대상을 결정해야 한다. 통제대상의 결정은 통제대상 부서와 부문을 결정하는 단계이다. 그러나 통제대상을 종업원 개인으로 삼아서는 안된다.

둘째, 통제대상의 표준 설정이다. 표준의 설정은 경영활동을 정확하게 측정하여 평가하기 위해 달성해야 할 기준이나 규범이 되는 준칙을 설정하는 단계이다. 표준의 설정은 경영상태를 평가하기 위한 통제의 표준을 적절한 수준에서 설정하여야 한다. 표준의 설정은 계획활동 속에 이미 포함되는 부분이기도 하면서 통제활동의 일부이기도 하다.

경영자는 어느 부분에서의 표준달성이 기업의 성공에 결정적으로 영향을 미치느냐를 판단하여야 한다. 따라서 경영자가 표준을 설정할 때에는 어느 분야가 목표달성에서 가장 중요하며 성공의 관건인지 우선 결정하여야 한다.

예를 들면 맥주제조회사의 경우 투입, 생산, 산출 등의 업무과정 중에서 한 부분을 주된 통제대상으로 선정할 수 있다. 이때 생산과정이 중요하다고 판단하여 통제활동의 대상으로 결정할 수 있다. 이 경우에는 맥주의 생산공정마다 표준이 되는 양조시간, 온도, 품질을 설정하고 그 기준에 맞추어 제품을 검사하여 불량품을 통제하게 된다. 또한 산출과정이 중요하다고 판단하여 통제활동의 대상으로 결정하는 경우에는 대리점의 적정 재고수준을 설정하고 이를 맞추도록 통제하게 된다.[92]

2) 성과의 측정

성과의 측정은 경영자가 성과측정에 앞서서 어떻게 성과를 측정할 것이며 얼마나 자

---

92) 지호준, 2009, 전게서, 209~210.

주 측정할 것인가를 결정하는 단계이다. 예를 들어 어떤 경영자가 매출액을 통제하고자 한다면 일별, 주별, 월별 매출액 지표가 성과측정치로 이용될 수 있다. 그러나 연구개발부에서 근무하는 종업원의 성과는 객관적인 기준이 없기 때문에 계량적으로 측정하기란 매우 어렵다. 따라서 통제 대상부서와 부문의 업무성과 측정은 적절하고 타당성이 있는 성과측정방법을 개발하는 것이 중요한 관건이 되는 것이다.

경영자의 입장에서 업무성과를 측정할 때에는 가능한 한 계량적 측정이 바람직할 것이다. 하지만 실제적으로 계량화하기 어려운 부분에 대해서는 계량적 측정과 비계량적 측정을 조화롭게 측정하여야 할 것이다.[93]

3) 표준과 성과의 비교

표준과 성과의 비교는 설정된 표준과 업무성과 측정 결과를 비교하는 단계이다. 이때 성과가 표준보다 높은 경우에는 현재의 시스템을 유지토록 해야 할 것이며 성과가 표준보다 낮은 경우에는 수정조치를 통해 설정된 표준에 이르도록 해야 할 것이다. 그러나 성과와 표준 간에 차이가 지나치게 많이 생기는 경우에 경영자는 반드시 그 원인을 분석해야 한다. 이는 표준이 잘못 설정되었을 수도 있고, 성과가 지나치게 미달된 경우도 있을 수 있으며 업무수행 중에 급격한 환경변화가 발생하여 표준과 성과에 모두 큰 영향을 주게 된 경우도 있을 수 있기 때문이다.

통제방법 가운데 동시통제의 경우에는 업무성과와 표준 간에 비교를 자주하는 것이 좋다. 그 이유는 문제가 발생했을 때 즉시 해결하는 것이 문제가 누적된 경우에 해결하는 것보다 더 쉽고 유리하기 때문이다. 따라서 일정한 주기를 설정하여 지속적으로 통제를 실시히는 것이 가장 효과적인 통제방법이라 할 수 있다.

한편 업무성과와 표준은 세부적으로 비교하는 것이 바람직하겠지만 지나치게 세분화하여 비교하게 되면 많은 비용이 소요될 수 있으므로 이를 감안해서 실시해야 할 것이다.[94]

4) 평가 및 편차의 수정

평가 및 편차의 수정은 표준과 성과 간에 차이를 알아내어 수정하는 단계이다. 수정조치는 업무수행의 결과가 목표치 혹은 기준치와 일치되지 않을 때 취해진다. 편차의 수정은 업무수행의 통제를 전체관리시스템의 일부로 볼 수 있게 하는 핵심사항이며, 다른

---

93) 지호준, 2009, 전게서, 210~211.
94) 지호준, 2009, 전게서, 211.

관리기능과 관련지어 처리하는 행위이다.

경영자들은 표준과 성과의 차이에 대해 수정조치를 위하여 그들의 계획을 철회하거나 혹은 목표를 부분적으로 변경함으로써 편차를 수정할 수 있다. 또한 경영자들은 직무수행자의 의무를 제한하거나 의무를 보다 명확히 하는 등의 조직기능을 실제로 발휘함으로써 편차를 수정할 수도 있다. 이 외에도 추가적인 충원이나 보다 개선된 선발 및 훈련 혹은 해고로도 수정할 수 있다. 다시 말해서 좋은 지휘방식, 이를테면 직무에 대한 보다 충분한 설명이나 효과적인 리더십기법을 통해 수정할 수도 있다.[95]

4. 경영통제의 방법

1) 예산통제

예산통제는 계획상의 예산과 집행활동의 실적과의 비교를 통한 경영통제 방법이다. 즉 예산통제는 기업전체적인 관점에서 계수적 계획을 편성한 예산과 집행활동의 결과인 실적을 측정하고 비교함으로써 그 편차를 시정하는 통제수단이다. 이와 같은 시스템이 바로 예산통제제도이다.[96]

2) 통계적 분석에 의한 통제

통계적 분석은 통계적 자료(statistical data)의 정확한 수집·분석·평가로 규칙성을 발견하여 판정하는 경영통계 방법이다. 이에는 다음과 같은 분석들이 있다.

재무제표분석은 대차대조표를 통한 재무상태, 손익계산서를 통한 당기순이익 등을 상세히 분석하여 통제하는 방법이다. 재무제표란 조직 내·외에서 발생한 조직의 각종 거래행위를 화폐가치로 나타낸 여러 가지 지표를 말한다. 이는 그 조직의 회계기록을 요약해 놓은 것으로서 각 분야의 재무적인 활동을 통제하기 위한 중요한 수단이 되고 있다. 재무제표는 재무상태표, 손익계산서, 이익잉여금 처분계산서, 현금흐름표 등이 포함된다.

비율분석은 경영자가 여러 가지 재무자료를 활용해 재무상태를 파악하기 위해 재무제표상의 항목 간 비율을 계산하여 통제하는 방법이다. 비율분석은 어떤 하나의 항목과 다른 항목의 상대적 크기를 나타내는 지표이다. 비율분석에서 많이 활용되는 재무비율로는 유동성비율(유동자산/유동부채), 레버리지비율(총부채/총자산), 활동성비율(매출액/재고자산),

95) 이원우·서도원·이덕로, 2009, 경영학의 이해, 박영사, 517~518
96) 조동성, 2008, 전게서, 564.

수익성비율(당기순이익/총매출액) 등이 있다.[97]

3) 손익분기점분석에 의한 통제

손익분기점분석은 손익분기점을 결정하기 위한 비용(원가)과 판매량 및 이익과 관계를 분석대상으로 하는 경영통제 방법이다. 이는 판매량에 따른 손익을 파악할 수 있게 한다는 점에서 투자규모와 투자시점에 대한 유익한 정보를 제공해 준다. 또한 구체적인 목표이익을 달성하는 데 필요한 최소한의 판매량, 그리고 목표이익의 달성을 위한 판매가격의 결정 등 생산, 판매, 비용, 이익 등을 계획함으로써 광범위하게 적용될 수 있다.[98]

4) 생산 통제

생산에 의한 통제에는 다음 세 가지 유형이 있다.

품질에 의한 통제는 조직 내 모든 종업원들이 고객에 대한 우수한 품질과 서비스의 제공정도를 평가하여 통제하는 방법이다. 품질은 사장에서 신입사원에 이르기까지 모두 책임을 져야 한다. 따라서 품질에 의한 통제는 품질개선으로 생산성을 증대시키기 위한 통제이다.

일정에 대한 통제는 네트워크 일정을 통한 통제방법이다. 네트워크 일정은 작업이 끝나는 시간에 따라 계획을 수립하고, 이를 통제하는 방법이다. 이러한 방법에는 대표적으로 PERT(program evaluation and review technique)와 CPM(critical path method)기법이 있다. PERT는 프로젝트를 완성하기 위해 시간 순으로 발생하는 작업을 파악하는 네트워크 모델기법이라고 할 수 있다. 이에 비해 CPM은 과업을 완성하기 위해 중요한 시간에 근거하여 작업을 계획하고 통제하기 위한 네트워크일정관리기법이다.

재고비용에 대한 통제는 원료나 제품의 재고비용을 통한 통제방법이다. 수많은 일류기업들은 재고에 대한 비용통제시스템을 훌륭하게 운영하였다. HP는 원료의 흐름을 통제할 수 있는 생산과정 통제시스템을 보유하고 있다. 이 시스템 덕분에 HP는 5년 만에 생산량을 29% 상승시킨 반면, 재고비용을 320%나 감소시켰다.[99]

---

97) 조동성, 2008, 전게서, 562~563.
98) 조동성, 2008, 전게서, 565.
99) 조동성, 2008, 전게서, 565~566.

5) 지원통제

지원통제(administrative controlling)는 기업 내의 모든 활동을 지원하기 위해 필요한 자원을 시기적절하게 배분하여 활용하도록 통제하는 방법이다. 지원통제방법에는 주로 인적자원, 정보자원 등을 통제하는 활동이 있다.

인적자원에 대한 통제방법은 종업원을 적절히 선발하고 훈련시키며, 제대로 평가하고 보상하는 활동 등에 관해 통제하는 방법이다. 기업에서 종업원들의 능률은 경영성과에 중요한 영향을 미치기 때문에 인적자원에 대한 통제방법은 기업목표를 달성하기 위해 매우 중요하다.

정보자원에 대한 통제방법은 기업이 필요로 하는 정확한 정보를 적절한 시기에 확보하는 활동 등에 관해 통제하는 방법이다. 여기서는 필요한 정보시스템들이 제대로 작동되고 있는가에 대한 통제방법도 포함된다.[100]

---

100) 지호준, 2009, 전게서, 207.

제 10 장

전략경영과 경영전략

제1절   전략경영과 경영전략의 개념

1. 전략경영과 경영전략의 의의

전략(strategy)은 조직의 목적달성 즉, 장기적인 목표를 달성하기 위한 광범위하고 일반적인 계획을 말한다. 즉 전략은 전략적 계획수립의 결과물이다.[1] 다시 말하면 전략은 조직의 생명력을 영속적으로 유지하도록 하며, 동시에 변화하는 환경에의 적응을 촉진시키는 기본적인 틀이라고 할 수 있다. 그러므로 전략의 본질은 기업이 참여하고 있는 모든 사업에서 경쟁우위를 확보하고자 하는데 있다.[2]

전략경영(strategic management)은 경쟁적 환경 속에서 조직의 목적달성을 위해 조직의 방향결정과 수행해야 할 활동영역 및 내용의 지침이 되는 포괄적이고 통합적(종합적)인 틀이다.[3]

경영전략(business strategy)은 조직의 목적을 달성하기 위한 수단으로서 조직의 방향을 결정하는 대규모의 행동계획이고, 기업의 경쟁우위를 제공하고 유지시켜 줄 수 있는 중요한 결정이다. 따라서 경영전략은 환경변화에 적합한 목표를 설정하고, 이를 달성하기 위해 기업 내부의 인력과 자금 그리고 기술·시설 등 모든 자원을 효율적으로 동원시키는 구체적인 계획이다.[4]

전략경영과 경영전략을 <표 10-1>로 나타낼 수 있다.

---

1) 이명호·신현길·이주헌·정인근·조남신·조장연·차태훈·김귀곤, 2010, 경영학으로의 초대, 박영사, 137.
2) 조동성, 2008, 21세기를 위한 경영학, 서울경제경영, 283.
3) 이명호 외, 2010, 전게서, 137
4) 이원우·서도원·이덕로 (2009), 경영학의 이해, 박영사, 294.

〈표 10-1〉 전략경영과 경영전략의 비교

구 분	전략경영	경영전략
기 능	기업 목적달성	기업 목적달성 수단
구체적 기능	조직목적 달성을 위한 방향결정과 조직 활동영역 및 내용의 지침 결정	조직목표달성을 위한 행동계획으로서의 결정
수 준	포괄적이고 통합적인 계획 (기업전략, 사업부전략)	구체적인 계획 (기능별전략)
실시자	경영자(이사급)	관리자(부장급)[5]

2. 전략경영과 경영전략의 체계

1) 전략경영과 경영전략

(1) 전략경영의 체계

전략경영은 경영전략보다 상위개념이다. 전략경영은 경영전략가의 직무이고, 경영전략은 경영제도 운영자 수준의 직무이다. 전략경영은 조직의 기업가적 임무, 조직의 쇄신과 성장, 조직의 운영을 이끌 수 있는 방책을 개발하고 유용화시키는 과정을 다루는 경영활동이다. 전략경영은 군대에서 전쟁 실시 여부와 전쟁승리를 위한 방책을 결정하는 계획이다. 전략경영은 경영전략가의 수준(이사급)의 직무를 의미한다.

기업은 전략경영 수립 시 다음 사항을 유의해야 한다.

첫째, 정치적·사회적·심리적 변수들(환경, 즉 전략변수임)은 전략수립 시 합리적인 접근방법으로 통제하기 어려운 까닭에 고려 대상에서 제외시켰다. 그러나 이들 변수들은 수립된 전략계획을 실천하는 데 중요한 영향을 미치고 있다.

둘째, '조직은 전략을 따른다.'는 챈들러의 가설에 따라 새로운 전략을 수립하면 기업 내부의 모든 시스템(모든 인적·물적 자원과 조직이나 각종 업무 활동 등의 시스템)이 자동적으로 재편성되고 조직 구성원들의 모든 에너지도 발휘될 수 있을 것이라고 보았다. 그러나 이런 전제가 비현실적이므로 전략은 의도적·계획적으로 수립하여야 한다.

셋째, 전략과 결부된 환경변화와 복잡성을 해결하기 위하여 전략 자체의 탄력적 변화까지도 포괄할 수 있는 프로세스적 기법을 수립하여야 한다.[6]

---

5) 이는 기능별 전략으로서 중소기업의 경우 CEO가 전략경영과 경영전략을 공동으로 수행할 수 있음.
6) 조동성, 2008, 전게서, 289.

(2) 경영전략의 체계

경영전략은 전략경영의 하위개념이다. 경영전략은 조직의 목적을 달성하기 위한 수단으로서 조직 내부의 모든 기능과 활동을 통합한 종합적인 계획이다. 경영전략은 군대의 전쟁(war) 방식의 결정에 해당되는 직무이다. 경영전략은 경영제도 운영자 수준(부장급)의 직무를 의미한다.

경영전략이라는 개념은 기업의 목표달성을 위해 경영환경의 불확실성 증대에 대한 체계적인 대응의 필요성에 의해 나타났다. 포터는 경영전략의 본질을 경쟁사가 하는 것과 다른 행동을 수행하는 것이라고 하였다.

일반적으로 경영전략은 다음과 같이 다섯 가지(5Ps) 유형이 있다.[7] 계획(plan)으로서의 전략은 환경에 대응하기 위한 경영자의 의도적인 행동방향과 지침을 의미한다. 책략(plot)으로서의 전략은 특정 경쟁상황에서 경쟁자를 압도하기 위해 의도되고 구체적인 방책을 의미한다. 행위패턴(pattern)으로서의 전략은 사전에 의도된 것이든 의도되지 않은 것이든 특정기업과 그 구성원들에게 일관되게 나타나는 모든 행동방식을 의미한다. 위치설정(position)으로서의 전략은 기업의 내부와 외부 환경을 결합하여 조직의 위치를 결정하는 수단을 의미한다. 즉 경영자들이 기업의 자원을 집중하여 제품과 시장을 결정해 나가는 것을 말한다. 관점(perspective)으로서의 전략은 전략결정자의 경영환경 인식을 의미한다. 즉 가장 추상적이고 개념적인 것으로서, 특정집단이 공유하고 있는 문화·가치관·세계관 등의 개념과 유사하다.

(3) 전략경영과 경영전략의 체계

전략경영, 경영전략, 경영정책의 체계를 [그림 10-1]과 같이 나타낼 수 있다.

[그림 10-1] 전략경영, 경영전략, 경영정책의 체계

전략경영	경영전략	경영정책
조직목적 달성을 위한 방향결정과 조직 활동영역 및 내용의 지침 결정 〈전쟁 실시 여부와 전쟁승리를 위한 방책결정〉	조직목표달성을 위한 행동계획으로서의 의사결정 〈전쟁의 방식결정〉	경영전략의 한 부분으로서 목표달성을 위한 하위전략 결정 〈전쟁의 수행방침결정〉

7) 신유근, 2011, 경영학원론, 다산출판사, 239~240; Mintzberg, H. & Quinn, J. B., 1991, *The Strategy Process: Concepts, and Cases*, Englewood Cliffs, NJ: Prentice-Hill Inc., 12~17.

2) 경영전략과 경영정책

경영전략은 경영정책(business policy)과 밀접한 관계를 맺고 있다. 그러나 경영전략은 경영정책과 엄연히 다르지만 동일한 의미로 사용될 때도 있어서 혼동되고 있다. 경영전략은 기업의 목적달성과 성과달성 과정에서 전략적인 의사결정 개념이 강조되고 있다.

경영정책은 경영전략의 한 부분으로서 시장경쟁정책과 자금관리정책 등 기업의 목적달성을 위한 하위전략(substrategy)이라 할 수 있다. 군대에서 전쟁의 수행방침결정의 개념이다. 즉 경영정책은 기업경영의 중요지침 또는 경영의사결정의 가이드(guide)로서 경영방침과 똑같은 의미이다. 지금까지 많은 학자들은 경영전략과 경영정책에 대해 다양한 입장을 전개해 왔는데 크게 세 유형으로 나누어 볼 수 있다.

경영전략상위설은 경영전략을 상위개념, 경영정책을 하위개념으로 보는 관점이다. 히긴스(J. M. Higgins)가 이러한 입장을 견지해 온 대표적 학자로서, 경영정책을 경영전략의 성공적인 수립과 수행을 보장하기 위한 광범위한 지침으로 보고 있다. 곧 경영정책은 경영전략의 구성요소로 보고 있다.

경영전략·경영정책 동등설은 경영전략과 경영정책을 대등하게 보는 관점이다. 호퍼(W. Hoper)는 경영전략은 넓은 의미에서 경영정책의 일반적인 형태로 보고 있으며, 스타이너(G. A. Steiner)는 경영전략을 종래 경영정책에 대체하여 사용하면서 동일하게 보고 있다.

경영정책상위설은 경영정책을 상위개념, 경영전략을 하위개념으로 보는 관점이다. 창(Y. N. Chang)에 의하면 경영정책은 기업의 기본적인 제 문제, 그 목적, 사명 및 광범위한 목적을 규정하는 기본적인 틀(framework)인 동시에 기업전체의 관점에서 기업행동을 지배하는 일련의 지침이고, 경영전략은 기업목적 달성을 위한 중요한 행동과정을 묘사해 주는 주요 계획으로서, 현재 및 미래의 기회를 포착하고 위협을 제거하기 위해 모든 자원을 배분하는 청사진(blueprint)이라고 보고 있다.

이와 같이 경영전략과 경영정책은 학자에 따라 차이가 있다. 좁은 의미에서 경영전략을 상위개념으로 경영정책을 하위개념으로 보는 것이 통설이다. 그러나 넓은 의미에서 경영전략과 경영정책을 동일한 의미로 보고 있다. 즉 경영정책은 기업체의 성과수준과 운영방향 그리고 성과달성 방법을 지배하는 전략적 과정으로 보고, 목표의 설정과 전략의 형성 그리고 전략의 수행 등 경영전략적 요소를 모두 포함하고 있다고 보기도 한다.[8]

---

8) 이원우 외, 2009, 전게서, 298~300.

3) 경영전략과 전술

일반적으로 전략과 전술은 개념과 의사결정의 차원 및 범위에 있어서 큰 차이가 있다.

경영전략(strategy)은 경영전술에 비하여 상대적으로 높은 차원에서 성과를 향상시키고 있다. 경영전략은 일반적으로 조직전체의 성과에 영향을 주고, 장기에 걸쳐 영향을 미치는 의사결정이다. 경영전략은 공간적으로 대국적(global)이며 시간적으로 장기적인 의사결정으로, 군대의 전쟁(war)에 해당되는 개념이다. 예를 들어 기업의 업종과 제품의 선정은 경영전략으로서 기업전체에 장기적인 영향을 미친다.

경영전술(tactics)은 경영전략에 종속된 개념으로 그 효과가 경영전략에 의하여 지배되고 있다. 경영전술은 특정 기능이나 부서 등 비교적 제한된 범위 내에서 단기에 걸쳐 영향을 미치는 의사결정이다. 경영전술은 공간적으로 국지적이며 시간적으로 단기적인 의사결정으로 군대의 전투(combat)에 해당되는 개념으로 볼 수 있다.[9]

제 2 절   전략경영의 수준

경영자가 당면하는 의사결정의 수준과 범위에 따라 전략은 기업전략, 사업전략, 기능별 전략으로 나누어진다. 전략들의 수준을 [그림 10-2]와 같이 나타낼 수 있다.

1. 기업전략

기업전략(corporate strategy)은 기업 전체수준에서 주로 기업의 사명을 정의하고, 사업수준과 기능수준에서 나오는 제안들을 검토하며, 관련된 사업단위들 사이의 연계성을 발견하고 전략적 우선순위에 의한 자원할당과 관련된 이슈들에 관한 전략이다.

기업전략은 사업단위들을 독립기업으로 운영하는 것보다 다각화된 사업들을 통합하여 운영하면 사업단위들 간에 시너지효과(synergy effect)를 얻을 수 있다는 것을 전제로 한다. 일반적으로 기술, 유통채널, 고객, 운영방식 등에서 유사한 관련사업으로 다각화하는 것이 비관련 사업으로 다각화하는 것에 비해 시너지 효과가 발생할 가능성이 높아진다.

---

9) 이원우 외, 2009, 전게서, 296~298.

왜냐하면 기업이 관련사업으로 진출할 경우, 기존사업이 보유하고 있는 관련기술이나 경험을 신규사업에 이전하거나 시설이나 기자재를 공유함으로써 비용을 절감(범위의 경제)할 수 있기 때문이다.

[그림 10-2] 전략의 수준

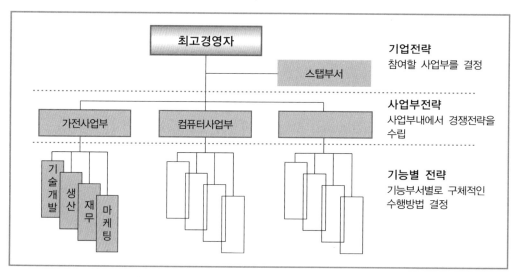

2. 사업부전략

사업부전략(business strategy)은 사업수준에서 각 사업 내 해당 사업의 경쟁적 위치를 강화하는 데 필요한 모든 활동에 관한 전략이다. 즉 사업부 전략은 기업 전체적으로 외부의 기회와 위협을 제대로 인식하고 기업전략에 의해 자원을 배분한 후, 기업내부의 자원을 활용하여 경쟁기업과 경쟁할 구체적인 방향과 방법을 강구하게 된다.

사업부전략은 개별사업단위의 목표를 성공적으로 달성하기 위해 사업의 장기적 경쟁 우위를 어떻게 구축하고 공고히 할 것인가에 초점을 둔다. 즉 원료조달, 생산, 마케팅 등 기업의 핵심활동의 수행에서 경쟁기업보다 상대적으로 앞서는 핵심역량을 구축함으로써 사업(부)의 경쟁우위를 확보할 수 있다.

3. 기능별 전략

기능별전략(functional strategy)은 기능수준에서 경쟁우위를 유지하는 데 필요한 재무,

관리적 하부구조, 인적자원, 기술, 로지스틱스, 제조, 유통, 마케팅, 판매, 서비스 등의 기능을 개발하는 핵심적인 작업에 관한 전략이다. 기능별전략은 사업전략을 실천하기 쉽도록 각 기능조직 단위로 실천할 전략을 규정하고 구체화하기 위해 개별 사업부의 제품기획, 영업활동, 자금조달 등 세부적인 수행방법을 결정한다.

이처럼 조직의 위계수준에 따른 차이점을 인식하고 이들을 조화롭게 통합하는 것 또한 전략의 핵심차원이 된다.

4. 전략경영의 추진과정

기업의 전략경영 과정은 좁게 보면 여러 대체전략을 개발하여 그 중 하나를 선택하는 전략수립(strategy formulation) 활동, 선택된 전략을 실시하는 전략실천(strategy implementation) 활동, 그리고 실천된 전략을 평가하는 전략평가(strategy evaluation) 활동으로 나누어진다.

그러나 기업의 전략경영 과정은 넓게 보면 [그림 10-3]과 같이 기업사명의 정의, 기업비전의 정립, 전략목표의 설정, 기업 외부·내부분석으로 전략수립, 전략실행, 나아가 전략평가가 이루어진다.

[그림 10-3] 전략경영의 추진과정

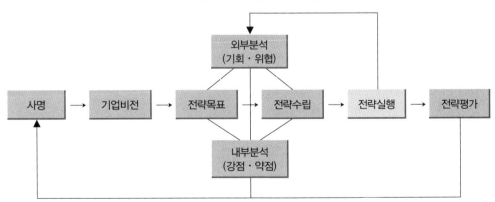

제3절 기업사명의 정의와 기업목표의 설정

1. 기업사명의 정의

기업은 전략경영을 합리적으로 추진하기 위해 목표설정에 대한 판단기준이 필요하다. 이러한 판단기준은 기업이 궁극적으로 얻고자 하는 가치, 즉 기업사명이다.

기업사명(mission)은 기업이 영위하는 사업을 통해 궁극적으로 어떤 가치를 창출해 낼 것인가 하는 기업존립의 근거를 의미한다. 이는 전략경영의 구도를 설정하는 장(場)인 '전략사업영역 설정'과 전략수립의 전 과정에서 판단의 기준이 되는 '전략목표 설정'의 기초가 된다.

우선 기업사명은 전략사업영역을 설정하는 기본지침을 제시한다. 전략사업영역(strategy domain)이란 기업이 참여하고 있는 현재 또는 미래의 사업집합 또는 생존영역을 의미한다.[10] 기업은 전략사업영역을 명확히 설정함으로써 사업의 전개방향을 결정하고 전사적 비전과 전략적 의도에 대한 충분한 합의를 이끌어 낼 수 있다. 기업은 이를 통해 기존의 사람들이 이루지 못한 새로운 사업영역이나 기존사업과 공존할 수 있는 새로운 사업에 진출하는 등 기존사업과의 연계를 통한 최대한의 시너지를 확보할 수 있게 된다.

그 다음 기업사명은 전략목표를 설정하는 기본지침을 제시한다.

기업은 기업사명에 근거하여 전략목표를 설정한다. "장차 우리가 무엇이 될 것인가, 우리의 사업은 무엇이 되어야 하는가."와 같은 미래의 성장기회를 발견할 수 있도록 시장(제품)-기술-기능의 세 가지 축을 중심으로 전략목표가 설정되어야 한다.[11] 시장(제품)은 기업이 상품과 서비스를 제공하는 고객들의 집합을 말하며, 기술은 생산기술·설계기술·다지인능력·서비스능력 등 상품과 서비스의 제공에 이용되는 사내의 유형·무형의 모든 자원과 능력을 말한다. 그리고 기능은 미의 창조(화장품 제조), 건강의 증진(건강식품 제조), 지식의 공급(서적출판)과 같이 기업의 제품과 서비스를 통해 고객에게 제공하고자 하는 가치 혹은 효용을 말한다.

---

10) 김인호, 1988, 경영전략론: 한국기업의 경영원리와 경영전략, 비봉출판사, 67~76; 신유근, 2011, 경영학원론, 다산출판사, 260.
11) LG 주간경제, 1993. 11. 1. 30~33; 신유근, 2011, 전게서, 261.

2. 기업비전의 정립

1) 기업비전의 의의

기업의 비전은 기업이 궁극적으로 나아갈 방향이나 모습이다. 기업의 비전은 기업목적이나 사명과 일관성을 가져야 한다.

일반적으로 비전은 단순한 미래가 아닌 특정 시간의 연속선상에서 결정되는 미래이다. 비전은 '기업이 미래에 달성하고자 하는 기업상'이며, 사회 속의 기업 위상과 미래를 향한 기업의 꿈을 실현시키기 위해 갖추어야 할 자기역할과 발전의 기본방향을 구체화시킨 것을 의미한다.

2) 기업비전의 역할

기업비전은 기업이 추구해야 할 가치가 무엇인지를 제시해 줄 뿐만 아니라, 구성원들에게 담당업무에 대한 의미를 부여함으로써 활력을 불어 넣는다.

기업비전은 경영자가 구성원들을 한마음 한뜻으로 똘똘 뭉쳐 따라올 수 있도록 창조적 혁신개념이 간결하면서도 명료하게 제시된다. 경영자가 제시하는 비전은 다른 기업에서 지금까지 생각하지 않았던 독창적 아이디어이어야 한다. 기업비전은 모든 구성원을 일깨울 수 있도록 기업의 방향을 재설정하여 완전히 새롭게 변신하도록 한다.

3) 기업비전의 특성

(1) 미래 실현가능한 이상

조직은 장기적 관점에서 구성원들에게 미래의 이상(꿈), 즉 비전을 제시해야 한다. 비전은 현재에 존재하지 않고 불확실하지만, 믿음을 가지고 추구하면 미래에 언젠가 도달할 수 있는 실현 가능성의 세계라는 특성이 있다.

비전은 개념적 틀과 가치로 구성되어 있다. 개념적 틀은 비전의 형태(모습)이고, 가치는 비전의 내면적 세계로서 값어치, 중요도, 선호도, 만족도를 의미한다. 비전은 정보를 수집하고 지식을 축적함으로써 미래에 대한 끊임없는 물음과 이에 대한 대답을 창조할 수 있다. 따라서 비전은 순간적인 발상이나 영감에 의해 우연히 발생되는 것이 아니라 방대한 정보수집 및 분석, 다양한 경험과 지식의 습득을 통해 형성되는 것이다.

(2) 독창적인 통찰력

비전은 사물이나 현상의 본질을 꿰뚫어 보는 통찰력이라는 특성이 있다. 따라서 비전은 나무보다는 숲, 부분보다는 전체, 눈에 보이는 것보다는 눈에 보이지 않는 근본적인 게임 규칙 또는 경쟁원리를 파악해야 한다.

비전은 기업의 최고경영자 혹은 리더가 자신이 가지고 있는 독창적인 통찰력을 통해 기업을 둘러싼 환경변화를 파악하고 예측하여 기업이 나아갈 방향을 결정한다. 이때 최고경영자는 경쟁기업의 경영자와는 다른 관점에서 변화를 감지하여 새로운 사업기회를 포착할 수 있어야 한다.

(3) 공감된 보편적 가치

비전은 어떤 행동이 바람직하고 가치 있는 것인가를 결정하는 데 도움을 주는 인간의 보편적인 가치라는 특성이 있다. 보편적 가치는 모든 기업 구성원들의 공유된 선호에 바탕을 둔 규범형태이다. 보편적 가치는 기업의 모든 구성원들에게 공통적인 방향감각과 일상 행동의 가이드라인을 제공하는 역할을 한다. 따라서 기업이 보편적 가치를 공유할 경우 환경변화와 기업의 변화에 부합하는 새로운 전략을 실천할 수 있는 힘을 모을 수 있게 된다.[12]

개인의 비전은 개인의 의지만으로 실천할 수 있지만, 기업의 비전은 모든 기업구성원들이 비전에 대한 공감대가 형성되어야 한다. 그러므로 최고경영자가 제시한 미래에 대한 꿈(비전)의 내용이 모든 기업구성원들에게 전파되고 공유될 때 비로소 하나의 비전으로 완성되는 것이다.

3. 전략목표의 설정

기업은 비전을 달성하기 위해 구체적이고 단기적인 평가과제를 제시하여야 한다. 기업은 이 평가과제에 따라 추구하고자 하는 전략적 목표를 설정하게 된다.

전략목표는 전략경영의 실천을 통해 궁극적으로 얻고자 하는 결과를 가능한 한 정량화된 형태로 구체화된 목표이다. 전략목표는 일반적으로 언제까지 무엇을 수행해야 된다는 세부방식이 제시되어 있다. 전략목표는 최적안 선택을 위한 다양한 전략대안들의 평가와 전략실천 과정에서 나타나는 의사결정과 행동, 그리고 전략실천 결과에 대한 평가

---

12) 조동성, 2008, 전게서, 267~270.

등의 기준이 된다.

기업들은 구체적으로 설정한 전략목표가 그 기능을 다하기 위해 다음과 같은 조건을 갖추어야 한다.

전략목표는 '기업사명과 연계된 목표'이어야 한다. 전략경영의 궁극적 목표는 기업사명을 달성하는 것이므로, 전략목표는 기업사명을 달성하기 위한 하나의 수단으로 설정되어야 한다.

전략목표는 조직 내부구성원들이 '수용 가능한 목표'이어야 한다. 전략경영이 성공하기 위해 조직 내 모든 구성원들의 이해와 참여가 필수적이다.

전략목표는 '실행 가능한 목표'이어야 한다. 전략목표가 기업의 능력을 초과하는 것이라면 오히려 구성원들에게 좌절감만 안겨줄 가능성이 크기 때문에 구성원들이 도전할 수 있는 수준에서 결정되어야 한다.[13]

전략목표는 시장상황이나 시대조류에 따른 '신축적인 목표'이어야 한다. 전략경영은 장기간에 걸쳐 실천되어야 하기 때문에 전략목표는 그 과정에서 나타날 예기치 못할 많은 변화를 수용할 수 있도록 설정되어야 한다.

전략목표는 측정 가능하도록 '계량화된 목표'이어야 한다. 전략목표는 실제로 가치 극대화에 기여한 정도를 객관적으로 평가하고 이에 따른 합리적인 보상을 할 수 있도록 계량화되어야 한다.[14]

제 4 절 기업의 외부·내부 분석

1. 기업 외부·내부 분석의 의의

기업은 기업사명과 전략목표를 달성하기 위해 전략적 상황분석에 필요한 기법을 마련하여야 한다. 먼저 최적의 전략을 선택하기 위해 고려해야만 할 기업의 외부환경요인과 내부요인들을 파악하고 그 다음 이를 종합적으로 분석하는 '전략적 상황분석'을 하여야 한다.

---

13) Hunger J. D. & Wheelen, T. L., 1993, *Strategic Management*, 4th ed,, NY: Addison‒Wooley Publishing Company, Inc., 15~16, 신유근, 2011, 전게서, 262.
14) 이원우 외, 2009, 전게서, 304~306.

전략적 상황분석은 기업들이 전략목표의 달성과정에서 외부환경의 여러 가지 기회요인 또는 위협요인들과 기업내부의 강점요인 또는 약점요인 등 4요소가 무엇인지를 명확히 함으로써 실천 가능한 최적의 전략경영들을 보다 합리적으로 탐색하여 선택할 수 있는 분석이다.

기업이 어떤 전략목표를 달성하고자 할 때, 뜻하지 않은 기회를 얻기도 하고 때로는 장애물에 부딪히기도 한다. 따라서 전략경영은 외부상황으로서 기업에 주어지는 기회들을 최대한 활용하는 동시에 위협(중요한 장애물들)을 극복할 수 있어야 하고, 내부상황으로서 기업 내부 강점을 활용하고 약점을 보완할 수 있도록 수립하여야 한다.

2. 기업의 외부·내부 분석

1) 외부환경분석

외부환경분석은 전략목표 달성과정에 영향을 미치는 외부환경요인을 크게 기회요인과 위협요인으로 나누어 규명하는 활동이다.

기회요인은 현재 혹은 미래의 기업활동에 유리한 영향을 미치는 요인이다. 기회요인은 해당 산업이나 개별기업에 대한 정부의 지원, 기업의 생산성을 향상시킬 수 있는 기술개발, 유리한 원재료 공급자의 출현 등을 들 수 있다.

위협요인은 현재 혹은 미래의 기업활동에 중대한 불이익을 초래하는 요인이다. 위협요인은 새로운 경쟁자의 출연, 정부의 규제, 공급업자의 교섭력 강화, 급격한 소비자의 욕구변화 등을 들 수 있다.

기업은 외부환경요인에 적절히 대처해야 한다. 동일한 외부환경요인이라도 기업이 처한 상황에 따라서 기회요인으로 인식될 수도 있고, 반대로 위협요인으로 인식될 수도 있다는 것이다. 예를 들면, 경기침체기에 일부 가구회사들이 재정적 압박에서 벗어나기 위해 재고와 체인점을 다른 기업에 매각할 때, 자금 여유가 있는 몇몇 가구회사들은 다른 경쟁업자들의 재고와 체인점을 싼 가격으로 사들임으로써 향후 그 산업에서 독점적 지위를 확보할 기회를 얻기도 한다. 그러나 사회적 기대도 고려하여야 한다.

2) 내부능력분석

내부능력분석은 기업 내부의 강점과 약점을 체계적으로 분석하여 환경의 기회 중에 실제로 활용할 수 있는 전략적 기회요인이 무엇인지를 규명하는 활동이다. 기업이 아무리 많은 기회가 존재한다 할지라도 그러한 성장기회를 활용할 만한 충분한 자원과 능력을 보유하고 있지 않다면 진정한 기회요인이라 할 수 없는 것이다.

기업 내부의 강점은 기업이 참여하는 시장의 욕구와 경쟁자에 대하여 경쟁우위를 달성할 수 있는 기업 내부의 능력을 말한다. 이에는 기술적 역량, 시장지향 역량, 마케팅 역량 등이 있다.

기업 내부의 약점은 기업이 효과적인 경영성과를 산출하는 데 심각한 방해가 되는 것으로서 자원, 기술, 능력 면에서의 제한이나 결핍을 의미한다. 예를 들면 설비의 노후화, 자금부족, 관리능력 미흡, 해외시장 부족, 브랜드 인지도 부족, 대립적 노사관계 등을 들 수 있다.

한편, 주요전략 실행자의 개인적 가치들도 고려하여야 한다.

기업의 내부능력은 과거 기업의 성과나 주요 경쟁자의 능력, 산업의 핵심성공요인 (KSF: Key Success Factors), 산업의 성장단계 등을 기준으로 평가한다.[15] 기업의 내부능력 분석은 다음과 같은 과정을 거쳐 진행된다.[16] 먼저 기업의 성공에 핵심적인 전략적 내부 요인들을 선정하고, 그 다음 이러한 전략적 내부요인들을 일정한 표준과 비교함으로써 기업의 현재 위치를 파악한다.

[그림 10-4] 전략수립의 고려요소

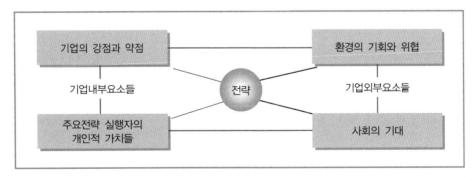

전반경영자는 전략수립을 위해서 [그림 10-4]와 같은 핵심 요소들 간의 적합관계를 도출해야 한다. 예컨대, 동일산업에서 기업들은 서로 다른 기회에 맞추어 각기 자신(내부)의 강점과 약점을 연결시키려는 전략을 추구함으로써 성공할 수 있다. 이와 반대로 설령

15) 신유근, 2011, 전게서, 264.
16) Pearce Ⅱ, J. A. & Robinson, R. D., 1991, *Strategic Management: Formulation an Implementation and Control*, Homewood, IL: Richard D. Irwin, Inc., 186～199.

어떤 기업이 성공한 기업과 유사한 전략을 선택한다고 하더라고 그 전략이 기업의 기술과 자원에 적합하지 않다면 성공할 수 없을 것이다.[17]

3. 기업의 외부·내부 분석방법

1) SWOT분석

외부환경요인 및 기업내부요인에 대한 분석을 기초로 하여 전략목표를 달성할 수 있는 대안들의 수립 방향 및 지침을 제시해 주는 기법으로 흔히 SWOT(strength, weakness, opportunity, threat) 분석을 사용한다.

SWOT분석은 기업의 전략과 외부상황·내부능력 간의 강력한 적합관계를 도출하여 전략경영의 대안들을 개발할 수 있는 지침을 제공하는 분석도구이다. 구체적으로 SWOT분석은 기업이 직면한 외부의 기회·위협을 기업 내부의 강·약점과 관련시킴으로써 전략목표 달성과정에서 나타나는 네 가지의 전략적 상황을 제시한다.[18] SWOT분석에는 <표 10-2>와 같이 SWOT 매트릭스(matrix)가 이용된다.

〈표 10-2〉 SWOT 매트릭스

외부요인 ＼ 내부요인	강점(Strength)	약점(Weakness)
기회 (Opportunity)	기회활용을 위해 강점을 사용할 수 있는 상황	기회활용을 위해 약점을 보완해야 하는 상황
위협 (Threat)	위협을 극복하기 위해 강점을 사용할 수 있는 상황	위협을 극복하기 위해 약점을 보완해야 하는 상황

자료: Hunger & Wheelen, 1993, 161 수정.

기업의 SWOT분석은 다음과 같은 전략수립에 사용된다.

SWOT분석은 기회활용에 강점을 사용하기 위해 기업의 자원과 능력에 대한 시스템 분석을 하여야 한다. 이러한 분석의 중요한 목적은 경쟁자들과 비교해서 특별히 강점을 가지고 있는 핵심역량(core competency)을 파악하는 것이다. 핵심역량은 특수한 지식이나 전문적 지식, 우수한 기술, 효과적인 제조기술, 또는 독특한 유통시스템 등과 같은 데에서 찾을 수 있다.

---

17) 조동성, 2008, 전게서, 283.
18) Hunger & Wheelen, 1993, op. cit., 159.

SWOT분석은 위협극복에 강점을 사용하기 위해 기업의 핵심역량을 경쟁기업과 비교 분석하여야 한다. 즉 경쟁에서 중요한 역할을 할 수 있고 다른 경쟁자들이 모방하기 어려운 핵심역량이 필요한 것이다.

기업은 전략을 수립하는 데 있어 현실적인 관점을 유지해야 하며, 전략의 목표가 조직의 강점을 부각시키고 약점을 최소화시킴으로써 경쟁우위를 달성할 수 있는 전략을 수립해야 한다.[19]

SWOT분석의 한 예를 [그림 10-5]와 같이 나타낼 수 있다.

기업은 SWOT 매트릭스를 통해 네 가지 전략적 상황을 인식하고 이에 대응하기 위해 가능한 대안들을 개발하여야 한다. 가장 이상적인 전략경영은 네 가지 전략적 상황에 모두 완벽하게 대응할 수 있는 균형적인 상태이다. 하지만 현실적으로 기업의 능력과 보유자원, 정보의 제약으로 인해 네 가지의 모든 상황을 완벽하게 대응할 수 있는 균형적인 전략을 수립한다는 것은 거의 불가능하다. 따라서 기업들은 네 가지 전략적 상황들을 다양한 비율로 조합하여 가능한 전략대안들을 개발한 후, 그것들을 비교·평가하여 가장 만족스러운 전략경영을 수립해야 할 것이다.

[그림 10-5] SWOT 매트릭스의 예

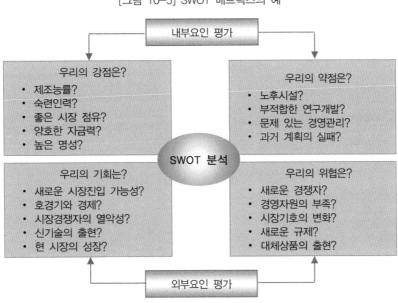

자료: Schermerhorn, 2005, 225; 신유근, 2011, 266.

---

19) Schermerhorn, J. R., 2005, *Management*, John Wiley & Sons, 224~225.

기업이 최종적으로 어떤 전략경영을 수립하느냐 하는 것은 전략결정자인 '최고경영자의 의지'에 의해 좌우된다고 할 수 있다. 기업은 반드시 객관적이고 합리적인 기준에 의해서만 전략대안들을 평가하지 않는다. 전략결정을 책임지고 있는 최고경영자의 의지는 전략대안의 평가과정에서 다른 어떤 요인보다도 중요한 역할을 한다. 이러한 실태를 강조한 이론을 전략적 선택이론(strategic choice theory)이라고 한다. 이 이론에서는 전략의 선택에 있어서 내·외부의 여건보다도 의사결정자의 가치, 신념 철학 등의 개인적 요소가 결정적인 역할을 한다고 본다.[20]

2) PPM 분석

(1) PPM의 의의

제품 포트폴리오기법(PPM: project portfolio matrix)은 기업의 외적 여건 중에서 대표적이라고 할 수 있는 '시장성장률'과 내부여건을 대표하는 '시장점유율'을 각기 Y축과 X축에 놓고 기업의 기존제품 내지는 제품사업부를 평가하고 이러한 평가를 기초하여 기업의 전략을 수립하는 기법이다. 이 때 X축인 시장점유율의 스케일이 Y축과는 달리 로그 스케일(log scale)이라는 것이다. 이를 [그림 10-6]과 같이 나타낼 수 있다.[21]

[그림 10-6] 제품 포트폴리오

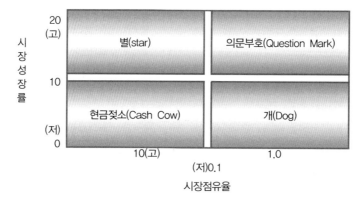

PPM기법은 시장점유율이 높을수록 누적 생산량이 많아지고 그에 따라 생산원가가 낮아져서 기업의 경쟁력이 높아진다는 경험곡선을 기본전제로 하고 있다. 즉 시장점유율이 높아질수록 기업의 투자수익률(return on investment)이 높아지는 관계를 전제로 하여 의

---

20) 신유근, 2011, 전게서, 264~266.
21) 조동성, 2008, 전게서, 293.

문부호 사업은 '별' 사업으로, 개 사업은 '현금젖소' 사업으로 이행시키는 것을 전략수행의 목표로 삼도록 한다. 따라서 각 기업이 수립하고 실시하는 전략이 얼마나 효과적인가에 따라 투자수익률이 결정된다고 가정하고 있다.

(2) PPM기법의 전략

기업의 제품포트폴리오는 제품시장점유율이 변화함에 따라 제품포트폴리오 도표 내에서의 위치도 바뀌게 된다. 따라서 기업은 이에 대한 적절한 전략이 필요하다. PPM기법에서 가장 좋은 전략은 각 제품 중 붙박이별 사업에서 나온 자금을 '방황하는 별' 사업 중에서도 가장 잠재력이 높은 사업을 골라 시장점유율을 높이기 위한 투자에 전용하는 것이다. 또한 슈퍼스타 사업은 다시 '붙박이별' 사업으로 발전시키면서 다른 방황하는 별 사업에 투자를 지원하여 그 사업을 '슈퍼스타' 사업으로 만드는 것이다. 반면에 잠재력이 없다고 인정되는 '방황하는 별' 사업은 투자를 제한하고, '별똥별' 사업은 도태시키는 전략이 필요하다. '별똥별' 사업은 수입이 창출되는 한 유지시켜야 하겠으나, 이 사업을 매각하여 나오는 자금이 더 효과적으로 쓰일 수 있다면 빨리 처분해야 한다.[22]

제 5 절 전략경영의 수립

1. 전략경영의 결정요소

경영자는 전략경영을 수립하기 위해 전략결정에 영향을 주는 여러 요소들에 내한 지식이 필요하다. 경영자의 지식은 정보의 형태로 받아들여져 정책적 의사결정에 이용된다. 전략경영은 용어의 의미도 그러하듯이 군사전략과 일맥상통한다고 할 수 있다.

이러한 맥락에서 일찍이 동양의 손자가 만든 '손자병법'이 현대 경영자들에게 유용하게 적용될 수 있다. 또한 서양의 하버드대학 앤드류즈 교수가 제시한 네 가지 기업전략의 결정요소도 있다. 다음은 이에 대해 설명하기로 한다.

1) 손자병법의 전략결정요소: 己, 彼, 地, 天

손자병법은 전략경영과 관련이 깊은 '知彼知己(지피지기)'면 '百戰不殆(백전불태)'라는 내

---

22) 조동성, 2008, 전게서, 295.

용이 있다. 그 전문의 내용은 知彼知己 百戰不殆, 不知彼而知己 一勝一負, 不知彼不知己 每戰必敗 (지피지기 백전불태, 부지피지기이 일승일부, 부지피부지기 매전필패)라고 되어 있다.

즉, 상대편이 갖고 있는 장점과 약점을 잘 알고, 또 자신의 능력과 한계를 충분히 인식하고 난 후에 자신의 능력을 활용하여 상대방의 약점을 공격하는 전략을 채택하여 전쟁을 수행한다면 위태롭게 되지 않으리라는 것이다. 이에 반해서 자기 실력은 그런대로 알고 있어 아군을 위태로운 지경으로 몰아넣지는 않더라도 상대편의 여건에 대한 판단이 허술하여 그 약점을 치고 들어가는 전략을 세우지 못한 전쟁은 어느 때는 이길 수도 있고 어느 때는 질 수도 있다. 그러나 상대편에 대한 지식도 없고 자기 자신이 갖고 있는 실력도 잘 모르는 상황에서 주먹구구식으로 벌이는 전쟁은 결코 이길 수가 없다는 것이다.

또한 知彼知己 勝乃不殆, 知天知地 勝乃可全(지피지기 승내불태 지천지지 승내가전)이라는 내용도 있다. 즉, 상대방과 나를 알면 승리를 추구함에 있어 위태로움이 없을 것이며, 여기에 더하여 하늘의 뜻과 진리를 깨달으면 가히 완전한 승리를 거둘 것이라는 뜻이다.

己, 彼, 地, 天, 이 네 개의 개념은 군사전략을 수립할 때 필수불가결한 요소이다.

己는 군사전략적 측면에서 보면 아군을 지칭하나, 전략경영의 관점에서 보면 경영자가 이끌어 가는 기업의 내부여건 혹은 기업철학을 의미한다.

彼는 원래 적군을 의미하므로, 경영학적 관점에서 볼 때 경쟁자라고 할 수 있다.

地는 아군(자기기업)과 적군(경쟁기업) 모두에게 영향을 주는 외부환경을 말한다.

'彼'와 '地'는 전략경영결정의 요소 중 외부여건에 해당된다.

天은 천리를 의미한다. 기업이 존재할 수 있는 권리, 즉 사업을 영위할 권리는 하늘 또는 자연이 절대적으로 주는 것이 아니라, 국가가 법률을 통해서 주는 것이다. 따라서 기업은 직접적으로 법률에 의해서 구속을 받게 되며, 근본적으로는 국가, 더 나아가서 국가를 구성하고 있는 인간에 대해서 책임을 져야 한다. 인간에게 인격을 부여한 주체가 하늘이므로 '天'은 그대로 기업의 사회적 책임으로 해석될 수 있다.

이와 같이 손자병법에 제시된 군사전략과 다음에 설명할 현대 전략경영에서 제시된 네 가지 요소는 서로 그 내용이 일치하는 것이라고 말할 수 있다.

2) 앤드류즈의 전략결정요소: 외부여건, 내부여건, 기업철학, 사회적 책임

현대 경영정책분야의 선구자인 하버드대학 경영대학원의 앤드류즈 교수는 기업 전략 결정의 네 가지 요소로서 외부여건, 내부여건, 기업철학 그리고 사회적 책임을 들고 있다. 그에 의하면, 외부여건으로부터 기업이 추구할 수 있는 기회를 찾아내어 기업 내부에 보유하고 있는 기술, 자금, 경영 등의 능력으로 그 기회를 현실화시키되 그 실천방법, 즉 전략은 기업경영자들이 가지고 있는 가치관이나 철학 등의 주관적 판단기준을 통과해야 된다는 것이다.

그러나 그는 이러한 세 가지 전략결정 요소에 의하여 수립된 전략이 그 기업을 포함하고 있는 사회의 규범이나 질서를 파괴하거나 기대 수준에 부응하지 못한다면 결국 그 기업은 오래 가지 못하고 망할 수밖에 없을 것이라고 깨우치고 있다.[23]

2. 전략경영의 결정이론

1) 경쟁우위론

(1) 경쟁우위의 개념

경쟁우위(competitive advantage)는 특정 기업이 제공하는 제품이나 서비스가 시장에서 우선적으로 선택될 수 있도록 하는 능력, 즉 경쟁에서 승리할 수 있는 힘을 의미한다. 따라서 고객은 어떤 기업의 제품이나 서비스를 경쟁기업의 그것에 비해 더 '가치' 있다고 평가하고, 이를 원가 이상의 '가격'으로 구매하려 할 때 비로소 그 기업이 경쟁우위를 확보하였다고 할 수 있다.

이러한 경쟁우위는 다음 같은 특징을 지녀야 한다.

첫째, 경쟁우위는 시장에서의 핵심적인 성공요인이 포함되어야 한다.

둘째, 경쟁우위는 다른 회사 제품과 차이를 가져올 정도로 구별되어야 한다.

셋째, 경쟁우위는 환경변화나 경쟁자의 대응조치에도 불구하고 지속될 수 있어야 한다.

(2) 경쟁우위의 원천: 기업의 세분된 가치활동

(ㄱ) 기업의 가치

가치(value)는 실체(實體)의 특정행동 또는 궁극적인 상태가 반대의 경우보다 개인적 또는 사회적으로 더 바람직하고 선호되는 영속적인 신념이다. 가치는 개인의 정서적이고 행동적인 반응을 의미할 뿐만 아니라,[24] 조직차원에서 조직문화의 주요 구성성분[25]으로

---

23) 조동성, 2008, 전게서, 291~292.

24) Locke, E. A., 1976, "The Nature and consequences of job satisfaction", In M. D. Dunnette(Ed.), *Handbook of industrial and organizational psychology*, Chicago: Rand McNally, 1297~1349; Rokeach, 1973.

25) O'Reilly Ⅲ, C. A., & Chatman, J.A., 1996, "Culture as social control: Corporations, cults and commitment," In B. Staw & L. Cummings (Eds.) *Research in organizational behavior*, Greenwich,

서 경영성과에 중요한 영향[26]을 미친다.[27]

기업의 가치는 자산가치, 수익가치, 시장가치 등이 있으나, 시장가치로 설명하면 기업이 공급하는 제품과 서비스에 대해 구매자(고객)가 기꺼이 지불하려고 하는 금액을 말한다. 또한 시장가치와 동일한 고객가치는 고객이 기꺼이 희생한 대가(비용)로 얻어지는 효용(혜택)의 크기이다. 고객가치는 지속가능경영의 핵심이다.

기업의 가치는 그 기업이 속한 산업의 구조적 매력도와 산업 내에서의 상대적 지위에 의해서 결정된다. 기업의 가치, 즉 기업의 성과는 산업효과(industry effect)와 기업효과(enterprise effect)의 두 가지에 의해 결정된다. 산업효과는 산업의 매력도에 의해 나타나고 그 산업에 속한 모든 기업에 공통적으로 적용된다. 기업효과는 동일 산업내의 기업간 성과 차이로서 기업의 상대적 지위에 의해 달라지게 된다.

기업의 경쟁우위는 정부규제 완화, 환율의 변동 등 기업외부나 우수한 지식과 정보, 낮은 비용이나 좋은 품질 등 기업내부의 변화에서 비롯되지만, 경쟁자(사) 보다 여러 활동을 더 잘 구성하고 수행할 수 있도록 하는 능력(ability)에서 창출되는 것이다. 경쟁우위의 원천은 바로 기업의 활동(activity)이나 가치시스템(value system)에서 비롯된다고 할 수 있다. 이런 사실에서 볼 때 경쟁우위의 기본 단위는 기업의 세분된 가치활동들이 되고 있다.

ⓛ 가치사슬

가치사슬은 하버드대학의 포터(Michael E. Poter)교수가 그의 저서 '경쟁전략'에서 경쟁우위(competitive advantage)를 위한 기업가치분석의 틀로 제시하였다.

가치사슬(value chain)은 기업의 모든 활동뿐만 아니라 기업과 관련된 사회시스템 전체의 부가가치 창출과정을 세분하여 인식하도록 해주는 도구이다. 기업은 그의 가치사슬을 통해서 원가 또는 차별화에서 우위를 형성할 수 있는 요소들을 체계적으로 파악하여 경쟁우위의 원천을 찾을 수 있다. 가치사슬은 총가치(total value)로 구성되며, 다시 총가치는 가치활동(value activity)과 이윤(margin)으로 구분된다. 가치활동은 기업이 소비자에게 가치 있는 제품을 제공하기 위해 수행하는 활동이며, 이윤은 총가치에서 가치활동 수행 시 필요한 원가를 뺀 차액이다. 기업의 일반적 목적은 총가치가 원가를 초과하도록 하는

CT: JAI Press, 18: 157~200.

26) Mitchell, R., & & O'Neal, M., 1994, "Managing by values: Is Levi Strauss' approach visionary or flaky?" *Business Week*, August 1; 46~52.

27) 류수영, 2007, "한국인의 유교적 가치측정문항개발 연구", 인사·조직연구, 한국인사·조직학회, 제15권 4호, 171~205, 175~176.

것이다. 따라서 기업은 가치창조 활동을 분석하여야 하며, 이것이 기업의 경쟁우위를 성립시키는 요소이다.

기업은 경쟁우위를 살피기 위해 기업의 모든 구성요소를 몇 개의 범주로 세분하여 분석하여야 한다. 이러한 필요에 따라 기업의 거의 모든 활동을 전략적 단위활동으로 체계화하여 가치사슬을 만들 수 있다. 일반적인 가치사슬을 [그림 10-7]로 나타낼 수 있다.

가치체계(value system)는 기업뿐만 아니라 공급자, 유통업자, 구매자에 대해서도 가치사슬(총가치)을 작성하여 이 네 가지 사슬의 가치흐름을 구체화한 체계이다.[28] 이를 [그림 10-8]로 나타낼 수 있다.

[그림 10-7] 가치사슬

[그림 10-8] 가치체계

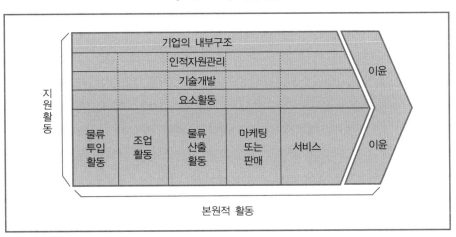

---

28) 조동성, 2008, 전게서, 301~304.

2) 경쟁우위전략론

포터는 '경쟁전략모형'에서 기업이 경쟁적 비교우위를 달성하기 위해 비용절감, 품질향상, 혁신 혹은 기술 우위전략을 제시하고 있다. 따라서 그는 기업이 이들 전략에 걸맞는 인적자원철학을 수립하여야 하고, 이들 전략에 적합한 특정 역할행동(role behavior)를 기대할 수 있어야 성공할 수 있다고 하였다. 포터의 기업 경쟁우위전략에는 원가우위, 차별화우위, 집중화 전략이 있다고 주장한다.

(1) 원가우위전략

원가우위전략은 경험곡선의 개념을 기본전제로 하여 보편화된 것이다. 원가우위전략(cost advantage strategy)이란 광범위한 고객들을 대상으로 박리다매 방식이나, 소품종 대량방식처럼 원가절감을 통해 해당 산업에서 우위를 달성하는 전략이다.[29]

원가우위를 확보하기 위한 구체적인 방법은 적정규모의 설비, 경험에 의한 원가절감, 원가와 총경비에 대한 엄격한 통제, R&D·서비스·영업인력·광고 등에 있어서의 원가최소화 등을 생각할 수 있다. 이와 같이 기업은 여러 분야에서 공통적으로 원가통제를 통한 원가절감에 계속적인 관심을 가지고 있다.

원가우위기업(저원가기업)은 경쟁이 심한 경우에도 산업전체의 평균보다 높은 수익을 얻을 수 있다. 즉 기업들이 과도한 경쟁으로 인하여 이익을 남기지 못할 때 원가우위기업은 상대적으로 수익을 올릴 수 있게 된다.

원가우위기업은 투입비용의 증가에 대해서도 탄력성을 갖기 때문에 강력한 원료 공급자들로부터도 보호될 수 있다. 원가우위기업은 규모의 경제와 원가에서의 효과 등으로 강력한 진입장벽을 제공하여 잠재적 경쟁자의 진입을 막기도 한다. 또한 원가우위기업은 대체품에 대해서도 경쟁기업들보다 우월한 위치에 서게 된다.[30]

원가우위전략은 다음과 같은 위험도 도사리고 있다. 첫째, 과거의 투자나 습득된 기술 및 지식을 무산시키는 기술상의 변화로 원가우위가 소멸되는 경우이다. 둘째, 신규진출기업이나 추종기업들이 모방하거나 동일한 설비도입을 통해 원가우위를 이룩한 기술 및 묘책을 터득한 경우이다. 셋째, 원가에만 관심을 쏟아 제품이나 마케팅상의 변화요구에 부응하지 못하는 경우이다. 넷째, 경쟁기업들의 상표이미지나 그 밖의 다른 차별화의 효과

---

29) 신유근, 2011, 전게서, 297.
30) 신유근, 2011, 전게서, 298; 조동성, 2008, 전게서, 305~306.

를 상쇄시킬 만한 가격 차이를 유지하지 못하는 경우이다.[31]

(2) 차별화전략

차별화전략(differentiation advantage strategy)은 광범위한 고객들을 대상으로 고객집단별로 그들이 요구하는 제품이나 서비스를 세분화하여 차별적으로 제공함으로써 경쟁우위를 확보하는 전략을 말한다.[32] 차별화는 주로 고객에 대한 서비스, 디자인, 상표이미지와 기술 등에서 나타나고, 기업의 여러 분야에서도 여러 방법들이 가능하다. 기업들은 차별화전략을 성공적으로 수행하기 위해 자원과 기술, 조직 등 여러 가지 요건을 갖추어야 한다.[33] 그러나 기업이 차별화전략을 채택한다고 해서 원가를 무시해도 좋다는 것이 아니라 다만 원가가 제일의 전략적 목표가 아니라는 것뿐이다.

차별화는 일단 성취되기만 하면 산업평균 이상의 수익을 확보할 수 있다. 차별화는 고객에 의한 상표충성도와 가격 비탄력성으로 인하여 이윤을 증가시킬 수 있어서 낮은 원가체계를 반드시 가져야 할 당위성이 없어진다. 다시 말하면 차별화제품의 차별화된 특성 및 차별화된 고객충성도 등을 경쟁제품이 극복하기 어렵기 때문에 차별화제품은 계속 경쟁우위를 유지할 수 있다.[34]

차별화전략은 주로 자동차산업에서 많이 나타난다. 대부분의 자동차 제조업체는 차별적으로 어필할 수 있는 자사만의 가치를 부각시키고자 노력한다. 혁신적인 디자인의 BMW, 독특한 브랜드 이미지를 갖춘 벤츠(Mercedes−Benz), 기술선도자인 혼다(Honda) 등이 그러한 예들이다. 따라서 차별화전략의 효율성은 경쟁자들이 얼마나 쉽게 그들 기업이 제공하는 독특한 가치를 모방하지 못하느냐에 달려 있다.[35]

차별화전략기업은 제품차별화와 시장점유율을 동시에 얻을 수 있으면 더욱 좋을 것이다. 그러나 높은 제품차별화와 높은 시장점유율과는 서로 양립되지 못한다는 개념적·현실적 한계가 있다. 그 이유는 우선 차별화를 이룩하기 위하여 광범위한 시장조사, 높은 품질의 원자재, 집중적 고객지원 등 많은 비용을 수반하여 제품 및 서비스에 대한 원가는 올라갈 수밖에 없기 때문에 높은 시장점유율은 어렵다고 할 수 있다.[36]

차별화전략도 다음과 같은 위험을 수반한다.[37]

---

31) 신유근, 2011, 전게서, 298.
32) 신유근, 2011, 전게서, 299.
33) 신유근, 2011, 전게서, 299; 조동성, 2008, 전게서, 307.
34) 조동성, 2008, 전게서, 307.
35) 신유근, 2011, 전게서, 299.
36) 조동성, 2008, 전게서, 307~308.

첫째, 차별화기업은 원가우위기업과의 가격 차이가 클 경우 상표충성도가 제 역할을 못할 수 있다. 한 기업이 차별화를 이룩하는 데에는 그만큼 많은 비용이 소요되므로 제품가격이 높기 마련이다. 따라서 구매자는 차별화기업의 제품 특성, 서비스, 제품 이미지 등을 포기하고 원가우위기업의 낮은 가격을 선호하게 될 수 있는 것이다.

둘째, 구매자들이 차별화기업의 차별화 요소에 대한 요구가 줄어들 수 있다. 이러한 현상은 구매자가 더 많은 정보를 가지고 합리적으로 판단할수록 현저하게 나타난다.

셋째, 다른 기업들이 모방에 의해 차별화기업의 차별화 정도가 점차 줄어들 수 있다.

(3) 집중화전략

집중화전략(focus strategy)은 특정 구매자 집단, 제품라인의 일부분, 지역적으로 한정된 특정시장을 집중적인 목표로 삼는 전략이다. 집중화전략은 특정한 고객, 예를 들면 청소년들만을 집중적으로 겨냥하면서 모든 기업활동을 이에 맞추어 전개시켜 나간다는 점에서 뚜렷한 차이가 있다. 즉 집중화전략은 원가우위전략이나 차별화전략처럼 광범위한 영역에서 경쟁을 벌이는 기업들과는 달리, 한정된 전략목표를 보다 효과적이고 효율적으로 달성할 수 있다는 전제하에 적소를 찾아 집중적으로 시장을 공략함으로써 경쟁우위를 확보하고자 하는 전략이다. 따라서 집중화전략은 독특한 욕구를 갖는 고객, 제품, 서비스 그리고 유통망 면에서 고유의 특성을 지닌 세분시장(특정한 고객집단)이 존재할 때 이에 부합되는 다음과 같은 두 가지 전략을 수행하는 것이다.

집중화전략에는 원가집중화전략과 차별집중화전략이 있다.

원가집중화전략(cost focus strategy)은 세분된 시장에서 제품이나 서비스를 공급하는 데 원가상의 우위를 달성함으로써 해당 시장에서 효율적으로 경쟁하고자 하는 전략이다. 원가집중화전략을 추구하는 경우 앞의 비용우위전략을 추구하기 위해 요구되던 자원과 기술상의 요인 및 조직상의 요인들을 집중시켜야 한다.

차별집중화전략(differentiation focus strategy)은 일반적으로 세분된 시장에서 특정대상의 요구를 보다 잘 충족시킴으로써 차별화를 이룩하려는 전략이다. 차별집중화전략을 추구하는 경우 차별화전략 추구에 요구되는 자원, 기술 및 조직상의 요인들을 특정한 전략목표에 집중시켜야 한다.

이와 같이 집중화전략은 전체시장에서 비용우위나 차별우위를 이룩할 만한 능력을 가지지 못한 기업들이 한정된 세분시장에서 상대적으로 원가우위나 차별화를 달성해서 평

---

37) 신유근, 2011, 전게서, 300; 조동성, 2008, 전게서, 307.

균이상의 수익을 올릴 수 있다.

기업들은 집중화전략을 수행하는 데 다음과 같은 위험에 주의하여야 한다.

첫째, 특정시장을 대상으로 집중화를 이룩한 기업들과 넓은 시장을 대상으로 한 기업 간의 가격차이에서 전자(집중화로 이룬 차별 이득)가 후자(원가우위로 이룬 이득)보다 작을 경우 지금까지 가지고 있던 경쟁우위가 무의미하게 될 수 있다.

둘째, 집중화전략 중심의 세분산업과 전반적 전략 중심의 일반산업에서 요구하는 제품 이나 서비스와의 차이가 별로 없다면 후자가 전자를 쉽게 공략할 수 있다.

셋째, 경쟁기업들이 집중화전략을 추진하고 있는 특정기업의 목표(특정)시장 안에서 더 세분된 목표시장을 설정하고 공략함으로써 집중화기업을 압도하는 보다 강력한 집중적인 전략을 추구할 수 있다.[38]

제 6 절 전략경영의 실천

1. 전략경영 실천의 의의

기업의 전략경영 계획이 아무리 만족스럽게 전략적 상황 분석이 이루어졌다 할지라도 제대로 실천되지 못한다면 아무런 이득을 가져다주지 못할 것이다.

전략경영의 실천(strategy management implementation)은 전략과 관련된 활동이 일어나 도록 하는 과정이다. 전략경영에는 예산을 통한 자원의 할당, 조직을 움직이는 프로그램 이나 프로젝트의 개발, 그리고 경영자가 매일 모든 활동을 지도하는 데 사용할 수 있는 방침, 절차 및 규칙의 명료화 등이 포함된다. 따라서 기업의 전략경영 실천이란 방침, 프 로그램, 프로젝트, 예산, 절차 및 규칙에 따라 모든 활동을 통해 목표를 달성하려는 자세 한 행동 그 자체이다.[39]

일반적으로 기업이 전략경영을 효율적으로 실천하기 위해 다음과 같은 세 가지 문제 를 고려해야 한다.[40]

· 계획된 전략을 누가 실천할 것인가를 결정해야 한다.

---

38) 신유근, 2011, 전게서, 300~301.
39) 이원우 외, 2009, 전게서, 311.
40) Hunger & Wheelen, 1993, op. cit., 236; 신유근, 2011, 전게서, 268.

· 전략을 실천하기 위한 구체적인 방법들을 결정해야 한다.
· 전략을 효율적으로 실천하기 위한 제반 여건을 갖추어야 한다.

2. 전략경영 실천주체

전략경영은 장기적으로 경영전반에 영향을 미치고 막대한 자원의 투입을 필요로 하기 때문에, 기업활동 전반에 총괄적 책임을 지닌 최고경영자가 전략실천의 핵심적인 주체가 되어야 한다.

최고경영자는 조직구조, 정보와 통제시스템, 생산기술, 그리고 인적자원 등을 변화시키기 위해 리더십을 발휘하여야 한다.[41]

최고경영자는 전략경영 실천과정에서 다음과 같은 두 가지 중요한 역할을 수행한다.[42]

하나는 최고경영자가 새로운 전략경영 추진의 상징적 역할을 한다. 일반적으로 최고경영층이 선택된 전략에 대해 몰입하는 경우 조직구성원들의 전략경영 실천에 대한 몰입강도 역시 높아지게 된다. 특히 전략경영이 중요한 변화를 수반하는 경우 이러한 관계는 더욱 강화된다.

또 하나는 최고경영자가 전략경영 추진목표와 가치를 창출하는 역할을 한다. 최고경영자는 성공적인 전략경영 실천을 뒷받침하기 위해 핵심적 권한과 책임의 보유는 물론이고, 기업 내 모든 구성원들의 적극적인 참여와 협력도 매우 중요하다.

3. 전략경영의 추진내용

1) 전략경영의 실천방법 제시

최고경영자는 전략경영의 구체적인 실행방법을 모든 구성원들에게 명확하게 제시해야 한다. 기업의 전략경영은 보통 조직 내부에 많은 변화를 요구하므로, 일반적으로 구성원들은 이러한 변화에 저항하게 된다. 따라서 기업은 구성원들의 저항을 감소시키고, 적극적인 참여를 유도하는 것이 매우 중요한 과제이다. 기업 구성원들의 변화에 대한 저항은 변화 그 자체보다는 변화로 인해 나타날 수 있는 자신들의 지위와 역할수행 방법 때문에 나타난다. 따라서 최고경영자는 구성원들의 지위와 역할 수행방법을 명확하게 제시해 준

---

41) 이원우 외, 2009, 저게서, 311.
42) Pearce & Robinson, 1991, op. cit.; 신유근, 2011, 저게서, 268.

다면 그들의 저항은 상당 정도 감소할 것이다.

2) 전략경영의 실천을 위한 제도화

최고경영자는 전략경영에서 구성원의 활동 및 행동을 제도화하기 위해 다음과 같은 세 단계를 거쳐야 한다.[43]

첫째, 전략경영프로그램을 개발하여야 한다. 기업의 전략경영프로그램은 전략경영 실천을 위해 설정된 세부적인 계획(보통 1년을 단위로 함)을 달성하기 위해 필요한 활동이나 단계들을 명시한 것이다. 예를 들면, 새로운 소매점을 인수할 경우 광고, 신입 판매원에 대한 교육훈련, 새로운 점포 보고절차 등에 관한 프로그램 등을 들 수 있다.

둘째, 전략경영프로그램을 실천하는 데 필요한 예산을 수립하여야 한다. 예산은 전략경영프로그램을 화폐단위로 나타낸 것이다. 예산은 각 전략경영프로그램의 비용을 구체화하여 선택된 전략경영의 실천가능성 점검과 통제의 기초자료로서 이용된다.

셋째, 각 부문의 예산이 승인되고 나면 구성원들의 일상적인 활동을 안내할 정책 혹은 표준화된 절차를 수립하여야 한다. 정책과 절차는 특정 과업이나 활동이 어떻게 행해져야 하는가를 상세하게 설명해 주고, 구성원들의 일상적인 의사결정 과정에서의 불확실성을 감소시켜 주며, 구성원들의 행동을 통제하여 관리적 유효성을 증대시키는 역할을 한다.

최고경영자는 성공적인 전략경영 실천을 위해 위의 3단계가 조직구성원들의 일상적인 의사결정과 행동과정에 스며들도록 만들어 적극적인 참여와 협력을 이끌어 내도록 해야 한다. 이를 위해서는 조직구성원들의 다양한 활동을 조정·통합할 수 있는 조직구조, 구성원들의 능력과 기술을 효율적으로 활용할 수 있도록 하는 리더십, 구성원들이 조직에서 요구하는 방식으로 행동하도록 동기부여시킬 수 있는 기업문화와 보상시스템이 필요하다.[44]

---

43) Hunger & Wheelen, 1993, op. cit, 238~240.
44) 신유근, 2011, 전게서, 269~270; Pearce & Robinson, 1991, op. cit, 325~360; Byars, L. L., 1991, *Strategic Management: Formulation and Implementation, Concept and Case*, 3rd ed., NY: Harper & Collins Publisher, Inc., 154.

제 7 절 전략경영의 평가

1. 전략경영 평가의 의의

전략경영을 관리하는 과정의 마지막 단계는 전략경영을 평가하는 단계이다.

실천된 전략경영의 성과를 평가하여 관리과정상의 문제점을 발견하고, 피드백을 통해 이를 수정하는 활동이다.[45] 즉 전략경영의 평가란 전략경영의 형성과정에서 외부환경 분석과 내부조직 분석이 제대로 이루어졌고, 모든 전략가와 전문가들의 아이디어를 충분히 고려하여 전략목적과 세부전략이 적절히 형성되었는지, 전략의 전개과정에서 중요 목적과 실천 전략이 각층 조직구성원들에게 명확히 전달되고 목적달성을 위한 조직구조 및 관리체계가 만족스럽게 설계되었는지, 그리고 관리자들의 리더십 행동이 의도한 대로 잘 조성되었는지와 같은 전략경영 과정전반에 걸친 평가를 의미한다.[46]

일반적으로 전략경영 평가과정은 전략목표, 성과평가, 피드백 세 가지 요소로 구성된다.[47]

전략목표는 전략경영의 성과달성 여부를 판단할 때 기준이 되는 목표이다. 전략목표는 전략계획단계에서 설정되므로 계획단계에서 전략목표가 제대로 설정되지 못한다면 효과적인 평가활동도 기대하기 어렵다.

성과평가는 계획된 성과목표와 실천된 전략경영의 실제성과를 비교함으로써 조직의 문제점을 밝히는 평가이다. 흔히 성과평가는 그 자체가 전략경영 평가과정으로 이해될 만큼 평가과정의 핵심적 요소가 된다. 성과평가는 단순히 기대목표와 실제결과를 비교하는 데 그쳐서는 안 되며, 실천결과에 대한 신뢰성 있는 정보의 확보를 위해 성과관련 활동들에 대한 평가도 실시하여 전략경영 추진상의 문제점을 발견하는 데 초점을 두어야 한다.

피드백은 실천결과인 성과평가 결과가 미래 관리활동의 기초자료로 활용되도록 하는 활동이다. 피드백은 성과평가의 결과를 토대로 하여 수정·보완할 내용을 확인하는 활동과, 이를 수정·보완하기 위한 직접적인 활동으로 구성된다. 경영자들은 피드백을 통해 현

---

45) 신유근, 2011, 전게서, 270.
46) 이원우 외, 2009, 전게서, 311.
47) Hunger & Wheelen, 1993, op. cit, 301~322; Pearce & Robinson, 1991, op. cit, 364~371.

전략에서 왜 그런 문제점이 나타났는지를 평가하여 문제의 원인이 되는 전략목표, 전략 그 자체 혹은 전략경영의 실천활동 등을 보다 나은 방향으로 조정할 수 있다.

2. 전략경영 평가의 방식

전략경영의 평가는 전략경영 실시과정에서 달성한 실제성과의 평가이다. 즉 전략경영의 구체적인 문제를 진단하고, 나아가 전략형성과 전략전개에 이어지는 계속적인 과정에 대해 평가하는 것을 의미한다.[48]

전략경영의 평가는 사전평가, 사후평가, 진행평가, 가부평가의 네 가지 평가방식이 선택적으로 사용된다.[49]

사전평가(pre−action evaluation)는 경영활동이 실제로 이루어지기 전에 실시되는 평가로서 투입요소와 산출결과를 사전에 구체적으로 검토하는 평가방법이다.

사후평가(post−action evaluation)는 이와 반대로 목표달성을 위한 모든 활동이 종결된 후에 이루어지는 평가방법이다.

진행평가(steering evaluation, feed−forward evaluation)는 일련의 활동들이 완료되기 전에 표준 혹은 목표로부터의 편차를 발견하고 수정하는 평가방법이다.

가부평가(yes/no, screening control)는 진행평가를 보완하기 위해 흔히 사용되는 평가방법으로 업무가 몇 개의 단계별로 계속해서 이루어지는 경우 각 단계가 완성되는 시점에서 실시하는 평가방법이다.

기업은 효율적인 전략평가를 위해 앞에서 설명한 네 가지 평가방법들을 동시에 사용하는 것이 바람직하다. 하지만 현실적으로 네 가지 방법들을 모두 사용하는 데에는 어려움이 많기 때문에, 보통 한두 가지 방법만을 사용하게 된다. 그런데 여기서 한 가지 유의할 사항은 전략이 보통 장기간에 걸쳐 실시되기 때문에 실시기간 동안 전략의 성공에 중요한 영향을 미칠 수 있는 많은 변화들이 나타날 수 있다는 것이다. 따라서 전략평가 과정에서는 전략이 실시되는 동안 전략을 지속적으로 검토하고, 기본적인 전제들에서의 변화나 문제를 탐지하여 이러한 변화에 전략이 적절하게 적응할 수 있도록 하는 진행평가가 필요하다.

기업은 체계적이고 지속적인 평가활동을 지원할 수 있는 전략경영평가시스템을 구축

48) 이원우 외, 2009, 전게서, 311.
49) Hunger & Wheelen, 1993, op. cit, 301∼322; Pearce & Robinson, 1991, op. cit, 364∼371.

할 필요가 있다. 기업은 효율적인 전략경영평가시스템을 구축하기 위해 평가에 필요한 최소한의 정보량만을 파악하여 시기적절하게 제공될 수 있도록 설계하여야 한다. 다시 말하면, 기업은 종업원들에게 과도한 정보가 공급되어 혼란과 불편을 주지 않도록 전략의 핵심목표와 관련되는 요소만을 평가하도록 가능한 단순하게 설계하여야 한다.[50]

---

50) 신유근, 2011, 전게서, 270~272.

PART

5

경영활동의 관리

제11장
조직 및 인적자원관리

제1절 기업의 조직관리

기업의 조직·인사관리분야는 조직관리와 인적자원관리가 있다. 조직관리(organizational management)에는 하드웨어냐 소프트웨어냐 따라 기업의 조직구조관리(이 절에서 설명)와 종업원의 행동관리(다음 절에서 설명)로 나누어진다.

1. 조직설계의 개념

기업은 조직[1]이다. 조직은 개개인의 힘으로 풀 수 없는 문제를 협동으로 극복하기 위한 모임이므로 개인과 사회관계에서의 협동시스템을 구축하여야 한다. 조직(organization)이란 특정한 목적을 추구하기 위하여 구성된 사회적 단위 혹은 인간집단을 말한다.

조직의 설계에는 두 가지 이론이 있다.[2]

전통적 관리이론은 경영자와 종업원의 역할을 엄격히 구분하고, 경영자가 중요한 권한을 행사하여 종업원을 엄격히 관리해야 한다는 이론이다. 경영자의 위계적·집권적 통제를 위한 계층화된 구조이다.

현대적 관리이론은 고객욕구의 다양화·고도화·정보화 등의 영향으로 짧아진 제품수명주기와 종업원의 교육수준 향상, 그리고 사회적 민주화 등의 영향으로 종업원 주도의

---

1) 여기서 조직이란 4과정, 즉 계획, 조직, 지휘, 통제 중 조직을 의미하는 것이 아니라 기업을 비롯한 여러 기관들을 거시적으로 본 관점이다. 참고로 4과정에서의 조직은 조직구조를 설계하고 과업을 정의하고 배분하며, 과업설계, 보고체계, 의사결정체계 등을 정하는 것이다. 김영재·박기찬·김재구·이동명, 2008, 조직행동론, 무역경영사, 14.

2) Lawer, E. E., 1992, *The Ultimate Advantage: Creating the High-Involvement Organization*, San Francisco: Jossey-Bass Publishers.

업무수행을 인정하고, 그들의 적극적인 참여를 촉진시키는 몰입전략으로 전환시켜야 한다는 이론이다. 개인에게 개념적인 역할과 실천적 역할이 결합된 직무를 부여하고, 책임범위를 확대시킨다. 따라서 기업은 종업원들 간에 상호 영향을 주는 수평구조, 공유된 목표·가치에 근거한 조정, 위계차이를 최소화 하는 권력관계 구조가 필요하다.[3]

2. 조직의 구성요소

조직구조는 조직의 목표달성을 위해 필요한 업무들을 할당하는 방법(과업의 분화), 업무를 어느 정도 담당자의 재량에 맡길 것인가를 정하는 방법(권한의 배분), 업무수행을 위해 필요한 규정과 절차를 명시하는 방법(공식화)에 따라 구성된다.

1) 과업의 분화

과업의 분화는 노동의 분화(division of labor)와 같이 기업 목표나 경영전략을 고려하여 필요한 일(작업)을 결정하거나 명확히 하여 담당자에게 할당하고, 분화된 업무를 다시 유사한 업무들로 묶는 활동을 말한다.[4]

이러한 과업의 분화는 기본적으로 두 가지 방향, 즉 수평적 분화와 수직적 분화로 나타난다.[5]

수평적 분화(horizontal differentiation)는 조직이 어떤 목표를 효과적으로 달성하려면 우선 필요한 일부터 파악해 이를 담당자에게 할당해 주는 과정을 말한다. 이러한 수평적 분화에는 직무전문화와 부문화가 있다.

직무전문화(job specialization)는 분업의 원리에 따라 일을 세분화하여 담당자에게 전담하도록 할당·배분하는 것을 말한다. 부문화(departmentalization)는 직무전문화로 세분화된 일을 어떤 기준에 의해 다시 몇 개의 유사한 직무들로 집단화시키는 것이다.

수직적 분화(vertical differentiation)는 조직이 일을 담당하는 사람들에게 조직의 목표를 달성하기 위해 상하관계를 정하는 것을 말한다. 수직적 분화는 과업의 분화가 상하관계

---

3) 이동명·김강식, 2004, "경영자의 몰입전략과 유연 작업조직설계", 인사·조직연구, 인사·조직학회, 제12권 1호, 33~68.

4) Straub, T. J. & Altner, R. F., 1991, *Introduction to Business*, 4th ed., Thomson Information/Publishing Group, 104; Koontz, H. & Weihrich, H., 1990, *Essentials of Management*, 5th ed., NY: McGraw-Hill Publishing Company.

5) Robbins, S. P., 1996, *Essentials of Organizational Behavior*, Englewood Cliffs, NJ: Prentice-Hall, 553~555.

를 가지고 이루어지는 것으로, 이를 계층 또는 위계라고도 한다.

수직적 분화는 감독폭의 원리에 의해 이루어진다. 감독폭 또는 관리폭(span of control)이란 한 관리자에게 보고하는 하위자(부하)의 수, 즉 부문의 크기를 말한다.

조직은 구조적 특성(structural characteristics) 또는 외양(shape)에 따라 수평적 분화가 확대되거나 평면조직구조, 즉 수직적 분화로 심화되면 고층조직구조의 형태를 띠게 된다.[6]

2) 권한의 배분

권한은 어떤 조직에서 만들어진 규칙과 규정이나 규범에 의해 주어지는 합법적이고 공식적인 의사결정권과 명령지시권으로서, 조직에서의 직위를 바탕으로 주로 위에서 아래로 행사되는 성격을 갖고 있다.

권한의 배분 또는 권한의 위양(delegation of authority)[7]은 경영자가 부하들에게 업무를 수행할 책임을 할당한다. 따라서 경영자가 부하들에게 그 업무를 수행할 책임과 동등하게 그 업무수행에 필요한 결정을 하고 추진할 수 있는 권한이 부여된다(책임과 권한 등가의 원칙[8]). 즉 권한의 배분은 경영자가 부하들에게 업무수행에 필요한 의사결정권과 업무 추진권을 할당하는 것이다. 그러나 업무의 수행책임은 부하에게 위양하였더라도 최종 책임은 상위자에게 있다.

권한은 집권화와 분권화의 두 가지 형태가 있다.[9]

---

6) 신유근, 2011, 전게서, 328~331.
7) 권한위양과 유사한 임파워먼트가 있다. 임파워먼트는 단순히 상위직으로부터 하위직으로의 권한위양을 의미하는 것이 아니라 모든 계층의 종업원들이 보다 나은 성과를 달성하는 데 있어서의 장애요인을 제거하는 데 필요한 권력을 행사할 수 있는 기업환경의 창출인 것이다. 즉, 종업원들의 의사결정을 효과적으로 행사할 수 있도록 유용한 지식을 제공하고 내적동기를 부여시켜 주는 것이다. 신유근, 2008, 전게서, 256.
8) 권한과 책임 동등의 원칙은 직무의 권한·책임 원칙(principle of authority and responsibility to job)이라고도 하며, 조직에 있어서 구성원은 자기가 수행해야만 할 직무내용을 명확하게 할당받아 그 직무수행에 관한 권한과 책임도 명확하게 해야 한다. 이와 같이 개인이든지 조직전체도 각 구성원들이 권한과 책임이 동일해야 직무를 원활하게 수행할 수 있다는 원칙이다. 또한 권한·책임·의무 동등의 원칙이란 직무의 삼면등가 원칙(principle of triple equivalent to job)이라고도 하며, 권한과 책임에다 의무(보고의무: 관계되는 부문에 대한 직무수행의 상황·의도 및 결과 등을 설명하고 보고하는 일)를 추가하여 각 범위가 동일해야 한다는 것이다. 다시 말하면 권한과 책임에다 보고의무가 추가하여 동등할 때 조직의 안정과 질서를 확보할 수 있다는 것이다. 이를 다음 그림과 같이 나타낼 수 있다.

직무의 삼면 등가

책임　　권한
직무
의무

9) Gibbson, J.L., Ivancevich, J.M. & Donnelly, J.H., 1991, *Organization. Structure, Process & Behavior*, 7th ed., Homewood, IL. Irwin, 457~458; Robbins, 1996, op. cit, 104, 108~110.

집권화(centralization)는 조직의 의사결정 및 통제권한이 조직의 상위층에 집중되어 있는 상태를 말한다.[10] 이러한 집권화가 강하게 나타나는 조직을 집권적 조직이라고 한다.

분권화(decentralization)는 의사결정권과 명령지시권이 조직의 여러 계층에 대폭 위양되어 있는 상태를 말한다.[11] 이러한 분권화가 강하게 나타나는 조직을 분권적 조직이라고 한다.

조직에서 공식적인 명령지휘 계통에 따라서 부하들이 업무를 직접적으로 지휘하는 권한을 라인권한(line authority)이라고 하고, 부하들에 대한 직접적인 지휘권은 없이 라인권한(line authority)을 가진 사람들을 지원하거나 조언하는 권한을 스탭권한(staff authority)이라 한다.[12]

3) 공식화

공식화(formalization)는 조직의 업무목적과 구성원들의 업무수행에 취할 수 있는 수단 및 행동과 관련된 사항들이 구체적으로 제시되어 있는 정도, 즉 조직의 업무표준화 정도를 말한다.[13]

공식화는 조직구성원들의 개인별 경험과 지식·성격의 차이에 따라 나타날 수 있는 개인별 업무수행의 편차를 최소화하고 업무흐름의 일관성·명확성을 높여 업무의 효율성을 향상시키는 데 기여한다. 그러나 지나친 공식화는 구성원들의 행위나 태도에 부정적인 영향을 주거나 조직을 경직화시킬 수 있다. 그러므로 조직의 공식화는 탄력적으로 운영될 필요가 있다.[14]

3. 공식조직과 비공식조직

경영조직에는 조직의 목표달성을 위해 의도되고 계획된 조직, 즉 공식조직과 의도되지 않는 조직, 즉 비공식조직이 있다.

공식조직(formal organization)은 목표달성을 위하여 구체적으로 과업을 수행할 수 있도록 의도적으로 형성된 조직을 말한다. 예를 들어 사장실, 전무실, 인사부, 경리부, 판매과 등이 바로 공식조직이다. 공식조직의 일차적 목표는 자신에게 부여된 임무의 완수를 통해

---

10) Robbins, 1990, op. cit, 106.
11) Gibbson et al., 1991, op. cit, 457~458.
12) 신유근, 2011, 전게서, 333~336.
13) Robbins, 1990, op. cit, 98; Gibbson et al., 1991, op. cit, 461.
14) 신유근, 2011, 전게서, 337~338.

조직의 목표달성에 기여하고자 하는데 있다. 공식조직은 효율성의 논리(logic of efficiency)가 지배하며 추구하는 목표가 상대적으로 명확하다.

비공식조직(informal organization)은 조직목표의 달성 외의 다른 목표를 수행하기 위하여 결성된 조직으로서 구성원들의 이해와 요구에 의하여 형성된 조직을 말한다. 비공식조직은 서로 다른 부서 간의 정보의 흐름을 촉진시키고, 개인의 다양한 욕구를 해소시켜 준다. 하지만 조직 내의 비정상적 정보흐름을 발생시킨다거나, 조직 내의 소외를 불러일으킬 수도 있다. 비공식조직은 조직 내에 존재하는 낚시회, 등산회, 바둑 동호회와 같은 취미모임 등의 비공식조직의 대표적인 예이다.

비공식조직은 감정의 논리(logic of sentiment)가 존재하며 추구하는 목표 또한 비교적 불분명한 경우가 많다. 그러므로 조직 내의 공식조직에 대한 운영과 관리 못지않게 비공식조직에 대해서도 관심을 가지고 이를 효과적이고 체계적으로 관리할 필요가 있다.[15]

4. 조직구조의 설계

조직구조는 수직적 – 수평적, 기능 중심적 – 사업 중심적, 집권적 – 분권적, 라인 – 스탭, 폐쇄적 – 개방적, 기계적 – 유기적 등을 고려하여 적합한 형태를 설계하여야 한다. 오늘날의 조직구조는 일반적으로 전자보다 후자가 더욱 바람직한 형태라고 할 수 있다. 조직은 다음과 같이 여러 가지 상황에 부합될 수 있도록 조직구조를 설계하여야 한다.

조직구조는 그 사업성격과 전략목적에 따라 설계해야 한다. 챈들러(Alfred D. Chandler)[16]에 의하면 경영전략과 조직구조는 상호 간에 매우 밀접한 관계가 있다고 하였다. 그는 조직구조가 기업의 전략에 따라 결정된다고 주장한다. 표준화된 제품을 대량으로 생산하는 기업, 철저한 비용통제를 하는 기업은 대체로 '기계적 조직'을 설계한다. 그러나 주문생산이나 다양한 제품을 생산하는 기업, 벤처와 같이 새 사업을 개발하는 소규모단위의 분권적인 기업, 연구개발과 지식창출을 강조하는 기업은 '유기적 조직'을 설계한다.

조직구조는 그 환경에 따라 적응능력을 높일 수 있도록 설계해야 한다. 환경이 안정적인 조직은 기계적 조직을 설계하여야 하고, 동태적인 조직에는 유기적 조직을 설계하여야 한다.

조직구조는 환경변화에 부합될 수 있도록 설계하여야 한다. 조직은 새 기술, 특히 정

15) 신유근, 2011, 전게서, 337~338
16) Chandler, Alfred D., 1962, *Strategy and Structure*, Cambridge, MA: MIT Press, 1~17.

보기술과 정보통신기술의 발전으로 정보의 내용과 흐름 및 속도에 큰 변화를 가져오게 되므로 이에 부합될 수 있는 조직구조를 설계하여야 한다.

조직구조는 장기적인 관점에서 볼 때, 소형에서 대형으로 성장하는 과정에서 여러 가지 문제가 나타나고, 이를 해결하면서 성장할 수 있도록 설계되어야 한다. 일반적으로 기업의 조직구조는 ① '창의성' 중심으로 발전(리더십 부족 발생) → ② 명확한 방향을 설정하고 업무를 지시하는 '기능화' 중심으로 발전(하부조직의 자율성 결여 발생) → ③ 권한위양화에 의한 '분권화' 중심으로 발전(부서들의 경쟁 내지 독단적 행동으로 갈등을 유발하여 통제 곤란 발생) → ④ 조정시스템의 정교화로 '통합화' 중심으로 발전(엄격한 통제로 구성원들의 규제가 심해 조직이 경직되고 지나친 '형식주의'가 발생) → ⑤ 개인의 차이를 인정하고 구성원들 간의 상호작용을 통한 협력을 강조하는 '팀조직화'로 발전 등의 단계를 거친다.[17]

5. 조직구조[18]

1) 기능조직

기능조직(function organization)은 유사한 과업과 활동을 기능별로 통합하여 독립된 조직단위로 이루어진 조직형태이다. 예를 들어 제조업은 구매, 인사, 생산, 회계, 영업 등으로 분화되고 있다. 따라서 종업원들은 일상적인 직무를 수행한다. 경영자와 종업원과의 관계는 명령과 복종, 통제와 수용으로 공동체 의식이 강조된다. 기능조직은 그 원리가 행정조직에 적용될 때, '관료제조직'이라고 한다.

자세한 내용은 제9장 제3절, 4, 2), (1), (ㄱ)을 참고하기 바란다.

2) 사업부조직

사업부조직(divisional organization)은 경영 및 제품의 다각화에 보다 효과적이며 새로운 유통경로와 고객을 확보하는 데 유용한 새로운 조직형태이다. 사업부조직은 기능조직의 장점을 살리면서 환경이나 규모 또는 직무 등의 변화에 부응할 수 있는 다소 유연한 조직이다.

사업부조직은 부문별 업무특성을 효율화하고 부서를 더 용이하게 조정하며, 각 부서의

---

17) Greiner, Larry E., 1998, "Evolution and Revolution as Organization Grow", *Harvard Business Review*, May-June, 55~67.
18) 조직구조에 자세한 내용은 8장을 참고하기 바란다.

장에게 업무를 통제할 수 있도록 권한을 위임하여 책임관리를 할 수 있는 조직이다.

자세한 내용은 제9장 제3절, 4, 2), (1), (ㄴ)을 참고하기 바란다.

3) 팀조직

팀조직(team organization)이란 상호 보완적인 기술이나 지식을 가진 소수의 구성원들이 자율권을 갖고 기업의 목표를 달성하도록 구성된 조직형태이다. 팀조직은 시너지효과를 가져올 수 있는 상호보완적 역량을 가진 사람들로 구성되고, 업무프로세스적·자기완결적(self-contained: 업무의 시작에서 끝까지 모든 업무수행 책임을 가짐)·자율과 창의 발현적인 과업으로 설계되어 있다. 따라서 경영자는 팀담당자에게 권한을 위양함으로써 조직의 경량화·민첩화로 구성원들의 동기부여, 직무만족 및 조직몰입이 증대되고, 그들 간에 밀도 있는 상호작용으로 조직학습을 더욱 향상시킬 수 있다.

자세한 내용은 제9장 제3절, 4, 2), (2), (ㄱ)을 참고하기 바란다.

4) 매트릭스조직

매트릭스조직은 환경의 불확실성이 높은 기업에서 기능부문과 제품부문이 모두 필요할 경우, 조직의 '상부계층'에 설계되는 조직형태이다. 즉 기능조직이 행(column)에 해당되면 제품조직이나 프로젝트조직은 열(row)이 되도록 설계되는 것이다.

매트릭스조직은 작업단위를 한 번은 기능별(인사, 경리, 제조 등)로 묶고, 또 한 번은 사업 혹은 제품별(제품1, 제품2 등)로 묶어서 두 구조를 포개어 놓은 것과 같이 설계된 유형이다. 따라서 이 조직은 한 부서를 두 부문 공동으로 소속하도록 설계되어 있으므로, 한 종업원은 기능관리자와 제품관리자의 두 상사(관리자)에게 보고하거나 통제를 받는 등 이중권한 구조이기 때문에 갈등이 야기되기도 한다.

자세한 내용은 제9장 제3절, 4, 2), (2), (ㄴ)을 참고하기 바란다.

제 2 절　종업원의 행동관리

조직의 행동관리는 개인차원, 집단차원, 조직차원 행동관리로 구분되고 있다.

1. 개인차원의 행동관리

1) 개인차원의 행동관리의 의의

인간은 개인생활이나 조직생활에서 선이나 유익한 결과를 내기도 하지만, 때로는 악이나 무익한 결과를 가져오기도 한다. 불교에서는 후자의 경우 인간이 몸과 입과 마음(뜻)의 욕심으로 인하여 죄업을 짓는다고 보고 있다.

개인차원에서의 행동관리는 경영자가 개인의 자질(인격)이나 가치관을 건전하게 형성하도록 하고, 나아가 조직의 발전(유효성)에 기여하도록 북돋아 주는 활동이다. 따라서 경영자는 개인차원의 행동관리를 위해 개인의 성격, 감성, 가치관, 태도(직무만족, 직무몰입, 조직시민행동) 등이 직무수행에 어떤 관계가 있는지를 이해하고 조직의 유효성을 향상시킬 수 있도록 관리하여야 할 것이다.

가치관(values)은 개인이 상대적으로 무엇이 옳고 그른지 밝혀 주거나, 좋고 싫음, 즉 무엇이 더 바람직한지에 대해 명백하게 밝혀 주는 일반적인 신념이다.[19] 개인의 가치관은 비교적 안정적이고 지속적인 특성을 가지고 있다. 따라서 개인의 가치관은 [그림 11-1]과 같이 일반적으로 태도, 지각, 동기부여에 영향을 주고 나아가 행동에 영향을 미친다.[20]

태도(attitude)는 어떤 사람이나 사물 또는 사건과 같은 특정대상에 대해 긍정적이거나 부정적인 방식으로 반응하려는 경향이다. 태도는 인지적 요소, 정서적 요소, 행위의도적 요소로 구성되어 있다.[21]

한편, 지각(perception)은 지각자의 특성(지각자의 욕구와 동기, 과거의 경험과 학습, 성격, 자아개념), 지각대상의 특성(피지각자의 특성, 대상물의 특성), 상황적 특성에 따라 영향을 미친다.

또한 경영자는 개인의 바람직한 행동이 영원히 변화하도록 학습(행동학습, 인지학습, 사회학습), 행동강화와 행동수정에 노력해야 할 것이다.

---

19) Brown, M.A., 1976, "Values: a Necessary but Neglected Ingredient of Motivation on the Job," *Academy of Management Review*, Vol.1, 23; 임창희, 2008, 조직행동, 비앤엠북스, 133.
20) 전수환, 2021, 에센스 경영학(제8판), 밀니북(mealthebook), 71
21) 김영재 외, 2008, 전게서, 106~107; 신유근, 2008, 인간존중의 경영, 다산출판사, 105~106, 109.

[그림 11-1] 가치관의 영향

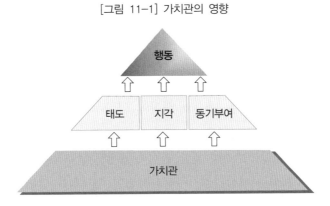

2) 동기부여이론

동기부여는 개인의 어떤 특성과 상황이 결합되어 무언가를 열심히 하려고 하는 의욕을 의미한다. 동기부여란 자신의 욕구를 충족시키면서 동시에 조직의 목표달성을 위해 자신의 능력을 최대로 발휘하고자 하는 노력이다.

(1) 동기부여의 내용이론

동기부여의 내용이론은 사람이 보유한 욕구나 충동의 내용(본질)이 동기화시킨다고 주장하는 이론이다.[22] 동기부여의 내용이론에는 욕구단계이론, X-Y이론, 2요인이론 등이 있다.

(2) 동기부여의 과정이론

동기부여의 과정이론은 사람이 보유한 욕구나 충동의 동기화는 인지적 노력, 그리고 이들 간의 심리적 과정에 있다고 주장하는 이론이다.[23] 동기부여의 과정이론에는 기대이론, 공정성 이론 등이 있다.

자세한 내용은 제9장 제4절, 3, 2)를 참고하기 바란다.

2. 집단차원의 행동관리

1) 집단차원의 행동관리의 의의

집단차원에서의 행동관리는 경영자가 집단(팀)의 품격이나 가치관을 건전하게 형성,

---

22) 신유근, 2008, 전게서, 212.
23) 신유근, 2008, 전게서, 236.

발전시켜 조직의 유효성을 향상시키기 위한 활동이다.

집단은 공식집단과 비공식집단이 있다.

집단의 성장은 형성기, 갈등기, 규범기, 수행기, 해체기 등 다섯 단계를 거쳐 성장한다는 점진적 성장과[24] 일정기간 동안 현재의 가치와 관행이 일정 기간 지속되며, 어느 순간 새로운 행동방식이 정립된다는 단속적 성장이 있다.[25]

집단시스템은 내부적으로 집단구조(구성원의 특성, 지위, 역할, 규범, 응집성)와 집단행동이 있고, 외부적으로 상황(조직의 전략, 권한, 공식화, 보상정책, 조직문화 등)이 연결되어 있다.

경영자는 집단의 유효성을 향상시키기 위해 탁월한 리더십을 발휘하여야 한다. 경영자의 탁월한 리더십은 경영자와 구성원 간의 효율적인 의사소통과 의사결정이 반드시 수반되어야 한다.

2) 의사소통

의사소통(communication)은 일반적으로 개인간이나 집단간에 생각이나 지식, 감정 등을 포함한 정보를 상호 교환하여 공유하는 활동이나 사회적 과정이다.[26] 의사소통은 말, 글 등 언어적 수단과 비언어적 수단으로 이루어진다.

의사소통의 과정은 발신자 → 부호화 → 전달내용 → 매체 → 해석 → 수신자, 그리고 피드백으로 이루어져 있다. 이 과정에 잡음(방해가 되는 요소)이 나타날 수 있다.[27] 의사소통과정은 제9장 [그림 9-8]을 참고하기 바란다.

의사소통네트워크는 공식적 의사소통네트워크와 비공식적 의사소통네트워크가 있다. 전자는 연쇄형, X형, Y형, 원형, 완전연결형 등 5개의 의사소통 형태, 상향적, 하향적 및 수평적 의사소통과 일방적·쌍방적 의사소통 등이 있다. 후자는 그레이프바인과 순회관리가 있다.[28]

자세한 내용은 제9장 제4절, 3, 3)을 참고하기 바란다.

---

24) Tuckman, B. W., 1965, "Development sequences in small groups", *Psychological Bulletin*, Vol. 101, No. 4, 384~399; 김영재 외, 2008, 전게서, 224.

25) Gersick, C.J.G., 1988, "Time and transition in work teams: Toward a new model of group development," *Academy of Management Journal*, Vol. 31, No. 2, 9~21; 김영재 외, 2008, 전게서, 227.

26) 지호준, 2009, 21세기 경영학, 법문사, 190.

27) Shannon, C. & Weaver, W., 1953, *The mathematical Theory of Communication*, Urbana: University of Illinois Press.

28) 지호준, 2009, 전게서, 193.

3) 의사결정

의사결정(decision making)은 일정한 목적을 달성하기 위해 두 개 이상의 대체수단 가운데서 일정한 수단을 선택하는 논리적인 과정이다.[29]

의사결정모형은 완전한 합리성모형과 제한적 합리성모형이 있다. 완전한 합리성모형(perfect rationality model)은 최적의 의사결정으로서 이상적이기는 하지만 시간의 부족, 정보의 부족 등 현실적으로 제약이 있다. 따라서 주어진 정보와 능력 안에서 일정한 기준에 부합되고 만족스러운 의사결정이라고 할 수 있는 제한적 합리성모형(bounded rationality model)이 적합하다고 할 수 있다.[30]

조직 내의 의사결정은 개인의사결정과 집단의사결정이 있다.

개인의 의사결정은 특정 개인이 문제인식이나 해결방안을 탐색하고 선택하는 과정을 전담하는 의사결정이다.

집단의 의사결정은 여러 사람들 간에 의견 및 아이디어, 지식 등을 교환하는 집단적 상호작용을 거쳐 이루어지는 의사결정이다.[31] 그러나 집단의사결정은 집단사고(集團思考: group think)가 문제점으로 지적되고 있다.

의사결정은 그 내용에 따라 전략적 결정, 관리적 결정, 업무적 결정이 있고,[32] 의사결정의 반복성 정도에 따라 일상적인 의사결정과 비일상적인 의사결정[33]으로 구분할 수 있다.

자세한 내용은 제9장 제2절, 4, 2)를 참고하기 바란다.

4) 리더십

경영자는 종업원들에게 동기부여시킬 수 있는 효과적인 리더가 되어야 한다.

리더십은 리더가 일정한 상황에서 구성원들이 조직이나 집단의 공동목표 달성에 필요한 행위를 하도록 영향을 미치는 과정 또는 그 역량으로 나타나는 통솔력을 말한다.[34]

리더십의 이론은 다음과 같이 발전되어 왔다.

리더십의 특성이론은 효율적인 리더의 원천을 선천적으로 가지고 있는 신체적·성격

---

29) Barnard, C.I., 1938, *The Functions of Executives*, Cambridge, MA: Harvard University Press, 185.
30) March, J.G. & Simon, H.A., 1992, *Organizations*, 2nd ed. NY: John Wiley & Sons, Inc., 11; 신유근, 2008, 전게서, 322~323; 김영재 외, 2008, 전게서, 270.
31) 신유근, 2008, 전게서, 320.
32) 한희영, 1992, 경영학총론, 다산출판사, 405; 신유근, 2008, 전게서, 334~335.
33) 곽수일·김우봉·노부호·이철·조남신·황선웅, 1996, 현대기업경영원론, 생시문화사, 134.
34) S.P. Robbins, 1990, op. cit, 412.

적 특성에서 발견하려는 이론이다.

리더십의 행동이론은 리더의 어떠한 행동이 가장 효율적인 리더십을 발휘할 수 있는가를 발견하려는 이론이다. 행동이론의 초기에는 리더의 행동 특성을 민주적, 독재적, 자유방임적 리더로 나누었으나, 후기에는 '리더의 행동 특성(성격이나 가치관)'을 생산성과 생활성(인간성)의 두 차원으로 구분한 관리격자이론(管理格子理論: managerial grid theory), 인간차원에서 X와 Y의 두 차원으로 구분한 X−Y이론 등이 있다.

리더십의 시스템이론은 리더십을 4유형, 즉 시스템 Ⅰ(개척적, 독재적), 시스템 Ⅱ(인정적, 권위적), 시스템 Ⅲ(자문적, 참여적), 시스템 Ⅳ(참여적, 민주적)로 나누고, 가장 이상적인 리더십을 시스템 Ⅳ라고 하였다.

리더십의 상황이론은 리더의 특성이나 행동이 상황에 적합한지 여부가 리더십을 결정한다는 이론이다. 이 이론은 리더가 상황에 알맞을 때 민주적 리더십도, 독재적 리더십도, 방임적 리더십도 높은 성과를 올릴 수 있다고 본다. 상황이론에는 피들러의 이론 등이 있다.

리더십의 현대이론은 리더와 부하가 상호관계를 어떻게 유지・발전시키느냐가 리더십을 결정한다는 입장이다. 현대이론에는 거래적 리더십과 변혁적 리더십이 있는데 후자가 더욱 효과적임이 증명되고 있다.

자세한 내용은 제9장 제4절, 3, 1)을 참고하기 바란다.

5) 권력과 조직정치

권력(power)은 한 조직의 구성원 혹은 집단이 자신의 의도대로 다른 개인 혹은 집단으로 하여금 어떤 행동을 하도록 영향을 미칠 수 있는 능력을 말한다.[35] 권력은 리더십보다 넓은 개념으로서 보유자원의 중요성, 희소성, 대체불가능성 등 '의존성'으로부터 나온다.[36]

조직정치(organizational politics)는 조직구성원들이 서로 간에 권력을 행사하면서 조직정치를 하기도 한다. 조직정치란 조직전체의 이익보다는 특정 개인이나 부문의 이익을 보호하거나 신장하기 위해 조직에서 공식적으로 승인받지 못한 방식으로 권력을 획득하고 행사하는 활동을 말한다.[37] 조직정치는 조직 내의 개인이나 집단의 이익을 증대시키

---

35) 신유근, 2008, 전게서, 393.
36) 김영재 외, 2008, 전게서, 356~357.
37) Mayes, B.T. & Allen, R.T., 1977, "Toward a Definition of Organizational Politics", *Academy of Management Review*, Vol. 2, 672~678; 신유근, 2008, 전게서, 397.

거나 이를 유지시켜 보려는 구성원들의 의도적인 행위에 의해 나타난다.[38] 조직정치는 이미지 관리와 자기방어의 행동으로 나타난다.[39]

3. 조직차원의 행동관리

조직차원의 행동관리는 성과를 향상시킬 수 있는 조직문화 형성과 조직학습을 통한 조직변화와 조직개발이 있다.

1) 발전적인 조직문화

조직문화는 모든 구성원들 사이에 공유된 가치의식 및 행동방식, 그리고 조직차원에서 표출된 관리 관행 및 상징 특성을 의미한다.[40]

조직문화는 다음과 같은 3요소로 구성되어 있다.

· 상징물과 징표: 복장스타일, 상표마크, 슬로건, 경영이념, 사훈
· 사고와 격식: 신념, 의례, 의식, 타부(taboos, 금기사항)
· 상상과 이미지: 당연한 것으로 간주되는 잠재의식, 조직이미지

조직문화의 구성요소는 <표 11-1>과 같다.

〈표 11-1〉 조직문화의 구성요소

단 계	구성요소	
가시단계	인공 및 창작물	상징물과 징표
인식단계	가치관	사고와 격식
잠재단계	기본적인 가정들	상상과 이미지

조직문화는 사회화 과정을 통해 형성되어 간다. 조직문화는 종업원들에게 조직정체성의 부여, 집단몰입도 증대, 환경변화에 대한 감지력 강화, 조직 사회시스템의 안정 등의 기능을 한다.[41] 조직문화는 종업원들의 직무만족과 행동, 나아가 기업의 발전에 직접적으로 영향을 주고 있다.

---

38) 김영재 외, 2008, 전게서, 366~367.
39) 임창희, 2008, 전게서, 438~441.
40) 신유근, 2008, 전게서, 548.
41) 김영재 외, 2008, 전게서, 422~424.

2) 조직학습을 통한 조직변화

조직변화(organization change)는 조직이 어떤 특정의 상태로부터 더 나은 상태로 이동하는 것을 말한다. 조직변화에는 점진적(incremental) 변화와 급진적(radical) 변화가 있다. 경영자는 조직을 변화시키기 위해 현재의 조직을 조직학습으로 학습조직을 만들어야 한다.

조직학습(organizational learning)이란 조직이 환경변화를 탐지하여 기업경영에 유용한 새로운 정보와 지식, 능력을 지속적으로 창출하고 조직전체에 공유하여 전략과 관리에 활용하는 과정이다.[42] 따라서 조직학습은 조직원들이 환경의 변화를 인식하고 조직의 성과 향상을 위해 노력하거나 그들 간의 상호작용을 통해 스스로 불확실한 환경을 적극적으로 대처하고 변화시킨다. 이에 대해 학습조직(learning organization)은 조직이 지속적으로 지식의 획득과 창출, 그리고 이전하며, 조직의 전반적인 행동을 변화시키는 데 능숙한 조직이다.[43] 즉 학습조직이란 지속적으로 변화하고 적응할 수 있는 능력을 가지고 있는 조직이다.[44]

레윈은 조직의 변화란 현장유지력을 변동시킬 수 있는 효과적인 변화전략이라 하였다.[45] 조직의 변화과정은 해빙, 이동, 재동결 등 3단계로 이루어진다.[46]

한편 조직개발(organization development: OD)은 행동과학의 지식과 관행들을 적용하여 조직변화를 통해 유효성(effectiveness)을 증대시키는 과정이다. 조직개발은 조직의 목적달성 능력 및 문제해결 능력의 향상에 초점을 둔다.[47]

---

42) 신유근, 2008, 전게서, 505.
43) Garvin, D.A., 1993, "Building a Learning Organization," *Harvard Business Review*, July-August, 78~91.
44) 전수환, 2021, 에센스 경영학(제8판), 밀더북(mealthebook), 174.
45) 김영재 외, 2008, 전게서, 462~463.
46) Lewin, K., 1951, *Field Theory in Social Science*, NY. Harper & Row.
47) 김영재 외, 2008, 전게서, 457.

제 3 절 인적자원관리

1. 인적자원관리의 개념

1) 인사관리와 인적자원관리

(1) 인사관리

인사관리(personnel management)는 경영자가 종업원을 비용 중심으로 사고하고 판단한다. 따라서 인사관리는 종업원이 기업에서 주체적인 작업을 통해 효율성을 높이는 존재가 아니라, 기계처럼 하나의 생산요소로 여긴다. 즉 기업은 현재 맡은 직무를 가장 잘 할 수 있으면서 임금이 낮은 종업원을 채용한다는 것을 의미한다. 다시 말하면 기업은 종업원을 채용할 경우 현재 저비용이면서 맡은 직무를 가장 잘 할 수 있는 사람을 채용하여 사용하다가, 그 효용이 다하면 해고하고 다른 사람을 고용한다. 즉 기업은 종업원을 고용하여 그의 역량 향상보다 단기적 활용에 역점을 두고 있다.

(2) 인적자원관리

인적자원관리(human resources management)는 사람을 자원이나 자산 또는 자본으로 여기고 관리한다. 인적자원은 인간을 개인관점이 아니라 조직관점에서 보는 개념이다. 인적자원은 기업의 임직원들이 업무수행을 위해 가지고 있는 스킬·지식·능력의 결합물이다. 따라서 기업에서 인적자원은 생산의 중요한 요소임과 동시에, 목표·창의성·욕망·기대 등을 지니고 있는 인간이므로 다른 생산요소를 효율적으로 결합시키거나, 생산방식을 개선하도록 끊임없이 노력한다. 그러므로 기업은 인적자원을 조직이 보유한 가치창출의 원천으로 보고 실물자본과 마찬가지로 개인(인적자본)을 위해 투자함으로써 개인의 역량을 향상시켜 자본으로 삼아야 한다는 의미이다.[48]

2) 인적자원관리 활동

인적자원관리 활동이란 기업에서 사람(구성원)과 관련된 모든 활동을 말한다. 인적자원관리 활동은 종업원의 모집·선발, 교육훈련, 업무평가 및 보상관리 과정이라고 할 수 있다.

---

48) Schultz, T. W., 1961, "Investment in human capital," *American Economic Review*, 51: 1~17.

구체적으로 인적자원관리 활동은 어느 정도의 인원이 어디에서 필요한지 그리고 필요하다면 확보할 수 있는지를 파악하는 인적자원의 소요와 확보를 예측하는 것에서부터 시작한다. 이에 따라 기업은 필요한 능력을 갖춘 인적자원을 모집하고 그 가운데 가장 적당한 인적자원을 선발하게 된다. 선발된 인적자원은 적합한 위치에 배치된다. 배치된 인적자원은 개인별로 그의 역량이나 업적을 평가하여 배치와 전환·승진하고 나아가 교육훈련을 통해 더 높은 역량을 갖게 한다. 또한 적절한 수준의 임금과 복지후생도 실시하여야 한다. 그리고 유능한 인력의 이직을 막기 위해 이직관리를 해야 한다.

2. 인적자원관리의 기초이론

1) 사람 측면의 역량관리

역량(competence)은 개인이나 조직이 지식이나 능력을 기반으로 어떤 일을 잘 해 낼 수 있는 추진력이 되고 있다. 역량에는 개인역량과 조직역량이 있다.

(1) 개인역량

개인역량(personal competence)은 개인이 업무에 관한 지식과 기술을 축적하여 고차원화 하고, 기능과 기술의 연마로 고숙련화 함으로써 고난도의 업무를 효율적으로 수행하여 고성과를 창출할 수 있는 추진력이다.[49]

개인역량은 고성과자의 특성을 파악하여 독특한 상황에 맞는 특수역량 즉 역량모델(competence model)을 만들고, 이를 기준으로 연습, 훈련 및 학습을 통해 지식, 기능, 기술을 향상함으로써 형성된다. 또한 개인역량은 개인학습을 통해 형성된다. 개인역량은 개인지식과 개인능력으로 구성되어 있다. 개인지식에는 명시지식과 묵시지식이 있다.

(2) 조직역량

조직역량(organizational competence)은 조직구성원들이 업무에 관한 지식과 기술을 축적하여 고차원화하고, 기능과 기술의 연마로 고숙련화 함으로써 고난도의 업무를 효율적으로 수행하여 고성과를 창출할 수 있는 추진력을 말한다.

조직역량은 고성과집단의 특성을 파악하여 독특한 상황에 맞는 특수역량, 즉 역량모델(competence model)을 만들고, 이를 기준으로 연습, 훈련 및 학습을 통해 형성된다. 또한

---

49) Ledford, G. E., 1995, "Paying for the Skills, Knowledge, and Competencies of Knowledge Workers", *Compensation & Benefits Review*, July – August, 55.

조직역량은 주로 개인역량을 바탕으로 형성된다. 조직역량은 조직지식과 조직능력으로 구성되어 있고, 조직지식에는 공식자본과 지적자본이 있다.

(3) 핵심역량

기업의 조직역량 중에서 가장 뛰어나서 가치향상에 가장 크게 기여하는 기능, 능력, 기술인 핵심역량이 있다. 핵심역량은 기업이 소비자들에게 특별한 효용을 제공할 수 있게 하는 지식이나 능력 및 기술의 묶음이다.[50] 즉, 핵심역량은 기업의 조직역량 중에서 가장 뛰어나서 다른 기업보다 경쟁우위를 확보할 수 있는 기업특유의 공통된 기능이나 기술, 능력을 의미한다.[51] 이는 개인역량과 조직역량이 결합되어 형성된다.

2) 일 측면의 직무관리

(1) 직무관리의 의의

직무분석(job analysis)은 특정 직무의 내용과 그 직무수행자의 행동과 육체적 및 정신적 능력을 밝히는 체계적인 활동이다. 직무분석은 직무를 수행하는 사람들에게 직무수행과 관련되는 광범위한 정보를 제공하기 위해 실시된다. 직무분석은 직무의 내용 및 성격에 관한 정보를 일정한 양식으로 정리하여 직무기술서(job description)를 작성하거나, 직무내용 및 특성과 관련하여 그 직무담당자의 직무수행에 요구되는 자질과 능력을 일정한 양식으로 정리하여 직무명세서(job specification)를 작성한다.

직무관리는 다음과 같은 두 가지 목적을 달성하기 위해 이루어진다.

첫째, 직무분석을 바탕으로 직무분류를 거쳐 일의 내용과 수행방법, 한 직무와 다른 직무들과의 연결, 근무시간 등과의 관계를 정립하여 '직무설계'를 한다.

둘째, 직무분석을 바탕으로 직무분류를 거쳐 해당직무의 가치를 밝히는 '직무평가'를 한다. 이를 [그림 11-2]와 같이 나타낼 수 있다.

[그림 11-2] 직무관리의 목적

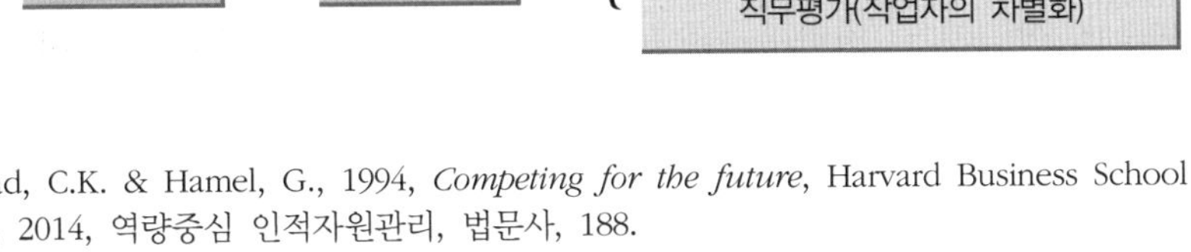

직무분석 ⇒ 직무분류 ⇒ 직무설계(일의 능률화)와 조직설계 / 직무평가(작업자의 차별화)

---

50) Prahalad, C.K. & Hamel, G., 1994, *Competing for the future*, Harvard Business School Press.
51) 박성환, 2014, 역량중심 인적자원관리, 법문사, 188.

(2) 직무분류와 직무설계

직무분류는 동일 또는 유사한 성격을 가진 직무들을 묶어 직무군으로 분류하는 작업이다. 기업은 분류된 직무를 조직에 맞게 설계하여야 한다.

직무설계는 조직의 구조와 인간관계 등을 고려하여 직무와 관련된 활동을 짜보고, 그 관계를 명시하는 작업이다.[52] 직무설계는 세 단계로 발전되어 왔다.

전통적 직무설계는 과학적관리론과 인간관계론을 바탕으로 한다. 즉 전통적 직무설계는 과학적관리론을 중심으로 한 직무분화 직무설계, 인간관계론을 중심으로 한 직무확대 직무설계와 직무순환 직무설계이다.

근대적 직무설계는 상황이론을 중심으로 한 직무충실화 직무설계, 직무교차 직무설계, 준자율적 직무설계, 사회적 기술시스템 직무설계이다.

현대적 직무설계는 역량중심론을 중심으로 한 경영혁신화 직무설계와 역량중심 직무설계이다.

(3) 직무평가

직무평가(job evaluation)는 직무분석의 결과로 밝혀진 직무의 구체적인 내용과 이를 수행하기 위해 요구되는 작업자의 자격요건을 가지고 '해당직무의 상대적 가치'를 밝히는 활동이다. 직무의 가치란 원래 보통의 작업자가 해당직무를 수행하였을 때, 그 결과가 기업의 목표달성에 얼마나 공헌하느냐를 기준으로 그 가치를 판단하는 것이다.

직무의 가치평가는 해당직무가 다른 직무에 비해 중요도·난이도·위험도에서 더 많은 점수를 받을 때, 더 가치가 있는 것으로 평가된다. 직무평가는 종업원의 임금(직무급) 결정과 인력의 확보와 배치 및 역량개발 등에 사용된다.

3. 인적자원의 소요와 확보

1) 소요와 확보 예측관리

소요 및 확보 예측관리는 기업이 소요(필요)로 하는 인적자원의 양과 질을 확보할 수 있는지 예측하는 업무를 합리적으로 처리하는 것을 의미한다. 인력의 소요와 확보전략은 내부노동시장에서 양성하는 전략(make policy)과 외부노동시장에서 구매하는 전략(buy policy)이 있다.

---

52) Griffin, R. W., 1982. *Task Design: An Integrative Approach*, Scott: Foresman and Company, 4.

(1) 인력소요예측

인력소요의 예측은 질적 예측과 양적 예측을 하여야 한다.

인력소요의 질적 예측은 해당직무를 수행하는 데 필요한 직무내용(종업원의 자격요건)과 미래에 기대되는 해당직무의 성과기준이다.

인력소요의 양적 예측은 미래 일정시점에 그 기업이 필요로 하는 인력의 수이다.

(2) 인력확보예측

인력확보예측은 내부노동시장과 외부노동시장을 분석하고 예측하는 것이다.

내부노동시장 예측에는 질적 예측과 양적 예측이 있다. 인력확보의 질적 예측에는 수준이나 자격의 내용(지식, 기능, 육체적·정신적 능력 등)이 있다. 또한 인력확보의 양적 예측에는 기능목록, 관리능력목록을 작성하고 이를 하나의 데이터베이스에 결합시켜 인적자원시스템을 구축하여 활동하여야 한다.

외부노동시장 예측에는 질적·양적 분석을 위해 국가의 경제활동 인구동향 등 총체적 분석, 산업별 취업자동향과 직종별 동향 등 구체적 분석을 한다.

2) 채용관리

인적자원의 채용관리는 기업이 보유하고 있고 또 보유해야 할 인적자원을 중심으로 최적의 인적자원 규모를 결정하여 최적의 시기와 위치에 배치하는 업무를 합리적으로 처리하는 것이다.[53] 채용관리는 조직계획과 직무계획 및 인력계획에 따라 조직이 필요로 하는 인적자원을 모집, 선발, 그리고 배치<이 장의 4. 3)에서 설명함>하는 관리를 의미한다.[54]

(1) 모집관리

모집관리(recruitment management)는 기업이 인재를 선발하기 위하여 유능한 지원자를 내부 혹은 외부로부터 구하여 그들이 조직 내의 어떤 직위에 응시하도록 자극하는 업무를 합리적으로 처리하는 것을 의미한다.

모집은 기업이 지원자들을 기업에 응모하도록 자극하는 일이다. 즉 지원자는 조직직무를 탐색하여 선택하고, 조직에 응모한다. 한편 조직은 지원자에게 알릴 직무정보를 선정

---

53) 지호준, 2009, 전게서, 228.
54) 최종태, 2000, 현대인사관리론, 박영사, 679.

하고, 매체를 통해 홍보하여 모집한다.

모집의 방식에는 내부노동시장과 외부노동시장 방식이 있다.

내부노동시장의 모집방식에는 사내충원제도와 사내공모제도가 있다.

사내충원제도는 인사부서에서 직무기술서와 직무명세서, 종업원의 인사기록부, 인사고과 등을 바탕으로 해당 직위에 적합한 인물을 선발하는 제도이다.

사내공모제도(job posting and bidding system)는 기업에서 어떤 직위에 공석(公席)이 생겼거나 증원이 필요할 때, 사내 게시판에다 모집공고를 내어 자격요건을 갖추었다고 생각되는 종업원이면 누구라도 지원하도록 유도하는 제도이다.

외부노동시장의 모집방식에는 광고, 직업소개소, 현종업원 추천, 교육기관 추천, 자발적 지원, 인턴, 파견계약 등이 있다. 외부노동시장의 모집안내서에는 모집요강과 제출서류를 고시한다.

구성원의 모집형태에는 정규직과 비정규직이 있다. 전통적으로 정규직이 중심이었으나, 최근에는 노동의 유연화로 비정규직(단기근로자, 파견근로자, 계약근로자), 혹은 아웃소싱이 늘어나고 있다.

(2) 선발관리

선발관리(selection management)는 모집된 사람 중에서 기업이 필요로 하는 유능한(자질을 갖춘) 지원자를 선별하는 업무를 합리적으로 처리하는 것을 의미한다. 즉 지원자의 채용여부를 결정하는 과정이다.

선발은 정책과정과 실무과정 등 다음 두 과정을 거친다.

정책과정은 인재관 정립(직무적합주의·경력중심주의·기업중심주의), 직무요인별 수준확정, 선발방식 결정(종합적 평가법, 단계적 제거법, 중요사항 제거법) 등을 한다.

실무과정은 서류전형, 예비면접, 선발시험, 선발면접, 경력조회, 신체검사, 선발결정 등을 거친다. 이를 [그림 11-3]과 같이 나타낼 수 있다. 그러나 실질적인 선발과정은 기업에 따라 다르고 또 같은 기업이라 하더라도 모집하는 분야에 따라 다를 수 있다. 이 중에서 선발시험과 선발면접이 핵심이다.

선발시험은 어떤 사람을 특정 지위에 선발하기 위해 그 직무 수행에 필요한 기능적·지식적·정신적인 능력을 갖추고 있는지에 대한 상대적인 평가이다. 해당직무의 직무분석을 실시하고, 시험기법을 결정하여야 한다.

선발면접은 민집자기 종업원의 선발을 위해 지원자들을 대상으로 담당직무요건이나 보상에 비추어 자질·지식·능력 그리고 의욕 등에 대한 정보를 얻기 위한 평가이다. 면접자는 지원자의 정보를 획득하기 위해 동기부여시키고, 지원자의 자질과 특성을 평가하여야 한다.

[그림 11-3] 종업원 선발절차

서류전형 ⇨ 예비면접 ⇨ 선발시험 ⇨ 선발면접 ⇨ 경력조회 ⇨ 신체검사 ⇨ 선발결정 ⇨ 채용

4. 인적자원의 개발

1) 평가관리

평가관리(evaluate management)는 종업원 개인과 그가 속한 집단의 자질, 역량, 기술, 업적 등의 가치를 판단하여 공정한 인사관리의 기초를 마련하고, 조직의 업무능률향상과 구성원의 성장발전을 이루도록 하는 업무를 합리적으로 처리하는 것을 의미한다.[55] 인적자원의 평가에는 '인사고과'와 '집단평가'가 있다.

(1) 인사고과

㉠ 인사고과의 의의

인사고과(personal rating)는 종업원이 어떤 지식·능력·업적 그리고 직무태도를 보유하고 있거나, 이를 수단으로 성과를 향상시켰던 가치를 객관적으로 평가하는 것을 의미한다. 인사평가(human assessment)라고도 불리어진다. 전통적 인사고과는 성격중심 고과로서 '판정고과'를 중시하였으나, 현대적 인사고과는 종업원의 가치고과로서 '역량고과'를 중시하고 있다.

기업은 인사고과관리의 목표를 달성하기 위해 다음과 같은 순서에 따라 인사고과전략을 수립하여 추진하여야 한다. ① 인사고과의 '기본원칙'을 설정한다. ② 전략에 따른 '고과요소'를 선정한다. 조직이 현재 추구하고자 하는 목표와 가치에 따라 고과요소를 추출하여야 한다. ③ '다면고과'의 비율을 결정한다. ④ '역량중심고과'를 채택한다.

㉡ 인사고과의 실시

첫째, 인사고과의 목적에 따라 고과요소를 정해야 한다. 인력수급계획을 목적으로 고

---

55) 최종태, 2000, 전게서, 419.

과할 경우 역량·적성·업적·약점 등을 모두 고과하여야 하고, 승진이나 이동을 목적으로 고과할 경우 역량과 적성을 중심으로 고과하여야 한다. 또한 보상이나 동기부여를 목적으로 고과를 할 경우 업적을 중심으로 고과하여야 한다.

둘째, 인사고과 요소는 기업의 업무특성과 조직전략에 일치되는 역량요소를 선정하여야 한다. 인사고과 요소는 이에 부합되는 보유역량요소와 발휘역량요소를 선정하여야 한다. 보유역량요소는 종업원이 지식과 능력의 보유를 의미하는 전문역량(직무역량, 도구역량, 사회역량)과 조직에 대한 충성심이나 의욕을 의미하는 태도역량(직무수행 자세요소, 의욕요소, 기본적인 행동요소, 대인적인 행동요소)이 있다. 발휘역량요소는 종업원이 직무수행으로 능력이 발휘된 결과를 의미하는 업적이 있다. 인사고과의 역량고과 요소를 [그림 11-4]와 같이 나타낼 수 있다.

[그림 11-4] 고과의 요소

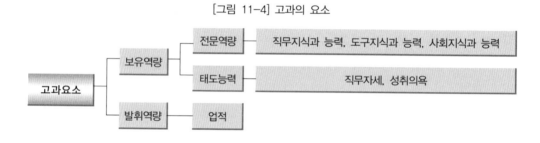

셋째, 인사고과는 다면고과를 실시하여야 한다. 전통적 고과는 상사고과를 실시하였으나, 현대적 고과는 다면고과를 많이 실시하고 있다. 상사고과란 상급자 혼자 고과하는 방식이고, 다면고과란 직속상사는 물론이고 직속상사의 상사, 피고과자 본인고과, 동료 고과자, 부하 고과자, 외부전문가 고과자, 고객 고과자 등 피고과자 주변의 많은 사람들이 함께 고과하는 방식이다.

다면고과의 절차는 다음과 같다. ① 인사고과자를 결정한다. ② 여러 고과자의 가중치를 결정한다. ③ 고과를 실시한다. ④ 고과결과를 피고과자에게 피드백시킨다.

넷째, 인사고과자는 관찰가능하고, 고과역량을 갖춘 사람으로 선정하여야 한다.[56] 고과 방법에는 실명에 의한 방법과 익명에 의한 방법이 있다.

다섯째, 인사고과는 연 2회 정도가 적당하고, 정시고과 보다 수시고과와 분기별 고과가 바람직하다.

---

56) 임창희, 2005, 신인적자원관리, 명경사, 202~203.

(2) 집단평가

집단평가는 기업의 역량과 성과를 집단 내지 부문별로 분석하고 측정하여 경영상의 기준에 따라 객관적으로 가치를 판단하는 것이다. 이는 다음과 같이 실시하여야 한다.

평가단위는 책임센터별과 라인·스탭별로 설정한다.

집단의 업적과 성과 기준은 기업의 목표 확인, 우선적·중점적 노력 투입분야 파악, 부문별 핵심실천 사업 및 업무 추출, 부문별 평가기준의 적합성 검토 등으로 설정한다.

집단업적 측정은 과정업적으로서의 '관리업적'과 결과업적으로서의 '조직업적'을 기준으로 하고 있다. 또한 집단평가 방법은 성과결과가 분명할 경우에 계량지표를 사용하고, 불분명할 경우에 비계량지표인 활동지표, 학습지표 및 반응지표 등을 사용한다. 집단의 역량평가는 구조적 차원에서 다기능화(multi-skilling) 정도, 기능적 차원에서 응집력 (cohesiveness) 정도를 실시하여야 한다.

2) 경력관리

(1) 경력관리의 의의

종업원의 경력(career)은 개별적이면서 상호관련성이 있는 부분적인 직무수행의 연속과정이고, 개인의 가치·지식·능력·태도 등과 같은 역량형성의 연속과정을 의미한다.

경력관리(career management)는 경영자가 개인의 목표(희망)를 우선하고 조직의 협조하에 그의 경력을 계획하고, 장기적 관점에서 개인목표와 조직목표를 달성해 가며, 그 결과를 평가하는 업무를 합리적으로 처리하는 것을 의미한다.[57]

기업의 경력관리의 목표는 개인이 그의 경력개발을 통해 역량을 향상시켜 한 조직의 실질적인 경쟁우위를 확보할 수 있는 독특한 자원을 양성하는 것이다.

(2) 경력경로 설정

경력경로는 개인이 바라는 개인경력목표에 따른 경력경로와 조직이 바라는 조직경력목표에 따른 경력경로를 통합하여 설정된다.

경력경로에는 전통적 경력경로인 기능적 경력경로, 현대적 경력경로인 네트워크·이중·삼중경력경로가 있다. 이를 [그림 11-5]와 같이 나타낼 수 있다.

기능적 경력경로(functional career path)는 개인이 특정조직의 하위 직위에서부터 상위

---

57) 김흥국, 2005, "경력개발시스템의 프로그램과 운영", 한국기업의 인적자원관리, 박영사, 99.

직위에 이르기까지 한 전문직무만을 계속 수행하도록 수직적으로 이동시키는 형태이다.

네트워크 경력경로(network career path)는 개인이 조직의 모든 부문과 수준의 직무를 수행하도록 하는 등 변화가능성에 대비하여 수직뿐만 아니라, 수평으로도 이동시킴으로써 다양한 경험을 쌓게 하는 형태이다.

이중경력제도(dual-career path)는 기술분야의 종업원이 주로 대상이 되는데, 창조적인 업무를 수행할 수 있는 '전문직' 종업원들 중에서 해당분야의 역량과 성과가 높으면서 관리 및 경영에 관심이 있는 사람을 '관리직'으로도 육성하는 형태이다.

삼중경력제도(triple-career path)는 이중경력제도에 프로젝트관리(project management)를 더하여 초기술관리 전문가를 양성하고자 하는 형태로서 '다중경력제도'라고도 한다. 다중경력(multiple-career)은 동일한 사람이 하나의 경력만을 갖는 것이 아니라, 유사하거나 혹은 상이한 경력을 여러 개 가질 수 있는 제도를 의미한다.[58]

[그림 11-5] 전통적 경력경로와 현대적 경력경로

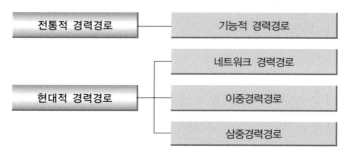

(3) 경력개발

조직의 경력관리 실시는 경력개발을 의미한다.

경력개발(career development)은 개인목표와 조직목표의 통합목표에 따라 전문가 양성을 위해 체계적으로 경력업무를 수행함으로써 한 직종에서의 전문가를 양성하는 과정이다. 종업원은 경력경로에 따라 경력개발을 실시함으로써 개인의 욕구를 적절히 충족시킬 기회를 제공하여 개인의 발전을 이루고, 그들 스스로 적극 조직직무 활동에 참가하여 기업의 발전도 동시에 달성할 수 있도록 하는 것이다.[59]

경력개발의 과정은 기업이 사전에 우수한 인재를 채용한 후, 그 인재(개인)의 개인목표

58) 최종태, 1998, 현대노사관계론, 경문사, 294~295.
59) 지호준, 2009, 전게서, 233.

를 바탕으로 기업의 협조를 얻어 경력경로를 설정하고, 이동(배치·전환, 승진)과 교육훈련을 통해 경력을 개발함으로써 전문가로 양성하는 순서로 이루어진다. 이를 [그림 11-6] 과 같이 나타낼 수 있다.

[그림 11-6] 경력개발의 실시과정

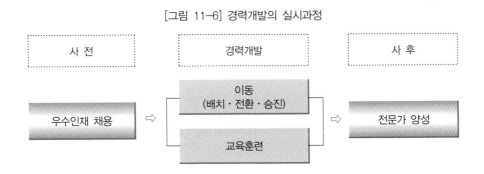

(4) 경력개발의 제도

경력관리의 제도에는 이동(배치·전환, 승진)과 교육훈련이 있다.

배치는 입사한 종업원을 처음 배속시켜 각 업무를 수행하도록 하는 경력개발제도이다.

전환은 일단 배치된 직무에서 같은 계층의 다른 직무로 재배치시키는 경력개발제도이다.

승진은 기업이 종업원을 현재 수행하는 한 직무나 지위보다 더 낮거나 높은 직무나 직책을 맡아 직접 근무를 통해 경험하면서 경력을 개발하는 제도이다.

교육훈련(education & training)은 기업이 종업원의 교육과 훈련을 통해 역량을 향상시키는 경력개발제도이다. 종업원의 교육훈련은 특정 부서에 직접 근무를 통한 경험이 아니라 간접적인 경험을 통해 역량을 향상시키는 제도이다.

3) 배치와 전환 및 승진관리

(1) 배치와 전환

배치와 전환은 다음과 같이 설명할 수 있다.

인적자원의 배치(placement)는 신규 채용에 의해 확보된 종업원을 대상으로 조직의 직위에 처음 배속시켜 업무를 수행하도록 하는 제도이다.

인적자원의 전환(transfer)은 일단 배치된 종업원을 어떤 사정으로 인하여 현재의 직무에서 다른 직무로 바꾸어 재배치시키는 제도이다. 전환은 동일하거나 비슷한 계층의 다른 직무로 이동하는 것을 말한다. 종업원들은 이를 통해 자신의 경험을 넓힐 수 있고 새로운 기술을 배울 수 있어 성장기회가 될 수 있다.

배치와 전환관리의 원칙에는 직무적합의 원칙, 인재육성의 원칙, 인재와 직무 균형의 원칙이 있다.

배치와 전환관리의 유형에는 다음과 같은 유형이 있다. 순환근무는 종업원들이 직무순환(job rotation)하면서 근무하는 형태이다. 전문역량배양근무는 전문가 양성을 위한 근무 형태이다. 교대근무는 업무의 내용을 변화시키지 않고, 근무시간만 변경하는 형태이다. 교정이동근무는 종업원이 배치나 전환된 직무에 대해 적성이 맞지 않을 때, 또는 작업집단 내에 인간관계가 원만치 않을 때 이동시키는 형태이다.

(2) 승 진

승진(promotion)은 기업이 종업원을 어떤 직무에서 더 나은 직무를 맡기거나, 한 직위에서 더 높은 지위를 맡기는 제도이다.[60] 승진은 종업원의 직무서열 또는 자격서열의 상승을 의미하는 것으로 직위의 상승과 더불어 보수, 권한과 책임의 확대가 수반된다. 승진은 개인에 대해 자아발전 욕구를 충족시켜 주는 수단이 되고, 조직에 대해 효율적인 인적자원개발의 근간이 된다.[61]

승진관리는 기업이 종업원들의 승진을 통해 자아발전의 욕구를 충족시켜주고, 인재의 적절한 배치로 조직의 효율성을 증대시킬 수 있도록 업무를 합리적으로 처리하는 것을 의미한다. 승진관리는 적정성·공정성·합리성의 원칙에 부합되도록 실시하여야 한다.

기업의 승진관리제도에는 다음과 같이 여러 가지 형태가 있다.

연공승진제도는 '사람중심'의 승진으로서 종업원의 학력, 경력, 근무년수 등 연공과 신분이 높은 사람을 승진시키는 제도이다.

직무승진제도는 '직무중심'의 승진으로서 직무를 분석 및 평가하고 이를 등급으로 설정한 직위관리체제에 따라 이에 적합한 사람을 승진시키는 제도이다.

자격승진제도는 사람중심의 장점을 살리면서 직무중심의 합리성을 보완한 형태로서, 승진에 일정한 자격을 설정해 놓고 그 자격을 취득한 사람을 승진시키는 제도이다.

대용승진제도는 승진은 시켜야 하나 인사체증으로 마땅한 직책이 없을 경우 사기저하를 방지하기 위해서 직무내용상의 실질적인 승진은 아니지만 상징적이고 형식적으로 승진시키는 제도이다.

---

60) 임창희, 2005, 신세시, 224.
61) 지호준, 2009, 전게서, 235.

조직변경승진제도는 승진대상자는 많으나 승진이 되지 않아 사기저하, 이직 등으로 인하여 유능한 인재를 놓칠 가능성이 있을 경우 조직을 변경하여 승진의 기회를 마련해 주는 제도이다.

특수승진제도는 기업이 특별한 인재의 우대나 열등한 사람의 퇴직과 같은 특별한 상황에 적용될 수 있는 제도이다. 이 제도에는 고속승진제도와 하향이동제도가 있다.

승진평가제도에는 경력평정, 인사고과, 연수평정이 있다. 경력평정은 연공승진에, 인사고과와 연수평정은 능력승진에 주로 반영되고, 전자는 하위직에 후자는 상위직에 높게 반영된다.

4) 교육훈련관리

(1) 교육훈련의 의의

교육훈련(education & training)은 종업원이 조직의 목적을 달성할 수 있도록 직무수행에 필요한 전문역량과 태도역량을 향상시키는 경력관리제도를 의미한다. 교육훈련은 조직의 경쟁력 확보를 위해 미래지향적 인재를 양성하는 데 있다. 교육훈련관리는 교육, 훈련, 그리고 개발을 통해 종업원의 전문능력(역량) 및 태도능력(근로의욕)을 직접적으로 향상시키는 업무를 합리적으로 처리하는 것을 의미한다.[62]

교육훈련관리의 절차는 종업원들의 필요성 분석을 통해 교육훈련의 목표설정, 대상자 선정, 내용결정(전문적 지식과 능력개발, 태도능력개발) 등의 과정을 거친다. 그리고 실시자를 결정하고, 종업원들에게 교육훈련시키기 위해 교육훈련의 방법을 결정한다.

(2) 교육훈련의 내용

기업의 교육훈련은 전문역량 개발과 태도능력(근로의욕) 개발에 있다.

기업은 업무수행에 필요한 구성원들의 '전문역량을 개발'하여야 한다. 전문역량개발 교육훈련은 계층별·직능별 교육훈련을 통해 이루어지는 개발이다. 전문역량개발은 구체적으로 전문능력, 도구능력, 조직협력을 향상시키는 것이다.

기업은 구성원들의 '태도능력(근로의욕)을 개발'하여야 한다. 태도능력개발 교육훈련은 모든 종업원들이 열정을 다해 직무수행 의지를 확고하게 하는 정신 개발이다. 태도능력개발에는 직무만족과 조직몰입 등이 있다.

---

62) 이진규, 2012, 전략적·윤리적 인사관리, 박영사.

(3) 교육훈련과 학습

교육훈련은 피교육자들에게 일방적으로 내용을 전달하거나 정형화(규격화)된 절차와 방법으로 역량을 향상시키는 방식과 작업장에서 작업을 수행하면서 스스로 '문제해결 역량'을 향상시키는 방식이 있다. 특히 후자를 '학습'이라고 부른다.[63] 또한 교육훈련은 연습(실기중심)과 사고(이론중심)로 이루어진다. 이를 [그림 11-7]과 같이 나타낼 수 있다.

[그림 11-7] 교육훈련의 방식

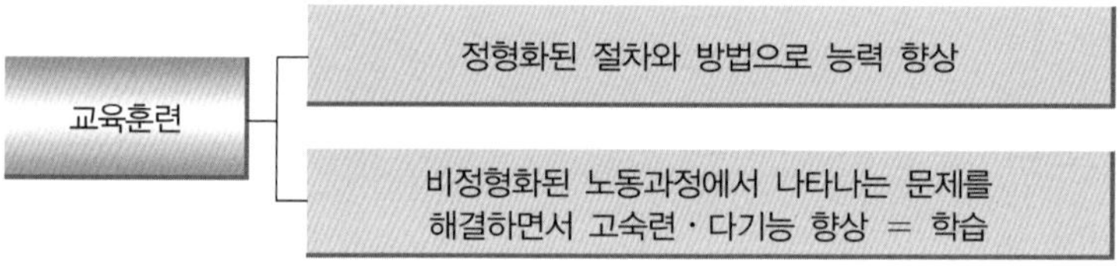

교육훈련은 조직의 계층과 기능, 구성원들의 경력 및 기술수준 등에 따라 교육내용을 다르게 설계해야 한다. 그러나 교육훈련은 목적, 대상자, 장소에 따라 적합한 내용과 기법이 활용되고 있다.

학습은 학습목표의 설정, 의미 있는 학습자료 제공 및 행동모델 제시, 학습내용의 실무적용이나 연습, 피드백과 인센티브 제공 등의 순서로 이루어지도록 설계해야 한다.

(4) 교육훈련의 방법

교육훈련은 실시자에 따라 다음 세 가지 방법으로 구분할 수 있다.

직무현장 교육훈련(on the job training: OJT)은 내부 교육훈련이라고도 하는데, 직무현장에서 상급자가 직접 직무의 수행 방법을 교육훈련시키는 방법이다. 상급자나 숙련된 동료가 기술적인 조언을 해줌으로써 기술수준을 향상시키는 코칭방법(coaching)과 숙련된 전문가(스승)로부터 직접 필요한 지식이나 기술을 배우도록 하는 도제제도(apprenticeship)가 있다.

직무현장 외 교육훈련(off the job training: Off JT)은 외부 교육훈련이라고도 하는데, 직무현장 이외의 장소에서 강의나 시청각교육, 사례연구, 역할연기 등을 통해서 이루어지는 교육훈련이다.

---

63) 이호성, 2003, "숙련개발, 직업능력개발체계와 근로자 학습재원", 고성과 작업조직을 위한 사회적 대화, 한국노동개발원·국제노동기구, 182.

자기계발(self-development: SD)은 자신의 책임하에 자기의 이해와 평가로 자기 성장을 위하여 자주적으로 노력하는 방식이다.

교육훈련의 방법은 계층별로 신입사원 · 실무층 · 관리층 · 조직 교육훈련이 있다.

신입사원은 적응중심의 교육훈련이 필요하고, 실무층(중견사원, 초급관리자)은 실무기초 능력 배양의 교육훈련이 필요하다. 관리층은 중간관리층과 최고경영층 교육훈련이 있다. 중간관리층은 인간관계적 자질과 관리적 의사결정에 대한 교육훈련, 최고경영층은 개념적 자질과 정책 및 전략의 의사결정에 대한 교육훈련이 중시되고 있다. 조직 전체는 조직의 유효성을 향상시키는 교육훈련, 즉 조직개발기법에 대한 교육훈련이 필요하다.

(5) 교육훈련의 평가

기업은 종업원의 교육훈련을 실시한 후 반드시 평가를 실시해야 한다. 그리고 종업원의 평가 결과에 따라 반드시 적절한 보상이 뒤따라야 한다.

교육훈련의 평가에는 반응효과평가(교육훈련으로 받은 인상), 학습효과평가(교육훈련으로 배운 내용), 행동효과평가(교육훈련으로 행동 변화), 결과효과평가(교육훈련으로 조직목표와 관련된 성과)가 있다. 그 외에 타당성평가가 있다.

5. 인적자원의 보상

인적자원의 보상은 임금과 복리후생으로 구성된다.

1) 임금관리

(1) 임금의 의의

임금(wage)은 근로자가 조직에 대해 제공한 노동에 상응하는 대가로 받은 금품 일체를 의미한다. 임금관리는 근로자가 맡은 일이나(직무), 실제로 보유하고 있거나(연공, 직능), 이루어 놓은 업적(성과)에 따라 기업의 지불능력과 근로자의 생계비를 감안하여 근로의 대가로 지불하는 모든 금품에 관한 업무를 합리적으로 처리하는 것을 의미한다.

임금관리는 크게 임금구조관리와 임금과정관리로 구분할 수 있다.

임금구조관리는 외부공정성(임금수준)과 내부공정성(임금체계와 형태)이 있다. 외부공정성은 임금수준에서 적정하여야 한다. 내부공정성은 임금체계(조직공정성)에서 적합해야 하며, 임금형태(개인공정성)에서 정확히여야 한다.

임금과정관리는 임금의 수준·체계·형태 모두에서 절차적 공정성이 이루어져야 한다. 이를 [그림 11-8]로 나타낼 수 있다.[64]

[그림 11-8] 임금관리의 체계

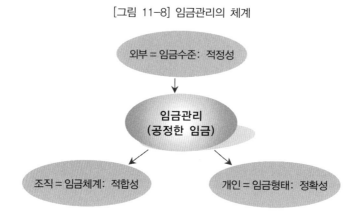

(2) 임금의 수준관리

임금의 수준관리는 임금의 외부공정성이다. 임금수준이란 사용자가 근로자에게 지급되는 평균임금률을 의미한다. 임금의 수준관리는 기업이 임금전략을 수립하고, 경쟁기업의 임금을 조사해야 한다. 그리고 기업의 임금상한선과 하한선을 결정하여야 한다.

임금수준의 결정은 두 가지가 있다.

기업수준 결정방식이다. 기업의 임금상한선은 기업의 임금지불능력이고 임금하한선은 근로자의 생계비이다. 기업의 임금지불능력에는 생산성분석(투입량에 대한 산출량: 노동생산성)과 수익성분석(지출에 대한 수익: 매출액 이익률, 자본이익률)이 있다. 근로자의 생계비는 실제생계비(실제생활에서 어느 정도 지출되었는지 가계조사를 통해 파악), 이론생계비(모든 과학적인 이론을 도입하여 특정한 생활을 표시하는 소비유형을 이론적으로 설정하고, 이를 기준으로 삼는 방법)가 있다.

사회제도수준 결정방식이다. 기업의 임금상한선은 기업의 생산성임금제를, 임금하한선은 최저임금제를 적용한다. 생산성임금제란 실질임금 상승률을 노동생산성 증가율과 같도록 하거나, 명목임금 상승률을 노동생산성 증가율 및 물가상승률의 합과 같도록 유도하는 제도이다. 최저임금제란 저임금 근로자의 임금개선을 목적으로 국가가 사용자에게 일정 한도의 최저임금 이상을 지불하도록 법률로 강제하는 제도이다. 최저임금은 해마다 고용노동

---

64) 최종태, 2000, 전게서, 197~198.

부에서 발표한다.

이와 같이 임금수준은 기업수준과 사회제도수준을 통합하여 노동시장의 지배임금률(사회적 균형)이 결정된다.

(3) 임금의 체계와 형태관리

(ㄱ) 임금의 체계(조직공정성)

임금체계(pay system)는 조직차원에서 개인의 임금을 결정하는 기준을 의미한다. 임금체계는 조직차원에서 임금 총액을 종업원 개인에게 고정급의 성격으로 배분하는 방식을 의미한다. 이는 내부공정성, 즉 조직적 공정성을 의미한다.

임금의 구성은 기본급, 수당, 상여금으로 이루어져 있다.

기본급은 종업원이 종사하고 있는 직무의 노동량과 노동질의 가치요소(직무급), 종업원(노동력)에 체화된 조직 근무경력의 가치요소(연공급), 직무수행 능력의 가치요소(직능급) 등을 기준(membership rewards)으로 설정한다.

직무급(job−based pay)은 해당기업의 모든 직무들을 대상으로 기업의 성과에 미치는 상대적 가치를 평가하고 그 결과에 따라 개인임금이 결정되는 제도이다. 직무의 중요도, 난이도, 위험도 등을 감안하여 같은 직무에 같은 임금이 지급되는 것이다.

연공급(seniority−based pay)은 개개인의 학력, 경력, 자격, 기능 등을 고려한 근속연수에 따라 개인임금이 결정되는 제도이다.

직능급(ability−based pay)은 종업원이 보유하고 있는 '직무수행능력'의 가치를 기준으로 개인임금이 결정되는 제도이다. 직능급은 각 직종을 종업원의 직무수행 능력 단계별·등급별로 구분하여 이에 대응하는 자격을 설정하고, 이에 대한 기준임금률을 결정함으로써 임금이 결정된다. 그러므로 직능급을 '직능자격급'이라고도 한다.

수당은 기본급의 보조기능으로서 기업의 자율로 설정되는 기준 내 수당과 법률에 의해 강제되는 기준 외 수당이 있다. 한편 상여금은 기업경영성과에 따라 종업원의 근로의욕 향상을 위해 지급되는 금전이다.

(ㄴ) 임금의 형태(개인공정성)

임금형태(method of flexible wage payment)는 종업원이 조직에 기여한 성과를 기준으로 차등을 두어 결정하는 방식이다. 임금형태는 변동급의 성격을 가진다. 임금형태는 성과급과 성과급의 특수형태인 연봉제가 있다.

성과급(performance based−pay)은 종업원이나 집단이 수행한 작업성과나 능률에 따라

결정되는 임금형태이다. 성과급은 개인의 노동성과 또는 업적의 향상을 임금과 연관시키는 제도이므로 자극임금제도(incentive system)라고 한다. 성과급은 능률급, 업적급이라고도 한다. 성과급의 성과결정 요인은 능력(ability: 직무수행에 부합되는 기능의 보유와 조직의 생산성을 향상시킬 수 있는 정도)과 근로의욕(motivation: 조직에 대해 갖는 충성심과 직무를 성실히 수행하고자 하는 성실성)이 있다.

성과급은 기본급과 수당으로 구성되어 있다. 기본급은 '능률차별 평가기준'과 '업적차별 평가기준'에 따라 정한다. 수당은 기본급의 보조기능을 하는 것으로서 기준 내 수당과 기준 외 수당이 있다. 기준 내 수당은 앞에서 설명한 임금체계보다 축소되어 적용하고 있다.

성과급의 주요제도는 다음과 같다. 인센티브제도는 종업원의 임금이 객관적인 성과지표인 생산량 혹은 작업성과에 직접적인 관계를 갖도록 설정된 성과급제도이다. 따라서 산출물의 '객관적인 평가'가 가능한 생산직에 적용할 수 있는 제도이다. 메리트제도는 종업원의 성과를 객관적으로 측정할 수 없어서 주관적인 성과지표로 임금을 산정하는 성과급제도이다. 따라서 산출물의 객관적인 평가가 어려워 '주관적인 평가'를 해야 하는 사무·관리직에 적용할 수 있는 제도이다. 연봉제는 종업원의 업무성과(능력·실적 및 조직 공헌도) 등을 평가하여 계약에 의해 연간 임금액을 결정하는 제도이다. 연봉제는 기업이 종업원의 임금을 '독특한 산정방식'에 따라 '1년 단위'로 사전에 정하여 지급하는 특수임금제도이다. 즉 능력주의와 총액주의의 특성으로 이루어져 있다.

2) 복지후생관리

(1) 복지후생제도의 의의

복지후생(employee benefit)은 기업에서 종업원의 생활수준을 향상시키기 위하여 시행하는 임금 이외의 간접적인 모든 급부를 말한다. 복지후생관리는 기업이 종업원의 근로의욕과 공동체의식을 향상시키기 위해 각종 복지후생 사업에 관한 업무를 합리적으로 처리하는 것을 의미한다. 복지후생은 간접보상으로서 각종 보험료, 퇴직금 등의 금전적인 보상과 체육시설, 휴양시설 제공 등의 비금전적인 보상이 있다.

복지후생관리 전략에는 선행(높은 수준)·동행(같은 수준)·최소(낮은 수준) 전략이 있는데, 이 중 해당기업에 알맞은 전략을 선택하여야 한다. 그리고 기업은 법정 요구조건 충족, 종업원이 복지후생요구조사와 수주결정, 복지후생패키지 결정, 복지후생 홍보 등을 실시한다.

(2) 법정복지후생제도

기업의 복지후생관리는 법정복지후생을 시행하여야 한다. 이에는 [그림 11-9]와 같이 종업원들이 ① 노령에 달했을 때의 국민연금, ② 질병에 걸렸을 때의 건강의료보험, ③ 실업상태일 때의 고용보험, ④ 산재를 입었을 때의 산재보험 등이 있다.

[그림 11-9] 한국 근로자의 법정 복지후생

(3) 비법정복지후생제도

비법정복지후생는 기업이 자발적으로 종업원들에게 온정과 은혜를 베풀어 경제적 혜택을 제공하는 제도이다. 기업은 법적보험 이외에 종업원들에게 다양한 혜택을 주는 비법정복지후생을 시행한다. 비법정복지후생의 품목선택은 법정사회보험의 추가제공이나 자율적으로 품목을 신설하여 제공한다.

비법정복지후생제도는 다음과 같은 제도가 있다. 표준형 복지후생제도는 종업원들에게 선택권을 부여하지 않고, 기업이 주도적으로 표준화된 복지후생 품목을 일률적으로 제공하는 제도이다. 카페테리아형 복지후생제도는 기업이 제공하는 복지후생품목이나 시설을 종업원들이 원하는 품목으로 설계하는 제도이다. 적정선택형 복지후생제도는 복지후생의 효율성을 강조하는 제도로서 표준형 복지후생제도와 카페테리아형 복지후생제도의 장점을 적절하게 결합시킨 제도이다. 비법정복지후생제도는 적정선택형 복지후생제도가 가장 합리적인 제도라 할 수 있다.[65]

---

65) 최종태, 2000, 전게서, 303~307.

6. 이직관리

1) 이직의 의의

이직(separation)은 개인이 조직과의 고용관계를 끝내고 조직을 떠나는 결정을 말한다.

이직관리(separation management)는 기업의 유능한 인재를 보유하기 위해 자발적 이직을 예방하고 불필요한 인력을 퇴출시킬 수 있도록 각종 이직제도를 공정하게 운영하며, 이직자를 지원하는 등의 업무를 합리적으로 처리하는 것을 의미한다.

종업원의 이직은 주로 형태적 요인(구조조정), 내용적 요인(기대와 현실의 불균형), 작업환경 요인, 개인 요인 등에서 많이 발생한다. 이직에는 자발적 이직(사직)과 비자발적 이직(해고, 퇴직)이 있다. 자발적 이직은 주로 조직에 불만이 있거나 유능한 인재가 타기업으로 스카웃됨으로써 나타나는 이직이다. 그러나 비자발적 이직은 주로 기업의 불황이나 경쟁력 저하 등을 극복하기 위한 구조조정의 결과로 나타난다. 이 때 기업은 해고자의 선정을 객관적이고 공정한 방법으로 실시해야 한다.

기업은 유능한 인재의 이직을 방지하기 위해 다음과 같이 관리할 필요가 있다. 첫째, 종업원의 직무기대를 현실에 맞게 조정한다. 둘째, 종업원의 만족과 불만족에 대한 근원을 파악한다. 셋째, 이직률의 증가보다 기업이 꼭 필요한 종업원의 이직 방지에 관심을 둔다. 즉 기업에서 핵심직무를 수행하는 종업원, 높은 업무성과를 내는 종업원, 또는 조직몰입과 충성심이 높은 종업원이 이직하는 경우 큰 문제라 할 수 있다.

2) 해 고

해고(discharge)는 기업이 종업원을 강제적으로 기업으로부터 단절시키는 결정을 말한다. 해고는 해고원인의 규명, 해고기준의 설정, 해고제도의 선정 등의 순서로 실시된다.

첫째, 기업의 해고원인에는 역량의 부족이나 질병의 사유, 근무위반이나 태만의 사유, 경영상 문제의 사유가 있다.

둘째, 해고기준에는 연공기준과 성과기준이 있다. 해고기준으로 연공을 주로 사용하고 있으나, 성과와 능력을 더욱 중시해야 할 것이다.

셋째, 해고제도에는 일시해고, 영구해고, 경영상 이유에 의한 해고제도가 있다.[66] 일시

---

66) 김형배, 1998, 노동법, 박영사.

해고(lay off)는 기업이 경제적으로 불황에 빠지거나 인력수가 과다할 때 단기간 동안 인력을 감축시키는 방법이다. 일시해고(휴직)에는 근로시간 조정, 직무나눔, 보상의 하향조정 등의 방법이 있다. 영구해고(discharge)는 기업이 종업원의 규칙위반이나 나태한 업무수행을 응징하기 위해 강제로 기업으로부터 단절시키는 방법이다. 경영상 이유에 의한 해고는 기업이 경제적·기술적 여건의 변화에 따라 경영여건을 개선하기 위해 종업원을 해고하는 방법이다.

한편, 기업은 잔류종업원의 사기진작을 위한 잔류종업원관리(inplacement)도 필요하다.

3) 퇴 직

퇴직(retirement)은 기업에 근무하는 사람이 일정한 연령에 도달했을 때, 기업과의 고용관계를 영구적으로 단절시키는 제도를 말한다. 퇴직의 제도에는 다음과 같은 유형이 있다.

정상퇴직제도(normal retirement)는 종업원들이 기업에서 설정한 정년에 도달함에 따라 고용관계가 자동적으로 단절되는 제도이다. 이 제도는 정년퇴직이라고도 한다.

강제퇴직제도(mandatory retirement)는 기업이 정한 규정에 따라 일정한 연공에 도달하거나 능력이 현격하게 부족한 경우 강제로 퇴직시키는 제도이다. 이 제도에는 일시해고, 영구해고, 경영상 이유에 의한 해고 등이 있다.

신축퇴직제도(flexible retirement)는 규정에 따라 주로 40세 이후 어느 정도의 근속년수를 쌓은 종업원들에게 정년 이전에 퇴직할 수 있는 기회를 제공하는 제도이다. 이 제도에는 조기퇴직제도와 명예퇴직제도가 있다.

조기퇴직제도(early retirement)는 기업이 그 규모를 축소하거나 인건비를 절감할 필요가 있을 때, 그리고 내부적으로 새로운 인력의 고용기회를 창출해 내고자 할 때 퇴직금과 연금 등 여러 가지 혜택을 제공하면서 정년이전에 퇴직시키는 제도이다. 이 제도는 명예퇴직의 자격(예: 20년 근속 이상)에 미달한 사람이 회사정책에 부응하여 자진하여 사직할 경우 일정액의 수당이 지급된다.

명예퇴직제도(voluntary resignation)는 일정한 근속연수를 경과한 근로자들이 정년퇴직연령 이전(보통 5~10년, 공무원의 경우 20년 이상 근속한 사람이 정년퇴직일 전 1년 이상 10년 이내)에 자발적으로 퇴직을 희망하면 퇴직시키는 제도이다. 명예퇴직수당은 정상적인 퇴직금과 정년퇴직 때까지 남은 급여의 일정부분이 가산된다.

한편, 기업은 종업원들이 이직할 때, 적정한 퇴직금 지급 및 이직지원관리(outplacement) 등이 필요할 것이다.

제4절 노사관계관리

1. 노사관계의 3당사자

1) 노사관계의 의의

노사관계(labor relations)는 노동조합과 사용자와의 집단생활관계로서 노동조합과 경영자가 상호대등한 입장에서 단체교섭을 통해 근로조건을 결정하는 것을 의미한다. 노사관계의 핵심당사자는 노동조합과 사용자(경영자)이고, 정부를 포함하여 '3당사자'라 한다.

노사관계의 목표는 근로조건을 둘러싼 갈등을 해소하여 기업의 평화 유지와 노사협력 및 역량향상을 통한 노사공존공영, 즉 근로자의 인간다운 생활과 기업의 발전을 이룸으로써 기업의 경쟁력 강화를 이루는 데 있다.[67]

노동자들은 사용자에 비해 약자이기 때문에, 법률에 따라 자신의 권리와 이익을 지키고 근로조건의 유지와 개선시키기 위해 노동조합을 결성할 수 있는 '단결권'을 가진다. 또한. 경영자 단체와 근로조건 등에 관해 교섭을 할 수 있는 '단체교섭권'을 가진다. 그리고 노동조합은 사용자와의 교섭사항에서 그의 주장을 관철시키기 위해 쟁의행위(파업, 태업)에 돌입할 수 있는 '단체행동권'을 가진다. 이를 노동3권이라 한다. 기업을 포함한 모든 조직은 노동3권에서 단체교섭권(제도)을 중심으로 운영되고 있다.

2) 노동조합

(1) 노동조합의 의의

노동조합(labor union)은 임금근로자들의 근로조건을 유지·개선하기 위한 단체이다. 노동조합은 노동권, 즉 단결권·단체교섭권·단체행동권을 행사할 수 있다. 또한 노동조합은 경제적 기능, 복지적 기능, 정치적 기능을 수행한다.

노동조합은 조합원을 많이 확보하고 자본을 조달하여 조직을 강화할 필요가 있다. 이와 관련된 노동조합 강화제도에는 숍(shop)제도와 체크오프(check-off)제도가 있다.

---

67) 최종태, 2007, 전게서, 3~24.

숍제도는 조합원 여부를 고용자격과 관련하여 규정한 제도이다. 숍제도에는 3제도가 있다. 오픈숍(open shop)은 기업이 근로자를 고용할 때에 조합원, 비조합원을 구분하지 않고 고용하는 제도이다. 우리나라는 오픈숍제도를 채택하고 있다. 유니언숍(union shop)은 기업이 근로자를 고용할 때에 조합의 가입은 자유이나, 고용되어 일정한 견습기간이 지난 후 정식근로자가 될 때 반드시 조합에 가입하도록 하는 제도이다. 클로즈드숍(closed shop)은 기업이 신규고용이나 결원보충을 할 때 노조 가입자만 고용을 허용하는 제도이다.

체크오프제도는 개별징수법과 일괄징수법이 있다. 개별징수법은 노조가 조합원을 일일이 찾아다니면서 조합비를 징수하는 방법이다. 이 제도는 노조가 약화될 수 있다. 일괄징수법(check off system)은 근로자의 임금지급 시 조합비를 일괄하여 징수하는 방법이다.

(2) 노동조합의 형태

노동조합의 형태에는 네 형태가 있다. 직업별 노동조합(craft union)은 같은 직종이나 같은 직업에 종사하는 근로자로 조직된 조합이다. 일반 노동조합(general union)은 모든 미숙련 노동자나 중소기업 근로자로 조직된 조합이다. 산업별 노동조합(industrial union)은 직종에 관계없이 같은 산업에 종사하는 근로자로 조직된 조합이다. 기업별 노동조합(company union)은 같은 기업에 종사하는 근로자로 조직된 조합이다.

또한 연합노조형태인 산업별 연맹, 전국적 연맹, 국제적 연맹도 있다.

3) 사용자

사용자(최고경영층·중간관리층·현장감독층)는 경영권을 중시한다. 경영권은 근본적 권한설과 직능적 권한설이 있다. 전자는 자본의 소유에 따른 '재산운영권'이고, 후자는 경영직무수행에 따른 '직능권'이 있다. 이 중 후자가 통설이다. 경영권의 내용에는 귀속설인 경영대권(경영권을 적극적으로 수호해야 한다는 입장)과 수탁설인 경영유연권(경영권을 유연적 사용으로 효율성을 높여야 한다는 입장)이 있다.

사용자 단체에는 내부연합체, 산업별 사용자연합회, 사용자 총연합회 등의 외부연합체가 있다.

4) 정 부

정부는 기업의 노사관계에 대해 규제와 지원을 하고 있다. 또한 정부는 양당사자의 대화와 타협을 조정하는 중재자로서 역할을 하여야 한다. 그 일환으로 나타난 것이 3당사자인 노사정위원회이다.

2. 근로자의 근로조건[68]

근로조건은 근로자가 사용자와의 근로계약에 따라 근로의 제공에 대한 모든 조건을 말한다. 사용자는 다음과 같은 근로조건을 구체적으로 명시한 계약서를 작성하고 이에 따라 고용하여야 한다. 즉 ① 노동계약의 기간, ② 일을 하는 장소, 일의 내용, ③ 업무의 시작시각과 종료시각, 정해진 노동시간을 넘는 노동의 유무, 휴게시간, 휴일, 휴가 등, ④ 급료의 결정, 계산, 지불방법, 마감과 지불시기, 또는 승급에 관한 것, ⑤ 퇴직에 관한 것이다.

이 중에서 근로자의 근로조건은 임금과 근로시간이 가장 핵심이다.

1) 임 금

(1) 임금의 의의

임금이란 사용자가 근로에 대한 대가로서 근로자에게 임금·봉급 기타 어떠한 명칭으로든지 지급하는 일체의 금품을 의미한다. 임금지급 형태는 기본급, 상여금, 통근수당·가족수당 등의 각종 수당, 휴업급여 등이 있다. 또한 임금은 근로기준법에서 통화지급 원칙, 전액지급 원칙, 일정기일지급 원칙 등을 정하고 있다.

임금은 매월 1회 이상 일정한 날짜를 정하여 지급한다. 임금지급은 노동가치와 공헌도에 따라 제공된 노동력의 양과 질이 보수의 대상이 되는 동시에 기준이 된다. 다만 임금의 최저액은 '최저임금법'에 따라 지급하여야 한다. 최저임금은 법률적으로 임금의 하한선을 의미한다. 최저임금제도는 1인 이상 근로자를 사용하는 모든 사업 또는 사업장에 적용된다.

임금은 노사 자율교섭에 바탕을 두고 임금수준·임금체계·임금형태가 결정된다. 임금의 기준은 통상임금과 평균임금이 많이 사용된다. 통상임금은 근로자에게 근로의 대가로 정기적이고, 일률적이며 고정적으로 지급되는 임금이다. 한편 평균임금은 산정사유 발생일 이전 3개월간에 지급되었거나 지급되기로 확정된 임금총액을 그 기간의 총일 수로

---

68) 박성환·송준호·김찬중, 2019, 노사관계론, 219~265, 도서출판 범한.

나누어 산정한 금액이다. 상여금의 경우 사유발생 전 12개월 동안 발생한 금액을 12로 나누어 3월분만 평균임금에 포함시킨다.

[그림 11-10] 임금결정 4요인과 그 과정

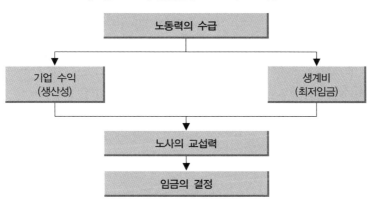

기업의 임금결정요인에는 노사쌍방의 교섭을 통해 평균적인 임금동향을 결정하는 노동경제적·거시적 요인으로 4요인이 있다. ① 노동력의 수요측(경영측)과 노동력의 공급측(종업원 집단측)의 기본관계(노동력의 수급관계), ② 노동력의 수요측에 주로 관계되는 사안으로서의 기업의 지불능력(수익성·생산성), ③ 노동력의 공급측에 주로 관계되는 사안으로서의 생계비, ④ 노동조합과 경영진의 교섭력 관계이다. 이를 [그림 11-10]과 같이 나타낼 수 있다. 그 중에서 가장 중요한 요소는 기업의 수익(지불능력)과 근로자의 생계비 수준이라 할 수 있다.

(2) 기업의 수익

임금의 상한성은 기업의 수익, 즉 지불능력이 주요기준이 되고 있다. 기업의 수익(지불능력)을 결정하는 방법은 시장시세,[69] 업적(생산성·수익성) 등이 있다.

임금의 시장시세는 사회제도 수준에서 생산성임금을 임금수준의 상한성으로 보고 있다. 생산성임금은 실질임금상승률을 노동생산성 증가율과 같도록 하거나, 명목임금상승률을 노동생산성증가율 및 물가상승률의 합과 같도록 유도하는 제도이다. 명목임금상승률은 지난해의 노동생산성 상승률과 물가상승률의 합계만큼 인상하는 것이다.

생산성임금은 기본적으로 기업의 지불능력이나 근로자의 생계비를 위협하지 않으므로 선호되고 있다. 기업은 시장시세 임금을 기준으로 하면서 자사의 기업업적을 감안하여

---

69) 근로조건, 특히 임금결정에 시상시세를 창안하여 적용한 나라는 일본이다.

임금을 인상하여야 가장 이상적이라 할 수 있다. 임금은 기업집단의 활동을 통해서 창출된 부가가치를 분배하는 것이기 때문에 기업의 업적, 즉 생산성·수익성이 임금수준에 큰 영향을 미치는 것은 당연하다.

(3) 근로자 생계비

임금은 근로자 소득과 생계의 원천이 되므로 최소한 그들의 생계 수준을 보장해 주어야 한다. 따라서 근로자의 생계비는 임금수준의 하한선의 주요기준이 되고 있다. 근로자는 임금인상이 소비자물가상승률보다 낮은 임금인상률이 되면 실질적으로 생활이 저하되고, 어려움이 나타난다. 왜냐하면 생계비=물가×생활수준이 되기 때문이다.

국가는 근로자의 생활을 보호하기 위해 고용노동부에서 최저임금제를 시행하고 있다. 최저임금제는 저임금근로자의 임금개선을 목적으로 국가가 사용자에게 임금의 최저수준을 정하고, 이 수준 이상을 지불하도록 법률로 강제하는 제도이다. 따라서 기업은 고용노동부 최저임금위원회에서 결정된 근로자의 임금하한선인 최저임금액을 준수하여 임금을 결정하여야 한다.

(4) 임금의 교섭과 결정

㈀ 임금의 교섭

우리나라의 대기업 노동조합은 임금을 노사의 교섭으로 결정하고 있다. 그러나 중소기업을 비롯한 대다수 기업들은 노조도 결성하지 못하므로 사용자 중심으로 임금이 결정되는 기업들이 많은 실정이다.

기업의 노사는 먼저 임금을 둘러싼 세력관계를 고려하여 다음과 같이 거시적 임금결정 전략을 구상하여야 한다. 노동조합은 기업의 실정을 감안한 합리적 임금인상을 제시하여야 하고 어느 수준까지 수용할지를 결정해야 한다. 또 경영측은 임금인상을 어떤 방향으로 추진할 것인지를 생각하고 노동조합의 요구에 어떻게 대처하고 어느 수준까지 용인하는 것이 좋은가 하는 것을 결정해야 한다. 노사쌍방은 객관적인 시장시세임금을 분배기준으로 삼아 서로 양보와 타협을 한다면 평화적인 교섭에 의한 해결이 가능해 질 수 있다. 따라서 노사는 노사교섭에서 임금의 통계적 평균치로 구성된 시장시세임금을 참고로 하면서 자사의 업적에 상응한 임금을 결정하지 않으면 안 된다. 다시 말하면 우리나라의 임금결정은 신뢰성이 있는 통계로 이루어진 시장시세임금을 채택하거나 업적에 상응한 근로자의 격차를 더 중시한 임금결정을 하여야 한다. 이와 더불어 한국적 경영 및 노사관계의 특질도 계속 유의하여 반영시킬 필요가 있다.

ㄴ) 임금의 결정

임금체계는 조직구성원 전체를 대상으로 임금공정성을 이루기 위해 조직적 차원 (organizational level)에서 차등지급에 적용되는 임금관계이다. 우리나라의 임금체계는 종신고용제라는 노동관행 때문에 매우 복잡하다. 우리나라는 소정의 월별 노동시간 내 임금을 기본급과 수당으로 나누어지고, 연간임금에는 이것에다 상여가 더해진다. 생애임금은 이것들 모두와 퇴직금이 더해진다.

임금형태는 조직구성원 개인들의 임금공정성을 위해 개인적 차원(individual level)에서 종업원들 간의 차등지급에 적용되는 임금관계이다. 임금은 동일한 자격조건을 갖춘 사람들이 동일한 조직 내에서 같은 직책을 수행한다 하더라도 개인이 노력한 결과, 즉 성과에 따라 합당하게 차등 지급되어야 한다. 이런 임금형태가 개인들 간의 공정한 임금 곧 성과급으로 나타난다. 성과급제도는 개인이나 집단의 노동성과나 업적 또는 능률의 크기에 따라 임금액을 결정하는 자극임금제도이다.

임금의 결정은 시장시세수준[70]과 기업수준이 있는데, 이 두 요인이 함께 부합되는 수준에서 결정되어야 한다. 전자는 임금수준의 상한선으로 생산성임금, 하한선으로 최저임금이 있고, 후자는 임금수준의 상한선으로 기업의 지불능력과 하한선으로 근로자의 생계비가 있다. 따라서 기업의 임금수준은 상한선으로 기업의 생산성임금을 지불능력으로 하고, 하한선으로 근로자의 최저임금을 생계비로 하여 그 사이에 적정선을 찾아야 할 것이다. 이 적정선이 지배임금률이다. 지배임금률은 같은 지역에 있어서 같은 직무의 평균임금률로 파악되기 때문에 임금의 사회적 균형이라고 할 수 있다. 따라서 임금수준은 지배임금률을 고려하여 결정하여야 한다. 또한 임금수준은 노동시장의 지배임금률과 자기 기업의 임금률을 비교하여 비슷한 수준이거나 그 이상이어야만 바람직하다.

우리나라 기업들의 임금인상 결정방법은 대체로 노동조합과의 임금교섭을 통해 이루어지는 경우가 대부분이며 노조가 없는 경우 노사협의회를 통해 이루어지는 것으로 나타났다. 그러나 임금인상에 따른 노사분쟁은 기업의 건전한 발전에 무게를 두어야 하며 파국으로 가서는 안 될 것이다. 그러므로 노사는 공동체의 발전을 먼저 생각해야 한다. 그리고 노사의 행동방식은 전통적 가치를 중시하며 법과 원칙, 그리고 상식이 통하는 선비정신[71]의 실천이 요청된다. 기업이라는 공동체는 노사만의 공동체가 아니다. 기업이 속한

---

70) 시장시세수준은 임금수준을 결정하는 사회제도라고 한다(최종태, 2000: 205).

71) 공자는 선비란 '선을 권면하고 화평한 모습을 가진 사람'이라고 하였다. 그래서 선비정신은 호연지기(浩然之氣)라고 한다. 즉 '하늘을 흘러가는 기운'이라는 뜻이다. 누구를 만나도 거리낌이 없이 도덕적 용기

사회와 국가의 발전과 번영에도 그 맥이 닿아 있는 것이다.

2) 근로시간

(1) 근로시간의 의의

근로시간은 근로자가 사용자의 지휘·감독 아래 종속되어 있는 시간, 즉 노동력을 사용자의 처분 아래에 둔 실구속시간을 말한다. 사용자의 지휘·감독은 명시적인 것뿐만 아니라 묵시적인 것을 포함한다. 근로시간에는 사용자의 지휘명령 하에서 노무를 제공하는 시간만을 가리키는 경우와 노무의 제공에서 벗어나는 휴식시간을 포함시키는 경우가 있다.

근로자의 주당 근로시간은 48시간으로 실시하다가 44시간으로 변경되었고, 2004년부터 40시간이 되었다. 그리고 2018년 7월 1일 근로기준법을 개정하였다. 법정 근로시간은 40시간 동일하나, 연장근로시간과 휴일근로시간이 조정되었다. 개정 근로기준법의 주요 내용은 다음과 같다. ① 1주일은 7일로 하고, 주당 최대 근로시간은 52시간, ② 휴일근로 가산할증률의 명확화, ③ 관공서의 공휴일 규정의 민간기업 적용, ④ 근로시간 특례업종 축소 등이다.

근로기준법에 의하면 만 18세 이상의 성인근로자의 1주간 근로시간은 휴식시간을 제외하고 40시간을 초과할 수 없다. 그리고 1일의 근로시간은 휴식시간을 제외하고 8시간을 초과할 수 없다고 규정하고 있다. 사용자는 근로시간이 4시간인 경우에는 30분 이상, 8시간인 경우에는 1시간 이상의 휴게시간을 근로시간 도중에 주어야 한다고 하였다. 그러나 합의가 있는 경우 1주간에 12시간을 한도로 근로시간을 연장, 즉 연장근로 할 수 있다.

근로시간 단축은 시대적 대세이다. 이러한 흐름으로 일·가정의 양립(work-family balance) 혹은 일·가정의 조화(work-family reconciliation)에 관한 논의가 먼저 이루어졌다. 일·가정 양립 혹은 일·가정의 조화는 보통 돌봄 자녀, 장애인, 노인, 환자가 있는 부부 가정에서 맞벌이로 직장생활과 가정생활을 동시에 원활하게 하기 위해서 필요한 것으로 인식되어 왔다. 여기에서는 주로 돌봄 노동, 가사노동 그리고 가정에서 필요한 기본적인 생활을 영위할 수 있을 정도로 가정생활이 보장받도록 직장생활과 조화나 균형을 맞추어야 한다는 의미를 포함하고 있다고 할 수 있다.

와 함께하면서, 낮게 생활하고 높이 생각한다는 것이다.

이에 비해 최근에 나타난 일과 생활의 균형(워라벨: work and life balance)은 어린 자녀나 환자, 장애인, 노인 등의 가족이 있는 부부 혹은 한 부모 가정만이 아니라 가족이 없거나 혼자 사는 미혼자들의 경우에도 직장생활과 개인생활(개인의 건강을 위한 운동, 여가생활, 친구와의 만남 등)을 동시에 원활하고 균형이 되도록 할 수 있는 필요에서 논의되고 있다. 따라서 일·생활의 균형은 일·가정의 양립 보다 더욱 광의의 개념이라 할 수 있다.

(2) 근로시간의 계산

근로시간은 크게 법정근로시간, 연장근로시간, 휴일근로시간으로 나누어진다. 개정 근로기준법에 의하면 2018년 7월 1일부터 1주일은 휴일을 포함하여 7일로 정의되고 있다. 그러나 종전 규정은 일주일이 5일이였다. 과거에 일주일을 5일로 보았을 때는 나머지 2일이 휴일 혹은 휴무일로 지정되어 있어서 휴일근로시간을 16시간 별도로 산정할 수 있었다. 즉, 과거 휴무일에는 연장근로, 휴일에는 휴일근로 개념이 있었지만 이제 휴일근로 개념이 사라졌다.

법정근로시간은 종전과 같이 주당 40시간으로 하루 8시간씩으로 동일하다. 그러나 종전 규정은 연장근로시간 12시간(평일과 휴일에 나누어 쓸 수 있음), 휴일근로시간 16시간이었으나, 이제는 연장근로와 휴일근로 개념이 합쳐져 1주 최대 근로 총 12시간만 가능해지게 되었다. 근로시간이 주당 최대 68시간에서 52시간으로 줄어든 것이다. 이를 <표 11-2>로 나타낼 수 있다.

〈표 11-2〉 종전과 현행의 최대 근로가능시간

종 전	현 행
1주 최대 근로가능 시간: 68 또는 60시간 * 68시간 = 40시간 + 12시간 + 16시간 (휴일이 2일일 경우) * 60시간 = 40시간 + 12시간 + 8시간 (휴일이 1일일 경우)	1주 최대 근로가능 시간: 52시간 * 52시간 = 40시간 + 12시간

(3) 연장근로

연장근로는 기준근로시간외 근로의 일종을 말한다. 연장근로는 1일 8시간을 초과하거나, 1주 40시간을 초과하는 근로시간을 의미한다. 연장근로는 1주 근로시간인 40시간의 미달 여부와 상관없이 8시간을 초과하면 연장근로로 인정받는다 사용가는 (성인)근로자가 기순근로시간을 초과하여 연장근로를 할 때, 반드시 근로자에게 1시간당 통상임금의

50% 가산하여 수당을 지급하여야 한다(상시 4인 이하 사업장은 미적용).

한편 사용자는 유해·위험작업근로자, 즉 유해 또는 위험한 작업(잠함·잠수작업 등 고기압 하에서 행하는 작업)으로서 대통령령이 정하는 작업에 종사하는 근로자의 경우 1일 6시간, 1주 34시간을 초과하여 근로하게 하여서는 아니 된다고 규정하고 있다.

(4) 휴일근로

사용자는 휴일근로에 대해 다음과 같이 가산하여 근로자에게 지급하여야 한다. 사용자는 1일 8시간 이내의 휴일근로는 통상임금의 50%를 가산하여 지급하고, 1일 8시간을 초과하는 휴일근로는 통상임금의 100%를 가산하여 지급하여야 한다. 다시 말하면 사용자는 근로자가 휴일 1일 기준시간(8시간) 근로 시 휴일근로수당 50%, 연장근로와 휴일근로의 중복하여 근로할 경우, 즉 휴일 1일 기준시간 초과 근로 시 시간외근로 할증 50%와 휴일근로수당 50% 합계하여 100% 지급하여야 한다. 또한 사용자의 귀책사유에 의해 휴업을 하는 경우 평균임금의 70% 이상의 수당을 지급하여야 한다.

한편 야간근로는 연장근로이면서 심야시간에 근로로서, 22시부터 6시까지의 근로이다. 사용자는 근로자의 야간근로에 대해 휴일·연장근로와 중복될 경우 야간근로에 추가 지급해야 한다. 즉 연장근로수당에다 통상임금의 50%를 가산하여 가산수당을 추가로 지급해야 한다.

(5) 휴 가

사용자는 근로자에 대하여 1주일에 평균 1회 이상의 유급휴가를 주어야 한다. 사용자는 1년간 8할 이상 출근한 자에 대해 15일의 연차유급휴가를 주어야 한다. 1년 미만 근로자는 1개월 개근 시 1일의 유급휴가를 주어야 하고, 1년 이상 계속 근로한 경우 15일의 유급휴가를 주어야 한다. 3년 이상 계속하여 근로한 근로자의 경우 최초 1년을 초과한 후, 다음 연도부터 근로연수가 매 2년을 초과할 때마다 1일을 가산한 유급휴가를 주어야 한다. 총 유급휴가일수는 25일을 한도로 한다. 또한 사용자는 근로시간이 4시간인 경우 30분 이상, 8시간인 경우 1시간 이상의 휴게시간을 근로시간 도중에 주어야 한다.

협약상의 휴가에는 연차 유급휴가, 생리 무급휴가(1일/월), 산전·산후 휴가(90일) 및 기타 휴가로 구별된다. 이 중 기타 휴가는 경조휴가(예: 결혼, 회갑 및 사망 등)가 대부분이다.

이러한 유급휴가는 근로자가 청구한 시기에 주어야 하나, 그 시기에 유급휴가를 주는 것이 사업운영에 막대한 지장이 있는 경우에는 시기를 변경할 수 있다고 규정하고 있다. 다만 제53조에서 노동부장관이 근로시간의 연장이 부적당하다고 인정할 경우 그 이후 언

장시간에 상당하는 휴식 또는 휴일을 줄 것을 명할 수 있다.[72]

(6) 연소근로자와 임산부·여성근로자

연소근로자는 만 15세 이상 18세 미만의 근로자이다. 따라서 15세 미만인 자는 근로자로 사용될 수 없다. 연소근로자의 근로시간은 1일에 7시간, 1주일에 35시간을 초과하지 못한다. 다만 사용자가 요청하고 연소근로자가 동의를 하면 1일에 1시간, 1주일에 5시간을 한도로 연장할 수 있다. 단 4인 이하의 사업장은 예외로 한다. 또한 사용자는 연소근로자를 야간근로나 휴일근로를 하게 할 수 없다. 사용자는 연소근로자가 기준근로시간을 초과하여 연장근로를 할 때, 성인근로자와 동일하게 가산수당을 주어야 한다.

연소근로자의 연장 및 휴일근로 가산할증률은 종전에 1일 7시간, 1주 최대 근로가능 시간 46시간(40시간+6시간)이다. 그러나 현재에 1일 7시간, 1주 최대 근로가능 시간 40시간(35시간+5시간)이다.

임산부(姙産婦, pregnant woman)는 임부와 산부를 합쳐 부르는 개념으로 아이를 임신하거나 갓 출산한 여성을 말한다. 사용자(사업주)는 임신 중이거나 산후 1년이 경과되지 아니한 여성과 18세 미만인 자(여성)를 도덕상 또는 보건상 유해·위험한 사업의 근로자로 사용하지 못하고, 임산부가 아닌 18세 이상의 여성을 보건상 유해·위험한 사업 중 임신 또는 출산에 관한 기능에 유해하거나 위험한 일을 시키지 못한다. 사용자는 임산부와 18세 미만인 여성을 하오 10시부터 상오 6시까지 사이의 근로와 휴일근로에 종사시키지 못하며, 노동부장관의 인가를 얻은 경우에는 그러하지 아니하다고 규정하고 있다.

사용자는 여성근로자가 청구하면 월 1일의 생리휴가를 주어야 한다. 이 경우 무급이어도 무방하다.

3. 노사관계의 제도

노사관계제도는 노사관계가 공동의 규율로 정착되고, 그 규율이 쌍방의 행동을 규제하는 규정이나 규범으로 확립된 상태이다. 기업의 노사관계제도는 단체교섭제도가 핵심이다. 다만 독일의 경우 단체교섭제도 외에 경영참가제도가 법적으로 확립되어 있다.

---

72) 고용노동부 근로기준혁신추진팀, 2018. 6.

1) 단체교섭제도

(1) 단체교섭제도의 의의

단체교섭제도(collective bargaining)는 근로자(노동조합)와 사용자(사용자단체)가 집단적 자치를 전제로 하여 근로자의 '임금'이나 근로시간 등 '근로조건'에 관한 협약의 체결을 위해 두 대표자가 집단적 타협을 모색하고, 또 체결된 협약을 관리하는 절차와 행위이다.

단체교섭의 방식에는 기업별 교섭, 통일적 교섭, 대각선 교섭, 집단적 교섭, 공동적 교섭이 있다. 기업별 교섭(company bargaining)이란 기업 또는 사업장 단위로 조직된 노동조합이 당해기업의 사용자와 근로조건 기타의 사항에 관하여 행하는 단체교섭의 방식이다.[73] 통일적 교섭(multi-employer bargaining)이란 전국적 또는 지역적인 산업별 또는 직업별 노동조합과 이에 대응하는 당해 사용자단체 간에 이루어지는 교섭의 방식이다. 이를 산업별 교섭이라고도 한다. 대각선 교섭(diagonal bargaining)이란 산업별 노동조합이나 지역별 노동조합이 개별기업과 교섭하는 방식을 말한다. 집단적 교섭(united bargaining)이란 여러 단위노동조합지부가 이에 대응하는 여러 기업집단과 연합전선을 형성하여 교섭하는 방식이다. 공동적 교섭(joint bargaining)이란 기업별 노동조합이 산업별 및 직업별 노동조합에 가입되어 있는 경우 기업단위노동조합과 상부노동조합이 공동으로 사용자와 교섭하는 방식이다. 이를 연맹교섭이라고도 한다.[74]

(2) 단체교섭제도의 체결과 관리

㈀ 협약의 체결

협약체결(contract negotiation)은 노사의 단체교섭을 통하여 합의가 성립된 내용을 문서화 하는 과정이다. 협약체결은 단체협약이라고도 하며, 근로조건(임금 등)에 대해 근로자와 사용자 간의 '탐색'과 '협상(흥정)'을 거쳐 '합의'하고 '협약(약정서)'을 맺는 과정을 의미한다. 협약체결은 이 중에서 협상과 협약이 중심을 이루지만, 협상이 핵심이다.

협상(negotiation)은 결정대안들에 대해 서로 다른 선호체계를 가진 상호 의존적인 당사자들 간의 의사결정과정을 의미한다. 노사협상은 일방이익(win-lose)이 아닌, 상호이익(win-win bargain)이 되는 협상이 되어야 한다. 또한 노사협상은 분배적 교섭(제로섬 게임) 보다 통합적 내지 태도변경적 교섭을 해야 한다. 또한 교섭비용도 최소화할 수 있도

---

73) 박경문·최승욱·성영만, 2007, 신노사관계론, 무역경영사, 161.
74) 신수식 외, 2010, 전게서, 105.

록 노력해야 할 것이다.

따라서 노사의 협상프로그램은 입장에 의한 협상이 아니라 원칙에 의한 협상이 되어야 한다. 협상과정은 준비, 탐색, 제안 등의 활동으로 이루어진다. 협약의 효력에는 규범적 효력·채무적 효력·구속적 효력·지역적 효력이 있다.

ⓛ 협약의 관리

협약관리(contract administration)는 노사쌍방은 단체협약이 체결되었다 하더라도 그 해석과 적용과정에서 분쟁이 끊임없이 발생한다. 협약관리는 체결된 협약을 관리하는 단계로서 주로 고충처리, 조정 및 중재하는 활동을 말한다. 분쟁에는 이익분쟁과 권리분쟁이 있다.[75]

고충처리제도(grievance procedure)는 단체교섭의 결과인 단체협약을 집행하는 과정에서 그 내용의 해석과 적용을 둘러싼 분쟁을 해결하기 위하여 운영되는 제도이다. 고충처리의 절차는 일반적으로 다음과 같이 3단계로 이루어진다. 본인, 일선감독자, 노조현장대표 해결모색단계이다(제1단계). 중간관리자와 노조현장대표 논의단계이다(제2단계). 최고경영자와 최고노조간부 협상단계이다(제3단계).[76]

(3) 노동쟁의와 조정 및 중재제도

㈎ 노동쟁의

㉠ 노동쟁의의 의의

노동쟁의(labor disputes)는 노사 간의 협상이 원활하게 이루어지지 못하는 경우 노동조합은 자신들의 주장을 관철하기 위한 수단으로 쟁의행위에 돌입하게 되며 사용자 또한 노동조합에 맞서는 쟁의행위를 선택하게 된다. 노동쟁의란 노사 간에 임금, 노동시간, 복지후생, 해고 등 근로조건에 관한 단체교섭이 원만하게 이루어지지 못하고 분쟁이 발생한 상태를 말한다.

노동쟁의제도는 노사쌍방이 합법적인 실력행사를 통하여 상대방을 압박함으로써, 양보와 타협으로 유도하고 산업사회의 갈등을 해소시키는 제도이다. 노사 간의 근로조건 등에 대해 협상이 이루어지지 않는 경우 사용자에 비해 약자인 노동조합이 먼저 쟁의행위를 하게 된다. 그러나 노조 측은 그의 주장을 관철하기 위해 쟁의행위를 감행하고자 하는 경우 사전 절차를 준수하지 않고 쟁의행위에 돌입할 수 없다. 근로자측이 쟁의행위,

---

75) 최종태, 2007, 전게서, 331~332.
76) 최종태, 2007, 전게서, 337~340.

즉 파업과 태업을 할 경우 무노동 무임금의 원칙에 따라 임금을 받지 못하게 되고, 사용자측은 생산의 중단과 감소로 시장점유 및 이익창출에 차질을 가져오게 된다.

ⓒ 노동조합의 쟁의행위

노동조합의 쟁의행위는 다음과 같다.

피케팅(picketing)은 동맹파업이나 보이콧 등 쟁의행위를 할 경우 그 쟁의행위의 부진이나 해산을 방지하고, 실효성을 높이기 위한 부수적인 쟁의행위이다.

사보타지(sabotage)는 사용자의 지휘나 명령을 그대로 따르지 않는 것으로서 '태업'과 '작업방해 및 설비파괴'가 있다.

준법투쟁은 일반적으로 준수하게 되어 있는 보안규정이나 안전규정을 필요 이상으로 엄정하게 준수함으로써 작업능률을 의식적으로 저하시키는 쟁의행위이다. 또한 준법투쟁은 종전의 관행을 부정하고 노동조합이 잔업거부 또는 정시 출퇴근, 규칙이행, 일제 휴가신청 등의 행위를 함으로써 업무의 정상적인 운영을 저해하는 것을 말한다.

불매운동(boycott)은 노동조합이 피고용자 또는 일반소비자에게 불매운동을 하는 방법과 노동조합이 자기기업의 제품을 판매하거나 취급하고 있는 거래기업에게 불매운동을 하는 방법이 있다.

생산통제는 노동조합이 사용자의 의사를 따르지 않고 공장시설·원자재 등을 점유하거나, 사용자의 지휘나 명령을 따르지 않고 기업을 운영하는 쟁의행위이다.

파업(strike)은 근로자가 단결하여 임금구조와 근로조건의 유지 또는 개선이라는 목적을 쟁취하기 위하여 집단적으로 노동의 제공을 거부하는 쟁의행위이다.

ⓒ 사용자의 쟁의행위

직장폐쇄(lock-out)는 사용자가 자기의 주장을 관철하기 위하여 근로자의 단체에 대한 생산수단을 차단함으로써 노무의 수령을 집단적으로 거부하는 행위이다.[77] 대체고용(alternative employment)은 기업이 노동조합의 쟁의행위로 조업활동을 할 수 없을 때, 다른 근로자로 대체하여 조업활동을 계속하는 행위이다. 우리나라는 쟁의행위 기간 중에 쟁의행위로 인하여 중단된 업무를 계속하기 위하여 당해 기업과 관계없는 사람의 일시적 또는 영구적인 신규 채용을 통한 대체고용을 원칙적으로 금지하고 있다. 그러나 필수공익사업의 '필수유지업무', 이미 근로계약관계(같은 기업의 타공장, 본사 등)에 있는 사람이나 노조가 불법파업을 할 경우 대체고용을 예외로 인정하고 있다(제43조). 그러나 쟁의행위

---

77) 이준범, 1997, 현대노사관계론. 박영사, 417~418.

기간 중 쟁의행위로 인해서 중단된 업무를 도급 또는 하도급을 주는 것은 금지된다.

㉡ 조정제도

조정(mediation)에는 일반조정과 긴급조정이 있다.

일반조정(general mediation)은 노사 당사자의 주장을 검토하고 조정안을 작성하여 노사 당사자에게 조정안을 받아들이도록 권고하는 방식이다.[78] 일반조정은 노사당사자 중 어느 일방이 노동위원회에 그 해석 또는 이행방법에 관한 견해의 제시를 요청(노동조합 및 노동관계조정법 제34조 제1항)할 경우 노동위원회 내에 구성된 조정위원회가 담당한다(제55조 제1항). 공익사업과 필수공익사업의 노동쟁의 조정은 노동위원회 내의 특별조정위원회에서 담당한다.

긴급조정(emergency adjustment)은 쟁의행위가 공익사업에 관한 것이거나, 그 규모가 크거나 또는 그 성격이 특별한 것으로서 국민경제나 국민의 일상생활을 위태롭게 한 위험이 '현존'할 성우 고용노동부장관이 중앙노동위원회 위원장의 의견을 들어 결정하는 방식이다(노동조합 및 노동관계조정법 제76조).

사적조정은 노사 간의 분쟁을 자주적으로 해결하는 방식이다.

㉢ 중재제도

중재(arbitration)는 노사분쟁이 국민의 생활을 위협하는 요인으로 확산되는 것을 방지하고, 이를 종결시키는 가장 강력한 제도이다. 중재는 보통 노사협약의 해석과 적용을 둘러싼 분쟁에 한하여 법률상의 처분을 내리는 제도로서, 단체협약과 동일한 효력을 갖는다(제70조 제1항). 중재는 지방 및 중앙노동위원회 내에 구성된 중재위원회가 담당한다(노동조합 및 노동관계조정법 제64조 제1항). 중재위원회의 중재가 결정된 후, 양당사자 중 쌍방 또는 일방이 중앙노동위원회 재심신청이나 행정소송을 제기하더라도 그 결정에 대한 효력은 정지되지 아니한다(제70조 제2항).

노사가 지방노동위원회나 특별위원회에 중재를 신청하여 의결된 처분에 대해 불복할 경우(단일 시도 사업장의 노사분규 대상) 10일 이내에 중앙노동위원회에서 재심을 청구할 수 있다(제69조 제1항). 다시 이에 불복할 경우 중재재정서 또는 재심결정서의 송달을 받은 날부터 15일 이내에 행정소송을 제기할 수 있다. 그러나 중앙노동위원회에 중재를 신청하여 의결된 처분에 대해 불복할 경우(2개 시도 사업장의 노사분규 대상) 바로 행정소송으로 이어진다(제69조 제2항).

---

78) 김식현·정재훈, 1999, 노사관계론, 학현사, 416.

(4) 부당노동행위와 그 구제

부당노동행위는 근로자(노동조합)의 노동기본권에 관한 행위 또는 노동조합의 정당한 활동에 대하여 사용자가 방해하는 것을 말한다.[79] 사용자 부당노동행위의 유형는 불이익대우, 황견(黃犬)계약(비열계약), 단체교섭 거부, 노조의 지배·개입 및 경비원조, 보복적인 불이익 처분 등이 있다.

[그림 11-11] 노사의 노동쟁의와 부당노동쟁의의 구제

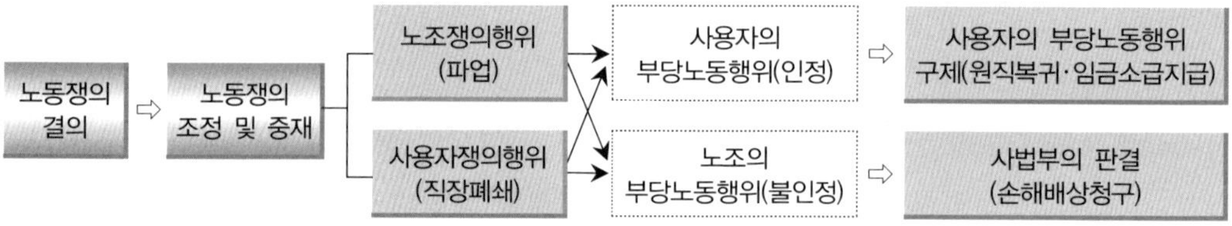

사용자 부당노동행위의 근로자 구제대책에는 처벌주의와 원상회복주의가 있다. 우리나라 노동법은 원상회복주의를 채택하고 있다. 또한 근로자 보호차원에서 사용자의 부당노동행위만 인정하고, 정부(고용노동부)가 판단하여 적절한 구제조치를 취하고 있다. 근로자(노동조합)의 부당노동행위가 발생할 경우 부당행위로 인정하지 않고 사법기관의 판결에 따르도록 하고 있다. 부당노동행위와 그 구제는 [그림 11-11]과 같다.

2) 경영참여제도

(1) 경영참여제도의 개념

경영참여는 근로자 및 노동조합이 기업의 경영에 참여하여 경영자와 함께 경영상의 권한과 책임을 분담하는 것이다.[80] 경영참여는 경영의 민주화 확대와 근로자의 인간성 회복을 가능하게 하고, 경영의 효율성 향상과 근로자의 성취동기를 유발한다.[81]

경영참여제도는 근로자 및 노동조합이 경영참여(발언권), 자본참여, 이익참여 등 세 가지의 권리구조나 권리규범을 가진 체제이다. 이와 같이 경영참여는 노사 간의 권리공유를 통해 협조적이고 화합적인 관계 증진을 중시하고 있다. 경영참여제도에는 경영권의 침해 문제, 노동조합의 기능약화 문제, 근로자의 경영참여능력 문제가 있다.[82] 경영참여

---

79) 최종태, 2007, 전게서, 552.
80) 早坂明彦 1982, 經營參加, 古文堂出版社, 東京, 11; 최종태, 2007, 전게서, 433.
81) 최종태, 2007, 전게서, 441~443.

제도의 유형에는 의사결정참여제도, 이익참여제도, 자본참여제도가 있다.

(2) 의사결정참여제도

ㄱ) 의사결정참여제도

의사결정참여제도는 근로자 또는 노동조합이 기업의 중요사항을 경영자와 함께 경영의사결정에 참여하여 공동결정함으로써 권한과 책임을 공유하는 제도이다. 근로자 또는 노동조합의 경영참여는 정보참여, 협의참여(자문, 협의, 합의), 결정참여 등 3단계로 구분되고 있다. 그 중 경영의사결정참여는 결정참여에 속한다. 의사결정참여는 근로자 또는 노동조합이 위로 이사회에 참여하는 것이고, 아래로 노사협의회, 청년중역회, 그리고 그 외 다양한 형태로 참여하고 있다. 의사결정참여의 내용은 일상적인 인사기능, 작업자체, 작업조건, 기업정책 등 4가지가 있다.[83]

ㄴ) 의사결정제도의 유형

㉠ 공동결정제도

공동결정제도(joint-decision making)는 독일에서 도입하고 있는 제도로서 경영자가 경영업무에서 어떤 중요사항을 전략적으로 추진하려고 할 때, 근로자 또는 노동조합을 기업의 의사결정 과정에 참여시켜 공동결정에 참여하는 것을 의미한다. 공동결정의 주요기관에는 감사역회와 근로자평의회가 있다.

감사역회는 기업의 전략적 경영의사결정에 근로자 또는 노동조합대표가 참여하는 기구로서 공동의사결정의 가장 핵심적인 기능을 담당한다. 독일기업은 우리나라의 이사회 기능을 둘로 나누어 핵심기능(예: 이사 선임권, 주요 경영전략 결정권 등)과 감사기능까지 담당하는 감사역회와 비핵심기능을 담당하는 이사회로 구성되어 있다. 감사역회는 대기업의 경우 노사가 동수(노5, 사5, 중립=11명)로 구성되어 공동결정권을 갖는다. 대기업은 반드시 설치하도록 법제화되어 있다.

근로자평의회는 모든 근로자들이 관리적·업무적 사안에 대해 그들의 의견을 집약하여 기업의 운영에 반영시킬 수 있도록 근로자들만으로 구성된 기구이다. 즉 근로자평의회는 '근로자측'으로만 구성되는 순수한 근로자(조합원과 비조합원을 모두 포함한 전근로자) 대표기관으로서 노사가 체결한 단체협약의 범위 내에서 공동이익을 도모하기 위한 기구이다. 근로자평의회는 단체행동권(쟁의권)이 없다.

---

82) 김영재·김성국·김강식, 2013, 신인적자원관리, 탑북스, 622 623.
83) Löcke & Schweiger, 1979, 276.

ⓒ 노사협의회제도

노사협의회제도(management-employee consultation system)는 우리나라에서 도입되고 있는 제도로서 노사쌍방의 대표자들이 단체교섭의 대상이 되는 근로조건 이외의 문제, 즉 작업능률·생산성 등에 대하여 논의하는 합동 협의기구이다. 이를 경영협의회, 노사위원회 등으로 불리기도 한다.

노사협의회는 전종업원(노합원과 비조합원 모두 포함)이 선출한 대표로 구성되고 단체교섭사항에 포함되지 않는 모든 경영사항을 협의·자문하고 일부 공동결정을 한다.

(3) 이익참여제도

㉠ 이익참여제도의 의의

이익참여제도(participation in profit)는 경영성과참여제도로서, 근로자를 경영이익에 참여시키는 제도이다. 이 제도는 노사가 총이익 내지 수익 중 근로자 인건비의 분배를 사전에 약정함으로써 분쟁을 원천적으로 없애는 방식이다. 이익참여제도는 근로자 또는 노동조합이 경영의 성과증진에 적극적으로 기여하고 얻은 경영성과, 즉 업적, 수익 또는 이익 중에서 일부를 임금 이외의 형태로 근로자에게 분배하는 방식이다.

㉡ 이익참가제도의 유형

㉠ 스캔론플랜(Scanlon plan)

스캔론플랜은 기업의 생산성 향상을 도모하기 위해 '제안제도(suggestion system)'를 확립하고, 이 제도에 참가한 모든 근로자들에게 성과에 합당한 배분을 시행하는 정책으로서 '보너스플랜(bonus-plan system)'을 확립시켜 노사 협력체계를 구축하는 방식이다.

제안제도는 모든 근로자들이 '노사생산성 계획'에 참여하여 '제안'함으로써 지식을 총동원하고 활용하도록 하는 제도이다. 보너스플랜제도는 종래의 이익배당과는 달리 노동성과, 즉 '생산제품의 판매가치'로 보고, 이에 따른 '노무비 절약'을 기준으로 보너스를 산정한다.

㉡ 럭커플랜(Rucker plan)

럭커플랜은 노사위원회를 통해 모든 문제를 엄정하게 처리하고, '생산부가가치(성과)'를 럭커표준이라고 하는 일정한 임금분배율을 적용하여 분배함으로써 노사협력체제를 통한 집단 자극으로 생산성 향상을 이루고자 하는 제도이다. 임금분배율 = 임금상수 = 연간부가가치의 39.395%이다. 럭커플랜은 생산부가가치 산출을 비롯한 모든 문제를 노사위원회를 통해 노사협력으로 생산성을 향상시키면, 항상 임금분배율 수준이 보장된 임금과 보너스를 지불한다는 것이다.

럭커플랜은 생산부가가치와 임금상수(임금분배율)에 의해 임금과 보너스가 산정된다.

(4) 자본참여제도

(ㄱ) 자본참여제도의 의의

자본참여제도(participation in capital)는 경영성과참여제도로서, 근로자들로 하여금 자본참가를 통해 경영에 참여하도록 하는 제도이다. 따라서 기업의 자본참여제도는 근로자들의 경영적 지위를 실질적으로 향상시킬 수 있는 제도이다. 자본참여제도는 기업의 자본조달과 노사 경영공동체 형성 등의 효과가 있다.

(ㄴ) 자본참가제도의 유형

종업원지주(持株)제도(stock ownership)는 회사의 경영방침에 의하여 종업원에게 특별한 조건이나 방법, 즉 저가격, 배당우선, 공로주, 의결 및 양도권의 제한, 성과배분제도에 의한 주식의 분배 등으로 자사의 주식을 종업원이 자발적으로 취득·보유하도록 권장하는 제도이다.[84]

우리사주제도(employee stock ownership plan)는 우리나라의 종업원지주제도의 명칭이다. 우리사주제도는 장기 주식보유를 통한 안정된 주주확보, 근로자의 애사심 고취, 재산형성 촉진 등의 목적으로 조직된 일종의 투자회로서 근로자들의 자주적이고 자율적으로 운영하는 제도이다. 모든 근로자를 대상으로 결성하고 규약을 정해야 하며, 주식의 개인계정 입고일로부터 최소한 1년간은 한국증권금융주식회사에 예탁해야 한다.

주식매입선택권제도(stock option plans)는 회사가 유능한 경영자 및 종업원들에게 장래의 일정한 기간 내(권리행사기간)에 사전 약정된 가격(권리행사기격)으로 일정 수량의 자사주를 매입할 수 있는 권리를 부여하는 제도이다. 주식매입선택권제도는 기업의 유능한 인재 확보와 그의 동기부여로 장기적으로 경영성과를 증대시켜 주식가치를 높이는 것이다. 주식매입선택권제도는 해당직원이 일정시점에서 행사가격(낮은 가격)으로 일정한 주식을 구입권을 부여 받아 소유권을 확보하고, 장래에 경영성과가 개선되어 주가가 행사가격을 상회할(하회할 경우 포기할 수 있음) 경우 매각함으로써 보상받을 수 있는 주식기반 보상제도로서 일종의 성과보너스로 볼 수 있다.

---

84) 김영재 외, 2013, 전게서, 625.

제 12 장
생산 및 서비스관리

제1절 제품과 서비스의 생산

1. 생 산

생산(production, operation)은 생산요소를 사용하여 가치를 창출함으로써 효용을 증가시키는 활동이다. 기업이 생산으로 효용을 증가시킨 상태를 제품(product)과 서비스(service)라고 하며, 가치가 추가된 상태를 부가가치라고 한다. 산에 있는 나무는 자연 자원(원자재)이지만 이를 가져다가 책상을 만들면 산에 있을 때보다 인간에게 더 유용하기에 그 원자재의 가치(유용성)가 증대된다. 그러므로 나무를 운반해온 행위, 톱으로 켠 행위, 페인트를 칠한 행위는 모두 가치창출활동 혹은 생산활동이다. 그런데 통나무를 책상으로 만들어도 가치가 추가되지만 공장 창고에 있는 책상이 우리 집으로 실려와도 공장에 있을 때보다 가치가 추가된다. 이런 의미에서 보관활동과 이동활동도 생산이다. 즉 생산활동은 원자재(자원)를 물리적·지리적·시간적인 변환을 통해 사람들에게 가치 있는 것으로 만들어 주는 모든 행위라고 정의할 수 있다. 이를 <표 12-1>과 같이 나타낼 수 있다.

〈표 12-1〉 생산활동의 정의

생산활동이란 변환이다	
생산(제조)	물리적 변환
이동(배달)	지리적 변환
보관(창고)	시간적 변환

생산활동(관리)의 목표는 제품과 서비스를 가능한 한 최소의 비용으로 유용한 가치를 높이는 데 있다. 그러므로 원료투입이나 비용은 최소로 하고(원가절감), 품질은 가장 좋아야 하며(품질향상), 단 시간에 가장 많이 만들어야 하고(시간절약), 필요에 따라 즉각 품목이나 수량을 바꿀 수 있도록(유연성 증대) 생산과정을 관리하는 것이다.[1]

전통적으로 기업의 생산활동은 제조업의 생산만을 대상으로 하였으나, 경제가 발달함에 따라 서비스산업이 차지하는 비중이 커지고 특히 금융, 유통 및 수송, 병원 등의 분야가 발전하여 이들에 대한 경영이 중요하게 되고 있다.[2] 최근에는 제조업과 서비스업 모두를 통틀어 생산하는 활동을 생산활동이라고 부르고, 운영하는 활동을 운영관리라고 한다.[3]

2. 제품과 서비스의 생산활동

제조업의 생산활동과 서비스업의 생산활동은 다음과 같은 차이가 있다.

제조업의 상품은 '유형상품'이고, 서비스업의 상품은 '무형상품'이다. 따라서 전자는 재고가 가능하여 미래의 고객을 위하여 보관했다가 사용할 수 있다. 또한 교환, 복원 등이 가능하므로 결함에 대한 보상도 가능하다. 그러나 후자는 재고가 불가능하고 생산과 소비가 현장에서 즉시 이루어진다. 더욱이 서비스의 품질은 제공자에 의하여 결정되므로 객관성 있는 품질관리가 어렵다.

제조업의 상품품질은 모양, 무게, 크기 등 '외양'으로 결정되고, 서비스업의 상품품질은 '서비스를 제공하는 사람'에 의해 결정된다. 따라서 전자는 부품의 표준화 내지는 호환성이 이루어질 수 있지만, 후자는 서비스상품을 다른 고객에게도 똑같이 제공하기가 힘들기 때문에 표준화하기도 어렵고 일관성 있게 제공하는 것도 어렵다.

기업이 소비자에게 제공하는 상품은 물질적인 '제품'과 무형의 '서비스'를 한 묶음으로 경험하는 경우가 많다. 예를 들면 제조된 냉장고를 고객에게 제공하기 위해서는 냉장고라는 유형부분이 있고 세일즈맨의 친절성이나 애프터서비스 등의 무형부분이 포함되어 있다. 따라서 제품과 서비스를 모두 고려해서 효과적으로 고객에게 제공할 수 있도록 해야 할 것이다.[4]

---

1) 임창희, 2006, 경영학원론, 학현사, 254~255.
2) 이명호·신현길·이주헌·정인근·조남신·조장연·차태훈·김귀곤, 2010, 경영학으로의 초대, 박영사, 289~290.
3) 지호준, 2009, 21세기 경영학, 법문사, 281.
4) 지호준, 2009, 상게서, 282~283.

3. 생산활동의 관리

생산은 기업이 생산요소를 사용하여 재화와 서비스를 만드는 과정에서 가치를 창출함으로써 효용을 증가시키는 행위라고 할 수 있다.[5] 생산활동은 기업의 가장 기본적인 활동으로서 자원을 활용하여 고객들이 원하는 제품이나 서비스를 창출하는 활동이다.

생산관리(production management)는 생산 및 서비스 관리 또는 생산운영관리라고도 부른다. 생산관리는 제조업과 서비스업의 생산목적인 고객만족을 경제적으로 달성할 수 있도록 생산활동이나 생산과정에 관한 업무를 합리적으로 처리하는 것을 의미한다.[6] 또한 생산관리는 구체적으로 기업이 사용할 수 있는 모든 자원을 이용하여 고객이 원하는 제품이나 서비스를 창출하도록 생산시스템을 계획하고 실천하며 통제하는 활동이다.[7]

제 2 절   생산시스템

1. 생산시스템의 의의

생산시스템은 고객의 만족, 즉 생산급부(제품과 서비스)의 효용 창출과 경제적 생산을 궁극적인 목표로 하고 있다. 따라서 생산시스템에 의한 생산물의 효용 창출은 주로 변환기능에 의해서 수행될 수 있고, 경제적 생산은 생산요소의 경제적 결합이 관건이 되고 있으므로 생산자원에 대한 관리기능에 의해 수행된다. 이들 두 가지 기능은 상호 보완적으로 수행되고 있다.

기업에서 생산시스템은 기업시스템의 하위시스템이다. 기업의 하위시스템인 생산시스템은 원자재·노동력·정보·에너지·기계설비 등의 생산자원을 경제적으로 결합하여 바라는 제품이나 서비스를 산출한다. 가령 제조공장과 같은 정형적인 생산시스템에서는 원자재·노동력·에너지 등이 생산공정에 투입되어 목적하는 제품이 산출된다.

모든 생산시스템은 투입(input), 변환과정(transformation process), 산출(output)의 세 부분으로 나눌 수 있다. 따라서 생산시스템을 흔히 투입·산출시스템(input output system)

---

5) 이재규·최용식, 2004, 현대경영학, 창민사, 326.
6) 이순룡, 2010, 현대품질경영, 입문사, 21.
7) 지호준, 2009, 전게서, 281.

이라 부른다. 기업은 생산시스템으로서의 역할을 다하기 위해 생산자원에 대한 변환기능과 관리기능으로 나누고, 변환시스템(transformation or conversion system)과 관리시스템(control system)의 두 하위시스템을 갖추어야 한다.[8] 이를 [그림 12−1]과 같이 나타낼 수 있다.

[그림 12-1] 생산시스템 모델

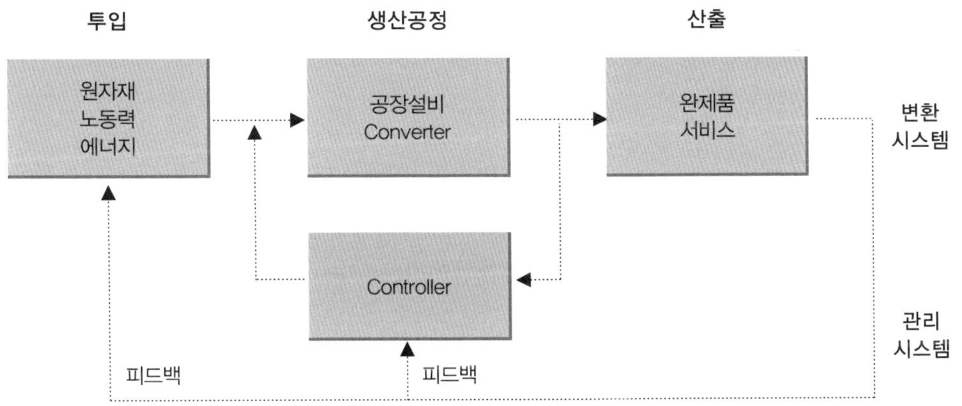

투입	생산공정	산출	
원자재 노동력 에너지	공장설비 Converter	완제품 서비스	변환 시스템
	Controller		관리 시스템
피드백	피드백		

2. 생산시스템의 과정

1) 투 입

생산에 필요한 투입 자원은 대체로 두 가지로 분류된다. 하나는 제품생산에 직접 투여되는 자원과 다른 하나는 투여된 자원의 변환과정에 필요한 자원이다. 전자는 제조업에 있어서 원자재이다. 후자는 제품의 생산, 즉 변환과정을 수행하기 위해 기계설비, 기술자, 에너지, 경영전반에 관한 정보이다.

2) 변 환

생산시스템은 변환(conversion)을 위한 체계이다. 생산이라는 개념은 조직에 존재하는 자원을 사용하여 변환과정을 통해 재화로 만드는 것을 의미한다. 재화(goods)는 가시적 · 물리적으로 존재하는 제품일 수도 있고, 형태가 없는 서비스일 수도 있다.

제조활동의 변환과정은 원자재의 형태가 변하는 것이다. 예를 들어 드릴링(drilling)이

---

8) 이순룡, 2006, 생산관리론, 법문사, 19~20.

나 연마작업(grinding)과 같은 가공 이외에도 조립과 같은 작업이 변환과정이다. 자동차는 약 2만개의 부품이 필요한데 부품의 반 이상은 협력업체에서 가공되어 납품되며 자동차 회사가 이것들을 조립하여 생산하게 된다.

서비스업의 변환과정은 변환이 존재한다기보다 제공과정이 존재한다고 하는 편이 옳을 것이다. 왜냐하면 서비스업은 소비자의 만족을 위해 서비스를 제공하기 때문이다. 지하철역 내에서는 표 자동판매기가 있는데 이는 고객의 편의를 위해 제공된 예라고 할 수 있다.

3) 산 출

생산시스템의 산출(outputs)은 제품과 서비스의 형태로 나타난다. 대부분의 조직은 제품과 서비스 모두를 생산해야 하는 경우가 많다. 예를 들어, 음식점에서 고객에게 음식이라는 제품을 제공하는 동시에 신속함과 청결함이라는 서비스를 제공해야 한다.

4) 피드백

효율적인 생산시스템은 피드백(feedback)이 필요하다. 피드백이란 생산시스템의 생산과정을 모니터(monitor)하며, 모니터하는 과정에서 수집된 정보를 이용하여 다시 생산과정을 통제하는 일련의 활동을 의미한다. 피드백 또한 정해진 성과측정방법에 따라 성과를 측정하고, 측정된 성과를 성과기준과 비교하여 이에 대한 대비책을 마련함으로써 조직이 꾸준히 서비스와 제품을 향상시킬 수 있다.

제조업체의 경우 최종제품에 결함이 있는지를 면밀히 검토하고 이 결함이 원자재에 기인한 것인지, 작업자의 문제인지 등을 파악하여 개선하는 것이 피드백의 한 예이다.

서비스업체의 경우도 피드백은 매우 중요한 문제이다. 예를 들어, 단체여행을 주선하는 여행사는 여행자의 만족도에 세심한 주의를 기울여야 한다. 단체여행 후 여행자가 여행에 대해 불만이 생기면 여행사의 이미지는 크게 손상될 것이고, 다른 고객에게 그 여행사를 추천하지 않을 것이다, 여행사는 이를 예방하기 위해서 여행자로부터 의견을 청취하고 불만의 원인을 발견하여 해소하는 피드백 과정이 필요하다.

각 생산조직의 생산시스템의 모델을 정리하면 [그림 12-2]와 같이 나타낼 수 있다.

[그림 12-2] 생산조직의 투입 · 변환 · 산출

생산조직	투 입	변 환	산 출
병원 식당 자동차 공장 대학	환자 배고픈 고객 원재료와 부품 신입생	치료 음식과 서비스 조립과 제작 교육	건강해진 환자 배부른 고객 완성된 자동차 졸업생

제 3 절 제조업의 생산활동

기업에서 제품의 생산활동을 생산관리라고 한다. 생산관리의 기본활동은 원재료가 투입되고 완제품이 나오기까지의 전 과정을 관리하는 것이다.

1. 제품생산의 의의[9]

제조업의 생산활동은 생산을 계획하고 있는 제품의 수요를 예측하고 설계한다. 그리고 생산능력을 결정하고, 공장입지를 선정하며, 생산시설을 배치한다.

1) 수요예측

(1) 수요예측의 의의

기업에서 제품을 생산할 때 소비자들의 수요를 얼마나 잘 파악하느냐 하는 것은 매우 중요한 문제이다. 그러므로 수요예측은 앞으로 생산하고자 하는 제품에 대해 시장성이 있는지에 대한 분석으로서 가장 중요하면서도 어려운 활동이라 할 수 있다.[10]

수요예측은 불확실한 상황 하에서 기업의 제품이나 서비스에 대한 미래의 시장수요, 즉 발생시기 · 수량 · 품질 · 장소 등을 추정하는 과정이다.[11]

생산형태에는 계획생산과 주문생산이 있다.

계획생산은 불특정 다수의 고객을 대상으로 사전에 제품을 만들어 판매하는 형태이다.

---

9) 이는 이순룡(2006), 생산관리론을 참고하였음.
10) 지호준, 2009, 전게서, 285~286.
11) 이순룡, 2006, 전게서, 158; 신유근, 2011, 경영학원론, 다산출판사, 439.

계획생산에는 소품종 대량생산과 다품종 소량생산이 있다.

주문생산은 고객들의 주문에 의해 세품을 생산하는 형태이다.

기업은 어떤 생산형태이든지 수요예측은 필요하다.[12] 기업들은 제품과 서비스의 수요 예측을 어떻게 하는가에 따라 제품의 생산량 결정에 영향을 미치기 때문에 시장조사에 많은 비용과 시간을 투자하고 있다. 기업은 시장에서 제품수요량 예측에 따라 거기에 필요한 인력, 원료, 설비 등의 투입량을 결정한다.[13]

(2) 수요예측의 방법

수요예측의 방법은 예측 대상이나 목적 등에 따라 여러 가지로 분류할 수 있는데 일반적으로 크게 정성적 수요예측과 정량적 수요예측의 두 가지로 나누어진다.

정성적(qualitative) 예측방법은 예측자의 주관적 판단에 의하여 예측하는 방법이다. 정성적 예측방법은 질적인 기법으로, 주로 인간의 주관적 판단에 의존한다. 즉 전문가들의 판단을 모아 수요예측을 한다거나, 판매원들이 내리는 평가를 바탕으로 수요예측을 하는 방법이다.

정량적(quantitative) 예측방법은 계량적 모델과 데이터를 사용하여 예측하는 방법이다. 정량적 예측방법은 그 접근방법에 따라 다시 시계열분석과 인과예측분석의 두 가지로 구분된다.

시계열분석은 시계열(년·월·주·일 등의 시간 간격)에 따라 제시된 과거자료(수요량·매출액 등)로 부터 그 추세나 경향을 파악하여 장래의 수요를 예측하는 방법이다.[14] 이 방법은 과거의 수요패턴이 미래에도 지속될 것이라는 가정하에 예측하는 것이다.

인과예측분석은 수요가 환경 내의 여러 요인들과 관계를 갖는다는 가정하에서 제품(또는 서비스)의 수요와 이에 영향을 주는 인과와의 관계를 수리적으로 예측하는 방법이다.[15]

2) 제품설계

제품이란 생산과정을 통해서 제조되는 모든 종류의 유·무형의 산출물을 의미한다. 제품의 설계는 제품결정과 제품개발이 이루어진 후 실시된다(제품결정 → 제품개발 → 제품설계).

제품결정(product decision)은 기초과학, 응용기술, 설계기술 등의 연구를 기반으로 하

---

12) 신유근, 2011, 전게서, 421; 임창희, 2006, 전게서, 256.
13) 임창희, 2006, 256.
14) 이순룡, 2010, 전게서, 165.
15) 이순룡, 2010, 전게서, 178; 신유근, 2011, 전게서, 439.

여 이루어진다. 제품의 결정은 제품에 대한 아이디어를 조직적으로 수집하고, 수집한 아이디어 중에서 기업의 목표달성에 가장 적합한 아이디어를 선택하는 과정이다.[16]

제품개발(product development)은 기존제품의 개량 및 신제품의 개발을 의미한다. 제품개발은 경쟁우위를 확보하고, 새로운 수요창출과 수요변화에 대한 대응, 그리고 생산능력(판매능력)을 최대로 이용하기 위해 창조적 개발이 지속적으로 필요한 것이다.[17]

제품설계(product design)는 고객의 욕구가 어떻게 변화하며 무엇을 원하는지 등을 파악하여 충족시켜야 한다. 제품설계는 시장에 내 보낼 제품을 생산하기에 앞서 제품의 기능에 대한 설계뿐만 아니라 제품의 크기, 모양, 색깔 등 제품의 외관에 대한 설계까지도 하게 된다.[18]

제품이나 서비스를 개발하고 설계하는 책임은 주로 연구개발부서 혹은 제품개발부서에 있다. 과거에는 제품이나 서비스를 개발한 후 생산과정 상의 어려움을 전혀 고려하지 않고 자유롭게 제품을 설계했있지만, 경쟁이 심화되면서 제품을 설계하는 방식도 바뀌게 되었다. 왜냐하면 기업이 제품설계만 잘했다고 시장에서 성공하는 것이 아니라 소비자의 요구에 적합하고 경쟁력 있는 제품을 적시에 출시하는 것이 기업 성공의 관건이 되기 때문이다. 따라서 제품설계 부서는 생산부서, 재무부서, 마케팅부서 등과 정보 및 의견을 수시로 교환하고, 기업의 생산능력 및 기술능력을 고려하여 시장의 요구에 적합한 제품을 설계하는 것이 중요하다.[19]

3) 생산능력의 결정

제품설계가 끝나면 조직은 그 제품이나 서비스를 생산할 수 있는 능력을 갖춰야 한다. 생산능력(capacity)은 생산시스템(공정)이 정상적인 상태에서 일정기간에 달성할 수 있는 부가가치활동의 최대수준이다. 이를 간단히 설명하면, 특정 생산시스템이 일정기간 동안에 달성 가능한 최대생산율(생산량)이다.[20] 생산능력은 제품라인이 다양한 경우 산출 척도 대신에 투입 척도를 사용하기도 한다. 기업의 생산능력(capacity)에 대한 정보는 생산자가 고객요구를 어느 정도 만족시키는지와 생산과 공급이 원활한지를 파악할 수 있도록 해 주므로 생산능력계획 수립에 매우 중요하다.[21]

16) 신유근, 2011, 전게서, 437.
17) 이순룡, 2010,전게서, 191.
18) 지호준, 2009, 전게서, 286.
19) 조동성, 2008, 21세기를 위한 경영학, 서운경영컨게, 450.
20) Slack, Nigel et al., 1996, *Operations Management*, Pitman Publishing; 이순룡, 2006, 전게서, 303.

생산능력계획(capacity planning)은 소요되는 투자 기간의 장·단에 따라 두 가지로 구분할 수 있다.

장기적(전략적) 생산능력계획은 기업이 장기(전략) 생산능력계획을 수립하는 데 필요한 자원의 유형 및 수량을 결정하는 계획이다. 장기 생산능력계획의 목표는 장래의 제품수요에 필요한 시설, 설비 및 노동력 등의 자원을 적당히 결합하여 적절한 생산수준을 결정하는 것이다.[22] 이 계획은 기존 시설 및 장비의 확장, 신·증설, 폐기 등과 관련된 의사결정으로 투자기간이 2년에서 5년 정도 걸리는 계획이다.

단기적 생산능력계획은 기업이 단기간 동안의 수요변화에 맞춰 노동력 규모 조정, 가동률 조정, 재고 조정 등과 같이 생산능력을 조정하는 계획이다.[23] 단기적 생산능력계획은 생산에 필요한 기자재를 준비하고 설치하는 것을 말한다. 그러나 기업이 생산능력에 수반되는 설비 등 많은 기자재를 도입했을 경우 생산에 사용하지도 못하고 쉬게 되는 유휴설비가 생기게 되어 추가적인 관리비용이 발생한다. 반대로 설비가 부족할 경우 제품생산을 못해 고객을 잃게 될 수도 있어서 경쟁사에게 시장점유율을 빼앗길 우려도 있다. 이를 [그림 12-3]과 같이 나타낼 수 있다.[24]

[그림 12-3] 설비계획을 위한 고려요인

생산조직	설비계획을 위한 고려요인
• 자동차 공장	• 자동차 생산대수 / 일
• 제철공장	• 강철 생산톤수 / 주
• 맥주공장	• 생산배럴수 / 일
• 원자력공장	• 전기의 메가와트 / 일
• 항공사	• 이용자 좌석수, 비행기 마일수 / 일
• 병원	• 치료받을 환자의 수 / 주
• 극장	• 입장객수, 상영되는 영화수 / 주
• 식당	• 고객의 주문량 / 일
• 대학교	• 등록 학생수, 강좌수 / 연

21) 조동성, 2008, 전게서, 458～569.
22) 이순룡, 2006, 전게서, 316.
23) 조동성, 2008, 전게서, 458～569.
24) 임창희, 2006, 전게서, 257.

4) 공장입지의 선정

기업은 공장의 위치를 기준으로 삼아 원재료를 구입하고 제품을 유통시키며 고객을 확보하는 활동을 하게 된다. 따라서 공장의 입지는 한번 결정되면 바꾸기 어려우므로 신중하게 결정되어야 한다.[25]

공장의 입지(facility location)는 기업이 공장, 창고, 서비스 시설 등의 위치를 정하기 위해 지리적 장소를 결정하는 과정이다.[26] 공장입지는 다음과 같은 과정을 거쳐 결정된다. 공장입지의 결정과정은 입지유형에 따라 다소 다를 수 있지만, 신설입지나 이전입지의 경우 보편적으로 [그림 12−4]의 단계를 거쳐서 결정된다.

[그림 12-4] 입지결정의 단계

1단계: 기업의 활동범위나 산출하려는 제품·서비스의 특성, 즉 소요자원·생산방법·수요량·시장(고객)·가격 등과 관련해서 입지하려는 지역이나 대상국가가 지니고 있는 주요 입지요인 등을 검토하여야 한다.

2단계: 특정지역의 선정(최적입지의 결정)은 노동력과 노동환경, 고객(시장)과의 근접성, 원자재의 근접성, 수송의 효율성, 공업용수의 양과 질, 기후조건의 적합성, 토지가격 등이 입지 선정에 반드시 고려되어야 한다. 시설이나 공장을 세울 지역이 선정되면 구체적인 장소, 즉 부지(site)를 결정한다.

3단계: 부지를 평가한다. 부지의 평가에서 검토되어야 할 요소로는 토지가격·부지의 특성(지형·크기 등)·유틸리티의 가용성·폐기물 처리의 용이성(배기 및 배수등)·도로·건설비용·관계법규의 저촉 여부 등이 있다.[27] 입지결정의 평가기준은 예상투자수익률($\frac{예상수익}{투자금액} \times 100$)로 삼는다.

4단계: 공장입지는 부지의 평가가 이루어지면 최적의 장소를 선정하여야 한다. 일반적으로 기업은 예상투자수익률이 가장 큰 지역을 입지로 선정하는 것이 이상적이다.

---

25) 지호준, 2009, 전게서, 287.
26) 이순룡, 2006, 전게서, 335; 지호준, 2009, 전게서, 287.
27) 이순룡, 2006, 전게서, 336~339.

5) 생산시설의 배치

(1) 생산시설 배치의 의의

생산시설의 배치(facility layout)는 생산공정상의 작업장 및 설비, 지원부서 등을 효율적으로 배열함으로써 생산활동의 흐름(flow)이 가장 원활하게 유지되도록 하는 활동이다.[28] 다시 말하면 생산시설의 배치는 인적·물적 자원의 이동을 최소화하고 작업특성에 따라 업무가 원만히 이루어질 수 있도록 해야 한다. 공장시설의 배치에는 전체 가용공간, 공정유형, 공정기술, 기계설비의 구조, 작업특성, 작업흐름, 작업자의 수 등 여러 가지 요소를 종합적으로 고려해야 한다.[29]

(2) 생산시설 배치의 유형

생산시설의 배치는 대부분의 사업 운영에서 중요한 역할을 한다. 생산시설의 배치는 제품생산에서도 중요하지만, 서비스사업의 경우 많은 고객대면이 필요하므로 고객 만족과 이윤창출을 위해 더욱 필요하다. 또한 서비스 사업일지라도 은행과 같이 신속한 서비스가 목표일 경우와 백화점처럼 많은 제품을 고객에게 보여야 할 경우 다른 생산시설 배치가 필요하다.[30]

생산시설의 배치는 다음과 같은 유형이 있다.

제품형 시설배치(product layout)는 특정제품을 생산하는 데 필요한 작업순서에 따라 시설을 배치하는 방식이다. 이 방식은 대량생산이나 연속생산에 이용되며 자동차, 화학, 전자공장 등에서 볼 수 있는 형태이다.

공정별 시설배치(process layout)는 동일한 기능을 가진 기계시설을 종류별로 작업장에 모아 배치하는 방식이다. 예를 들어 대형 가구를 제작할 때 필요한 모든 선반은 선반부서에서, 밀링은 밀링부서에서 하도록 배치한다.

고정형 시설배치(fixed-position layout)는 제품의 부피가 크거나 무게가 무거워 운반할 수 없는 경우 한 곳에서 작업을 하도록 원자재 및 시설을 운반하는 방식이다. 이 방식은 항공기, 선박, 아파트 건축 등이 여기에 해당된다.

혼합형 시설배치(mixed layout)는 앞서 설명한 기본적인 시설배치 형태가 필요한 상황

---

28) 조동성, 2008, 전게서, 460.
29) 지호준, 2009, 전게서, 288.
30) 조동성, 2008, 전게서, 460.

에 따라 변경될 수 있도록 한 방식이다. 예를 들어 일부는 공정별 시설배치를 하고 나머지는 고정형 시설배치를 하는 등 혼합하여 배치한 경우이다. 여기에는 셀룰러 시설배치도 포함된다. 셀룰러 시설배치(cellular layout)는 작업시설 및 소요자원이 생산량 변화 및 자재량 변화에 적절하게 대응할 수 있도록 작업장을 배치하는 형태를 말한다.

2. 생산시스템의 운영 및 관리

생산시스템의 운영 및 관리란 이미 수립된 생산시스템을 운영하거나 관리하는 것이다. 생산시스템의 운영 및 관리는 기업에서 가장 중요한 활동이다.

1) 생산의 운영계획

(1) 총괄생산계획

총괄생산계획(aggregate production planning)은 생산자원 배분의 효율화와 비용의 최소화를 목적으로 기업의 전체사업계획을 실질적으로 수행하는 실천계획으로서 보통 1개월 혹은 1년 동안의 생산량을 결정하는 계획이다.[31] 총괄생산계획은 생산자원 배분의 적정화와 비용의 최소화라는 제약 하에서 일정기간 동안의 생산수량계획을 말한다. 이 계획은 예측된 수요를 토대로 하여 생산량, 재고수준, 작업시간, 인력 등에 관한 총괄적인 내용을 담게 된다. 대부분의 제조업에서는 이 계획을 1년 단위로 생산본부에서 세운다.[32]

일반적으로 생산총괄계획은 각 제품단위를 대상으로 하기 보다 기업이 현재 생산하고 있는 제품의 총수요를 대상으로 한다.[33] 경영자는 수요예측과 생산능력소요계획을 비교하는 총괄생산계획을 세움으로써 자원의 부적절한 분배가능성과 예의 주시해야 할 사항을 함께 알 수 있다.

총괄생산계획이 세워지면 이를 바탕으로 각 품목별로 단기적인 주생산계획을 세우게 된다. 주생산계획(master production planning)은 분기별이나 월별 또는 주별 단위로 각 품목의 생산량과 생산시기를 결정하는 것을 말한다. 따라서 기업이 실제로 언제 무엇을 얼마나 생산할 것인지를 나타내는 제조계획인 것이다.

구체적 주생산계획(일반적으로 분기별 주생산계획)은 공장별로 수립된다. 구체적 주생산

---

31) 이순룡, 2006, 전게서, 457; 신유근, 2011, 전게서, 422.
32) 지호준, 2009, 전게서, 290~291.
33) 신유근, 2011, 전게서, 422.

계획은 다음과 같다.

첫째, 제품생산에 필요한 원자재나 부품의 종류, 주문량, 주문시기 등에 대한 '원자재 소요계획'을 수립한다. 둘째, 원자재의 소요량에 따라 '발주계획'을 수립한다. 셋째, 노동 력과 설비능력이 언제 필요한가를 나타내는 '생산능력계획'을 수립한다.[34]

(2) 기준생산계획

기준생산계획(MPS: master production schedule)은 생산될 제품의 수와 단기간 동안 필 요한 생산능력을 나타내는 구체적인 계획이다. 이는 총괄생산계획에서 파생된 것이다. 기 준생산계획은 구체적인 모델의 수나 서비스의 유형으로 세분화되어 있기 때문에 총괄생 산계획보다 훨씬 자세하다.[35]

2) 생산일정 및 생산공정관리

생산관리는 생산계획·절차계획·공수계획·일정계획 등 계획기능이 있고, 작업배정· 여력관리·진도관리 등 통제기능이 있다.[36] 생산관리의 세부계획으로서 생산일정 및 생 산공정관리에는 생산일정관리, 생산공정관리, 생산공정세부관리가 있다.

(1) 생산일정관리

생산일정관리(scheduling & control)는 생산계획으로서, 생산자원을 활용하여 일정한 품 질과 수량의 제품(서비스)을 예정한 시간에 생산할 수 있도록 공장이나 현장의 생산활동 을 계획하고 통제하는 업무처리를 말한다. 생산부서는 주문이나 예측자료에 따라 수개월 동안의 월별 생산량과 납기를 제품별로 결정하는 대일정계획을 수립한다.

대일정계획(master scheduling)은 주일정계획 또는 기본일정계획이라고도 불리는 것으 로 수주에서부터 출하까지의 일정계획을 다루며, 제품별 생산시기, 즉 착수와 완성 기일 을 정하는 계획이다. 대일정계획은 총괄생산계획을 분해해서 실행계획으로 구체화한 것 으로, 품목별 생산량을 생산일정(월별 또는 주별)에 맞추어 예정하는 것이다. 즉 이는 생 산량과 우선순위 등을 수요 내지 생산일정에 맞춰 배정(조정)하여 시장수요와 생산능력을 균형화 시킨 것이다.[37]

---

34) 지호준, 2009, 전게서, 291.
35) 조동성, 2008, 전게서, 465.
36) 이순룡, 2006, 전게서, 487~488, 496.
37) 이순룡, 2006, 전게서, 477~478, 488.

대일정계획은 생산일정세부계획으로 구현된다. 생산일정세부계획(detailed production schedule)은 생산계획 내지는 제조명령을 시간적으로 구체화하는 과정이다. 생산일정세부계획은 부분품가공이나 제품조립에 필요한 자재가 적기에 조달되고 이들 생산이 지정된 시간까지 완성될 수 있도록 기계 내지 작업을 시간적으로 배정하고, 작업의 개시와 완료 일시를 결정하여 구체적인 생산일정을 계획한다.[38] 즉, 생산일정세부계획은 설비계획과 총괄계획에 의해 획득한 자원의 사용계획이다.[39]

생산일정세부계획은 일정한 기간 내에 원하는 양과 질의 제품을 생산하기 위하여 생산일정, 생산순서와 생산방식을 계획하고 통제하는 관리활동이다. 따라서 생산일정세부계획은 효과적인 생산을 위해 다음과 같은 과정을 거쳐야 한다.

첫째, 인원, 설비, 자재 등에 관련된 생산계획을 세우고, 제품을 만들기 위한 작업 순서를 체계적으로 수립해야 한다.

둘째, 공정계획(제품과 서비스의 생산일정)에 맞추어 생산방식을 결정하고 제품을 만든다.[40]

(2) 생산공정관리

생산공정관리(production process control)는 절차계획으로서, 생산계획(대일정계획)에 의거하여 생산현장의 각 부문에 '무엇을, 언제, 얼마만큼 만들라'는 내용의 제조명령서 따라 계획을 수립하여 운영하고 통제하는 업무처리를 의미한다. 생산공정관리는 개별생산과 주문생산의 중심이 된다.[41] 생산공정관리는 중일정계획을 의미한다. 중일정계획(operation scheduling)은 작업공정별 일정계획으로서 대일정계획에 표시된 납기를 토대로 하여 각 작업공정의 개시일과 완성일을 예정히는 생산절차계획이다. 생신절차계획(節次計劃, routing)은 각 작업에 이용할 기계와 가장 능률적인 공정 순서 등의 기준을 결정하는 것이다. 생산절차계획이 효율적으로 수행되려면 사전에 필요한 자재(자재소요계획)와 능력(능력소요계획)이 마련되어야 한다. 생산절차계획은 작업개시에 앞서 능률적이며 경제적인 작업절차를 결정하기 위해 각 작업의 절차와 표준시간 및 장소를 결정하고 배정하는 것이다. 즉 제품이나 부분품별로 작업량·작업방법·작업순서가 정해지며, 동시에 어떤 '기계'를

---

38) 이순룡, 2006, 전게서, 496.
39) Heizer, J. & Render, B., 2003, *Principles of Operations Management*, Englewood Cliffs, NJ: Prentice—Hall
40) 임창희, 2006, 전게서, 256~257.
41) 이순룡, 2006, 전게서, 487.

사용하여 작업을 할 것인가, 몇 명의 '소요인원'(작업자)으로 얼마만큼의 시간이 필요할 것인가 등이 결정된다.

생산절차계획은 생산공정계획을 말한다. 생산공정계획(production process control)은 원재료나 부분품의 가공 및 조립의 흐름을 능률적인 방법으로 계획하고, 순서를 결정하고 (routing), 예정을 세워서(scheduling), 작업을 할당하고(dispatching), 독촉하는(expediting) 절차로서의 과정이다.

(3) 생산공정세부관리

생산공정세부관리(production detail control)는 공수계획과 일정계획으로서, 중일정계획에 따라 구체적이고 효율적으로 작업을 추진하는 업무처리를 말한다. 생산공정세부관리는 공수계획과 일정계획에 따라 작업배정, 여력관리, 진도관리로 이루어진다. 한편 생산공정세부계획은 작업자별 또는 기계별 일정계획이라고 하는 세부일정계획에 따라 운영하고 통제하는 과정이다.

생산공정세부관리는 소일정계획을 의미한다. 소일정계획(detail scheduling)은 중일정계획(절차계획)의 일정에 따라 작업자별 또는 기계별로 다음과 같은 공수계획, 일정계획 등 구체적인 작업일정이 이루어진다.

공수계획(工數計劃, loading)은 능력소요계획(capacity requirement planning)이라고도 부르며, 기계공수와 인공수가 있는데 일반적으로 후자를 의미한다. 인공수는 주어진 부하(작업량)와 작업능력을 일치시켜 생산계획량을 완성하기 위해 필요한 인원이나 기계의 부하를 결정하여 이를 현재 인원 및 기계의 능력과 비교하여 조정하는 역할을 한다.

일정계획(日程計劃, scheduling)은 생산관리부서에서 공수계획에 따라 작업시기 즉, 시작시간과 완료시간을 결정하는 일이다. 일정계획은 작업을 할당함에 있어서 작업실시 시간의 순서를 정하고 작업의 완급순서 및 현장의 작업능력과 공정품의 수량 등을 고려해서 '누가, 언제, 무엇을 할 것인가'를 일정표에 예정한다.

작업배정(作業配定, dispatching)은 생산관리부서의 일정계획에 의하여 현장에 필요한 자재들을 불출(拂出, 지급)하도록 하고 아울러 작업전표로 작업지시를 하는 일이다. 가급적 일정계획에 의하여 예정된 시간과 작업순서에 따르지만 현장의 실정을 감안하여 가장 유리한 작업순서를 정하여 작업을 명령하거나 지시하는 것으로 계획과 실제의 생산활동을 연결시키는 중요한 역할을 수행한다.

여력관리(餘力管理, surplus energy)는 일정관리의 계획단계에서 부하(작업량)와 능력을 조정해서 공수계획을 세웠지만, 여러 원인으로 인하여 부하와 능력상에 변동이 생길 경우 부하와 실제 능력을 조사하여 양자가 균형을 이루도록 조정하는 것이다.

진도관리(進度管理, follow-up, expediting)는 작업배정(작업지시)에 의해 진행 중인 작업의 진도상황이나 과정을 수량적으로 관리하는 것이다. 작업을 진행함에 있어 여러 사정에 의하여 예정대로 작업을 할 수 없을 때, 예정보다 지연된 작업을 촉진시키거나 계획을 조정한다. 진도관리의 목적은 납기의 확보와 공정품의 감소(생산속도 높임)에 있다.[42]

3) 재고관리

(1) 재고관리의 의의

재고(inventory)는 창고에 보관 중인 물품을 뜻하지만, 기업이 사용과 판매를 위해 보관하고 있는 재고자산, 즉 원재료, 반제품, 완성품, 상품, 저장품 등을 의미한다. 따라서 재고의 의미는 단순히 창고에 잘 보관한다는 이상의 의미를 갖는다.

재고관리(inventory management)는 물품(재고자산)의 흐름이 시간적 관점에서 시스템 내의 어떤 지점에 적정한 정체상태의 유지에 관한 업무를 합리적으로 처리하는 것이다.[43] 재고관리는 고객에 대한 서비스를 만족할 만한 수준으로 달성하면서 재고비용이 적정수준을 넘지 않게 하는 것이다.[44] 즉 재고관리는 원재료, 부재료, 생산도구, 완성품 할 것 없이 가장 적정한 재고수준을 유지하여 생산이나 시장공급에 지장이 없도록 하면서 재고비용을 최소화하는 것이다.[45]

기업이 원료 재고량이 너무 많다면(재고과다) 이를 저장하기 위한 창고비용과 관리비용, 원료에 묶여 있는 자금의 이자비용, 원료가 사용 되지 않았을 때의 반품비용 등 재고유지비용이 늘어날 것이다. 반대로 재고를 조금만 갖고 있다가(재고부족), 경기가 좋아져 제품은 잘 팔리는데 원료 부족으로 생산에 차질이 생긴다면 판매기회의 상실, 고객의 불만족, 그리고 생산의 장애를 야기할 수 있는 위험이 있다.

재고관리는 적시적량의 재고수준을 유지하는 것이므로, 주문횟수와 적절한 주문량의 산정 등으로 재고와 관련된 총비용을 감소시킬 수 있을 것이다.[46] 따라서 재고관리는 생산, 마케팅, 재무 등 기업의 모든 부문에 영향을 미친다. 재고는 생산부문에서 원활하고

---

42) 이순룡, 2006, 전게서, 487~508.
43) 이순룡, 2006, 전게서, 591.
44) 신유근, 2011, 전게서, 440.
45) 임창희, 2006, 전게서, 258.
46) Heizer, 2003, op. cit.

효율적인 생산을 위해 필요하고, 마케팅부문에서 고객서비스 수준에 영향을 미치며, 재무부문에서 재고투자액에 영향을 준다.[47]

(2) 원자재의 적정 재고량

생산관리에서 원자재(부품이나 제품)의 주문량은 재고와 밀접한 관련이 있다. 원자재의 재고는 적정 재고량을 유지하여야 한다.

적정 재고량은 경제적 주문량기법(EOQ: economic order quantity)으로 산정할 수 있다.

경제적 주문량은 한 번의 주문량을 결정할 때 총재고비용, 즉 구매비용과 재고유지비용의 합이 최소가 되는 발주량(구매량)을 의미한다.[48] 여기서 구매비용(주문비용)은 들어오는 재고의 선적, 수령, 조사와 같이 특정주문을 하는데 관련된 비용이다. 재고유지비용(보관비용)은 원재료·재공품·완제품의 저장, 자금조달, 운반과 같이 재고를 보유하는데 관련된 비용이다.[49] 따라서 경제적 주문량은 원재료나 부품 등을 구매할 때 일정기간 동안의 수요와 재고유지비용을 고려하여 적정 주문량을 결정하는 기법이다. 일반적으로 원자재의 수요는 특정 기간 동안(보통 1년 또는 1개월) 일정하다고 가정한다. 경제적 주문량의 공식은 다음과 같다.

$$EOQ = \sqrt{\frac{2 \times \text{연간(월간)사용량} \times \text{주문비용}}{\text{연간(월간)재고유지비용}}}$$

예를 들어 어떤 기업이 1개월간 200개의 부품을 사용한다고 가정해 보자. 개당 부품가격은 1,000원이며 한 번 주문할 때마다 10,000원의 주문비용이 발생한다. 또한 재고유지비용은 부품가격의 25%가 소요된다. 이와 같은 경우 이 부품에 대한 경제적 주문량을 구해보면 다음과 같다.[50]

$$EOQ = \sqrt{\frac{2 \times 200 \times 12\text{개월}/1\text{년} \times 10,000\text{원}/\text{주문단위}}{1,000\text{원} \times 0.25/\text{년}}} = \text{약 } 438\text{개}$$

---

47) Krajewski, L. J., 2004, *Operations Management: Processes and Value Chains*, 7th ed., Prentice-Hall.
48) 이수룡, 2006, 전게서, 603.
49) 조동성, 2008, 전게서, 467.
50) Holt, D. H., 1993, *Management*, Prentice-Hall; 조동성, 2008, 전게서, 466~467.

4) 생산자원의 효율적 관리

생산담당자는 생산자원의 효율적 관리를 위해 원자재 소요계획, 전사적 자원관리, 적시관리, 공급사슬관리 등이 필요하다.

(1) 원자재 소요계획

원자재 소요계획(MRP: material requirements planning)은 완제품의 생산 수량 및 일정을 기초로 하여 그 제품생산에 필요한 원자재·부분품·공정품·조립품 등 여러 자재의 소요량 및 소요시기를 역산한 자재조달계획이다. 원자재 소요계획은 일정관리와 더불어 효율적인 재고관리를 하는 시스템 내지 방법이다.[51] 원자재 소요계획은 공정계획에 따라 완제품이 생산될 수 있도록 제품생산에 필요한 자재를, 필요한 시기에, 필요한 양을, 필요로 하는 장소에 조달·공급하는 것이다.[52]

원자재 소요계획은 단순히 재고관리만 적용하는 기법이 아니라 재고관리와 생산일정의 계획과 통제 두 가지 기능을 동시에 수행하는 관리기법이다.[53] 기업은 원자재 소요계획시스템을 이용하면 생산관리자나 재고관리자들에게 매우 유용한 정보를 제공해 줄 수 있다. 즉 어떤 부품을 언제 얼마나 구매해야 할지 미리 알 수 있기 때문에, 이에 맞추어 생산계획을 수립할 수 있고, 여의치 않으면 자체 생산할 것인가 외주(outsourcing)할 것인가 등에 관한 판단자료도 제공해 준다.

최근 원자재 소요계획은 생산계획의 주변업무까지 다루는 방향으로 발전하고 있다. 즉 원자재 소요계획에서 획득한 제조일정계획이나 부품조달계획이 실천 가능한지를 검토하여 판단하는 생산능력계획과 기준생산계획에 대해 근본적으로 재검토하고, 나아가 조달예산계획, 설비구입계획, 재고예산계획, 제조재무계획, 판매계획과 연계하여 구체적인 제조일정과 조달계획을 수립한다.[54]

(2) 전사적 자원관리

전사적 자원관리(ERP: enterprise resource planning)는 종래 독립적으로 운영되던 생산,

---

51) 이순룡, 2006, 전게서, 642; 신유근, 2011, 전게서, 424.
52) 신유근, 2011, 전게서, 424.
53) Ritzman, L. P. and Krajewski, L. J., 2004, *Operations Management*, Englewood Cliffs, NJ: Prentice-Hall; 이영해, 2004, e-비즈니스 시대의 SCM(공급사슬경영) 이론과 실제, 문영각; 신유근, 2011, 전게서, 487.
54) 신유근, 2011, 전게서, 487.

재무, 유통, 인사 등의 정보시스템을 하나로 통합하여 수주에서 출하까지의 공급망(supply chain)을 구축하고 기간 업무를 지원하는 통합정보시스템에 관한 업무를 합리적으로 처리하는 것이다.[55] 전사적 자원관리는 기업 전반의 낭비요소를 없애고 자원의 생산성을 극대화하려는 기법이다.

원자재 소요계획기법은 주로 제품제조를 위해 생산자원의 투입을 최적화하고, 관리할 목적에서 출발하였다면, 전사적 자원관리는 이를 확대 적용하여 생산자원뿐만 아니라 기업 전반의 모든 경영자원을 통합하여 컴퓨터시스템으로 관리하는 기법이다. 전사적 자원관리는 정보기술을 이용하여 생산, 재무, 유통, 인사 등의 합리적 경영과 이익확보를 위해 경영자원의 투입을 최적화한 것이다. 즉 전사적 자원관리는 단순한 정보기술의 활용차원을 넘어 정보기술과 비즈니스가 조화를 이루는 경영전략 차원의 접근방법이다.[56]

전사적 자원관리는 마이크로소프트, IBM, 지멘스, GM, 모토롤라, 마쓰시다 등 대부분의 세계적인 글로벌기업들과 우리나라의 삼성, LG, 현대 등 대기업들은 물론, 중소기업들도 많이 구축하여 운영하고 있는 중이다. 이를 [그림 12-5]와 같이 나타낼 수 있다.[57]

[그림 12-5] ERP도입의 효과

웹환경 최신기술도입	• 신기술 수용 및 활용 • 조직의 잦은 변화에 유연한 대처 • 고객 현업 협력업체 커뮤니케이션에 의한 비용절감
사업장, 업무통합 시스템	• 글로벌생산 연동체제로 생산성 향상 • 생산성 향상에 따른 불필요한 작업 감소 • 유지보수, 운영비용 절감 • 통합구매, 재고관리에 의한 비용절감
고객 이미지 개선	• 업무프로세스 단순화 • 업무표준화 • 간접업무 축소로 경비절감
필요정보 즉시제공	• 신속한 보고자료 작성 및 제공 • 의사결정 최적화 • 시간외 근무시간 감소

---

55) APICS(American Production & Inventory Control Society)의 정의이다.
56) Ritzman and Krajewski, 2004, op. cit.; 신유근, 2011, 전게서, 488.
57) 임창희, 2006, 전게서, 262.

(3) 적시관리(JIT생산)

적시관리(JIT: just-in-time)는 일본의 토요타자동차의 토요타생산방식에서 비롯되었다. 토요타 생산방식은 생산현장의 낭비를 제거하는 소(小)로트생산과 다양한 소비자의 요구를 충족시키는 다품종소량생산체계를 지향한다.

적시관리시스템(JIT system)은 가능한 한 최소한의 재고량으로 생산설비를 가동하도록 설계된 생산통제시스템이다.[58] 적시관리(JIT)의 사고와 실천방법은 모든 자원이 제약된 여건 속에서 필요한 제품을 필요한 때에 필요한 만큼만 생산하는 것이다. 즉 적시관리의 사고방식은 고객이 필요로 하는 상품을 필요한 만큼 골라서 대금을 지불하는 슈퍼마켓 방식에서 비롯된 것이다. 다시 말하면 생산부품이 필요할 때 필요한 양을 생산공정이나 현장에 인도하여 '적시에 적량을 생산하는 방식'(just in time production)으로 전환시킨 것이다.

JIT시스템을 구성하는 핵심요소는 간판방식, 생산의 평준화, 생산시간·로트의 축소, 소인화 등으로 구성되어 있다.

간판방식은 JIT생산의 핵을 이루는 정보시스템이다. 즉 JIT생산에서 어떤 제품(부품)이 언제 얼마나 필요한가를 알려주는 역할을 하는 것이 간판(kanban)[59]이다. 이는 발주점 방식을 응용한 것으로 재고를 최소로 하기 위해 간판방식이라는 눈으로 보는 관리방식을 채용한 것이다.

생산의 평준화는 공장에서 현장의 생산능력을 작업량의 평균치에 맞게 유지하여 생산량의 평균을 이루는 것이다.

생산시간·로트의 축소는 생산 및 준비시간과 로트(lot)[60]를 축소히는 것이다. 기업이 생산의 평준화를 달성하기 위해 될 수 있는 대로 소(小)로트생산이 뒷받침되어야 한다.

소인화는 수요변화에 따라 소인화(小人化)의 인원조절이 가능하도록 생산시스템을 구축하는 것이다. 소인화는 인력절감이나 무조건적 감원보다는 생산량의 변동에 따라 인원을 맞춘다는 뜻으로 정원화하지 않는다는 의미가 숨어 있다. 또한 소수인화는 각 라인의 작업자 수를 탄력적으로 증감시키기 위한 설비배치와 다기능작업자(muli-functioned

58) 조동성, 2008, 전게서, 468.
59) 간판(看板)은 엽서크기의 카드나 전표로 작업지시표 내지 이동표의 역할을 함으로써 작업이나 운반에 관한 정보제공기능과 물품의 관리기능을 수행한다.
60) 로트(lot)는 동일한 소선 아래 동시에 한 묶으로 생산된 양의 크기이다. 뱃치(batch)도 같은 개념으로 사용되나 장치산업에서의 1회 생산량의 크기이다.

worker)를 통해서 달성된다. 소수인화를 이룩하기 위한 전제조건은 ① 수요변동에 유연한 설비배치, ② 다기능작업자의 양성, ③ 표준작업의 평가와 개정이 충족되어야 한다.[61]

(4) 공급사슬관리

공급사슬관리(SCM: supply chain management)는 공급자에서 고객까지의 공급사슬상의 정보, 물자, 현금의 흐름에 대해 전체적인 관점에서 공통문제(interface)를 통합하고 관리함으로써 효율성을 극대화하는 기법이다.[62] 즉 공급사슬관리란 제품의 생산단계에서부터 소비자에게 최종적으로 판매될 때까지의 모든 과정을 연결시켜 관리하는 것을 의미한다.

일반적으로 제품의 생산에서부터 소비자에게 판매하는 과정은 원재료 공급업체로부터 납품을 받아 제품을 생산하여 도소매업체에게 넘기는 순서로 이루어진다. 그리고 도매업체는 소매업체에게 넘기고, 소매업체는 최종 소비자에게 판매한다. 공급사슬관리는 원재료 공급업체, 제조업체, 도매업체, 소매업체가 각각 분담하는 활동의 비효율을 제거하고 공급사슬 전체의 효율을 높이고자 하는 것이다.[63]

연구들에 의하면 기업의 부가가치 중에서 60~70% 정도가 '제조 밖의 가치사슬'(공급사슬)에서 비효율이 발생하고 있다.[64] 따라서 기업은 기업 내·외부의 여러 요소들의 비효율 제거도 함께 고려해서 부가가치의 향상을 모색해야 한다. 기업은 최종소비자가 구매하고 싶은 제품과 서비스를 제공하기 위해 원자재의 공급처, 상품의 설계와 조립, 완제품의 운송과 보관에 관심을 가져야 한다.[65]

5) 품질관리와 품질경영

(1) 품질과 품질관리의 의의

품질(quality)은 제품을 비롯한 서비스·시스템·프로세스가 지니고 있는 일련의 고유한 특성들이 고객 및 이해관계자들의 요구사항에 대해 충족시키는 정도이다. 쥬란(J.M. Juran)에 의하면 품질은 소비자의 관점에서 용도에 대한 적합성(fitness for use)이라 정의하였다.[66] 여기서 용도적합성의 기준은 제품이나 서비스에 대한 소비자의 요구사항이 된

61) 이순룡, 2006, 전게서, 663~676.
62) 김수욱, 2005, 공급사슬관리, 한경사.
63) 한동철, 2002, 공급사슬관리, SIGMAINSIGHT; 신유근, 2011, 전게서, 448.
64) 문종범, 2005, 정보시스템 기반의 공급사슬통합의 기업의 성과에 미치는 영향에 관한 연구, 서울대학교 박사학위논문; 신유근, 2011, 449.
65) 김수욱, 2005, 전게서; 신유근, 2011, 전게서, 448~449.
66) 이순룡, 2010, 전게서, 11~13.

다. 따라서 용도적합성이란 고객이 제품을 사용함으로써 그의 목적이 성공적으로 달성되는 정도, 즉 제품에 대한 고객의 만족정도라고 할 수 있다. 결국 좋은 품질이란 소비자의 사용목적에 맞는 제품을 가장 저렴한 가격으로 제공하는 것이라고 볼 수 있다. 따라서 품질은 성능, 기능, 내구성, 유지관리의 가능성, 이미지 등의 집합적 측면이 강하다.

소비자는 제품이나 서비스를 선택할 때 가격뿐만 아니라 품질도 고려하게 된다. 최근에는 소비가 고급화되면서 제품이나 서비스의 품질이 중요한 고려 대상이 되고 있는 추세이다. 따라서 기업은 고객의 다양한 욕구를 만족시킬 수 있는 높은 품질의 제품을 생산할 수 있어야 한다.[67]

품질관리(QC: quality control)는 소비자는 제품이나 서비스를 구매할 때 품질관리를 가장 중시하고 있다. 품질관리란 소비자가 요구하는 제품이나 서비스를 경제적으로 산출하기 위해 모든 수단과 활동시스템에 관한 업무를 합리적으로 처리하는 것이다.[68] 기업은 생산활동에서 제품이나 서비스가 디자인되는 첫 단계에서부터 품질관리가 시작된다. 그리고 생산이 이루어지는 모든 과정마다 품질관리가 이루어져야 하며, 이미 고객에게 제품이나 서비스가 제공된 이후까지도 품질관리가 이어져야 한다.

품질관리는 전통적으로 품질의 통제 및 조사의 수준에서 인식되어 왔다. 그러나 현대적 품질관리는 높은 품질의 제품과 서비스의 제공이 기업의 목표 내지 기업 전반적 활동의 기본이 되고 있다. 즉 품질관리는 제품의 디자인, 설비, 직원들의 교육, 원재료의 선택, 사전 제품 테스트와 사후 제품평가 등 전반에 걸친 업무에서 효율적인 처리가 필요하다.[69]

이와 같이 품질관리, 즉 기업의 높은 품질과 고객에 초점을 둔 생산활동은 모방하기 힘들 뿐만 아니라 단기간에 달성되기도 쉽지 않아, 기업이 경쟁우위를 확보하는 데 결정적인 영향을 끼치는 요인이 되고 있다.[70]

(2) 품질관리의 과정

품질관리의 과정은 생산제품의 높은 품질과 관련된 모든 관리과정을 의미한다. 품질관리는 품질을 계획·설계하여(plan), 이를 토대로 생산·가공하고(do), 그 제품이 계획(설계)한 것과 틀림없는지를 검사하여(check) 판매한 다음, 제품에 관련된 사항이나 고객의

---

67) 지호준, 2009, 전게서, 303.
68) 이순룡, 2006, 전게서, 134.
69) 조동성, 2008, 전게서, 462.
70) 지호준, 2009, 전게서, 281~282; 신유근, 2011, 전게서, 424.

반응에 따라 개선하거나 조치를 취하는(action) 활동이다.

즉 품질관리의 과정은 plan · do · see가 있다. 또한 see를 check와 action으로 나누면, 계획(plan) · 실행(do) · 확인(check) · 조치(action), 즉 PDCA사이클의 관리과정이 된다.

(ㄱ) 품질의 설계(계획기능)

품질의 설계는 기업자의 방침에 따라 시장정보, 제품연구, 자금능력, 자사의 기술수준, 제조능력, 관리능력, 판매능력, 예정원가 등을 고려해서 품질수준과 설계품질을 정하는 일이다. 품질설계는 상품의 목표품질을 정하는 것으로 설계품질의 외관, 취급방법, 내구성, 안전도, 성능, 호환성, 애프터서비스 등을 구체적으로 나타내어 품질표준 내지 시방서의 형태로 만들어 제조현장에서 다루기 쉽게 하는 일이다.[71] 기업은 개발된 설계개념을 청사진, 자재명세서 등과 같은 일련의 제품 규격으로 구체화할 수 있다.[72]

(ㄴ) 공정의 관리(실행기능)

공정의 관리는 설계품질에 적합한 제조품질이 만들어지도록 공정설계를 행하고 장치, 기계, 치공구(治工具)의 작업방법, 계측기기 및 공정의 관리방법(작업표준, 제조표준, 계측시험표준의 설정 등)을 정하며, 이에 따라 작업자의 교육훈련을 실시하고 업무를 수행하는 일이다.[73] 제조기업의 경우 생산공정의 모든 조건, 즉 원자재, 기계설비, 작업방법 등이 안정적이지 않을 경우 설계품질대로 제조하기가 어렵다. 따라서 기업의 제조품질은 설계규격대로 적합하게 제조되어야 할 것이다. 제조품질(quality of conformance)은 생산된 제품이 설계규격에 얼마나 적합하게 제조되었는가 하는 정도를 의미한다.

(ㄷ) 품질의 보증(확인기능)

품질의 보증은 제품의 제조단계, 출하단계, 그리고 사용단계에서의 제조품질 내지 사용품질을 목표품질에 따라 점검하는 일이다. 품질의 보증은 품질을 확인하는 단계이므로 평가라고 할 수 있다.[74]

품질보증 기능을 수행하는 방법에는 두 가지 방법이 있다.

첫째, 요인검토 방법이다. 설계, 구매, 제조 등의 공정에서 특정요인(품질특성), 즉 품질에 결정적 영향을 미치는 요소들(CTQ)을 미리 마련된 표준이나 규정에 맞추어 검토한다.

둘째, 결과검토 방법이다. 각 공정이나 업무 등에서 미치는 결과를 검토한다.[75]

---

71) 이순룡, 2010, 전게서, 81~82.
72) Heizer, 2003, op. cit.; 신유근, 2008, 전게서, 425.
73) 이순룡, 2010, 전게서, 82.
74) 조동성, 2008, 전게서, 462.

㉣ 품질의 조치(조치기능)

품질의 조치는 클레임이나 애프터서비스 결과라든가 고객들이나 시장의 반응결과를 피드백시켜 품질의 방침, 설계, 제조공정, 판매 등을 개선하는 일이다. 품질에 이상이 발견되었을 때, 그 원인에 대해서 조치를 취하지 않으면 똑같은 사고가 재발하게 마련이다. 품질의 조치는 재발방지는 물론 품질개선을 위해 절대로 필요하다.[76]

(3) 품질경영

㉠ 품질경영의 의의

품질경영(QM: quality management)은 기업이 품질향상과 관련하여 조직을 운영하는 활동이다. 품질경영(QM)은 최고경영자의 품질방침을 비롯하여 고객을 만족시키는 모든 부문의 전사적 활동으로서 품질방침 및 품질계획(QP), 품질관리(QC), 품질보증(QA), 품질개선(QI)을 포함하는 광의의 품질관리로 이해할 수 있다.[77] 품질경영은 최근 개정된 ISO 9000모델에서 제시된 품질 요구사항의 충족을 의미한다.

$$QM = QP + QC + QA + QI$$

품질경영(QM)은 품질관리(QC)를 내포하는 개념으로서 이들이 확대되어 종합적 품질경영(TQM)에 이르게 된다. 기존의 품질관리(QC)가 규격지향의 품질을 목표로 하였다면, 품질보증(QA)은 규격충족의 품질을 목표로 하며, 종합적 품질관리(TQC)나 종합적 품질경영(TQM)은 고객요구 품질 내지 고객만족 품질을 목표로 하고 있다.

전통적 품질관리(QC)와 종합적 품질경영(TQM)은 차이가 있다. 이를 비교하면 다음과 같다. 품질관리는 현장의 제조부문을 위주로 하는데 비해, 종합적 품질경영은 기업 내 전 부문에 대해 생산성향상과 품질향상을 위해 노력한다. 품질관리는 생산관리 측면에 국한하여 불량률의 감소, 원가의 절감, 품질의 균일화를 도모하지만, 종합적 품질경영은 기술혁신과 불량예방, 원가절감을 통한 생산성의 총체적 향상과 고객만족을 모두 염두에 두고 추진된다. 품질관리는 생산현장에 정통한 전문가에 의한 통제위주의 관리이지만, 종합적 품질경영은 경영전략 차원에서 생산직·관리자·최고경영자까지 참여하는 전사적인 품질운동이다.

따라서 품질관리는 현장 및 제조부문이 중심이었지만, 종합적 품질경영은 소비자 욕구의 다양화, 이에 따른 시장 변화, 국제화의 진전 등에 부합되는 기업내 전부문의 활동이

---

75) 이순룡, 2010, 전게서, 82.
76) 이순룡, 2010, 전게서, 82~83.
77) 이순룡, 2010, 전게서, 86~87.

필요하다. 이를 <표 12-2>와 같이 나타낼 수 있다.[78]

<표 12-2> 전통적 품질관리와 종합적 품질경영의 비교

구 분	품질관리 (QC: Quality Control)	종합적 품질경영 (TQM: Total Quality Management)
대 상	현장/제조부문 위주	기업내 전부문
중심업종	제조업 중심	설계에서 서비스부문까지 확산
목 표	생산관리면에 국한(불량률감소, 원가절감, 품질의 균일화)	기술혁신, 불량예방, 원가절감 등을 통한 생산성의 총체적 향상, 고객만족
성 격	생산현장에 정통한 품질관리담당자에 의한 관리, 통제위주	경영전략차원에서 생산직, 관리자, 최고경영자까지 전사적으로 참여

ⓛ 종합적 품질경영

품질경영(QM)은 종합적 품질관리(total quality control: TQC) 내지 전사적 품질관리(company-wide quality control: CWQC)와 많은 공통점이 있다. 이들은 종합적 품질관리 → 전사적 품질관리 → 품질경영 → 종합적 품질경영의 연결고리를 이어왔기 때문이다.

• 종합적 품질경영의 의의

종합적 품질경영(TQM: total quality management)은 기업이 품질 경쟁력 향상과 관련된 근본적인 문제들을 발견하고 제거하기 위해 그 구성원들을 숙련시키고 지원하는 활동을 의미한다.[79] ISO(국제표준화기구)는 'ISO 9000시리즈'로 범세계적 품질경영시스템을 지향하면서 종합적 품질경영을 중시하고 있다. ISO에 의하면 종합적 품질경영(TQM)이란 품질 향상을 중심으로 하여 고객만족을 위해 모든 구성원들의 참여로 조직을 장기적으로 발전시키고 아울러 조직 구성원들과 사회에 이익을 제공하는 경영적 접근이라고 정의하고 있다. 이와 같이 종합적 품질경영은 품질개선을 위한 단순한 기법차원을 넘어 기업전체의 경쟁력을 향상시키기 위한 철학이라 할 수 있다.[80]

종합적 품질경영의 궁극적 목표는 '고객만족'을 위해 조직의 모든 구성원들과 자원들을 결집한 품질시스템의 지속적인 품질개선 활동이다. 즉 TQM은 고객만족을 위해 시스템의 구성요소인 공급자와의 협력, 경영자의 통솔과 지원, 전 구성원의 참여, 체계적인 분석기법을 통하여 지속적인 품질개선 활동을 전개하고 있다.[81]

---

78) 신유근, 2011, 전게서, 476~477.
79) 이순룡, 2006, 전게서, 134.
80) 신유근, 2011, 전게서, 442.

• 종합적 품질경영의 내용

종합적 품질경영은 품질의 지속적 개선을 추구하고 있다. 지속적 개선(continuous improvement)은 프로세스(process)에 초점을 두고 각 부분을 담당하는 구성원들이 중심이 되어 실시된다. 공정의 지속적 개선은 궁극적으로 높은 품질의 제품을 낮은 비용으로 산출하는 것을 목표로 한다고 할 수 있다.[82]

종합적 품질경영은 최고경영자의 관리 하에 모든 구성원의 참여와 모든 경영활동의 총체적 수단을 활용하여 고객만족 품질제공은 물론 기업구성원과 사회전체의 이익에 기여하기 위한 종합적이고 전략적 경영시스템이다.[83]

종합적 품질경영의 세부 실천원칙은 다음과 같다. ① 고객에 중점을 둔다. ② 조직이 높은 품질가치를 창출할 수 있도록 리더십을 발휘한다. ③ 시스템적 접근으로 조직목표를 효과적으로 달성한다. ④ 당초에 올바르게 행한다. ⑤ 결과뿐만 아니라 과정(process)도 중시한다. ⑥ 구성원의 참여를 토대로 그들의 창의력과 전문기술을 동원한다. ⑦ 사실에 입각한 의사결정을 행한다. ⑧ 지속적으로 개선을 추진한다. ⑨ 조직 구성원들과 이익을 공유한다.

이와 같은 원칙들은 대부분 품질경영에서도 강조되는 원칙들이다.[84]

(4) 6시그마

㉠ 6시그마의 개념

시그마(σ)는 표준편차라고 불리며 분포, 즉 산포의 정도, 즉 에러나 미스의 발생확률을 가리키는 통계용어이다.

6시그마(six sigma)는 에러나 미스 발생률을 1백만분의 3~4 이하로 한다는 높은 수준의 목표를 설정하고 추진하는 전사적 활동이다.[85] 6시그마란 종합적 품질경영(TQM)을 위한 한 방법으로 최고경영자의 리더십 아래 모든 품질수준은 정량적으로 평가하고, 문제해결 과정 및 전문가 양성 등의 효율적인 품질문화를 조성하며, 품질혁신과 고객만족을 달성하기 위하여 전사적으로 실행하는 종합적인 경영기법이다.[86]

6시그마는 1980년대 초 일본의 포켓벨(휴대용 무선 호출기) 시장에 뛰어든 모토롤라사

---

81) 이순룡, 2010, 전게서, 99~100.
82) 이순룡, 2010, 전게서, 397.
83) 이순룡, 2010, 전게서, 96.
84) 이순룡, 2010, 전게서, 98.
85) 아오키 야스히코 외, 2002, 6시그마경영, 21세기북스.
86) 신유근, 2011, 전게서, 446.

가 자사와 일본메이커의 불량품을 비교하였을 때 자사의 품질이 낮은 것에 놀라 품질향상을 목표로 시작하였다.[87]

해리와 슈뢰더(M. Harry & Schroeder)는 6시그마란 조직으로 하여금 자원의 낭비를 최소화하는 동시에 고객만족을 최대화하는 방법으로 조직활동을 설계하고 운영하여 결과적으로 조직의 수익성을 향상시키는 비즈니스 프로세스(business process)라고 정의하였다.[88]

6시그마는 고객의 관점에서 출발하여 프로세스의 문제를 찾아서 통계적 사고로 문제를 해결할 수 있는 과정을 제시하고 있다.[89] 6시그마는 제품이나 서비스의 불량을 단위당 불량률이나 결함 수(DPU: defect per unit) 대신에 '100만 불량발생기회당 결함 수'(DPMO: defect per million opportunity)라는 척도로 측정한다.[90]

$$DPMO = \frac{\text{총 결함 수}}{\text{총 결함발생 기회 수}} \times 1{,}000{,}000$$

이를 [그림 12-6]으로 나타낼 수 있다.

[그림 12-6] 1백만회당 에러 발생건수

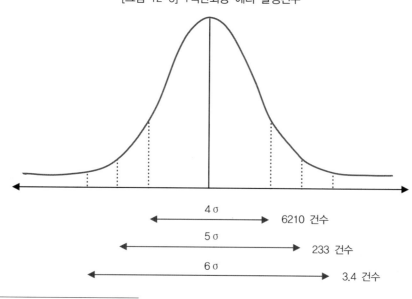

87) 아오키 야스히코, 2002, 전게서.
88) Harry, M. & Schroeder, 1999, *Six Sigma*, Leighco Inc., 안영진 옮김, 2000, 6시그마 기업경영, 김영사; 이순룡, 2010, 전게서, 400~401.
89) 신유근, 2011, 전게서, 483.
90) 이순룡, 2010, 전게서, 401.

6시그마기법은 마케팅, 엔지니어링, 서비스, 계획책정 프로세스 등 경영활동 전반을 대상으로 하고 있다. 4σ는 책 한권 30페이지당 1개의 오차에 해당되며, 5σ는 백과사전 한 세트에 1개의 오차가 포함된다. 그리고 6σ는 작은 도서관의 전체 장서 가운데 1개의 오차에 해당된다. 따라서 6시그마는 경영혁신운동이다.

ⓛ 6시그마의 관리

6시그마는 문제의 근본원인을 찾아내기 위해 조사하고, 측정하고, 분석하며, 문제가 다시 반복되지 않도록 통제가 필요하다. GE는 다음과 같이 앞의 4요소에다 '정의'를 추가하여 추진하고 있다. 이를 설명하면 다음과 같다.

• 정의(define): 개선할 대상을 확인하여 정의한다. 프로세스의 고객이 누구이고, 고객의 요구사항이 무엇이며, 개선해야 할 사항은 무엇인가를 찾는다. 즉 품질에 결정적 영향을 미치는 요소들(CTQ: Critical to Quality)을 파악하여 프로젝트를 선정하고 정의한다.

• 측정(measure): 개선할 프로세스의 품질수준을 측정하고 문제에 대해 계량적으로 규명한다. CTQ에 영향을 미치는 핵심 프로세스들을 파악하고, 파악된 CTQ와 관련해 발생된 결함을 측정한다. 이 단계 마지막에서는 블랙벨트(black belt)가 CTQ에 영향을 미치는 핵심 프로세스에서 발생하는 결함을 측정할 수 있게 된다.

• 분석(analysis): 결함이나 문제가 발생한 장소와 시점, 문제의 형태와 원인을 분석하여 규명한다. 벤치마킹이나 파레토도, 특성요인도 등의 통계기법을 사용하여 결함의 원인이 되는 주요변수들을 파악한다. 문제의 잠재원인들을 파악하고 이들 중 소수의 핵심이 되는 원인(vital few)을 규명하여 가능한 대응책을 모색한다.

• 개선(improve): 문제나 프로세스를 개선한다. 브레인스토밍(brain storming)이나 회귀분석 등의 통계기법을 이용하여 문제를 일으키는 주요변수들을 확인하고, 이 변수들이 CTQ에 미치는 영향을 수량화하며, 주요 변수의 허용범위를 파악하여 문제나 프로세스가 그 범위 내에 있도록 수정한다.

• 통제(control): 개선효과를 분석하고 개선된 프로세스를 지속시키는 통제방법을 모색한다. 제품이나 서비스가 산출되는 프로세스를 지속적으로 관리함으로써 같은 문제가 재발하지 않도록 한다. 통제적 공정관리나 체크리스트와 같은 통계도구를 사용하여, 수정된 프로세스가 유지되도록 한다.[91]

---

91) 이순룡, 2010, 전게서, 402~404.

(5) 공급사슬관리

내용은 제3절, 2., 3), (6)을 참고하기 바란다.

제4절 서비스업의 생산활동

서비스의 생산활동은 운용관리라 부르기도 한다. 서비스의 생산활동은 제조업과 크게 다르지 않다. 다만 유형의 제품을 설계하는 과정이 생략되고 무형의 서비스상품을 개발하여 제공하는 과정이 포함된다.

1. 서비스상품의 의의

1) 서비스의 개념과 특성

서비스(service)는 고객의 편익과 만족을 위하여 서비스 제공자 자신이 직접 실행하거나 다른 서비스 자원을 이용하는 과정·노력·행동의 수행이다. 서비스 품질은 고객(소비자)이 직접 경험해 보고 나서 느끼는 심리적 측면이 강하다.[92]

재화와 서비스의 특성을 비교해 볼 때, 재화는 소비되면서 소멸되지만 서비스(특히 고접촉 서비스)는 경험을 통하여 오랫동안 고객의 기억으로 남는다. 특히 서비스의 경험이나 품질은 고객만족의 주요 영향요인이다. 서비스를 효과적으로 관리하려면 생산·운영뿐만 아니라 고객과 서비스 요원에 대해서 잘 알아야 한다.[93]

대부분의 서비스는 서비스제공자와 고객과의 만남(encounter) 속에서 이루어지고 만남의 순간, 고객의 마음속으로 서비스의 질을 가늠한다. 따라서 고객은 서비스 제공자와 만남의 순간부터 서비스의 가치를 평가하고 만족 혹은 불만을 느끼므로 '참 순간'(moment of truth)이라 표현되기도 한다. 고객은 서비스제공자와의 만남, 즉 서비스접점(service encounter)의 순간에 그가 기대한 서비스 수준을 실제 제공받은 서비스와 비교함으로써 서비스품질에 대한 인식(perception)이 이루어진다.[94] 즉 서비스의 품질은 고객의 기대와 실제의 비교판단으로 결정된다.

---

92) 지호준, 2009, 전게서, 303.
93) 이순룡, 2006, 전게서, 233.
94) 이순룡, 2010, 전게서, 136.

서비스는 다음과 같은 특성이 있다.

·무형성(intangibility): 서비스는 형태가 보이지 않고 만져지지 않는다. 서비스는 소비자의 경험에 의해 감지될 수 있어서 어떤 구조(structure)도 없고 기능(function)도 없기 때문에 저장이 불가능하다. 따라서 서비스의 측정·평가·관리가 곤란하다.

·이질성(heterogeneity): 서비스는 제공과정이나 제공자의 가변적 요소로 인해 제공된 서비스가 다를 수 있다. 따라서 서비스는 표준화와 관리가 곤란하다. 품질의 측정·평가·관리가 어렵다.

·소멸성(perishability): 판매되지 않은 서비스는 소멸된다. 서비스 수요와 제공에 시한성이 있다.

·비분리성(inseparability): 서비스는 생산과 소비가 동시에 일어난다. 고객이 생산과정에 참여한다. 대부분 고객과 제공자 간 대면접촉(face to face)으로 이루어지기 때문에 물리적 신뢰성보다 인적 신뢰성이 밀접한 관계를 이룬다. 따라서 서비스 제공 시 고객이 개입한다. 구입 전에 시험과 평가가 불가능하다.

2) 서비스시스템 믹스

서비스는 고객의 요구(기대)와 일치할 경우 그를 만족시킬 수 있어야 한다.

서비스가 경쟁우위를 지니려면 고객중심의 '서비스 전략'을 수립하여야 하고, 이를 수행할 '서비스 사업'과 '서비스 요원'이 고객만족을 위해 봉사해야 한다. 이를 서비스의 3요소라 하고, 이들과 고객과의 유기적인 결합관계를 서비스시스템이라고 한다. 서비스시스템 구성요소는 사람, 기술, 가치명제에 의해 상호 연결된 내·외부서와 정보공유로 구성된다. 이를 다음 [그림 12-7]과 같이 나타낼 수 있다.

[그림 12-7] 서비스시스템

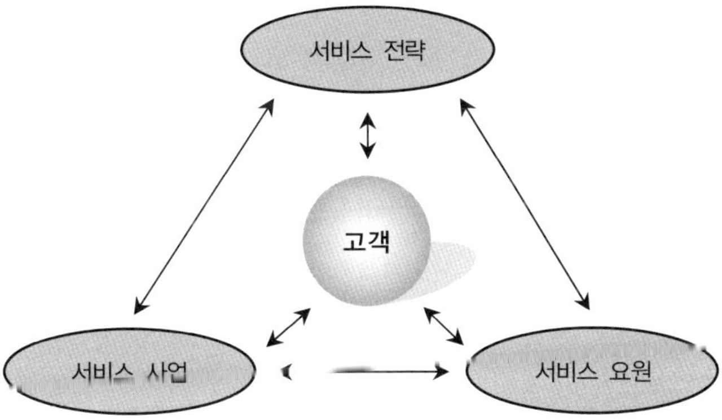

서비스는 대개 서비스요원(제공자)이 소비시점에서 소비자들(고객들)에게 직접 제공된다. 따라서 서비스 참여자, 즉 서비스요원과 고객의 행위는 서비스사업의 효율과 직결된다. 서비스요원은 서비스상품이 고객들의 상이한 욕구를 충족시키기 위해 다양하고 유연한 사고가 필요하다. 서비스사업의 성과나 효율은 참여자 외에도 서비스의 제공과정과 서비스의 과업환경에 의해 상당한 영향을 받는다.

서비스시스템 믹스(service system mix: 서비스참여자를 비롯한 서비스제공 과정 그리고 서비스 과업환경)는 서비스 사업의 설계나 전략개발에 있어 긴요한 전략요소가 된다.

서비스믹스는 다음과 같이 분류될 수 있다.

첫째, 서비스믹스는 고접촉서비스와 저접촉서비스로 분류될 수 있다. 고접촉서비스는 서비스의 설계과정이나 고객화(맞춤)과정에서 고객이 참여하는 경우(예: 맞춤양복)이고, 서비스제공과정에서 고객접촉이 발생하는 경우(예: 미장원)이다. 한편 저접촉서비스는 공정기술을 이용한 서비스로서 유연성이 떨어지는 경우(예: 패스트푸드나 자판기)이다.

둘째, 서비스믹스는 노동집약도·고객접촉도·고객화의 정도에 따라 네 가지로 분류될 수 있다.

대량서비스(mass service)는 노동집약도는 높고, 고객접촉도는 낮다. 가격과 비용에 중점을 둔다. 우편배달, 세탁소, 소매점 등이다.

서비스공장(service factory)은 노동집약도와 고객접촉도 모두 낮다. 가격과 비용 및 품질에 중점을 둔다. 항공사, 호텔, 간이식품점 등이다.

전문서비스(professional service)는 노동집약도와 고객접촉도 모두 높다. 품질, 유연성에 중점을 둔다. 의사, 변호사, 물리치료사 등이다.

서비스전문점(service shop)은 노동집약도는 낮고, 고객접촉도는 높다. 유연성, 시간, 품질에 중점을 둔다.[95]

3) 서비스의 설계와 상품개발

㉠ 서비스의 설계

서비스의 설계는 고객의 서비스 요구를 파악하여 서비스시방(service specification), 서비스제공시방(service delivery specification) 및 품질관리시방(quality control specification)을 정하고 서비스활동 계획에 따라 준비하는 단계이다. 서비스설계단계는 서비스시스템의

---

95) 이순룡, 2006, 전게서, 234~238.

설계나 전략전개로서 서비스 전략변수(service mix)인 3P, 즉 서비스참여자(participants)를 비롯한 서비스 제공과정(process of service assembly) 그리고 서비스의 과업환경(physical evidence)에 상당한 영향을 받는다.

서비스의 고객만족은 서비스 자체의 품질만으로 이루어질 수 있는 것이 아니라 서비스의 제공과정에서 고객이 자사의 서비스에 대해 인식한 것과 그가 당초에 가졌던 기대와의 비교에서 대부분 결정된다. 따라서 서비스기업은 서비스를 사전에 철저하게 준비하지 않고서는 고객만족을 이룰 수 없다.[96]

ⓛ 서비스의 상품개발

많은 서비스업체들은 신상품을 개발하거나 기존상품을 개선하는 데 주력하고 있다. 서비스상품개발은 기업이 생존과 발전을 도모하고 계속되는 환경변화에 대응하기 위한 전략이라 할 수 있다.

서비스 기업은 신상품 개발이나 기존상품 개선을 위해 변화하는 고객의 욕구를 가장 먼저 파악하여야 한다. 고객욕구 파악은 기업내부의 시장조사, 연구개발, 고객선호도 조사 등을 이용하거나 외부자료에 의한 추세분석, 경쟁기업 벤치마킹, 유통업체나 외부업자의 정보를 토대로 파악하기도 한다. 이 때 보다 다양한 정보원을 통해서 의견을 수집할수록 더욱 정확하게 고객의 욕구를 파악할 수 있다.[97]

서비스 상품개발의 과정은 기업내부와 외부로부터 정보를 수집하여 서비스 상품컨셉트 개발, 상품설계, 상품개발의 과정으로 이어진다.

서비스 상품컨셉트 개발은 주로 마케팅 부서에서 담당하게 된다. 이 단계에서는 고객의 욕구를 토대로 새로운 아이디어를 정의하고 다듬는 것이 포함된다.

서비스 상품설계는 기업이 고객의 욕구를 파악하면 이를 토대로 서비스 상품을 설계한다.[98]

서비스 상품개발은 서비스 제품이 설계되면 다음과 같이 본격적인 상품개발(service design)에 들어가게 된다.

첫째, 연구개발부서 혹은 제품개발부서는 제품설계와 상품개발에 관계되는 마케팅, 고객, 공급자 등 여러 부서(모든 사람)가 참여하도록 해야 한다. 왜냐하면 상품개발과 관련된 모든 사람들은 처음부터 개발과정에 참여하여 서비스 상품에 대한 충분한 예측을 토

96) 이순룡, 2010, 전게서, 145~146.
97) 지호준, 2009, 전게서, 294.
98) 조동성, 2008, 전게서, 458.

대로 합의를 이루어야 뒤늦게 문제점이 줄어들 것이고, 상품의 개발시간이 단축되어 원가가 줄어들고, 상품의 유용성도 증가되어 낮은 가격과 높은 질의 서비스 상품가치를 창출할 수 있을 것이다.

둘째, 기업은 서비스를 제공하는 과정에서 고객을 참여시켜, 함께 서비스 상품을 개발할 수 있다. 예를 들어 현금자동인출기, 농산물 현지재배, 관객의 연극참여 등 일부과정을 고객에게 넘기기도 한다. 이처럼 고객이 생산활동에 참여하여 상품을 개발하면 서비스상품에 대한 관심과 흥미를 증가시킬 수 있다.

셋째, 기업은 무형의 서비스상품에 유형적인 요소를 가미하는 것만으로도 서비스업에서의 상품개발이 가능하다. 예를 들어 호텔에서 신혼부부 객실에 신랑과 신부 이름을 장식한 축하케이크를 전달하거나 은행에서 10분 이상 기다리게 한 고객에게 교통비를 지급하는 등은 무형의 서비스를 유형화시킨 것이라고 할 수 있다. 따라서 서비스업에서도 서비스 유형화를 위하여 노력한다면 기업의 이미지를 고객의 마음속에 좋게 심어 놓을 수 있을 것이다.[99]

2. 서비스업 입지의 선정

1) 서비스업 입지 요인

일반적으로 서비스업의 입지는 제조업의 입지와 여러 측면에서 다르다. 제조업의 경우 제품의 생산기지를 어디에 두느냐에 따라 비용 면에서 커다란 차이를 보일 수 있다. 그러나 서비스업은 입지에 따라 비용이 큰 차이를 보이지 않지만, 매출이나 수입 면에서는 현저한 차이를 보이는 것이 일반적이다. 서비스업의 입지선정은 다음과 같은 요소를 고려하여야 한다.

(1) 고객에의 근접성

제조업의 입지는 비용최소화에 초점을 두지만, 서비스업의 입지는 수익창출에 초점을 두기 때문에 자원취득이 얼마나 쉬운가보다 고객과의 근접성이 중요하다.

서비스업은 고객이나 시장과 근접하게 입지를 선정하면 고객과의 접촉기회가 높아 매출이 늘어날 수 있다. 그러므로 상품공급을 담당하는 유통업에서도 시장에 얼마나 근접한지를 우선적으로 고려해야 한다. 또한 음식이나 음료수·소매점·자동차서비스와 같은

---

99) 지호준, 2009, 전게서, 294~295.

서비스사업의 수익은 입지와 교통 등과 관련된 고객의 편리성이 크게 좌우된다.

(2) 시장의 근접성

교통의 편의성 내지 수송의 효율성, 적정 주차가능 여부는 고객으로 하여금 서비스 시설에의 접근을 용이하게 하므로 고객과의 접촉이 빈번한 서비스 시스템의 주요요인이 된다. 창고나 배달 업무에는 운송비와 시장 근접성이 중요한 요인이 된다.

또한 대지, 건물, 장비, 운송비 등 경제적 요인도 중요하다.

(3) 경쟁업자의 위치

경쟁자가 이미 자리를 잡은 지역은 피하는 것이 좋다. 그러나 음식점이나 의류상점과 같은 사업은 경쟁자 근처에 위치하는 것이 이로울 수도 있다.

(4) 부지의 위치

소매점의 경우 주변지역의 주거밀도, 교통량, 눈에 잘 띄는 부지, 서비스를 보완해 주는 주변 환경, 시설확장 여지 등이 주요요인이 된다.

일단 선정된 입지는 기업의 운영시스템에 지속적으로 영향을 주게 된다. 그 이유는 입지선정이 경영활동의 척도가 되는 효과성과 효율성에 직접적으로 영향을 주기 때문이다. 따라서 서비스업의 입지는 여러 가지를 고려하여 전략적으로 선정하여야 할 것이다.[100]

2) 서비스유형별 입지선정

서비스유형별 입지선정기준은 서비스의 노동강도와 고객작용 내지 고객화의 정도에 따라 다음과 같이 설명할 수 있다.

대량서비스(mass service)는 고객작용 및 고객화 정도가 낮아 교통의 편리성과 접근의 용이성이 높은 곳에 입지해야 한다.

서비스공장(service factory)은 항공사·트럭운송·호텔·리조트·레크리에이션센터 등 다수의 고객을 상대로 하므로 고객수요가 많은 곳에 입지해야 한다.

전문서비스(professional service)는 의사, 변호사와 같이 노동강도도 높고 고객작용 및 고객화 정도가 높으므로 고객접근이 용이한 곳에 입지해야 한다. 그러나 경쟁력이 있는 전문서비스업체는 다소 거리가 멀어도 상관없다

서비스전문점(service shop)은 제공서비스가 대체로 전문화되어 있으므로 고객작용 및

---

100) 이순룡, 2006, 전게서, 340; 지호준, 2009, 전게서, 296~297.

고객화 정도가 높아 고객이 접근하기 쉬운, 즉 교통이 편리한 곳에 입지해야 한다.[101]

3. 서비스시설의 배치

서비스시설 배치는 서비스업의 입지가 선정되면 여기에 시설을 배치하여야 한다. 서비스의 시설배치(layout)는 운영의 효율성을 중시하는 제조업의 상황과는 달리 고객과의 상호작용을 더 중요하게 고려해야 한다.

고객은 서비스시설을 이용할 때, 주로 전체적인 입장에서 시설배치를 평가하게 된다. 이러한 시설배치는 고객이 느끼는 서비스 품질에 지대한 영향을 주게 된다. 서비스시설 배치는 다음과 같이 고객에 대한 원만한 서비스가 이루어질 수 있도록 하여야 한다.

직접 고객을 상대하는 서비스는 언제나 '고객'을 최우선으로 고려하여 시설을 배치한다. 고객이 얼마나 편리하게 이용할 수 있는지 또는 고객이 얼마나 쉽게 접근할 수 있는지를 우선적으로 고려한 후에 종업원의 업무효율성 등을 고려하는 시설배치가 이루어져야 할 것이다.

후방에서 지원하는 서비스는 '업무의 효율성'을 가장 중요시하여 시설을 배치한다. 그 이유는 고객과의 접촉보다는 업무의 공조와 지원이 중요하기 때문에 업무생산성이 높은 방향으로 시설배치를 해야 하는 것이다. 예를 들어 유통 서비스와 같이 소유물을 처리하는 서비스의 경우 물적 흐름의 원활성을 가장 중요하게 고려하여 시설을 배치해야 할 것이다.[102]

4. 서비스의 제공

서비스제공은 서비스의 참여자(participants)인 서비스제공자와 고객과의 만남, 즉 서비스 접점(service encounter)에서 서비스가 고객에게 제공된다. 서비스 제공과정에서 볼 때, 사람 대 사람, 사람 대 물건, 혹은 사람 대 시스템 간에 서비스의 주고받음이 이루어진다.

서비스는 서비스의 제공과정(process of service assembly)에서 서비스의 설계·시방·제공방법, 시설 및 환경 등에 영향을 받는다. 서비스는 서비스요원(제공자)의 마음가짐과 행동에 의해서 상당히 좌우되지만, 환경이나 분위기(physical evidence)에 의해서도 많은 영

---

101) 이순룡, 2006, 전게서, 353.
102) 지호준, 2009, 전게서, 297.

향을 받는다. 서비스제공과정에서 서비스의 품질을 크게 좌우하는 요소는 제공당사자인 종사자이다. 종사자는 서비스의 준비단계에서 서비스준비에 만전을 기했다고 하더라도 고객을 접대할 때 표정이 굳고 행동이 거칠게 되면 서비스제공과정에서 고객이 불만을 가질 수 있다.

제 5 절 기술경영

1. 기술경영의 의의

21세기에는 감성존중시대, 두뇌 경쟁시대, 그리고 고객 만족 경영시대가 다가오고 있다. 따라서 경영학은 기술진보와 직접·간접으로 연계되어 있어서 공학과의 결합 없이는 해법을 찾기 어렵다.[103] 이런 시대의 흐름에 부응하기 위해 자연과학과 사회과학이 접목된 기술경영의 역할이 더욱 부각되고 있다.

기술경영(management of technology: MOT)이란 공학, 자연과학 및 경영의 원리를 결합하여 기업의 전략적이고 실무적인 목표들을 수립하고 달성하기 위한 기술적 역량을 계획, 개발, 그리고 실행하는 것에 관한 학문이다.[104] 기술경영은 기업의 경쟁우위를 만들기 위해 기술의 중요한 부분을 적용할 수 있도록 하는 경영원칙의 모임이다. 즉 기업은 지속가능한 경쟁력을 유지하기 위해 기술, 제품, 시장의 연결이 신속하고 통합적으로 이루어져야 한다.[105]

기술경영 ─┬─ 산업공학적 접근 ─┬─ 상호의존적 관계
　　　　　 └─ 경영학적 적근 ──┘

기업은 기술경영을 성공적으로 추진하기 위해 무엇보다도 이런 역량을 갖춘 인력이 필요하다. 기술경영 인력은 기술혁신 전 과정의 효율성과 효과성을 높이는 활동에 관련된 인력이라고 광의로 정의하기도 하고, 기초연구, 응용연구, 개발 등의 연구개발과정을

---

103) 박용태, 2011, 기술과 경영, 생능출판사, 42.
104) Bean, A. S., 1989, "Management education reformed", NTU/MOT Residency, August, 14, pp. 1~9.
105) 김공인, 2008, 실선중심의 기술교육: 대전 테크노파크의 기술사업화 교육을 중심으로, 한국기술혁신학회 학술대회 발표논문집, 2.

효율적으로 관리하거나, 혁신성과의 사업화 및 효과적인 확산과정을 관리하는 인력이라고 협의로 정의하기도 한다.

기술경영은 다음과 같은 필요성에 의해 나타났다.

첫째, 기술경영은 창의성이 연구개발 성과로 개발된 신기술이 혁신성과를 가져올 수 있는 전문인력이 필요하다.

둘째, 기술경영은 기존의 기능적(functional) 접근으로 문제를 해결할 수 없었기 때문에 다양한 시각이 반영된 문제 중심적이고 통합적 접근이 필요하다.

셋째, 기술경영은 전 주기(full cycle)상에서 핵심적인 역할을 담당할 고급 전문인력의 양성이 필요하다.

기술경영이 다룰 수 있고 다루어야 하는 주제의 내용은 대체로 다음과 같다. ① 기술자체의 경영(management of technology: 기업이 보유하고 있는 기술자산의 경영으로서 특허관리, 지식경영, 정보시스템 운영 등을 포함), ② 기술에 의한 경영(management by technology: 기술력을 이용한 기업전략의 수립이나 경영방식의 개선), ③ 기술을 위한 경영(management for technology: 기술을 획득하기 위한 활동을 관리하는 주체로서 전통적인 연구개발관리)이 있다.[106]

2. 기술경영의 특성

기술경영은 다음과 같은 특성이 있다.

기술경영은 종전의 연속적인 혁신과는 달리 비연속적인 혁신이나 여러 기술이 융합된 혁신이 고려된 새로운 모형이다.[107] 밀러와 모리스는 기술경영을 시장아키텍처 혹은 경쟁아키텍처라고 보고 있다. 시장아키텍처[108]란 경쟁이 존재하는 시장에서의 고객, 고객의 니즈(needs), 경쟁사 등을 포함한 구조를 말한다. 시장아키텍처는 고객지향적 가치구조, 지배적인 디자인 및 제품플랫폼이라는 세 수단을 통해 가능하다고 한다. 제품플랫폼(product platforms)은 하나의 기술적 혹은 생산적 플랫폼을 통해 여러 모델을 만들어 낼 수 있는 기술적 장치를 말한다. 플랫폼은 개발비 감소, 개발시간 단축 및 생산원가 절감이 가능해 시장경쟁력의 큰 원천이 되고 있다.[109]

---

106) 박용태, 2011, 전게서, 38.
107) Miller, W., & Morris, L., 1999, *4th Generation R&D*, John Wiley and Sons(손욱 역, 2001, 제4세대 R&D 모색).
108) 아키텍처란 의미자체가 제어 혹은 조작이라는 의미를 내포하고 있음을 염두에 둔 것이다.
109) 설성수, 2011, 기술혁신론, 법문사, 167.

기술경영은 산업과 기술에 대한 전문지식과 경험을 바탕으로 학문적 소양과 통합적 안목을 배양하여 기술혁신(R&D: 생산성 제고, 기술사업화 촉진, 기술사업화 촉진)과 지식경제 (기업혁신 역량, 국가경쟁력 제고)로 효과적인 이행에 필요한 인력이다.[110] 경영자는 먼저 기술을 알고 시장을 읽으며 실험정신도 있는 이공계 출신 경영인력을 필요로 한다. 실제 로 기업은 기술에 대해 무지한 사람보다 기술을 잘 알고 그 기술을 활용할 줄 아는 인재 를 필요로 하고 있다.

기술경영은 개발, 마케팅, 리더십, 혁신의 네 가지 기둥이 유기적 연결고리를 가지고 활발한 상호 교류를 통해 밀접하게 영향을 미침으로써 성공할 수 있다. 이제 기업은 기 술을 알고 기술을 효과적으로 활용할 수 있는 인력의 필요성에 대응하기 위해 개발, 마 케팅, 리더십, 혁신의 유기적인 통합과 활용에 주력해야 한다. 또한 제품고유의 기능을 바탕으로 네 가지 기둥이 유비쿼터스(ubiquitous)와 컨버전스(convergence)[111]로 상호작용 하면서 통합되어야 한다.

3. 기술경영의 기능

1) 기술경영 기능의 의의

기술경영은 분과학의 한계를 벗어나 현장중심, 문제중심의 접근을 시도하는 학문이다. 기술경영은 기술사업화의 영역이다. 왜냐하면 새로운 아이디어, 기술을 제품으로 만들어 시장에 내놓고, 이를 성과로 연결해야 하는 분야이기 때문에 프로세스 성격을 지닌다.[112] 기술을 사업으로 연결할 때 그 사이에 [그림 12-8]과 같은 소위 '죽음의 계곡'이 존재한 다.[113] 따라서 사업화에 대한 개별 주체의 명확한 이해 및 지원이 요청되고 있다. 연구자 와 기업가의 역할은 다음과 같다.

연구자는 연구와 발명(research & invention)을 추진한다. 유망한 기술들은 투자자나

---

110) 서울대 기술경영경제정책대학원 자료.
111) 유비쿼터스는 사용자가 네트워크나 컴퓨터를 의식하지 않고 시간과 장소에 관계없이 자유롭게 네트워 크에 접속할 수 있는 정보통신환경을 의미한다. 컨버전스는 서로 다른 것들이 융합하면서 새로운 가치 나 기능, 서비스를 만들어 내는 것을 의미한다. 이런 현상은 경영활동에 영향을 미치는데, 특히 산업에 서 기존의 비즈니스모델과 경쟁패턴은 물론 산업·기업 간의 경계가 무너져서 경쟁의 영역이 무한히 확장되고 있다.
112) Kingon, A. et al., 2001, "An integrated approach to teaching high technology entrepreneurship at the graduate level", American society for Engineering Education.
113) Markham, S., 2002, "Moving technologies from lab to market", *Research Technology Management*, Nov.-Dec., 31 41.

현장 관리자가 관심을 갖기 전에 중요한 사업을 개발할 필요가 있다. 그러나 과학자와 엔지니어들은 제품 아이디어를 개발하고, 시장조사나 사업계획서를 만들 스킬, 자원, 시간이 없는 편이다.

[그림 12-8] 죽음의 계곡과 적자생존의 바다

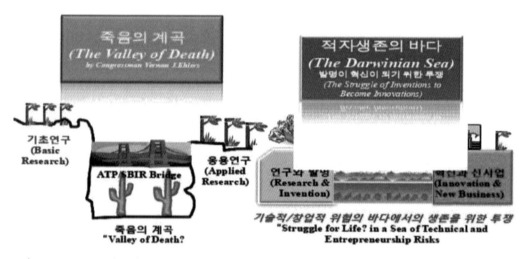

자료: Vernon Ehlers(1998); Branscomb & Auerwald(2002).

기업가는 혁신과 신사업(innovation & new business)을 추진한다. 우수한 경영진이 보유하고 있는 비즈니스 컨셉트에 투자한다. 다시 말하면 고객들은 기술을 사지 않고, 제품을 구입하지만, 투자자들은 제품에 투자하지 않고 강력한 비즈니스 컨셉트에 더 매력을 느낀다는 것이다. 그러므로 사업화가 성공하려면 뛰어난 사업케이스를 구축하는 능력이 필요하다.

기업은 기술이 개발된 것만으로 경제적 성과를 낼 수 없고, 개발된 기술이 [그림 12-8]과 같이 '죽음의 계곡', '다윈의 바다'[114]를 잘 극복하여 시장에서 성공해야만 지속적으로 성장할 수 있다.

마크함(Markham)의 연구는 다음과 같이 제시하고 있다.

연구가 상업적 가치가 있다는 것을 새롭게 발견하기 위해 제품을 통해 증명하기, 강력

---

114) 죽음의 계곡은 발명·발견 또는 연구개발 단계와 사업화 단계(혁신) 사이에 가로놓여 있는 장애요인이다. 즉 기존의 연구 자원과 상용화 자원 사이의 결정 공간이다. 그러나 다윈의 바다는 연구와 발명이 혁신과 신사업으로 연결되기 위해서 망망대해를 건너야 하는데 이 바다에서 수많은 아이디어와 사업기회들이 적자생존의 싸움을 벌여야 한다.

한 케이스를 통한 가능성 전달하기, 가능성을 만들기 위한 자원 찾기, 위험을 줄이기 위한 자원 사용하기, 정식 개발을 위한 프로젝트 승인 구하기, 프로젝트를 승인하기 위한 기준으로 해석하기, 프로젝트를 승인할 것인지 아닌지 결정하기, 상품개발 착수하기 등이다.[115]

이와 같이 기업이 연구개발투자의 경제적 성과를 높이기 위해서 연구개발에 대한 양적 투입증대도 중요하지만, 개발된 기술의 이전 및 사업화가 더욱 중요하다고 할 수 있다.

2) 기술경영의 주요기능

(1) 연구개발의 활동: 핵심기술을 이용한 시장중심 제품개발

기술경영은 좁은 의미로 보면 연구개발(research & development) 기능에 초점을 두고, 고객 욕구의 파악과 제품 혁신을 적극적으로 추진한다.

기술경영은 핵심기술의 개발이나 확보보다는 핵심기술을 최대한 활용하여 시장이 원하는 제품을 개발하여 출시하고 소비자에게 필요한 가치를 제공하는 것이다.

(2) 신제품 개발 시스템의 구축: 감성적인 신제품개발로 신규사업 확장

기술경영은 기업이 생산하는 제품이나 서비스가 근본적으로 고객의 욕구를 충족시켜야 하며, 궁극적으로 인간의 삶의 질을 향상시키는 데 공헌한다. 다시 말하면, 신제품의 개발은 단순히 새로운 물건을 만들어 내는 것 이상의 의미를 내포하고 있는 것으로 볼 수 있다. 즉 감성적인 신제품개발을 통해 신규사업의 창출과 신규고객의 확보가 필요하다고 할 수 있다.

(3) 기술영업 및 감성마케팅: 기술과 영업이 하나의 가치사슬로서 고객에 제공

기술경영은 기술영업과 감성마케팅을 통합된 하나의 사슬개념으로 묶어 고객에게 제공하는 가치의 표현기술이다.

기술영업이란 기술이 수반된 영업이며, 동시에 기술과 영업을 하나의 사슬개념으로 묶어 고객에게 제공하는 가치의 표현기술이라고 할 수 있다. 즉 기술경영은 세일즈 엔지니어의 역할이다.

그리고 감성마케팅이란 고객의 이미지와 감정에 영향을 미치는 감성적인 자극을 통해 브랜드와 유대관계를 강화하는 것을 말한다.

---

115) 김종인, 2000, 진세논문, 6.

(4) 경영혁신: 기술적 기능의 유기적 통합과정

기술경영은 이질적인 경영기법들을 체계적이고 합리적으로 조직하는 과정이므로 각 경영요소들의 횡적인 결합과 상·하 방향의 조화가 이루어져야 한다. 기술경영은 기업의 목표 달성과 기술 경쟁력 배양을 위해 여러가지 경영자원이 가지고 있는 기술적 기능의 유기적 통합과정, 각 조직이 수행하고 있는 부문별 고유 기능을 기술적 관점에서 상호 의존적이며 유기적으로 연동되도록 하여 경영혁신을 이루어 나가는 하나의 통합과정이라고 할 수 있다.

혁신과정은 종종 깔때기에 비유한 혁신깔때기(the innovation funnel)이론이 있다. 혁신 깔때기이론은 수많은 신제품 아이디어 중에서 실제로 개발 및 출시되어도 시장에서 성공하는 수가 아주 적다는 것을 설명한 이론이다. 처음에 3,000개의 좋은 아이디어가 있어도 경영진에 제안되어 프로젝트 승인을 받는 수는 125개에 불과하고, 이 중 신제품 개발 단계를 거쳐 시장에 출시되는 수는 2개뿐이며, 궁극적으로 시장에서 성공하여 기업에게 수익을 창출해 주는 수는 1개에 불과하다. 이를 [그림 12-9]와 같이 나타낼 수 있다.

기업의 혁신에 성공률을 높이기 위한 방안은 혁신 프로세스의 역동성에 대한 심도있는 이해가 있어야 하고, 잘 만들어진 혁신전략도 필요하며, 이 혁신전략을 실행하기 위한 잘 설계된 프로세스도 갖추어야 한다. 이렇게 복잡한 일을 성공적으로 수행하기 위해 기업은 기술, 경영 및 혁신에 대한 종합적인 이해와 지식을 갖춘 인력이 요구된다.

[그림 12-9] 혁신깔때기

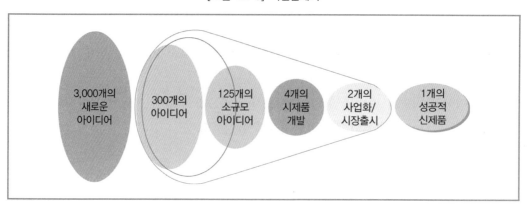

제 **13** 장

마케팅관리

제1절 제품과 서비스의 제공

1. 제품과 서비스의 교환활동

마케팅(marketing)은 기업과 소비자의 교환활동이다. 기업은 그의 생존과 성장을 위해 제품과 서비스를 생산하여 소비자에게 제공하고, 소비자는 그들의 필요와 욕구를 충족시키기 위해 기업의 제품과 서비스를 구매하고 그 대가를 지불한다. 따라서 양자는 교환관계가 형성되는 것이다([그림 13-1]).

기업과 소비자는 이런 교환과정을 통해 생산성을 높이는 것이다. 마케팅의 기본목표는 매출이다. 기업은 이 마케팅목표를 달성하기 위하여 광고를 통해 소비자를 설득하고 구매동기를 자극하며 행동을 촉진시키는 인과관계가 형성된다([그림 13-2]).

[그림 13-1] 기업과 소비자의 교환활동

```
              제품
생존과 성장    기업  →→→  소비자   필요와 욕구의 충족
                   ←←←
              교환
```

[그림 13-2] 마케팅활동의 인과관계

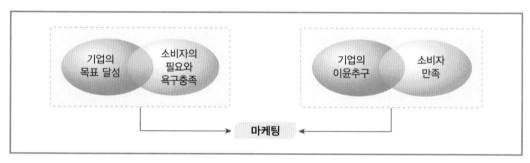

마케팅은 고객이 중요하게 여기는 것이 무엇인지를 파악하여 제품생산 단계에서부터 고객의 요구를 충실히 반영하는 것이라고 할 수 있다. 피터 드러커(Peter Drucker)는 마케팅이란 판매노력을 불필요하게 만드는 것, 폴 스미스는 고객을 철저히 이해하여 고객이 요구하는 제품을 개발하고 별다른 노력 없이 손쉽게 팔리게 하는 것,[1] 코틀러(Philip Kotler)는 수익성 있는 고객관계를 관리하는 과정으로 기업이 고객을 위해 가치(value)를 창출하고 강한 고객관계를 구축하는 대가로 고객들로부터 이에 상응하는 가치를 얻는 과정[2]이라고 정의하였다.

한편 미국마케팅학회(American Marketing Association)는 1948년에 마케팅을 생산자로부터 소비자(사용자)에게로 제품 또는 서비스가 흐르도록 관리하는 활동이라 하였고, 1985년에 개인이나 조직의 목표를 충족시켜주기 위해 제품(서비스)창안, 가격결정, 촉진, 유통을 계획하고 실행하는 과정이라 하였으며, 2004년에 마케팅의 조직과 이해관계 당사자들에게 이익이 되도록 가치를 창조하고, 알리고, 전달하며, 고객관계를 관리하기 위한 조직의 기능과 일련의 과정이라고 하였다가, 2007년에 고객들(clients), 협력자들(partners), 더 나아가 사회 전반에서 가치 있는 것을 만들고, 알리며, 전달하고, 교환하기 위한 활동과 일련의 제도 및 과정들이라고 정의하고 있다.[3]

기업은 전통적으로 '판매관리' 명칭을 사용하였다. 그러나 20세기 중반부터 미국에서 '마케팅관리' 명칭이 점차 보편적으로 사용되기 시작하였으며,[4] 우리나라는 1960년 초 처음 사용하기 시작하였다. 판매관리(sales management)는 생산된 제품을 사후적으로 판매하는 체제(product-out system)로서, 이른바 광고 등 판매촉진을 통해 매출을 증대시키는

---

1) Paul Smith, 2005, 마케팅이란 무엇인가?, 거름. 33.
2) Kotler, Philip, 2008, *Principle of Marketing*, 시그마프레스, 24.
3) 안광호·권익현·임병훈, 2009, 마케팅원론, 학현사, 12.
4) 이학식, 2004, 마케팅, 법문사, 5.

활동이다. 다시 말하면 누가 왜 구매하는지 별 관심이 없이 단기적으로 매출 증대에만 신경을 쓴다. 그러나 마케팅관리(marketing management)는 잘 정의된 시장분석(소비자분석)에서 출발하며 고객욕구를 충족시키기 위한 모든 유형의 활동을 통합하는 활동이다. 따라서 마케팅관리는 이러한 노력을 통해 실현된 고객가치와 고객만족을 토대로 올바른 고객과 지속적 관계를 창출함으로써 이익을 얻는 활동이다.[5] 마케팅관리는 기업과 경영환경과의 사이에 조화를 유지하면서 판매에 관련되는 광범위한 모든 문제를 처리하고 경영성과를 올릴 것을 그 목적으로 한다. 이를 다음 <표 13-1>과 같이 나타낼 수 있다.

〈표 13-1〉 판매와 마케팅의 비교

	판 매	마케팅
출발점	공장	시장
초 점	제품	고객의 욕구
수 단	판매 및 촉진	통합 조정된 마케팅활동
목 표	판매량을 통한 이익의 획득	고객만족을 통한 이익의 획득

2. 마케팅개념의 변화

기업의 마케팅개념은 경영환경에 따라 변화하게 된다. 이러한 흐름은 역사적 발전과정의 관점에서 영향을 받고 있다. 마케팅개념(marketing concept)은 생산중심에서 제품중심, 판매중심, 마케팅개념중심으로 변화하고, 다시 사회적 마케팅중심으로 변화하여 왔다. 이러한 변화를 시대별로 살펴보면 다음과 같다.

• 생산개념의 시대: 미국의 포드에 의해 시작된 생산의 표준화와 이동조립시스템(Ford assembling system)은 대량생산의 효시였다. 이 시대는 생산에 비해 수요가 아주 많았던 시장 환경이었으므로 소비자의 소비활동에 혁명적인 변화를 가져오게 되었다. 따라서 미국을 비롯한 유럽은 대량생산에 의하여 나타난 원가절감과 이에 따른 가격인하가 유통시스템에 많은 발전을 가져오게 되었다. 이런 현상은 산업혁명 전에서부터 초기단계까지 이어졌다.

• 제품개념의 시대: 생산개념의 시대가 계속 이어져서 기업이 제품을 많이 생산할수록 점차 좋은 제품이 만들어져 갔다. 따라서 기업은 점차 좋은 제품만 만들면 얼마든지 팔리는 시기였다. 그러므로 기업의 관심은 최고의 품질, 성능, 혁신적 특성을 가진 제품을

---

5) Kotler, Philip, 2008, op. cit, 32.

선호하여 지속적인 개선에 전략의 초점을 두었다.

• **판매개념의 시대:** 1920년대에 들어와 대량생산·대량소비 사회가 전반적인 사회의 불황과 1929년의 대공황을 겪으면서 시장의 구매력이 떨어지고 생산이 소비를 초과하면서부터 기업들은 대량생산에 의해 생산된 제품들의 처분에 골머리를 앓게 된다. 따라서 기업들은 TV·라디오 같은 대중매체를 이용한 대량광고와 판매원을 동원한 판매력강화로 매출극대화에 전력을 다하게 되었다. 따라서 기업은 시장이 원하는 것을 만들기보다는 만든 것을 판매하는 것에 주된 목표로 삼았다.

• **마케팅개념의 시대:** 제2차 세계대전 이후 생산기술이 상당히 발전하고 판매 경쟁이 가속화되었다. 이러한 시장 환경에서 기업의 초점은 소비자에게 눈을 돌리게 된다. 이때부터 고객에 대한 관심이 고조되기 시작했으며 마케팅개념이 강조되기 시작하였다. 마케팅개념은 표적시장의 욕구를 파악하고 경쟁사보다 그들의 욕구를 더 잘 충족시켜야만, 조직의 목표가 실현된다는 믿음에서 비롯된 것이다.

• **사회적 마케팅개념의 시대:** 1970년대 후반부터 마케팅의 개념이 소비자의 장기적인 욕구충족과 사회복지에 대한 기여에 초점을 두는 사회적 마케팅으로 발전하게 된다. 사회적 마케팅개념은 표적시장에 내재된 소비자들의 본원적인 필요(needs)와 구체적인 욕구(wants)를 발견하여 효과적으로 충족시킬 수 있는 수단을 개발하고 소비자만족과 사회복지방법을 실현하는 데 있다.

근래에 와서는 소비자의 건강과 환경에 대한 관심이 고조되어 기업이나 소비자들 사이에 사회적 마케팅이 본격화되고 있는 실정이다.

IT제품의 경우 유럽에는 절전이나 그린제품과 관련된 인증 강화 등 환경에 대한 관심이 고조되고 있다. 이제 마케팅은 기업의 이익과 소비자의 욕구충족뿐만 아니라 사회적 복리 간의 균형을 이루어야 하는 시대가 되었다. 이러한 기업의 관심은 존슨앤존슨사와

우리 기업의 신조

첫째, 우리는 우리 제품과 서비스를 이용하는 의사, 간호사, 환자, 환자식구들을 비롯한 모든 사람들에 대해서 책임을 져야 한다.

둘째, 우리는 전 세계 각지에서 우리와 같이 일을 하는 모든 남녀 직원에 대해서 책임을 져야 한다.

셋째, 우리가 생활하고 근무하고 있는 지역사회는 물론, 세계 공동체에 대해서 책임을 져야 한다.

넷째, 우리는 회사의 주주에 대해서 책임을 져야 한다.

자료: JnJ.com

같이 '우리 기업의 신조(Our Credo)'라는 형태로 나타나기도 한다.

이러한 변화를 [그림 13-3]과 같이 시대별로 정리할 수 있다.

[그림 13-3] 마케팅개념의 변천

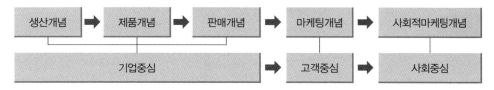

3. 마케팅관리의 과정

마케팅관리는 소비자의 욕구와 수요를 충족시킬 수 있도록 하는 활동이다. 마케팅관리란 마케팅의 계획, 실시, 통제로 이루어진다.

마케팅계획은 마케팅 여건을 분석하는 것으로 시작된다. 마케팅계획은 마케팅활동에 영향을 미치는 요소들, 즉 기업이 처한 내·외부 환경을 정확하게 파악하고 이들 요소들이 소비자의 욕구와 수요에 미치는 영향, 나아가 마케팅전략에 미치는 전반적인 영향을 측정하고 평가하는 단계이다.

환경에 대한 분석이 이루어진 다음에는 마케팅목표를 설정하고, 이를 달성하기 위한 마케팅전략을 수립해야 한다. 마케팅전략의 수립은 상황분석에 따라 시장성이 있다고 판단될 경우 전체시장을 세분화하고 그 중에서 가장 바람직한 시장을 대상으로 표적시장을 선정해야 한다. 그리고 표적시장별로 가격대, 품질등급, 속성별 편익과 경쟁자의 위치를 고려하여 고객의 마음속에 어떤 이미지를 구축할 것인가를 결정하는 위치화가 이루어져야 한다. 이와 같이 시장세분화(segmentation), 표적시장선정(targeting), 위치선정(positioning) 등을 첫 글자만 따서 한마디로 STP라고도 부른다.

마케팅실시는 마케팅의 계획이 수립되면 이를 실시하는 단계이다. 마케팅실시는 STP에 맞게 적절한 마케팅수단을 개발해야 한다. 이를 마케팅믹스라고 부른다. 마케팅믹스는 제품(product), 가격(price), 유통(place), 그리고 촉진(promotion)의 첫 글자를 따서 4P라고 부른다. 이에 따라 마케팅담당자는 마케팅을 실시하게 된다.

마케팅통제는 마케팅이 실시된 후 이를 평가 및 시정조치를 하는 단계이다. 마케팅통제는 마케팅관리의 마지막 단계이다.

이상의 과정을 다음 [그림 13-4]와 같이 나타낼 수 있다.

[그림 13-4] 마케팅활동의 과정

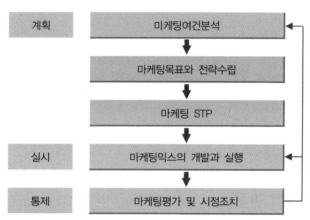

제 2 절   마케팅여건분석

기업은 마케팅활동 계획을 세우기 전에 반드시 기업의 마케팅여건을 분석해야 한다. 마케팅여건분석에는 마케팅환경분석, 마케팅정보분석, 소비자행동분석이 있다.

1. 마케팅환경분석

1) 외부환경분석

외부환경분석이란 기업외부에서 소비자의 구매행위에 영향을 미치는 요인의 분석이다. 기업은 외부환경에서 시장의 기회(opportunity)와 위협(threat)요인을 찾아야 한다. 외부환경은 거시환경요소와 미시환경요소로 구성되어 있으며, 기업이 임의로 통제가 불가능한 요소이다. 거시환경과 미시환경은 요소별로 세분화하면 다음 <표 13-2>와 같다.

〈표 13-2〉 시장의 외부환경분석

거시환경	인구통계적 환경	소비자의 수, 연령, 밀도, 직업, 성별 기타 특성 변화
	경제적 환경	경제구조, 조직, 경제발전, 물가와 고용, 국제화 등
	정치적 · 법적 환경	국내 · 외의 정책 및 법률상의 변화 등(예, PL법, FTA, 환경규제 등)
	기술적 환경	IT, 의학장비, 생명공학분야 등의 기술변화

	사회문화적 환경	여성의 사회참여, 싱글족의 증가, 웰빙 지향 등 사람들의 생활방식의 변화
	자연적 환경	공해 및 환경오염의 정도, 천연자원에 대한 규제, 에너지 비용상승 등
미시환경	산업구조분석	경쟁자, 공급자, 구매자 등 산업 내 주요구성원들의 상대적 영향력의 분석
	경쟁분석	경쟁기업별 강·약점 분석, 경쟁사의 목표와 전략 등
	고객분석	시장세분화, 구매목적과 동기의 파악, 미충족 욕구의 발견

2) 내부환경분석

내부환경분석은 경영자원과 핵심역량 등 기업내부에서 소비자의 구매행위에 영향을 미치는 요인의 분석이다. 기업은 내부환경에서 강점(strength)과 약점(weakness) 요인을 찾아야 한다. 이것은 내부환경평가로 이룰 수 있다.

내부환경평가는 경영자 또는 외부상담역들이 그 사업의 마케팅, 재무, 제조 및 조직 능력을 검토하여, 각 요인들을 최상 강함, 약간 강함, 중간수준, 약간 약함, 최저로 약함 등에 따라 평가한다. 각 사업단위는 약점 전부를 개선할 필요는 없으며, 장점 전부를 충분히 활용할 필요도 없다. 즉 어떤 사업 단위가 현재 요구되는 강점을 가지고 있는 경우, 이 강점이 기회를 이용하는데 한계가 있느냐, 또는 어떤 강점이 추가로 더 필요로 하거나 향상시켜야 더 좋은 기회를 획득할 수 있을까 하는 것이 더 중요한 문제이다.

한편, 기업 외부와 내부의 마케팅환경을 함께 분석하는 기법으로 SWOT분석이 있다.

SWOT분석은 기업의 내부요인과 외부요인을 분석하여 도출된 강점(strength), 약점(weakness), 기회(opportunity), 위협(threat)의 약자이다. SWOT분석은 마케팅환경분석을 통한 기회와 위협요인의 파악과 함께 자사와 경쟁사의 강·약점을 비교함으로써 마케팅 전략을 수립하는 데 도움을 주게 된다. 따라서 SWOT분석은 자사 또는 자사의 전략사업 군(SBU)별로 기업이나 사업군의 위치를 파악함으로써 해당기업에 꼭 맞는 전략대안을 찾아낼 수 있게 해 준다. 이를 <표 13-3>과 같이 나타낼 수 있다.

〈표 13-3〉 SWOT분석

외부환경 / 내부자원과 역량		기 회			위 협		
		환율하락	경쟁업체의 화재	....	금융불안	유가폭등	....
강점	영업력						
	인적자원						
	....						

	재무상태						
약점	정보능력						
	....						

2. 마케팅정보분석

마케팅정보분석은 주로 마케팅조사를 통해 이루어진다. 마케팅조사란 기업이 직면하고 있는 특정한 상황에 필요한 마케팅정보를 분석하여 문제를 해결하기 위해 자료수집을 설계하고 자료수집과정을 집행·관리하며 결과와 시사점을 전달하는 것이다.

1) 마케팅정보분석의 의의

마케팅정보분석은 마케팅담당자가 소정의 목적을 달성하기 위해 여러 마케팅정보의 개념을 각개의 속성으로 나누어 의미나 구성요소, 성분 등을 확실히 밝히는 활동이다. 여기서 마케팅정보란 마케팅의 이해를 촉진시키고 마케팅의 기회와 문제점을 파악하고 규정하기 위해, 마케팅활동의 창출·개선·평가 및 성과를 추적하는 하나의 통합적 과정이다.[6] 마케팅정보분석은 마케팅에 대한 정보를 소비자와 마케팅담당자 간에 연결시켜 주는 기능을 한다.

2) 마케팅정보분석의 과정

(1) 조사목표의 정의

마케팅담당자는 기업의 목표를 달성하기 위해 마케팅문제에 따른 조사목표를 정의하여야 한다. 조사목표는 소비자의 욕구만족과 관련된 활동 등의 조사로 나타난 문제를 해결하거나 도달하려는 대상을 명확히 규정하는 것이다.

마케팅조사 내용은 어떤 사안이 문제를 해결할 만한 가치가 있는지에 대한 검토가 필요하다. 이에는 잠재적 유용성, 경영진의 태도와 수용에 이용되는 자원, 그리고 비용과 효익 등이 있다.[7]

---

6) 송균석, 2000, 마케팅, 부역성영사, 73.
7) 송균석, 2000, 전게서, 73~74.

(2) 정보수집

조사목표가 결정되면, 정보를 수집하여야 한다. 정보수집에는 내부정보와 외부정보가 있다.

㉠ 내부정보

내부정보는 기업 내부의 마케팅일상정보를 의미한다. 내부정보는 재무제표, 영업보고서, 업무보고서 등과 같이 내부정보시스템(internal report system)을 이용하여 수집할 수 있다. 내부정보는 주문량, 판매량, 가격, 원가, 재고수준, 수취계정, 지급계정 등 내부기록에 의존하고 있다.

기업은 다음과 같이 마케팅내부정보시스템을 구축하여 이용하여야 한다.

마케팅관리자는 주문－지급 순환주기를 체계화한다. 많은 기업들은 주문－지급 순환주기의 속도, 정확성 및 효율성을 향상시키기 위해 인터넷 또는 엑스트라넷(extranet)을 활용하고 있다.

마케팅관리자는 정보시스템을 구축하여 판매원과 판매정보를 공유한다. 그럼으로써 마케팅관리자는 이를 이용하여 판매에 대해 시의적절하고 정확한 보고서를 작성할 수 있다.

마케팅관리자는 기업의 정보를 데이터베이스, 즉 고객 데이터베이스, 제품 데이터베이스, 판매원 데이터베이스 등으로 조직화하여 서로 다른 데이터베이스와 결합한다. 기업은 이 자료를 창고(warehouse)에 보관하며, 의사결정자가 쉽게 자료를 이용할 수 있도록 한다.[8]

㉡ 외부정보

외부정보는 기업 외부의 마케팅일상정보를 의미한다. 마케팅일상정보는 마케팅담당자가 서적, 신문 및 업계 간행물을 읽고 고객, 공급업자, 배급업자들, 기업 내의 다른 사람들(경영자, 엔지니어, 과학자, 구매대리인, 판매원 등)과 대화함으로써 수집할 수 있다.[9]

기업은 기업외부의 마케팅일상정보를 수집하기 위해 마케팅일상정보시스템을 이용하여 수집할 수 있다. 마케팅일상정보시스템(marketing intelligence system)은 마케팅의사결정자에게 필요한 매일 매일의 정보를 수집・분석하여 이를 적기에 제공하는 시스템이다.

---

8) 윤훈현 역, 2000, 2007, 2012, 마케팅관리론, 서정; Philip Kotler, Kevin Lane Keller (2006), *Marketing Management*, Pearson Education, Inc., 135~137.
9) 윤훈현 역, 2007, 전게서, 138.

(3) 정보분석

정보분석은 마케팅에 관한 의사결정에 도움을 줄 수 있는 정보를 체계적으로 정리하여 요소나 성질을 밝히고, 해석하는 일련의 기법이다. 즉 정보분석은 이미 앞에서 수립된 정보의 개념을 각자의 속성에 따라 나누어 그 의미와 구성을 의사결정에 유용한 형태로 제공하는 것이다. 정보분석은 자료의 적시성과 적절성, 조사목적에 부합된 세심하고 명확한 규정, 이미 결정한 사항의 지지자료 등과 같은 질적인 것과 관련이 있다.[10]

(4) 결과보고

결과보고는 마케팅활동에 필요한 모든 정보를 마케팅관리자에게 정확하고 체계적으로 제공함으로써 의사결정의 성공확률을 높여주는 과정이다.[11] 오늘날 마케팅정보분석은 기업의 시장기회 발견에 사용된다. 경영자는 이 분석 결과에 따라 시장기회를 평가하고 어느 시장으로 진입할 것인지 결정하게 된다.[12]

3. 소비자행동분석

1) 구매자행동의 영향요인

소비자의 구매행동은 문화적, 사회적, 개인적, 심리적 요인 등에 의해서 영향을 받는다.

(1) 문화적 요인

소비자행동은 문화, 하위문화 및 사회계층에 중요한 영향을 받는다. 문화(culture)란 한 개인의 욕구와 행동을 결정하는 가장 기본적인 요소이다. 각 문화는 그 구성원들에게 보다 특이한 동질화와 사회화를 제공하는 더 작은 하위문화로 구성되어 있다. 하위문화(subculture)는 국적집단, 종교집단, 인종집단, 지리적 영역집단으로 나눌 수 있다. 마케팅 담당자는 하위문화가 충분히 규모가 커지고 풍요로워지면 그 하위문화를 서브할 수 있는 구체적인 마케팅프로그램을 설계하여야 한다.

(2) 사회적 요인

소비자행동은 사회적 요인, 즉 준거집단, 가족 그리고 사회적 역할과 지위에 영향을

---

10) 송군서, 2000, 전게서, 74.
11) 안광호 외, 2009, 전게서, 18.
12) 조동성, 2008, 21세기를 위한 경영학, 서울경영경제, 472.

받는다.

준거집단(reference group)은 개인의 태도와 행동에 직접적(대면적) 또는 간접적으로 영향을 미치는 모든 집단이다. 한 개인에게 직접 영향을 미치는 집단들을 회원집단(membership group)이라고 한다.

가족은 사회에서 가장 중요한 소비자−구매조직으로서, 가장 영향력 있는 1차적인 준거집단을 구성한다.

사회적 역할과 지위는 각 집단에서 개인의 위치가 다른 구성원들에 의해 규정되어진 상태이다. 역할(role)이란 자기 주위에 있는 사람들이 수행하기를 바라는 활동들로 이루어진다. 각 역할은 지위(status)를 수반한다. 지위는 개인이 차지하는 자리나 계급이다. 따라서 역할과 지위는 소비자 행동에 영향을 미친다.

(3) 개인적 요인

구매자의 의사결정은 개인적 특성, 즉 구매자의 연령과 생활주기 단계, 직업과 경제적 상황, 개성과 자아개념 그리고 라이프스타일과 가치관에 의해서 영향을 받는다.

첫째, 사람들은 구입하는 제품과 서비스가 연령과 생활주기의 단계에 따라 일생동안에 걸쳐서 변화한다는 것이다.

둘째, 사람들의 소비유형은 직업과 경제적 상황에 의해 영향을 받는다는 것이다. 사람들은 직업이 제품선택에 크게 영향을 준다. 따라서 마케팅관리자는 그들의 제품과 서비스에 대해 평균 이상의 관심을 갖는 직업집단을 확인하려고 노력한다. 또한 사람들은 그의 경제적 상태가 제품선택에 크게 영향을 준다. 소비자들의 경제적 상태는 소비할 수 있는 소득(수준, 안정성, 시간형태), 저축과 자산(유동자산의 비율을 포함), 대출, 차입능력, 소비와 저축에 대한 태도 등이다.

셋째, 사람들은 각자 자기의 구매행동에 영향을 주는 독특한 개성과 자아개념을 갖고 있다는 것이다. 소비자들은 자신들의 실제적 자아개념과 일관되는 개성을 갖고 있는 상표를 선택하여 사용하는 경향이 있다.

넷째, 사람들은 동일한 하위문화, 사회계층 그리고 심지어는 동일한 직업을 가질지라도 서로 다른 라이프스타일을 가지고 있다는 것이다. 마케팅관리자들은 자사 제품과 라이프스타일 집단 간의 관계를 규명하여야 한다.

다섯째, 소비자 의사결정은 핵심적 가치관(core value), 즉 소비자의 태도와 행동의 저변에 깔려 있는 신념에 의해 영향을 받는다는 것이다.

(4) 심리적 요인

소비자행동은 심리적 과정인 동기부여, 지각, 학습 및 기억 등이 소비자의 반응에 영향을 준다.

동기부여는 사람들의 소비욕구가 강렬하고 충분한 수준으로 일어나면 동기가 된다. 동기가 유발된 사람은 곧 소비행동을 할 준비를 한다. 동기유발된 사람의 실제 행동은 그 사람의 상황에 대한 지각에 영향을 받는다.

지각은 소비자의 실제 행동에 영향을 주는 것이므로, 마케팅에 있어서 사람들의 지각은 현실보다 더 중요하다. 사람들은 동일한 자극물을 다르게 지각할 수 있는데, 그 이유는 세 가지 지각적 과정인 선택적 주의, 선택적 왜곡 및 선택적 보존 때문이다.

학습은 소비자의 경험이나 훈련에 의해 지속적으로 지각하고 인지하면서 변화시키는 비교적 항구적인 행동의 변화이다. 학습이란 동인, 자극, 단서, 반응 그리고 강화의 상호작용을 통해서 이루어진다. 따라서 학습은 소비자의 소비패턴에 영향을 준다.

기억은 소비자의 실제행동에 영향을 준다. 사람들의 기억에는 단기기억과 장기기억이 있는데, 이 중 장기기억이 중심이 된다. 따라서 사람들의 장기 기억구조에 가장 널리 받아들여지고 있는 것이 연관적 네트워크 기억모델 형성과 관련이 있다. 연관적 네트워크 기억모델(associative network memory model)은 장기기억이 일련의 중심점과 연결체로 구성된 것으로 인식되고 있다. 중심점(nodes)은 서로 다른 연결체(links)에 의해서 연결되어 있는 강력히 축적된 정보이다.

2) 구매의사결정과정: 5단계 모델

(1) 욕구(문제)의 인식

구매자의 구매는 구매자가 문제 혹은 욕구를 인식함으로써 시작된다. 이러한 욕구는 내적 자극이나 외적 자극에 의해서 발생할 수 있다. 내적 자극의 경우 인간의 정상적인 욕구, 즉 목마름, 배고픔, 성욕 등이 식역 수준[13)]까지 오르면 동인(動因)이 된다. 또한 외적 자극의 경우 인간이 많은 소비자들로부터 정보를 수집하여 어떤 특별한 욕구를 이끌어 내는 상황까지 이르면 동인이 된다. 마케팅관리자는 후자의 확인과 규명에 관심을 가져야 한다.

---

13) 식역(識閾)은 자극으로 의식이 각성되어, 감각을 일으키는 그 경계이다.

(2) 정보탐색

마케팅관리자는 소비자들이 구매욕구가 발생할 경우 더 많은 정보를 탐색하려는 경향이 있으므로 소비자가 의존하는 중요한 정보원천과 이러한 정보원천이 지속적인 구매 의사결정에 미치는 상대적인 영향력 파악에 관심을 가져야 한다.

소비자의 정보원천은 네 가지 집단으로 나누어진다.

· 개인적 원천: 가족, 친구, 이웃, 친지
· 상업적 원천: 광고, 판매원, 판매상, 포장, 진열, 웹사이트
· 공공적 원천: 대중매체, 소비자가 중요시하는 조직체
· 경험적 원천: 취급경력, 조사경험, 제품사용

이 네 가지 집단의 정보원천은 제품과 구매자의 특성에 따라 다르다. 일반적으로 소비자는 마케팅관리자의 상업적 원천으로부터 제품에 대한 대부분의 정보를 얻는다. 그러나 가장 효과적인 정보는 개인적 원천이나 공공적 원천에서 나온다.

소비자는 정보수집을 통해 경쟁하는 상표와 그 특성에 대하여 학습하고 의사결정 한다. 소비자의 의사결정과 관련된 일련의 집합을 [그림 13-5]와 같이 나타낼 수 있다.

[그림 13-5] 소비자 의사결정과 관련된 일련의 집합

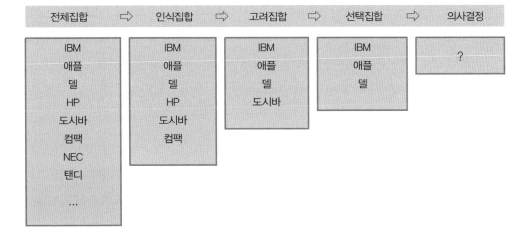

첫 번째, 소비자가 이용 가능한 상표들의 '전체집합'이다. 두 번째, 소비자는 이 상표들 중 단지 몇 개만 알고 있는데, 이것은 '인식집합'이라 한다. 세 번째, 이들 상표들 중 몇 개만이 최초구매 기준과 일치하는데, 이것은 '고려집합'을 구성한다. 네 번째, 소비자가

이들 상표에 대한 더 많은 정보를 수집함으로써 몇 개의 상표만이 강력한 선택 대상이 되는데, 이것은 '선택집합'을 구성한다. 다섯 번째, 이 선택집합 내의 모든 상표는 받아들일 수 있는 것으로 소비자는 이 선택집합에서 최적인 것을 선택하게 된다.

(3) 대안의 평가

소비자들은 자신이 바라는 제품속성에 대해 관심을 기울이게 된다. 따라서 마케팅관리자는 각 소비자 집단이 중요시하는 특별한 속성에 따라 특정 제품시장을 세분화 할 수 있다.

소비자들의 제품 평가과정은 다음과 같다. 첫째, 소비자는 제품에서 욕구를 충족시키려고 한다. 둘째, 소비자는 제품에서 문제를 해결하여 어떤 이점을 추구한다. 셋째, 소비자는 그의 욕구만족을 위하여 제품이 가지고 있는 다양한 속성을 하나의 묶음으로 인식한다. 구매자들이 관심을 끄는 속성은 제품마다 다르다.

- 사진기: 사진의 선명성, 속도, 크기, 가격
- 호텔: 위치, 청결함, 분위기, 비용
- 구강청정제: 색깔, 효과성, 살균력, 가격, 맛, 향기
- 타이어: 안전성, 수명, 승차감, 가격

(4) 구매 의사결정

소비자는 대안의 평가단계에서 선택집합 내의 상표들 중에서 가장 선호하는 상표를 구매할 의도를 갖는다. 구매를 실행하기로 결정한 소비자는 다섯 가지 하위구매의사결정을 해야 한다. 즉 상표 결정(상표 A), 거래처 결정(대리점 2), 수량 결정(1개), 시기 결정(주말), 지급방법 결정(신용카드) 등을 해야 한다. 하지만 일상 제품을 구매할 때는 이러한 구매 의사결정을 거의 하지 않으며, 신중하게 고려하지도 않는다.

(5) 구매 후 행동

구매 후 소비자는 자신의 결정에 대해 지지하는 정보에 주의를 기울이게 된다. 그러나 자신이 구입한 상표에 대해 불안하게 만드는 정보를 듣거나 다른 상표에 대한 우호적인 정보를 들음으로써 불협화음도 경험한다.

마케팅관리자는 제품의 판매 후에도 자사 상표의 소비자 선택을 강화하고, 자사상표에 대해 좋은 느낌과 평가를 받을 수 있도록 마케팅커뮤니케이션을 하여야 한다. 마케팅관리자는 구매 후 만족, 구매 후 행동조치, 구매 후 제품 사용과 처리를 조사해야 한다. 왜냐하면 제품에 대한 소비자의 만족이나 불만족은 차후 행동에 영향을 미치기 때문이다.[14]

4. 마케팅목표와 전략수립

1) 마케팅목표수립

목표란 어떤 사업단위가 성취하고자 하는 것을 나타낸 것이다. 기업은 지사의 SWOT 분석을 수행한 후 계획기간에 대한 구체적인 목적과 목표를 수립할 수 있다. 대개의 사업단위들은 수익성(투자수익률 증대), 판매성장, 시장점유율 향상, 위험감수, 혁신성 및 명성 등을 포함한 목표의 설정과 관리, 즉 목표에 의한 관리(MBO)를 실시한다.

2) 마케팅전략수립

전략(strategy)이란 어떤 사업 단위가 성취도달할 방법에 대한 게임계획이다. 모든 사업단위는 그 목표를 달성하기 위한 전략을 수립해야 한다. 포터(Michael Porter)는 전략의 일반적 유형을 세 가지(포터의 3전략)로 들고 있다.

원가우위전략은 사업단위가 경쟁사보다 가격을 더 낮게 하거나, 시장점유율을 확보하기 위해 생산 및 유통비용을 최저로 한다. 이런 기업들은 엔지니어링, 구매, 제조 및 물적 유통에서 완벽하게 적용할 수 있다.

차별화전략은 사업단위가 그 시장 중 상당부분들이 가치를 인정하는 중요한 고객의 이점 분야보다 자사가 우월하게 성과를 달성하는 분야에 집중한다. 즉 서비스 선도자, 품질 선도자, 스타일 선도자, 기술 선도자 등이 되도록 한다.

집중화전략은 사업단위가 전체시장을 추구하기보다 하나 또는 그 이상의 조그마한 세분시장에 집중한다. 기업은 즉시 세분시장의 욕구를 간파하고, 그 표적 세분시장에서 원가선도 또는 어떤 형태의 차별선도에 집중하여 추구해야 한다.

기업들은 전략적 동반자(동업자)를 선정하여 그들의 능력과 재원을 보충하고 균형을 잡게 해 주는 전략적 제휴(마케팅 제휴)를 해야 한다. 이에는 다음과 같이 네 가지 제휴가 있다. 제품·서비스 제휴는 한 기업이 자사 제품을 다른 기업에 생산하도록 라이센스를 제공하는 것으로부터 두 기업이 상호보완적인 제품이나 신제품을 공동으로 출시하는 활동 등이 있다. 판매촉진 제휴는 어떤 기업들이 다른 기업의 제품이나 서비스에 대해 판매를 촉진해 주는 활동이다. 로지스틱스 제휴는 어떤 기업들은 다른 기업의 제품에 대해 로지스틱

---

14) 은훈현 외, 2007, 신세서, 263~297.

스(logistic＝병참: 물량적 제품이나 자료 등의 보관이나 가공 또는 이동)로 지원서비스를 제공하는 활동이다. 가격 제휴는 하나 또는 그 이상의 기업들이 특별한 가격협조를 위해 결합하는 활동이다. 호텔과 자동차 대여회사들이 상호 가격을 할인하는 제휴를 맺을 수 있다.[15]

제3절 시장의 STP

모든 마케팅전략은 STP, 즉 세분화(segmentation), 표적화(targeting), 위치화(positioning)를 바탕으로 수립된다. 즉 기업은 시장에서 다양한 욕구와 집단을 세분화하고 자사가 특별한 방법으로 만족시킬 수 있는 욕구와 집단을 표적화(표적시장 선정)하며, 그 후 그 표적시장이 자사의 독특한 제공물과 이미지를 인식할 수 있도록 자사의 제공물을 위치화(위치선정)해야 한다.[16]

1. 세분화(segmentation)

1) 세분화의 의의

오늘날 기업은 마케팅 개념의 변화로 소비자의 필요와 욕구를 충족시켜야 한다는 소비자중심 철학과 소비자의 필요와 욕구의 다양화에 따른 소비자중심 마케팅이 요청되고 있다. 따라서 기업은 소비자중심 철학과 마케팅을 구현하기 위해 세분화, 즉 시장세분화가 필연적인 마케팅의 과제로 등장하게 되었다.

시장세분화(market segmenting)는 기업이 생산하는 제품과 서비스를 판매할 수 있는 전체시장을 특정 기준으로 분류하는 일이다. 즉 시장세분화는 해당기업이 자사제품에 대하여 많은 소비자들(전체시장)을 어떤 기준(소비자의 자사제품에 대한 욕구·행동·특성)에 따라 집단별 차이(이질성)를 파악하고, 몇 개의 동질적인 소비자집단으로 나누는 것이다. 따라서 시장세분화는 해당기업이 자사제품의 마케팅에 가장 유리한 소비자집단을 선정하여(표적시장 선정), 그 집단의 관련 정보를 치밀하게 파악함으로써 집중적 마케팅 내지 차별화 마케팅을 추진하기 위한 것이다.

시장세분화는 구매자들이 독특한 필요와 욕구를 보유하고 있기 때문에 사실상 별개

---

15) 윤훈현 역, 2000, 진세시, 116～121
16) 윤훈현 역, 2012, 전게서, 385.

시장으로 구분하는 것이라고 보고 있다. 따라서 기업은 시장세분화를 통해 다양한 소비자욕구를 보다 더 잘 충족시키고, 미충족욕구(unmeet needs)를 발견함으로써 새로운 시장기회를 포착할 수 있는 것이다.

2) 시장세분화의 기준

시장세분화는 한 기업이 자사 제품을 전체시장(소비자들)의 구매 욕구, 행동 또는 특성 등 세분화 기준과 연관지어 작은 동질적(homogeneous) 시장으로 분류하는 일이다. 또한 시장세분화는 ① 사회 경제적 변수, ② 지리적 변수, ③ 퍼스낼리티 변수, ④ 구매자 행동 변수 등을 기준으로 하기도 한다(Philip kotler). 그러나 일반적으로 지역별·고객별(소득·가족·연령·성별 등)로 구분하고 있다. 그렇지만 마케팅담당자는 여러 변수들을 개별 또는 혼합하여 가장 적절한 방법을 확인하여야 한다.

3) 시장세분화의 요건

기업은 시장세분화를 성공적으로 수행하기 위해 전반시장과 각각의 세분시장에서 다음과 같은 몇 가지 요건이 충족되어야 한다. ① 각 세분시장은 서로 이질적인 소비자욕구를 충족시켜야 한다(이질성: 異質性). ② 각 세분시장은 별개의 마케팅프로그램(다른 말로 마케팅수단)을 적용할 때 상이한 반응을 보여야 한다(차별적 반응성). ③ 각 세분시장은 기업이 의도하는 표적시장에 효율적으로 도달할 수 있도록 접근이 가능해야 한다(접근가능성). ④ 각 세분시장은 세분시장별로 그 규모와 구매력을 측정할 수 있어야 한다(측정가능성). ⑤ 각 세분시장은 표적으로 선정될 수 있고, 제품범주나 시장의 성숙도에 따라 서로 간의 차이가 소멸되지 않고 유지될 수 있어야 한나(안정성). ⑥ 각 세분시장은 경제성이 보장될 수 있도록 충분한 시장규모를 가져야 한다(경제적 시장규모).

2. 표적화(targeting)

표적화는 세분시장을 평가한 후 선정된다.

1) 세분시장의 평가

세분시장(market segment)이란 시장세분화에 의해 나누어진 시장을 말한다. 기업은 세분시장 중에서 표적시장(target market)을 신징하기 위해 각 세분시장을 평가해야 한다.

(1) 세분시장의 규모와 성장도 평가

세분시장은 규모와 성장도를 평가해야 한다. 기업은 현재 세분시장의 매출액, 성장률, 기대수익성 등에 관한 자료를 분석하여 적정한 규모와 특성을 지닌 세분시장을 찾아내야 한다. 가장 규모가 크고 가장 빠르게 성장하는 세분시장이 모든 기업에 항상 가장 매력적인 시장은 아니다. 왜냐하면 소규모회사의 경우 그러한 세분시장에 진출할 만한 자원이 부족하기 때문이다.

(2) 세분시장의 구조적 매력도 평가

세분시장은 구조적 매력도를 평가해야 한다. 기업은 장기적으로 세분시장의 구조적 매력도에 영향을 미치는 주요한 요인들을 검토해 볼 필요성이 있다. 이를 위해서는 세분시장 내의 경쟁자 수, 신규진입가능 기업의 존재여부, 대체품의 존재여부, 구매자 교섭력의 강도, 교섭력이 강한 다른 공급자 존재여부 등이 고려되어야 한다.

(3) 자사의 목적과 자원 평가

세분시장은 자사의 목적과 자원을 평가해야 한다. 세분시장이 적정한 규모와 성장성을 지니고 있고, 구조적으로 매력적이라고 할지라도 자사의 목적과 자원에 적합한지를 고려해야 한다.[17]

2) 표적화

표적화는 표적시장의 선정을 말한다. 표적시장(market targeting)은 어떤 기업의 시장 매력도가 큰 세분시장을 의미한다. 표적화는 기업이 시장에 진출하기 위하여 각 세분시장의 매력도를 평가하여, 해당기업의 시장매력도가 큰 세분시장(시장부문)을 선택하는 것이다. 이에는 다음의 세 가지 전략이 있다.

(1) 비차별적 마케팅전략

비차별적 마케팅전략(undifferentiated marketing)은 전체시장을 구성하고 있는 세분시장의 존재를 인식하지 않고 하나로 취급하여 고객들의 욕구 차이점보다는 오히려 공통점에 관심을 두려는 전략이다. 이 전략은 대중광고, 대중경로 등을 통하여 최대 다수의 구매자들이 소구할 수 있는 제품과 마케팅프로그램을 개발하고자 노력한다.

---

17) 송균석, 2000, 전게서, 121~122.

비차별적 마케팅전략은 제품계열을 단순화(simplification)하여 생산에 있어서의 표준화 (standardization)를 가져오고, 그에 따라 대량생산을 가능하게 함으로써 원가를 절감시킨다는 장점을 가지고 있다. 즉 제품계열이 다양하지 않고 단순하게 되면, 생산비, 재고관리비, 수송비 등의 비용이 절감될 뿐 아니라, 대량광고 매체를 계속적으로 이용하는 데 드는 비용도 할인을 받을 수 있게 된다.

비차별적 마케팅전략은 전체시장을 대상으로 하므로 동일산업의 여러 기업이 이와 동일한 전략을 채택하면 극심한 경쟁이 나타날 우려가 있다. 또한 소외된 세분시장은 충족되지 않은 상태로 남아 있게 된다는 단점을 가지고 있다.

(2) 차별적 마케팅전략

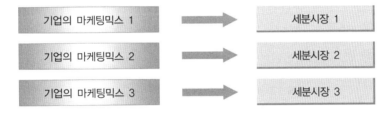

차별적 마케팅전략(differentiated marketing)은 전체시장을 구성하고 있는 세분시장의 존재를 인식하고, 각 세분시장에 대하여 각각의 다른 제품과 마케팅프로그램을 개발하려는 전략이다.

차별적 마케팅전략은 다양한 고객의 요구를 충족시키기 위하여 다양한 제품계열, 다양한 경로, 그리고 다양한 광고매체를 통하여 판매하는 것이므로 비차별적 마케팅보다 총매출액이 증대될 가능성이 있다.

차별적 마케팅전략은 비차별적 마케팅에 비하여 생산원가, 일반관리비, 판매촉진비, 재고관리비 등의 모든 비용이 증대된다는 단점을 가지고 있다.

(3) 집중적 마케팅전략

집중적 마케팅전략(concentrated marketing)은 기업의 자원이 제약되어 있는 경우 어느 하나 또는 소수의 적은 세분시장에만 소구하는 전략이다.

집중적 마케팅전략은 기업이 특정 세분시장에 대하여 충분한 지식을 갖고 있고 명성도 높기 때문에 그 세분시장에서 강력한 지위를 누릴 수 있다. 뿐만 아니라 기업은 생산, 유통, 촉진 면에 있어서 전문화로 인하여 운영상의 경제성도 누리게 된다.

집중적 마케팅 전략은 기업의 성장을 특정 세분시장에만 전적으로 의존하는 전략이므로 정상적인 경우보다 높은 위험성을 감수해야 한다.

(4) 시장포괄전략의 선택

기업은 이상의 전략 중에서 적절한 전략을 선택해야 한다. 이를 시장포괄전략(a market-coverage strategy)의 선택이라 한다. 기업이 전략 선택에서 고려해야 하는 대표적인 요인은 회사의 자원, 제품의 다양성, 제품의 수명주기, 시장의 다양성, 경쟁자의 마케팅전략 등이 있다. 이를 요약하면 다음의 <표 13-4>와 같다.[18]

〈표 13-4〉 시장포괄전략의 선택 시 고려요인

고려요인	내 용	전략유형		
		비차별적	차별적	집중적
회사의 지원	풍부함	―	○	△
	한정되어 있음	―	△	○
제품의 다양성	다양함	△	○	―
	단순함	○	△	―
제품의 수명주기	도입기(초기)	○	△	―
	성숙기(후기)	△	○	―
시장의 다양성	이질적임	△	○	―
	동질적임	○	△	―
경쟁자의 마케팅전략	차별화전략	×	○	―
	비차별화전략	○	○	―

(주) ○: 가장 적합, △: 보통임, ×: 위험함

---

18) 송균석, 2000, 전게서, 123~125.

(5) 최적의 표적시장 선정시 고려사항

마케팅담당자는 시장세분화를 거쳐 표적시장(target market)을 선정하여야 한다. 표적시장은 기업이 각 세분시장의 '매력도' 등을 평가하여 해당기업에 적합한 세분시장을 선정하는 것이다. 표적시장의 선정은 모든 마케팅활동의 필수적인 과정이라 할 수 있다.

기업은 적절한 표적시장을 선정하기 위해 위에서 말한 여러 가지 요소를 감안해야 하지만, 대체로 다음과 같은 요소를 고려하여 결정하여야 한다.

첫째, 기업은 시장규모를 고려하고 미래의 수요예측을 통해 성장률과 이익잠재력이 가장 높은 세분시장을 결정하여야 한다.

둘째, 기업은 자사의 규모와 상황 등을 고려하여 전체시장을 상대로 할 것인지, 부분적인 세분시장을 상대로 할 것인지를 결정하여야 한다.

셋째, 기업은 해당 시장의 경쟁 정도를 평가하여 결정하여야 한다.

넷째, 기업은 각 세분시장에 대한 평가를 수행한 후 자사가 어떤 세분시장을 표적으로 할 것인지 결정해야 한다.

3. 위치화(positioning)

1) 위치화의 의의

위치화(market positioning, 위치선정)는 표적시장의 표적고객 마음속에 독특한 자리를 확보하기 위해 자사의 제공물과 이미지를 디자인하는 행동이다.[19] 위치화는 표적시장으로 삼은 세분시장별로 품질, 가격, 기능, 사용법 등 다양한 면에서 표적고객에게 어떤 위치를 차지해야 할지를 결정하는 것이다.[20] 따라서 위치화는 자사제품을 경쟁제품과 비교하여 고객에 대하여 차별적 우위를 구축하기 위한 노력이다.

위치화는 기업의 잠재적인 이점을 극대화하기 위해 소비자의 마음속에 그 상표가 자리 잡도록 하는 것이다. 양호한 상표 위치화는 그 상표의 핵심이 소비자가 성취하고자 하는 어떤 목표에 도움을 주며, 그것을 행하는 독특한 방법을 분명히 함으로써 마케팅전략을 수립하는데 도움을 준다.[21]

때때로 제품이나 기업이 소비자들에게 잘못 인식되고 있는 경우, 기업은 다시 고객들

---

19) 윤훈현 역, 2012, 전게서, 386.
20) 지호준, 2009, 전게서, 254.
21) 윤훈현 역, 2012, 전게서, 386.

의 마음속에 자신들이 원하는 모습을 심어주기 위해 재위치화전략을 사용한다. 재위치화 (repositioning)는 경쟁제품과 관련하여 자사제품과 관련된 고객들의 인지 변화를 시도하기 위해 노력하는 마케팅 활동을 말한다.

2) 위치화의 유형

포지셔닝전략에는 다음과 같은 유형이 있다. ① 가격과 제품 속성(예, 안전성, 화질, 기능, 성분 등)을 기반으로 한 위치선정이다(가격과 제품 속성기반 위치화). ② 제품이 사용될 수 있는 적절한 상황과 용도를 기반으로 하여 자사제품에 연결시키는 위치선정이다(제품의 사용상황과 용도기반 위치화). ③ 제품의 사용자(예, 신혼부부, 중산층, 아토피가 있는 소비자 등)를 기반으로 한 위치선정이다(제품사용자기반 위치화). ④ 경쟁제품(예, 스타벅스에 대한 맥카페, 코카콜라에 대한 카페인·색소가 없는 칠성사이다 등)을 기반으로 한 위치선정이다(경쟁제품기반 위치화).

3) 위치화전략의 수립과 집행의 절차

위치화전략의 수립과 집행의 절차는 다음과 같다.

첫째, 표적소비자가 중요하게 생각하고 있지만, 현재 충족되지 않은 욕구(unmeet needs)를 찾아낸다. 경쟁사의 경쟁브랜드에 대한 정보를 수집하여 그 강점과 약점을 분석하고, 소비자들의 각 브랜드에 대한 인식을 조사하여야 한다.

둘째, 경쟁제품과 비교하여 자사제품이 제품, 서비스, 이미지 등에서 경쟁우위를 제공하는 차별화요인을 찾아낸다.

셋째, 제품위치화에 활용될 구체적인 차별점을 신중하게 선택한다.

넷째, 선정된 제품차별 또는 제품포지션을 표적고객들에게 실제로 전달한다. 이 단계에서는 광고. 판촉과 같은 커뮤니케이션뿐만 아니라, 제품, 가격, 유통 등의 제반 마케팅믹스가 통합적으로 활용되어 자사제품의 우수성을 표적고객들에게 잘 설득해야 기업이 의도한 브랜드포지션을 성공시킬 수 있다.

일단 위치화전략이 수립되면 그것에 맞는 상세한 마케팅믹스가 개발되어야 한다.[22]

---

22) 안광호 외, 2009, 전게서, 208.

제 4 절 마케팅믹스

1. 마케팅믹스의 의의

마케팅믹스(marketing mix)는 마케팅관리자가 표적시장에서 마케팅목적을 달성하기 위하여 사용하는 통제가능한[23] 마케팅수단들의 합리적 집합(set)이다.[24] 즉 마케팅믹스는 마케팅활동의 핵심인 교환을 창출하고 유지하기 위한 마케팅수단들이다. 다시 말하면 마케팅믹스란 표적시장에서 마케팅목표를 달성하기 위해 제품, 가격, 유통, 촉진 등 각 변수들 간에 시너지효과를 낼 수 있도록 통합적으로 결정하는 전략을 의미한다.[25]

마케팅믹스는 고객을 위한 가치창출에 있다. 마케팅믹스 요소들(상품이나 서비스<product>, 판매장소<place>, 가격<price>, 판매촉진의 형태<promotion>)은 각각 전혀 별개의 과정을 통해 결정되는 것이 아니라 서로 간에 조화롭게 결합하여 시너지효과를 극대화하여야 한다. 따라서 마케팅믹스 요소들은 상·하위 요소들 간에 일관성의 원칙(consistency principle)과 같이 요소들 간에 보완성의 원칙(complementary principle)이 지켜져야 할 것이다.

전통적으로 마케팅믹스는 제품(product), 가격(pricing), 유통(distribution), 촉진(promotion) 등 4요소로 보고 있다. 이를 [그림 13-6]과 같이 나타낼 수 있다. 그러나 1960년에 맥카시(McCarthy) 교수는 유통 대신에 장소(place)의 개념을 사용하여 마케팅믹스요소를 4P's라고 보고 있다.

[그림 13-6] 마케팅믹스

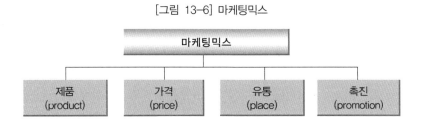

---

23) 통제불가능한 요소는 ① 법률적 규제, ② 수요, ③ 경쟁, ④ 비마케팅 비용, ⑤ 유통기구 등 5요소를 들 수 있다.
24) 이학식, 2004, 전게서, 18.
25) 안광호 외, 2009, 전게서, 208.

그렇지만 마케팅믹스는 교환창출수단임에 비추어 볼 때 네 가지로 제한할 것이 아니라, 고객의 욕구충족을 위해 확대하여야 한나는 주장도 있다. 따라서 서비스마케팅에서는 4P에 프로세스(process), 사람(people), 물리적 증거(physical evidence) 등 세 가지 요소를 추가하여 7P's라고도 부른다.[26]

한편 기업은 마케팅환경의 변화에 따라 여론형성(public opinion formation), 정부관계 노력(politics), 기타 고객욕구충족을 위한 새로운 마케팅요소들을 지속적으로 창출해야 할 것이다.

2. 제품전략

1) 제품의 개념과 차원

제품은 잠재고객들의 기본적인 필요와 욕구를 충족시키거나 문제를 해결해 줄 수 있는 모든 수단이다. 제품은 교환의 대상으로서 마케팅활동의 핵심이다. 기업은 고객들의 필요와 욕구를 충족시켜 줄 수 있는 제품과 서비스를 제공하기 위해 제품전략을 수립해야 한다. 제품전략(product strategy)은 물리적 실체뿐만 아니라 서비스·장소·사람·조직체 심지어 아이디어 등을 합리적으로 제조하거나 제공하기 위한 전략이다.

제품은 마케팅관리자와 소비자가 각각 다르게 느낄 수 있다.

마케팅담당자들은 마케팅개념에 따라 잠재고객들의 욕구나 문제를 확인하고 그것을 충족시킬 최적의 마케팅믹스를 개발하여 제공함으로써, 고객만족을 창출하고 장기적인 이윤을 획득할 수 있다. 따라서 마케팅담당자들은 제품이 고객에게 만족을 제공하기 위해 마케팅개념의 실천 과정에서 마케팅믹스의 가장 중심적인 위치에 있으며, 다른 마케팅믹스 요소들에게 큰 영향을 미친다.[27]

소비자들은 제품이 소비자들의 욕구를 충족시키는 모든 편익들의 집합(bundle of benefits)으로 파악한다.

제품에는 크게 다음과 같이 기초적 차원, 유형제품차원, 확장제품차원 등 3차원으로 나눌 수 있다.[28]

---

26) 이유재, 2010, 서비스마케팅, 학현사.
27) Kotler & Armstrong, 2004.
28) Kotler, Philip & Armstrong, G., 2008, *Principles of Marketing*, 9th ed., Englewood Cliffs, NJ: Prentice—Hall, 272.

[그림 13-7] 제품의 3차원

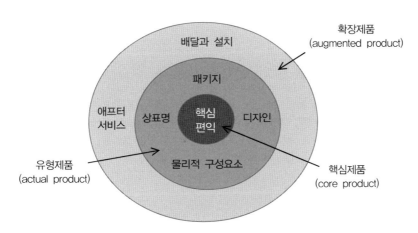

기초적 차원은 핵심제품(core product) 수준이고, 고객이 제품구매 시 추구하는 편익 (benefits)이며, 욕구(needs)를 충족시키는 본질적인 요소이다. 편익에는 기능적 편익과 심리사회적 편익 등 두 가지가 있다.

유형제품차원(actual product)은 고객이 제품을 구매할 때 정상적으로 기대하는 어떤 속성, 편익, 서비스 등 대체로 가시적(visible)인 요소로서 고객이 기대하는 편익을 실현하기 위한 물리적 요소들의 집합이다.

확장제품차원(augmented product)은 물리적 제품에 대한 추가적인 것으로서 배달과 설치, 보증, 애프터서비스 등이 이에 해당된다. 그러나 이와 같은 기대제품차원의 구성요소는 일반화된 것이라기보다는 상표, 시간, 고객에 따라 변하는 개념임을 이해하여야 한다. 근래에는 세품의 범주가 폭넓게 확장되어 새로운 마케팅성과를 향상시키고 있다. 그 예로 현대자동차는 미주지역에서 차량구입자가 1년 이내에 실직되는 경우 회사에서 되사주는 프로그램(새로운 차원의 보증프로그램)을 실시하여 획기적 판매증대를 가져온 것이라든지, 덴마크 국적의 그린포스펌프회사 한국 현지법인은 고객들에게 에너지컨설팅 서비스를 제공하여 자사펌프교체 및 설치로 예상되는 전기료와 에너지절감 솔루션을 사전에 제시하여 줌으로써 최근 10년간 한국에서의 30층 이상 고층건물에 90% 이상을 납품하는 등 획기적인 마케팅성과를 올리는 사례들이 있다. 이를 [그림 13-7]과 같이 나타낼 수 있다.

2) 제품의 분류

(1) 제품분류의 의의

제품은 다음과 같이 분류할 수 있다.

[그림 13-8] 소비재와 산업재

첫째, 제품특성은 내구성에 따라 내구재와 비내구재로 나눈다.

둘째, 최종소비자가 자가용도로 구입하느냐 또는 다른 상품의 생산 용도로 구입하느냐에 따라 소비재와 산업재로 나누기도 한다.

소비재와 산업재는 동일한 제품이라도 용도와 구매목적에 따라 다르게 분류될 수 있는 것이다. [그림 13-8]은 소비재와 산업재의 세부 분류이다.[29]

(2) 소비재의 분류

소비재는 쇼핑 습관에 따라 다음과 같이 편의품, 선매품, 전문품 등으로 분류할 수 있다.

편의품은 구매위험이 낮고, 구매자들이 쇼핑에 거의 시간을 할애하지 않는 소비재이다. 편의품은 보통 가격이 낮고 빈번하게 구매되며, 이에는 생필품이나 충동품 및 긴급품이 있다. 편의품 마케팅의 핵심은 자사의 상표가 어느 곳에서나 쉽게 구매할 수 있도록 광범위한 유통경로를 확보하는 데 있다.

---

29) 문준연, 2010, 마케팅원론, 형설출판사, 242~245.

선매품은 구매에 높은 위험이 수반되고, 소비자들이 쇼핑에 많은 시간을 할애하는 제품으로서, 소비자들이 경쟁상표 간 중요한 차이가 있는 것으로 생각한다. 따라서 소비자들은 자신의 욕구에 가장 적합한 상표를 찾아서 쇼핑을 한다. 소비자들은 제품이 고가격일 때 쇼핑에 많은 시간을 할애한다. 마케팅관리자는 소비자의 쇼핑과정을 쉽게 하는 데 관심을 가져야 한다.

전문품은 소비자들이 특정상표를 구매하고 싶어 하고, 이 상표를 찾아 특별한 노력을 한다. 이 경우 소비자는 편의품처럼 상표전환을 하지도 않고, 선매품처럼 경쟁상표들을 비교평가하지도 않는다. 소비자는 하나의 상표를 선호하며, 이 상표구매를 위해 먼 거리를 방문할 의사가 있는 것이다. 전문품의 유통은 소수의 고급점포만 이용하는 배타적 유통을 사용하고, 고가격을 지불하는 경우가 많다. 소비재의 분류를 <표 13-5>와 같이 나타낼 수 있다.

〈표 13-5〉 소비재의 분류

	구매위험	구매노력	선호상표
편의품	낮다	적다	있을 수 있다
선매품	높다	많다	없다
전문품	높다	가장 많다	있다

(3) 산업재의 분류

산업재는 영리기업뿐만 아니라 비영리기관과 정부기관에서 특정한 제품이 사업에 어떻게 사용되느냐에 대한 관점에서 자본재, 생산재 및 운용재로 나누어진다.

자본재(capital products)는 생산공장이나 사무실 건물, 주요장비 등의 물적 설비와 책상, 지게차 등과 같은 보조장비(accessory equipment)가 있다. 대부분 고가격이지만 완제품의 일부가 되지 않는 제품이다. 또한 장기간에 걸쳐 사용되므로 구입비용이 수명기간 동안 감가상각 된다. 자본재는 구매과정이 길고, 많은 사람들이 의사결정과정에 개입된다.

생산새(production products)는 완제품의 일부가 된다. 원유나 농산물, 석탄, 석유와 같은 원자재는 생산재의 기초적 형태이다. 구성소재(component materials)와 구성부품(component parts)도 생산재이다. 철강, 종이, 석유 같은 구성소재는 추가적 가공을 거쳐 완제품의 일부가 되며, 구성부품은 완제품에 사용되도록 제작된 것으로 약간의 가공을 거쳐 완제품에 투입된다.

운용재(operational products)는 기업 활동에 사용되지만 완제품의 일부로 투입되지는 않는 형태이다. 이를테면 전구, 청소비품, 사무실 소모품 같은 수선, 유지 및 운용소모품이 그것이다. 많은 경우 운용재는 구매과정이 단순하며 시초구매가 만족스러운 경우 단순재 구매가 많다.

3) 브랜드

브랜드(상표)는 특정 판매업자나 판매자 집단이 제품이나 서비스를 확인하고, 경쟁자들의 제품과 차별화할 목적으로 사용되는 명칭, 말, 기호, 상징, 디자인 또는 이들의 결합이다.[30] 브랜드는 오래전부터 상표라는 이름으로 불리어 왔으나, 근래에 이르러 브랜드를 원어대로 많이 사용한다. 따라서 브랜드는 어떤 제품 고유의 이름과 도형, 기호, 상징물, 디자인, 색채, 로고 혹은 이들 간의 조합을 의미하기도 하고, 때로는 특정 브랜드를 가진 제품 그 자체를 가리키기도 한다.

브랜드와 관련된 용어에는 상표명, 상표마크, 등록상표 등이 있다. 상표명은 브랜드에서 언어로 표현되는 부분으로 예컨대 코카콜라, 소울, SM3 등이 이에 해당된다. 상표마크는 상표에서 언어로 표현될 수 없는 부분으로, 예를 들면 현대자동차의 "동그란 원 안에 H자"가 여기에 해당된다. 등록상표는 상표 또는 그 일부로서 특허청에 등록되어 독점적 사용권이 법적으로 보호받는다.

상표명은 제품의 성공을 위해서 주의 깊게 선정되어야 하며 다음과 같은 요건을 구비하면 좋다. ① 제품의 편익과 특성을 내포하는 것이 바람직하다. ② 발음과 식별 및 기억이 쉬워야 한다. ③ 독특한 이름이 바람직하다. ④ 이름이 외국어로도 쉽게 전환될 수 있어야 하고 부정적인 의미를 갖지 않아야 한다. ⑤ 상표등록이 가능해야 하고, 기존 상표명을 침해해서는 안 되며, 너무 포괄적인 상표명도 보호받을 수 없음에 유의해야 한다.

4) 포 장

포장(packaging)은 내용물의 보호와 보관, 사용의 편리성, 커뮤니케이션 등을 위해 제품을 싸서 간직하는 일이다. 대부분의 제품은 포장을 한 상태로 거래된다. 좋은 포장은 소비자에게 편의성을 증진시키는 가치나 제조업체에게 판매를 촉진시키는 가치를 제공하기 때문에 마케팅수단으로서 기능이 보다 중시되고 있다. 기업은 여러 가지 대안을 개발

---

30) 윤훈현 역, 2007, 전게서, 392.

하여 대안별 비교평가과정을 거쳐 포장을 결정하여야 한다.

오늘날에는 환경문제가 소비자들의 주요한 관심사로 등장하고 있으므로 환경친화적인 포장 사용이 중시되고 있다. 국내에서도 과대포장의 개선이나 환경피해가 적은 종이포장 등의 도입으로 소비자들의 좋은 반응을 불러 일으켜 매출실적이 올라가는 사례가 눈에 띄게 증가하고 있다.[31]

5) 제품디자인

제품에 있어서 디자인의 중요성은 날로 증대되고 있다. 디자인은 제품의 스타일과 심미성 및 기능자체까지도 포괄하는 개념이다. 디자인은 단순히 외관만을 말하는 스타일보다도 제품의 성능에 직접적으로 관련이 있고, 유용성과도 관련이 있는 것이다. 따라서 디자인은 외관과 더불어 소비자의 사용상의 안전성과 편의성 그리고 생산과 유통상의 단순성과 경제성 등을 고려해야 할 것이다. 이러한 사용자위주의 디자인은 제품출시에 있어서 성공확률을 한층 더 높여준다. P&G와 스웨덴의 이케아는 강력한 도구로서의 디자인의 예를 잘 보여주고 있다.[32]

6) 고객서비스

고객서비스는 고객의 사용 및 구매를 돕기 위해 제공되는 여러 가지 지원사항을 말한다. 고객서비스는 유형적 재화뿐만 아니라 서비스에도 동일하게 적용될 수 있다. 고객서비스는 경쟁기업과 차별화하는 훌륭한 수단이므로 중요시되고 있다. 특히 산업재의 경우 더욱 중요시되고 있다.

일반적으로 우수한 고객서비스를 제공하는 기업들은 마케팅상의 우위를 가지고 있다. 그러나 최근 기업들은 기본적인 제품구성 요소 등에서 차별적 우위가 점점 줄어들고 있지만, 그래도 많은 산업분야에서 고객서비스의 경쟁우위를 통한 성공사례가 나타나고 있다.[33] 특히 고객서비스는 구매과정뿐만 아니라 구매 전과 후의 탁월한 고객서비스가 장기석 관점에서 고객과의 관계를 유지하도록 하는 데 큰 성과를 가져다주고 있다.[34]

---

31) 중앙일보, 2009. 3. 5., 상품포장 바꿔라, 어려울수록 튀어야 산다.
32) Philip Kotler, 2008, op. cit., 526.
33) 헤르만 지몬 외, 2008, 히든챔피언, 흐름출판, 328.
34) "한국 그런포스펌프의 에너지컨설팅서비스 제공", 조선일보, 2010. 3. 20.

3. 가격전략

1) 가격의 개념

가격은 소비자의 관점에서 볼 때 제품 또는 서비스 보유 및 사용의 혜택과 교환하는 가치이며, 기업의 입장에서 제품 또는 서비스에 부과하는 금액이다. 기업은 자신이 개발했거나 제공할 제품과 서비스에 대해 가격을 결정하는 가격전략을 수립하여야 한다. 가격전략(price strategy)은 기업이 시장의 수요에 따라 자신의 제품과 서비스의 가격을 합리적으로 결정하기 위한 전략이다.

마케팅믹스의 네 가지 요소 중 제품과 유통 및 촉진이 시장에서 고객을 상대로 가치를 창출하려는 기업의 노력이라고 한다면, 가격은 기업이 제공한 여러 가치 중 일부를 이익의 형태로 회수하게 되는 특징이 있다. 가격은 기업의 생존을 좌우하는 이익의 결정요소이다. 이를 다음과 같이 나타낼 수 있다.

$$\text{총이익} = \text{총수익} - \text{총비용} = (\text{가격} \times \text{판매량}) - \text{총비용}$$

가격은 다른 마케팅요소들보다 소비자의 반응이 민감하며, 경쟁기업의 반응 또한 매우 민감한 특징이 있다. 이와 같이 가격은 기업의 이익에 직결되는 유일한 마케팅믹스 요소임을 고려할 때 다음에 설명하는 최적의 가격결정은 기업성과에 매우 중요한 요소라 할 수 있다.

2) 가격결정방법

기업의 마케팅담당자는 가격결정에 영향을 미치는 여러 가지 요소들에 대해 충분히 이해해야 할 것이다. 기업이 생산한 제품의 가격은 하한선과 상한선 사이의 어느 점에 위치한다. 같은 가격이라도 자사의 제품원가는 하한선 역할을 하고, 구매자가 인식하는 가치는 상한선 역할을 한다. 경쟁사들의 제품가격은 상한선과 하한선 사이에 고려해야 할 범위를 보다 좁혀준다. 이러한 고려사항을 염두에 두고 다음의 가격결정방법을 선정해야 한다.

(1) 원가가산법

원가가산법(cost−plus pricing)은 원가에 기초한 가격결정방법 중 가장 단순한 형태로서 제품의 원가에 일정률의 이익(margin)을 더하여 가격을 산정하는 방법이다. 이익율은 통상 업종별로 표준화되어 있고, 계절상품이나 저회전상품 등의 경우 높은 것이 일반적이다. 이러한 원가가산결정법은 고객수요나 가격탄력성을 고려하지 않고 있으므로 한계를 가지고 있다.

> 가격 = 단위당 원가 + 이익 = (총고정비용 + 총변동비용 + 목표이익) / 총생산량

(2) 목표이익법

목표이익법(target-return pricing)은 사전에 결정된 투자수익률(return on investment: ROI)의 개념에 바탕을 두고 있다. 즉 기업이 목표로 하는 투자수익률을 달성하도록 가격을 설정하는 방법이다. 이 방법은 자본집약적인 산업에서 주로 사용된다.

(3) 지각된 가치기준법

지각된 가치기준법(perceived value pricing)은 수요중심의 가격결정법으로도 불리우며 고객이 지각하는 가치가 가격결정의 기준이 되는 방법이다. 원가기준 가격결정방법은 먼저 제품설계가 완료된 후 생산원가를 산출하고 그 다음에 원가와 목표이익을 고려하여 가격을 결정하지만, 지각된 가치기준법은 그 순서가 역으로 진행된다.

지각된 가치기준법의 결정은 다음과 같은 순서로 이루어진다.

먼저 기업이 소비자조사를 통하여 제품개념을 제시하고, 고객이 생각하는 제품에 대한 가치를 파악하여 그 표적고객의 수용 가능한 가격을 알아야 한다.

그 다음에 기업이 목표이익을 고려하여 수용가능한 원가를 계산하고, 이러한 원가범위 내에서 실현가능한 제품설계를 완성하는 것이다. 소비자조사방법은 산업재의 경우 베타 테스트나 산업공학적인 방법들이 사용되며, 소비재의 경우 설문조사나 컨조인트분석(conjoint analysis), 쿠폰법, 존슨방법 등과 같은 마케팅조사기법이 사용된다.[35]

(4) 경쟁자가격기준법

경쟁자 가격기준법(competition based pricing)은 경쟁자의 가격을 자사제품가격결정의 가장 중요한 기준으로 간주하는 방법이다. 즉 자사의 가격을 경쟁자의 가격보다 동일하게 또는 더 높거나 낮게 결정한다. 제품 동질적 시장가격은 단순히 산업의 평균가격을 결정하는 것과 관련이 있고, 과점산업의 경우 일반적으로 경쟁자의 가격을 추종하며, 소

---

[35] 이유춘・정무현・이분가, 1998, 마케팅원론, 형설출판사, 529; 박찬수, 2010, 마케팅원리, 법문사, 289.

규모의 기업들은 선도기업의 가격을 추종한다.

(5) 경쟁입찰기준법

경쟁입찰기준법(sealed−bid pricing)은 정부구매물자와 조직체구매자들의 제품이나 서비스 구매의 가격이 경쟁 입찰에 의해 결정되는 방법이다. 이는 입찰에 낙찰되기 위해서 경쟁사가 제출할 가격을 기준으로 자사의 가격을 결정하는 방법이다.

3) 가격결정전략

마케팅관리자는 앞서 설명한 가격결정 방법을 통해 가격결정범위가 확정되면, 최종적인 제품가격의 결정과 실제 집행에서 다음 사항을 검토해야 한다.

(1) 심리적 가격전략

대다수 소비자들은 가격−품질 연상관계를 형성하고 있어, 가격의 높낮이와 품질의 좋고 나쁨을 연계시키는 경향이 있다. 심리적 가격전략은 최종가격 결정에 있어서 가격에 대한 소비자 지각을 반영하는 전략이다.

이에는 단수가격전략과 준거가격전략이 있다. 단수가격전략(odd pricing)은 제품가격의 숫자에 대한 소비자들의 심리적 반응에 따라 가격을 변경시키는 전략이다. 준거가격전략(reference pricing)은 소비자들이 어떤 제품 구입 시 자신이 과거의 구매경험, 경쟁제품가격, 현재의 일반적 제품가격 등을 토대로 심리적으로 적정하다고 생각하는 가격수준을 기준으로 구매의사결정을 하는 전략이다. 만약 소비자들이 준거가격과 제품가격을 비교하여 제품가격이 준거가격보다 저렴하다고 판단되면 쉽게 구매결정을 하게 될 것이다.[36]

(2) 경제적 가치에 의한 가격전략

경제적 가치에 의한 가격전략은 제품수명주기에 맞춰 가격을 조정하는 전략이다. 경제적 가치에 의한 가격전략은 다음과 같이 초기고가전략과 시장침투가격전략으로 분류할 수 있다.

초기고가전략(skimming pricing)은 제품이 시장에 도입되는 초기에 고가격을 책정하고 제품이 성장기를 거쳐 성숙기에 진입할 때 가격을 낮추는 전략이다. 이 전략의 주요한 목적은 다음과 같다. ① 제품도입 초기에 고가격에 따른 고이익을 확보하여 단기간에 단기이익을 극대화하고 제품개발과 출시에 투입된 비용을 조기에 회수한다. ② 제품의 시

---

36) 안광호 외, 2009, 전게서, 560.

장성장기와 성숙기에 다가올 경쟁격화에 맞서 자사의 시장을 지킨다.

시장침투가격전략(penetration pricing)은 초기고가전략과 반대로 제품도입초기에 가격을 낮게 책정하는 전략이다. 이 전략은 낮은 가격의 결정으로 단기적 손실이 초래되지만, 빠른 시간 내에 시장점유율이 확대되고 시장점유율 확장에 따른 단위당 생산원가와 마케팅비용의 절감으로 점차 이익이 확대된다. 따라서 확대된 판매량과 나중에 커진 제품단위당 이익으로 초기의 단기이익을 보상하고도 남을 만큼 커지게 된다.

기업은 내·외부 환경요인을 고려하여 제품수명주기에 따라 초기고가격전략을 사용할 것인가 시장침투가격전략을 사용할 것인지를 결정해야 할 것이다.

4. 유통경로전략

1) 유통경로의 개념

유통경로는 어떤 제품이나 서비스가 사용되는 과정이나 소비에 이용될 수 있도록 하는 과정과 관련되는 일체의 상호의존적 조직이다.[37] 즉 유통과정에 관련되는 상호의존적 조직은 생산자·도매상·소매상은 물론 소비자와 산업용품의 사용자도 포함하는 개념이다. 기업은 자신이 개발했거나 제공할 제품이나 서비스가 소비자가 원하는 시기에 제공하기 위해 유통경로전략을 수립할 필요가 있다. 유통경로전략(place, distribution channel strategy)은 생산자와 소비자 사이의 공간적 분리를 메워주는 마케팅활동을 효율적으로 결정하기 위한 전략이다.

유통경로 활동은 생산자와 소비자를 연결시켜주는 활동으로 크게 유통경로에 대한 관리와 여기에 참가하는 유통구조(기관)에 대한 관리로 이루어진다.[38] 그러나 가치전달 네트워크(the value delivery network)관점에서 보면 유통경로관리자는 고객과의 관계뿐만 아니라 전통적으로 공급체인의 '후방거래'(downstream)부문에 더 많은 노력을 집중해 왔는데, 이제는 공급체인 상의 주요 수급자인 '전방거래'(upstream) 및 '유통업자와의 관계구축'노 필요하게 되었다.

기업의 유통경로는 표적고객들의 자사제품 구매에 영향을 미치기 때문에 매우 중요하다. 마케팅믹스 중 제품, 가격, 촉진 등은 비교적 짧은 시간 내에 변경이 용이하지만, 유통경로인

---

37) 윤훈현 역, 2007, 전게서, 640; 임영균, 2010, 유통관리, 학현사, 11.
38) Pride, W. M. & Ferrell, O. C. (2005), *Marketing: Concepts and Strategy*, Boston, MA: Houghton Miffiin Co.

대리점·소매상·도매상과 같은 거래 당사자는 판매 일선에서 중요한 역할을 하고 있기 때문에 장기적 구속력을 가지고 있다.

기업의 유통경로는 다음과 같은 평가를 거쳐 선정된다.

첫째, 유통경로 서비스에 대한 고객의 욕구분석으로부터 주요 유통경로 대안을 파악하여 경제성·통제력·신축성 등을 기준으로 유통경로 대안에 대한 평가를 한다.

둘째, 유통경로구성원을 선택하고 일정기간 실행하게 한 후 그의 성과에 대한 평가를 거쳐 선정한다.

제조업체들은 중간상(middleman)이라는 유통경로를 통해 소비자에게 판매한다. 중간상은 고객들의 접촉을 통한 오랜 시간 동안의 경험, 전문적 능력, 도소매의 규모경제 등을 통하여 제조업체가 판매하는 것보다 높은 효율성을 제공한다. 중간상은 많은 제조업체들로부터 제품을 다량 구입하여 소량의 넓은 구색으로 분할하여 원하는 소비자들에게 판매한다. 이처럼 중간상은 수급균형을 맞추어주는 중요한 역할을 한다.

2) 유통경로의 기능

유통경로는 제조업체로부터 최종소비자에게 제품과 서비스가 이전되는 과정을 의미한다. 유통경로구성원들은 유통경로의 다섯 가지 중요한 기능, 즉 판매 기능, 재고유지 기능, 물적유통 기능, 시장정보 기능, 재무위험부담 기능을 수행하여야 한다.

판매기능은 판매촉진, 인적판매, 광고, PR, 직접마케팅 등 여러 가지 판매 기능을 수행한다. 재고유지기능은 제품별, 브랜드별 예상수요를 파악하여 적정 재고수량을 보유하고 고객들에게 판매할 수 있는 기능을 수행한다. 물적유통 기능은 제품의 배송과 보관, 하역 등의 물류기능을 수행한다. 시장정보제공기능은 다른 구성원들에게 유용한 시장정보를 제공하여 유통경로 전체의 성과를 높이는 기능을 한다. 재무위험부담기능은 유통경로를 통하여 제품들의 소유권 이전과 관련하여, 도난·분실이나 신용판매 등 여러 가지 재무위험을 부담하는 기능을 한다.[39]

3) 유통경로의 유형

유통경로는 상품 또는 서비스를 생산자로부터 소비자에게로 이전되는 과정에 개입하여 제품의 흐름을 원활하게 관리해 주는 조직이다. 유통경로에는 전통적 마케팅시스템,

---

39) 문준연, 2010, 전게서, 337.

수직적 마케팅시스템, 수평적 마케팅시스템이 있다.

(1) 전통적 마케팅시스템

전통적 마케팅시스템(conventional marketing system)은 시스템으로서 기능이 약하여 전통적 유통경로라 불리워진다. 전통적 유통경로(conventional distribution channel)는 하나의 유통경로인 제조업체와 도매상, 소매상, 대리상이 자연발생적으로 참여하게 되어 각기 독립적인 사업체를 이루고 있는 유통경로이다. 전통적 유통경로는 소비재와 산업재의 유통을 취급한다. 전통적 유통경로는 제조업체와 중간상이 각기 자신의 전문영역에 집중하는 유통경로이다.

그러나 유통경로시스템의 관점에서 보면 유통경로의 각 단계가 독자적인 사업체이기 때문에 유통경로구성원들 간의 결속력(commitment)이 매우 약하고, 유통경로구성원들이 공통의 목표를 거의 가지고 있지 않으며, 유통경로구성원들의 진출이 용이하고, 유통경로구성원들 간의 이해상충이 발생할 때 이의 조정이 어려운 단점이 있다.

(2) 수직적 마케팅시스템

㈀ 수직적 마케팅시스템의 의의

수직적 마케팅시스템(VMS, vertical marketing system)은 전통적 유통경로의 단점을 해결하기 위한 유통조직으로 등장하였다. 수직적 마케팅시스템은 하나의 유통경로를 구성하는 제조업체와 도매상 및 소매상이 통합적 시스템으로 결속이 가능하도록 조직된 유통경로이다.

수직적 마케팅시스템은 유통경로의 효율적인 운영으로 시장에 대한 최대한의 영향력을 획득할 수 있고, 한 구성원이 다른 구성원늘을 소유하거나 계약관계를 맺거나 또는 강제력을 행사할 수 있다. 따라서 수직적 마케팅시스템은 전통적 유통경로보다 유통경로 전체의 목표를 달성하기 위하여 유통경로구성원의 협조를 끌어내기가 더 용이하다.

수직적 마케팅시스템은 상이한 유통단계의 구성원들이 조직되는 방법에 따라 기업형시스템, 계약형시스템 및 관리형시스템의 세 가지 유형으로 분류할 수 있다. 이를 다음 [그림 13-9]와 같이 나타낼 수 있다.

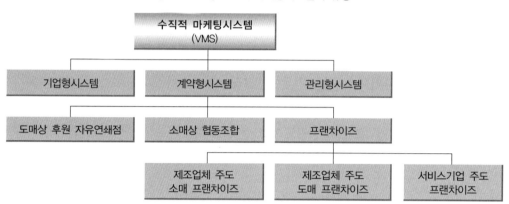

[그림 13-9] 수직적 마케팅시스템의 유형

ⓛ 기업형시스템(corporate VMS)

기업형시스템은 유통경로상의 한 구성원이 다른 단계에 있는 구성원들을 소유하여 지배권을 행사하는 유통경로형태이다. 이 형태에는 제조업체가 유통업체를 소유하는 전방통합(forward integration)과 유통업체가 제조업체를 소유하는 후방통합(backward integration)이 있다.

ⓒ 계약형시스템(contractual VMS)

계약형시스템은 수직적 통합형태 중에서 가장 흔한 것으로서, 유통경로구성원들이 독립성을 유지하면서 각자가 수행해야 할 마케팅기능들을 계약에 의해 합의함으로써 공식적 유통경로관계를 형성하는 유통경로형태이다. 계약형시스템은 구매의 협력관계를 통하여 구매교섭력을 강화하고 규모의 경제효과를 얻으며, 업무표준화를 통하여 업무효율성을 높이는 등의 이점이 있다.

계약형시스템은 다음과 같이 도매상 후원 자유연쇄점, 소매상협동조합 운영형, 프랜차이즈시스템 운영형 등이 있다. 도매상 후원 자유연쇄점은 한 도매상이 주도하여 여러 소매업체로 구성되는 형태이다. 소매상협동조합 운영형은 소매업체 회원들이 도매상을 직접 결성하여 소유하는 형태이다. 프랜차이즈시스템 운영형은 프랜차이즈(franchise)본부가 가맹점들을 모집하여 계약을 맺고, 가맹점들에게 자사의 상표나 상호, 영업방식 등을 사용하도록 허가해 주면서 그 대가를 받는 형태이다. 이 프랜차이즈시스템의 운영 형태에는 다시 주도하는 주체에 따라 제조업자-소매상 프랜차이즈(예, 미국의 자동차 딜러제도)와 제조업자-도매상 프랜차이즈(예, 코카콜라사의 원액유통 도매업체 중심 프랜차이즈), 도매상-소매상 프랜차이즈와 서비스기업-소매상 프랜차이즈(예, 놋네리아, McDonald's) 등이 있다.

㈃ 관리형시스템(administered VMS)

관리형시스템은 유통경로구성원들의 마케팅활동이 소유권이나 계약에 의하지 않으면서 어느 한 유통경로구성원의 규모, 파워 또는 경영지원에 의해 조정되는 유통경로형태이다. 관리형시스템 유통경로구성원들은 일반적으로 개별적인 유통경로목표를 추구하므로 이들을 공식적으로 관리할 수 없지만, 유통경로리더의 역할을 하는 특정 유통경로구성원의 마케팅프로그램이 중심이 되어 비공식적으로 협력함으로써 공유된 유통경로목표를 달성하는 것이다. 관리형 마케팅시스템은 전통적 유통경로처럼 독립된 유통경로구성원들로 구성되지만 유통경로구성원들이 최소한도의 전체 유통경로지향적 성향을 가지고 있다는 것이다.

(3) 수평적 마케팅시스템

수평적 마케팅시스템(horizontal marketing system)은 같은 유통경로단계가 둘 이상의 기업들이 새로운 마케팅 기회를 획득하기 위해 경쟁력을 강화하도록 협력체로 구성된 유통경로이다. 수평적 마케팅시스템은 복수의 기업이 협력하여 업무 제휴함으로써 개별기업의 독자적 마케팅노력과 비교하여 더 높은 유통경로성과를 이룰 수 있다. 마케팅책임자는 경쟁사 또는 비경쟁사와 협력할 수 있고, 일시적 혹은 지속적인 협력관계를 유지할 수도 있으며, 별도의 회사를 설립하는 경우도 있을 수 있다.

4) 유통경로의 관리

마케팅관리자는 유통경로 중에서 가장 수익성이 높으면서 표적고객에게 효과적으로 도달할 수 있는 대안을 선택해야 한다. 유통경로관리는 다음의 5단계로 구성되어 있다.

1단계: 유통경로서비스에 대한 고객의 욕구수준을 파악하여야 한다. 유통경로에서 최종고객으로부터 원하는 서비스수준(예, 입지의 편의성, 최소구매단위의 크기, 대기시간, 제품구색, 기타 부가서비스 등)을 최종고객으로부터 파악하는 것이다.

2단계: 표적고객에게 제공하고자 하는 서비스수준과 유통경로비용을 설정하여야 한다. 기업은 세분시장 중에서 표적시장을 선택하여 가장 적합한 유통경로를 결정해야 할 것이다. 유통경로의 목표는 자사의 제품, 기업의 정책, 중간상, 경쟁사 및 환경에 영향을 받는다.

3단계: 표적고객의 서비스요구수준과 유통목표에 부합하는 유통경로 구조를 결정하기 위해 유통경로의 길이(즉, 직접 또는 간접)와 시장포괄범위(중간상의 수)의 결정, 유통경로 구성원의 책임결정 등의 문제를 파악하여야 한다.

4단계: 여러 가지 유통경로대안 중 자사의 장기적 목표에 가장 잘 부합하는 대안을 선택하여 평가하여야 한다. 대안의 평가기준에는 각 유통경로대안의 경제성과 유통경로대안에 대한 통제력 및 유통경로대안의 환경적응성 정도 등이 있다.

5단계: 유통경로구성원들 중 선택된 중간상들이 자사제품의 판매를 위하여 최선을 다하도록 동기부여 하고, 정기적으로 각 유통경로구성원들의 성과를 평가하여 실적이 나쁜 유통경로구성원들은 대체하여야 한다.

5. 판매촉진전략

1) 판매촉진의 개념

판매촉진은 기업이 소비자나 중간상에게 어떤 특정제품이나 서비스를 조기에 다량으로 판매하기 위해 설계된 다양한 촉진방법들이다.[40] 기업은 자신이 개발했거나 제공할 제품이나 서비스를 소비자들에게 홍보하여 많이 판매할 수 있도록 판매촉진전략을 수립하여야 한다. 판매촉진전략(promotion, sale promotion strategy)은 판매를 위해 설계된 다양한 촉진방법들을 효율적으로 성취하기 위한 전략이다.

기업은 아무리 좋은 제품을 만들었다고 해도 소비자가 인식하지 않으면 아무 소용이 없다. 따라서 기업은 자사의 제품이 경쟁사의 제품보다 더 가치가 있다는 사실을 고객에게 알려 좋은 태도를 형성하도록 하고, 구매행동에 옮기게끔 설득하여야 한다. 이런 활동을 마케팅커뮤니케이션 활동이라고도 부른다.

기업이 궁극적으로 표적청중을 대상으로 구매행동에 영향을 주기 위해 중간 단계(각종 매체)를 거쳐 잠재 구매자의 호의적 태도형성을 유발하는 것이다. 이러한 관점에서 마케팅커뮤니케이션의 주요 목표는 기업이 현재 및 잠재고객에게 자사제품에 관하여 알리거나(inform), 고객을 소구(persuade)하여 자사제품을 구매하도록 하거나, 소비자가 경쟁사 소구에 이끌리지 않도록 자사제품의 이점을 상기(remind)시켜 그들이 바른 선택을 하도록 하는 것이다.

마케팅커뮤니케이션의 관리과정에는 계획, 실시, 통제 3과정이 있다. 즉 마케팅계획은 마케팅전략 검토·상황분석·커뮤니케이션과정분석·예산책정이고, 마케팅실시는 마케

---

40) 윤훈현 역, 2007, 전게서, 796.

팅커뮤니케이션프로그램의 작성과 통합적 구축 및 실행이며, 그리고 마케팅통제는 모니터링과 평가이다.

2) 마케팅커뮤니케이션의 계획

(1) 마케팅커뮤니케이션 목표와 상황의 검토

마케팅커뮤니케이션 계획은 해당기업의 마케팅커뮤니케이션 목표에 크게 의존한다. 또한 마케팅커뮤니케이션 계획은 마케팅커뮤니케이션 전략과 많은 관련이 있다.

마케팅커뮤니케이션 계획은 기업이 소비자나 중간상들에게 전달할 메시지 내용을 명확성(specific), 측정가능성(measurable), 달성가능성(achievable), 현실성(realistic), 시기성(time-based) 등에 맞게 매우 구체적으로 제시하는 것이다.

마케팅커뮤니케이션 계획은 다음과 같이 분석하여야 한다.

첫째, 마케팅커뮤니케이션 계획은 마케팅커뮤니케이션의 상황을 분석하여야 한다. 마케팅커뮤니케이션 상황분석은 경제적 환경 및 사회적 환경 등 현재와 미래의 마케팅환경을 고려한다.

둘째, 마케팅커뮤니케이션 계획은 해당기업의 내부요인과 마케팅믹스 변수들이 마케팅커뮤니케이션에 어떤 영향을 주는가를 분석하여야 한다. 마케팅커뮤니케이션 계획은 내부분석, 즉 강·약점 등 능력을 고려하여야 하고, 마케팅믹스 변수, 즉 제품, 가격 및 유통경로 등은 물론 다른 마케팅믹스 요인과 일관성이 있어야 한다.

셋째, 마케팅커뮤니케이션 계획은 경기상황과 어떤 관계가 있는지 분석하여야 한다. 기업의 경기상황은 마케팅커뮤니케이션 요소들의 상대적 비중에도 영향을 미친다. 마케팅커뮤니케이션 예산은 불경기시에 감소되는 경우가 많다. 그러나 P&G, Coca-Cola, Kodak 등과 같은 세계 유수의 기업들은 호경기이든 불경기이든 자사 상표의 촉진을 일정한 수준으로 유지하고 있다.

(2) 마케팅커뮤니케이션 과정분석

마케팅커뮤니케이션 과정분석은 커뮤니케이션의 여러 가지 기본적 구성요소들을 분석한다. 마케팅관리자는 표적고객을 파악하고, 이들로부터 원하는 반응을 정리하여 효과적 메시지(message)를 창출하며, 적절한 매체(channel)를 선정하여 잠재적 소비자들이 해석(decoding)할 수 있도록 해야 한다.

(3) 마케팅커뮤니케이션 예산책정

마케팅커뮤니케이션의 예산은 투입과 산출을 고려하여 높은 생산성이 확보될 수 있도록 결정되어야 한다. 마케팅커뮤니케이션 예산은 전체 마케팅커뮤니케이션 예산결정 및 각 커뮤니케이션 방법별 예산배정이 가장 중요하다. 마케팅커뮤니케이션 예산은 기업규모, 재무자원 보유정도, 제품유형, 시장성장률, 자사의 시장위치 등이 영향을 미친다.

마케팅커뮤니케이션 예산책정은 다음과 같은 유형이 있다. 매출액비례법(percentage of sales rule)은 현재 또는 예상되는 매출액의 일정비율을 사용하거나 제품 판매가격의 일정비율을 마케팅커뮤니케이션 예산으로 책정하는 방법이다. 경쟁자기준법(competitive‒parity rule)은 자사의 커뮤니케이션 예산을 경쟁사들의 예산에 맞추는 방법이다. 일반적으로 산업평균에 근거하여 커뮤니케이션 예산을 책정하는 방법이다. 가용자원법('All you can afford' rule)은 자사가 지출할 수 있는 금액 또는 다른 비용들을 충당하고 남은 금액을 마케팅커뮤니케이션 예산으로 책정하는 방법이다. 목표 및 과업기준법(objective and task rule)은 마케팅커뮤니케이션의 목표를 정의하고 선정한 목표달성에 수행해야 할 과업을 결정하며, 각 커뮤니케이션 과업별로 소요 경비를 산출하고 이를 합산하여 총 커뮤니케이션 예산을 책정하는 방법이다.

가장 논리적인 커뮤니케이션 예산책정방법은 목표 및 과업기준법이라 할 수 있다.

3) 마케팅커뮤니케이션의 실시

(1) 마케팅커뮤니케이션 프로그램 작성

마케팅커뮤니케이션은 먼저 구체적 전략을 수립하고, 총예산을 마케팅커뮤니케이션믹스 요소별로 할당하여 프로그램을 작성한다. 그리고 기업은 마케팅커뮤니케이션의 계획과 전략에 따라 마케팅커뮤니케이션을 실시한다. 마케팅커뮤니케이션의 구체적 추진전략은 다음과 같은 유형이 있다.

푸시전략(push strategy)은 기업이 중간상에게 영향을 주어 자사 제품을 유통경로 상 다음 단계의 고객에게 권유하도록 하는 전략이다.

풀전략(pull strategy)은 기업이 최종소비자로 하여금 중간상에게 해당 제품을 찾도록 하고, 결국 중간상이 그 제품을 취급하게 하는 전략이다. 풀전략은 기업이 마케팅커뮤니케이션의 초점을 최종소비자에게 둔다. 시장에서 입증되지 않은 신제품에 대하여 중간상이 취급을 원하지 않는 경우 이 전략을 사용한다. 제조업체는 많은 소비자들이 소매점포에서 자사 제품을 찾도록 유도하기 위하여 광고와 쿠폰, 경품 등이 판매촉진에 많이 사용한다.

혼합전략(mixed strategy)은 기업의 마케팅커뮤니케이션의 초점을 중간상과 최종소비자 모두에 두는 전략이다. 푸시전략 또는 풀전략 중 어느 한쪽에만 치중하는 것은 마케팅커뮤니케이션의 힘을 충분히 활용하지 못할 우려가 있어 많은 기업들이 혼합전략을 채택한다.

(2) 통합적 마케팅커뮤니케이션 구축

통합적 마케팅커뮤니케이션(integrated marketing communication)은 기업이 표적시장에 종합적이고 일관성 있는 메시지를 전달하기 위해 여러 커뮤니케이션 수단들을 통합한 마케팅커뮤니케이션이다. 기업은 마케팅커뮤니케이션을 실시할 때 각 요소가 조화를 이루도록 통합하는 것이다.

통합적 마케팅커뮤니케이션 유형에는 수평적 통합과 수직적 통합이 있다.

마케팅커뮤니케이션 수평적 통합은 여러 커뮤니케이션 수단들의 일관성을 확보하는 것이다. 예를 들이 광고메시지는 판매원을 통한 메시지와 일관성이 있어야 한다. 마케팅커뮤니케이션의 수평적 통합요소에는 광고, 홍보, 판매촉진, 인적판매 및 직접 마케팅커뮤니케이션 등 다섯 가지가 있다. 기업은 이 다섯 가지 요소 중 전부 또는 일부를 사용할 수 있다.

마케팅커뮤니케이션 수직적 통합은 제조업체와 유통경로구성원의 활동에 대해 일관성을 확보하는 것이다.

(3) 주요 마케팅커뮤니케이션

㈀ 광 고

광고(advertising)는 기업이 재화나 서비스 또는 아이디어의 수용을 촉진시키기 위하여 매체를 통해 전달하는 모든 형태의 비인적인 커뮤니케이션이다. 전통적으로 광고는 높은 가시성으로 인하여 다수의 대중에게 짧은 시간 내에 도달할 수 있으므로 대규모 표적시장과 커뮤니케이션을 할 때 효율적이다. 기업은 TV, 라디오, 신문, 잡지 등 여러 가지 매체를 이용하여 광고를 한다.

광고에는 바이럴 마케팅(viral marketing)이 있다. 바이럴 마케팅은 virus＋oral의 합성어로서 입을 통해 퍼져나가는 광고를 말한다. 즉 제품(작품)을 보고나서 사람들의 입소문(평)을 통해 자연스럽게 매출(관람객 수)이 결정되는 것을 말한다. 예를 들어 영화를 보고나서 재미있었다거나 소름이 돋았다거나 하는 긍정적인 입소문이 퍼지면 많은 관객을 동원할 수 있지만, 지루했다거나 재미없었다는 등 부정적인 입소문이 퍼지면 관객동원에 실패하게 된다. 또한 이런 입소문이 퍼지는 경로가 인터넷이라면 '온라인 광고(마케팅)'라 할 수 있다.

광고는 다음과 같은 과정을 거쳐 실시된다. ① 제품을 포지셔닝한다. ② 광고목적을 정의한다. ③ 메시지를 사전 시험한다. ④ 광고매체 선택에 지침이 될 수 있는 컴퓨터 기술을 사용한다. ⑤ 더 좋은 매체를 구입하도록 한다. ⑥ 광고의 사후시험을 행한다.

ⓛ PR

PR(public relations)은 기업에 대한 호의적인 이미지를 개발하고 유지하며, 비호의적인 소문, 이야기, 사건 등을 소비자의 기억 속에서 희석시키려고 노력하는 마케팅커뮤니케이션이다. 다시 말하면 PR은 기업이 자사의 성패에 영향을 미치는 여러 형태의 지역사회나 단체들(종업원, 고객, 주주, 지역사회 구성원 및 정부 등)과 긍정적 관계를 확인·수립·유지하는 기능을 한다. PR은 일반적으로 광고보다 저렴하면서도 높은 신뢰성을 가질 수 있는 촉진방법이다. 요즈음에는 최고경영자의 대외연설이나 이벤트행사, 각종 사회봉사활동 등을 통한 다양한 PR활동에도 노력을 기울이고 있다.

ⓒ 홍 보

홍보는 광고의 한 형태로 공중매체, 특히 뉴스 기사의 형태로 나타나며, 기자회견, 보도자료, 유명인사 인터뷰 등의 커뮤니케이션이다. 홍보는 광고와 같이 비용을 지불하는 커뮤니케이션보다 신뢰성이 높다.

ⓔ 판매촉진

판매촉진(sales promotion)은 소비자(최종고객)와 유통업자(도매상, 소매상 또는 기관고객)에게 비교적 단기간에 구매를 자극하고 추가적 가치나 유인을 제공하는 인적판매, 광고, PR 그리고 포장 이외의 모든 촉진활동을 말한다. 판매촉진은 제품에 대한 흥미, 시험구매 또는 구매조장을 위해 주로 사용된다. 판매촉진은 즉시적 성과 창출을 지향하기 때문에 다른 마케팅커뮤니케이션 수단들과는 달리 매출액과 점유율의 증대를 위하여 점점 많이 사용되고 있다.

판매촉진에는 다음과 같은 유형이 있다.

소비자 판매촉진은 제품 또는 서비스의 최종 고객을 대상으로 하는 판매촉진 활동이다. 소비자 판촉수단은 무료견본(sample), 할인쿠폰(coupon), 가격할인, 리베이트, 프리미엄, 광고용 판촉물 제공, 충성도 제고프로그램(마일리지 서비스 등), 시연회, 콘테스트와 경품추첨, 구매시점진열(POP) 등이 있다.

중간상 판매촉진은 소매상, 도매상 또는 기타 사업고객을 대상으로 하는 판매촉진 활동이다. 중간상 판매촉진자, 즉 판매원 판매촉진은 판매원을 대상으로 하는 판매촉진 활동이다. 중간상 판촉수단은 판매경연대회(contest)·프리미엄제공 등 직접 가격할인, 지원금제공, 업종별 전시회(trade show) 등이 있다.

㉤ 인적판매

인적판매(personal selling)는 판매자와 잠재 구매자의 대면 의사소통을 통하여 필요한 제품정보의 즉각적 제공과 직접적인 고객설득이 가능하기 때문에 잠재고객의 구매 실현에 매우 효과적인 방법이다. 인적판매는 즉시적 피드백을 가능하게 하므로 판매자가 메시지를 구매자의 개인적 욕구에 적합하도록 조정할 수 있다.

㉥ 직접 마케팅커뮤니케이션

직접 마케팅커뮤니케이션(direct marketing communication)은 전화, 우편, 전자 매체 또는 방문을 통하여 표적고객과 직접 커뮤니케이션함으로써 고객의 반응을 유도하는 방법이다. 직접 마케팅커뮤니케이션은 소매상, 도매상, 제조업체 및 서비스기업 등 모든 형태의 기업들에 의하여 사용되고 있다. 직접 마케팅커뮤니케이션은 표적고객을 정확하게 파악하고, 이러한 고객에게 도달할 수 있는 주소, 전화번호 및 팩스 등 고객 데이터베이스를 구축하여 활용하고 있다.

직접 마케팅커뮤니케이션 수단에는 직접판매, 카탈로그, 텔레마케팅, 직접반응 방송광고, 인터넷 쇼핑, 케이블 TV 및 인포머셜 등이 있다.

㉦ 소 결

제품의 유형별 촉진도구는 서로 다르다. 산업재는 인적판매, 내구성 소비재는 인적판매와 광고, 그리고 비내구성 소비재는 광고와 판매촉진을 많이 활용한다.

(4) 마케팅커뮤니케이션 과정

마케팅커뮤니케이션은 발신자와 수신자 사이에 의미를 공유하고, 아이디어를 교환하며, 정보를 전달하는 과정이다. 이런 마케팅커뮤니케이션의 의도된 표적은 '표적청중'(수신자)이다. 마케팅커뮤니케이션 과정은 아홉 단계를 거친다.[41] 마케팅커뮤니케이션 과정은 제9장 [그림 9-8]을 참고하기 바란다.

---

41) Belch, George E. and Belch, Michael A., 2004, *Introduction to Advertising and Promotion*, 6th ed., Irwin, 139.

- 발신자(sender): 마케팅커뮤니케이션의 발신자이다.

- 부호화(encoding): 송신자가 의도된 메시지를 전달하기 위하여 단어와 그림 및 기호를 사용하여 부호화 한다.

- 메시지(message): 발신자가 커뮤니케이션 매체를 통하여 수신자(receiver)에게 어떤 메시지를 보낸다. 마케팅커뮤니케이션 메시지는 기업이 자사 제품에 관하여 알리고자 하는 내용이다. 발신자는 수신자에게 메시지를 전달하기 위해 메시지 주체와 메시지 전달자의 역할이 필요하다. 메시지 주체는 일반적으로 기업이고, 자사의 제품, 서비스 또는 아이디어를 판매하고자 하는 상품이다. 메시지 전달자는 실제로 메시지를 제시하는 사람으로서 유명 연예인이나 운동선수가 많이 활용된다.

- 매체(channel): 메시지가 전달되는 수단을 말한다. 광고에 있어서 메시지 경로는 매체(media)를 사용한다. 매체는 신문, 잡지, TV, 라디오 등으로서 광고 도구(advertising vehicles)라고 한다. 그 밖의 메시지 경로에는 편지, 전화, 판매원, 인터넷 등이 있다.

- 해석(decoding): 수신자가 메시지에 사용된 단어와 그림 및 기호의 의미를 해석하는 과정이다. 메시지가 송신자 의도대로 해석되지 않으면 커뮤니케이션이 일어나지 않는다.

- 피드백(feedback): 수신자가 송신자에게 다시 반응(response)하는 커뮤니케이션이다. 송신자는 이 피드백을 분석하여 커뮤니케이션의 효과를 평가할 수 있다. 인적판매와 판매촉진의 경우 피드백이 비교적 신속하다. 대중매체 광고와 PR의 경우 피드백이 신속하지 않으며, 뒤에 나타나는 판매량 또는 마케팅조사를 통하여 그 메시지의 효과를 판단할 수 있다.

- 소음(noise): 커뮤니케이션 과정에서 메시지의 효과적 전달을 방해하는 주의 분산이나 왜곡을 말한다. 소음은 경쟁사의 메시지라든가 판매원이 판매 제안을 하는 도중에 울리는 전화와 같은 방해이다.

4) 마케팅커뮤니케이션의 평가

마케팅커뮤니케이션의 평가는 기업들이 마케팅커뮤니케이션 결과를 평가하기 위하여 사용된 쿠폰의 수로 판매촉진 효과를 측정하는 등의 여러 가지 방법을 사용하고 있다. 그리고 광고 효과를 평가하는 데에는 광고를 기억하는 사람들의 비율을 보거나, 광고 전후 잠재소비자의 제품에 대한 태도를 비교하기도 한다.

마케팅커뮤니케이션 평가방법은 마케팅관리자들이 마케팅커뮤니케이션의 효과를 평가하기 위하여 조사나 실험을 많이 실시한다. 때로는 판매성과를 관찰하고, 판매량의 변화를 마케팅커뮤니케이션에 연결짓는다. 마케팅커뮤니케이션의 절대적 효과성을 당장 평가하는 것은 어렵지만 지속적 노력이 필요한 분야이다.[42]

제 5 절   마케팅통제

마케팅통제는 마케팅부가 마케팅계획을 실행하는 동안 예기치 않는 일이 많이 발생하므로 계속해서 마케팅활동을 평가하고 피드백하는 활동이다. 마케팅통제에는 연간계획 통제, 수익성중심 통제, 효율성중심 통제, 전략성중심 통제가 있다.

1. 연간계획 통제

연간계획 통제는 기업이 연간계획에서 수립된 판매목표, 이윤목표 및 기타 목표들의 달성을 확인하여 통제하는 것이다. 연간계획 통제의 핵심은 목표관리로서 월별·분기별 목표설정, 시장에서의 성과 추적조사, 심각한 성과차이의 원인 발견, 목표와 성과 차이에 대한 시정조치 강구 등이다. 최고경영진이 해당연도의 판매목표와 이윤목표를 설정하여 각기 하급관리자들의 구체적인 목표로 다시 세분된다.

연간계획 통제에는 판매분석(실제 판매량/판매목표), 시장점유율분석(당해 기업의 판매량/총시장판매량), 마케팅 비용 대비 판매액 분석(혹은, 판매원 비용, 광고비용, 판매촉진 비용, 마케팅조사 비용 및 판매관리 비용/판매액), 재무분석(수익률/기업의 순가치) 및 시장에 기초한 점수분석(재무성과 점수시표 확립=고객별 성과점수/이해관계자별 성과점수) 등이 사용된다.

2. 수익성중심 통제

수익성중심 통제는 기업이 제품이나 지역, 고객집단, 세분시장, 유통경로, 주문 규모별 수익성을 측정하여 통제하는 것이다. 경영자는 이에 따라 어떤 제품이나 마케팅활동을 확대, 축소 혹은 제거 등으로 통제할 수 있다. 수익성중심 통제 유형은 다음과 같다.

마케팅 수익성분석이다. 제1단계는 기능별(제품판매, 광고, 포장과 배달, 청구서 발송과 회수) 비용을 산출한다. 제2단계는 기능별 비용의 마케팅 경로별(백화점, 소매점, 전통시장)로

---

42) 문준연, 2010, 전계서, 395.

할당한다. 제3단계는 각 마케팅 경로별 손익계산서를 작성한다.

최적 시정조치의 결정이다. 일반적으로 마케팅의 수익은 상이한 경로, 제품, 지역 또는 기타 마케팅 실체 등의 선택에 따라 상대적으로 나타난다. 따라서 경영자는 구매자들이 '소매창구의 유형'과 '상표'를 기준으로 하여 어느 정도까지 구매하는가를 파악하여야 한다. 이를 바탕으로 소량구매에 대해 특별비용을 부과하거나 가장 취약한 소매점포를 제외하는 등 최적의 시정조치를 취할 수 있다.

직접비용 대비 총비용 결정이다. 이는 마케팅경로 실체의 성과 평가를 총비용으로 할당할 것인가, 아니면 직접비와 추적 가능한 공통비로 할당할 것인가 하는 것이다. 총비용에는 직접비(경로실체에 직접적으로 부과될 수 있는 비용), 추적 가능한 공통비(임차료와 같이 경로실체에 부과할 수 있는 비용), 추적할 수 없는 공통비(임의적으로 경로실체에 할당되는 비용)가 있다. 이 중에서 직접비와 추적 가능한 공통비만 포함하고 있다.

3. 효율성중심 통제

효율성중심 통제는 기업의 수익에 판매원, 광고, 판매촉진 및 유통경로가 효율적이었는지를 평가하여 통제하는 것이다. 효율성중심 통제 유형은 다음과 같다.

판매원 효율성이다. 이는 판매관리자들이 담당지역 내 판매원의 효율성을 평가하는 것이다. 판매원 효율성은 판매원당 일일 평균 판매방문횟수, 접촉별 평균 판매방문시간, 판매방문별 평균 수입액, 판매방문별 평균비용, 판매방문별 접대비용, 100건 판매방문별 주문비율, 기간별 신규 고객 수, 기간별 상실 고객 수, 총매출액 백분율에서 차지하는 판매원 비용 등이 있다.

광고 효율성이다. 이는 광고비로 획득할 수 있는 효과를 평가하는 것이다. 광고 효율성에는 매체수단에 의해 도달된 1,000명 표적구매자당 광고비, 각각의 인쇄매체에 의해 주지하고 읽는 청중의 비율, 광고내용과 광고 효과성에 대한 소비자의 의견, 해당 제품에 대한 태도를 광고 전후로 측정, 광고로 자극받은 후 문의횟수, 문의 당 비용 등이다.

판매촉진 효율성이다. 이는 각각의 판매촉진에 소요되는 비용과 판매액에 미치는 영향을 평가하는 것이다. 판매촉진 효율성에는 특별가격으로 판매한 판매량의 비율, 총판매액 대비 전시비율, 청구한 쿠폰의 비율, 전시 결과로 문의한 횟수 등이다.

유통경로 효율성이다. 이는 적정재고량 유지, 창고위치, 수송방법 등 유통경로의 경제성을 평가하는 것이다.

4. 전략성중심 통제

전략성중심 통제는 기업의 전반적인 마케팅목표의 효과성을 비판적으로 검토하여 전략적으로 통제하는 것이다. 전략성중심 통제 유형은 다음과 같다.

마케팅 효과성평가이다. 이는 기업이나 사업부의 마케팅 지향성이 추구하는 다섯 가지 속성, 즉 고객철학, 통합적 마케팅조직, 적절한 마케팅정보, 전략지향성 및 운영효율성에 따라 평가하는 것이다.

마케팅 감사이다. 이는 마케팅의 취약성을 발견하기 위해 감독하고 검사하는 것이다. 마케팅 감사는 문제가 되는 분야와 기회를 결정하고, 기업의 마케팅 성과를 향상시키기 위한 행동계획을 제시한다는 관점에서 기업 또는 사업단위의 마케팅환경, 목표, 전략, 활동을 포괄적·시스템적·독립적 및 주기적으로 감독하고 검사하는 것이다.

마케팅 탁월성 검토이다. 이는 기업들이 높은 성과를 낸 사업부들의 최상의 실적과 비교하여 그들의 성과를 검토하기 위하여 마케팅 탁월성 지표(저조, 양호, 탁월)를 개발하여 사용할 수 있다. 탁월성지표를 <표 13-6>과 같이 나타낼 수 있다.

〈표 13-6〉 마케팅의 탁월성 지표

저조	양호	탁월
제품 추구	시장 추구	시장 추구
대중시장 지향	세분시장 지향	최소시장 지향 및 고객지향
제품제공	보완된 제품제공	고객해결방안제공
평균적인 제품품질	평균보다 양호	탁월함
평균적인 서비스 품질	평균보다 양호	탁월함
최종제품 지향	핵심제품 지향	핵심역량 지향
기능 지향	과정 지향	결과 지향
경쟁사에 대응	경쟁사를 벤치마킹	경쟁사를 앞지름
공급업자 탐색	공급업자 선호	공급업자와 동반자
가격 추구	품질 추구	가치 추구
평균적인 속도	평균보다 양호	탁월함
계층적	네트워크	팀워크
수직적 통합	수평적 통합	전략적 제휴
주주 추구	이해관계자 추구	사회지향 추구

기업의 윤리적 및 사회적 책임 검토이다. 이는 기업들이 윤리적 및 사회적으로 책임 있는 마케팅을 진실로 실천하고 있는가를 검토하는 것이다. 사업의 성공과 고객 및 기타 이해관계자들을 계속적으로 만족시키는 것은 기업의 사업과 마케팅 행위가 높은 기준을 채택하고 그것에 부합된 실행과 밀접하게 연결되어 있다.

5. 마케팅통제 정리

이상의 마케팅통제를 정리하면 <표 13-7>과 같다.

〈표 13-7〉 마케팅통제의 유형

통제유형	주요 책임자	통제의 목적	구체적 수단
1. 연간계획 통제	최고경영자 중간경영자	계획된 결과의 달성여부 검토	• 판매분석 • 시장점유율분석 • 마케팅 비용 대 매출액분석 • 재무분석 • 시장에 기초한 점수분석
2. 수익성 중심 통제	마케팅 통제자	수익상황의 검토	• 제품 수익성 • 지역 수익성 • 고객 수익성 • 세분시장 수익성 • 유통경로 수익성 • 주문규모 수익성
3. 효율성 중심 통제	직계 및 스텝관리자 마케팅 통제자	지출 효율성, 마케팅 비용의 영향을 평가 및 개선	• 판매원 효율성 • 광고 효율성 • 판매촉진 효율성 • 유통경로 효율성
4. 전략성 중심 통제	최고경영자 마케팅 감사자	시장, 제품 및 경로와 관련하여 최량의 마케팅 기회의 활용여부의 검토	• 마케팅 효과성 검토 • 마케팅 검사 • 마케팅 탁월성 검토 • 기업의 윤리적 및 사회적 책임 검토

자료: 윤훈현 역, 2000, 마케팅론, 석정, 116~121; Kotler, Philip(2008), Principle of Marketing.

제 **14** 장
재무관리

제 1 절   자본의 조달과 운용

1. 기업재무, 자본의 조달과 운용

모든 경제주체는 수입과 지출을 적절히 조정하여야 한다. 기업도 수입인 자금의 조달과 지출인 투자를 적절히 조정하여야 한다.

재무관리(financial management)는 기업자금의 조달(financing)과 조달된 자금의 운용(utilization), 즉 투자(investment)의 업무를 합리적으로 처리하는 것을 의미한다. 재무관리는 광의와 협의로 설명할 수 있다.

협의의 재무관리는 기업재무(corporate finance)라고도 하며, 기업의 자금흐름과 관련된 활동을 다루는 분야를 지칭한다. 따라서 자금의 조달과 운용, 그리고 그와 관련된 계획 및 통제 등이 그 연구대상이 된다.

기업의 자본조달은 여러 자본(타인자본과 자기자본) 중에서 금융비용을 최소로 하면서 수익성을 높이고 동시에 유동성을 유지할 수 있도록 합리적인 자본구성(어느 자본에 얼마 정도씩 조달)을 결정하여 필요한 자본을 확보하는 일이다. 기업의 자본에는 타인자본과 자기자본이 있다. 타인자본이란 기업이 금융기관이나 채권자들로부터 조달한 부채를 말하며, 자기자본이란 창업주가 출연한 금액이나 주식회사의 경우 기업이 주식발행 등을 통해서 자체적으로 출자한 자금이다. 자본조달결정은 재무위험(financial risk), 자본비용(capital cost), 자본구조(capital structure)의 문제와 관련이 있다.

기업의 자본운용은 조달된 자본에 대해 유동성을 유지하면서 수익성을 높일 수 있도록 효율적인 자본투자안(어느 자산에 얼마 정도씩 투자)을 결정하여 활용하는 일이다. 자본운용(투자)결정은 투자가치의 극대화(maximization of the return on investment), 기업가치의 극대화(maximization of the business), 합리적 자산구조(assets structure) 확립 등이 주요과제가 된다.[1]

광의의 재무관리는 기업재무 이외에 유가증권·부동산·외환 등 투자의 의사결정을 다루는 '투자론', 금융기관·금융시장·금융제도 등을 다루는 '금융기관론', 선물·옵션·스왑 등의 파생상품과 그들이 거래되는 파생상품시장을 다루는 '파생금융상품론' 등 광범위한 연구분야를 포함하는 재무학을 지칭한다.[2]

일반적으로 재무관리라 함은 협의의 재무관리인 기업재무를 의미한다.

2. 재무관리의 목표

재무관리의 목표는 일반적으로 기업가치의 극대화와 자기자본가치의 극대화가 궁극적인 목적이다.[3]

1) 기업가치의 극대화

기업은 전통적으로 주주의 이익극대화 목표를 견지해 왔다. 그러나 오늘날 대부분의 학자들은 기업이익극대화 목표가 이익개념의 모호성, 현금흐름의 시간성 무시, 그리고 미래에 기대되는 현금의 불확실성을 고려하지 않았기 때문에 받아들이지 않고 있다.[4]

학자들이 이익극대화를 받아들이지 않는 이유는 다음과 같다.

첫째, 이익극대화목표의 대상인 이익의 개념이 모호하다. 이익극대화라 할 때 이익이 단기적 이익과 장기적 이익 중 어느 것인지, 또는 당기순이익인지 주당순이익인지가 불분명하다. 구체적으로 이익의 계산에서도 모호하다. 기업이익은 총수익에서 총비용을 뺀 것인데, 이 이익을 크게 하려면 주식발행을 증대하여 경영규모를 확대하면 된다. 그러나 이것은 자본이익률을 도리어 낮추고, 주당순이익도 낮아지는 현상이 발생한다.

예제: A사는 10억원 자본금으로 2억원의 이익을 올렸고, B사는 20억원의 자본금으로 3억원의 이익을 올렸다. 또한 A사와 B사의 1주당 가격은 5,000이다. A사는 20만주, 그리고 B사는 40만주의 주식을 발행하였다.

---

1) 임익순, 2000, 재무관리, 박영사, 3~4.
2) 신유근, 2008, 2011, 경영학원론, 다산출판사, 473~474.
3) 이필상, 2004, 재무학, 박영사, 5; 신유근, 2011, 상게서, 474.
4) 이필상, 2004, 상게서, 5~6.

자본이익률 계산: A사 = 이익 2억원 / 자본금 10억원 × 100 = 20%

　　　　　　　　 B사 = 이익 3억원 / 자본금 20억원 × 100 = 15%

주당 순이익 계산: A사 = 2억원 / 20만주 = 1.000

　　　　　　　　 B사 = 3억원 / 40만주 = 750

해석: ① 이익의 절대액은 B사가 더 크다.

　　　 ② 자본이익률은 A사(20%)가 B사(15%)보다 더 높다.

　　　 ③ 주당 순이익은 A사(1,000)가 B사(750)보다 더 높다.

그러므로 A사의 이익률이 B사의 이익률 보다 높다. 따라서 A사의 주가가 B사의 주가 보다 높을 것이다.[5]

둘째, 이익극대화 목표는 화폐의 시간적 가치를 고려하지 못한다. 즉 각기 다른 시점에서 발생하는 이익을 적절히 평가할 수 없다는 것이다. 기업이 단기적 이익을 극대화하다가 장기적으로 이익이 크게 감소되는 경우가 많다.

셋째, 이익극대화 목표는 미래 불확실성을 반영하지 못한다. 기업이익은 자본의 투자에 대한 수익인데, 즉 투자에는 불확실(uncertainty)과 위험(risk)이 내포되어 있다.[6]

따라서 이러한 문제를 해결해 주는 방안이 기업가치의 극대화이다. 기업가치의 극대화(maximization of firm value)목표는 근본적으로 기업의 '수익'과 '위험'에 의하여 결정된다.

$$V = f \,(수익 \times 위험)이다.$$

기업이 벌어들일 미래수익이 클수록 기업의 가치는 커지며 미래수익의 불확실성, 즉 위험이 클수록 기업가치는 작아진다. 기업가치는 기업의 미래현금흐름을 시간과 위험 상황에 대해 고려하여 현재가치로 환산한 것이다. 기업의 가치는 그 기업이 투자한 자산들이 앞으로 그 기업에 얼마나 공헌할 것인가에 달려있다. 즉 미래현금흐름의 현재가치의 합이다.

기업은 투자를 위한 자금을 타인자본(채권자)과 자기자본(주주)으로 조달한다. 따라서 기업가치에 대한 권리는 '채권자'와 '주주'가 함께 갖게 된다. 기업가치의 극대화목표란 채권자의 가치와 주주의 가치를 높여 기업가치의 극대화를 추구한다는 것이다.[7]

기업가치를 결정하는 변수인 기업의 수익성과 위험성은 어떠한 재무의사결정을 하는

---

5) 임익순 외, 2000, 전게서, 7~9
6) 이필상, 2004, 전게서, 5~6; 임익순 외, 2000, 전게서, 7~9.
7) 박정식·박종원·조재호, 2008, 현대재무관리, 다산출판사, 9.

가에 달려있다. 따라서 기업의 가치는 수익성 있는 자산의 투자, 그 투자의 위험, 투자를 위한 자금조달방법 등의 결정에 영향을 받는다.[8]

2) 자기자본가치의 극대화

기업은 자기자본제공자인 주주 가치의 극대화를 목표로 한다. 기업의 자본제공자는 채권자와 주주이다. 채권자는 매년 일정한 이자를 받지만, 주주는 기업의 수익에 따라 받을 수도 있고 못 받을 수도 있다. 즉 채권자의 몫은 기업가치에 관계없이 일정(동일한 이자)하나, 주주의 몫은 기업가치에 따라 변동한다. 그러므로 기업은 주주만을 진정한 기업의 소유주로 보는 관점이 바로 자기자본 가치의 극대화(maximization of equity value) 목표이다. 자기자본은 주식의 형태로 거래되므로 자기자본의 극대화는 주식가치의 극대화, 즉 주가의 극대화(maximization of stock price)를 의미한다.[9]

주가에 발행주식 총수를 곱하면 주주의 가치(시가총액)가 된다. 다만 자본시장에서 형성되는 주가를 기준으로 기업가치를 추정하기 위해서는 해당기업의 모든 정보가 신속하게 투자자들에게 전달되어 내재가치(intrinsic value)에 반영될 수 있어야 한다.

재무관리자는 주주의 부를 극대화하기 위해 기대 위험과 이익률(expected risk−return)의 관계를 잘 검토해야 한다. 예를 들어 타인자본을 많이 사용하면 주주의 이익률이 높아질 수 있지만, 지급능력이 약화되어 도산될 위험도 높다. 그리고 운전자본을 줄이고 재고자산의 보유(투자)를 적게 한다면 자본이익률은 높아지겠지만, 재고자산이 부족하여 판매가 감소되고 이익의 감소나 손해를 보게 될 위험도 있다.[10]

따라서 기업은 수익성(profitability)을 높이고 유동성(liquidity), 즉 기업의 단기지급능력을 항상 유지할 수 있어야 존속할 수 있다. 경영자는 단기뿐만 아니라 장기적으로 주주 부의 극대화(maximization of shareholder wealth)를 위해 기업의 이익을 높은 수준으로 계속 유지하고, 시장에서 그 기업 자산의 가치가 높게 평가되어 주가가 상승하도록 해야 한다.[11]

---

8) 이재규 · 최용식, 2004, 현대경영학, 창민사, 388~389.
9) 박정식 외, 2008, 전게서, 9.
10) Martin, John D., Petty, J. William, Keown, Arthur J., Scott, David E., Jr., 1979, *Basic Financial Management*, Prentice−Hall, Inc., 7~8; Findlay, M. C. and Whitmore, G. A., 1974, "Beyond Shareholder Wealth Maximization," *Financial Management*, Vol. 3, No. 4, 25~35, 25~35.
11) 이필상, 2004, 전게서, 5~6; 임익순 외, 2000, 전게서, 9.

3. 재무관리의 기능

재무기능에는 자본조달(재무계획기능), 자본운용(재무실천기능)으로 효과적인 기업자산의 구성, 합리적인 기업자본의 구성이 있고, 효율적 재무통제(재무통제기능)가 있다.

1) 재무계획 기능: 과학적 재무계획

재무관리자는 앞으로 경영활동에 소요되는 자본을 어떠한 원천으로부터 얼마씩 조달하여 어떠한 기업자산에 각각 어느 정도씩 투자하는 것이 가장 과학적인 방법인가에 대해 구상해야 한다. 따라서 기업은 같은 자본을 조달하여도 그 조달방법에 따라서 자본비용, 위험성, 지배권, 유동성 및 주주의 이익에 상이한 영향을 미치게 되므로 '합리적인 자본구성'을 계획해야 한다.[12] 여기에서 자본이란 경제적 목적이 부여된 자금을 뜻하고, 투자란 미래에 더 큰 경제적 이득을 기대하면서 미래의 자산획득을 위한 자금의 지출을 의미하며, 조달이란 투자에 필요한 자금을 확보하는 것을 의미한다.

재무계획은 기업 활동의 결과로 얻어진 과거의 재무자료를 분석하는 것뿐만 아니라 앞으로의 투자활동과 필요자금을 예측하는 것까지도 포함하는 기능이다. 따라서 재무계획 기능은 '합리적인 자본조달결정'이 매우 중요한 기능이다.

자본조달결정(financing decision)은 자산을 구입하기 위한 자금, 즉 투자에 필요한 자금을 어떻게 조달(확보)할 것인가에 관해 결정하는 기능이다. 기업은 이에 따라 부채와 자

[그림 14-1] 재무상태표와 재무의사결정

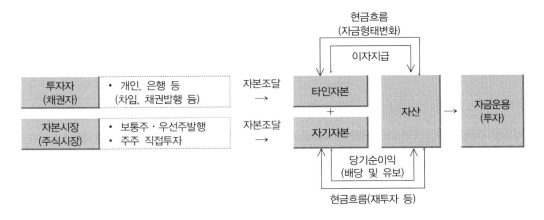

---

12) 임익순 외, 2000, 전게서, 6.

기자본의 규모, 구성내용이 결정되며 그 결과는 재무상태표의 오른쪽(대변)에 나타난다. 자본조달결정은 투자 및 기업 활동에 필요한 자금을 어디서 얼마만큼 확보하는 것이 효율적인 조달방법인가 하는 자본조달의 최적배합(optimal mix of financing) 또는 최적자본구조(optimal capital structure)의 결정이다.

자금조달방법은 타인자본과 자기자본으로 구분된다. 타인자본, 즉 부채는 1년 이내에 갚아야 할 유동부채와 1년 이상의 장기간에 걸쳐서 갚아야 하는 비유동(고정)부채로 나누어지며, 자기자본은 자본금과 자본잉여금, 이익잉여금으로 구분된다.

기업의 재무상태인 자산과 부채 및 자본에 대해 [그림 14-1] 재무상태표와 재무의사결정에서 설명하고 있고, [그림 14-2] 재무관리의 기능과 자본순환과정에서 설명하고 있다.

[그림 14-2] 재무관리의 기능과 자본순환과정(재무상태표)

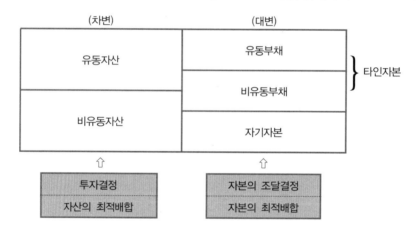

2) 재무실시 기능: 기업자산의 구성과 기업자본의 구성

(1) 효과적 기업자산의 구성

기업은 경영활동을 하기 위해 각종 유동자산과 비유동(고정)자산에 어느 정도씩 자본을 투자해야 가장 효과적인 구성이 되는가를 결정해야 한다. 따라서 기업은 신제품 생산판매의 결정, 현금판매나 외상판매의 비율결정, 제품재고량의 보유정도 결정, 활동자산과 비유동자산의 투자 등을 검토해야 한다. 따라서 재무관리자는 투자위험을 줄이고 유동성을 유지하며, 주주의 이익을 장기적으로 높일 수 있도록 각종 자산에 효과적으로 투자를 결정해야 한다.[13]

---

13) 임익순 외, 2000, 전게서, 4~5.

투자결정(investment decision)은 어떤 자산을 얼마만큼 보유할 것인가를 결정하는 실물자산에 대한 기능이다. 기업은 이에 따라 자산의 규모와 구성내용이 결정되며, 이 자산은 재무상태표의 왼쪽(차변)에 나타난다. 투자결정은 기업목적 달성에 어떤 자산을 얼마만큼 보유하는 것이 가장 효율적인 방법인가 하는 것으로서 자산의 최적배합(optimal mix of assets) 또는 최적자산구조(optimal assets structure)의 결정과 밀접한 관련이 있다.

투자자산은 유동자산과 비유동(고정)자산으로 구분된다.

유동자산은 1년 이내에 현금화할 수 있어서 유동성이 빠른 자산이다. 유동성이란 자산을 빠르게 현금화할 수 있는가를 의미한다. 유동자산에는 대표적으로 현금, 단기금융자산 등이 있다.

비유동(고정)자산은 1년 이내에 현금화할 수 없어서 유동성이 느린 자산이다. 1년 이상의 장기간에 걸쳐 투자한 자산이므로 투자결정의 가장 중요한 자산이다. 비유동자산에는 대표적으로 부동산이 있다.

(2) 합리적 기업자본의 구성

재무관리자는 기업의 경영활동에 필요한 소요자금이 결정되면, 이 자금을 어떠한 원천으로부터 각각 어느 정도씩 조달하는 것이 가장 합리적인 자본구성인가를 연구해야 한다. 기업이 조달할 수 있는 자본은 자기자본과 타인자본, 또는 단기자본과 장기자본 등으로 조달한다. 타인자본을 너무 많이 이용하면 유동성이 약화되고 지급 능력을 상실할 가능성이 농후하다. 또한 자기자본을 과다하게 이용하고 타인자본의 이용이 과소하면 주주의 이익이 감소될 수도 있다.[14]

기업의 각종 자본은 금융비용, 위험성, 지배권 및 주주의 수익에 상이한 영향을 미치기 때문에 기업은 자산구성의 결정에 신중해야 한다. 따라서 재무관리자는 기업자산의 구성을 참작하여 위험성을 줄이고 수익성과 유동성이 항상 높게 유지될 수 있도록 자본을 합리적으로 구성해야 할 것이다.

특히 기업은 자본순환 과정에서 자금의 지급능력을 유지하기 위한 유동성관리를 철저하게 해야 한다. 기업의 유동성 관리에는 기업의 보유자산과 자본 간의 조화를 원활히 하기 위한 '운전자본관리'와 기업의 경영성과로 창출된 이익을 어떻게 배분할 것인지, 얼마나 사내에 유보할 것인지를 결정하는 '배당결정관리' 등이 있다.

---

14) 임익순 외, 2000, 전게서, 5~6.

3) 재무통제 기능: 효율적 재무통제

재무통제란 자본을 조달한 결과인 자본구성과 자본의 투자운용 결과인 자산구성이 그 계획대로 되었는가를 검토하고 조정하는 기능이다. 만약에 일정기간의 자본조달과 자본운용이 재무계획대로 집행되지 못하였으면 그 이유를 파악하여 이에 대한 개선책을 마련하여 장차 더 효율적인 재무관리를 할 수 있는 계획을 수립하여 집행해야 한다.

재무통제의 방법으로 실수분석, 비율분석 및 기타 여러 가지 분석방법이 있다.

제 2 절 재무제표와 현금흐름

1. 재무제표

1) 재무제표의 의의

재무제표(financial statements: F/S)는 기업의 경영성적표로서 회계기간 동안에 수행한 경영활동의 결과를 요약·정리한 재무에 관한 여러 회계보고서이다. 재무제표의 작성 목적은 기업의 이해관계자들에게 기업의 실체와 관련하여 합리적인 의사결정을 할 수 있도록 다양한 정보를 제공해 주는 데 있다.[15] 재무제표에는 재무상태표, 손익계산서 및 현금흐름표 등이 있다.

2) 재무상태표

재무상태표(Financial Statement)는 일정시점(결산기말)에서 기업의 재무상태를 총괄적으로 나타내는 보고서이다. 기업의 재무상태라 함은 기업의 자산·부채 그리고 자본의 구성 상태를 의미한다.

자산(assets)은 기업이 보유하고 있는 자원의 총가치이다.

부채(liabilities)는 기업이 채권자나 외부 이해관계자에게 차입한 채무액들이다. 즉 기업이 앞으로 상환해야 하는 금액이다.

또한 자본(owners equity)은 기업의 소유자가 기업에 투자한 금액이다. 따라서 기업소

---

15) 이의경, 2004, 알기 쉬운 재무관리, 명경사, 35~41.

유자가 기업에 대해서 청구할 수 있는 몫이다.

　재무상태표는 대변(오른쪽)에 자금의 조달원천인 부채와 자본이, 차변(왼쪽)에 자금의 운용상태인 자산의 재무상태를 나타낸다. 재무상태표는 자산의 조달원천인 자본(타인자본 <부채>와 자기자본)이 어떻게 활용되고 있는지를 나타내는 자금의 운용상태, 즉 경영활동을 나타낸다. 따라서 재무상태표는 일정시점에서의 기업자금의 조달과 운용 결과를 한눈에 볼 수 있는 보고서로서 의미를 갖고 있다.

　재무상태표는 다음과 같이 왼쪽항목인 자산과 오른쪽항목인 부채·자본이 항상 균형 관계를 유지한다.

$$\frac{왼쪽항목}{자산} = \frac{오른쪽항목}{부채 + 자본}$$

　재무상태표 왼쪽에 기재되는 자산의 항목배열은 현금화가 높은 유동성 배열원칙에 따라 유동자산과 비유동자산의 순으로 배열된다. 유동자산(current assets)은 1년 이내에 현금화 할 수 있는 자산이다. 유동자산은 유동성이 큰 자산부터 먼저 기재해야 한다. 따라서 현금, 단기금융자산, 매출채권 등의 순으로 배열된다. 그리고 비유동자산(fixed assets)은 1년 이내에 현금화가 어려운 자산이다. 투자자산, 유형자산, 무형자산 순으로 배열된다. 비유동자산 중 유형자산은 토지, 건물, 기계장치, 구축물 순으로 배열된다.

　재무상태표 오른쪽에 기재되는 부채와 자본의 항목배열은 다음과 같다.

　부채는 상환 만기가 빠른 순으로 기록된다. 따라서 상환기간이 1년 이내인 유동부채와

〈표 14-1〉 재무상태표　　　　　　　　　　　　　　　　　　　　　　　　(계정식)

×××회사	20**년 12월 31일 현재		(단위: 백만원)
자 산:		**부 채:**	
		매입채무	200,000
현금	370,000	미지급광고비	20,000
단기대여금	100,000	부채 총계	220,000
매출채권	100,000	**자 본:**	
상품	300,000		
선급보험료	60,000	자본금	600,000
		이익잉여금	110,000
		자본 총계	710,000
자산 총계	930,000	부채와 자본 총계	930,000

1년 이상인 비유동부채 순으로 배열된다.

자본은 주식발행을 통한 자본금, 주식의 액면 가액과 현재 주식시장에서 거래되는 가격과의 차이에서 발생하는 자본잉여금, 이전까지 축적된 이익으로부터 발생한 이익잉여금 순으로 배열된다.

기업회계를 기준으로 한 작성방법은 전년도와 비교하여 2개년을 나타내도록 하고 있다. 재무상태표는 <표 14-1>과 같다.

3) 포괄손익계산서

손익계산서(income statement: I/S)는 일정기간 동안 기업에서 발생한 모든 수익과 비용을 대응시켜(수익·비용대응의 원칙) 그 기간 동안의 경영성과를 나타내는 종합적인 손익보고서이다. 즉, 수익과 비용 그리고 이익 사이에는 다음과 같은 등식이 성립한다.[16]

$$수익 - 비용 = 이익$$

<표 14-2> 포괄손익계산서 (보고식)

×××회사	20**년 1월 1일~20**년 12월 31일		(단위: 백만원)
매출액			950,000
매출원가			<u>700,000</u>
매출총이익			250,000
판매비와 관리비			
	종업원급여	80,000	
	운송비	10,000	
	통신비	20,000	
	임차료	50,000	
	보험료	10,000	
	광고비	<u>20,000</u>	190,000
당기순이익			
기타포괄손익			60,000
총포괄이익			<u>+1,000</u>
			<u>61,000</u>

---

[16] 수익과 이익은 차이가 있다. 수익=이익+비용이다. 수익을 올렸다고 하면 매출을 성장시켰다는 말이고 (수익=매출), 이익을 올렸다 하면 상대적으로 매출(수익)을 고정시키고 비용을 줄이겠다는 의미이다(매출(수익)-비용).

IFRS 기준에는 발생 수익과 비용은 총액기준으로 계상한다. 수익은 실현시기를 기준 (실현주의)으로 하며, 비용은 발생을 기준(발생주의)으로 계상하도록 하고 있다. 또한 손익계산서는 경영성과의 손익표시를 매출총손익, 영업손익, 경상손익, 법인세비용차감전순손익, 당기순손익의 순서로 구분 표시하여 작성토록 규정하고 있다.

종전에는 손익계산서를 사용하였으나, 최근에는 포괄손익계산서로 변경하였다. 포괄손익계산서는 손익계산서의 당기순이익에서 기타 포괄수익을 가산하거나 감산하여 총포괄손익을 얻는 방식이다. 즉 당기순이익 ± 기타포괄손익 = 총포괄손익이다. IFRS를 기준으로 한 작성방법은 전년도와 비교하여 2개년을 나타내도록 하고 있다. 포괄손익계산서는 <표 14-2>와 같다.

2. 현금흐름표

1) 현금흐름표의 의의

현금흐름(cash flow)은 기업의 경영활동 과정에서 발생하는 모든 현금과 예금의 유입과 유출을 말하며 이를 현금흐름표로 나타내고 있다.

현금흐름표(statement of cash flows)는 기업의 자금흐름을 나타내는 현금흐름의 정보, 즉 현금의 유입과 유출에 관한 정보를 제공하는 재무보고서이다. 현금흐름표는 재무제표인 재무상태표와 손익계산서를 이용하여 모든 자료(자산과 부채 및 자본금)의 변동 상태를 회계연도의 기말금액과 기초금액을 비교하여 작성할 수 있다.

현금흐름표는 기업의 주요활동인 3요소, 즉 영업활동, 투자활동 및 재무활동을 구성요소로 삼고 있다. 영업활동(operating activities)은 재화(상품, 제품)를 생산·판매하거나 용역을 제공하는 활동이다, 투자활동(investing activities)은 영업활동을 하는데 필요한 영업용 자산(토지, 건물, 기계장치, 차량운반구)을 취득하는 활동이다. 또한 재무활동(financing activities)은 자본의 조달 및 반환과 자본의 사용대가(이자와 배당)를 지급하는 활동이다.

현금흐름표는 회계기간 동안 영업, 투자 및 재무활동에서 각각 얼마나 현금유입과 현금유출이 있었는가를 보여주며 현금흐름표의 구조는 다음과 같다.

현금흐름표의 핵심내용은 영업, 투자 및 재무활동의 현금흐름에 대한 정보이다. 즉 영업활동 현금흐름, 투자활동 현금흐름 및 재무활동 현금흐름을 현금유입과 현금유출의 차이인 '순액(net amount)', 즉 순증가액, 순감소액을 의미한다.

현금흐름표의 구조

영업활동 현금흐름(= 유입 − 유출)
+ 투자활동 현금흐름(= 유입 − 유출)
+ 재무활동 현금흐름(= 유입 − 유출)
= 현금의 증가·감소(= 총유입 − 총유출)
+ 기초의 현금
= 기말의 현금

2) 현금흐름표의 작성과 유용성

<표 14-3>은 모회사의 현금흐름표의 예이다. 이 회사는 영업활동을 수행한 결과, 130억원의 현금유입이 있었고, 상품매입대금 및 영업비용 지급으로 90억원의 현금유출이 있었다. 따라서 영업활동 현금흐름은 40억원을 순유입(창출)하였다.

투자활동의 현금흐름은 유형자산을 취득하기 위하여 40억원의 현금이 유출되었다. 그런데 이전에 보유했던 다른 유형자산을 처분하여 5억원의 현금이 유입되었으므로 결국

〈표 14-3〉 현금흐름표

×××회사	20**년 1월 1일 ~ 20**년 12월 31일	(단위: 백만원)
영업활동 현금흐름:		
매출로부터의 현금유입	13,000	
상품매입에 대한 현금유출	(7,000)	
영업비용 지급	(2,000)	4,000
투자활동 현금흐름:		
유형자산 처분	500	
유형자산 취득	(4,000)	(3,500)
재무활동 현금흐름:		
장기차입금 증가	1,000	
차입금이자 지급	(700)	
현금배당 지급	(800)	(500)
현금의 증가		0
기초의 현금		100
기말의 현금		100

주) 위의 ( )는 현금유출을 의미함.

35억원의 순유출이 있었다. 결국 이 기업은 영업활동과 투자활동에서 창출한 순현금흐름은 5억원(＝40－35)이다.

이 회사가 창출한 순현금흐름은 재무활동을 통하여 기업의 자본제공자들(채권자, 주주)에게 배분된다. 그런데 순현금흐름 5억원만으로는 7억원의 차입금이자 지급과 8억원의 주주배당금 지급을 할 수 없기 때문에 장기차입금 10억원을 조달하여 자금부족을 메우고 있다. 그 결과 이 회사의 재무활동 현금흐름은 5억원의 순유출(＝유입 10억원－유출 15억원)로 나타나고 있다.

이와 같이 영업활동 현금흐름이 순유입 40억원이고, 투자활동 현금흐름이 순유출 35억원 그리고 재무활동 현금흐름이 순유출 5억원이므로 현금의 순증가는 0이다. 따라서 기말의 현금 보유액과 기초의 현금 보유액과 같다.

재무상태표와 포괄손익계산서는 기업의 재무상태와 경영성과에 대한 정보는 제공하지만 기업의 현금흐름에 대한 정보는 제공하지 못한다. 그러나 현금흐름표는 기업이 재화·용역의 판매에서 실제로 얼마나 현금흐름을 창출하였는가, 창출된 현금흐름을 어떻게 자본공급자들에게 배분되었고 또 부족한 자금을 어떻게 조달하였는가에 대해 유용하게 설명해 준다.[17]

3. 유동성관리

유동성(liquidity)이란 어떤 자산을 얼마만큼 빠르게 처분하여 현금화할 수 있는가를 의미한다. 유동성관리란 단기간의 영업활동에 필요한 현금의 유입과 유출을 관리하는 것이다. 유동성관리에는 딩기와 전기의 재무제표를 비교하는 방법과 재부제표 항목들 간의 비율을 분석하는 방법이 있다.

1) 재무제표를 이용한 기법

(1) 재무상태표 비교를 통한 유동성관리

재무담당자는 연도별 재무상태표 항목들을 서로 비교하여 자산·부채·자본의 증감에 대한 동향을 지속적으로 추적함으로써 기업의 전반적인 성과를 통찰할 수 있고, 재무담당자가 어떤 항목들에 대해 중점을 두어야 하는지를 알 수 있다. <표 14－4>에 예시된

---

17) 김권중, 2009, NEW 회계원리, 창민사, 56~57, 490~493.

○○회사의 2**1년과 2**2년의 재무상태표를 비교해 보면 ○○회사의 경우 자본잉여금과 이익익여금이 전기보다 훨씬 감소했음을 알 수 있다. 따라서 경영자와 재무관리담당자는 왜 이런 현상이 발생했는지에 대한 원인을 분석하고 필요한 조치를 강구할 수 있을 것이다.

〈표 14-4〉 재무상태표　　　　　(개정식)

(단위: 천원)

과목	2**1	2**2	과목	2**1	2**2
자 산			부채와 자본		
1. 유동자산			1. 유동부채	38,000	36,000
현금	15,000	16,000	2. 고정부채	60,000	60,000
재고자산	71,000	57,000	부채 총계	98,000	96,000
유동자산 소계	86,000	73,000	3. 자본금	12,000	10,500
2. 비유동자산			4. 자본잉여금	30,000	15,500
건물	10,000	12,000	5. 이익잉여금	30,000	23,000
부동산	40,000	28,000	자본 총계	72,000	49,000
기계시설	34,000	32,000			
고정자산 소계	84,000	72,000			
자산 총계	170,000	145,000	부채와 자본총계	170,000	145,000

(2) 손익계산서의 비교를 통한 유동성관리

재무담당자는 영업활동 중 어떤 부분이 취약한가를 분석함으로써 영업활동의 효율성을 증진시키는 방안을 강구할 수 있다.

<표 14-5>에 예시된 ○○회사의 2**1년과 2**2년의 손익계산서를 비교해 보면 전기에 비해 매출액은 8.3%(240,000 → 220,000) 감소한 반면, 비용은 6.8%(219,800 → 204,920) 밖에 감소하지 않아서 당기순이익이 무려 25.3%(12,928 → 9,651)나 감소하였음을 알 수 있다. 이러한 문제점이 파악된다면 경영자와 재무담당자는 매출액 감소원인을 분석하여, 그 증진방안과 기업의 비용구조상의 비효율성을 개선하여 비용절감을 위한 방안을 강구할 수 있을 것이다.[18]

---

18) 신유근, 2008, 전게서, 448~449.

〈표 14-5〉 손익계산서   (보고식)

(단위: 천원)

과 목	2**1	2**2
수익	240,000	220,000
매출액		
비용		
매출원가	180,000	166,000
판매비 및 일반관리비	31,500	29,600
지급이자	8,300	9,320
비용총계	219,800	204,920
법인세차감전 순이익	20,200	15,080
법인세(36%)	7,272	5,429
당기순이익	12,928	9,651

2) 비율분석을 이용한 기법

비율분석(ratio analysis)은 계정 간의 비율을 통해 기업의 경영성과와 재무성과를 파악하여 내부통제를 하는 기법이다. 비율분석의 비교대상 기준은 일반적으로 그 기업이 속해 있는 산업평균(industrial average)이 된다. 그러나 기업들은 산업평균과 더불어 기업의 특성과 과거 시장활동 경험을 기초로 해 경영자가 설정한 기준이 비교대상이 되기도 한다. 이러한 비율분석에서 많이 사용되는 비율은 유동성비율, 레버리지비율, 활동성비율, 수익성비율 등이다.[19]

유동성비율(liquidity ratio, 유동자산/유동부채)은 기업의 단기부채를 상환할 수 있는 능력을 나타내는 비율로서 단기지급능력비율이라고도 한다. 유동성은 보통 기업이 단기부채를 상환할 수 있는 능력이다. 만약 이 주식회사의 유동성은 그가 속해 있는 산업평균의 2배라면 ○○회사의 유동성은 좋다고 할 수 있다. 그러나 만약 산업평균이 이 회사의 3배라면 유동성을 높이기 위한 조치를 취해야 할 것이다.

레버리지비율(leverage ratio, 부채/총자본)은 기업의 총자본에서 타인자본이 어느 정도의 비중을 차지하는가를 나타내는 비율로서 장기지급능력비율이라고도 한다. 일반적으로 기

---

19) 보다 자세한 내용은 제5절을 참고하기 바란다.

　박정식 외, 2008, 전게서, 600~611; 신유근, 2008, 전게서, 449~450.

업의 부채비율은 낮을수록 좋지만, 기업의 현재 영업실적이라든가 미래 성장가능성에 따라 적정한 비율이 달라질 수 있다.

활동성비율(activity ratio)은 기업이 소유하고 있는 자산 등을 얼마나 효율적으로 이용하고 있는가를 나타내는 비율이다. 활동성비율은 일반적으로 매출액을 각 중요자산(매출채권, 재고자산, 유형자산)으로 나누어 구한 회전율로 표시된다. 기업의 자산관리 효율성에 대한 정보와 동종산업 내 다른 기업과의 비교 등을 통해서 시설투자규모의 적절성도 평가할 수 있게 한다.

수익성비율(profitability ratio)은 기업의 총괄적인 경영성과와 이익창출능력을 나타내는 비율로서 기업경영의 효율성에 대한 지표가 된다. 보통 분자는 이익항목, 분모는 투자액 또는 매출액 항목으로 구성된다. 경영자는 사업확장이나 신규사업 참여 시, 채권자는 장기적 안전성 검증 시, 주주는 주식의 투자가치분석 시, 종업원은 임금교섭 시 그 판단기준이 되며, 세무당국은 담세능력 평가기준으로 활용한다.

4. 재무관련 환경

기업은 투자자본이나 여유자본을 충분히 확보하여 기업활동을 수행하는 것이 가장 바람직하다. 그러나 기업들은 대다수가 그렇지 못하기 때문에 자본조달에 유리한 재무환경 조성이 필요하다.

재무환경은 금융자산(증권), 금융시장, 그리고 금융중개기관의 3대 구성요소로 이루어져 있다.[20]

금융자산은 기업이 실물자산을 이용하여 생산한 제화와 서비스로부터 벌어들이는 수익에 대한 청구권을 나타내는 자산이다. 기업의 금융자산은 흔히 증권(securities)이라고 불리며, 주식과 채권이 그 대표적인 예이다. 한편, 금융자산과 대칭을 이루는 실물자산이 있다. 실물자산은 기업이 생산하는 재화와 서비스에 직접적으로 소요되는 유·무형자산을 의미하고 있다. 금융자산과 실물자산을 합하여 '기업의 자산'이라 한다.

금융시장은 증권시장이라고도 한다. 금융시장은 주식이나 채권과 같은 증권이 발행 또는 거래되고, 그 가격이 형성되는 시장이다.

금융의 거래방식은 직접금융시장과 간접금융시장이 있다. 직접금융시장은 자금의 수요자인 기업과 자금의 공급자인 투자자가 직접 거래하는 시장으로서 주식시장과 채권시장

---

20) 선우석호, 2004, 재무관리, 율곡출판사; 신유근, 2008, 전게서, 444~445.

이 대표적인 예가 된다. 간접금융시장은 은행 등과 같은 금융기관이 자금중개 역할을 수행하는 시장으로서 은행대출시장이 그 대표적인 예가 된다.

금융의 만기방식은 단기금융시장과 장기금융시장이 있다. 단기금융시장은 1년 이하의 증권이 거래되는 시장으로서, 화폐시장(money market)이라고도 한다. 화폐시장은 양도성 예금증서(CD: certificate of deposit), 기업어음(CP: commercial paper) 등이 대표적인 증권으로 거래되고 있다. 장기금융시장은 만기가 1년 이상인 장기증권이 거래되는 시장으로서, 자본시장(capital market)이라고 한다. 자본시장은 다시 기업이나 정부가 장기자금을 조달하기 위하여 발행한 만기 1년 이상의 채권이 거래되는 '채권시장'과 기업의 소유지분을 나타내는 보통주와 우선주가 거래되는 '주식시장'으로 나눌 수 있다.

금융거래는 원래 자금의 수요자와 공급자가 직접 만나서 거래할 자금의 규모·거래시점·거래통화·이자지급조건·담보 등 구체적인 거래조건들을 협의하고, 그에 따라 직접 거래하는 '직접금융거래방식'이 가장 이상적이다. 그러나 직접금융거래 방식은 자금의 수용자와 공급자가 적절한 거래 상대방을 찾기 어려울 수 있고, 그의 신용을 확인하기 어렵기 때문에, 공신력 있는 제3자가 자금공급자들로부터 자금을 모아서 자금 수요자들에게 공급해 주는 '간접금융거래 방식'인 '금융중개기관'을 이용하게 된 것이다.

금융중개기관은 자금의 수요자와 공급자의 금융거래에 대해 중개자역할을 하는 기관이다. 금융중개기관은 크게 예금기관, 계약형 저축기관, 투자기관으로 구분된다. 예금기관에는 시중은행·특수은행·협동조합·상호저축은행 등이 포함되고, 계약형 저축기관에는 연금·보험회사 등이 포함되며, 투자기관에는 자산운용회사·뮤추얼 펀드·할부금융회사 등이 포함된다.

제 3 절   재무계획: 자본의 조달

1. 자본조달의 의의[21]

자본조달(financing)은 기업이 경영주나 투자자, 은행 등 금융기관으로부터 경영활동에

---

21) 재무상태표의 기재 순서로 보면 타인자본(간접금융), 자기자본(직접금융) 순으로 설명해야 하나, 기업의 경영자 입장에서 보면 자기자본을 먼저 조달하고 부족할 경우 타인자본을 사용하므로 이 순서에 따라 설명하기로 한다.

필요한 자금을 제공받거나 또는 차입 및 조달하는 것을 말한다. 자본조달은 재무상태표의 오른쪽(대변) 항목에 기록된다. 자본의 조달은 증권시장과 자본시장을 통해 이루어진다. 증권시장은 자본증권인 주식이나 채권 같은 유가증권이 거래되는 시장전체를 말한다. 자본시장은 장기성 자금을 조달하기 위해 자본증권이 거래되는 시장으로서 기능적 의미의 시장을 포괄하고 있다.

기업은 사업추진에 필요한 대규모 자본의 확보가 필요하다. 가장 바람직한 자본조달은 기업자체에서 충당하는 자기자본이다. 그러나 대부분의 경우 자기자본에는 한계가 있으므로 외부로부터 차입할 수밖에 없다. 이 때 필요한 자본을 어디로부터 조달할 것인가를 결정하여야 한다. 자본조달결정은 각 자본조달원천을 바람직한 비율로 결정하는 일이다.

자본조달결정(financing decision)은 크게 2단계로 나눌 수 있다. 하나는 자본의 원천을 결정하는 것이고, 다른 하나는 각 원천으로부터 어느 정도의 자본을 조달할 것인가를 결정하는 것이다. 자본조달의 방법은 앞의 [그림 14-2]에서와 같이 단기자본조달(1년 이내)이냐 장기자본조달(1년 이상)이냐를 고려하고, 타인자본(부채)으로 할 것인지 자기자본(자본금)으로 할 것인지를 검토하여 결정해야 한다.[22]

자본조달 원천의 결정에는 다음과 같은 사항을 고려해야 한다.

첫째, 비유동자산 취득의 경우 장기성 타인자본을 조달하는 것이 좋을 것이다.

둘째, 주식발행으로 자본조달을 할 경우 이 주식을 사들여 지배권을 확보하려는 세력(기업 또는 기관)이 없는지 확인해야 할 것이다.

셋째, 특정 조달원천으로부터 자본을 조달했을 경우 어느 정도의 대가를 지불해야 하는가를 사전에 파악해야 할 것이다.[23]

2. 자본조달의 원천

자본조달에는 타인자본 조달방식과 자기자본 조달방식이 있다. 이를 [그림 14-3]으로 나타낼 수 있다.[24]

---

22) 김동환·김안생·김종천, 2002, 최신재무관리, 무역경영사, 235~245; 김영규·김형규, 1999, 에센스 재무관리, 박영사, 223.
23) 신유근, 2011, 전게서, 477.
24) 박상범·박지연, 2022, 4차 산업혁명시대의 경영학원론, 탑북스, 258.

[그림 14-3] 자본의 종류

1) 타인자본 조달

타인자본 조달은 간접금융을 통한 자본조달이라고도 하는데, 기업이 은행 등 금융기관을 통하여 자금을 조달받는 자본조달방식을 말한다. 타인자본 조달은 투자자와 직접거래를 하는 것이 아니라 금융기관과 같은 중개업체를 통해 자금을 조달하는 형태를 의미한다. 대표적인 방법으로 은행차입, 기업어음의 발행 등이 있다.

(1) 은행차입

은행차입은 가장 보편적인 방법의 간접금융방식이다. 은행차입은 만기가 1년 이상인 장기차입금과 1년 미만인 일반대출, 당좌차월, 적금대출 등의 단기차입금으로 분류할 수 있다. 기업은 은행과 당좌예금거래를 개설하고 수표를 발행하는데 당좌차월 계약을 맺게 되면 당좌예금이 없더라도 당좌차월 한도 내에서 수표를 발행할 수 있다. 일반적으로 은행은 신용대출요건과 담보대출요건을 설정해 놓고 대출을 하므로 수속절차가 번거롭고 요건에 충족하지 못한 기업은 은행차입 대신 기업어음을 발행하기도 한다.

(2) 매입채무

매입채무란 상품이나 원료를 구입한 뒤 대금을 즉시 지불하지 않아서 발생되는 부채를 말한다. 대표적인 매입채무에는 외상매입금과 지급어음이 있다. 외상매입금은 상품이나 원재료의 구입 후 기업의 신용을 바탕으로 대금의 지급을 연기받는 형태를 말하며, 지급어음[25]은 상품매입기업이 은행의 보증을 바탕으로 매입대금을 지불할 기한과 금액을

---

25) 어음이란 일정한 금액을 일정한 기일에 일정한 장소에서 지불할 것을 약속하는 유가증권이다.

명시한 증서인 어음을 발행하여 상품판매기업에 대해 대금지급을 연기하는 것을 말한다. 지급어음의 경우 법적 구속력이 있기 때문에 약속된 날짜에 대금을 지급하지 않으면 부도처리가 된다. 이러한 매입채무는 거래상대방으로부터 운영자금을 조달하는 방법이며 기업 간의 신용제도가 확립될수록 증가하는 경향이 있다.

(3) 기업어음

기업어음(commercial paper: CP)은 기업이 담보제공 없이 수시로 자금을 조달하기 위하여 발행한 약속어음을 말한다. 기업어음은 주로 투자금융회사나 종합금융회사 및 시중은행을 통하여 판매를 한다. 기업어음은 중개기관의 보증 여부에 따라 보증어음과 무보증어음으로 구분된다. 기업어음은 1년 미만의 단기 자금조달에 사용되는 방법이다.

(4) 회사채 발행

기업은 회사채를 발행하여 투자자들로부터 자금을 조달한다. 회사채는 기업이 대규모 자본을 비교적 장기간 사용하기 위하여 발행하는 채권으로서 채권자들에게 지급될 확정이자와 만기일이 표기되어 있는 유가증권이다. 따라서 기업은 채권자에게 이자를 지급하여야 하고 만기에 원리금을 상환해야 할 의무가 있다.

일반적으로 기업의 소유주는 주식발행보다는 회사채 발행을 선호한다. 그 이유는 회사채는 재무상태표 상의 부채로 기록되므로 주식발행과는 달리 배당 압력과 경영의사결정에 참여할 권리가 주어지지 않으며 회사채에 대한 이자비용은 법인세를 줄이는 효과를 가지고 있기 때문이다.

그러나 기업입장에서 회사채의 무분별한 발행은 기업의 재무구조 악화와 수익성 저하를 가져와 기업이 지급불능상태에 빠질 수 있으므로 금융기관에서 일정한 범위 이내로 규제하고 있다. 또한 투자자 입장에서 회사채에 대한 투자는 장기투자이므로 위험이 뒤따른다. 회사채는 발행 시 신용평가기관이 평가한 신용등급에 따라 회사채발행가격이 달라짐은 물론, 발행 이후에도 기업의 신용상태에 따라 회사채의 가격이 변하게 된다.

회사채는 일반사채 외에 특수한 형태, 즉 전환사채나 신주 인수권부사채의 회사채가 발행되기도 한다. 전환사채는 일정한 조건에 의하여 주식으로 전환할 수 있는 권리(전환권)를 부여하여 발행한 사채를 말한다. 전환사채는 사채와 주식의 양면성을 지니고 있어서 전환권 행사 이전에는 사채로, 전환권 행사 시 사채는 소멸되고 보통주 또는 우선주로서 바뀌게 된다. 신주 인수권부사채는 사전에 약정된 금액으로 주식(보통주 또는 우선주)을 인수할 수 있는 권리를 부여하여 발행한 사채를 말한다.

2) 자기자본 조달

자기자본 조달은 직접금융을 통한 자본조달이라고도 하는데, 자금의 수요자인 기업이 자본의 공급자인 투자자로부터 직접자본을 조달받는 방식의 자본조달방식을 말한다. 대표적인 방법으로 주식발행과 사내유보자금 조달에 의한 내부 자본조달이 있다.

(1) 주식발행

기업은 불특정 다수의 투자자를 대상으로 주식을 발행하여 자금을 조달한다. 주식발행은 사채처럼 고정적인 이자를 발생시키지 않으므로 재무의 건전성 측면에서 다른 방법보다 유리하다. 자본조달 당사자인 주식회사는 불특정 다수의 일반투자자들을 대상으로 주식을 발행하여 주식시장에서 주식을 공개 모집으로 자본을 조달한다.

주식은 보통주와 우선주로 구분된다.

보통주(common stock)는 일반적인 주식발행으로서 장기자금조달을 목적으로 발행된다. 보통주는 주식의 매입과 동시에 이사회의 구성, 배당금의 결정 및 다른 기업의 인수·합병 등에 대한 의결권을 갖는 주식이다.

우선주(preferred stock)는 기업이 이익을 배당할 때 보통주에 우선해서 배당을 받을 권리가 부여되며, 기업이 파산할 경우에도 보통주보다 우선적으로 잔여재산에 대한 청구권을 갖는다. 또한 우선주는 기업의 운영자금을 위해 주로 발행되므로 배당금이 높은 편이나 의결권은 없다. 우선주는 보통주와 사채의 중간적인 성격을 갖는다. 또한 우선주는 보통주로 전환할 수 있는 권리가 부여되는 전환우선주(convertible preferred stock)의 형태로 발행되기도 한다.

(2) 자기금융

자기금융은 내부 자본조달로서 사내유보를 통한 자금조달이다. 이에는 구체적으로 적립금(이익금의 일부를 유보하는 금액), 잉여금(자산 가운데 법률에 의해 정해진 자본금을 넘는 금액)이 있다. 자기금융은 가장 안정적이고 바람직한 자금조달이다.

3. 자본조달의 비용

1) 자본조달비용의 의의

자본비용(cost of capital)이란 자본의 사용자인 기업이 자본을 사용하는 대가로 자본의 제공자 혹은 제공기관에 지급하는 비용이다. 여기서 자본은 일반적으로 장기부채나 자기자본 등과 같은 장기적인 자금의 원천만을 가리킨다.

자본비용은 자본을 사용하는 기업의 입장에서 투자자에게 지급되는 비용으로 인식되지만, 자금을 제공하는 투자자의 입장에서 요구수익률(required rate of return) 혹은 기대수익률(expected rate of return)이 된다. 자본비용은 일반적으로 기업이 1년에 자본제공자에게 지불해야 할 비용을 나타내는 개념으로, 차입한 자본의 총액에서 자본비용이 차지하는 비율(자본비용/자본이용액)로 표시된다.

자본비용은 크게 타인자본비용과 자기자본비용으로 나눌 수 있다.

2) 타인자본비용

타인자본비용은 기업이 사채를 발행하여 자금을 조달할 경우 채권자들에게 지급해야 되는 이자이다. 즉 타인자본비용은 기업이 타인자본을 사용하는 대가로 투자자에게 지급해야 하는 비용으로서 차입원금에 대한 이자비용의 비율이다. 그러나 기업의 경우 이자비용은 세금납부에서 면제되어 이른바 감세효과(tax shield)가 있으므로 법인세를 공제하여 산출하게 된다.

타인자본비용은 회사채의 현재가격으로부터 만기수익률을 추정하는 방법이 이용되고 있다. 그러나 사채가 발행되지 않은 경우 신용평가기관에서 동일한 신용등급(credit rating)으로 평가된 회사채의 가격으로 타인자본비용을 추정할 수 있다.

예를 들면 2년 전에 5년 만기 채권을 표면금리 13%로 연 1회 이자를 지급하기로 하고 액면가 100,000원에 발행했다고 하자. 현재의 사채가 103,425원에 거래된다면 다음과 같이 타인자본의 비용은 11%로 추정된다.

$$103,425원 = 13,000 / (1 + k) + 13,000 / (1 + k)^2 + 100,000 / (1 + k)^2$$

$$k = 0.11$$

여기서 타인자본비용은 11%로 계산되지만, 기업이 부담하는 법인세를 감안하면 타인자본의 비용은 세율만큼 낮아진다. 왜냐하면 위의 예에서 매년 13,000원의 이자비용을 부담하지만, 이자비용은 법인세 절감효과가 있으므로 실제 타인자본비율은 법인세가 30%인 경우라면 11% × (1 − 0.3) = 7.7%가 세후 타인자본비용이 된다.[26]

---

26) 이명호·신현길·이주헌·정인근·조남신·조장연·차태훈·김귀곤, 2010, 경영학으로의 초대, 박영사, 350.

3) 자기자본비용

자본조달이 주주들로부터 이루어졌을 경우에도 자본비용은 발생한다.

자기자본비용은 주식을 발행하여 자금을 조달할 경우 주주에게 지급되는 배당금이다. 자기자본은 타인자본보다 기업의 부도 시 변제 순서도 늦고 위험도가 높기 때문에 자기자본비용은 타인자본비용보다 높은 편이다.

그렇지만 주식의 발행, 즉 자기자본조달에 따른 자기자본비용이 타인자본비용처럼 쉽게 측정할 수 있는 것이 아니므로 단정할 수는 없다. 왜냐하면 주식의 경우 부채와 달리 상환만기가 존재하지 않고, 자기자본을 제공한 대가로 주주에게 지급하는 배당금은 부채의 이자비용과 달리 일정하지 않으며, 기업의 상황에 따라 지급하지 않아도 무방하기 때문이다.

이러한 이유로 자기자본비용은 일반적으로 수요와 공급이 일치되는 시장에서 자본자산(주식, 사채 등)의 가격이 어떻게 결정되는가를 설명하는 자본자산가격결정모형(CAPM: capital asset pricing model)을 이용해서 측정하게 된다.

제 4 절 재무실시: 자본의 운용(투자)

1. 자본운용의 의의

기업의 목표는 기업가치의 극대화를 통한 기업의 성장·발전에 있다. 따라서 기업은 조달된 자본을 언제, 어디서, 얼마만큼 잘 투자하느냐가 관건이라 할 수 있다.

자본의 운용은 조달된 자본을 어떻게 투자하는지에 관한 활동이다. 자본의 운용은 자본의 투자를 의미한다. 회사를 새로 설립할 때나 기존회사가 사업을 확장할 때에도 자본의 운용, 즉 투자를 해야 한다. 투자는 투자효과가 장기적으로 나타날 경우가 가장 바람직하므로, 투자안에 대한 타당성 분석을 통해 장기간의 자본투입 여부에 대해 신중히 결정해야 한다.[27]

전통적으로 자본의 운용은 미래 설비투자나 자산취득 등 실물자산의 투자에 중점을

---

27) 이필상, 2004, 전게서, 63.

두고 있지만, 최근부터 유가증권을 비롯한 금융상품에 투자하기도 한다. 다시 말하면 과거처럼 토지·기계·건물 등과 같은 실물자산에 대한 투자활동도 중요하지만, 오늘날에는 주식·채권·파생금융상품과 같은 금융자산에 대한 투자활동을 중요시하고 있다.

자본의 운용은 조달된 자금을 운용하는 방법, 즉 미래에 더 많은 이익을 창출하는 사업에 투자하는 방안과 주식이나 채권 등의 금융상품에 투자하는 방안이 있다. 먼저, 사업에 투자하는 자본운용은 재무상태표에서 현금, 매출채권, 재고자산 등의 유동자산과 사업용 토지, 건물, 기계장치 등의 유형자산, 그리고 영업권, 특허권 등의 무형자산으로 표시된다. 그 다음, 주식이나 채권 등 비사업용 자산에 투자하는 자본운용은 재무상태표에서 투자자산의 항목으로 표시된다. 자본운용은 재무상태표의 왼쪽(차변) 항목에 기록된다. 자본의 운용방법은 다음 [그림 14-4]와 같이 나타낼 수 있다.

[그림 14-4] 자본의 운용방법

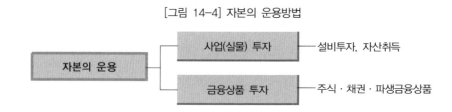

2. 자본의 사업 투자

기업은 조달된 자본을 사업에 투자하는 경우 새로운 투자안이 기업의 가치를 증대시킬 수 있는지를 평가한 후에 투자를 하여야 한다. 기업이 실물자산에 투자하기 위해서는 투자목적의 설정, 투자안의 선정과 투자안의 성격 규명, 투자안들로부터 예상되는 현금흐름의 측정, 투자안의 경제성평가 그리고 투자의 결정 및 실행이 이루어져야 한다.[28] 기업의 사업투자는 '자본예산'의 수립이 가장 중요하다.

1) 자본예산

자본예산(capital budgeting)은 기업의 투자효과가 장기적으로 나타나는 투자예산에 대한 현금흐름을 측정하고 투자안의 경제적 분석을 통해 투자결정을 내리는 투자의 총괄적 계획이다.[29] 자본예산은 합리적으로 투자하기 위해 필요한 투자목적의 설정, 투자대상의 선

---

28) 신유근, 2011, 전게서, 479.
29) 박정식 외, 2008, 전게서, 110.

정, 현금흐름의 추정, 투자안의 경제성(타당성)분석, 자금조달의 계획 등 여러 활동을 통해 작성된다. 자본예산은 현금・예금・유가증권・매출채권 및 재고자산 등의 운전자본이 아니라, 장기에 걸쳐 투자하는 비유동자산이다. 따라서 자본예산은 장기간에 걸쳐서 어떤 방법으로 조달하게 되고, 자본비용과 이익이 어떻게 될 것인가 하는 내용도 포함된다.[30)]

자본예산은 여러 성격으로 나타난다. 자본예산은 투자의 효과가 1년 이상에 걸쳐 나타나는 장기투자계획의 수립이라고 보기도 하나 반드시 그런 것은 아니다. 자본예산은 비유동자산에 속하는 토지・건물・설비 등에 대한 투자계획으로 보기도 하고, 넓은 의미로 투자의 영향이 장기적으로 나타나는 광고・연구개발을 위한 투자계획을 포함시키기도 한다.

2) 투자대상 개발

투자(investment)는 앞으로 실현될 보다 더 큰 수익(greater return)을 기대하고 현금자금을 출자하는 것이다.[31)] 즉 현재 투하한 가치보다 미래에 더 많은 수익을 올릴 수 있을 때에만 비로소 자금을 투자하게 된다.[32)] 이때 투자로부터 얻게 되는 수익은 일반적으로 자산으로부터 벌어들이게 될 미래 현금흐름(cash flow)으로 측정할 수 있다.

투자대상의 개발은 투자환경을 예측하여 새로운 투자기회를 발견하기 위해 투자대상을 개발하는 단계이다. 기업은 투자 규모 범위 내에서 기업의 가치를 극대화하고 자본비용과 투자 위험을 최소화할 수 있는 투자 대상을 개발하여야 한다.

3) 기대 현금흐름의 추정

기대 현금흐름 추정은 개발된 투자대상으로부터 기대되는 현금흐름을 추정하는 단계이다. 투자안의 미래 현금흐름 예측은 미래 상황에 대한 예상을 바탕으로 투자안으로부터 어느 정도의 현금흐름이 발생할 것인가를 예측하는 활동이다. 투자안의 현금흐름 추정은 기회비용과 세금효과 등을 고려하여 현재의 투자로부터 얻을 수 있는 미래의 기대 현금을 추정하는 것이다.

---

30) Iqbal, Mathur, 1979, *Introduction to Financial Management*, Macmillan Publishing, Co., Inc., 184~185; 임익순 외, 2000, 전게서, 83~84.

31) Bierman and Smidt, 1971, *The Capital Budgeting Decision*, 4.

32) 임익순 외, 2000, 전게서, 86.

4) 투자안의 타당성 평가

투자안의 타당성 평가는 추정된 현금흐름을 바탕으로 투자안의 가치에 대한 타당성을 평가하는 단계이다. 투자안의 평가활동은 투자안의 타당성 평가이다. 투자안의 타당성평가, 즉 경제성평가는 어떤 투자안이 기업가치에 가장 큰 이득이 되는지를 투자안별로 예상되는 미래의 현금흐름(cash flow)을 평가하여 투자안의 채택여부를 결정하는 활동이다.

타당성 분석방법은 ① 회수기간법, ② 회계적 이익률법, ③ 순현재가치법, ④ 내부수익률법 등이 있다. 이 네 방법 중에서 회수기간법과 회계적 이익률법은 화폐의 시간가치를 무시하기 때문에 장기투자안에 대한 적절한 의사결정을 하기 어려우므로 순현재가치법과 내부수익률법에 대해 설명하기로 한다.

(1) 순현재가치법

순현재가치법(net present value: NPV)은 순현가법이라고도 하는데, 투자안별로 발생할 미래의 모든 현금흐름의 가치를 적절한 할인율(시중이자율)에 따라 현재가치로 환산해서 가장 큰 값을 선택하는 방법이다.[33] 순현재가치법이란 투자안으로부터 얻게 될 미래 현금흐름(현금유입액)의 현재가치에서 투자안에 지출할 비용(현금유출액)의 현재가치를 차감한 것을 의미한다.

순현재가치법은 화폐의 시간적 가치 개념을 바탕으로 하고 있다. 현재 가지고 있는 100원의 가치는 1년 후에 가지게 될 100원의 가치보다 크다. 왜냐하면 현재 100원은 미래 수익을 창출할 수 있는 자산에 곧바로 투자할 수 있지만, 1년 후에 가지게 될 100원은 수익창출의 기회가 없을 수도 있고, 1년 동안 물가가 상승한다면 현재 100원 하는 재화를 1년 후에는 100원으로 사지 못할 수도 있기 때문이다. 즉 현재 100원과 1년 후의 100원 간의 가치차이를 화폐의 '시간적 가치'라고 한다.

이러한 화폐적 가치는 일정기간 동안 자금을 사용하는 대가로 지급하는 이자로 측정할 수 있다. 따라서 투자자가 미래에 얻게 될 100원의 가치를 현재의 가치로 환산하기 위해 적절한 화폐의 시간적 가치만큼을 차감해야 하는데 이를 할인(discount)이라고 한다.

할인율(discount rate)은 순현재가치법에서 현재가치는 미래 현금흐름을 적절한 이자율로 나누어서 계산하는데, 1년 후의 미래 현금흐름은 (1+이자율)로 한번 나누어 주고, 2년 후의 미래 현금흐름은 (1+이자율)로 두 번, n년 후의 미래 현금흐름은 (1+이자율)로 n번

---

33) 이명호 외, 2010, 전게서.

나누어서 계산한다. 이때 현재가치 계산에 사용되는 이자율을 할인율이라고 한다.[34]

투자안의 의사결정은 기업이 순현가가 0보다 크면 투자를 하고, 0보다 작으면 투자안을 기각한다. 또한 서로 다른 투자안이 있을 경우 순현가가 가장 큰 투자안을 선택하게 된다.

순현재가치(NPV) $= [CF_1 / (1+r) + CF_2 / (1+r)^2 + \cdots + CF_n / (1+r)^n] - I_0$

I_0: 최초투자액

CF_n: t기의 현금유입액

r: 자본비용

예제: S공장에서는 최근 새로운 설비를 구입하려고 한다. 이 기계의 취득가격은 1억원이며, 3년 동안 매년 말 5천만원의 현금흐름유입이 예상된다. 한편 이 설비를 구매하지 않으면 1억원으로 연 8% 수익률의 금융상품에 가입할 수 있다. S공장의 투자의사결정을 NPV관점에서 논하라.

풀이: $NPV = \dfrac{5,000}{(1+0.08)} + \dfrac{5,000}{(1+0.08)^2} + \dfrac{5,000}{(1+0.08)^3} - 10,000$

$\qquad = 12,884 - 10,000 = 2,884$

$\qquad = 2,884(만원)$

NPV가 양이므로 투자안을 채택하여야 할 것이다.[35]

(2) 내부수익률법

내부수익률법(internal rate of return: IRR)은 이익률, 수익률, 투자보수율법이라고도 한다. 내부수익률은 어떤 투자로부터 기대되는 현금유입(cash inflow)의 현재가치와 그 투자에 소요되는 현금유출(cash outflow)의 현재가치를 동일하게 만드는 할인율이다.[36] 일반적으로 현금유입액은 법인세 납부 후의 순이익에다 감가상각액을 가산하여 산출하고, 현금유출액은 실제로 투자에 지출된 금액을 이용한다.[37]

내부수익률법이란 투자안의 내부수익률을 찾아 낸 뒤 기업의 자본비용과 비교하여 예

---

34) 신유근, 2008, 전게서, 454~455.
35) 이광로·김병순, 2003, 재무관리, 신영사, 100.
36) 이필상, 2004, 전게서, 60; 임익순 외, 2000, 전게서, 100.
37) 임익순 외, 2000, 전게서, 100.

상되는 내부수익률이 자본비용보다 높으면 투자안을 채택하고, 낮으면 기각하는 의사결정기법이다. 만약 서로 다른 투자안이 존재하는 경우 내부수익률이 가장 큰 투자안을 선택한다.[38]

$$\text{내부수익률} = [\,CF_1 / (1+IRR) + CF_2 / (1+IRR)^2 + \cdots + CF_n / (1+IRR)^n\,] - I_0 = 0$$

I_0: 최초 투자액

CF_n: t기의 현금유입액

IRR: 내부수익률

• 예제: 현재 취득가격이 7,000만원인 기계를 구입하면, 앞으로 3년 동안 매년 3,000만원의 현금흐름이 기대되는 투자안이 있다. 투자자금 7,000만원을 이자율 10%로 차입해서 기계를 구입한다면, 이 투자안의 채택여부를 판단하시오.

$$\text{풀이:} \quad NPV = \frac{3,000}{(1+IRR)} + \frac{3,000}{(1+IRR)^2} + \frac{3,000}{(1+IRR)^3} - 7,000$$

$$IRR = 13.7\%$$

$$13.7\% > 10\%$$

IRR 13.7%가 이자율(k) 10%보다 크기 때문에 투자하는 것이 합리적이다.[39]

5) 투자안의 통제

투자 후에 투자안을 재평가하는 단계이다. 이 단계는 정기적으로 투자안의 진행과정을 검토하고 평가와 피드백이 필요하다.

3. 자본의 주식과 채권 투자

1) 위험과 기대수익률

기업은 조달한 자본을 사업용 자산에 투자하기도 하고, 주식이나 채권 등 금융상품에 투자하기도 한다. 기업은 사업용 자산에 투자하여 벌어들인 이익인 '영업이익'과 주식이나 채권 등의 비영업용 자산에 투자하여 벌어들인 수익인 '영업외수익'을 증대시키려고

---

38) 이명호, 2010, 전게서, 348.
39) 이광로 외, 2003, 전게서, 103.

노력한다. 그러나 기업은 이 과정에서 위험(risk)을 수반하고 있다.

기업은 투자에 대한 수익을 증대시키기 위해 다음과 같은 전략이 필요하다.

사업용 자산의 경우 순현가가 0보다 크거나 내부수익률이 자본비용보다 크다면 기업가치가 증대되므로 기대되는 NPV와 IRR이 큰 투자안에 투자를 하여야 한다.

주식이나 채권의 경우 기대수익률(expected retune rate)과 함께 수익률의 변동가능성, 즉 높은 수익과 큰 손해가 동시에 나타날 수 있는 위험이 있다. 그러므로 증권에 투자할 경우 한 주식에 집중투자하지 말고 여러 주식에 분산투자함으로써 위험을 줄일 수 있다.

포트폴리오(portfolio)투자는 한 주식에 집중투자하지 말고, 여러 주식이나 채권에 분산투자하는 것을 말한다. 포트폴리오 투자는 여러 투자자산의 기대수익률과 위험의 상관관계에 의해 결정된다. 즉 기업이 높은 위험을 무릅쓰고 투자하면 큰 손실을 입거나 많은 돈을 벌 수 있지만 낮은 위험을 선택하면 이익이 적은 대신 손실도 적게 된다.[40]

마코비치(Harry Markowitz, 1952)[41]는 최적 포트폴리오를 효용곡선과 포트폴리오 기회집합이 만나는 점이라고 하였다. 여기서 효용곡선이란 개인별 효용의 무차별곡선을 말하며, 포트폴리오 기회집합이란 투자자가 투자할 수 있는 모든 포트폴리오의 경우(A주식을 100%, A주식을 50%와 B주식을 50% …)를 의미한다. 따라서 그는 투자자의 입장에서 투자목표가 최적 포트폴리오를 선정하는 것이라고 본 것이다.

한편 주식이나 채권도 분산투자함으로써 위험을 줄일 수 있다. 기업의 입장에서 주식의 수익률은 자기자본비용이 되고, 채권의 수익률은 타인자본비용이 된다. 이러한 자기자본비용과 타인자본비용을 자본과 부채의 비중에 따라 가중 평균한 것이 그 기업의 가중평균자본비용(WACC)이 되며 NPV계산 시 적용되는 할인율이 된다.[42]

2) 자본자산가격결정모형(CAPM)

자본자산가격결정모형(capital-asset pricing model: CAPM)은 마코비츠가 제시한 원리를 샤프(William F. Sharpe, 1964)와 린트너(John Lintner, 1965)[43]에 의해 일반균형이론으로 발전시켰다. 자본자산가격결정모형이란 투자자산이 내포하고 있는 위험에 따라 기대수익률

---

40) 지호준, 2009, 21세기 경영학, 법문사, 319.
41) Markowitz, Harry, 1952, "Portfolio Selection", *Journal of Finance*, Vol. 3, No. 1, March, 77~91.
42) 이명호 외, 2010, 전게서, 349~350.
43) Sharpe, William F., 1964, "Capital Asset Prices; A Theory of Market Equilibrium under Conditions of Risk", *Journal of Finance*, Vol. 19, No. 3, 425~442; Lintner, John, 1965, "Security Prices, Risk and Maximal Gains from Diversification," *Journal of Finance*, Vol. 20, No. 4, 587~615.

이 결정되는 관계를 제시하는 일반균형이론이다.

위험은 체계적 위험과 비체계적 위험이 있다.

체계적 위험(systematic risk)은 시장수익률 변동에 기인한 위험이다. 예를 들어 종합주가지수, 인플레이션이나 이자율의 변동과 같이 시장전체의 불확실성으로 인해 발생하는 위험은 분산투자를 해도 제거할 수 없다. 주가가 1,000포인트일 때 주식을 샀는데 주가가 700포인트로 떨어지면 1억원을 투자했을 경우 대략 3천만원의 손해를 보게 된다. 이를 체계적 위험이라 하며 아무리 완벽하게 분산투자를 했더라도 피할 수 없는 위험이다.

비체계적 위험(unsystematic risk)은 기업 자체에 발생하는 위험이다. 예를 들어 특유의 계절적 요인과 같이 그 회사나 사업의 고유한 불확실성에 기인하는 위험으로 자산결합(portfolio)을 효율적으로 하면 제거시킬 수 있다. 이러한 비체계적 위험은 분산투자로 상당부분 감소시킬 수 있다.[44]

체계적 위험만을 고려했을 때 A회사 주식의 기대수익률은 CAPM에서 다음과 같이 도출된다.

A회사 주식의 기대수익률 = 무위험수익률 + (시장평균수익률−무위험수익률) × β

여기서 무위험수익률은 통상적으로 정부의 국고채 수익률을 의미하며, 시장평균수익률은 과거 오랜 기간 동안의 주식시장 전체평균수익률을 의미한다. 시장평균수익률과 무위험수익률의 차이가 주식시장에 참여하는 위험 프리미엄(premium)이 보통 5~6%정도에 유지되고 있다.

또한 β계수는 A회사의 주식이 주식시장 전체에 대한 특성을 나타내는 계수로서 체계적 위험을 나타내는 지수다. 베타계수는 특정기업의 주식과 주식시장 전체와의 상관계수를 말한다. 만약 베타가 2라면 주식시장 평균보다 두 배나 민감하게 주가가 움직이는 상태이며, 0.5이면 반 정도로 움직이며, 1이면 KOSPI시장과 동일하게 움직이는 경우이다.[45]

투자자는 기대수익률과 개별기업의 β계수의 관계식을 이용하여 적절한 포트폴리오를 구성하여 위험은 최대한 줄이고 수익은 최대한 늘리는 최적의 투자의사결정을 할 수 있을 것이다.[46] 또한 CAPM의 결과로 증권시장선을 구할 수 있다. 증권시장선(security market line)은 기대수익률과 β계수의 관계를 나타내는 선형식이다. 즉, 자본시장이 균형

44) 이필상, 2004, 전게서, 159; 지호준, 2009, 전게서, 320~321.
45) 이명호 외, 2010, 전게서, 351.
46) 지호준, 2009, 전게서, 321.

상태를 이룰 때 자산의 기대수익률이 β계수로 측정한 위험수준에 따라 어떻게 결정되는가를 설명해 주고 있다. 증권시장선은 β계수로 측정한 위험이 증가할수록 기대수익률이 일정하게 증가하는 관계이다.[47)

제5절 재무통제: 재무성과의 분석

재무통제는 재무성과의 분석을 통해 이루어진다. 기업의 경영실적은 재무제표에 나타나며 일반적으로 비율이나 지수 등이 사용된다. 기업의 재무성과 분석은 성장성과 안정성, 수익성과 생산성, 유동성과 활동성으로 구분되고 있다.

1. 성장성과 안정성

1) 성장성

성장성(growth)은 기업의 당해 연도에 경영규모나 기업 활동의 성과가 전년도에 비하여 얼마나 증가하였는지를 비교해서 나타내는 지표이다. 기업의 경쟁력이나 미래의 수익 창출능력을 간접적으로 나타내는 지표이다. 성장성 분석에는 매출액증가율, 총자산증가율, 자기자본증가율, 순이익증가율, 주당 순이익증가율 등이 있다.

매출액증가율(growth rate of sales)은 매출액이 전년도에 비해 당해연도에 얼마나 증가하였는가를 나타내며, 기업의 성장률을 판단하는 대표적인 비율이다.

$$\text{매출액증가율} = (\text{당기매출액} - \text{전기매출액}) / \text{전기매출액} \times 100$$

총자산증가율(growth rate of assets)은 기업에 투자되어 운영된 총자산이 전년도에 비하여 당해연도에 얼마나 증가하였는가를 나타내는 비율이다. 즉 기업의 전체적인 성장규모를 측정하는 비율이다.

$$\text{총자산증가율} = (\text{당기말 총자산} - \text{전기말 총자산}) / \text{전기말 총자산} \times 100$$

자기자본증가율(growth rate of stockholder's equity)은 자기자본이 전년도에 비해 당해연

---

47) 지청·장하성, 1998, 재무관리, 법경사, 308~309.

도에 얼마나 증가하였는가를 나타내는 비율이다. 즉 장부가치를 기준으로 주주의 부가 얼마나 늘었는지를 파악하는 비율이다.

> 자기자본증가율 = (당기말 자기자본 − 전기말 자기자본) / 전기말 자기자본 × 100

순이익증가율(growth rate of income)은 기업의 최종성과인 순이익이 전년도에 비해 당해연도에 얼마나 증가하였는가를 나타내는 비율이다. 즉 기업의 실질적인 성장세를 보여주는 비율이다.

> 순이익증가율 = (당기순이익 − 전기순이익) / 전기순이익 × 100

주당 순이익증가율(earnings per share: EPS)은 주당 순이익(EPS)이 전년도보다 얼마나 증가했는지를 나타내는 비율이다. 즉 주주의 투자 단위당 성장세를 파악하는데 유용한 비율이다.

> 주당 순이익증가율 = (당기주당 순이익 − 전기주당 순이익) / 전기주당 순이익 × 100

2) 안정성: 레버리지비율

안정성(stability)은 레버리지비율(leverage ratio)이라고도 하며, 기업이 조달한 자본이 어느 정도 타인자본에 의존하고 있는가를 나타내는 지표이다. 레버리지는 원래 지렛대 작용을 의미한다. 레버리지비율은 부채를 사용함으로써 발생하는 손익확대효과를 의미한다. 즉 기업이 부채를 많이 사용할 경우 낮은 이자율로 차입하여 높은 수익을 얻을 수 있는 투자안에 투자를 하여 더 많은 수익을 올릴 수 있다. 그러나 부채를 많이 사용할 경우 재무위험이 증가하고 투자수익이 차입비용보다 떨어진다면 기업이 지급불능상태에 빠질 수도 있다. 그러므로 경영자는 적절한 부채사용 비율을 결정하여야 한다. 레버리지비율은 부채의 원리금 상환능력을 측정하는 것으로서 부채비율과 이자보상비율이 있다.

부채비율(debt equity ratio)은 총자본을 구성하고 있는 타인자본을 자기자본으로 나눈 비율이다. 부채비율은 100 이하를 표준비율로 보고 있다. 따라서 채권자의 입장에서 부채비율은 낮을수록 선호하고, 기업의 소유자 입장에서 높을수록 선호한다. 왜냐하면 채권자 입장에서는 기업이 청산을 하더라도 부채비율이 100 이하라면 채권을 손실 없이 회수할 수 있을 것이며, 기업의 소유수 입장에시는 부채를 조달운용해서 얻을 수 있는 수익률이 차입이자률 보다 높다면 주주의 몫이 커지기 때문에 부채비율이 100 이상을 선호할 수 있다.

$$부채비율 = 부채 / 자기자본 \times 100$$

이자보상비율(times interest earned 또는 interest coverage ratio)은 기업이 부채사용에 따른 이자지급능력을 보유하고 있는지를 파악하는 데 사용하는 비율이다. 즉 이자보상비율은 타인자본에 대한 발생이자가 기업에 미치는 영향을 판단하는 비율로서, 영업이익이 부채를 사용하여 발생하는 이자비용의 몇 배에 해당하는가를 나타낸다. 이자보상비율은 적어도 1배 이상이 되어야 이자비용을 정상적으로 지급할 수 있다.

$$이자보상비율(배) = 영업이익 / 이자비용$$

2. 수익성과 생산성

1) 수익성

수익성(profitability)은 기업의 일정기간 영업성과를 표시하는 지표이다. 수익성은 기업이 투자한 자본으로 얼마만큼의 이익을 달성했는가를 나타내는 지표이다. 여기에는 총자본순이익률, 매출액순이익률, 자기자본순이익률 등이 있다.

총자본순이익률(net profit to total assets)은 순이익을 총자본(또는 총자산)으로 나누어 산정한 비율이다. 즉 기업의 수익성을 대표하는 비율이다. 이를 투자수익률(return on investment: ROI)이라고도 한다. 기업에 투자된 총자본이 최종적으로 얼마나 많은 이익을 창출하였는지를 측정하는 비율이다.

$$총자본순이익률 = 당기순이익 / 총자본 \times 100$$

매출액순이익률(net profit to sales)은 당기순이익을 매출액으로 나누어 산정한 비율이다. 즉 기업의 경영활동에 따른 성과를 총괄적으로 파악하는 비율이다. 기업의 전체적인 경영효율성 측정에 이용되는 비율이다.

$$매출액순이익률 = 당기순이익 / 매출액 \times 100$$

자기자본순이익률(net profit to net worth)은 당기순이익을 자기자본으로 나누어 산정한 비율이다. 이를 자기자본수익률(return on equity: ROE)이라고도 한다. 즉 주주가 기업에 투자한 자본에 대한 수익성을 측정하는 비율이다.

자기자본순이익률 = 당기순이익 / 자기자본 × 100

2) 생산성

생산성(productivity)은 경영활동의 효율성과 성과배분의 합리성 등을 분석하는 데 사용되는 지표이다. 생산성은 기업이 투입한 생산요소에 대해 산출량을 나타내는 지표이다. 생산성은 노동생산성과 자본생산성 등으로 측정된다.

노동생산성(labor productivity)은 종업원 1인이 일정기간 동안 산출하는 생산량 또는 부가가치를 나타내는 비율이다. 노동생산성은 노동의 효율적인 활용도를 의미한다. 노동생산성이 상승하면 상품의 가격이 하락하고 자체 비용도 낮아지며, 가격을 그대로 두어도 기업의 이윤(부가가치)이 높아지게 된다.

노동생산성 = 생산량(부가가치) / 종업원

자본생산성(capital productivity)은 기업에 투자된 자본, 즉 기계 등을 운영한 결과로 얻어진 생산량 또는 부가가치를 나타내는 비율이다. 자본생산성은 자본의 효율적 이용도를 의미한다. 자본이란 산출에 기여하는 자원의 의미로 생산설비의 양, 생산능력, 유형고정자산액 등이고, 산출량으로는 생산량, 생산액, 부가가치액 등이다.

자본생산성 = 생산량(부가가치) / 투자된 총자본

3. 유동성과 활동성

1) 유동성

유동성(liquidity)이란 쉽게 현금화시킬 수 있는 자산의 비율로서 단기적인 채무지급능력을 측정하기 위한 지표이다. 유동성은 현금화하는 데 소요되는 시간의 개념이다. 이때 유동성이란 기업이 보유하고 있는 총자산 가운데 1년 이내에 만기가 돌아오는 단기 채무를 상환할 수 있는 능력이 있는지를 나타내 주는 지표이다.

유동성에는 유동비율과 당좌비율이 있다.

유동비율(current ratio)은 단기채무의 변제에 충당(현금화할 수 있는)할 수 있는 자산을 1년 이내에 상환해야 할 부채로 나눈 비율이다. 유동비율은 유동자산을 유동부채로 나눈 비율이다. 유동비율이 클수록 기업의 단기부채지급능력이 좋은 것으로 평가되며 200% 이상이면 유동성이 양호한 것으로 본다.

유동비율이 높을수록 채권자 측면에서는 부채를 상환할 수 있는 능력이 높다고 평가할 수 있지만, 경영자 측면에서는 유동자산을 효율적으로 활용하고 있지 못하다는 증거가 되기도 한다.

즉 어떤 회사가 유동비율이 높을 경우, 이 회사의 단기채무변제능력이 높다고 평가할 수 있다. 그러나 유동자산은 이자수익을 발생시키지 않거나 이자수익을 낮출 수 있으므로 적절한 유동비율을 유지하여야 한다.

$$\text{유동비율} = \text{유동자산} / \text{유동부채} \times 100$$

당좌비율(quick ratio)은 유동자산 중에서 재고자산을 뺀 나머지 부분을 유동부채로 나눈 비율이다. 당좌비율은 유동자산 중에서 재고자산을 고려해서 채무이행여부를 나타내는 비율이다. 당좌비율이 클수록 기업의 단기부채지급능력이 좋은 것으로 평가되며 일반적으로 100% 이상이면 양호한 것으로 본다.

$$\text{당좌비율} = (\text{유동자산} - \text{재고자산}) / \text{유동부채} \times 100$$

유동자산 중에서 재고자산은 유동성이 상대적으로 낮은 자산이다. 그래서 재고자산을 제외한 현금, 예금, 유가증권, 매출채권만을 고려하여 유동성을 평가하는 비율이 당좌비율이다.

2) 활동성

활동성(activity)은 기업이 보유하고 있는 자산을 얼마나 효율적으로 활용하고 있는가를 나타내는 지표이다. 활동성은 매출액을 주요 자산으로 나눈 회전율로 나타낸 지표이다. 활동성에는 재고자산회전율, 매출채권회전율, 비유동자산회전율, 총자산회전율 등이 있다.

재고자산회전율(inventory turnover)은 연간매출액을 재고자산으로 나눈 비율로서, 재고자산의 회전속도를 의미한다. 재고자산회전율은 일정기간 동안에 재고자산이 몇 번이나 현금 또는 매출채권으로 전환되었는가를 나타내는 비율이다. 재고자산회전율이 높을수록 적은 재고자산으로 생산 및 판매활동을 효율적으로 수행하고 있다고 볼 수 있다.

재고자산회전율 = 매출액 / 재고자산

매출채권회전비율(inventory turnover)은 매출채권(외상매출금＋받을어음)의 현금화 속도를 측정하는 비율이다. 매출채권회전비율은 매출액을 매출채권으로 나눈 비율이다. 매출채권회전율이 높다는 것은 매출채권이 잘 관리되고 현금화 속도가 빠르다는 것을 의미한다. 다시 말하면 같은 매출액이라도 외상매출액이 적을수록 매출채권관리를 잘하고 있다고 볼 수 있으므로 이 비율이 클수록 좋다.

매출채권회전율 = 매출액 / 매출채권

비유동자산회전율(fixed assets turnover)은 비유동자산이 1년 동안 몇 번 회전했는가를 나타내는 비율이다. 비유동자산회전율은 매출액을 비유동자산으로 나눈 비율이다. 기업이 보유하고 있는 비유동자산의 활용도를 나타내는 비율이며, 이 비율이 높을수록 비유동자산의 이용도가 활발한 것을 나타낸다.

비유동자산회전율 = 매출액 / 비유동자산

총자산회전율(total assets turnover)은 총자산이 1년 동안 몇 번 회전했는지를 나타내는 비율이다. 총자산회전율은 매출액을 총자산으로 나눈 비율이다. 총자산은 총자본과 동일하므로 총자본회전율이라고도 한다. 총자산회전율은 기업이 투자한 총자산의 활용도를 측정하는 것이다. 총자산회전율이 1이라는 의미는 기업이 1년 동안 실현한 매출액의 규모가 총자산의 규모와 동일하다는 것을 의미한다. 총자산회전율은 기업이 사용한 총자산을 얼마나 효율적으로 이용했는가를 나타낸다.

총자산회전율 = 매출액 / 총자산

보론(補論): 회 계

제1절 경제적 정보와 합리적 판단

1. 회계의 개념

회계(accounting)는 조직의 물질 또는 재산의 변동을 화폐가액으로 측정하여 장부에 기록하고 이해관계자에게 보고하는 시스템이다. 회계는 기업의 경제적 정보를 제공하여 회계정보이용자가 합리적으로 판단(경제적인 판단)하도록 하는 시스템이다. 회계의 목적은 기업을 둘러싼 이해관계자들이 기업의 유용한 회계정보를 이용하는데 있다.[1]

회계의 기본은 재무회계이다. 재무회계의 최종목표는 재무제표의 작성이다. 재무제표의 작성에는 부기가 필요하다. 부기는 거래의 식별－분개－전기－보조부 기입－일계표 작성－총계정원장 기입－시산표 작성(수정 전·후)－정산표 작성－재무제표 작성을 성사시키는 기계적·반복적 계정기입을 행하는 기술이다.[2]

회계의 주요절차는 다음과 같다.

· 거래(去來): 8요소(자산±, 부채±, 자본±, 비용·수익)가 있다.

· 거래의 식별: 거래를 8개 요소와 결부시켜 설명한다. 거래에는 2~3개의 계정(a/c)과목이 대차평균의 원리에 따라 발생한다. 단 현금은 하나의 계정과목만 발생하는데 이를 현금주의 원칙이라 한다. 자세한 내용은 [그림 1]과 같다.

· 분개(分介): 구체적인 계정과목과 금액을 정하는 것을 말한다. 재무상태표, 즉 자산(차변<debtor>, 좌측) ＝ 부채 ＋ 자본(대변<creditor>, 우측)의 구조로 볼 때, 이와 동일

---

1) 김영철, 1984, 회계이론, 박영사, 157.
2) 김준·윤종원·김동필·이덕훈, 2009, 회계원리, 5.

한 위치의 자산, 부채, 자본 계정과목은 그 계정과목이 발생(증가)할 때 기입하고, 그 반대 측은 차감(감소)할 때 기입한다. 자산, 부채, 자본의 거래는 분개하여 재무상태표에 이용된다. 그러나 비용과 수익의 거래는 이와 구분된다. 비용은 분개하여 좌측에, 수익은 우측에 기입한다. 이는 손익계산서에 이용된다.

· 총계정원장(總計定元帳)기입: 기업의 자산·부채·자본·수익·비용에 속하는 모든 계정을 기록한 장부를 말한다. 분개내용을 계정과목별로 T자의 좌우에 기입한다. 그리고 시산표에 전기(轉記, 옮겨쓰기)한다.

· 시산표(試算表)작성: 총계정원장의 정확성을 확인하기 위해서 작성하는 일람표이다.

· 재무상태표와 손익계산서 작성: 재무상태표는 일정시점(보고기간 말 현재)의 자금(자산, 부채, 자본)의 구성을 알기 위한 표이고, 손익계산서는 일정기간(언제부터-언제까지)에 이루어진 영업성적(손익=비용과 수익의 구성)을 알기 위한 표이다. 재무상태표와 손익계산서는 시산표를 바탕으로 작성된다.

[그림 1] 거래의 8요소

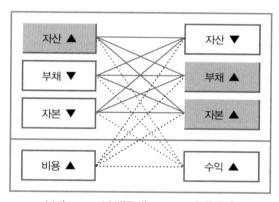

보기 ▲ = 발생(증가), ▼ = 차감(감소)

회계는 일반적으로 그 정보의 이용자와 목적에 따라 크게 재무회계와 관리회계로 구분된다. 재무회계는 경영자가 주주, 채권자, 국가, 지방자치단체, 일반사회 등 기업외부의 이해관계자에 대해 기업의 경제적 정보를 제공하는 회계이다. 재무회계는 기능별 회계시스템에 따라 세무회계, 무역회계, 유통회계, 학교회계(재단·학사회계), 공기업회계, 공익기업회계, 병원회계 등 다양한 형태를 이루고 있다. 관리회계는 경영자나 부문관리자가 경영관리를 하기 위한 기업의 경제적 정보를 충족시키는 역할을 하는 회계이다. 관리회계는 기업의 표준원가 등 원가시스템과 이익계획 등 원가시스템과 이익계획 등 관리자를

위한 회계이다.[3]

2. 회계의 기본가정 및 회계정보의 특성

1) 회계의 기본가정

회계가정 또는 공준(postulate)[4]은 회계이론을 논리적으로 전개시키기 위한 출발점이고, 회계원칙(회계기준)을 연역적으로 전개하려는 기본가정이다. 회계의 기본가정은 다음 네 가지가 있다. 기업실체(business entity)의 가정은 하나의 독립된 단위로서의 경제활동을 대상으로 회계가 처리된다는 가정이다 계속기업(going concern)의 가정은 기업이 기업실체가 성립되면 법률로서 존립연한이 규정되어 있지 아니하는 한 존속하며 그 활동이 계속된다는 가정이다. 회계기간별(period) 가정은 기업의 활동기간을 인위적인 회계기간(1년, 6개월, 3개월, 1개월 등)으로 구분된다는 가정이다. 발생기준(accrual basis)의 가정은 현금주의에 대응하는 기준인데, 현금의 발생시점에서 재무제표가 작성된다는 가정이다. 발생주의는 현금의 수입·지출과 관계없이 수익 비용의 인식을 기준으로 하는 방법이다.

2) 회계정보의 특성

회계정보의 특성에는 이해가능성, 목적적합성, 신뢰성, 비교가능성 등 네 가지가 있다.[5] 이해가능성은 정보이용자들이 회계정보가 이해 가능하면서 유용한 정보가 되어야 한다. 목적적합성은 정보이용자들이 회계정보가 이용목적에 적합하여야 한다. 따라서 회계정보는 '미래경제가치 예측가능', '기대가치 확인가능과 오류 기대가치 수정가능', '중요 정보가치 확인가능' 히여야 한다. 신뢰성은 정보이용자들이 회계정보 내용을 신뢰할 수 있어야 한다. 따라서 회계정보는 '특정대상의 속성과 측정치 일치' '거래나 사건에 대한 법적 형식과 경제적 실질의 일치' '회계정보의 중립유지(이해관계자들에게 유리나 불리의 배제)' 등을 갖추어야 한다. 비교가능성은 정보이용자들이 회계정보가 기업 간 또는 기간별로 비교가능하여야 한다.

3) Hongeren, C. T., 1970, *Accounting for Managerial Control*, 2nd ed., 5.
4) 가정(공준)이란 학문의 연구나 실천적 도덕생활에 있어 그 필요성을 절대적으로 요청되지만, 그에 대한 논리적인 증명은 할 수 없는 기본적 명제 또는 선세를 말한다.
5) 한국회계연구원, 2008, 한국기업회계기준서, 제1001호(재무제표), 36~59.

제2절 재무제표

1. 재무제표의 의의

재무제표(financial statement: F/S)[6]는 기업의 경영활동을 간결하게 요약한 재무보고서이다.[7] 즉 재무제표는 기업의 재무상태, 재무성과 및 재무상태 변동을 체계적으로 나타낸 재무에 관한 여러 계산표이다.

재무제표의 작성목적은 기업과 이해관계를 가지고 재무제표 이용자들이 기업에 관한 의사결정을 할 때, 도움이 될 수 있는 재무정보를 제공하는 데 있다. 즉 재무제표는 기업 활동의 계산적 결과를 이해관계자에게 보고할 목적에서 작성되는 여러 가지 계산표이다. 다시 말하면 재무제표는 광범위한 정보이용자의 경제적 의사결정에 유용한 기업의 재무 상태, 재무성과 및 재무상태 변동에 대한 정보를 제공한다. 그리고 재무제표는 위탁받은 자원에 대한 경영진의 수탁책임 결과도 보여 준다.

2. 재무제표 작성과 표시의 일반원칙

국제회계기준(IFRS)의 재무제표 작성과 표시의 일반원칙은 다음과 같이 규정되어 있다.[8]

재무제표는 기업의 재무상태, 경영성과 및 현금흐름을 공정하게 표시해야 한다. 그리고 재무제표는 IFRS기준에 따라 공정하게 표시해야 한다.

재무제표는 계속기업으로서의 존속 가능성을 평가해야 한다. 기업이 청산 또는 경영활동을 중단할 의도가 있는 경우가 아니면 계속기업을 가정하여 작성한다.

재무제표는 현금흐름표를 제외하고는 '발생주의 회계'를 적용하여 작성한다.

재무제표는 유사한 항목을 '주요 종류별'로 구분하여 표시한다. 상이한 성격이나 기능을 가진 항목은 구분하여 표시한다. 다만 중요하지 않는 항목은 성격이나 기능이 유사한 항목과 통합하여 표시할 수 있다.

---

6) 한국회계기준원, 2008, 한국기업회계기준서, 제1001호(재무제표)에 구체적 내용이 게재되어 있다.
7) 이효익·최관·백원선, 2002, 회계원리, 신영사, 25.
8) 한국회계기준원은 2008년 7월 28일에 "한국채택 국제회계기준(K–IFRS)(2007년) 도입에 따른 영향 사전공시"를 발표하고, 분체섬을 심모하여 1년 건, 2년 전 단계로 나누어서 다루어 갈 것인가를 실무적으로 검토하였다.

재무제표는 IFRS에서 요구하거나 허용하지 않는 한 자산, 부채, 수익과 비용은 상계하지 않는다.

재무제표는 1년마다 작성한다. 재무제표의 보고기간이 1년을 초과하거나 미달하면 그 이유와 재무제표 금액의 비교가능성이 결여되어 있다는 사실을 공시한다.

재무제표는 기간별 비교가능성을 제고시키기 위해 당기 재무제표에 보고되는 모든 금액에 대해 전기의 비교정보도 공시한다. 당기 재무제표를 이용하는 것이 목적에 더 부합하다면 서술형 정보에도 비교정보를 포함시킨다.

재무제표는 기간별 비교가능성을 제고하기 위해 항목의 표시와 분류가 매기마다 동일해야 한다.

3. 재무제표의 유형

기업의 재무상태를 나타내는 지표에는 개별재무제표, 연결재무제표, 결합재무제표 등이 있다.

개별재무제표는 모든 기업이 자신을 하나의 경제실체로 보고 개별적으로 작성하는 재무제표이다. 개별재무제표에는 재무상태표, 손익계산서, 이익잉여금처분계산서, 현금흐름표 등이 있다.

연결재무제표(consolidated financial statements)는 특정기업이 타기업을 지배할 경우 두 기업의 재무상태를 연결하여 작성하는 재무제표이다. 연결재무제표는 지배기업이 타기업을 지배할 경우 지배기업은 자신의 개별재무제표와 종속기업의 개별재무제표를 결합한 재무제표를 작성해서 공시하는 것이다.

결합재무제표(affiliated financial statements)는 동일한 기업으로 볼 수 있는 큰 기업집단(재벌그룹)의 모든 기업을 포함하여 작성하는 재무제표이다.

또한 기업 내부통제를 위해 작성되는 내부보고서들이 있다.[9]

---

9) 신유근, 2011, 경영학원론, 다산출판사, 446; 김권중, 2009, NEW 회계원리, 창민사, 208.

제3절 주요 재무제표

1. 재무상태표

1) 재무상태표의 의의 및 구조

(1) 재무상태표의 의의

기업의 재무는 소유주가 기업에 투자하는 '자본'과 다른 사람으로부터 빌려서 투자하는 '부채'를 가지고 경영활동을 하기 위해 현금으로 보유하거나 물품 등을 구입한 자원인 '자산'에 관한 사무이다.

재무상태는 기업의 경제적 상태, 즉 자산, 부채, 자본을 의미한다.

재무상태표(statement of financial position)는 일정시점 현재 기업의 자산·부채·자본의 금액과 구성에 대한 정보를 제공하는 재무보고서를 말한다. 여기서 '일정시점'이란 일반적으로 '회계기간 말'(보고기간 말)을 의미한다.

재무상태표는 회계기간 말 현재 기업실체가 보유하고 있는 자산(경제적 자원)과 부담하고 있는 부채(경제적 의무), 그리고 기업실체의 자본(소유주<주주>의 청구권)에 대한 정보를 제공한다. 자산, 부채 및 자본은 기업의 재무상태를 결정하는 세 요소이다. 자본상태표의 기본적 구조는 [그림 2]와 같다.

[그림 2] 재무상태표의 기본구조

| 자산 ⇦ | 기업이 보유하고 있는 경제적 자원 | 은행·개인으로부터 대여 → 기업이 부담하고 있는 경제적 의무 | ⇨ 부채 |
| | | 소유주로부터 출자·투자 → 기업의 자산에 대한 소유주의 지분 | ⇨ 자본 |

※ 각 요소는 화폐액으로 추정됨

(2) 재무상태표의 구조

재무상태표의 구조는 앞의 [그림 2] 재무상태표의 기본구조에서 본 바와 같이 자산, 부채, 자본으로 구성되어 있다. 재무상대표의 구조를 실무적으로 파악하기 위해 2**1년

12월 31일 현재 <표 1> 재무상태표의 예를 가지고 설명하기로 한다.

<표 1> 재무상태표 (계정식)

(단위: 백만원)

ABC회사		2**1년 12월 31일 현재	
자산		**부채**	
현 금	100	매입채무	500
매출채권	800	장기차입금	4,500
상 품	1,000	부채 총계	5,000
소 모 품	100		
토 지	6,500	**자본**	
건 물	5,500	자본금	8,500
		자본잉여금	0
비 품	500	이익잉여금	1,000
차량운반구	500	재평가적립금	500
		자본 총계	10,000
자산 총계	15,000	부채와 자본 총계	15,000

(ㄱ) 자 산

ABC회사는 영업을 하기 위해 현금, 상품, 건물, 차량운반구 등과 같이 다양한 경제적 자원을 가지고 있다. 즉 고객에게 판매하기 위해 10억원의 상품을 보유하고 있고, 여러 경비지출에 사용하기 위해 현금 1억원을 보유하고 있다. '매출채권'은 외상으로 판매한 상품에 대해 갖고 있는 판매대금채권을 말하며, 이는 추후 현금으로 회수된다. 또한 소모품, 토지, 건물, 비품, 차량운반구도 영업을 하는 데 사용되는 경제적 자원이다. 이런 경제적 자원을 자산(asset)이라 한다.

기업이 자산을 보유하게 된 '원천'에는 크게 두 가지가 있다.

첫째, 기업이 영업 투자를 위해 채권자(예: 금융기관)로부터 대여받은 '부채'로 형성된다.

둘째, 기업이 영업 투자를 위해 소유주(주주)가 출자 또는 투자한 자금인 '자본'으로 형성된다. 또한 경우에 따라 상품공급자(suppliers)로부터 상품을 신용구입하기도 한다(채권자를 넓은 의미로 정의하면 공급자도 채권자의 범주에 포함된다).

(ㄴ) 부 채

기업은 위의 첫째와 관련하여 그의 영업 투자를 위해 빌린 법적 채권자(공급자 포함)의

채무금액에 대해 상환 의무를 이행하여야 한다. 기업이 과거의 거래나 사건의 결과로서 현재 부담하고 있는 경제적 의무를 부채(liabilities)라고 한다. 기업이 미래에 채무상환 의무를 이행할 때에는 자산인 현금을 지급(현금의 유출)하게 된다.

ABC회사의 부채 총액이 50억원임을 보여주고 있으며, 부채는 매입채무와 장기차입금으로 구성되어 있다. 여기서 '매입채무'란 상품공급자로부터 신용매입한 상품에 대해 추후 지급해야 할 매입대금을 말한다.

ⓒ 자 본

자본은 소유주가 기업에 자금을 출자하거나 투자한 지분이다. 기업은 위의 둘째와 관련하여 소유주(주주)가 출자 또는 투자한 금액에 대해 반환해야 할 의무가 없고 기업이 존속하는 한 영구적으로 사용할 수 있다. 기업의 자산에 대한 소유주의 권리는 기업활동에서 이익이 창출되면 그만큼 증대된다(이익이 획득되면 그만큼 자산이 증가하며, 이익은 소유주에게 귀속된다).

ABC회사의 자본 항목은 자본금, 이익잉여금, 재평가잉여금으로 구분 표시되어 있다. 여기서 자본금은 소유주(주주)가 출자한 금액을 나타내는 자본항목이다('출자'(出資)는 주주가 자금을 투자하여 주식을 매수하거나 또는 그 자금이다). 이익잉여금은 기업활동에서 획득된 이익 중 소유주에게 배당(dividends)으로 분배되지 않고 기업 내에 유보(retain)되어 있는 금액을 의미한다. 이익잉여금은 기업의 자산 가운데 법정자본을 넘는 금액으로서 소유주에게 귀속된다. 한편 재평가잉여금은 토지, 건물 등의 자산가치를 재평가하였을 때 그 가치 상승액을 표시하는 항목이다. 그러한 가치 상승액도 기업의 소유주(주주)에게 귀속되므로 자본항목으로 표시되고 있다.[10]

2) 재무상태표의 주요요소와 등식

(1) 자산 · 부채 · 자본

ⓐ 자 산

자산(asset)은 기업의 미래 영업활동에 공헌하는 자원의 총가치를 말한다. 자산은 과거의 거래나 사건의 결과로서 특정실체에 의해 획득되었거나 통제되고 있는 미래의 경제적 효익(future economic benefits)이라고 정의할 수 있다.[11] 자산은 1년 기준으로 유동자산과

---

10) 김권중, 2009, 전게서, 34~36.
11) 나영 · 이재경, 2010, 회계학원론, 박영사, 49.

비유동자산으로 구분한다.

유동자산은 1년 이내 현금화가 가능한 자산이다. 이에는 현금, 유가증권 혹은 재고자산 등이 있다.

비유동자산은 1년 내에 현금화가 어렵고 기업이 장기적으로 수익 창출에 기여하거나 투자목적으로 보유하는 자산을 말한다. 이에는 기계, 토지, 건물, 구축물, 차량운반구와 같은 자산이 대표적이다. 비유동자산은 종전의 고정자산이다. 비유동자산은 다시 투자자산, 유형자산 및 무형자산으로 구분이 되고 있다.[12]

㉃ 부 채

부채(liability)는 기업이 부담하는 경제적 의무로서 미래에 금전, 재화 또는 용역 등을 제공하여 갚아야 할 빚이다.[13] 부채는 유동부채와 비유동부채로 구분된다.

유동부채는 1년 이내에 지급기일이 도래하는 부채이다. 이는 단기부채라고도 하며 단기차입금, 매입채무(지급어음＋외상매입금), 미지급금 및 미지급비용 등이 있다.

비유동부채는 1년 이후 상환할 부채이다. 이는 장기부채라고도 하며, 회사채, 장기차입금 등이 있다.

㉄ 자 본

자본(capital)은 기업 소유주인 주주의 지분(몫)이다. 자본은 자산에서 부채를 차감한 순자산이라고 한다.[14]

자본은 자본금 및 잉여금(자본잉여금, 이익잉여금) 등으로 구성되고 일반적으로 자기자본으로 표현하기도 한다. 자본금은 기업이 발행한 주식의 액면금액에 발행주식 수를 곱한 가액이다. 자본잉여금은 기업의 순자산액이 법정자본을 초과하는 금액으로서 재원을 원천으로 하여 자본거래에 의해 발생한 잉여금액이다. 이익잉여금은 기업이 영업활동을 통해 창출한 당기순이익에서 주주에게 지급되는 배당금을 차감한 잔액을 계속 누진시킨 금액을 나타낸다.

(2) 재무상태표의 등식

㉠ 부채 · 자본과 자산의 관계

앞 절의 재무상태표의 의의와 구조에서 본 바와 같이, 기업(경영자)이 투자를 위해 빌

---

12) 신유근, 2011, 전게서, 446; 이명호 · 신현길 · 이주헌 · 정인근 · 조남신 · 조장연 · 차태훈 · 김귀곤, 2010, 경영학으로의 초대, 박영사, 339.
13) 나영 외, 2010, 전게서, 51.
14) 김권중, 2009, 전게서, 405.

리거나 스스로 내놓은 부채와 자본은 자산에서 그대로 현금 또는 매출채권(판매대금채권)으로 보관하거나 건물, 비품 등을 구입하여 영업활동을 한다.

ⓛ 재무상태표의 등식

자산(차변: 왼쪽)은 기업의 자산취득에 따른 운용을, 자본＋부채(대변: 오른쪽)는 자산의 조달원천이므로 동일하다. <표 1>의 재무상태표를 보면 자산총액(150억원)은 부채총액(50억원)과 자본총액(100억)의 합계와 같다. 이러한 관계를 표현한 등식을 회계등식(accounting equation) 또는 재무상태 등식이라 한다.

재무상태표 등식: 자산 ＝ 부채 ＋ 자본
(총액) (총액) (총액)

대차평균의 원리: 자산(A) ＝ 부채(P) ＋ 자본(K)이다.
따라서 부채(P) ＝ 자산(A) － 자본(K)
자본(K) ＝ 자산(A) － 부채(P)가 성립된다.

ⓒ 조달자금과 운용결과의 동일

기업의 자산은 채권자나 소유주로부터 조달한 자금을 운용한 결과에 따라 취득된다.

첫째, 부채는 채권자로부터 차입한 자금이다. 지금 ABC회사가 은행에서 10억원을 차입하면 10억원의 자산인 현금을 보유하게 된다. 이 현금은 영업에 사용할 수 있는 자산 10억원의 현금이 됨과 동시에 미래에 똑같은 금액, 즉 10억원을 갚아야 할 부채가 된다.

만일 ABC회사가 10억원을 차입하지 않고 상품공급자로부터 10억원의 상품을 외상으로 매입하였다면, 이 때에도 10억원의 자산(상품)을 보유하게 되면서 동시에 10억원의 부채(매입채무)를 부담하게 된다.

둘째, 자본은 소유주(주주포함)가 투자한 자금이다. ABC회사의 소유주(주주)가 그 회사에 20억원의 현금을 출자하면, 20억원의 자산(현금)을 보유하게 된다. 동시에 주주의 입장에서는 20억원을 투자하였기 때문에 자산에 대한 소유주의 지분이 자본이다. 또한 ABC회사가 상품 매매업에서 이익을 획득하면 자산이 증가하는데, 이익은 소유주에게 귀속되므로 그만큼 자본이 증가한다. 이러한 예들에서 알 수 있듯이 결국 ABC회사의 자산 총액은 부채총액과 자본총액의 합계와 같게 된다.

이러한 원리를 대차평균의 원리 또는 평형의 원리라고 하는데, 앞에서 본 바와 같이 총자산 = 총자본(부채 + 자본)의 개념이다.

(3) 수익·비용의 발생과 자산·자본의 변동

㉠ 수익·비용의 발생과 자산의 변동

수익이 발생하면 그 결과로서 기업의 자산이 증가하게 된다. 예를 들면 상품이 판매되었을 때 매출수익이 증가하는데 그 결과로서 기업의 현금 또는 매출채권이 증가한다. 물론 이때 매출수익의 금액과 그러한 자산 증가액은 같으며, 모두 상품의 판매가액으로 측정된다.

비용은 자산의 유출 또는 사용을 의미한다. 따라서 비용이 발생하면 그 결과로서 기업의 자산이 감소하게 된다.

㉡ 수익·비용의 발생과 자본의 변동

수익과 비용은 각각 자산의 증가와 감소를 초래하므로 수익 또는 비용이 발생하면 결과적으로 자본(순자산)이 변동하게 된다. 즉 수익의 발생으로 증가한 자산에 대해서는 소유주가 청구권을 가지고 있으므로 자본이 증가하고, 반면에 비용의 발생으로 자산이 감소하면 소유주의 지분인 자본이 감소한다.

> 수익의 발생 → 자산의 증가를 초래하여 자본이 증가
> 비용의 발생 → 자산의 감소를 초래하여 자본이 감소

(4) 자금제공자의 권리

기업에 자금을 제공한 당사자의 권리에 대해 살펴보기로 한다.

㉠ 채권자의 권리

ABC회사에 자금을 대여해 주어 그 회사의 자산 증가에 기여했으므로 당연히 권한이 있다. 이를 기업의 자산에 대한 '채권자의 청구권'이라 한다. 채권자는 원금과 이자를 기업으로부터 요구할 권한이 있고, 기업 청산 시 기업 재산을 먼저 변제받을 우선권이 있다.

㉡ 소유자나 주주의 권리

ABC회사에 자금을 투자 또는 출자하여 그 회사의 자산 증가에 기여했으므로 당연히 권한이 있다. 이를 기업의 자산에 대한 '소유주의 청구권'이라 한다. 소유주는 기업의 경영참여권과 기업의 청산 시 채권자의 권리가 행사된 후 남는 자산에 대해서만 자신의 청

구권을 청구할 수 있다. 이를 기업자산에 대한 잔여청구권(residual claim)이라 한다. 기업자금제공자의 권리를 [그림 3]과 같이 나타낼 수 있다.

[그림 3] 기업자금제공자의 권리

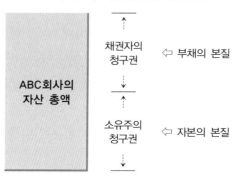

자료: 김권중, 2009, 38.

3) 재무상태표의 양식

재무상태표의 양식에는 계정식과 보고식이 있다.

〈표 2〉 재무상태표   (계정식)

×××회사   2**1년 월 일 현재   (단위: 백만원)

자산	금액	부채와 자본	금액
I. 유동자산 1. 현금 및 현금성 자산 2. 매출채권 3. 재고자산		부 채 I. 유동부채 　1. 단기차입금 　2. 매입채무	
II. 비유동자산 1. 투자자산 　1) 장기금융자산 　2) 투자부동산		II. 비유동부채 　1. 사채 　2. 장기차입금 부채 합계	
2. 유형자산 　1) 토지 　2) 건물 3. 무형자산 　1) 영업권 　2) 산업재산권		자 본 1. 자본금 2. 자본잉여금 3. 이익잉여금 4. 자본조정 자본 합계	
사산총세		부채와 자본총계	

　　계정식은 재무상태표를 왼쪽, 오른쪽으로 나눠 왼쪽은 자산을 표시하고 오른쪽에 부채와 자본을 표시하는 방법이다. 이 방식은 회계의 기초 등을 이해하는 이용자들을 위한 것이다. 재무상태표의 계정식은 <표 1>, <표 2>와 같다.

　　보고식은 회계의 기초를 이해하지 못하는 이용자들을 위한 양식이다. 보고식은 재무상태표를 왼쪽, 오른쪽을 구분하지 않고, 자산－부채－자본을 세로 열로 하여 위에서부터 아래로 순서대로 표시하는 방법이다. 보고식은 대개 주주총회에 보고 등과 같은 경우에 이용한다. 재무상태표의 보고식은 <표 3>과 같다.

〈표 3〉 재무상태표　　　　　　　　　(보고식)

×××회사　　　　　　　　2**1년 12월 31일 현재　　　　　　　　(단위: 백만원)

구분	과목	금액
자 산	현 금	×××
	대여금(단기, 장기)	×××
	매출채권	×××
	미수금	×××
	미수수익	×××
	선급비용	×××
	상 품	×××
	제 품	×××
	소모품	×××
	토 지	×××
	건 물	×××
	기계장치	×××
	비 품	×××
	차량운반구	×××
부 채	매입채무	×××
	차입금(단기, 장기)	×××
	미지급금	×××
	선수수익	×××
	미지급비용	×××
자 본	자본금	×××
	이익잉여금	×××
	재평가잉여금	×××

4) 재무상태표의 구성

(1) 자 산

㉠ 유동자산

유동자산은 당좌자산, 재고자산 등 1년 이내에 현금화가 예상되는 자산이다.

당좌자산은 현금, 단기적인 자금운용을 목적으로 보유하는 정기예금, 적금 등의 금융상품, 다른 회사 발행의 주식이나 채권을 단기간 보유하는 유가증권 등 언제든지 현금화가 비교적 용이하다. 당좌자산은 현금 및 현금성자산, 단기금융자산, 매출채권, 선급비용 등이다.

재고자산은 당좌자산보다 현금화에 시간이 더 걸리는 상품, 제품, 원재료, 재공품 등의 자산이다.

㉡ 비유동자산

비유동자산은 투자자산, 유형자산, 무형자산, 기타자산 등 1년 이내에 현금화가 어려운 자산이다.

투자자산은 영업에 직접 사용되지 않는 1년 이상 보유예정인 자산이다. 투자유가증권과 같이 다른 회사를 지배하거나 투자부동산과 같이 유휴자금을 활용하기 위하여 투자한 자산을 말한다. 이에는 장기대여금, 투자부동산, 장기금융자산 등이 있다.

유형자산은 판매목적이 아닌 정상적인 영업활동에 사용하기 위하여 소유하고 있는 내구성 있는 유형의 자산이다. 이에는 토지, 건물, 기계장치, 비품, 구축물 등이 있고, 토지를 제외하고는 감가상각의 대상이 된다.

무형자산은 물리적 형태는 없으나 기업의 수익창출에 기여할 것으로 예상되는 자산이다. 이에는 다른 기업을 인수할 때 웃돈으로 지불하는 '영업권', 제품 생산을 위한 '개발비', 특허권, 상표권 등 '지적재산권', '산업재산권' 등이 있다.[15]

기타자산은 비유동자산 중 투자자산, 유형자산, 무형자산으로 분류할 수 없는 자산이다. 이에는 이연법인세 자산, 임차보증금, 장기 매출채권 등이 있다.

(2) 부 채

부채는 유동부채, 비유동부채 등이 있다.

---

15) 이명호 외, 2010, 전게서, 339.

유동부채는 회계기간 말로부터 1년 이내에 지급기일이 도래하는 부채이다. 유동부채는 단기부채라고도 하며, 상품구입 후 대금을 지급하지 않은 '매입채무', 단기로 은행 등에서 빌린 '단기차입금', 비용이 발생하였으나 아직 지급하지 않은 '미지급 비용' 그리고 '선수수익' 등이 있다.

비유동부채는 회계기간 말로부터 1년 후에 지급기일이 도래하는 부채이다. 비유동부채는 장기부채라고도 하며, 회사채, 장기차입금 등이 있다.[16]

(3) 자 본

자본은 주식을 발행하여 조달한 자금과 기업의 이익이 배당되지 않고 사내에 유보된 금액을 말한다. 자본은 자본금, 자본잉여금, 이익잉여금, 기타 포괄손익누계액, 자본조정으로 분류된다.

자본금은 액면가에 발행된 주식수가 곱하여진 금액이며, 만약 액면가보다 높은 가격으로 주식이 발행되었다면 이 초과된 부분은 자본잉여금으로 분류된다.

$$자본금 = 발행주식수 액면금액 \times 발행 주식수$$
$$자본잉여금 = 주식발행 초과금, 자기주식처분이익, 감자차익$$

주식은 의결권 여부에 따라 보통주와 우선주로 구분된다. 보통주는 의결권이 있고 우선주는 의결권이 없는 대신에 배당에 우선권이 부여된 주식이다.[17]

기업의 이익금은 기업에 이익이 발생하면 일부분은 배당으로 주주들에게 돌려주고, 남은 부분은 이익잉여금으로 회사에 유보된다. 이익잉여금은 당기순이익 중에서 배당금을 차감한 후 사내에 유보시킨 금액이다.

$$이익잉여금 = \Sigma[(수익 - 비용) - 배당금] = \Sigma(당기순이익 - 배당금)$$

2. 포괄손익계산서

1) 포괄손익계산서의 의의

포괄손익계산서는 종전의 손익계산서가 발전된 형태이다. 포괄손익계산서(statement of

16) 나영, 외, 2010, 전게서, 52.
17) 이명호 외, 2010, 전게서, 340.

comprehensive income)는 일정기간(회계기간) 동안 기업실체의 경영성과(재무성과)에 대한 정보를 제공하는 재무보고서이다. 즉 포괄손익계산서는 일정기간 동안 기업이 재화의 판매, 용역의 제공 등에서 획득한 '수익'(revenue)과 수익을 획득한 과정에서 발생하는 '비용'(expenses), 그리고 수익과 비용의 차액인 '순이익'(net income) 등에 대한 정보를 제공한다.[18] 기업의 경영성과는 일정기간 기업의 활동을 통해 실현한 결과로서 순이익 또는 순손실로 나타낸다.

포괄손익계산서는 회계기간 시작에서부터 끝날 때까지의 기간이 표시되고 일정기간 동안 소유주와의 거래를 제외한 자본의 증가 또는 감소에 관한 정보를 제공한다. 이는 일정기간 기업의 자본이 증가 또는 감소한 내용에 관한 정보를 제공한다. 포괄손익계산서는 소유주와의 거래를 제외한 자본변동의 내용으로 구성된다.

2) 전통적 방식: 손익계산서

손익계산서(Income Statement: I/S)는 수익과 비용에 관한 내용이 표시되는데 수익에서 비용을 차감한 당기순이익 또는 당기순손실을 통해 기업의 결과를 판단하게 된다. 손익계산서는 경영활동의 결과로 얻은 수익과 그 원인이 되는 비용을 대응시키는 수익비용대응의 원칙을 적용한다. 흔히 기업경영의 결과 성적표라 한다.

> **당기순이익(손실) = 수익 − 비용**

(1) 수익과 비용의 인식

당기 순손익을 계산하기 위해 수익과 비용을 인식하는 데는 두 가지 방법이 있다.

㉠ 현금주의

현금주의(cash basis)는 현금의 수입과 지출을 통해 수익과 비용에 대한 인식을 기준으로 삼는 방법이다. 현금주의는 수익 및 비용이 발생한 경우에도 실제로 현금수입 또는 지출이 없을 때에는 반영할 수 없으므로 기업의 성과를 왜곡시킬 수 있다. 따라서 회계원칙에서는 현금주의를 인정하지 않고 있다. 현금주의는 현금이 입금되든 지출되든 발생되어야 비로소 성과를 계산할 수 있으므로 실제 성과계산에는 부적절하다. 일부 소기업에서는 현금주의를 채택하기도 한다.

---

18) 김권중, 2009, 전게서, 39~40.

ⓛ 발생주의

발생주의(accrual basis)는 현금의 수입과 지출에 관계없이 수익 및 비용이 실제 발생한 것을 기준으로 인식하는 방법이다. 수익은 실현주의에 따라 인식하고, 비용은 발생주의로 인식하여 관련 수익에 대응시키는 방법이다.

수익의 인식은 '실현주의'에 따라 적용된다. 실현주의 원칙(realization principles)은 현금 또는 현금에 대한 청구권과 교환되었을 때나 수익 창출과정이 완료되었을 때 적용된다.

비용의 인식은 '발생주의'에 따라 발생한 기간에 적당하게 배분하여 처리된다. 또한 비용은 관련 수익이 인식되는 기간에 대응시켜 처리된다.

(2) 순손익의 계산방식

ㄱ 자본비교법

자본비교법은 기말자본에서 기초자본을 차감하여 당기순손익을 계산하는 방법이다.

> 당기순이익(손실) = 기말자본 − 기초자본
> 당기순이익 = 기말자본 − 소유주의 투자 + 소유주에 대한 배당

ㄴ 손익법

손익법은 일정기간 동안 발생한 수익에서 비용을 차감하여 당기순손익을 계산하는 방법이다.

> 당기순이익(손실) = 수익 − 비용

3) 현대적 방식(IFRS 반영): 포괄손익계산서

(1) 포괄손익계산서의 의의

포괄손익계산서는 제품생산 후 일정기간 동안의 영업성과를 표시하고 수익 달성을 위해 소요된 비용을 밝혀 당기순이익과 총포괄이익이 얼마인지를 나타낸 보고서이다.

전통적 방식인 손익계산서는 당기순이익을 공시하여 기업의 경영성과를 나타내는 지표로 삼고 있다. 따라서 손익계산서는 자본의 변동원인을 충분히 설명해 주지 못하고 있다. 이에 대해 현대적 방식인 포괄손익계산서는 '당기순이익'과 '총포괄이익'을 모두 공시함으로써 전통적 방식인 손익계산서의 한계점을 극복하였다.[19]

---

19) 김권중, 2009, 전게서, 205.

(2) 포괄손익계산서 양식

포괄손익계산서 양식에는 계정식과 보고식이 있다. 이 중에서 보고식이 많이 사용된다.

계정식은 왼쪽과 오른쪽으로 구분하여 왼쪽은 원가＋비용을, 오른쪽에 수익을 보고하는 방법이다. 이 방법도 재무상태표 작성의 경우와 같이 회계에 대한 기초지식이 있는 이용자에게 편리한 양식이다. 포괄손익계산서의 계정식은 <표 4>와 같다.

보고식은 매출액을 맨 위로 기록하고 원가 및 비용을 순차적으로 하향 기록해 정보이용자로 하여금 기록내용을 충분히 이해하도록 하는 방법이다. 이 방법은 기초지식이 없는 이용자들을 위한 양식이다. 소기업들은 주로 이 방법을 사용하고 있다. 포괄손익계산서의 보고식은 <표 14−2>, <표 5>에 나타나 있다.

〈표 4〉 포괄손익계산서 (계정식)

×××회사		2**1년 1월 1일~20**1년 12월 31일		(단위: 백만원)
매출비용 　기초상품재고액 　당기매입액 　기말상품재고액	××× ××× ×××	×××	매출액	×××
매출총이익		××× ×××		─── ×××
판매비와 관리비 　급여 　운송비 　광고선전비 　보험료 　감가상각비	××× ××× ××× ××× ×××	×××	매출총이익	×××
영업이익		××× ×××		─── ×××
영업의 비용 　이자비용 　유형자산처분손실	××× ×××	×××	영업이익 영업외수익 　이자수익 　임대료	××× ×××
법인세비용차감전순이익		××× ×××		─── ×××

(3) 포괄손익계산서의 구조

한국채택국제회계기준(기업회계기준서 제1001호)[20]은 비용에 대해 기능별 분류방식을 적용한 경우 포괄손익계산서를 작성하도록 규정하고 있다. 포괄손익계산서 구조는 보고식을 구조화한 것이다. 수익의 총액에서 비용의 총액을 감하여 당기순이익을 계산하고 기타 포괄수익을 가산하거나 감산하여 총포괄손익을 얻는다.

포괄손익계산서의 기본적 구조는 다음과 같다.

$$
\begin{array}{r}
\text{수익의 총액} \\
-\ \text{비용의 총액} \\
\hline
=\ \text{당기순이익} \\
\pm\ \text{기타포괄손익} \\
\hline
=\ \text{총포괄손익}
\end{array}
$$

한국채택 국제회계기준은 포괄손익계산서의 기본적 구조(기능별 구조)를 다음 [그림 4]와 같이 기존의 손익계산서와 유사한 다단계 형태로 작성하도록 하고 있다.

[그림 4] 포괄손익계산서의 기능별구조(비용에 대해 기능별 분류방식을 적용한 경우)

```
      매 출 액
  -  매출원가
  ─────────────
  =  매출총이익         → 매출로부터 획득된 총이익
  -  판매비             → 판매활동에서 발생한 영업비용
  -  관리비             → 일반관리활동에서 발생한 영업비용
  +  기타수익           → 중심적 영업활동 이외의 활동에서 발생한 수익
  -  기타비용           → 중심적 영업활동 이외의 활동에서 발생한 비용
  -  금융비용           → 재무활동(타인자본조달)에서 발생한 비용
  ─────────────
  =  법인세 비용차감전 순이익
  -  법인세 비용         → 기업의 이익에 부과되는 세금비용
  ─────────────
  =  당기순이익
     기타포괄손익 :
  +  자산재평가차익
  ±  매도가능금융자산평가손익
             …
  ─────────────
  =  총포괄이익         → 자본의 순증가(기업과 소유주 간의 거래 제외)
```

자료: 김권중, 2009, 206.

---

20) 한국채택국제회계기준(K-IFRS), 2007, 한국채택국제회계기준 도입에 따른 영향 사전공시.

첫째, 매출액에 매출원가를 대응시켜서 매출총이익을 표시한다.

둘째, 매출총이익에 판매비와 관리비, 기타수익과 기타비용을 가감하는 한편, 금융비용을 차감하여 법인세 비용차감전 순이익을 표시한다.

셋째, 법인세 비용차감전 순이익에서 법인세비용을 차감하여 당기순이익을 표시한다.

넷째, 기타포괄손익을 당기순이익에 가감하여 총포괄이익을 표시한다. 여기서 기타포괄손익은 성격별로 항목을 구분하여 표시한다.

• 기능식구조(2개 보고서로 분리공시가능): 기업회계기준서(제1001호)는 기업이 위의 포괄손익계산서를 두 개의 보고서로 분해하여 공시하는 것도 허용되고 있다. 즉 당기순이익의 구성요소를 배열하는 보고서('별개의 손익계산서'라고 부른다) 그리고 당기순이익에서 시작하여 기타포괄손익의 구성요소를 배열하는 보고서(이것도 '포괄손익계산서'라고 부른다)를 모두 작성하여 공시하는 것이다.[21]

(4) 포괄손익계산서의 작성

포괄손익계산서는 크게 매출액에서 매출원가(매출된 제품의 제조원가 또는 구매원가)를 차감하여 매출 총이익을 구하며 여기에서 급여, 광고비, 판매촉진비 같은 판매관리비를 제외하면 영업이익이 된다. 영업이익은 본업의 영업성과를 표시하고 있으며 여기에서 금융비용인 이자비용 같은 영업외비용을 차감하고 다른 회사에 투자한 주식에서 얻은 배당수익이나 이자수익 등 영업외수익을 가산하면 경상이익이 된다. 또한 경상이익에 재해손실 같은 특별한 경우에만 발생하는 특별손익을 가감하면 법인세 차감전 순이익이 되며 여기에서 법인세를 공제하면 당기순이익이 된다.

당기순이익은 기업이 일정기간 동안 벌어들인 성과를 표시한 것으로서 일부는 배당되고 일부는 재투자를 위해 회사 내에 유보시켜 이익잉여금이 된다. 또한 당기순이익을 시장에서 유통 중인 보통주식수로 나누면 주식 한 주당 벌어들이는 이익을 나타내는 주당순이익(Earning Per Share: EPS)이 된다.[22]

사례: 다음 <표 5>는 ○○○회사의 포괄손익계산서이다. 이를 설명하면 다음과 같다.

매출액은 특정기간(여기서는 2**1년의 1년간) 동안의 영업활동을 통한 수익항목이다. 매출액은 2억 2천만원이다. 한편, 그러한 영업활동을 하는 과정에서 총 2억 492만원의 비용이 발생하였고, 비용항목은 매출원가(판매된 상품의 매입원가), 판매비 및 일반관리비,

---

21) 김권중, 2009, 전게서, 206~207.
22) 이명호 외, 2010, 전게서, 340~341.

이자비용, 법인세로 구성되어 있다. 따라서 수익 2억 2천만원에서 총비용 2억 1,034만 9천원을 제하면 당기순이익은 9,651원이 된다.

이 금액에서 자산재평가차익 50만원을 합하면 총포괄이익은 915만 1천원이 된다.

<표 5> 포괄손익계산서 　　　　　　　　　　　　　　　　　　　　(보고식)

○○○ 회사	2014년 1월 1일~2014년 12월 31일		(단위: 천원)
수 익:	매출액		220,000
비 용:	매출원가	166,000	
	판매비 및 일반관리비	29,600	
	지급이자	9,320	
	법인세(36%)	5,429	
	비용총계		210,349
당기순이익			9,651
기타포괄손익 :	자산재평가차익		500
총포괄이익			9,151

(5) 포괄손익계산서의 구성요소

포괄손익계산서의 구성요소는 수익, 비용, 순이익, 기타 포괄손익, 총포괄이익 등이 있다.

수익(revenues)은 기업이 일정기간 동안에 고객에게 재화를 판매하거나 용역을 제공하고 그 대가로 벌어들인 총액을 의미한다. 수익은 대부분 매출액으로 구성되어 있으나, 기업이 벌어들인 모든 수입도 수익에 포함된다. 기업이 상품을 현금판매하면 현금이 유입되고, 신용판매하면 매출채권이 발생하게 된다. 수익항목으로는 매출액, 용역수익, 이자수익, 임대료, 기타수익 등이 있다.

① **매출액**: 매출액, 용역수익, 기타수익.

② **기타수익**: 이자수익, 배당금수익, 임대료, 단기매매 금융자산평가이익, 유형자산처분이익, 채무면제이익, 자산수증이익, 전기오류수정이익 등.

비용(expenses)은 기업이 수익을 얻기 위해 일정기간 동안에 사용한 총금액을 의미한다. 비용은 소비된 재화 및 용역의 원가를 의미한다. 비용은 기업이 일정한 기간동안 수익을 얻기 위해 소비한 자본의 감수액이다. 비용에는 매출원가, 판매비 및 일반관리비,

급여, 임차료, 통신비, 여비교통비, 감가상각비, 소모품비, 대손상각비, 금융비용, 법인세비용, 이자비용 등이 있다.

① 매출원가: 기업이 보유하고 있는 상품을 판매하는 가격이다. 제조원가, 용역원가, 상품원가 등.

② 종업원 급여: 기업이 경영활동에 참여한 종업원의 근로 대가로 현금을 지급하는 비용이다. 만일 현금을 지급하지 않았다면 '미지급 급여'라는 부채가 생기게 된다.

③ 소모품비: 기업이 사무용품과 같은 소모품을 사용하였을 때 드는 비용이다.

④ 감가상각비: 기업이 건물, 기계장치, 차량운반구 등과 같은 자산을 장기간 사용함으로써 그 자산이 마모되어 가치가 하락하는 비용이다.

⑤ 이자비용: 기업이 차입금을 사용하였을 때, 자금사용대가로 채권자에게 지급하는 이자이다.

⑥ 법인세비용: 기업이 경영활동으로 벌어들인 소득에 대해 내는 세금이다.

> **지급법인세비용 = 법인세비용차감전 순이익 × 세율**

순이익(net income)은 해당 기간 동안에 기업의 경영활동 결과 늘어난 최종적인 자본의 증액이다. 순이익은 당해 기간의 수익총액에서 비용총액을 차감한 당기순이익을 의미한다. 순이익은 이자비용도 차감되었으므로 소유주에게 귀속된다. 따라서 순이익이 획득되면 소유주의 청구권인 자본이 그만큼 증가하게 된다. 순이익이 음수인 경우 순손실이라고 하며 그 만큼 자본이 감소하게 된다.

기타 포괄손익(other comprehensive income)은 특정자산과 부채의 평가손익을 손익계산서의 당기손익으로 인식하지 않고, 재무상태표의 자본(기타 포괄손익 누계액)으로 분류하는 항목을 말한다. 기타 포괄손익에는 유형자산의 재평가잉여금, 매도가능 금융자산평가손익, 해외사업장의 외화재무제표 환산손익 등을 표시하게 된다.

기타 포괄손익은 IFRS 기준의 규정에 의해 당기순이익의 산정에 포함시키지 않는 손익을 가리킨다. 우리나라 상장기업들은 2009년부터 적용하는 '한국채택국제회계기준(K-IFRS)'에 따라 토지, 건물 등에 대한 자산재평가차익을 기타 포괄손익의 하나로 규정하고 있다.

총포괄이익(total comprehensive income)은 당기순이익에 기타 포괄손익을 가산한 이익이나. 따라시 자본은 정확하게 총포괄이익만큼 증가한다.

PART

6

경영학의 미래

제 15 장
기업경영의 바람직한 추진방향

제 1 절 바람직한 기업경영의 방향

오늘날의 기업환경은 시장의 성장, 고객의 수요, 제품의 수명주기, 기술 변화의 속도, 또는 경쟁상태 등에서 예측할 수 있는 것은 아무것도 없다. 즉 미래의 기업은 ① 미래의 복잡성, ② 미래의 불확실성, ③ 미래의 다양성 등의 특성이 있다.[1] 따라서 기업들은 과거에 만들어진 대량생산, 안정과 성장이라는 토대를 떨쳐버리고, 3C, 즉 고객(customer)·경쟁(competition)·변화(change)의 속성에 따른 유연성과 신속성이 요구되고 있다. 또한 기업들은 최저가격, 최고품질(최상의 서비스)이 모든 경쟁자들에게 요구되는 표준이 되고 있다.[2] 그러므로 기업은 고비용·저효율의 경제구조에 대한 근본적이고도 지속적인 '개혁'이 없이 중·장기적인 안정과 성장을 기대하기 어렵게 된 것이다.[3] 따라서 경영자는 기업의 생존과 성장을 계속하기 위해 끊임없이 변화하고 있는 경영환경에 능동적으로 대처할 수 있는 '고성과 조직'을 만들어야 한다. 고성과 조직은 기업이 직면하고 있는 환경변화와 도전에 대응할 수 있도록 비전을 명확히 제시하고, 이를 기업의 가치, 목표, 전략의 형태로 구체화하여 행위지침으로 삼아 혁신지향적으로 운영하여 성과를 올릴 수 있는 기업을 의미한다. 다시 말하면 고성과 조직이란 직급, 직위가 줄어든 수평(flat)조직, 불필요한 조직이나 인력을 제거한 정예(lean)조직, 외부환경 변화에 신축적으로 적응할 수 있는 유연(flexible)조직, 모든 구성원의 참여와 창의 그리고 학습이 중시되는 혁신(innovative)

---

1) 이주현, 2018, 미래학 미래경영, 청람, 6~7.
2) Hammer, Michael & Champy, James, 1994, *Reengineering the Corporation*, 17~25, Harper Collins Publishers, Inc.
3) 이덕로, 2008, 노동시장 유연성과 고용안정, 21세기 매니지먼트 이론의 뉴패러다임, 722, 이학종·신동엽·강혜련 외, 위즈덤하우스, 722~761.

조직을 말한다.[4]

오늘날 기업은 환경변화에 적응하기 위해 기업의 가치와 목표를 정립하고, 인적자원의 활용극대화전략을 수행함으로써 기술발전의 가속화·고도화(과학기술혁명), 그리고 인간욕구의 다양화·고차원화(인간존재혁명) 등 두 가지 변화요인을 극복하여야 한다. 이들 두 가지의 변화요인들은 고객만족의 극대화와 종업원 만족의 극대화를 이룰 수 있음은 물론, 서로 밀접한 관련을 맺으면서 새로운 기업사회의 모습으로 변화시킬 수 있을 것이다.[5] 여기서 말하는 새로운 사회의 모습이란 기업경영활동과 밀접한 관련이 있는 세계화, 지식정보화, 다원화 사회를 의미한다.

제2절 기업의 환경변화

1. 기업의 미래 전망

1) 세계화

오늘날 세계는 하루가 다르게 세계화(globalization)되어 가고 있다.

세계화사회(global society)는 국제사회에서 상호의존성이 증가함에 따라 경제무대가 국가에서 세계로 넓어져서 하나의 체계로 나아가는 사회를 의미한다. 세계경제의 글로벌화는 GATT(General Agreement on Tariffs and Trade)체제와 맞물려 과학기술 및 운송·통신수단의 급속한 발달 등에 힘입은 바 크다.

기업은 국내기업(domestic corporation)에서 국제기업(international corporation) 또는 다국적기업(multinational corporation)으로 발전하게 되며, 나아가 전 세계를 하나의 시장으로 보고 활동하는 세계화기업(global corporation)으로 발전하고 있다. 이러한 상황에서 기업들은 해외의 기업활동이 본국에서 하던 기업활동방식을 고수·강요하거나 자국의 이익만을 추구한다면 해외진출지역의 이해관계자로부터 거센 저항에 부딪히게 될 것이다. 따라서 세계화기업은 그의 성장·발전뿐만아니라 세계경제의 효율성 증대도 추구하는 동시에 해외진출지역의 이해관계자와 호혜평등관계 속에서 상호이익을 증진시켜야 할 것이다.

---

4) 정재훈, 2007, 인적자원관리, 학현사, 285~288.
5) 레컨선팅그룹, 1993, 최병진 역, 일본기업의 신경영혁명, 21세기북스, 509~516; 신유근, 2011, 경영학원론, 다산출판사, 182.

앞으로 더욱 진전될 세계화사회는 다음과 같은 특징을 갖는다.

첫째, 세계화사회는 세계경제의 통합시대이다. 세계화사회는 무역을 중심으로 하던 기존의 세계무역시대가 국경을 초월한 상호투자를 중심으로 하는 세계투자시대로 변화할 것이다. 이러한 글로벌 경제에서는 전 세계를 하나의 시장으로 묶는 글로벌 쇼핑센터(global shopping center)가 출현하게 될 것으로 전망된다.[6]

둘째, 세계화사회는 세계경제의 단일화로 경제번영시대가 이루어진다. 세계화사회는 경제번영의 시대로서 경제적 이해가 정치적·이념적 이해보다 우선시되고, 국가간 무역체제에서 하나의 세계적 단일경제체제로 옮겨가고 있다.

셋째, 세계화사회는 국경을 초월하여 지식과 정보에 의해서 형성되고 지배된다. 세계화사회는 지식과 정보가 경제적 부의 창출원천이 되고, 정보통신수단의 혁신적 발전으로 글로벌 경제화를 더욱 촉진시킨다. 왜냐하면 지식정보 사회(지식과 정보)는 과거의 자본이나 노동보다 국가 간 이동이 용이하기 때문에 경제의 세계화가 촉진되기 때문이다. 이와 같이 세계화사회에서 기업은 정보력, 기획력, 기술력, 혁신력 등에 바탕을 두고 운영함으로써, 세계적 수준에서 기업 특유의 경쟁우위 강화가 요청되고 있다.[7]

2) 지식정보화

현대사회는 컴퓨터, 전자공학, 정보통신 등에 기초한 정보산업의 혁신적 발전으로 인해 지식정보화사회로 진전되고 있다. 지식정보화사회(knowledge & information society)는 사회구조 전반에 정보와 지식의 가치가 높아지는 사회로서 무형의 자산인 지식·정보의 보유 여부에 의해 개인과 기업조직의 가치가 결정되고, 새로운 지식·정보의 습득으로 끊임없는 변화와 혁신을 요구하는 사회를 의미한다.[8]

경영자들은 기업의 모든 정보를 효율적으로 처리하고, 새로운 지식을 지속적으로 창조하여 조직을 발전시키는 것이 더욱 중요한 과제가 되고 있다. 미래학자 드러커(P. F. Drucker)는 일찍이 지식은 경제의 가장 중요한 자산이며 가장 지배적인 경쟁우위 요소가 될 것이라고 하였다. 기업은 종업원의 지식뿐 아니라 능력도 향상시켜 역량으로 발전시켜야 한다.

---

6) Drucker, Peter F., 1992, "Organizations Need a Dynamic Approach to Teaching People New Skills" The New Society of Organizations, Harvard Business Review.

7) 신유근, 2011, 전게서, 189~191.

8) Holtshouse, D., 1998, "Knowledge Research Issues," *California Management Review*, 5, Vol. 40, No.3, 277~281.

앞으로 기업이 당면할 지식정보사회의 모습은 다음과 같다.

첫째, 지식정보사회는 우리의 생활양식과 사회구조가 크게 바뀌게 될 것이다. 산업사회의 특징이 표준화·전문화·동시화·집중화·극대화·집권화에서 파트타임 노동의 확산, 미디어의 탈대중화, 생산자와 소비자의 융합에 따른 생산소비자(prosumer)의 출현, 가정의 직장 등이 나타날 것이다. 또한 탈규격화, 탈전문화, 탈동시화, 탈집중화, 탈극대화 등과 같은 새로운 가치관들이 더욱 두드러지게 나타날 것이다.

둘째, 지식정보사회는 사회적 권력의 원천이 지식과 정보로 이동하게 될 것이다. 토플러(A. Tofler)는 미래사회는 지식정보사회가 도래할 것을 예고하였고, 지식이 권력의 원천이 되어 권력이동(power shift)이 일어나며, 그 과정에서 기존의 권력구조 전체의 붕괴와 정보전쟁도 수반될 것임을 예견하였다. 이런 사회에서는 권력이 광범위하게 분산되어 중앙집권적 위계조직이 붕괴되고 다차원적 모자이크형 권력사회가 형성된다.

셋째, 지식정보사회는 지식근로자가 중심이 되는 탈비즈니스사회가 출현될 것이다. 산업화 초기단계의 사회는 사회적인 계층이동이 기업가적 정신에 의한 비즈니스의 성공을 통하여 이루어졌지만, 앞으로의 사회는 점차 지식중심의 사회로 이행되어 비즈니스의 성공뿐 아니라 지식과 교육이 계층적으로 이동하게 될 것이다. 이와 더불어 사회 전체적으로 모든 산업 및 사회 분야에 있어서 지식노동이 중심이 되고 이 분야에 종사하는 사람들이 사회적으로 중심적인 지위를 갖게 될 전망이다.

넷째, 지식정보사회는 모든 정보가 디지털화되면서 이전까지 고유한 특성을 지니던 서로 다른 분야가 통합되고 융합되어 새로운 가치나 기능, 서비스를 만들어 가는 집합(convergence)의 시대가 도래할 것이다. 지식정보사회는 데이터 통신망의 구축으로 일반정보는 물론 음성정보의 디지털화가 실시간(real time)으로 이루어져 여러 기업조직이나 사회단체들이 공유함으로써 원격 연구개발 및 유통관리가 보다 효과적으로 이루어질 수 있게 된다. 특히 산업의 집합현상은 기존의 비즈니스 모델과 경쟁패턴이 무너지고, 산업·기업 간의 경쟁영역이 무한히 확장되고 있다.[9]

3) 다원화

앞으로의 사회는 다원화가 진전되는 사회로 나아가고 있다. 다원화사회(pluralistic society)는 사회의 권력이 특정한 조직이나 집단에 집중되어 있지 않고 다양한 조직과 집단에 분

---

9) 신유근, 2011, 전게서, 184~187.

산되어 있는 사회를 의미한다.[10)]

다원화사회는 많은 이익집단들이 서로 다른 이해와 관점의 표출로 사회적 균등을 유지하면서 동시에 개인의 다양한 욕구를 충족시켜 줄 수 있는 효율적인 시스템으로 나아가고 있다. 따라서 다원주의사회는 다원적 이해와 제도적 전문화에 따라 상호 의존하며, 사회시스템 내 여러 집단들의 권력이 분산된 형태로 존재하기 때문에 타협·협상·합의 등과 같은 보다 광범위한 의사결정 방법에 의해 상호교류가 이루어진다.

앞으로 기업이 당면할 다원주의 사회의 주요 특징은 다음과 같다.

첫째, 다원화사회는 동태적이다. 다원화사회는 고정적인 집단보다 새로운 집단이 대두되고, 구집단이 상대적으로 영향력을 잃는 계속적인 변화과정을 겪으면서, 기존의 것에 겹쳐서 새로운 형태가 나타나는 동질성과 다양성이 공존하는 사회이다.[11)]

둘째, 다원화사회는 사회구조의 형태도 크게 변화하게 된다. 소규모의 사유기업들이 점차로 성장하여 대규모 기업으로 발전하고, 노동조합이나 시민단체와 같은 각종 사회단체가 형성되어 '이익집단의 다원화사회'(interest group pluralistic society)로 변화되어 갈 것이다.

셋째, 다원화사회는 새로운 원리의 사회조직 양식을 필요로 한다. 다원화사회는 모든 종류의 사회집단에게 이익표출의 권리가 허용되고 모든 사회구성원 및 집단들에게 권력 획득을 위한 공정경쟁의 기회가 제공되고 있다.

넷째, 다원화사회는 범사회적으로 도덕성(morality)과 시민정신(citizenship)이 더욱 강조된다. 과거에는 기업경영이 기본적인 도덕성을 준수하지 못하는 사례(비윤리적 행위)가 있어도 정보가 부족하여 모르고 넘어가는 경우가 많았지만, 앞으로는 정보가 범세계적으로 훨씬 광범위하게 확산되어 있어서 많은 사람들이 알 수 있게 된다.[12)] 그러므로 윤리성의 준수가 일반인들까지도 민감하게 받아들여져서 기업의 비윤리적인 행위가 존폐를 결정짓는 경우에까지 이르게 될 것이다.[13)]

한편 다원화사회는 조직 또는 집단이 목표나 이익에 과도하게 집착하게 되면 오히려 사회의 효율성이 저하되는 파당적 관계를 형성할 위험이 있으며, 과두사회(oligarchy)로

---

10) Douglas, J. D., 1971, *The American Social Oder: Social Rules in a Pluralistic Society*, 259~176, NY: The Free Press.
11) Douglas, 1971, op. cit., 259~276.
12) Naisbitt, J., 1994, *Global Paradox: The Bigger the World Economy, The More Powerful its Smallest Players*, 226, Westport: Easton Press.
13) 신유근, 2011, 전게서, 187~189.

변화할 가능성도 있다.

2. 기업의 경쟁환경 대처전략

미래의 기업환경은 경쟁기업간에 치열한 경쟁에 직면할 것이다. 따라서 기업은 이런 환경에 대처하기 위해 다음과 같은 순서로 전략을 수립하고 운영하여야 할 것이다.

1) 품질 및 원가 경쟁전략

기업들은 경영환경의 변화에 대처하기 위해 기본적으로 품질과 원가에 기반을 둔 전략을 추진해야 한다. 따라서 기업들은 경쟁이 점차 확대됨에 따라 다음과 같은 전략을 구사할 것이다.

첫째, 기업들은 다른 기업과 차별화된 품질과 서비스라는 새로운 경쟁요소를 도입한다.

둘째, 기업들은 시장에서 살아남기 위해 틈새시장(niche market)을 개척하여 적절한 전략을 도입한다.

2) 타이밍과 노하우전략

기업들은 경영환경의 변화에 대처하기 위해 새로운 시장의 진입과 새로운 제품의 출시에 따른 적절한 타이밍과 이를 가능하게 하는 노하우에 기반을 둔 전략을 추진한다. 어떤 제품이나 서비스 생산에서 선발기업은 초기에 그 시장을 독점적으로 지배할 수 있겠지만, 시간이 흐름에 따라 경쟁기업이 이를 모방하게 된다. 그 후 기업들 간의 경쟁이 점차 치열해짐에 따라 다음과 같은 전략을 구사할 것이다.

첫째, 선발기업은 후발기업이 따라잡지 못하도록 모방이 어렵게 만들거나 기존전략을 수정하게 된다.

둘째, 선발기업은 후발기업의 추적에 대해 완전히 새로운 자원과 노하우로 기술진보를 이루게 된다.

3) 자국시장의 보호전략

기업들은 경영환경의 변화로 인해 그 근거지(자국시장)만이라도 경쟁기업으로부터 지켜야 하는 전략을 추진한다. 자국시장을 방어하려는 선발기업의 노력은 특정지역, 특정산업 혹은 특정 세분시장에 대한 진입장벽을 구축하는 것에서 시작된다. 이러한 선발기업의 진입장벽은 경쟁기업의 모방 및 추격을 어느 정도 방어할 수 있는 힘이 되기도 한다. 그러나 어떤 기업이 경쟁기업의 근거지까지 공격하게 되면, 공격당한 기업은 역습기회를 노려 다시 공격하게 되며, 공격과 역습이 계속 반복되면서 근거지를 활용한 우위는 사라져 버리게 된다.

4) 축적된 자원 활용전략

기업들은 무한경쟁의 경영환경 변화에 대처하기 위해 축적된 자원에 의존하는 전략을 추진한다.[14] 따라서 선발(우수)기업과 후발(영세)기업 간에 축적된 자원을 기반으로 한 경쟁은 치열하게 전개된다. 이에 따른 두 기업의 전략은 다음과 같다.

첫째, 자원이 충분한 기업은 이를 이용하여 경쟁기업이 더 이상 버티지 못하고 포기할 때까지 제품을 염가(저가전략)로 팔 수도 있다.

둘째, 자원이 부족한 기업은 대기업의 행위를 정부 또는 법률에 호소하거나 소규모기업들 간에 공식적 혹은 비공식적으로 합작투자나 전략적 제휴를 맺을 수도 있다. 또한 자원이 부족한 기업은 자원이 풍부한 기업과의 직접적인 경쟁을 회피(회피전략)할 수도 있다.[15]

제 3 절 기업의 가치경영

1. 가치경영의 의의

가치는 어떠한 행동양식이나 존재의 궁극적 상태가 다른 행동양식이나 존재의 궁극적 상태보다 개인적으로나 사회적으로 더 선호되는 기본적 신념이다.[16] 이러한 가치는 개인의 태도나 판단, 선택, 행동양식 등에 중대한 영향을 미치며 쉽게 변하지 않는 특성을 가지고 있다.[17]

---

14) 자원준거관점은 기업을 유형자산과 무형자산의 독특한 집합체로 파악한다. 따라서 기업은 장기간에 걸쳐 나름대로 독특한 자원과 능력을 결합하고 구축해 가는데, 바로 이들 자원과 능력의 차별적 역량에 근거하여 경쟁우위를 얻을 수 있다는 것이다. 그러므로 자원준거관점은 기업에 있어서 경쟁우위가 자원의 이질성과 자원의 비이동성의 특성 때문에 지속될 수 있다는 것이다.

15) 조동성, 2008, 21세기를 위한 경영학, 서울경제경영, 161~163.

16) Rokeach, M., 1973, *The nature of Human Value*, 5, NY, The Free Press.

17) Rokeach, M., 1979, *Understanding Human Values: Individual and Social*, New York: Free Press;

철학에서 인간의 목표가 되는 가치는 보편타당하고, 당위적(當爲的)인 정신, 즉 진·선·미·성(聖)이라고 한다면, 경제학에서 지향하는 가치는 시장에서 상품의 사용이 인간에게 공통적으로 지니고 있는 효용성을 의미하는 '사용가치'와 상품의 소유가 다른 재화를 구매할 수 있는 구매력을 의미하는 '교환가치'라고 할 수 있다.

기업의 가치는 개인의 선호에 바탕을 두고 선택된 규범이다.[18] 기업의 가치(value)는 좁은 의미에서 어떤 상품의 '값'을 지칭하고, 넓은 의미에서 사물·행동·사건 등에 갖추어졌거나 주어진다고 생각되는 값어치이다. 즉 기업의 가치는 어떤 사물이 지니고 있는 '의의'나 '중요도'와 어떤 사물(예: 상품)에 대한 '만족도' 또는 '선호도'를 의미한다.

기업의 가치는 기업이 소유한 유형의 자산뿐만 아니라 영업권, 기술력과 같이 그 형태는 없으나 기업의 수익력에 공헌하는 무형의 자산도 포함된다. 기업가치란 이러한 자산들을 시가로 환산한 '총자산가치'를 의미한다. 이러한 총자산가치는 결국 주주와 채권자에게 귀속된다. 즉 기업가치의 변동은 주로 자기자본 가치에 반영된다고 할 수 있다. 자기자본 가치는 자본시장에서 주가로 평가된다.[19]

기업의 가치는 전통적으로 외형주의의 양적 경영에서 현대적으로 수익위주의 질적 경영으로 전환되고 있다. 기업이 만든 제품가격의 결정이 자유화되고, 각 제품의 생산 진입장벽이 무너지면서 더 이상 외형주의(외형극대화)는 지속가능한 패러다임이 될 수가 없게 되었다. 다시 말하면, 기술의 급변, 고객수준의 향상 등으로 시장이 복잡해지면서 외형의 크기가 곧 이윤이 아니라 질적 경영, 즉 가치경영(value-based management)이 이윤이 되고 있는 것이다.[20]

2. 가치창조경영

기업의 경영목표는 자기자본의 가치를 극대화시키는 경영, 즉 '가치창조경영'이라고 할 수 있다. 가치창조경영은 기업경영의 최우선순위를 가치창출의 극대화에 두는 것을 말한다. 가치창조경영은 매출액의 증대나 시장점유율의 확대, 단순한 적정이익의 확보에 두는 것이 아니라, 중장기적 가치에 초점을 두는 경영이다.

Williams, R. M. Jr., 1979, "Change and stability in values and systems: A sociological perspective," In M. Rokeach (ed.), *Understanding Human Values*, New York: Free Press, 15~46.
18) 조동성, 2008, 전게서, 269.
19) 임웅섭, 2006, 제4물결 창조경영, 한국생산성본부.
20) 정재훈, 2007, 전게서, 464.

가치창조경영은 시장적 부가가치와 경제적 부가가치 개념이 중시되고 있다.

시장적 부가가치(market value added: MVA)는 기회비용의 관점에서 기업이 투자자의 투자금액을 얼마나 효과적으로 활용하여 부가가치를 높이고 있는가를 나타내는 것이다. 시장적 부가가치는 기업이 이를 달성하기 위한 장기성과측정지표로서 미래의 모든 연도별 경제적 부가가치의 현재가치를 합계한 수치이다.[21]

경제적 부가가치(economic value added: EVA)는 기업이 벌어들인 영업이익 가운데 세금과 자본비용을 뺀 금액, 즉 투자자본과 비용으로 얼마나 이익을 많이 올렸는가를 나타낸다. 경제적 부가가치는 단기성과측정지표로서 기업경영의 본질을 잘 설명해 준다.

기업의 가치는 고객으로부터 나온다. 고객가치는 고객들이 어떤 제품이 자신에게 최고의 가치를 가져다 줄 것인가를 분석하여 결정한다. 즉 고객들은 가치를 극대화시키기 위해 가치에 대한 기대치를 갖고, 탐색에 소요되는 비용, 제한된 지식, 이동성 및 효과 등을 분석하여 결정한다.

[그림 15-1] 고객에게 전달되는 가치의 결정요소

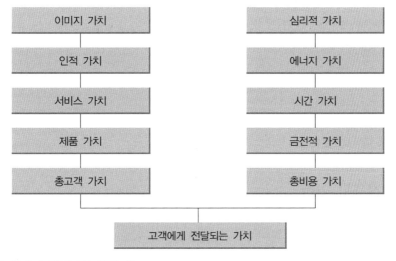

자료: Philip Kotler(윤훈연 역), 2000, 50.

고객에게 전달되는 가치란 총고객 가치와 총고객 비용 간의 차이이다. 총고객 가치(total customer value)란 어떤 특정한 제품과 서비스로부터 고객들이 기대하고 있는 이점(혜택)들의 총체이다. 총고객 비용(total customer cost)이란 고객들이 그 제품 또는 서비스

---

21) 강효석·권석균·이원흠·조장현, 1998, 기업구조조정론, 홍문사, 407.

를 평가·획득하고 사용하는 데 발생한다고 예상하는 비용들의 총체이다. 이를 [그림 15-1]로 나타낼 수 있다.

고객만족은 소비자의 제품에 대한 기대치와 관련하여 그 제품에 대해 지각하고 있는 성능을 비교하여 느끼는 즐거움이다. 그러므로 고객만족은 각 제품들의 기대치 간의 차이와 지각하고 있는 성능과의 함수이다. 만약 성능이 기대에 일치하게 되면 고객은 만족하게 되고, 기대수준을 초과하게 되면 고객은 아주 만족하고 즐거워하게 된다. 구매자의 기대치는 구매자의 과거 구매경험, 친지들로부터의 충고, 마케팅기업과 경쟁기업이 제공하는 정보와 약속사항 등에 의해 영향을 받는다.

기업이 소비자들에게 높은 고객충성심을 창출하기 위한 열쇠는 높은 고객가치를 제공하는 것이다. 즉 기업의 가치 제안은 고객들이 제품 및 공급업자와 관련하여 나타나는 분명한 경험에 대한 설명서인 것이다. 따라서 기업이 고객들의 제품가치 기대치를 어느 정도 만족시키느냐가 제품 재구매에 영향을 받게 된다. 이를 [그림 15-2]로 나타낼 수 있다.

이와 같이 기업들은 전체자원의 제약 속에서 다른 이해관계자들에게도 최소한 용인될 수 있는 만족수준을 제공한다는 전제하에 고객 만족의 수준을 높이려는 철학을 가지고 운영하여야 한다.[22]

[그림 15-2] 고객가치의 효과

3. 가치창출의 원리

기업은 제품의 가치를 창출하여 소비자들에게 제공함으로써 계속기업으로 발전시키고 있다. 제품의 가치는 소비자가 느끼는 값어치, 즉 소비자의 만족도를 의미하고, 제품의 가격은 제품 판매가를 의미한다. 따라서 전자는 후자보다 커야 한다.

기업에는 가치창조경영과 그 구성요인 간의 유기적인 상호연관성을 설명하는 '생존부등식'이 있다. 이 생존부등식에서 상품의 원가(생산·판매비용)가 자본비용보다 높다는 것

---

22) Kotler, Philip & Keller, Kevin Lane, 2006, *Marketing Management*, Prentice Hall, Capyright, 12th Edition. 윤훈연 역, 피어슨 에듀케이션 코리아, 석정, 218~247.

은 기업의 자본이 적절하게 운용되고 있다는 것을 의미한다. 그리고 상품시장가격이 상
품의 원가보다 높다는 것은 기업이 성장할 수 있는 기반이 형성되어 있다는 것을 의미한
다. 또한 상품고객가치가 상품시장가격보다 높다는 것은 상품이 시장에서 발전가능성이
있다는 것을 의미한다. 즉 양자의 차이가 클수록 경쟁력이 높다는 의미가 된다. 따라서
기업의 사명은 '상품의 시장가격＞상품의 원가'와 '상품의 고객가치＞상품의 시장가격'을
모두 만족시킬 수 있는 상품을 생산하여 소비자에게 공급하는 일이다.

[그림 15-3] 기업의 생존부등식

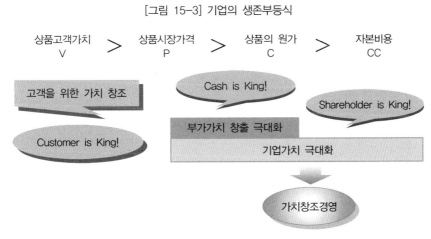

자료: 윤석철(1992), 프린시피아 매니지멘타의 내용을 다소 수정.

생존부등식은 생산자와 소비자의 입장에서 다음과 같은 선택원리가 적용될 수 있다.
첫째, 기업은 제품의 가격이 제품의 원가보다 커야 생존을 보장받게 된다. 즉 '생산자
이익 = 제품의 가격 − 제품의 원가'가 된다.
둘째, 소비자는 기업이 생산·판매한 제품을 구입할 때, 제품이 제공하는 가치를 판단
하여 구매활동을 하게 된다. 즉 제품의 가치가 제품의 가격보다 크게 실현될 때, 소비자
는 기업에서 생산한 제품을 구입하게 된다. 즉 '소비자의 이익 = 제품의 가치 − 제품의
가격'이 된다. 또한 구매 후 만족을 느낄 때에 양자 간에 긍정적이며 지속적인 관련성을
유지하게 된다.
경영의 선택원리는 상품의 원가를 낮추는 일이고, 상품의 고객가치를 높이는 일이다.
즉 제품의 생산에 필요로 하는 상품의 원가를 절감하는 능력을 '생산성'(productivity)이라
하고, 소비자를 위해 상품의 고객가치를 높이는 능력을 '창조성'(creativity)이라 한다. 이
두 요소가 생존부등식의 핵심이다.

그러므로 이를 결합하면 '상품의 고객가치>상품의 시장가격>상품의 원가>자본비용'이 된다. 이 경우 기업 가치를 극대화시킬 수 있다.[23] 생존부등식의 모델은 [그림 15-3]과 같다.

4. 경제적 부가가치

1) 경제적 부가가치의 개념

경제적 부가가치는 세후영업이익에서 자본비용(투자 자본과 비용)을 공제한 잔여이익이다. 여기서 잔여이익은 자본제공자(주주와 채권자)가 위험부담으로 얻은 영업이익으로부터 비용과 국가에 대한 세금을 차감한 순수한 이익을 의미한다. 이것은 기업의 최종적 위험부담자인 주주에게 전액 귀속되어야 한다. 결국 경제적 부가가치는 주주나 채권자가 비슷한 위험을 가진 증권에 투자했을 때 받을 수 있는 최소한의 투자수익률(또는 요구수익률)을 상회하는 경제적 이익을 의미한다.

> 경제적 부가가치 = 세후영업이익 - 자본비용

스튜어트(B. Stewart)는 기업가치가 현재 영위하고 있는 사업과 미래에 투자할 사업, 그리고 부채로 인한 법인세 감면효과로부터 생성된다고 주장하고, 기업의 가치창조 요인으로 미래의 현금흐름에 영향을 주는 크기·위험도·성장성·내용·지속성·자금조달방법 등 여섯 가지를 강조하였다. 따라서 기업가치는 기업이 앞으로 언제, 얼마만큼의 현금흐름을 얼마나 오랫동안 창출할 수 있고, 미래 현금흐름의 변동가능성, 즉 현금흐름의 불확실성이 얼마나 되는가에 따라 결정된다는 것이다.

경제적 부가가치에는 경영자들이 자기자본과 타인자본을 모두 포함한 투자자본의 요구수익률보다 더 높은 이익률을 올려야만 기업가치를 상승시킬 수 있다는 경영철학이 담겨 있다. 따라서 경제적 부가가치는 경영자에게 단기지향적 행위를 유도할 수 있다.[24]

---

23) 윤석철, 1992, 프린시피아 매니지멘타, 경문사, 18~32.
24) Stewart, T. A., 1994, "Your Company's Most Valuable Asset: Intellectual Capital", 68~74, *Fortune*, October 3; 신유근, 2011, 전게서, 480~483.

2) 경제적 부가가치중심 경영방식

경제적 부가가치는 투자자산이익률(효율성)과 자본비용에서 출발한다. 이 중에서 '투자자산이익률'은 부가가치[25]로서 경제적 부가가치를 높이는 데 가장 중요한 역할을 한다. 경제적 부가가치에는 다음과 같이 두 가지가 있다.

(1) 재무상태표경영모형

전통적으로 기업에서 성과평가는 손익중심점방식이었다. 손익중심점방식은 경상이익을 성과평가의 지표로 사용하고 있다. 경상이익은 각 손익중심점별 매출에서 매출원가와 판매관리비 및 금융비용을 차감한 금액이다. 경상이익은 이익을 얻는데 들어간 투자자금이나 자기자본에 대한 기회비용을 전혀 고려하지 않는 방식이다.

현대의 기업 성과평가는 재무상태표경영이다. 재무상태표경영은 기존의 손익중심점(profit center)이나 투자중심점(investment center)을 기준으로 실행해 왔던 경영관리가 아니라 '가치중심점(value center)에 의한 경영'이다.

가치중심 경영은 사업구조조정 및 사업가치와 직결되는 경영혁신을 통해 기업의 가치창출력을 증대시키는 '성과경영', 즉 '가치창조경영'이다.

재무상태표경영은 가치중심점을 성과평가지표로 하고, 이익을 획득하는 데 사용된 투자자산(자금)의 크기와 그 성과를 모두 고려하여 평가한다.[26] 기업들은 사업 하나하나에 대한 근본적인 재고찰로 투입한 자산을 각 사업부로 구분하고, 진정한 성과를 거두는 사업이 무엇인가를 명확히 구분하여 평가한다.

재무상태표경영(경제적 부가가치)은 투자자산 영업이익률에서 가중평균자본비용을 차감한 후, 투자자산을 곱하여 산출한다.

경제적 부가가치 = 투자자산이익률 - (가중평균 자본비용) × 투자자산

투자자산이익률은 매출액영업이익률(단위매출당 이익성)과 투자자산회전율(투자자산의 효율성)로 구성되므로 이 두 요소를 동시에 고려해야 한다. 투자자산이익률을 향상시키기 위하여 먼저 '매출액영업이익률'(수익성)을 증가시키고, 그 다음 '투자자산회전율'(자산운용

---

[25] 부가가치는 기업이 생산과 판매를 통해 얻은 자본이익이 자본비용 이상으로 현금흐름을 창출하였는지를 의미한다.

[26] 강효석 외, 1998, 전게논문, 43~44.

의 효율성<산출물/투입물>)의 재조정이 필요하다.[27]

[그림 15-4]의 평가방식은 경상이익(손익계산서 경영방식)과 경제적 부가가치(재무상태표 경영방식)로 대표되는 패러다임의 차이를 설명하고 있다.[28]

[그림 15-4] 평가방식

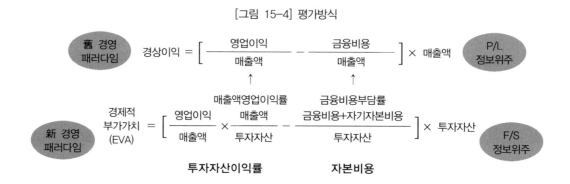

(2) 기업무한대모형

기업은 계속적인 가치를 창출할 수 있는 기업무한대모형이 필요하다. 무한대모형은 기업의 생존부등식을 기업 재무이론 측면에서 재조명한 모델이다. 무한대모형은 기업의 생존부등식이 성립되는 조건과 같다. 즉 무한대모형은 기업의 현금흐름으로 측정된 '부가가치 창출조건', 즉 기업이 창출해야 할 최소한의 부가가치로서 사업에 투자된 '자본비용'을 보다 명백히 할 경우 생존부등식모델과 정확히 일치하는 것이다.

기업무한대모형은 기업생존부등식의 동태적 흐름을 손익계산서와 재무상태표라는 알기 쉬운 재무회계정보로 분석하는 방법을 제시하면서 재무상태표경영방식의 동태적인 모습을 형상화한 것이다. 기업무한대모형은 매 사업기간마다 경제적 부가가치의 창출이 극대화되어야 할 뿐 아니라, 동시에 극대화된 기업가치는 가능한 오랫동안 지속되어야 가치창조경영이 이루어질 수 있을 것이다. 이를 [그림 15-5]와 같이 나타낼 수 있다.[29]

---

27) 수익성은 얼마의 비용을 들여 얼마의 이익을 올렸는지를 의미하고, 효율성은 사업을 위해 자산의 투입물이 그 자산으로부터의 성과를 의미한다(투입물 대비 산출물) (강효석 외, 1990, 40 41)

28) 강효석 외, 1998, 전게논문, 44~45.

29) 강효석 외, 1998, 전게논문, 40~41.

[그림 15-5] 기업성장의 무한대 모형

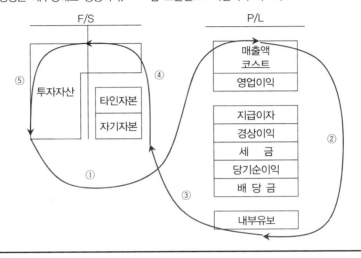

"기업가치는 자본상태표에서 나온다." – 밀러, 모딜리아니: 노벨 경제학상 수상자
"가치창조경영은 재무상태표 경영이다." – 탐 코플랜드: 맥킨지사 파트너

자료: 강효석 외, 1997.

(3) 경제적 부가가치의 활용

경제적 부가가치는 다음과 같이 활용할 수 있다.

첫째, 경제적 부가가치는 이익원천의 범위와 규모를 파악하여 이익이 가장 많이 발생하는 사업을 선정할 수 있다.

둘째, 경제적 부가가치는 경영의 효율성을 평가하기 위한 지표로 사용할 수 있다. 또한 경제적 부가가치는 투자의사결정 시 투자자의 기대수익까지 반영함으로써 기업의 실질적인 부의 창출이나 손실을 직접 측정할 수 있다.

셋째, 경제적 부가가치는 기업의 자발적인 구조조정을 유도하여 수익성을 제고할 수 있다.[30]

---

30) 신유근, 2011, 전게서, 483~484.

제 4 절   기업의 혁신경영

1. 혁신경영의 의의

기업의 혁신경영[31]은 기업의 분위기나 종업원의 역량이 뒷받침되어야 한다. 혁신 (innovation)은 이용가능한 여러 가지 자원이나 역량의 결합방식을 변경하여 새로운 상품의 개발, 새로운 생산방식의 도입, 새로운 시장개척, 새로운 자원개발 및 조직개혁 등을 가져오게 하는 것으로서 신결합(new combination)을 의미한다. 이는 기존의 방식에서 점진적(연속적) 변화(incremental change)를 통한 지속적 개선이 아니라 독특한 조건을 만들어 급진적(비연속적) 변화(radical change)를 통한 창조적 파괴를 이루는 것이다.[32]

혁신경영은 기업의 이용 가능한 여러 가지 자원이나 역량을 결합하여 독특한 조건을 만들어내고 모든 분야에서 급진적 변화를 통한 창조적 파괴를 이루는 것이다.

혁신경영은 다음과 같이 다섯 단계가 있다.[33]

첫째, 혁신경영은 일반적으로 사업을 재구축하고 조직구조를 개혁하는 리스트럭처링 (restructuring)으로부터 시작된다. 리스트럭처링은 조직의 구조를 변화시키고, 인력구성에 큰 변화를 가져옴으로써 조직을 활성화시키고 기업의 경쟁력을 제고시키게 된다. 리스트럭처링은 사업구조의 변화 없이도 가능하다. 리스트럭처링은 조직구조의 개편을 통하여 비대하고 복잡한 조직을 간소화를 통한 인원 감축으로 기업체질을 강화시킨다.

둘째, 경영자는 업무과정을 대상으로 리엔지니어링(reengineering)하여 업무를 개선한다. 기업의 업무개선은 제품 및 서비스의 질을 높이고 업무수행에 소요되는 시간을 단축시키기 위해 모든 제도와 활동을 세밀히 분석하여 불필요한 부분을 제거하고 필요한 부분을 효율화시키는 과정이다. 이러한 과정을 통하여 불필요한 규정과 서식, 절차 그리고 활동을 제거함으로써 관료화와 경직된 기업문화로부터 탈피할 수 있게 된다.

셋째, 경영자는 자율적 경영팀을 구성하고, 조직구성원들에게 권한을 위양하며 개방적 의사소통을 하여야 한다. 그럼으로써 조직구성원들이 업무수행에서 적극적인 경영참여와 자율적인 실천이 이루어질 수 있다. 기업의 혁신경영은 먼저 경영층의 의식개혁이 이루

---

31) 제11장에서 전략경영이 경영전략보다 상위개념으로 정의하였으므로 혁신경영 역시 경영혁신보다 상위개념으로 보고자 한다. 따라서 경영혁신이 이루어져야 혁신경영이 이루어진다고 할 수 있다.
32) 소봉성, 2008, 전게서, 650.
33) 신건호, 1999, 신경영혁신, 학문사, 44~45.

어져야 하고, 그 다음 조직구성원들도 위양된 권한과 부여된 자율권을 바탕으로 조직의 핵심역량을 개발하고 조직의 성과를 향상시켜야 한다는 의식변화가 있어야 한다.

넷째, 경영자는 기업의 혁신경영 활동을 장기간에 걸쳐서 계속해야만 새로운 조직구조와 업무체계 그리고 구성원들의 행동 등의 변화가 강화될 수 있고, 경영성과도 개선될 수 있다. 따라서 경영자는 혁신경영 활동을 통해 기업의 높은 업무의 수준과 체계 그리고 업무의 신속성과 간소화 등을 끊임없이 추구해야 한다.

다섯째, 경영자는 기업의 혁신경영으로 인하여 변화된 새로운 경영환경 또는 업무환경에 구성원들이 보다 신속하게 적응하고 경영성과를 향상시킬 수 있도록 목적의식을 뚜렷하게 해야 한다. 따라서 경영층은 조직구성원들과 원활한 의사소통을 통해 새로운 기업문화를 개발하고 공유가치를 정착시킬 수 있도록 노력해야 한다.

2. 혁신경영의 유형

기업의 혁신경영의 구체적 영역에는 구조조정과 경영혁신이 있다.

1) 구조조정

(1) 구조조정의 의의

오늘날 기업들은 대내외적 환경변화에 알맞은 구조조정을 항상 생각해야 한다. 기업 구조조정(restructuring)은 기업가치의 극대화라는 궁극적 목표를 가장 효율적으로 달성하기 위하여 경영의 각 부문에 혁신을 이룰 수 있는 방법들의 총합이다.[34] 구조조정은 한 기업이 여러 사업부를 가지고 있거나 여러 하위 기업을 보유하고 있을 때 미래의 환경변화에 대비하여 어떤 사업을 주력사업으로 하고, 어떤 사업을 통합하거나 줄이거나 철수하며, 어떤 사업에 새로 진출할 것인지 등 사업구조를 재편하는 것이다.

기업은 그 가치를 창출하기 위해 조달된 자금의 기회비용보다 높은 수익을 얻을 수 있는 사업에 투자하여야 한다. 기업의 사업투자는 '선택과 집중(choice & concentration)'의 논리에 따라 경쟁자들보다 확실하게 더 잘할 수 있는 사업에 자원을 배분해야 한다. 그러므로 기업의 구조조정은 핵심적인 역량을 축적하고 이를 적극 활용할 수 있도록 추진되어야 한다.

---

34) 강효석 외, 1998, 전게논문, 1.

기업이 그의 장기적 성장을 결정짓는 두 가지 요인이 있다. 하나는 외부적 요인으로 사업구조 변화에 따른 수요의 변화이고, 또 다른 하나는 내부적 요인으로 환경변화에 따른 조직 적응력이라 할 수 있다. 이와같이 기업의 구조조정은 생존(survival)을 위한 방편으로 이루어진다. 구조조정은 고정비 삭감, 사업 축소나 제품의 수 삭감, 조직 통폐합, 생산의 해외이전 등의 형태로 추진되며, 경영환경이 좋지 못할 때 제일 먼저 거론되는 사업 구조조정이다.

(2) 구조조정의 4단계

구조조정에는 다음과 같은 4단계가 있다. 이들 간에는 상호불가분의 관계가 있으므로 시스템적·통합적 사고를 가지고 수행해야 할 것이다.

㈎ 사업구조 및 재무구조 조정

사업구조 및 재무구조 조정은 기업의 구조조정 전략의 핵심이다.

사업구조조정은 전사적인 차원에서 비전을 달성하고, 경쟁력을 강화하며, 자원배분(resource development)을 최적화하기 위해 미래의 사업영역을 재구축하고 사업규모를 조정하는 것을 의미한다.[35] 따라서 사업구조조정의 핵심은 기업가치를 창출하지 못하거나 기업가치를 파괴하는 사업을 정리·매각하고 핵심사업을 중심으로 경쟁력 창출에 매진하는 데 있다.[36] 즉 경쟁업체에 비해 더 잘할 수 있는 핵심역량을 식별하고 이에 집중적으로 자원을 배분함으로써 경쟁력과 기업가치를 증대시킨다. 기업의 사업 수나 규모는 사업들의 특성상 요구되는 자원과 역량의 공유로 결합효과가 클 경우 긍정적인 시너지를 나타내지만, 작을 경우 오히려 약화시킨다. 따라서 선택과 집중이 요구되는 것이다.[37] 또한 사업구조조정은 투자액·매출액·원가·영업이익에 영향을 주게 되므로 재무구조조정과 불가분의 관계에 있다.

재무구조조정은 과도한 부채비율을 낮추어 평균자본비용을 최소화함으로써 생존을 유지하고 나아가 기업의 부가가치를 창출하도록 조정하는 것을 의미한다. 재무구조조정은 자기자본과 타인자본의 비중을 조정하여 '미래의 지속적인 현금유입'이 보장되도록 하는가 하는 것이다.[38] 기업은 성장에 필요한 자금을 차입할 수도 있다. 기업이 부채비용을 늘릴 경우 기업가치에는 긍정적인 영향과 함께 부정적인 영향이 동시에 작용한다. 따라

---

35) 조동성, 2008, 전게서, 698.
36) 강효석 외, 1998, 전게논문, 71.
37) 강효석 외, 1998, 전게논문, 434.
38) 조동성, 2008, 전게서, 700.

서 기업은 사업구조를 핵심역량 위주로 정비하여 한계산업이나 비수익자산을 정리·매각함으로써 자금을 조달하고 이를 바탕으로 차입금을 상환해야 한다.[39]

㈏ 소유구조 및 지배구조 조정

기업의 소유구조는 바로 기업의 주인이 누구인가를 밝혀주고, 기업의 지배권이나 경영권을 행사하게 해주는 정당성의 원천이 무엇인가를 설명해 주는 것을 의미한다. 기업의 소유구조는 기업을 경영하고 경영성과 향상에 책임을 지는 대표이사와 이사를 임명하거나 해임하는 권리의 기반이 된다.

소유구조조정은 기업 자본금(재무상태표상의 자기자본)의 출자자가 그 정당성을 부여받기 위해 소유비율을 적절히 조정하는 것을 의미한다. 즉 소유구조조정은 자기자본의 구성주체와 구성주체 간의 관계에 관한 것이다. 기업은 소유권이 확립된 이후에야 기업의 지배권과 경영권에 대한 정당성이 부여된다.[40]

기업의 소유구조는 지배구조와 맥을 같이 한다. 기업의 지배구조는 누가 기업경영을 담당할 경영자의 임명권과 해임권을 가지며, 어떻게 그 권한을 행사하는가를 의미한다. 기업은 경영자와 주주, 그리고 대주주 경영자와 외부주주 간의 이해 상충(주로 지나치게 관성적이고 비효율적인 경영전략에서 비롯됨)에 따라 많은 대리문제(agengy problem)가 발생할 수 있다.

지배구조조정은 기업경영자의 임명권과 해임권을 누가 보유하고, 그 권한을 어떻게 행사할지를 적절히 조정하는 것을 의미한다. 기업은 정당한 소유구조에 근거하여 효율적인 지배구조의 구축과 조정이 요구된다. 지배구조조정은 경영권을 가진 최고경영자가 주주를 위해 헌신적으로 일할 수 있도록 시스템을 만들어 가는 것이다.[41] 따라서 기업은 과도한 소유집중이나 분산을 막고 기업경영의 투명성과 합리성을 제고시킬 방안으로 사외이사제도를 도입하여 이사회를 중심으로 하는 책임경영의 필요성이 강조되고 있다.[42]

㈐ 조직구조 및 인력구조 조정

조직구조조정은 기업이 효율성 향상을 위해 조직을 구조조정하거나 새로운 조직구조로 변경하는 것을 의미한다. 조직구조가 어떻게 구축되느냐에 따라 사업전략뿐만 아니라 각종 경영관리시스템의 효과성에 크게 영향을 받는다.

---

39) 강효석 외, 1998, 전게논문, 435.
40) 강효석 외, 1998, 전게논문, 167~168.
41) 조동성, 2008, 전게서, 694.
42) 강효석 외, 1998, 전게논문, 437~438.

새로운 조직구조에는 분권형 책임경영체제, 조직슬림화·유연화, 학습조직화 등이 있다. 분권형 책임경영체제는 사업부제와 더불어 소사장제, 사내벤처, 사내분사 등이 활성화 되는 제도이다. 조직슬림화·유연화는 아웃소싱, 네트워크 조직화, 그리고 수평조직설계 등으로 이루어진다. 학습조직화는 현대 지식경제사회의 가장 중요한 경쟁의 원천인 지식과 정보를 끊임없이 습득하고 창조하여 활용하는 조직이다. 이를 위해 정보인프라와 지식관리시스템이 구축되어야 한다.[43]

인력구조조정은 인력의 확보와 조정이 핵심역량을 중심으로 이루어져서 궁극적으로 고효율, 전문화, 전략화 인력구조를 갖추는 것이다(고비용－저효율 구조의 타파). 고효율 인력구조는 부가가치가 낮은 노동집약적 직무를 외주화(outsourcing)하거나 자동화하고, 전략적으로 중요한 핵심 업무에 조직의 역량을 집중시키는 인력구조를 의미한다. 전문화 인력구조는 외부환경이 동태적이고 복잡해짐에 따라 유연적인 제품과 서비스의 제공이 필요하므로 전문역량을 보유한 전문가 중심으로 운영되는 인력구조를 의미한다. 이런 인력은 '다기능화(multi－skilling)된 인력'이라 할 수 있다. 다기능 인력은 지나치게 좁은 영역의 기능과 지식을 보유한 전문가(specialist)가 아니라 기능, 노하우, 지식측면에서 관련성이 높은 직무들을 수행할 수 있는 중범위에서의 '다분야전문가(multi－professionalist)'를 지향하고 있다. 전략화 인력구조는 인적자원을 비전, 전략 및 조직에 통합시켜 기업의 전략적 역량을 극대화하기 위한 인력구조이다. 즉 전략화 인력구조는 핵심업무와 핵심기능 중심의 인력확보와 운용 그리고 다각화 사업과 경영전략에 적합한 인력구조를 의미한다.[44]

〈표 15-1〉 효율적인 인적자원관리시스템의 구축단계

단계	사업전략 명확화	인사시스템의 효율화	고용조정 및 재교육	인사시스템의 효율성제고
내용	• 사업가치·기업가치·경제적부가가치(EVA)를 기준으로 하는 가장 경쟁력있는 핵심사업 선정	• 전략에 맞는 종업원들의 핵심역량과 행동의 정의 • 개인별, 팀별, 전체 조직의 목표에 따라 구체적으로 설정 • 개인에 대한 조직의 기대역량의 명확화	• 적합한 인력의 선택 • 불필요한 인원 감축 • 네트워크를 활용하여 관련기업에 직원들의 일자리 알선 • 재취업의 기회를 위한 훈련	• 개인이 개발해야 할 행동·실적에 대한 공정한 평가: 가치 창조능력 기준 • 성과경영과 책임경영의 정착

자료: 강효석 외, 1998, 55.

---

43) 강효석 외, 1998, 전게논문, 439~441.
44) 강효석 외, 1998, 전게논문, 304~305.

또한 인력구조조정이란 정리해고와 같은 양적 인력감축뿐만 아니라 내부노동시장의
전문역량을 강화시키는 인력개발과 내부노동시장 유연화를 통한 효율적 인력활용 등 질
적 고도화를 추구하는 것이다. 인력구조조정은 미래의 바람직한 인력구조를 제시하는 것
뿐만 아니라, <표 15-1>과 같이 효율적인 인적자원관리시스템의 구축도 필요하다.

㈃ 이익구조 및 관리구조 조정

이익구조조정은 기업의 가치측면에서 경제적 부가가치와 기업가치평가모형 등을 활용
하여 이익구조, 즉 고비용－저효율의 구조를 개선하도록 조정하는 것을 의미한다. 이익
분석의 기본 틀은 순이익/총자산으로 나타나는 '투자자산이익률'을 기준으로 계산하는 경
제적 부가가치분석이다. 기업의 순이익에는 영업외 이익도 포함되어 있다. 그러므로 기업
의 순이익은 현금흐름을 중심으로 일부항목이 조정되고, 소요된 자본의 기회비용을 공제
하여 경제적 부가가치를 중심으로 분석된다.

기업은 기업가치 창출을 위해 우선적으로 투자자본이익률을 증진시켜야 한다. 그런데
투자자본이익률은 매출액영업이익률과 투자자본회전율로 구성되어 있다. 따라서 기업은
투자자본이익률을 높이기 위해 단위 매출액 수익성과 자본의 효율성을 동시에 고려해야
한다. 먼저 수익성(매출액 이익률)을 증가시키고, 그 다음 투자자본의 재조정이 필요하다.
특히 수익성 증가를 위하여 사업단위별, 제품별, 고객별로 이익기여도를 분석해야 한다.
그러므로 기업은 이익중심점 위주의 공헌이익을 별도로 계산하여야 한다.

관리구조조정은 사업계획의 수립에서부터 사업계획(목표)과 실적의 차이 조정에 이르
기까지 기업내부의 모든 프로세스에 걸쳐 원활한 가치창출활동이 가능하도록 관리제도를
개편하는 것을 의미한다.

관리구조조정 활동에는 다음 두 가지 활동이 있다. 먼저, 바람직한 평가체제를 갖추어
야 한다. 바람직한 평가체제, 즉 성과지표는 주가가치를 반영하는 경제적 부가가치(EVA),
시장적 부가가치(MVA) 등이 바람직하다. 그 다음, 공정하게 측정된 성과보상이 이루어져
야 한다. 성과보상제도는 실적과 밀접하게 연계된 연봉제, 스톡옵션제 등이 바람직하다.

관리구조조정의 세부활동에는 다음 네 가지 세부활동이 있다. 첫째, 주어진 투자자본
하에서 투자자본이익률을 증대시키는 방법이다. 둘째, 동일한 영업이익을 창출하는 데 소
요되는 사업용 투자자본을 줄이는 방법이다. 셋째, 자본비용을 절감하는 방법이다. 넷째,
비사업용 자산가치를 증대시키는 방법이다.[45]

---

45) 강효석 외, 1998, 전게논문, 444~446.

2) 경영혁신이론

(1) 경영혁신이론의 의의

㉠ 경영혁신의 정의

경영혁신이론(BPR: business process reengineering)은 해머(M. Hammer)에 의해 최초로 개념화되었다. 경영혁신이론은 1990년 초부터 발전되고 있다.[46] 경영혁신이론은 비용, 품질, 서비스, 속도와 같은 핵심적 성과에서 극적(dramatic)인 향상을 이루기 위하여 근본(fundamental)에서 고객중심으로 다시 생각하고 업무수행방식을 혁신적(radical)으로 바꾸고, 특히 '프로세스'(process)로 재설계하는 것이다.[47] 다시 말하면 경영혁신이론은 기존의 업무방식을 근본에서 고객중심으로 재고려하여 비즈니스시스템 전체를 혁신적인 프로세스중심으로 재구축함으로써 극적인 성과를 향상시키는 것이라고 할 수 있다.

경영혁신이론의 정의에는 다음과 같은 개념들이 포함되어 있다.

극적(dramatic)인 성과향상이다. 경영혁신이론은 점진적인 변화를 추구하는 것이 아니라, 업무성과의 획기적인 변화(급진적 변화)을 추구한다는 의미이다. 또한 점진적인 개선에서처럼 미세한 변화를 이루는 것이 아니라, 낡은 것을 버리고 새로운 것으로 과감하게 대체해야 한다는 것이다. 즉 10~20%의 작은 점진적인 개선이 아니라, 50~100%의 높은 성과향상을 이루는 것이다.

근본(fundamental)에서 소비자 중심이다. 경영혁신이론은 현재하고 있는 일을 왜 계속해야 하는지, 혹은 왜 지금과 같은 방법으로 실행해야 하는지 등의 가장 근본적인 질문을 해야 한다는 의미이다. 예를 들어, 품질에 문제가 있다면 기존의 방식에서처럼 단지 이를 검사하여 불량품을 제거하는 것이 아니라, 근본적으로 생산방식 자체를 수정하여 문제를 해결한다는 것이다.

혁신적(radical)인 방법이다. 경영혁신이론은 현존하는 모든 구조와 절차를 버리고 완전히 새로운 업무처리방법을 만들어 내는 것을 의미한다. 즉, 업무를 개선시키거나, 향상 혹은 변경시키는 것이 아니라 새롭게 만들어 내는 것이다. 혁신적이라는 것은 현재 업무방식의 제한된 고정관념을 타파하는 것을 의미한다.[48]

---

46) 이명호·신현길·이주헌·정인근·조남신·조장연·차태훈·김귀곤, 2010, 경영학으로의 초대, 박영사, 450.

47) M. Hammer & J. Champy, 1994, op. cit., 32.

48) 신건호, 1999, 전게서, 180.

프로세스(process)로 설계한다. 경영혁신이론은 프로세스가 가장 중요한 개념이므로 업무나 관리프로세스로로 설계한다. 프로세스란 하나 이상의 입력을 받아들여 고객에게 가치 있는 결과를 산출하는 행동들의 집합을 의미한다. 경영혁신이론은 개별 작업들의 업무프로세스도 중요하게 여기지만, 고객이 중요하게 여기는 전체 프로세스가 움직일 수 있는 관리프로세스를 더욱 중시한다. 따라서 기업들은 과업, 직무, 사람, 구조들의 업무프로세스 보다 관리프로세스에 초점을 맞추어야 할 것이다.[49]

ⓛ 관리프로세스의 설계

관리프로세스의 설계는 다음과 같은 순서로 수립된다.

첫째, 기초 작업단위 업무프로세스를 설계한다. 업무프로세스(business process)는 추정 가능한 투입물(input)을 측정 가능한 산출물(output)로 전환하도록 하는 부가가치중심으로서 일련의 활동 집합체를 의미한다. 기업은 업무프로세스를 잘 정의하고, 프로세스 내의 각종 업무가 최종 고객이 원하는 대로 효율적으로 처리되어야 한다. 또한 기업은 업무프로세스 내용 중에서 불필요하거나 중복되거나 낭비적인 요소를 제거하여야 한다.

업무프로세스는 여러 단계에 대한 책임을 하나로 압축해서 1명의 고객 서비스 종업원에게 부과한다. 따라서 담당 종업원은 전체적인 업무프로세스를 수행함으로써 고객과 접촉하는 유일한 종업원이 된다. 이 종업원은 한 프로세스를 처음에서 끝까지를 수행하면서 책임지는 '케이스전담자'이다.

둘째, 모든 업무프로세스를 여러 단계로 나누어 설계한다. 기업은 긴 업무프로세스 속에 있는 모든 단계들을 한 사람에 의해 수행하도록 하나의 통합된 작업으로 압축시킬 수 없을 것이다. 따라서 모든 업무프로세스는 여러 단계로 나누어서 각 부문담당 케이스 팀에 의해 각기 다른 장소에서 수행하게 된다. 케이스팀은 케이스팀원들이 다 함께 모여 단일 단위를 이루면서 업무를 수행하도록 전체적인 책임이 주어진다.

셋째, 모든 업무프로세스를 통합하는 관리프로세스를 설계한다. 관리프로세스는 기업의 전체 프로세스와 그 결과를 감독하고 책임지는 역할을 한다. 케이스전담자와 케이스팀 등으로 통합된 프로세스의 효익은 엄청나게 클 수 있다.[50]

경영혁신(BPR)과 경영개선을 비교하면 <표 15-2>와 같다.

---

49) M. Hammer & J. Champy, 1994, op. cit, 35.
50) M. Hammer & J. Champy, 1994, op. cit., 51~52.

〈표 15-2〉 BPR과 경영개선의 차이

구 분	BPR	경영개선
변화의 정도	근본적	부가적
시작점	무(無)에서	현재 프로세스
변화의 횟수	한번에	계속적
소요시간	길다	짧다
참여도	하향식(bottom-down)	상향식(bottom-up)
적용범위	넓다	좁다
위험도	높다	낮다
기본도구	정보기술	통계
변화의 종류	문화·구조적 변화	문화적 변화

(2) 경영혁신의 핵심내용

㈀ 경영프로세스의 선택: 리엔지니어링할 프로세스 선택

• 프로세스의 이해

경영혁신의 대상은 조직이 아니라 프로세스다. 프로세스는 영업부서나 생산부서가 아니라, 그 부서 내의 사람들이 수행하는 일 그 자체이다. 기업은 프로세스 흐름도(map)도 가질 수 있다. 리엔지니어링팀은 현재 존재하는 프로세스가 무엇을 하는가, 얼마나 잘 하는가, 수행능력을 결정하는 중대한 이슈가 무엇인가 등을 알아야 한다. 이를 위해 리엔지니어링 팀원들은 다음 사항을 이해하여야 한다.

첫째, 완전히 새롭고 우수한 설계를 할 수 있는 높은 차원의 직관과 통찰력이 필요하다.

둘째, 고객의 요구를 이해한다. 고객의 요구는 고객과 인터뷰하기보다 관찰과 참여로 더 잘 수행될 수 있다. 고객이 실제로 무엇을 원하는가, 기업은 어떤 문제들을 가지고 있는가에 대해 이해한다.

셋째, 현재의 프로세스 그 자체를 이해한다. 프로세스의 '왜'와 '무엇'을 이해하는 것이지 '어떻게'를 이해하는 것이 아니다. 왜냐하면 프로세스가 현재 어떻게 수행되고 있는가 하는 것보다도 새로운 프로세스가 무엇을 해야 하는가에 더 관심이 있기 때문이다.

넷째, 벤치마킹한다. 벤치마킹은 팀에 새로운 아이디어가 나올 수 있도록 만들 수 있다. 벤치마킹의 대상은 업계 선두기업이 아니라 세계 초일류 기업과 비교하여야 한다. 벤치마킹은 바로 그 세계 조일류 기업에서 보다 큰 아이디어를 끌어 낼 수 있는 것이다.

그러나 해당 기업이 속한 산업의 벤치마킹은 이미 동일한 틀 속에서 이루어지고 있으므로, 리엔지니어링 팀의 사고를 제한시킬 수 있다.[51]

• 용어선정

경영을 구성하고 있는 프로세스를 보다 잘 다룰 수 있도록 시작과 끝 사이에서 수행되는 모든 일을 암시할 수 있는 용어를 만들어야 한다.

제조: 원료조달에서 제품출하까지

제품개발: 개념에서 원형까지

판매: 고객의 요구에서 주문까지

주문처리: 주문에서 지불까지

서비스: 문의에서 해결까지[52]

• 경영혁신할 프로세스의 선택

프로세스가 식별되고 흐름도가 그려지면 어떤 프로세스가 리엔지니어링될 필요가 있으며, 어떤 순서를 밟아야 할 것인가를 결정해야 한다.

첫째, 쓸모없는 프로세스를 찾는다. ① 문제점을 유발시키는 프로세스를 파악한다. ② 공급자와 고객이 각자의 작업을 함께 계획하고 스케줄을 짤 수 있도록 한다. ③ 기업의 전체 작업에서 비중이 적을 경우, 직무의 분편화로 발생할 수 있는 비일관성과 불신이 발생할 경우 근본 원인을 제거한다. ④ 재작업과 반복을 발생시키는 실수와 혼돈을 전적으로 제거한다. ⑤ 조직은 모든 상황에 맞는 하나의 프로세스(표준화)에다 예외나 특례를 고려한 두 가지 이상의 색다른 프로세스(다양화)를 추가한다.

둘째, 고객에게 가장 많은 영향을 주는 중요한 프로세스를 찾아 순서를 정한다. 먼저 기업의 어떤 프로세스가 고객들에게 가장 큰 영향(중요성)을 주는가를 파악한다. 다음, 기업의 프로세스 중 어느 것을 리엔지니어링하고 어떤 순서대로 할지를 결정한다.

셋째, 실행가능한 프로세스를 선택한다. 기업의 프로세스들 중 어떤 것이 현시점에서 가장 성공적으로 재설계될 수 있는가를 고려하여 결정한다. 일반적으로 프로세스가 크면 클수록, 더 많은 부서를 포함하면 할수록 리엔지니어링될 때 더 큰 이득을 누린다. 하지만 그 성공 가능성은 낮아진다. 또 다른 요소 중의 하나는 정보처리시스템처럼 높은 비용이 실행가능성을 감소시킨다.[53]

---

51) M. Hammer & J. Champy, 1994, op. cit., 129~133.

52) M. Hammer & J. Champy, 1994, op. cit., 118.

53) M. Hammer & J. Champy, 1994, op. cit., 122~128.

ⓛ 경영프로세스의 재설계: 작업들과 구조들 결정

리엔지니어링팀은 기업을 재조명해 본 후, 새로운 업무방식을 만들어 내야 한다. 리엔지니어링팀은 프로세스를 재설계하는 데 있어 익숙한 일은 버리고 비정상적인 일을 탐색하여야 한다.

경영자는 종업원들에게 전달해야 하는 핵심적인 두 가지 메시지가 있다.

첫째, '변화시키자'이다. 변화 실행을 위한 사례(case for action)이다. '바로 여기가 기업으로서 우리의 위치이며, 바로 이것이 우리가 이 상태에 머무를 수 없는 이유이다.' 따라서 변화의 필요성에 대한 강력한 논거를 제시해야 한다.

둘째, '무엇으로'이다. 비전 선언(vision statement)이다. 비전은 기업이 리엔지니어링이 되었을 때, 성취하고자 하는 목표와 방향이다. 잘 그려진 비전은 리엔지니어링 과정에서 어려움이 있더라도 기업의 의지를 지탱시켜 줄 것이다. 비전 선언은 기업의 경영자가 이루기를 바라는 조직유형에 대한 느낌(감)을 전달하는 방법이다. 그것은 기업이 어떻게 운영될 것인지를 설명하고, 기업이 성취해야 하는 결과의 윤곽을 그려 준다.

변화 실행사례와 비전 선언은 쐐기와 자석과 같은 역할을 한다. 먼저, 종업원들이 현재 있는 곳으로부터 분리하여야 한다. 이 도구가 쐐기, 즉 변화 실행사례가 하는 역할이다. 다음으로 현재 있는 곳으로부터 분리되어 나온 종업원들을 또 다른 관점으로 유인하여야 한다. 이는 자석, 즉 비전선언이 하는 역할이다.

한편 전통적인 비전은 '우리는 업계에서 최고가 되고자 한다.' 등으로 표현하고 있다. 그 반면 최근의 비전은 '우리는 다음날 아침 10시 30분까지 화물을 배달한다.' '우리는 약품 개발의 세계적인 리더이다'로 표현하고 있다.[54]

(3) 경영혁신의 추진

기업의 경영혁신은 실질적으로 기업에 관한 모든 것을 변화시킨다. 즉 일의 수행에 필요한 사람들, 그 사람들이 갖고 있는 관리자와의 관계, 그들의 경력경로, 평가되고 보상되는 방법들, 관리자와 중역들의 역할, 작업자의 머리 속에 들어 있는 것까지도 확실히 변화시킨다. 왜냐하면 모든 측면들, 즉 일, 종업원, 관리자, 그리고 가치는 서로 연결되어 있기 때문이다.

기업의 경영혁신시스템은 경영시스템이 경영프로세스, 작업과 구조, 관리 및 평가시스템, 가치와 신념 등 네 요인들로 연결되어 있다. 이것을 '경영혁신시스템 다이아몬드'라고

---

54) M. Hammer & J. Champy, 1994, op. cit., 134~158.

한다. 이를 [그림 15-6]과 같이 나타낼 수 있다.

[그림 15-6] 경영혁신시스템 다이아몬드

첫째, 경영프로세스를 선택한다. 경영프로세스는 작업이 수행되는 방법이다.

둘째, 경영프로세스에 따라 작업들과 구조들을 결정한다. 즉 작업의 수행 방법들은 일의 성격과 이런 일들을 수행하는 종업원들의 그룹화와 조직화에 영향을 미친다. 전통적으로 기업은 기능별 부서중심조직에서 종업원들의 세분된 전문화 업무를 수행하였으나, 경영혁신 후에는 통합된 프로세스팀 중심의 조직으로 변화함에 따라 다기능숙련화된 종업원이 다차원적 직무를 수행하는 방식으로 변화한다.

셋째, 다차원적 직무를 수행하는 종업원과 팀원들은 적절한 관리시스템에 의해 채용되고, 성과가 평가되며 급여가 결정된다.

넷째, 성과평가 및 급여결정 등의 시스템은 종업원의 문화, 즉 가치와 신념의 기본적 형성과 깊은 관련을 맺고 있다. 가치와 신념은 조직 내 구성원들이 중요하다고 생각하는 이슈와 관심이다. 기업의 문화(가치와 신념)는 조직프로세스의 설계를 성과로 이어지도록 지원한다. 이런 기업의 문화는 다시 경영프로세스의 선택으로 이어진다.[55]

또한 경영혁신은 정보기술의 역할에 많은 영향을 받는다. 코닥은 122년 전 창업자 조지 이스터먼(Eastman)에 의해 대중용 아날로그 필름 카메라, 디카를 처음 개발하여 발전하였으나, 시장요구를 외면하다 추락하였다. 이어 CEO인 안토니오 페레즈(Antonio Perez)가 거대 공룡병에 빠진 기업을 개혁하여 핵심 필름사업을 대폭 축소하고 기업용 프린트 개발로 경영혁신(리엔지니어링)하여 새로운 발전을 이루었다. 모든 개혁은 과거의 성공이 미래를 보장하지 못한다고 깨닫기 전에는 절대로 환골탈태할 수 없다고 말한다. 따라서 경영혁신은 기업이든 개인이든 구성원들의 수용이 절대적으로 필요하다.

---

55) M. Hammer & J. Champy, 1994, op. cit., 80~82.

제5절 기업의 학습조직

1. 학 습

기업의 종업원들은 불확실한 경영환경에 적응하기 위해 끊임없이 학습을 하여야 한다. 학습(learning)은 연습이나 경험의 결과로 나타나는 행위 또는 행위 잠재력(또는 태도)에 있어서의 비교적 항구적인 변화로 정의된다.[56] 학습은 조건화(conditioning)로서, 자동화된 습관(routine)을 만드는 행위이다.[57] 즉 학습이란 결국 특정 정보처리를 무의식화함으로써 제한된 자원인 의식 또는 주의를 경제화하는 행위이다. 학습의 중요한 기능은 어떤 신념이나 기능의 습관화이다.[58]

학습유형에는 단순고리학습(single－loop learning)과 이중고리학습(double－loop learning) 두 가지가 있다.

단순고리학습은 저차원적인 학습으로서 주어진 신념과 행동, 혹은 규칙과 일상(routine) 하에서 비교적 반복적인 행동으로 정교화시키는 학습을 의미한다. 단순고리학습은 조직이 자산의 성과를 평가할 때, 미리 수립해 둔 일련의 기준에 따르고 그에 의해 적절한 수정을 가하는 것을 말한다. 예를 들어 장인기업은 단순고리학습을 통해 제조 공정의 정확성을 확보해 간다.

이중고리학습은 고차원적인 학습으로서 기존의 신념과 행동, 규칙과 일상을 항구적[59]으로 변화(발전 내지 혁신)시키는 학습을 의미한다. 이중고리학습은 기존의 기준자체에 대해 정기적으로 적절성 여부의 확인과 재평가가 요구된다. 그러나 장인기업의 경우 기술적 변인들이 좀 더 넓은 범위까지 적절성을 갖고 있다. 기술자의 기술범위 적절성 기준은 기대치와 관점이 워낙 긴밀하게 연결되어 있기 때문에 기준의 확인과 재평가란 거의 없다. 설령 확인과 재평가 대상이 된다 해도 가치에 대한 의문 제기보다는 과거 성공의 연장선에서 확대되는 것이 보통이다.[60]

---

56) 신유근, 2008, 인간존중경영, 다산출판사, 163.
57) Hilgard, E.R. & Bower, G.H., 1975, *Theories of Learning.*(4th ed.), Englewood－Cliffs, NJ: Prentice－Hall.
58) Weick, K., 1991, "The nontraditional quality of organigational learning", 116~124. *Organization Science*, 2.
59) Argyris, C., & Schon, D. A., 1978, *Organizational Learning: A Theory of Action Approach*, Reading MA: Addison－Wesley.

2. 조직학습

기업은 조직의 역량이 향상되어야 지속적인 발전을 이룰 수 있다. 조직의 역량은 조직학습으로부터 이루어진다. 조직학습(organizational learning)은 조직이 환경변화를 탐지하여 기업경영에 유용한 새로운 정보와 지식, 능력을 지속적으로 창출하고 조직전체에 공유하며 전략과 관리에 활용하는 과정이다.[61] 즉 이는 조직수준의 학습내용, 학습과정, 학습결과 등을 내포하는 개념이다.[62] 조직학습은 개인에 의해 창출된 지식과 기술이 조직수준으로 확장되어 가는 과정이다.

조직학습은 주로 종업원들의 공유학습을 통해 이루어진다.[63] 공유학습은 개인이나 조직 하부가 갖고 있는 지식을 다른 개인이나 조직에 표출시켜 재구성하거나 전파시킴으로써 나타나는 학습이다. 따라서 조직학습은 개인학습을 바탕으로 하고 있다.[64] 그러므로 조직학습은 종업원들의 개인학습으로 개인역량을 먼저 향상시킨 후에, 조직차원에서 조직학습으로 조직역량을 향상시킬 수 있다.[65]

조직학습은 조직원들이 환경의 변화를 인식하고 조직의 성과 향상을 위해 노력하거나 그들 간의 상호작용을 통해 스스로 불확실한 환경에 적극적으로 대처하고 변화시킬 수 있다. 조직학습은 학습과정 자체를 평가하고 개선시킬 수 있는 지식과 기술을 습득하는 일이다(학습방법의 학습).

기업은 종업원들의 조직학습을 위하여 경력욕구 충족과 관련된 평생학습시스템을 구

---

60) 정범구·한창수 역, 1995, 이카루스 패러독스, Danny Miller, 1990, *The Icarus Paradox*, 21세기북스, 270.

61) 신유근, 2008, 전게서, 505.

62) 권석균, 1995, "조직학습의 이론적 조망", 인사·조직연구, 제3권 제1호, 121~164, 한국인사·조직학회, 122.

63) 조직학습은 개인학습의 단순한 합이 아니라 그 이상이 된다. 그 이유는 다음과 같다. 첫째, 개인들의 지식은 정보처리 능력상의 한계와 학습방법상의 우발성 때문에 단편성을 지닌다. 이런 지식이 합하였다 해도 조직지식이 되지 않는다. 둘째, 지식을 보유한 개인들이 조직을 떠난다 하더라도 조직은 여전히 필요한 지식을 상당기간 지속하는 경우가 자주 발견된다. 이것은 조직에 지식이 체화되어 있음을 의미한다. 셋째, 개인중심의 학습은 개인의 지식으로 머무르지만 이것이 조직지식화되는 과정에서 증폭되어 개인이 홀로 가지고 있는 지식 이상의 지식으로 형성된다. 이홍, 1998, 신경 사이네틱스를 통한 지식경영의 실현: 자생학습조직설계, 190, 제1회 지식경영 학술심포지엄, 187~210, 매일경제.

64) Argyris & Schon, 1978, op. cit.

65) Prahalad, C. K. & Hamel, G., 1990, "The Core Competencies of Corporation", *Harvard Business Review*, 68, 3, 79~91; Senge, P. M., 1990 a, *The Fifth Discipline: The Art & Practice of the Learning Organization*, New York: Currency Doubleday.

축하여 평생학습 기회를 제공하여야 한다. 평생학습시스템은 기업이 종업원들의 학습을
위해 조직 내·외의 데이터베이스와 연결하여 네트워크를 구축함으로써 종업원들의 평생
학습을 지원하는 체계이다. 종업원들은 이 평생학습시스템을 통해 기존의 정보와 지식을
효율화하고, 새로운 정보와 지식을 적극적으로 창출할 수 있을 것이다.

3. 학습조직

1) 학습조직의 의의

기업은 종업원들의 조직학습을 통해 학습조직을 이루어야 한다. 학습조직(learning
organization)은 조직학습이 잘 이루어진 조직을 의미하는 개념이다.[66] 학습조직이란 환경
변화를 감지하여 여기에 잘 적응할 수 있는 조직을 만들어 내고, 나아가 창조성을 발휘
하여 외부환경을 이끌어 나가는 창조적인 조직을 의미한다.[67]

1980년대 말 미국 MIT대학 피터 센지(P.M. Senge)에 의해 주창되었다. 센지는 개인과
마찬가지로 조직도 지식과 정보를 획득함으로써 조직의 힘을 발휘한다고 전제한다. 그에
의하면 21세기의 경쟁력은 제품의 양이나 질보다는 지식창출능력에 의해 좌우되므로, 기
업발전을 위해서는 끊임없이 배우고, 새로운 것을 창출시킬 수 있는 학습조직이 되어야
한다고 하였다. 따라서 센지에 의하면 학습조직은 조직원들의 집단적 학습열의를 끊임없
이 고무하여 창의적 사고를 열어주고 확장시켜주는 조직, 학습방법의 학습(learning to
learn)[68]을 하는 조직이라고 정의하였다.[69] 기업은 학습조직이 되기 위해 먼저 목표차원
에서 공유비전이 있어야 하고 방법차원에서 팀학습이 이루어져야 한다. 그 다음 개인차
원에서 개인적 지식과 숙련, 집단차원에서 사고모형과 시스템적 사고가 있어야 한다. 그
럼으로써 조직역량이 형성되고 나아가 학습조직이 이루어지는 것이다. 조직의 역량향상
과정은 [그림 15-7]과 같다.

학습조직은 경쟁이 치열해진 경영환경 속에서 변화에 능숙하게 대응할 수 있는 경영
조직(계속 개선 지원조직)에 발맞춰 자유롭게 개혁할 수 있는 조직을 만들어 가는 데 초점
을 둔다. 따라서 학습조직은 자율성·유연성·개방적 의사소통에 기반을 둔 기능횡단팀

---

66) 권석균, 1995, 전게논문.
67) 지호준, 2009, 21세기 경영학, 법문사, 146.
68) 학습과정 자체를 평가하고 개선할 수 있는 능력을 습득하는 것이다.
69) Senge, P. M., 1990 b, "The Leader's New York: Building Learning Organization", *Sloan
Management Review*, 32(1), 7~23.

을 필요로 한다.[70] 학습조직은 종업원의 머릿속에서 끊임없이 지식의 창출과 혁신이 능숙하게 이루어지고 있고, 변화에 자유자재로 대응할 수 있는 구조를 이미 내포하고 있는 능숙한 조직을 말한다.[71]

[그림 15-7] 조직의 역량 향상과정

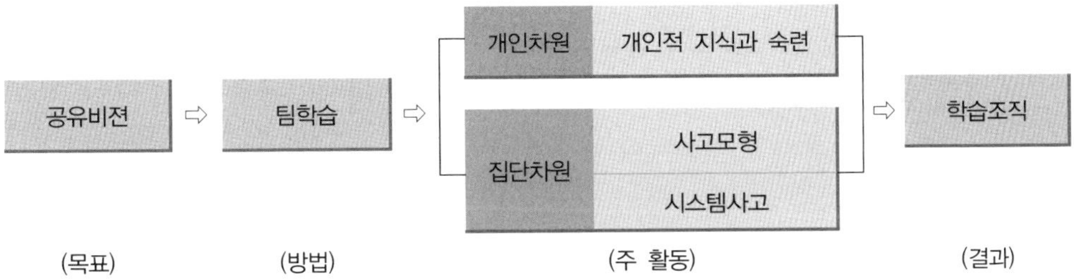

2) 학습조직의 형성

조직이 학습조직으로 변화하기 위해서는 다음과 같은 계속적인 학습활동이 필요하다.

기업은 조직의 체계적인 문제해결 활동을 한다. 학습조직은 조직이 부닥친 문제를 즉흥적으로 해결하지 않고 계획을 세워 체계적(계획·실행·점검)으로 접근한다. 그리고 문제를 해결하고 나서도 해결과정과 결과를 정리하였다가 다음 번에 다시 사용하든지 과학적 방법으로 더 좋은 해결법을 찾아냄으로써(조직이 처한 환경에 대한 정교한 분석) 지식과 능력을 향상시킬 수 있다.[72]

기업은 폐기학습으로 새로운 지식습득과 행동변화를 추구한다. 기업은 과거의 성공을 현재의 일반화된 지식으로 지나치게 정당화시킴으로써 보다 유효한 지식의 습득과 창조를 저해해서는 안된다. 즉 과거의 반복된 성공이나 경험이 그 동안의 관습 때문에 새로운 것의 습득을 저항하게 된다. 그러므로 과거의 고정관념을 깨쳐버리고 기존에 갖고 있던 지식 중 어떤 지식이 진부화되어 있는가를 판단하여 폐기시킬 것을 결정하는 폐기학습 내지는 이완학습(unlearning)으로 새로운 지식의 습득과 행동의 변화로 나가야 한다.[73] 다만 기업의 성공과 실패 내용을 버리지 않고, 이를 재검토하고 평가하여 구성원들이 공개적으로 이용할 수 있도록 여건을 마련해 주어야 한다.[74]

---

70) 이홍, 1998, 전게논문, 190.
71) 신건호, 1999, 전게서, 32~33.
72) 김성희, 2001, 조직행동, 학현사, 489.
73) 신유근, 2008, 전게서, 507; 임창희, 2004, 전게서, 490.
74) 임창희, 2004, 전게서, 490.

기업은 경험 중심의 학습을 한다. 새로운 아이디어가 있으면 항상 머릿속에만 존재하나가 실제문제에 부딪쳤을 때에는 사용이 불가능하거나 시행착오를 겪게 된다. 그러므로 외부로부터 얻은 새로운 관행과 기술로 이해한 것을 회사의 일상적인 작업에 실제로 적용해 보아야 산지식이 된다.

기업은 지식과 정보의 공유과정을 거쳐 조직을 활성화 시킨다. 학습이 지엽적인 일에 국한되지 않으려면, 지식과 정보의 공유과정을 거쳐 조직에 빠르고 효율적으로 확산되어야 큰 효과를 얻을 수 있다.[75] 학습조직은 조직학습을 통해 창출된 지식이 조직 내로 원활하게 이전되고 정보통신 네트워크의 활용으로 공유를 촉진시킬 수 있다.[76]

기업은 항상 학습하는 조직과 문화를 구축한다. 학습조직은 학습하는 조직만이 살아남는다는 전제하에 끊임없이 자기 조직의 분석을 통해 반성하고, 벤치마킹(benchmarking: 다른 조직의 장점을 찾아 수용하는 자세)함으로써 이루어질 수 있다. 기존의 혁신은 지속적으로 변화하지 못하고 단발성으로 끝나지 않도록 항상 학습하는 조직과 그런 문화를 구축하여야 한다.

3) 학습조직을 구축하기 위한 관리

학습조직을 구축하기 위해 다음과 같은 관리가 필요하다.

첫째, 자율적인 환경을 만들어 창의력을 개발하고 학습을 촉진시키는 데 도움이 되는 환경을 조성한다.

둘째, 아이디어의 교환을 촉진시킬 수 있도록 조직 내의 장벽을 없애야 한다.

셋째, 학습목표를 명확히 하고 학습포럼과 같은 프로그램을 실시한다.

넷째, 학습결과에 대한 측정이 가능하도록 한다.[77]

---

75) 임창희, 2004, 전게서, 490.
76) 신유근, 2008, 전게서, 507.
77) Garbin, D. A., 1993, "Building A Learning Organization," *Harvard Business Review*, Nov. Dec.; 김병철 · 김영배, 1999, 연구개발에 대한 지식경영: 사례연구, 444, 제2회 지식경영 학술심포지엄, 매일경제, 435~454.

ㅈ

저자약력

■ 박성환

>>> 학력 및 경력
성결대학교 경영학과 명예교수
동국대학교 경영학박사
성결대학교 교무처장
한국산업인력공단 국가직무능력표준개발(NCS) 개발전문위원

>>> 저서 및 논문
- 한국기업의 인적자원관리(공저), 2005, 박영사
- 역량중심 인적자원관리, 2008, 한올출판사(문화체육관광부 우수학술도서 선정)
- 노사관계론(공저), 2019, 범한
- 다기능숙련화의 영향요인과 성과에 관한 연구(박사학위 논문) 외 다수

■ 이준우

>>> 학력 및 경력
한밭대학교 융합경영학과 교수(현)
서울대학교 경영학박사
국가통계위원회 통계데이터분과 위원(현)
고용노동부 책임운영기관 운영심의회 위원(현)
(사)한국인적자원개발학회 회장(현)
충남지방노동위원회 공익위원, 병무청 자체평가위원회 위원, 행정안전부 지방공기업 경영평가 위원

>>> 저서 및 논문
- 인적자원관리(역서), 2014, 한경사
- 경영학 에센스(역서), 2021, 지필미디어
- 한국 대기업집단 인사제도 및 관행의 형성과 변천에 관한 연구(박사학위논문) 외 다수

■ 김선제

>>> 학력 및 경력
성결대학교 경영학과 교수(현)
동국대학교 경영학 박사, 서울대학교 고급금융(ABP)과정 졸업
단국대, 가천대, 동국대 DUICA 강의교수
한국외환은행 근무, 한화생명 증권시장사업부장, 특별계정사업부장 역임
증권분석사, 투자자산운용사, 투자상담사 등 다수의 금융·증권분야 자격증 보유

>>> 저서 및 논문
- 채권을 알아야 재테크에 성공한다, 2014
- 창업 실전재무경영, 2016
- 생활 속의 경제와 금융이야기, 2018 외 회사채, 구조화채권, ELS 등에 관한 다수의 논문 발표

경영학의 탐색 [제5판]

2011년	2월 20일	초판 발행
2011년	10월 30일	개정판 발행
2013년	3월 5일	제3판 발행
2014년	9월 5일	제4판 발행
2022년	9월 15일	제5판 1쇄발행

저　자　박성환·이준우·김선제

발행인　배　　효　　선

발행처　도서
　　　　출판　　法　文　社

주　소　10881 경기도 파주시 회동길 37-29
등　록　1957년 12월 12일 / 제2-76호 (윤)
전　화　(031)955-6500~6　FAX (031)955-6525
E-mail　(영업) bms@bobmunsa.co.kr
　　　　(편집) edit66@bobmunsa.co.kr

홈페이지　http://www.bobmunsa.co.kr
조　판　법　문　사　전　산　실

정가 27,000원　　　ISBN 978-89-18-91340-7